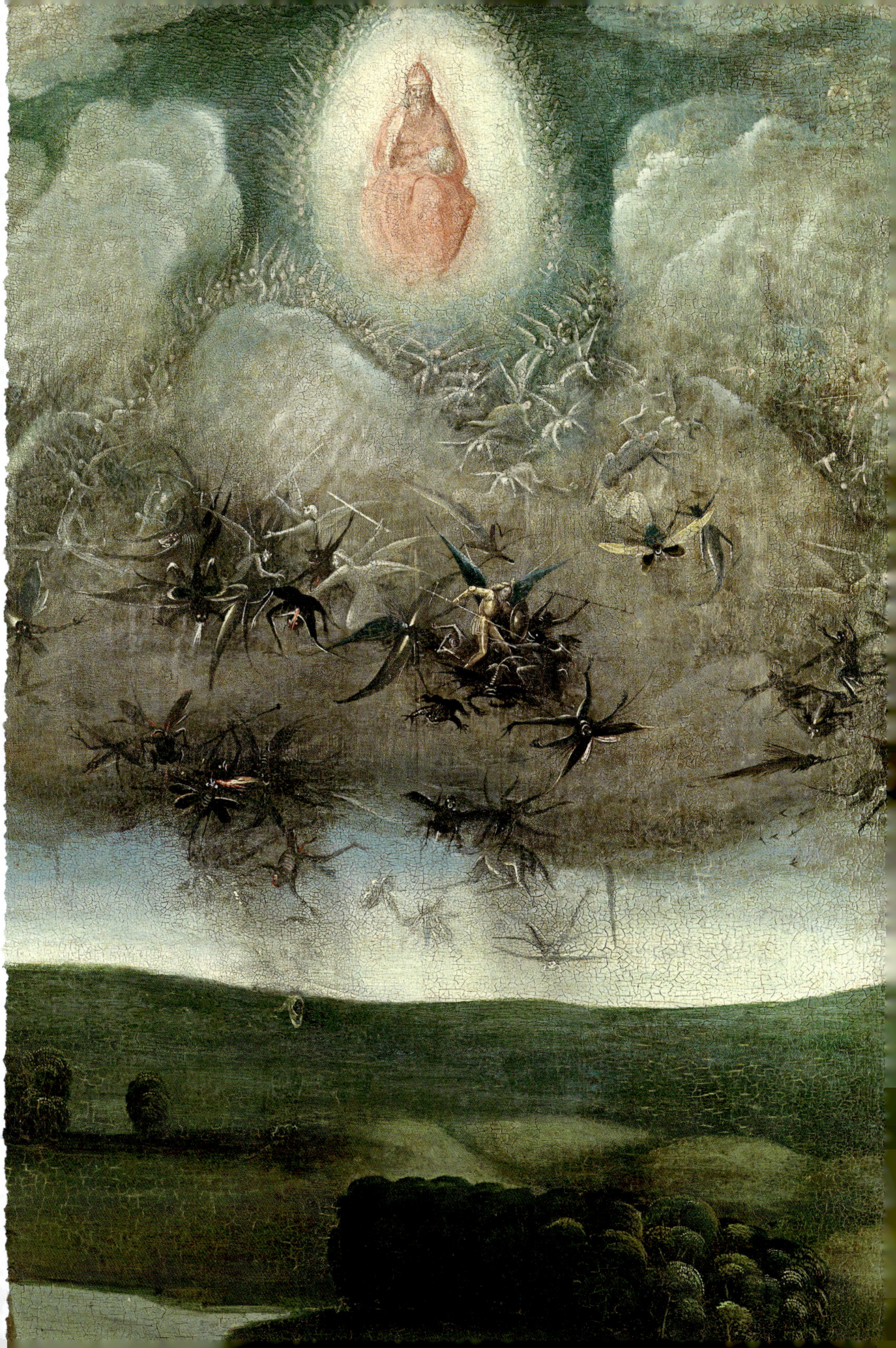

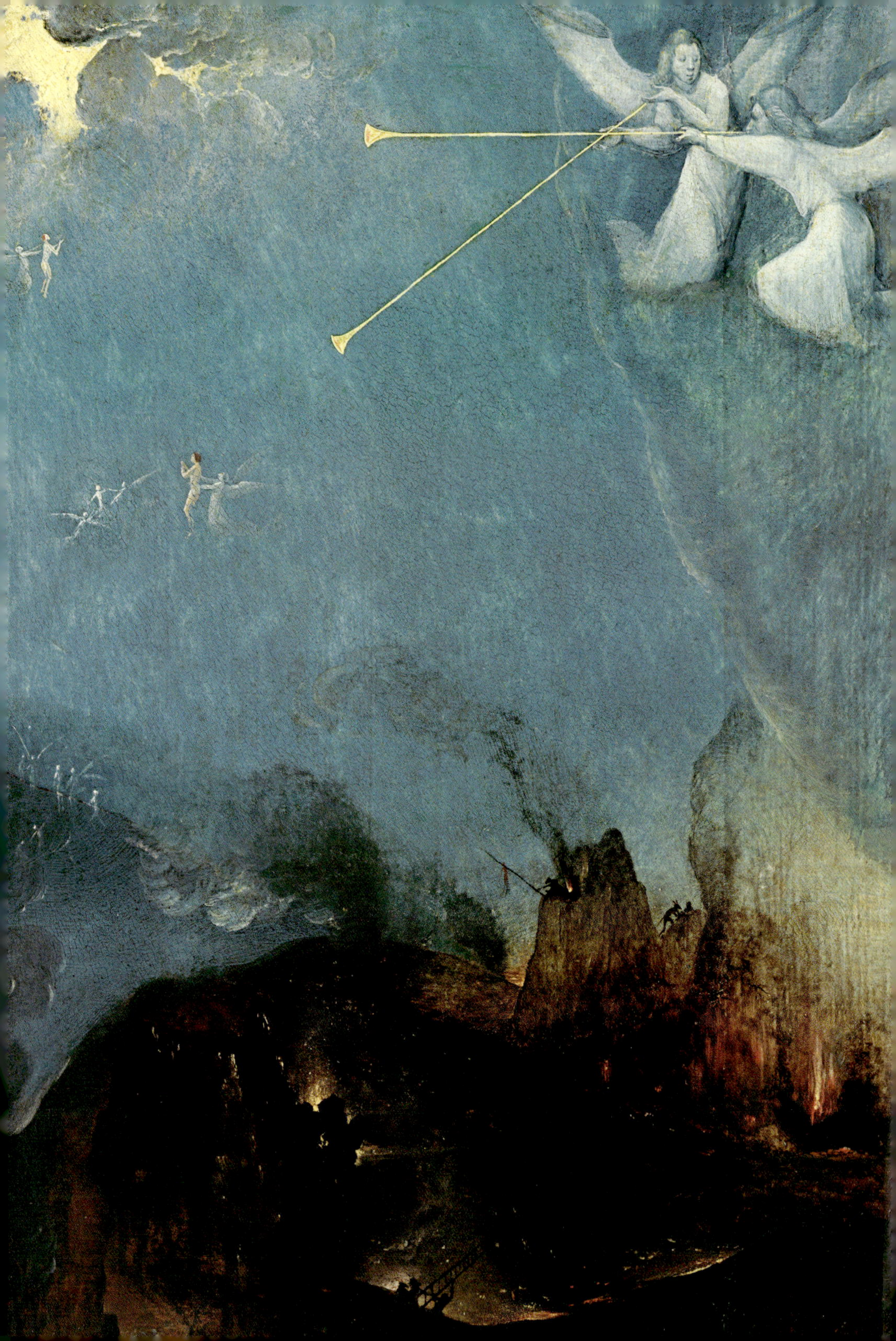

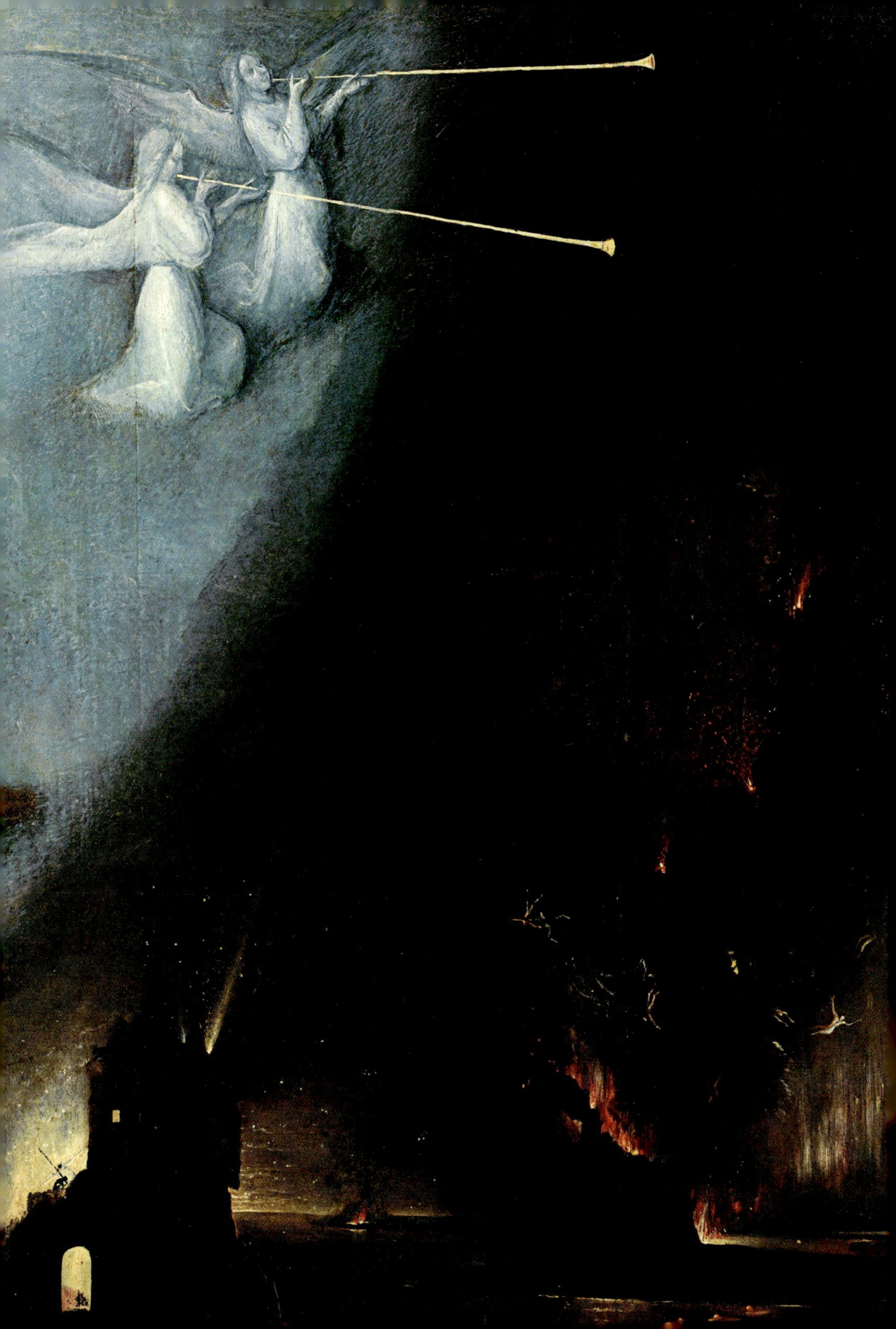

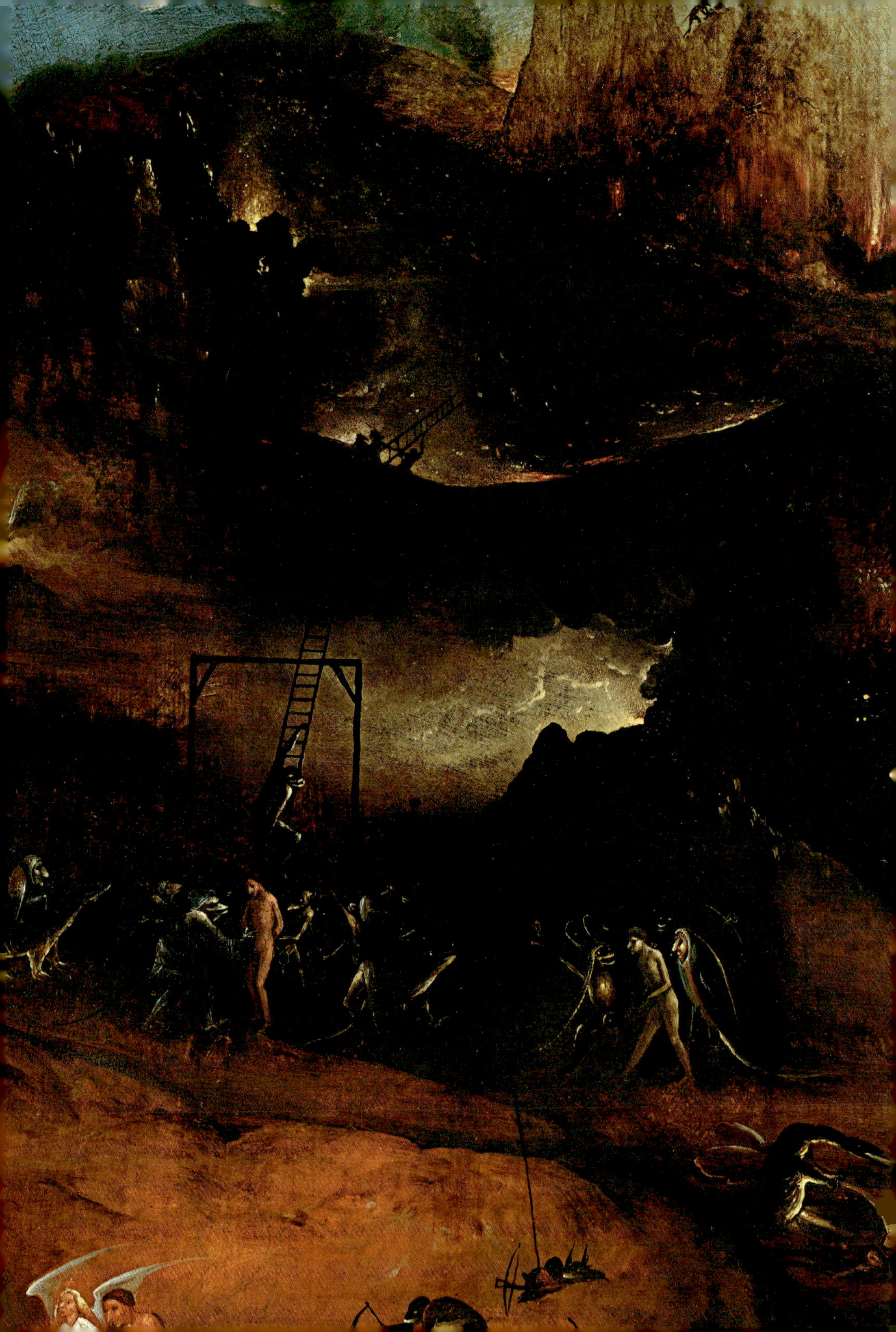

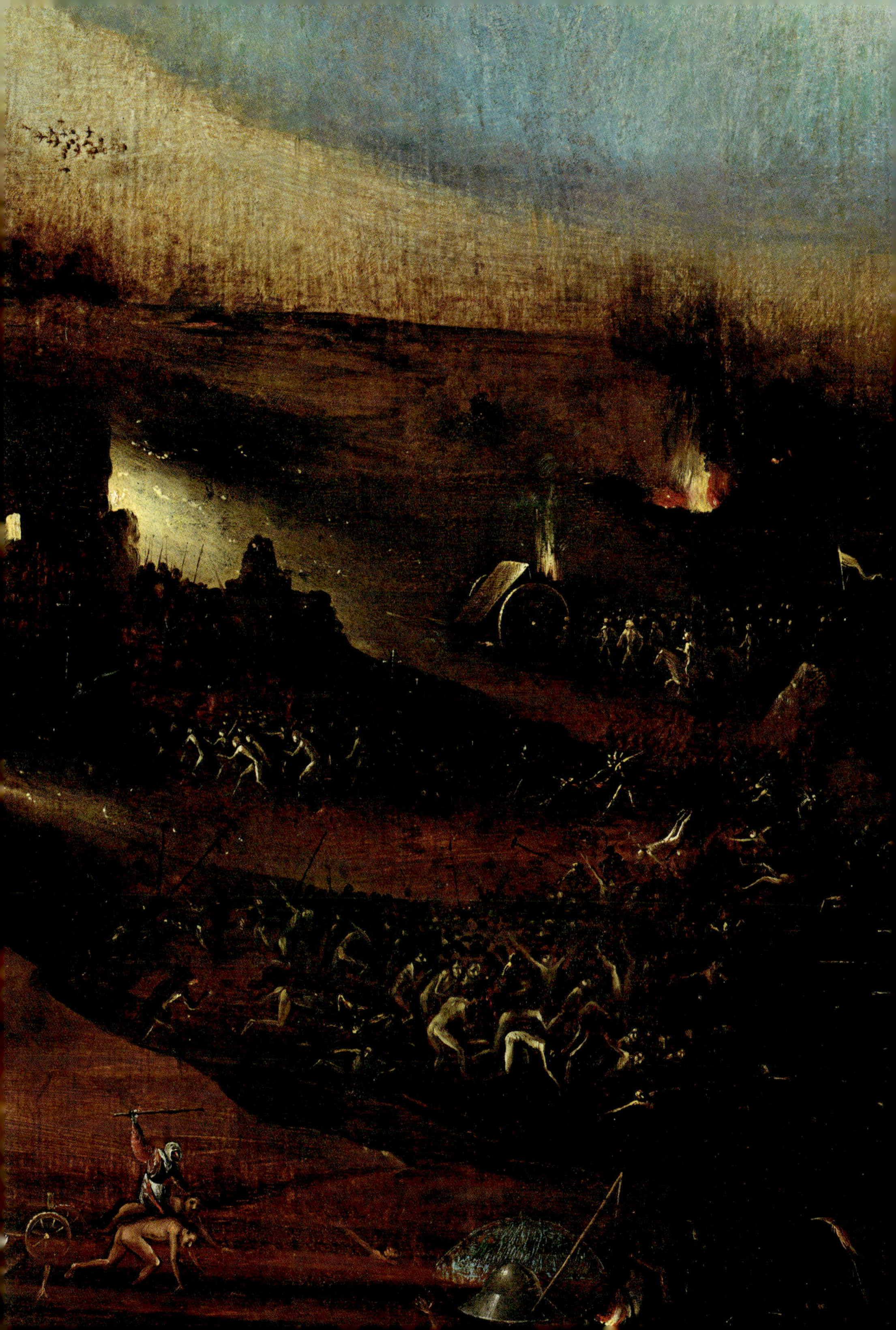

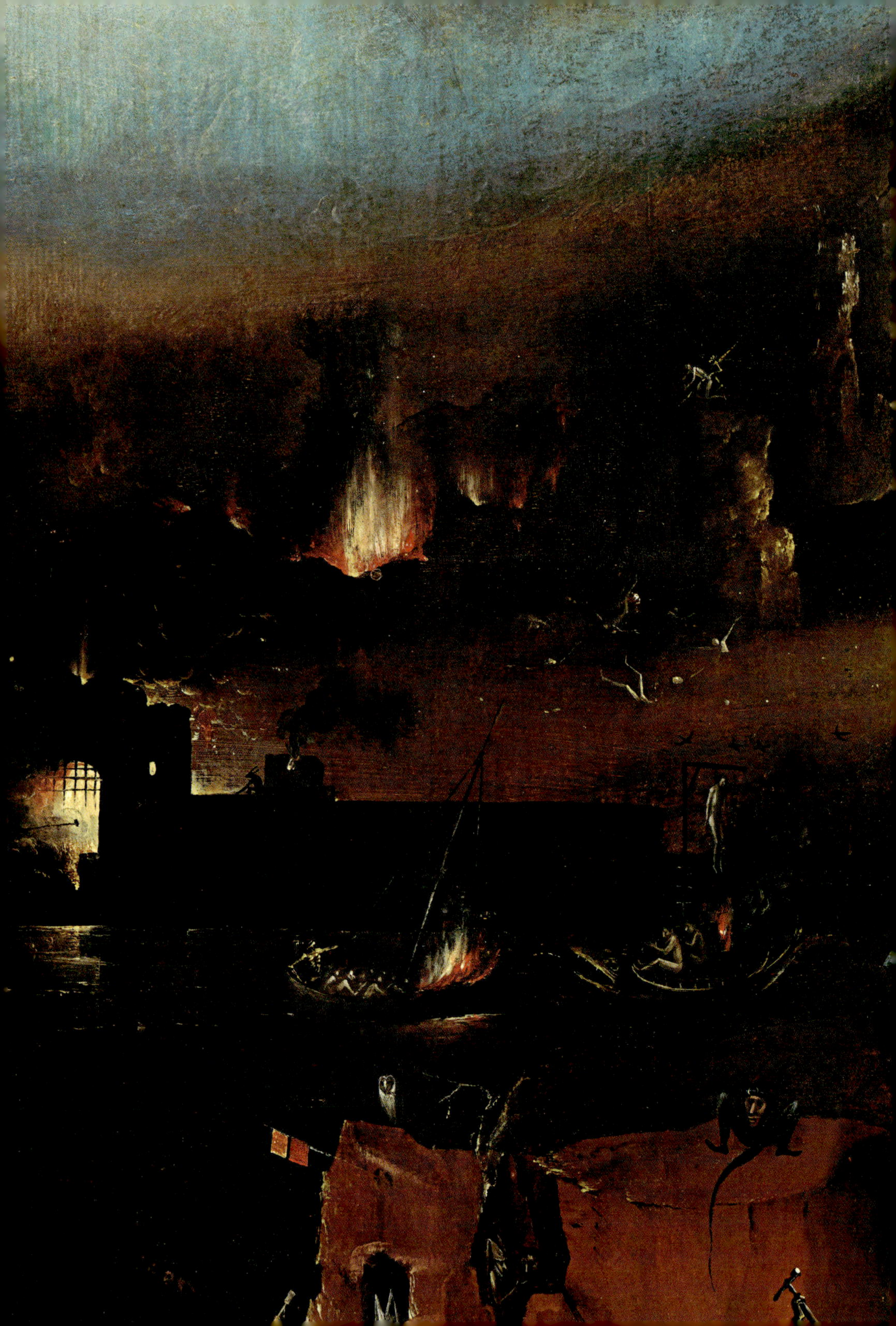

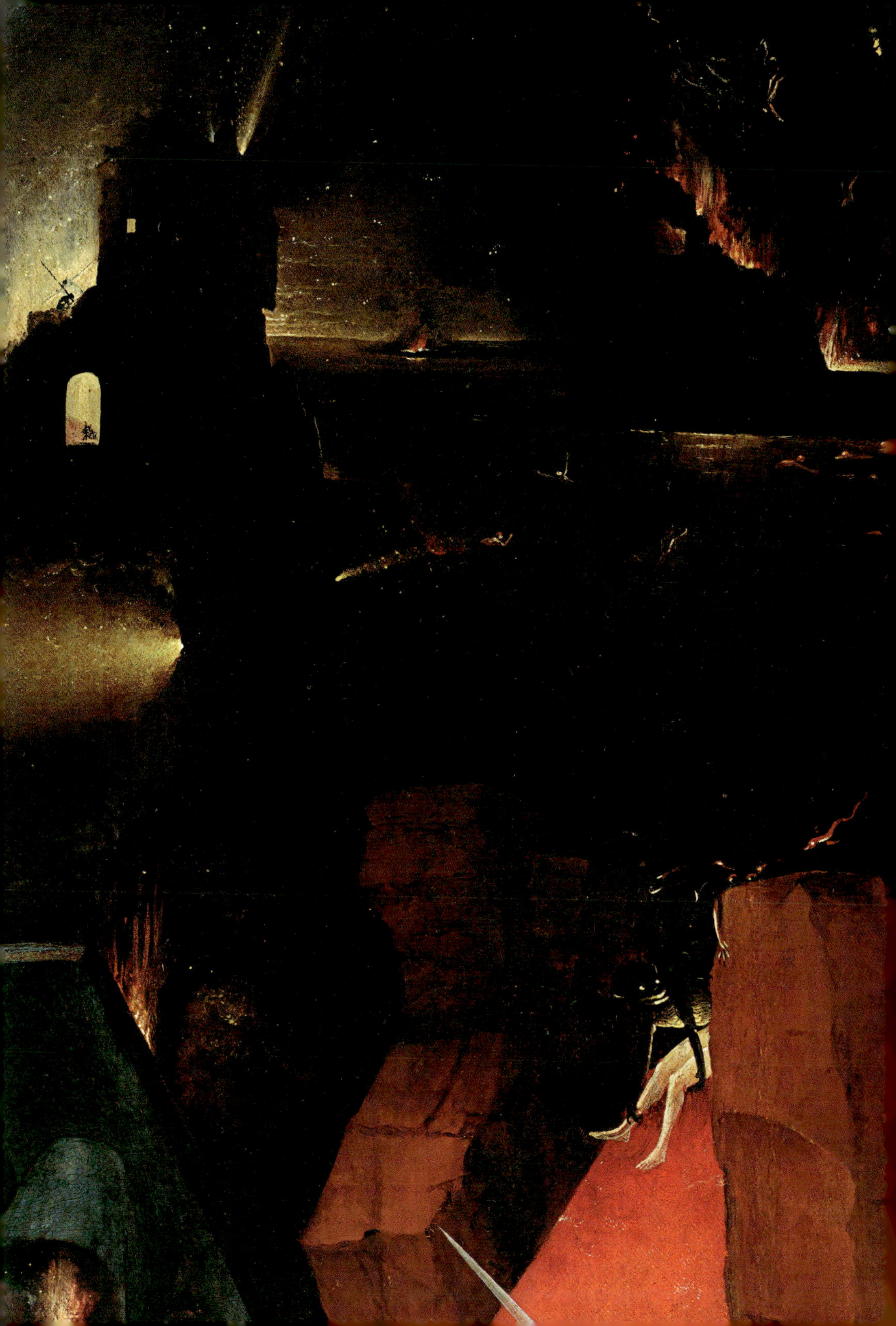

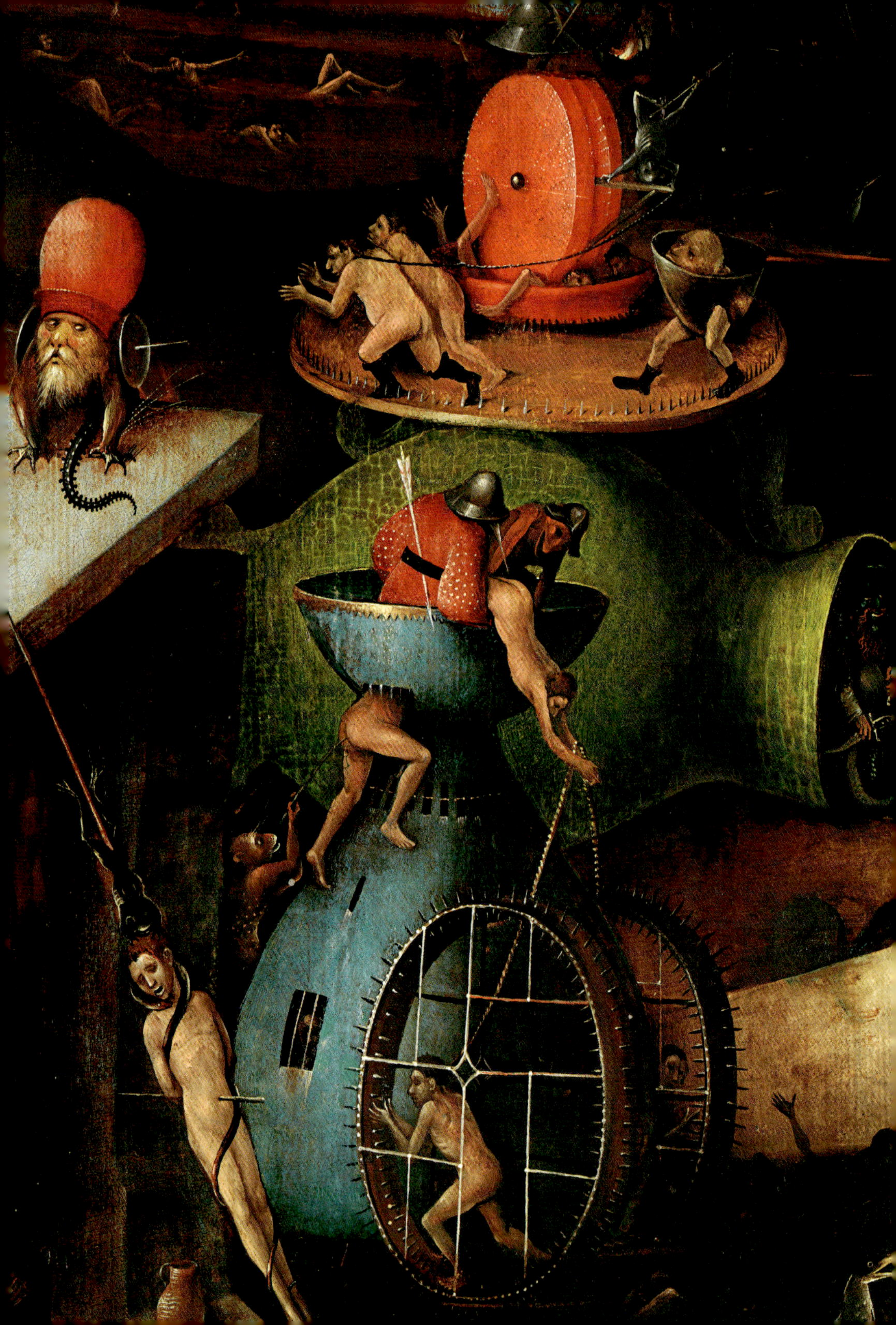

Jheronimus bosch

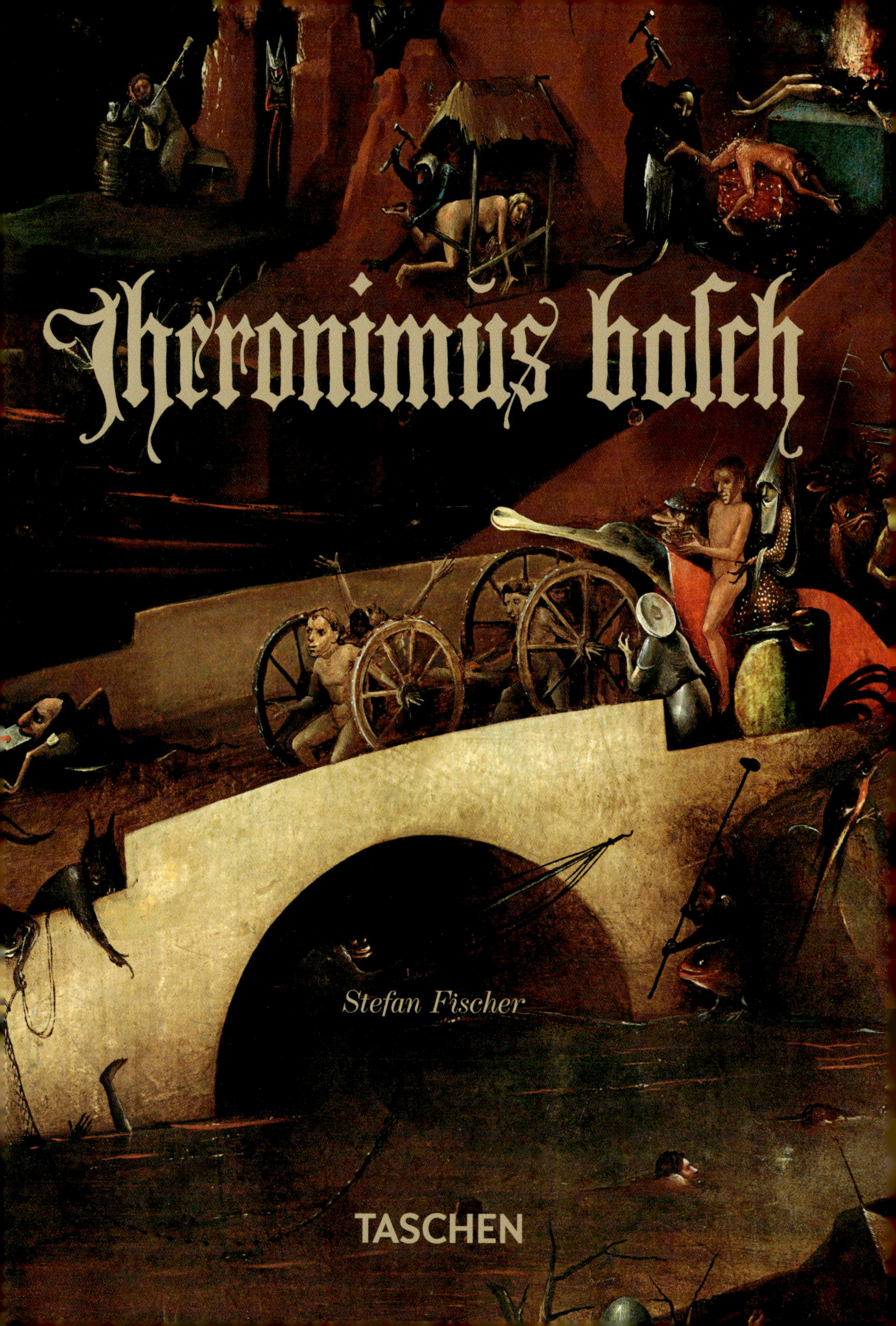

Stefan Fischer

TASCHEN

Inhalt

Bosch-Perspektiven
12

I.
Familiäre Anfänge und erste Werke
1474–1487
18

II.
Sozialer und künstlerischer Aufstieg
1488–1501
34

III.
Im Labyrinth der Bilder: *Die Versuchung des heiligen Antonius*
um 1502
96

IV.
Hochzeitskunst: *Der Garten der Lüste*
um 1503
140

V.
Kunst für den König: *Das Jüngste Gericht*
um 1506
222

VI.
Exemplum docet: Späte Werke
1504–1516
256

Epilog: Rätsel als Vermächtnis
332

Katalog der Gemälde
338

Katalog der Zeichnungen
430

Quellen zu Leben und Werk — 472
Literaturverzeichnis — 484
Register — 503

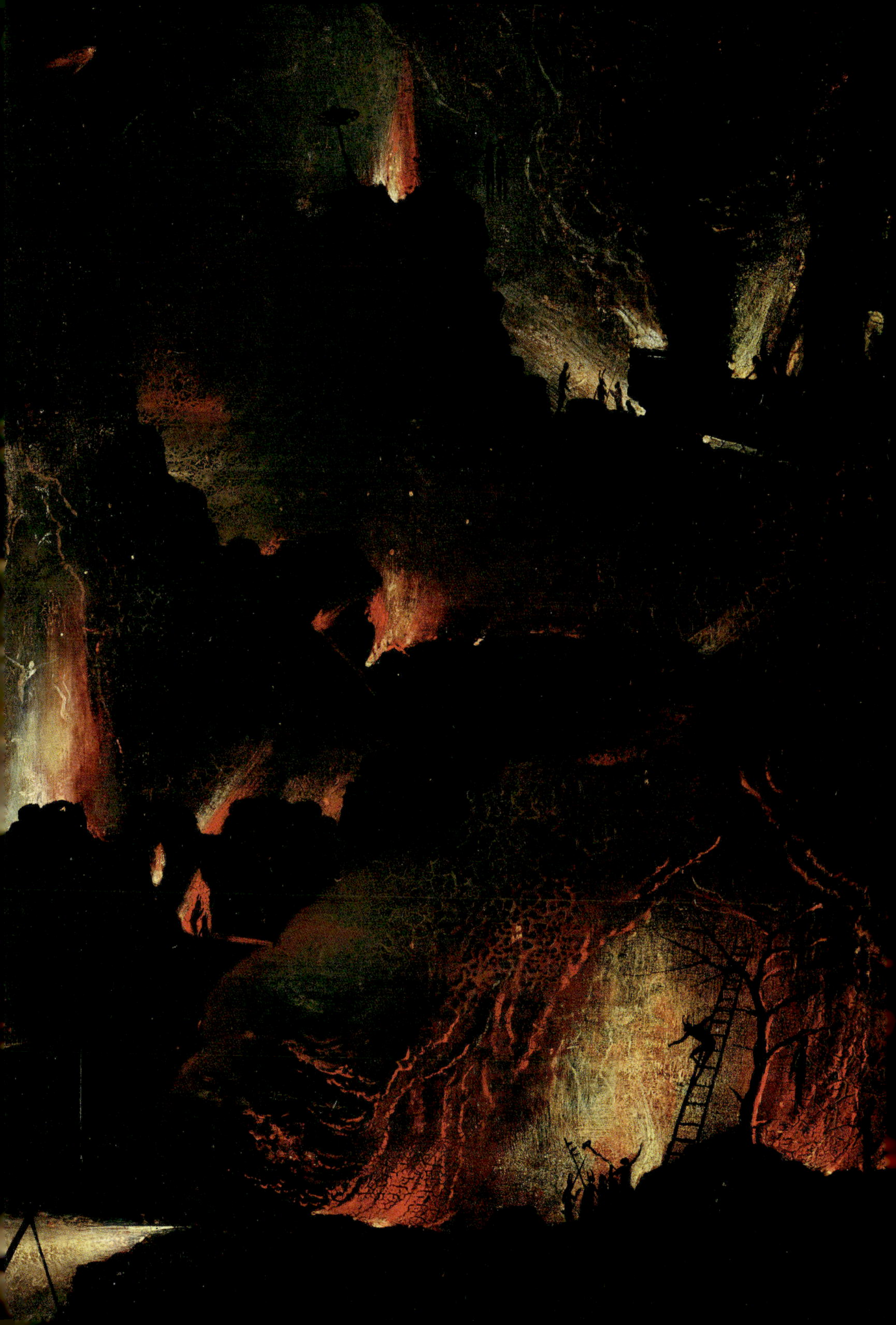

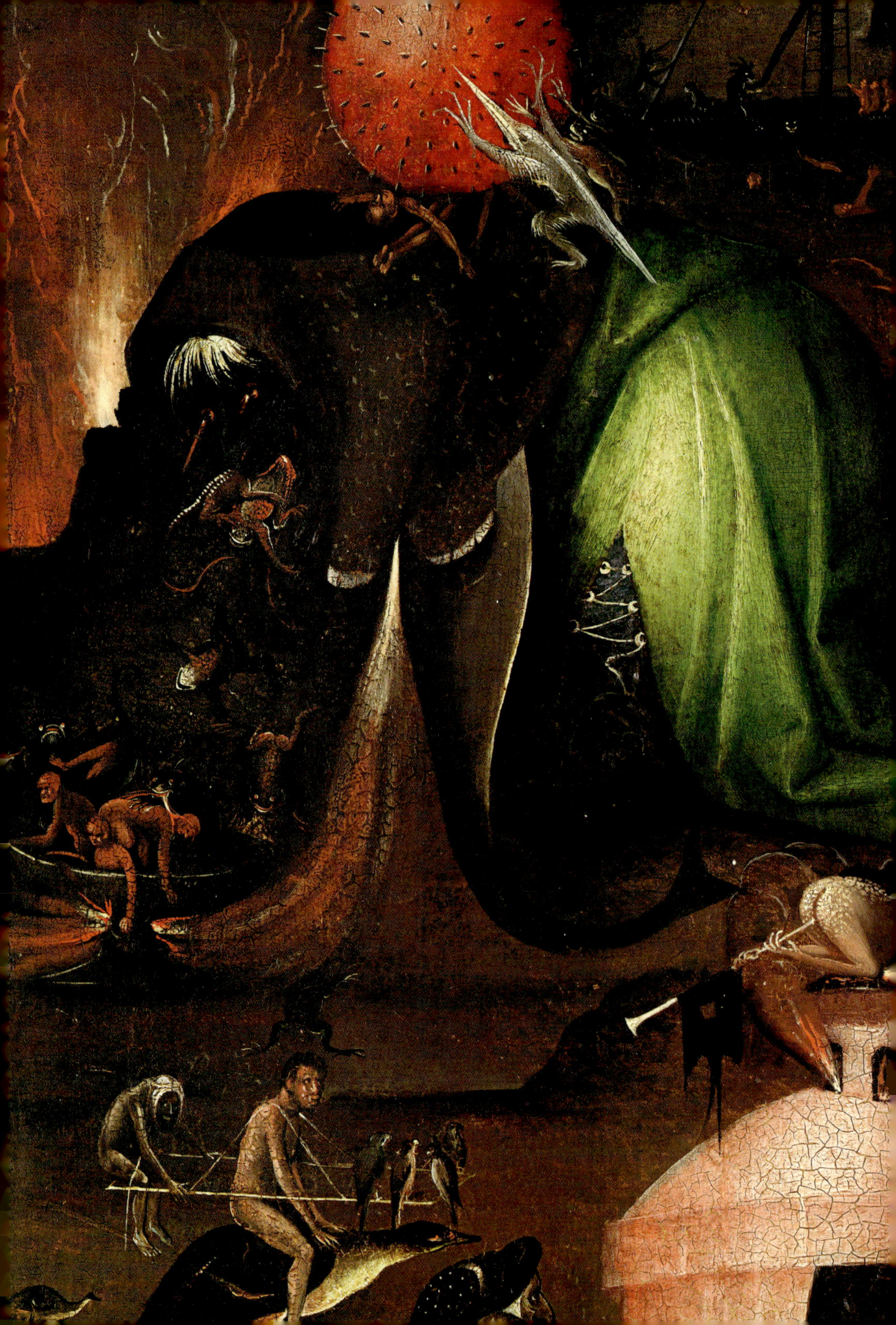

Bosch-Perspektiven

In einer Zeit, die die einen als Spätgotik, die anderen als Frührenaissance bezeichnen, in der die Kunst immer mehr nach Harmonie und Brillanz, Illusionismus und Monumentalität strebte, ging der niederländische Maler Hieronymus Bosch (1450–1516) einen ganz anderen Weg. Mit seinen innovativen, häufig von grotesken Gestalten bevölkerten Bildern religiösen und moralsatirischen Inhalts passt der Künstler aus 's-Hertogenbosch so recht weder in die flämische Tafelmalerei des 15. Jahrhunderts noch in die im Verlauf des 16. Jahrhunderts mehr und mehr von der Renaissance geprägte Bildkunst nördlich der Alpen. Wenn Albrecht Dürer (1471–1528) im Geiste der Renaissance schreibt: „Doch hüte sich ein jeglicher, dass er nichts Unmögliches mache, dass er die Natur nicht verzerre, es sei denn, seine Aufgabe wäre es, ein Traumbild zu fertigen. In solchem darf er alle Dinge durcheinandermischen" (*Vier Bücher von menschlicher Proportion*, 1528, in: Dürer 1956–1969, Bd. 3, S. 283; Schreibweise modernisiert), dann wäre Bosch, da es ihm nicht um die idealisierende Darstellung der Natur ging, ein Maler der Traumbilder. Und so firmierte er tatsächlich über die Jahrhunderte bis heute: als Fantast und als Maler der Träume, auch der Alpträume, als Teufels- und Höllenmaler par excellence – häufig mit der negativen Konnotation des „Unnatürlichen", die schon bei Dürer anklingt.

Die früheste Verteidigung Boschs gegen eine solche verengte Wahrnehmung unternahm der in Flandern aufgewachsene spanische Gelehrte Felipe de Guevara (um 1500–1563) in seinen *Comentarios de la Pintura* (um 1560). Er kritisierte seine spanischen Landsleute, die „jegliche Monstrosität, als etwas außerhalb der Regel des für natürlich Gehaltenen, Hieronymus Bosch zuschreiben und ihn so zum Erfinder der Ungeheuer und Hirngespinste machen" (Guevara 1560, S. 41), und wandte sich dagegen, in dem niederländischen Maler nur den Teufelsbildner zu sehen. Und der zweite bedeutende spanische Bosch-Autor neben Guevara, der Geistliche José de Sigüenza (1544–1606), erkannte die – damals wie heute oft den Betrachter überfordernde – Komplexität und Innovationskraft Boschs in seinem Erstaunen darüber, „dass ein einziger Kopf so vieles hat schaffen können" (de Sigüenza 1605, S. 841).

Über Boschs Leben wusste man lange Zeit sehr wenig. Der Anregung Carl Justis, der 1889 Bosch der modernen Kunstgeschichte zugänglich machte, sich angesichts dieses Befundes mit „den Gemälden [zu] begnügen, um wenigstens über seinen inneren Menschen Vermutungen zu gewinnen" (Justi 1889, S. 122), sind etliche Kunsthistoriker nur allzu bereitwillig gefolgt: Es waren vielleicht auch die Individualität und Rätselhaftigkeit der Bosch'schen Bilderfindungen, die sie zu höchst spekulativen psychologisierenden und geistesgeschichtlichen Deutungen veranlassten. Viele Interpreten wollten Bosch gerne als Outlaw, Avantgardisten, Ketzer oder Geheimbündler sehen. Diese aus heutiger Sicht eher verwunderlichen geistesgeschichtlichen Höhenflüge kann man definitiv als Fehlinterpretationen bewerten, da weder in den Werken Boschs noch in seinem Lebensumfeld oder unter seinen Auftraggebern Katharer, Rosenkreuzer, Astrologen oder Alchimisten nachzuweisen sind. Bosch war auch kein gesellschaftlicher Außenseiter, sondern ihm gelang eine steile Karriere bis in die Reihen der städtischen Elite von 's -Hertogenbosch, die sich in der religiös ausgerichteten Liebfrauenbruderschaft organisierte, und er wusste mit seinen erfindungsreichen Werken auch seine höfischen Auftraggeber zu überzeugen.

Um das Besondere von Boschs Kunst zu fassen, bietet es sich an, innerhalb der Bildtraditionen und Kunstkonzepte des Spätmittelalters die Begriffe des Grotesken (Kayser, Stark, Blank) und der Drolerie heranzuziehen, für den die Zeitgenossen volkssprachliche Wörter wie *grillen, drollen* oder *capriccio* hatten (Vandenbroeck 1987b, Raupp, Kanz). Dies waren Sammelbegriffe für eine „niedere" oder „mittlere" Stillage bzw. für „niedere" Kunstformen, die mal fantastisch, mal genrehaft und moralsatirisch waren und die jedenfalls dem Künstler Gestaltungsräume ließen, um den Betrachter durch Inventionen zu überraschen und zu beeindrucken. Bosch griff diese Tradition der Drolerien auf und überführte sie von der marginalen Bildkunst der Handschriften, Bauplastik und Schnitzerei in die Tafelmalerei. Außergewöhnlich ist, dass er sich dabei vieler Themen bediente, die sich zu seiner Zeit nur in Texten nachweisen lassen, für die es also überhaupt keine Bildtradition gab.

Diese „niederen" Kunstformen eröffneten Bosch völlig neue gestalterische Möglichkeiten, um dem Betrachter moralische Unzulänglichkeiten vor Augen zu führen und ihm den Spiegel vorzuhalten. So schrieb schon Sigüenza, der als innovativer Prediger galt, über Boschs Werke, dass sie „eine groß angelegte Satire auf die Sünde und die Unstetigkeit des Menschen" seien (de Sigüenza 1605, S. 837). Dabei wäre der Hinweis auf das Moralische nicht nur als kirchliche Drohgebärde mit Blick auf das Jenseits, sondern auch als Hilfe für ein gutes Leben im Diesseits zu verstehen, die das Groteske und Parodistische als Vehikel benutzt. In der Kunst dieser Zeit war die Verwendung grotesker und parodistischer Stilmittel allein durch den moralischen Nutzen legitimiert. In diesem, wenn auch nicht im renaissance-humanistischen Sinne war Bosch ein gelehrter Künstler: Seine Kunst selbst ist christlich-humanistische Lehre. Sie zeugt von seiner – sicherlich nicht allein im privaten Selbststudium angeeigneten – differenzierten Kenntnis biblischer Stoffe und der Heiligenviten, aber auch der mittelalterlichen (Tier-)Symbolik, eine Kenntnis, die es ihm ermöglichte, seine Bildthemen geistig zu durchdringen und die Bilddetails so gezielt zu setzen und zu kombinieren, dass er zu einzigartigen ikonografischen Innovationen gelangte.

Bosch machte das moralsatirisch Groteske, eine im Verlauf des 15. Jahrhunderts in Bild und Schrift immer breiter erscheinende Kunstäußerung, zu seinem Markenzeichen, ja er trug entscheidend dazu bei, dass es sich als dauerhafte Stilrichtung bzw. Kunstgattung etablieren konnte. So schlägt Kayser in seinem grundlegenden Werk *Das Groteske* einen Bogen über die Jahrhunderte hinweg, wenn er über die Werke von Bosch und Pieter Bruegel d. Ä. (um 1525/30–1569) schreibt: „Es geht uns vor ihren Höllen- und Abgrundvisionen wie vor den Bildern und Blättern Goyas" (Kayser 1960, S. 13). Diese epochenübergreifende Einordnung ließe sich sicher bis in die Moderne fortschreiben. Tatsächlich erweist sich das Groteske und Hybride bis heute als ein universelles transkulturelles Prinzip, das Bosch über Kultur- und Sprachgrenzen hinaus interessant macht.

Darüber hinaus wäre Boschs Bedeutung für die Entwicklung der Landschafts- und der Genremalerei angemessen zu würdigen. Der Künstler war ein genauer Beobachter seiner Umwelt und zeigt in vielen Bildern Gegenstände und Verhaltensweisen aus dem Alltag, die auch für Volkskundler von Interesse sind. Dass er auch in der „hohen" Stillage brilliert, zeigt sich in seinen Christus- und Heiligendarstellungen, denen er eine neue Intensität verleiht. Indem er die Heiligen weniger als traditionelle Schutzpatrone, sondern eher als vorbildliche Exempla gestaltet, erweist er sich künstlerisch und intellektuell auf der Höhe des vorreformatorischen Diskurses: Nicht eine „abergläubische" Frömmigkeit, sondern die Orientierung an gebildeter, gelehrter christlicher Sittlichkeit spricht aus solchen Bildern.

Dieses Buch versucht neben der Lebenswirklichkeit Boschs und der Interpretation seiner Werke besonders einen Einblick in die Werkstattarbeit, d. h. den sowohl materiellen wie geistigen Schaffensprozess zu geben, wozu auch zahlreiche Bildvergleiche nicht nur innerhalb des Mediums der Tafelmalerei gemacht werden.

Seite 12, 17
Das Jüngste Gericht (Details), um 1506
Rechter Innenflügel: **Die Hölle**
(siehe Abb. S. 254/255)

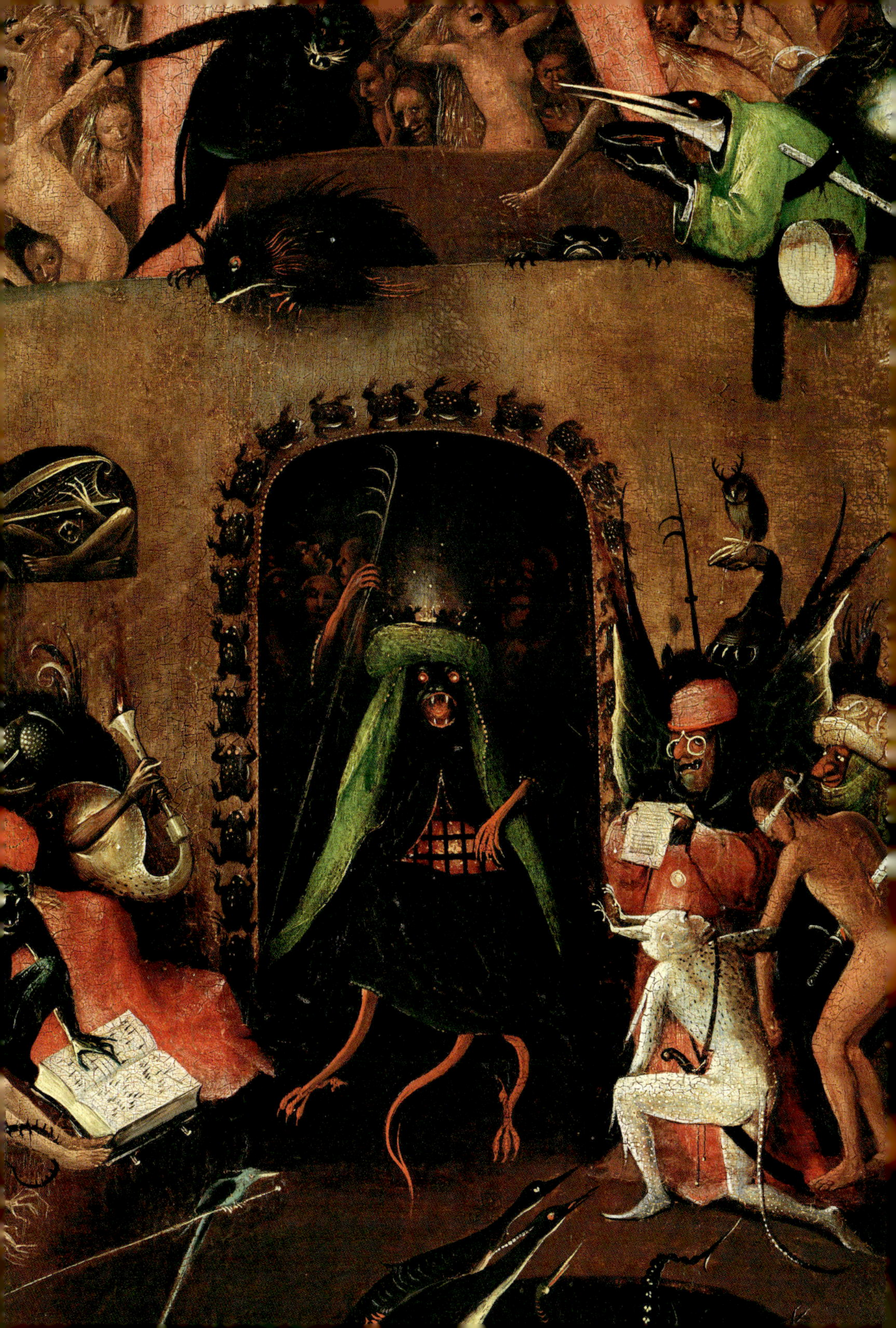

I.

Familiäre Anfänge und erste Werke

1474–1487

*„Bosch ist vollkommener Visionär ...
Sein Werk tauchte aus der
Vergessenheit auf, und erneut stellt es die
Grundlagen der Malkunst in Frage.“*

ANDRÉ BRETON, 1957

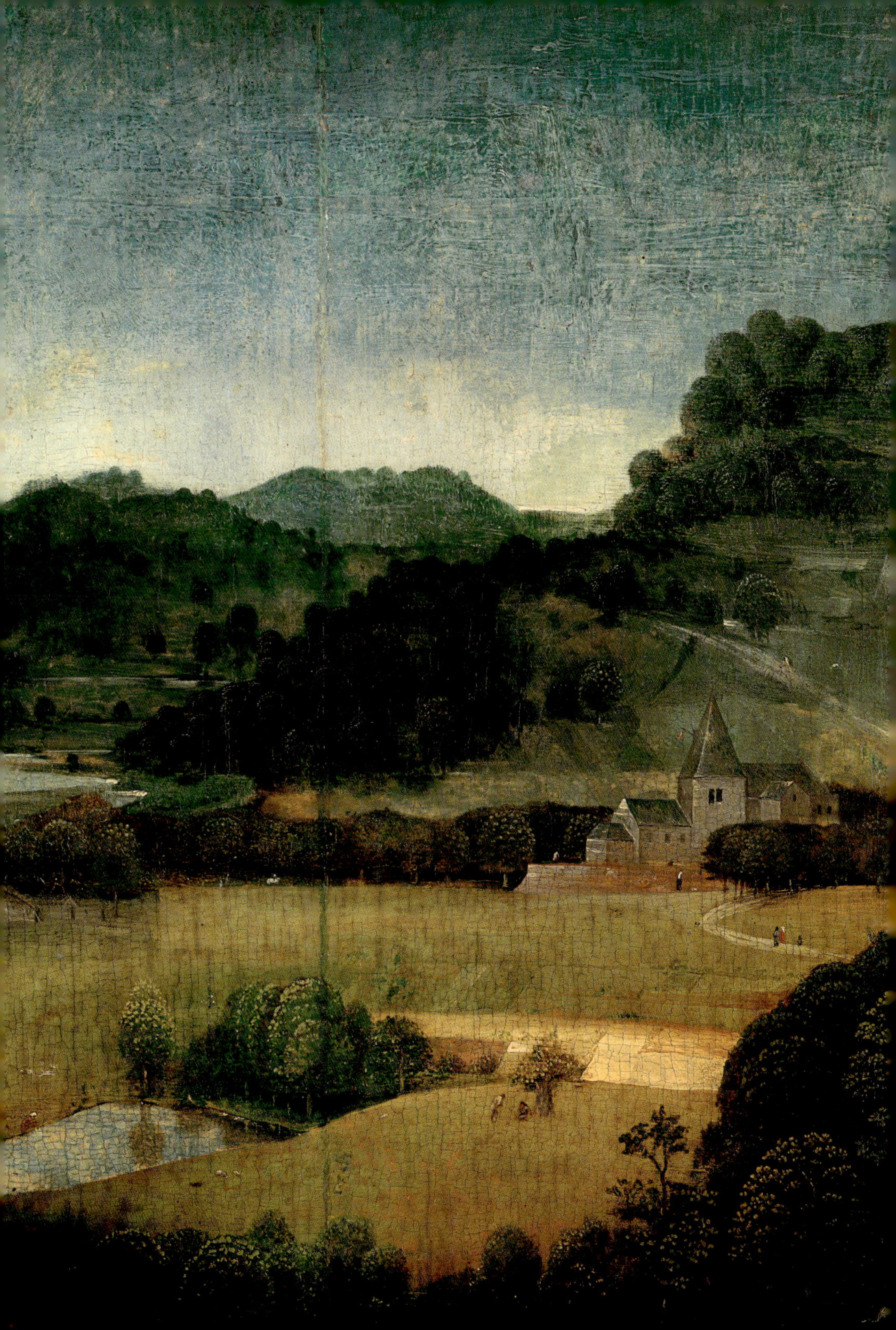

Bei kaum einem Maler ist der Drang größer, sich eine Vorstellung vom Menschen zu machen, als bei Hieronymus Bosch. In seinem Begleittext zur Stichfolge von 23 Porträts berühmter niederländischer Maler (*Pictorium aliquot celebrium Germaniae inferioris effigies*) konstatierte der Humanist, Dichter und Maler Dominicus Lampsonius (1532–1599) ganz im Sinne der Renaissance, dass zum einen ein schöner Mensch schöne Malerei hervorbringe, während düstere und disharmonische Bilder auf einen misslaunigen, melancholischen Menschen zurückzuführen seien, und dass zum anderen selbst Hölle und Ungeheuer bei Bosch glaubhaft erschienen, weil sie aus eigener Anschauung der Unterwelt nachgebildet seien: „Hieronymus Bosch, was für ein Geheimnis verbirgt dein faszinierter, aber wie entgeisterter Blick? Woher rührt es, dass dein Gesicht so fahl ist? Soll ich annehmen, dass die Lemuren sich deinem Blick dargeboten haben, dass ihre Gespenster mit Flügelschlägen aus dem Erebus bis zur dir hinaufgefahren sind? Ich wäre eher geneigt anzunehmen, dass der gierige Pluto dir freien Zutritt über die Hölle zu seinem finsteren Wohnsitz gewährte. Was auch immer dein durchdringender Geist, dein tiefer Sinn für unsere Geschicke dir dort offenbart haben mögen, wie hat doch deine Meisterschaft erfindungsreich versucht, es uns begreiflich zu machen!" (zitiert nach der deutschen Übersetzung von Marijnissen 1988, S. 23). Das Porträt (S. 23) zu diesem Gedicht, geschaffen durch Cornelis Cort (1533–1578) nach einer unbekannten Vorlage, zeigt – wie auch die anderen mutmaßlichen Bildnisse Boschs (Gerlach 1988, van Dijck 2001b) – einen hageren, fast asketisch wirkenden Mann, der dem Bild eines Malers religiöser oder fantastisch-finsterer Themen entspricht und daher ebenso gut ein Idealporträt sein könnte.

Ungeachtet der Wirklichkeitstreue der Porträts und der Authentizität solcher Psychogramme, wie sie in der Folgezeit wiederholt entworfen wurden, haben die Forscher bei der Zusammenstellung der zahlreichen Urkunden über sein Leben nichts Aufregendes herausfinden können, auch nichts, was seine Kunst unmittelbar erklärt (Tolnay, Cinotti, Gerlach, van Dijck, Vandenbroeck, Vink; Gorissen 1973, S. 1134–1138). Entgegen seiner späteren internationalen Bekanntheit und seiner überzeitlich wirkenden Bilderfindungen war Bosch, wie die Quellen zeigen, seiner Heimatstadt eng verbunden, in der er die wesentliche Zeit seines Lebens oder sogar sein ganzes Leben verbrachte: Keine Urkunde belegt einen anderen Aufenthaltsort. Hieronymus Bosch, der eigentlich Jheronimus van Aken hieß, wuchs in 's-Hertogenbosch inmitten der nur lokal bedeutenden Malerfamilie

Seite 19
Der heilige Hieronymus in der Einöde (bei der Buße) (Detail), um 1485–1490
(siehe Abb. S. *29*)

Seite 21
Kreuzigung mit Heiligen und Stifter, um 1485–1490
Öl auf Eichenholz, 74,7 x 61 cm. Brüssel, Musées royaux des Beaux-Arts de Belgique

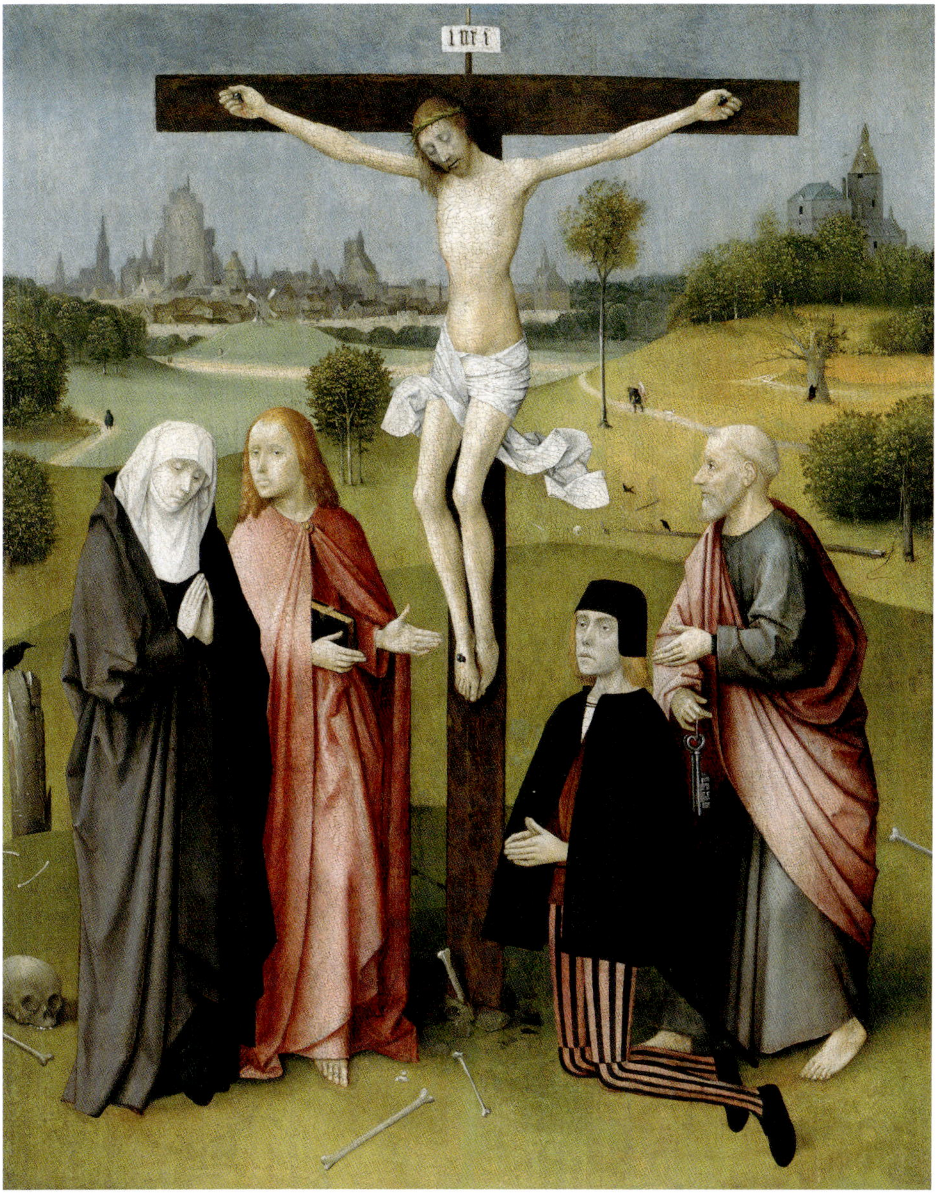

van Aken auf, die kaum in Werken, sondern fast nur in Urkunden nachweisbar ist. Die van Akens lebten spätestens seit 1427 in ’s-Hertogenbosch im Norden des Herzogtums Brabant, davor ist die Familie zwischen 1404 und 1422 im etwa 40 km entfernten Nijmegen (dt. Nimwegen) im benachbarten Herzogtum Geldern nachweisbar. Kunsthistorische Bedeutung hatte Nimwegen in dieser Zeit als Heimatort der Brüder Limburg, der berühmten Buchmaler (geb. zwischen 1375 und 1385, alle drei gest. 1416), und ihres Onkels Jan Maelwael (gest. 1415), der seine Neffen nach Frankreich an den Hochadel vermittelt hatte und selbst dort tätig war. Warum die van Akens fortzogen, ist unklar, doch sollte sich diese Entscheidung zumindest für einige Mitglieder der Familie als richtig erweisen.

Als Begründer der Malerfamilie und der Werkstatt van Aken in ’s-Hertogenbosch kann Johannes Thomaszoon van Aken (um 1380–1454) gelten (van Dijck 2001a, S. 14–20, 141–157). Er hatte fünf Söhne, die alle Maler wurden: Thomas (um 1407–1462), Johannes (um 1413–1471), Hubert (1415–1463) und Goessen van Aken (um 1418–1467) sowie den Vater von Hieronymus Bosch, Antonius van Aken (um 1420–1478). Aus den überlieferten Urkunden folgt, dass Boschs Großvater vor Mitte des 15. Jahrhunderts der wichtigste Maler in der Stadt war. Nachdem er mit seiner Frau im Rechnungsjahr 1430/31 – dessen Anfangs- und Endtermin der 24. Juni markierte – Mitglied der „Klerikerbruderschaft unserer Frau“ (im Folgenden: Liebfrauenbruderschaft) von ’s-Hertogenbosch geworden war, führte Johannes Thomaszoon van Aken 1431/32 für diese bedeutendste Organisation der Stadt, in der sich die geistige, religiöse, wirtschaftliche und politische Elite zusammengeschlossen hatte, Arbeiten an einer Figurennische der heiligen Anna sowie einer Monstranz aus und vergoldete und verschönerte Prozessionsbekleidung und -attribute der Bruderschaft. Vier Jahre später schuf er wohl für ihre Kapelle gegen einen hohen Betrag eine Tüchleinmalerei – eine fragile und daher heute selten erhaltene Malerei auf nicht grundiertem Tuch – mit der heiligen Maria Aegyptiaca und reparierte den herabgefallenen goldenen Kronleuchter. Weitere Aufträge betrafen das Malen und Reinigen von Gemälden der Heiliggeisttafel, des städtischen Armenhauses. In der Hauptkirche Sint-Jan in ’s-Hertogenbosch findet sich – neben verschiedenen, noch keinem Künstler zugeschriebenen Gewölbemalereien – im sog. Bacx-Chor das aufschlussreiche Wandgemälde einer *Kreuzigung mit Stiftern* (S. 27), dessen Maler in der Werkstatt van Aken gesucht wird und das in der formalen Gestaltung in mehrerlei Hinsicht mit Boschs späterer *Kreuzigung mit Heiligen und Stifter* (S. 21, Kat. 1) übereinstimmt. Als Stifter wurde Willem Jacobs van Wijck alias van der Wyel identifiziert, der auf dem Bild links vom Kreuz in Rot erscheint (van Dijck 2001a, S. 18 ff.). Gegenüber ist seine 1444 verstorbene erste Frau Katharina van Driel abgebildet, die in der Bildinschrift mit der Aufforderung, ihrer Seele zu gedenken, erwähnt wird. Es folgen die zweite Frau des Familienoberhaupts sowie die Töchter. Das Wandgemälde entstand kurz nach 1452, als der älteste Sohn die Profess ablegte (er

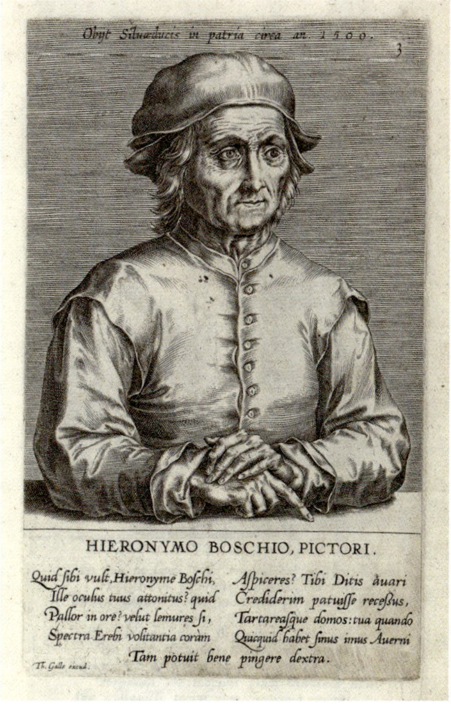

erscheint im Bild bereits als Franziskaner in grauer Kutte mit Tonsur hinter dem Vater), und bevor eine Tochter aus der neuen Eheverbindung Nonne im Birgittenkloster wurde. Als Schöpfer kommt demnach der 1454 gestorbene Großvater Boschs, Johannes Thomaszoon van Aken, gerade noch in Frage. Denkbar ist ebenso sein Sohn Goessen van Aken, ein Onkel Boschs, der – anders als seine Brüder – für die oben genannten Einrichtungen wie auch für Sint-Jan vor der Entstehungszeit des Wandgemäldes der *Kreuzigung* zwischen 1438 und 1451 nachweislich als Maler aktiv war (van Dijck 2001a, S. 25–26 und 149–156). Die „Maler-Dynastie" van Aken erreichte im Verlauf des 15. Jahrhunderts in der Stadt also einen gewissen künstlerischen Rang und lebte in der Generation von Boschs Vater in gesicherten finanziellen und auch sozialen Verhältnissen. Zum Beispiel nahmen 1460/61 zwei Onkel Boschs, Thomas und Johannes van Aken, teil am regelmäßigen Passionsspiel der Rhetoriker-Gilde *passiebloem* (Passionsblume). Sie war der Liebfrauenbruderschaft verbunden, der wiederum die meisten van Akens angehörten. Boschs Vater Antonius van Aken, von dem künstlerische Tätigkeiten kaum nachweisbar sind, wohnte seit 1462 mit seiner Familie immerhin an der Ostseite des Marktes neben vielen anderen Handwerkern, einem Fleischer, einem Kannengießer und einem „lakenscheerder" (Tuchscherer oder Tuchhändler) in einem eher kleinen bis mittelgroßen steinernen Haus (mit der heutigen Nummer 29).

Dort wächst der später unter dem Namen Hieronymus Bosch berühmte Jheronimus, umgangssprachlich Jeroen oder auch Joen genannt, als viertes von fünf Kindern und als dritter Sohn des Antonius und der Aleid van der Mynnen (um 1430 – zwischen 1455 und 1476) auf. Über seine ersten etwa zwanzig Lebensjahre ist praktisch nichts bekannt. Ein einschneidendes Erlebnis war möglicherweise der verheerende Stadtbrand

Cornelis Cort, **Hieronymus Bosch**, um 1572
aus: Dominicus Lampsonius, *Pictorium aliquot celebrium Germaniae inferioris effigies*, Antwerpen 1572, fol. 3
Kupferstich, 20,8 x 12,3 cm. Rotterdam, Museum Boijmans Van Beuningen

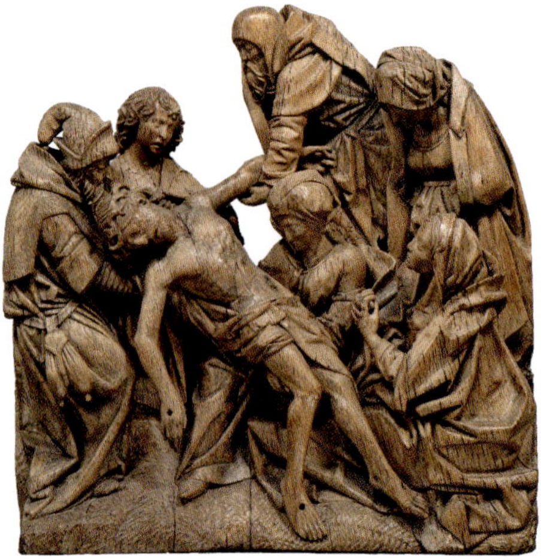

von 's-Hertogenbosch am 13. Juni 1463, der auch das elterliche Haus zerstörte. Zahlreiche Urkunden offenbaren Informationen zu seiner Person, die auch eine Vorstellung von seinem sozialen, kulturellen und geistigen Umfeld geben. Die erste Akte über Hieronymus stammt vom 5. April 1474 und vermeldet seine Zustimmung sowie die der Brüder und des Vaters zur Verpachtung von Land durch seine Schwester Katharina. Dies zeugt von einer relativen Mündigkeit des Hieronymus, also von einem Alter von mindestens 18, aber nicht notwendigerweise 24 Jahren, da diese Grenze zum Erwachsensein im 15. Jahrhundert noch nicht festgeschrieben war. Die Geburt Boschs kann so zwischen 1450 und 1456 eingegrenzt werden. 1475/76 lässt sich der angehende Maler vermutlich erstmals in einem künstlerischen Zusammenhang nachweisen, nämlich als Mitarbeiter der väterlichen Werkstatt. Sein Vater Antonius van Aken traf, von seinen Söhnen begleitet, zusammen mit den beiden Vorstehern und anderen Mitgliedern der Liebfrauenbruderschaft im Weinhaus des Jan Maess den angesehenen Utrechter Bildhauer Adriaen van Wesel (um 1417 – zwischen 1490 und 1499), um sich mit ihm zu beraten. Es ging um den Entwurf und die Vertragsbedingungen für das Altarretabel, das ein im Stadtbrand 1463 zerstörtes ersetzen sollte. Den üppigen Betrag von 25 Stuiver (= 1 ¼ Gulden) gab die Bruderschaft für die Verköstigung der Teilnehmer aus, mit der der Vertrag auf gewohnte Weise besiegelt wurde (Unverfehrt 2003, S. 56). 1477 lieferte van Wesel vertragsgemäß das noch ungefasste Altarretabel (S. 24, 38) und erhielt über die vereinbarte hohe Summe von 350 Gulden hinaus noch einen Aufschlag von 36 Gulden, weil die Auftraggeber mit seiner Arbeit so zufrieden waren. Der Auftrag an van Wesel war ein wichtiger Schritt, um Kunst von Rang nach 's-Hertogenbosch zu holen. Wie hoch geschätzt die Schnitzwerke des Bildhauers waren, zeigt sich u. a. daran, dass er etwa zehn Jahre später für ein größeres Altarretabel in Delft 1000 Gulden erhielt, was dem 15- bis 20-Fachen des Jahreslohns eines Handwerksmeisters entsprach.

Adriaen van Wesel, **Kreuzabnahme**, 1477
Fragment des Liebfrauenbruderschaftsretabels-Holz, 49,5 x 49,5 cm
Berlin, Staatliche Museen, Bode-Museum, Skulpturensammlung

Hochzeit als Türöffner

Wie lange und intensiv Boschs Tätigkeit in der väterlichen Werkstatt war, ob er in den folgenden Jahren bis 1480 eine – zu dieser Zeit allerdings noch nicht obligatorische – Wanderschaft unternahm oder höhere Bildung genoss, kann nur vermutet werden. Ein entscheidender Faktor in Boschs Leben war, dass er die begüterte Kaufmanns- und Patriziertochter Aleid van der Mervenne (um 1450–1522/23) ehelichte. Die Hochzeit muss irgendwann zwischen dem 24. Juli 1480 und dem 15. Juni 1481 stattgefunden haben, da die beiden in den entsprechend datierten Urkunden jeweils noch nicht bzw. schon als Eheleute bezeichnet werden. Genau in diesem Zeitraum verkaufte Bosch seinen Anteil am elterlichen Haus an den ältesten Bruder Goessen (gest. 1495) und zog aus: Goessen übernahm als ältester Sohn das väterliche Haus mitsamt Werkstatt und den Meistertitel. Bosch zog in das Haus seiner ständisch höhergestellten Ehefrau und baute dort eine Werkstatt auf. Er ist fortan ein selbstständiger Maler und wird in den Urkunden als *maelre*, *maelder*, *scilder* oder *pictor*, aber nie als Meister bezeichnet. Das Zusammenfallen von Hochzeit, eigenem Heim und der Befähigung, eigenständig eine Werkstatt zu führen, war allgemein üblich und von der jeweiligen Handwerksgilde bzw. dem Stadtrat so festgelegt. Aleid war mindestens so alt wie ihr Mann, denn sie trat schon 1471 geschäftstüchtig in Erscheinung. Sie brachte neben Landgütern das Haus *Inden Salvatoer* mit in die Ehe, in welches das Paar spätestens 1483 umzog (Vink 2001, S. 90; van Dijck 2001a, S. 46–47). Damit hatte Bosch eigenen Besitz und dazu einen Standort am Markt und in Rathausnähe, während andere Maler sich eigene Häuser erst nach 1500 und in weniger gesuchten Vierteln leisten konnten (Vink 2001, S. 30–35). Von diesem Gebäude, Adresse Markt 61, stehen heute nur noch die Seitenmauern und der Keller; die Kellergewölbe sind öffentlich zugänglich. Durch Aleid, deren Eltern bereits einige Jahre zuvor verstorben waren, verbesserte sich nicht nur Boschs ökonomischer Status, da er nun Besitzer von Haus und Land war, auch seine sozialen Verbindungen wurden aufgewertet. So gehörte die Familie van der Mervenne alias Brants den unternehmenden Kaufleuten an (van Dijck 2001a, S. 45 und 88). Der Großvater Aleids war Notar, Jurist und Stadtsekretär von 's-Hertogenbosch gewesen, unter ihren nahen Verwandten finden sich ein Rentmeister, ein Kanoniker und Prior, mehrere Nonnen, ein Pfarrer und ein Universitätsstudent.

Während seine Ahnen und Brüder vor allem Schuldner waren, wurde Bosch durch seine Heirat zum Empfänger von umfangreichen Geld- und Sachleistungen. Zwischen 1481 und 1483 verkaufte das Paar Anteile an einem Gut sowie zwei Parzellen Land, die in der weiteren Umgebung von 's-Hertogenbosch lagen, wohl um Mittel für den Aufbau der Werkstatt und des Haushaltes zu erhalten. Im Juli 1484 erbte Aleid von ihrem verstorbenen Bruder Goyaert das Landgut Ten Roedeken. Aus dem in der Pfarrei Oirschot, 25 km südlich von 's-Hertogenbosch bei Eindhoven gelegenen Gut konnte das Paar weitere Einnahmen erzielen, und Bosch erhielt dafür lebenslangen Nießbrauch eingeräumt (van Dijck 2001a, S. 173).

Just in der Zeit, als Hieronymus Bosch zum selbstständigen Maler und Vollbürger wurde, kreuzte sich sein Weg ein erstes Mal mit dem zweier Repräsentanten von Fürstenfamilien, die seinen Aufstieg zu einem der berühmtesten europäischen Maler ermöglichen sollten: Der noch nicht einmal dreijährige Philipp der Schöne (1478–1506), Sohn Maximilians I. von Habsburg, sowie Engelbert II. von Nassau (1451–1504), Onkel Heinrichs III. von Nassau-Breda (1483–1538), weilten im Mai 1481 in ’s-Hertogenbosch, als dort das erste und einzige Mal der hochadlige, höfisch-ritterliche Orden vom Goldenen Vlies tagte, der von den Habsburgern angeführt wurde, seitdem das Burgunderreich wenige Jahre zuvor zerfallen war.

Erste Werke

Erste Werke bzw. künstlerische Aktivitäten von Hieronymus Bosch sind erst in einer Zeit nachweisbar, als er über dreißig Jahre alt war. Als sein frühestes erhaltenes Werk gilt die *Kreuzigung mit Heiligen und Stifter* (S. 21, Kat. 1), die vermutlich in den späten 1480er Jahren entstand. Es zeigt die Kreuzigung Christi gemäß der Darstellungstradition als Stifterbild mit einer hierarchisch angelegten Fürbitte. Ganz unten in der Hierarchie kniet zu Füßen Christi rechts der Stifter mit zum Beten aneinandergelegten Händen, bekleidet mit einer rot-schwarz längs gestreiften Hose, weißem Hemd, rotem Wams, schwarzem Cape und schwarzer Kappe. Dicht hinter ihm steht sein Namenspatron, der heilige Petrus mit dem Schlüssel zur Himmelspforte, der mit der linken Hand auf seinen Schützling weist und zu den beiden Heiligen auf der gegenüberliegenden Seite der Kreuzigung empfehlend hinüberschaut. Dort steht der heilige Johannes der Apostel, der Lieblingsjünger Jesu (Joh 19,25–26), in rotem Gewand, der das Gesuch der Fürbitte in ruhiger Geste vertraulich an die neben ihm stehende Maria weitergibt. Die Muttergottes hat die Augen andächtig geschlossen und den Kopf leicht geneigt und betet bereits, um sich für den Stifter des Bildes bei ihrem Sohn einzusetzen. Um die weit nach vorne zum Betrachter hin platzierte Figurengruppe herum finden sich verstreut einige Zeichen des Todes wie Knochen, einen Schädel, Baumstümpfe und aasende Vögel, wohl Krähen, die auf Golgatha, die Schädelstätte, verweisen. Dahinter erstreckt sich eine leicht hügelige grüne Landschaft mit Wegen und teils winzig klein gemalten Wanderern bis zur weitgehend zeitgenössisch gehaltenen Stadtsilhouette am Horizont. Dazwischen verstellen bzw. rahmen einige Bäume den Blick. Ein Gebäudekomplex mit Turm am rechten Bildrand sowie eine Bockwindmühle links setzen optische Akzente.

Zwar sind der ursprüngliche Aufstellungsort und der konkrete Funktionszusammenhang der *Kreuzigung mit Heiligen und Stifter* unbekannt, doch erfüllte die darge-

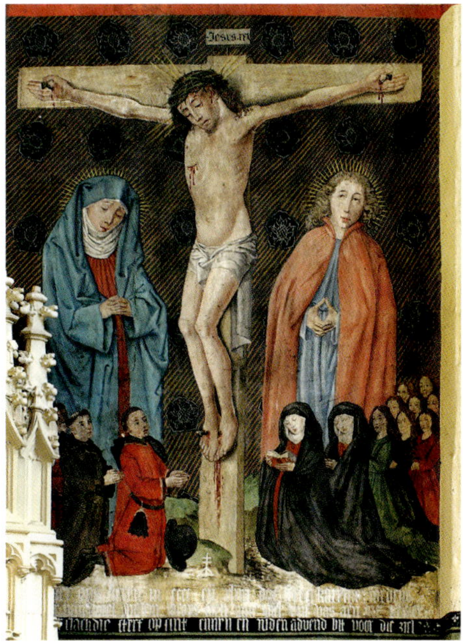

stellte Fürbitte die Hauptfunktion sakraler Bilder, nämlich dem Seelenheil und der Jenseitsvorsorge des Stifters zu dienen. Deshalb waren derartige Gemälde oft Teil einer größer ausgestatteten Stiftung, zu der regelmäßige Lesungen von Seelenmessen gehörten. Bei dem Stifter handelt es sich – darauf deuten seine Kleidung und das Schwert hin, das unter seinem Umhang herausragt – offenbar um eine mit administrativen, juridisch-polizeilichen Vollmachten ausgestattete Amtsperson. Bei der *Kreuzigung* griff Bosch wohl das Wandgemälde mit demselben Thema aus der Familienwerkstatt van Aken auf (S. 27), wie verschiedentlich vermutet wurde (Tolnay 1965, S. 11; van Dijck 2001a, S. 17–20). Zu den charakteristischen Merkmalen, die auch dort schon zu finden sind, gehören die sanfte Binnenzeichnung und die verhaltene Gestik und Mimik, die Körperhaltung Mariens sowie Details bei der Darstellung Christi wie die Neigung des Hauptes im 45-Grad-Winkel, die Handhaltung mit dem oben liegenden Daumen und die Anordnung der Füße bzw. Zehen, die sich nicht kreuzen, sondern mit einem mandelförmigen Umriss schließen. Es ist eine der konventionellsten Arbeiten im Œuvre des Malers und zeigt seine lokale Verwurzelung in ’s-Hertogenbosch. Die *Kreuzigung* belegt nicht nur, dass Bosch lokale Muster aufgriff und nutzte, sondern sie verdeutlicht auch in einem ersten Annäherungsschritt, was ihn in seinem persönlichen Stil von den Malern seiner Zeit, besonders den niederländischen, unterscheidet. Rogier van der Weyden (1399/1400–1464) ist hier der absolute Vergleichsmaßstab, denn seine Werke wurden in ganz Mitteleuropa intensiv rezipiert. Eine der sehr verbreiteten Kreuzigungsdarstellungen van der Weydens dürfte auch der van-Aken-*Kreuzigung* und damit indirekt Bosch als Muster gedient haben. Vergleicht man die zwei Werke mit dem Wiener Werk desselben Themas von Rogier (S. 31), so zeigen alle drei Gemälde einen ausgemergelten, fast bartlosen Christus mit nach links unten geneigtem Kopf, langen, dünnen Extremi-

Johannes Thomaszoon van Aken oder Goessen van Aken
Kreuzigung mit Stiftern, um 1453/54
Wandgemälde. ’s-Hertogenbosch, Sint-Jan, Bacx-Chor

täten und angewinkelten, nach links gerichteten Beinen. Jedoch ist Boschs *Kreuzigung* weit weniger illusionistisch durchgestaltet und emotional ansprechend: Die Maltechnik ist mit geringerer Binnenzeichung der Muskeln und einer sanften, sich auflösenden Kontur ausgeführt, die Heiligenfiguren sind statuarisch, jegliche äußerliche Anteilnahme der Anwesenden am Kreuzestod fehlt. Die Figur Christi wirkt durch den nur leicht geneigten Kopf und das nicht so stark flatternde Lendentuch ebenfalls weniger dramatisch. Auch wird man bei Boschs Heiligenfiguren keine Tränen fließen sehen wie in einigen Gemälden Rogiers. Diese Merkmale verhaltener Dramaturgie und Monumentalität gelten für Boschs gesamtes Œuvre und bilden einen Grundzug seines persönlichen Stils.

Der Rückgriff Boschs auf ein Muster für seine *Kreuzigung* verdeutlicht exemplarisch sowohl die übliche Art der handwerklichen Ausbildung durch Kopieren wie auch die traditionelle Verfahrensweise einer Werkstatt, konkrete Vorlagen zu adaptieren. Dabei zeigt die Fähigkeit, ein Vorbild abzuwandeln und für eigene Kompositionen zu nutzen, die Qualität und Selbstständigkeit eines Künstlers. Was aus dem Repertoire der Werkstätte(n) der Familie van Aken in der Kunst Boschs außerdem zu finden ist, bleibt völlig offen. Über die Generationen könnte sie eine stattliche Zahl von Mustern angesammelt haben. Weitere Vorbilder konnte Bosch in den Skulpturen aus Stein und Holz von Sint-Jan, etwa im Chorgestühl, in der Buchmalerei der Konvente (S. 46), im Werk Adriaen van Wesels und vielen heute verlorenen Bildern finden.

Die kunsthistorische Erforschung der Ikonografie von Hieronymus Boschs Werken legt die große Breite und Vielfalt der von ihm genutzten Bildmedien offen, ob sie nun Vorlagen oder Vorbilder darstellen oder bloß Analogien bestehen. Zu ihnen gehören neben den genannten auch Kupferstiche und Holzschnitte. Zudem haben viele Bildthemen Boschs gar keine Bildtradition, sondern können in seiner Zeit nur in Texten nachgewiesen werden. Nicht zuletzt war Bosch ein genauer Beobachter seiner Umwelt. Der genrehafte „Realismus" in vielen seiner Bilder (Kat. 7, Kat. 10, Kat. 11, Kat. 17, Kat. 18, Kat. 20) zeigt Objekte und Verhaltensweisen aus dem Alltag, an denen auch Kulturhistoriker, Volkskundler und Ethnologen ihre Freude haben (Marijnissen 1988; Aufsätze in Koldeweij/Vermet/Kooij 2001). Auf der Höllentafel des *Gartens der Lüste* (Kat. 11.4) ragen hinten in der Ferne schemenhaft die Umrisse von Gebäuden auf. Sie sind von einem Flammenschein umgeben, der die Wasserflächen rötet. Scharen von Menschen, begleitet von Teufeln oder Dämonen, verlieren sich in der Dunkelheit und der Winzigkeit ihrer Darstellung. Hat der Maler hier seine Eindrücke vom Brand in ’s-Hertogenbosch 1463 verarbeitet? Jedenfalls verlangt eine solche Darstellung auch nach einer besonderen Handhabung von Pinsel und Farbe.

Der heilige Hieronymus in der Einöde (bei der Buße), um 1485–1490
Öl auf Eichenholz, 80,1 x 60,6 cm. Gent, Museum voor Schone Kunsten

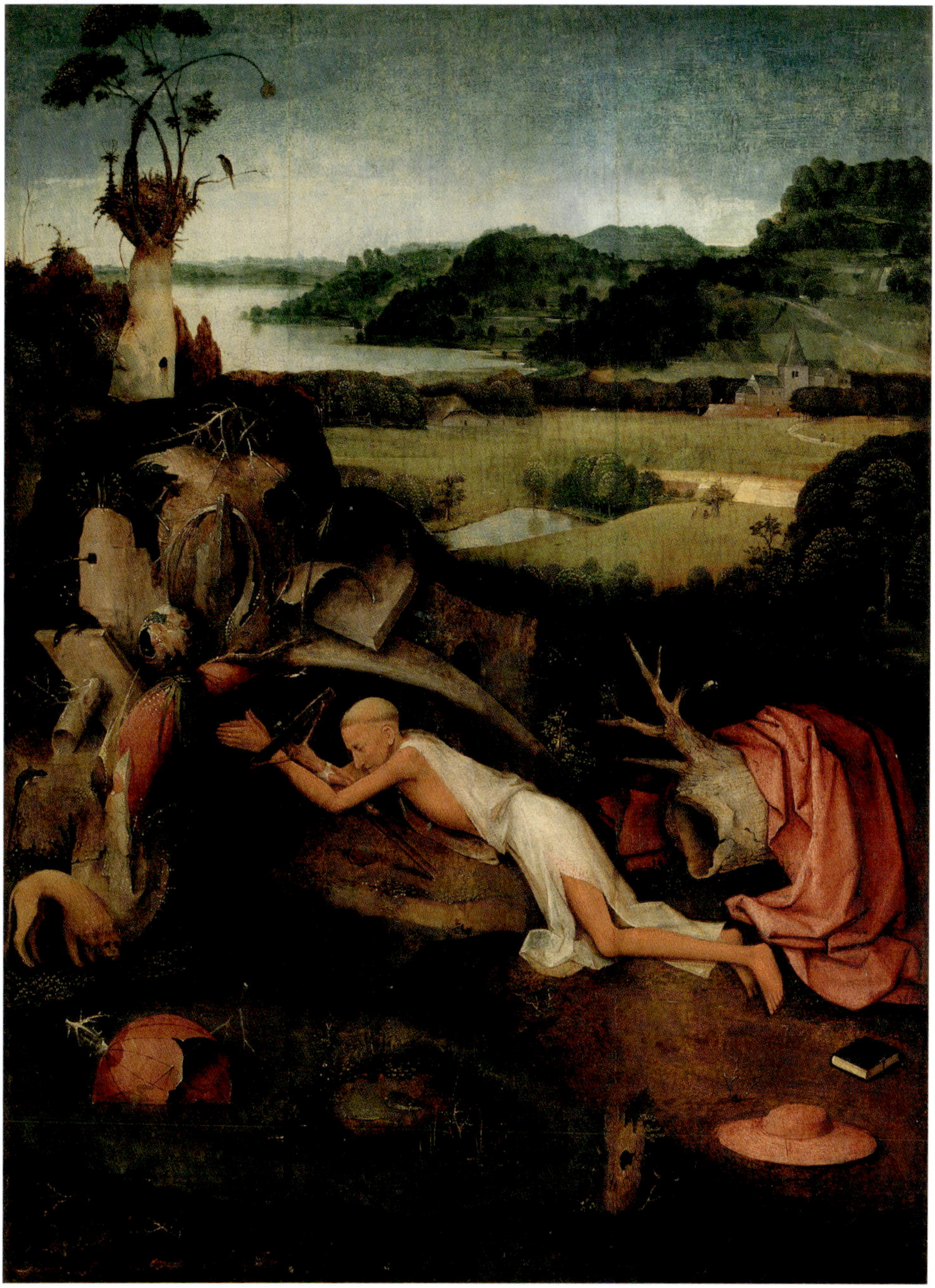

Die einzigartige Maltechnik Boschs, die sich von der brillant-feinen Lasurmalerei des 15. Jahrhunderts mit exakter Unterzeichnung unterscheidet, ist weniger etwas Angelerntes als eine eigene Entwicklung, die die Vielfalt und Vielfigurigkeit seiner Bilder erfordert. Der gleichzeitig ökonomische und flexible Farbauftrag besteht aus einer oder nur wenigen dünnen Schichten sowie aus Pinselstrichlagen in verschiedenen Richtungen (z. B. S. 134, 139, 290, 303) und pastosen, *alla prima* aufgetragenen Höhungen und Lichtern (z. B. S. 105, 123, 265, 266). Auch die Farbgebung weist eine große Varietät zwischen reiner Grisaille (Kat. 10.1 und 10.2; Kat. 11.1), tonalen Werken (Kat. 20) und stark buntfarbenen Gemälden (Kat. 6.2–6.4, Kat. 10.3–10.5, Kat. 13.3–13.5) auf. Die ebenso variable Unterzeichnung besteht aus meist relativ breiten, an- und abschwellenden, leicht transparenten Pinselstrichen, selten dünnen, gleichmäßigen Linien und Schraffuren (u. a. Filedt Kok 1972/73, Koreny 2002/03, Spronk 2011). Sie schimmert oft durch die Malschicht hindurch (Kat. 5, Kat. 10, Kat. 12, Kat. 17, Kat. 19) und ist bei den Hauptfiguren, der Architektur und den Interieurs zu finden, in amorphen Bildbereichen wie der Landschaft fehlt sie meist. Innerhalb des Œuvres gibt es ausführlich (Kat. 15, Kat. 17.5) wie auch gering unterzeichnete Werke (Kat. 11, Kat. 14, Kat. 16), ja selbst einzelne Werke variieren je nach Tafel oder Bildbereich (z. B. Kat. 10).

Neben den gestalterischen und materiell-technischen Verfahrensweisen gehören natürlich auch die geistig-schöpferischen Grundlagen zum Werk- und Schaffensprozess. Die differenzierte Kenntnis biblischer Themen und der Heiligenviten, der Bestiarien und der Typologie, moraldidaktischer Zielsetzungen und bildrhetorischer Mittel bis hin zu mystischen Elementen hätte sich Bosch nicht in einem rein privaten Selbststudium oder an einer Lateinschule oder Universität aneignen können. Die Klöster und Konvente der reformorientierten Dominikaner, Kartäuser und Kreuzherren sowie der Fraterherren in ’s-Hertogenbosch waren dafür bestens geeignet, und nach allgemeiner Gepflogenheit waren ihre Bibliotheken neben Geistlichen auch jenen verschiedenen Gruppen frommer Laien zugänglich wie den Tertiaren, die einem Orden angegliedert waren, den freiwillig klosterähnlich lebenden Semireligiosen oder den individuell frommen Laien. Bücher konnten sogar ausgeliehen werden. Unter Berücksichtigung der persönlichen und allgemeinen Umstände ist es nicht nur denkbar, sondern auch plausibel, dass Bosch zeitweise als Laienbruder in einem dieser Konvente gelebt und diesen mit Malereien ausgestattet hat. Er hätte dann auch am regelmäßigen religiösen Unterricht teilgenommen und sogar die Möglichkeit zum angeleiteten Selbststudium wahrnehmen können. Somit wäre Bosch nicht nur sinnvoll beschäftigt, sondern zugleich auch versorgt gewesen. Die Auftragslage für die van Akens war nicht so überwältigend, als dass alle Familienmitglieder immer gebraucht worden wären. Vor diesem Hintergrund ist es dann auch erklärbar, dass Bosch die Bildthemen so geistig durchdrungen darstellt und dabei die Bilddetails so gezielt setzt. In seinem Œuvre nehmen ebenso wie in den genannten Orden und geistlichen Gemeinschaften Darstellungen von Heiligen als Asket oder Einsiedler eine bedeutende Stellung ein, während Maria fast ganz fehlt. Zu den frühen Werken dieser Kategorie zählen *Der heilige Hieronymus* (Kat. 2) sowie *Johannes der Täufer* (S. 37, Kat. 3.1) und sein Pendant *Johannes auf Patmos* (S. 45, Kat. 3.2). Diese haben kaum noch Züge traditioneller Schutzpatronendarstellungen, sondern sind eher Andachtsbilder in Form vorbildlicher Exempla mit betont lehrhaftem Charakter.

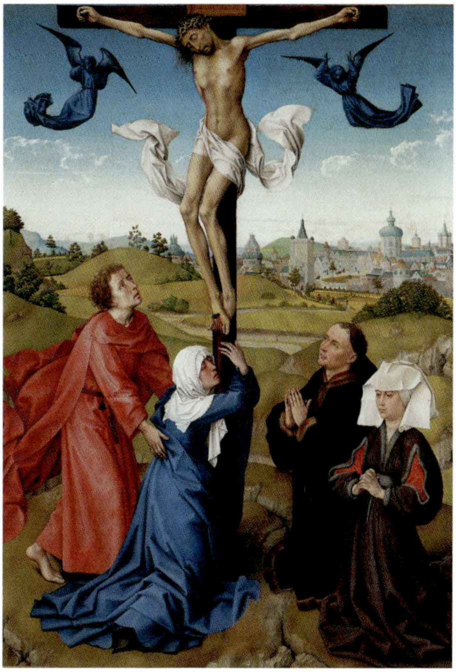

Der heilige Hieronymus als Vorbild

Eines der Frühwerke Boschs ist *Der heilige Hieronymus* (S. 29, Kat. 2), dessen Ikonografie auf eine lange Tradition zurückgeht; in sie sind legendarische Überlieferungen ebenso wie Motive aus den Schriften und Briefen des Kirchenvaters eingeflossen. Bei Bosch ist er nicht als weit gereister Kirchenmann und exzellenter Gelehrter dargestellt, sondern als Asket. Die Attribute des Heiligen, die ihn als Kardinal ausweisen – Mantel, Hut und Buch –, liegen hinter ihm. Statt auf den Knien hockend bei der Kasteiung mit einem Stein, wie in der Bildtradition üblich (vgl. Kat. 12.2), ist er überraschenderweise liegend dargestellt, was die Demut und das absolute Anvertrauen an Christus besonders betont. Die Grabplatte über dem Kopf des Heiligen verweist darauf, dass er sich durch die Abtötung seines Fleisches in einem dem Tode nahen Zustand befindet (Marijnissen 1988, S. 211; Fischer 2009, S. 212). Die Art, wie er beim Gebet das Kruzifix umarmt und an sich schmiegt, unterstreicht die Hingabe des Dargestellten. Man kann dies auch so deuten, dass er sich Christus, d. h. dem Kruzifix, buchstäblich wie auch metaphorisch zu Füßen wirft. So jedenfalls formuliert es Hieronymus (347–419/20) selbst in einem im Jahr 384 geschriebenen Brief an seinen weiblichen Schützling Eustochium (*Ad Eustochium de custodia virginitatis* 22,

Rogier van der Weyden, **Kreuzigung Christi**, um 1440–1442
Mitteltafel des Kreuzigungsaltars. Öl auf Holz, 96 x 69 cm (Mitteltafel)
Wien, Kunsthistorisches Museum, Gemäldegalerie

7): „Verlassen von aller Hilfe, warf ich mich nieder zu den Füßen Jesu, benetzte sie mit meinen Tränen und trocknete sie mit meinen Haaren." Dieser und weitere deutliche Bezüge zu religiösen Texten führen zu einer insgesamt außergewöhnlichen, ikonografisch innovativen Deutung des Hieronymus-Themas (Ruppel 1988). Die höhlenartige Spalte im Fels, in der Hieronymus liegt, symbolisiert in der mystischen Sprache hoch- und spätmittelalterlicher exegetischer Traktate die Seitenwunde Christi, in der der Mensch wie ein Vogel im Felsennest Schutz findet. Das Rot im linken Bereich der Spalte ist die Farbe der Wunden Christi, dazu kommen die Dornen als Krone auf dem Felsscheitel. Die liegende Haltung des Hieronymus kann dann auch so erklärt werden, dass der Heilige gleichsam in der Seitenwunde Christi liegt. Dabei hält Hieronymus das Kruzifix zwischen seinen Armen und hat die Augen zur Innenschau geschlossen. Dieses Motiv einer visionären leiblichen Verbindung ist typisch für mystische Texte. Abseits dieser Szene ist der Mantel nicht zufällig über einen umgefallenen und hohlen Baumstumpf drapiert, auf dessen abgestorbenen Zweigen eine Eule als Zeichen des verführerischen Bösen und eine hängende Kohlmeise, Symbol der Seele, wohl als ihr potenzielles Opfer dargestellt sind. Sie symbolisieren den leiblichen und spirituellen Tod durch Sünde, dem Hieronymus durch Fasten, Enthaltsamkeit und Beten zu entgehen trachtet.

Grundlage einer solchen Auslegung bilden die Bestiarien, die naturallegorischen Sammelwerke, die die Eulen sowohl im christlichen Sinne als nachtaktiven Jäger negativ deuten wie auch ihren Gebrauch als Lockmittel für Singvögel, die auf ausgelegten Leimruten festkleben, schildern. Die Eule ist ein Markenzeichen Boschs, das in einer Vielzahl seiner Zeichnungen (Kat. Z2–Kat. Z5) und Gemälde vorkommt (Kat. 2, Kat. 4, Kat. 6.3, Kat. 10.3, Kat. 11, Kat. 12.2, Kat. 13.1, Kat. 14, Kat. 17.1, Kat. 20.3). Ein weiteres Attribut des Hieronymus ist der Löwe links gegenüber, der der Legende nach ein treuer Gefährte des Heiligen wurde, seitdem dieser das Raubtier von einem Dorn in der Pfote befreit hatte. Er ist wenig naturalistisch gemalt und eher heraldisch als Identifikationsmerkmal zu verstehen. Unterhalb, am vordersten Bildrand ganz links, hat sich ein Fuchs neben einem Hahn zur Ruhe gelegt. Für gewöhnlich sind diese beiden Tiere erbitterte Gegner, verkörpert der Fuchs doch das listenreiche Böse, der Hahn meist aber die christliche Wachsamkeit (vgl. Kat. Z1v und Kat. Z3r sowie Kat. 13 und Kat. 22) oder auch den ungebändigten männlichen Sexualtrieb. Zieht man noch das Nest in der oberen linken Ecke des Bildes hinzu, lässt sich an Mt 8,20 denken: „Jesus antwortete ihm [einem Schriftgelehrten, der sich ihm anschließen will]: Die Füchse haben ihre Höhlen, und die Vögel ihre Nester, der Menschensohn aber hat nichts, wo er sein Haupt hinlegen kann." Dieses ins Bild umgesetzte Zitat veranschaulicht noch einmal die Situation, in der sich der heilige Hieronymus Christus anvertraut. Im Hintergrund erstreckt sich eine zeitgenössisch anmutende Landschaft ähnlich der in der *Kreuzigung* (Kat. 1) mit einigen Gebäuden, vielleicht einer Kirche oder einem Kloster, einem Weg, Wandernden und einem rastenden Paar unter Bäumen. Verglichen mit den späteren Landschaften, die bedrohliche Details oder Randmotive aufweisen, erscheint diese Szenerie geradezu idyllisch.

Während viele überlieferte Werke Boschs nicht genau datiert werden können, gibt es einige urkundlich dokumentierte und datierte Aufträge, die nicht erhalten sind. Den frühesten nur archivalisch bekannten Auftrag erhielt Bosch 1487 für die Heiliggeisttafel (van Dijck 2001a, S. 174; Kappelhof 1980). Er malte für weniger als zwei rheinische Gulden für den Saal einen neuen Wandbehang, wohl eine Art Tüchleinmalerei, und fasste ein Hirschhorn. Diese Art von Arbeiten war durchaus üblich, bewegte sich künstlerisch jedoch auf einem einfacheren Niveau. Alle folgenden nur in Archivalien überlieferten Aufträge führte Bosch für die Liebfrauenbruderschaft von 's-Hertogenbosch aus, und zwar erst in der Zeit, als er in sie aufgenommen worden war. Das geschah irgendwann im Rechnungszeitraum 1486/87, als Bosch eines von mehreren Tausend äußeren, gewöhnlichen Mitgliedern wurde. Doch schon ein Jahr später rückte er in den elitären und klerikalen inneren Kreis der sog. geschworenen Brüder auf, womit zweifelsohne ein neuer Abschnitt in seinem Leben als Bürger und als Maler begann.

II.

Sozialer und künstlerischer Aufstieg

1488–1501

„Er wusste, dass er große Gaben für die Malerei besaß, aber auch, dass man ihn ... für einen Maler gehalten hätte, der hinter Dürer, Michelangelo, Raffael und anderen rangiert hätte, und so schlug er einen neuen Weg ein, auf dem er alle andern hinter sich ließ ...“

JOSÉ DE SIGÜENZA, 1605

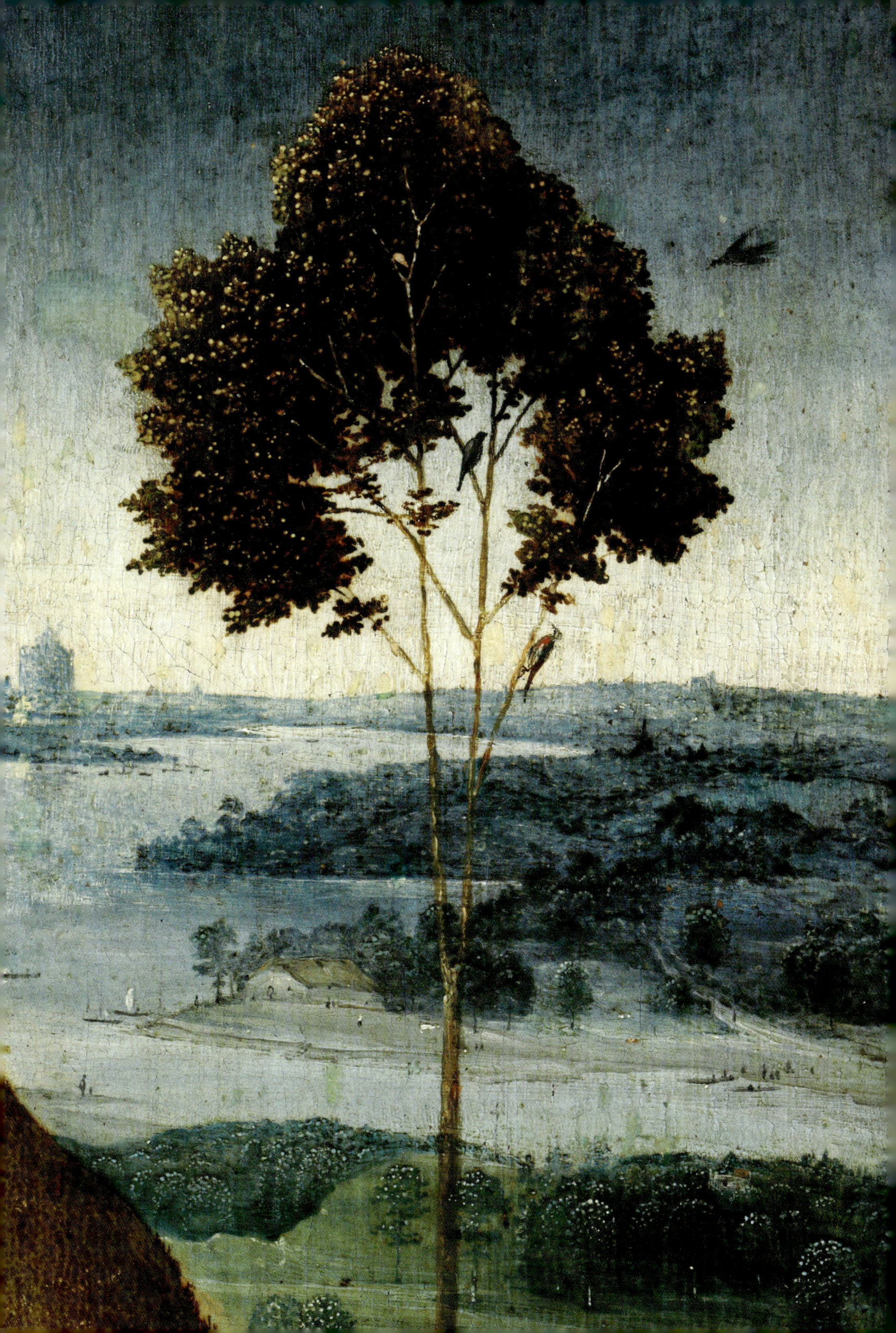

Verglichen mit Antwerpen und den sowohl durch den Handel wie durch den burgundisch-habsburgischen Fürstenhof geprägten Städten Gent, Brügge und Brüssel muss das spätmittelalterliche 's-Hertogenbosch als Provinz bezeichnet werden, obschon es wie heute für Nordbrabant ein regionales Zentrum war. Die Stadt lebte vom Transithandel und exportierte vor allem Tuche und Metallwaren nach Holland, Antwerpen und Bergen-op-Zoom. Doch in der zweiten Hälfte des 15. Jahrhunderts erfasste das allgemeine Wirtschafts- und Bevölkerungswachstum auch 's-Hertogenbosch, und es profitierte von dem von *Maximilian I.* von Habsburg (1459–1519), dem römisch-deutschen König und späteren Kaiser, geförderten Aufstieg Antwerpens zur führenden Handelsmetropole. In diesem goldenen Zeitalter stieg die Einwohnerzahl auf mehr als das Doppelte: Sie erhöhte sich im letzten Viertel des 15. und ersten Viertel des 16. Jahrhunderts von ca. 11 000 auf 24 000, womit 's-Hertogenbosch zu einer der größten Städte in den Niederlanden aufstieg. Diese Blütezeit zeigte allerdings Symptome einer Wachstumskrise. So stürmten 1473 Handwerksgilden den Ratssaal, um gegen die Vormacht der Patrizier und die Steuerlasten des burgundischen Herzogs Karl des Kühnen (geb. 1433) zu protestieren. Nach dem Tod Karls 1477 folgte zwischen 1482 und 1496 eine Periode der Stagnation, die durch die Auseinandersetzung Maximilians – der durch seine Eheschließung mit Karls Tochter Maria 1477 Ansprüche auf Burgund erworben hatte – mit Frankreich und den flämischen Ständen um die Herrschaftsnachfolge bedingt war. Infolge dieses Konflikts rückte Boschs Heimatstadt in eine militärstrategische Schlüsselposition gegenüber dem abtrünnigen Herzogtum Geldern, der ehemaligen Heimatprovinz der van Akens. Um 1500 erscheint 's-Hertogenbosch als prosperierende bürgerlich-aristokratische Handelsstadt mit strategischer und verwaltungstechnischer Bedeutung sowie einer ausgeprägten geistlichen Kultur, der Hieronymus Bosch viel verdankt.

Die Liebfrauenbruderschaft

Dass Bosch in den elitären und klerikalen inneren Kreis der sog. geschworenen Brüder der Liebfrauenbruderschaft von 's-Hertogenbosch aufgenommen wurde, verlangt nach einer Erklärung. Familienmitglieder der van Akens hatten zwar immer wieder für die Bruderschaft gearbeitet und waren meist auch einfaches Mitglied gewesen (van Dijck 2001a;

Seite 35
Johannes auf Patmos (Detail), nach 1488
Rechte Flügelinnenseite der zwei kleinen Flügel des Liebfrauenbruderschaftsretabels
(siehe Abb. S. 45)

Seite 37
Johannes der Täufer (in Meditation), nach 1488
Linke Flügelinnenseite der zwei kleinen Flügel des Liebfrauenbruderschaftsretabels
Öl auf Eichenholz, 49 x 40,5 cm (unten beschnitten, ursprünglich ca. 63 x 43 cm)
Madrid, Fundación Lázaro Galdiano

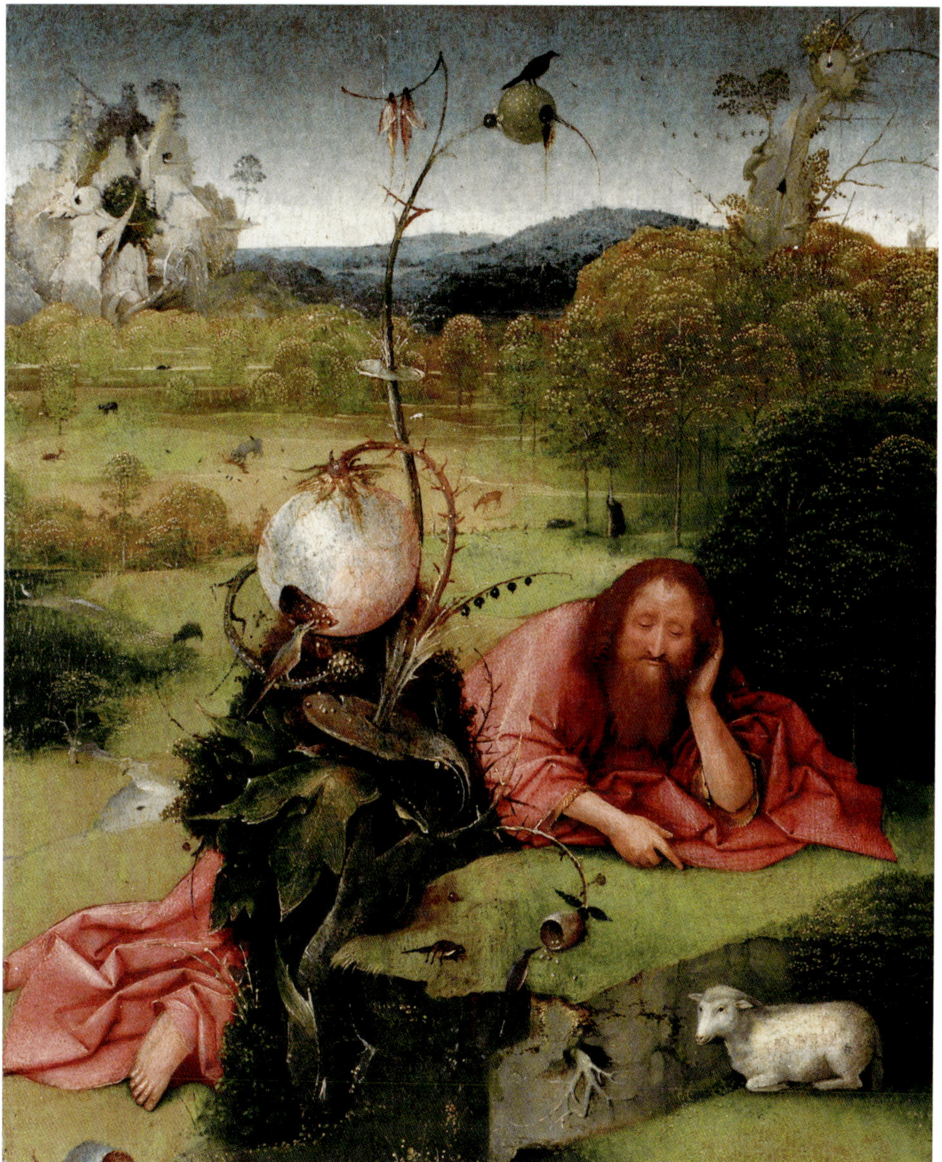

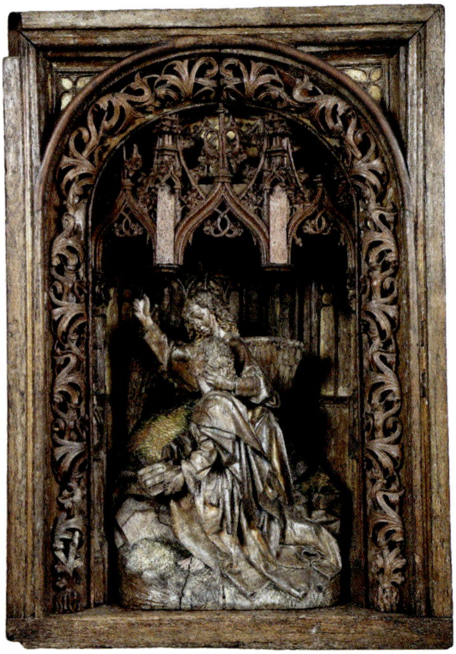

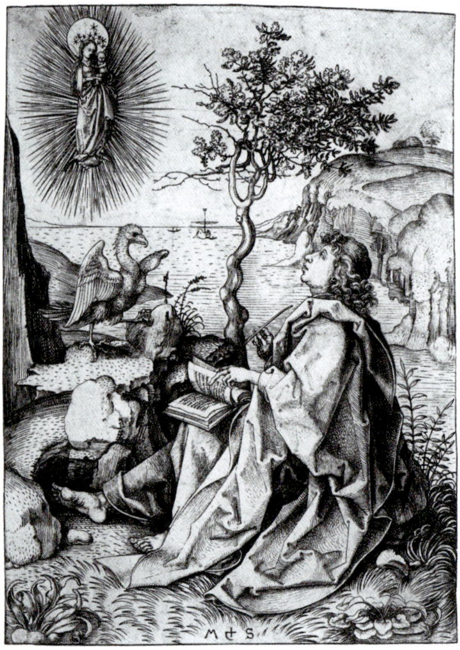

Adriaen van Wesel, **Johannes der Evangelist auf Patmos**, 1477
Flügel des Liebfrauenbruderschaftsretabels. Holz, 86,5 x 61,6 cm
's-Hertogenbosch, Liebfrauenbruderschaft, Museum Het Zwanenbroedershuis

Martin Schongauer, **Johannes auf Patmos**, um 1475–1480
Kupferstich, 16,0 x 11,3/11,4 cm. Berlin, Staatliche Museen, Kupferstichkabinett

Fischer 2009, S. 25), doch in den inneren Zirkel drangen sie nicht vor. Zwei Voraussetzungen musste Bosch erfüllen: Zum einen musste er über eigenen Grund- und/oder Immobilien-Besitz verfügen (was durch das von seiner Frau in die Ehe eingebrachte Vermögen gegeben war), zum anderen dem privilegierten geistlichen Stand angehören, wobei es genügte, ein Kleriker mit niedriger oder ohne Weihe zu sein (van Dijck 2001a, S. 42; van Dijck 1973, S. 69). Seine Tonsur war daher nur eine kleine Scherung auf dem Scheitel und – wie bei den Stiftern des Bildes *Ecce Homo mit Heiligen und Stiftern* (Kat. 21) – nicht oder kaum sichtbar. Dieser Status erlaubte es ihm, einerseits verheiratet zu sein und ein nach außen bürgerliches Leben zu führen, andererseits auf Studiermöglichkeiten der Orden zurückzugreifen.

Die bis heute bestehende Liebfrauenbruderschaft hatte zu Boschs Zeiten im Vergleich zu anderen elitären Bruderschaften eine starke geistliche Prägung (van Dijck 1973; Fischer 2009, S. 23 ff.). Sie war 1318 für „*clerici et scolares*", Geistliche und Studenten, errichtet worden. Als eine in Sint-Jan gefundene Marienstatue immer wieder Wunder wirkte, stieg

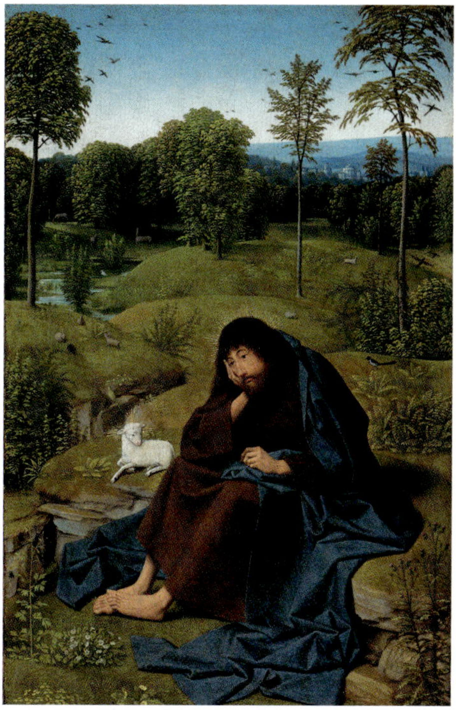

ab 1380 die Mitgliederzahl der Bruderschaft stark an. Dies führte wiederum zu einer Teilung in den später mehrere Tausend umfassenden Kreis der äußeren Mitglieder und den engeren Zirkel von einigen Dutzend geschworenen geistlichen Brüdern. Letztere hatten nicht nur die Tonsur vorzuweisen, sondern auch den Eid auf die Statuten der Bruderschaft abzulegen und mussten in oder bei 's-Hertogenbosch wohnen. Nur Angehörige des hohen Adels oder Klerus konnten auch dann den Geschworenen angehören, wenn sie ihren Wohnort nicht in der Nähe der Stadt hatten.

Unter den etwa sechzig geschworenen Brüdern waren schon bei Eintritt mehr als ein Drittel, insgesamt etwa die Hälfte Priester und ein Fünftel Magister, d. h. studierte Theologen, Juristen und Ärzte. Unter den Geschworenen konnten nur die zwei oder drei Schwanenbrüder, hochrangige Ehrenmitglieder aus der Verwaltung der Stadt oder des Herzogs von Brabant, von der Forderung, dem geistlichen Stand anzugehören, ausgenommen werden. Brüder, die nicht aus der angestammten Elite der Stadt kamen, also nicht den Familien der Aristokraten, Patrizier und wohlhabenden Kaufleute entstammten, waren durch Bildung oder sonstige Qualifikationen aufgestiegen. Um 1500 erhielten ausnahmsweise künstlerische Fachleute wie der Baumeister Jan Heyns (gest. 1516), der Musiker Simon van Couderborch und Hieronymus Bosch als Maler die geschworene Mitgliedschaft.

Als Geschworener trat Bosch in ein für ihn prägendes Lebensumfeld ein. Die Bruderschaft erlegte ihren Mitgliedern ein straffes religiöses Programm auf, hatte aber auch eine deutliche repräsentative Stellung in der Stadtgemeinschaft. Die Brüder sollten zweimal wöchentlich an der Messe teilnehmen, nämlich dienstags, um „mit Diskantierern die Vesper Unserer Lieben Frau“, und mittwochs, um „die löbliche Messe Mariens, unterstützt von Dienern und Intonierern, die mit Dienströcken und Kappen bekleidet sind“, zu singen (*Reglement,* fol. 3r). Jeden Freitag oder auch an einem anderen Tag sollten die

Geertgen tot Sint Jans, **Johannes der Täufer**, um 1490
Öl auf Holz, 42 x 28 cm. Berlin, Staatliche Museen, Gemäldegalerie

geschworenen Brüder fasten oder stattdessen eine gute Tat tun. Sie trafen sich mindestens alle sechs Wochen zum feierlichen gemeinsamen Mahl, das Bosch in regelmäßigen Abständen von jeweils zehn bis elf Jahren dreimal verantwortete: Bald nach seinem Schwur 1488/89, zum zweiten Mal 1498 und schließlich 1510. Während einer alljährlichen Prozession wurde das Marienbild gezeigt, anschließend traten Sänger, Musikanten und Schauspieler auf, und die Mitglieder des Stadtrates, der Gilden und Klöster wurden verköstigt. Die geschworenen Brüder trugen zu den jeweiligen feierlichen Anlässen eine besondere Festkleidung. Heiligenmessen sollten an Marien- und weiteren Festtagen abgehalten werden, außerdem zweieinhalb Dutzend Benefizial- und Votivmessen, Totenvigilien sowie Armenspeisungen mit Brot. Die Bruderschaft vergab Ablässe und hatte zwei Vorsteher (*Proosten*), einen Verantwortlichen für Liturgie und Chorgebet (*Dekan*), einen eigenen Beichtvater, weitere mit Nichtklerikern und teils mit Außenstehenden besetzte Positionen und Aufgaben mit Zuständigkeiten für Sterbefälle, Finanzen, Gesang, Ordnung und Reinigung (durch Beginen). Man war neben den Brüdern des gemeinsamen Lebens (Fraterherren) besonders den Dominikanern, dem wohl bedeutendsten Mönchsorden vor Ort, eng verbunden, ebenso der Rhetoriker-Gilde *passiebloem*.

Über ’s-Hertogenbosch hinaus verfügte die Bruderschaft über ein um 1500 stets dichter werdendes Netz von Kontakten zu den städtischen, hochadligen und klerikalen Eliten in den Niederlanden und bis nach Köln (van Dijck 1973, S. 79–87, 96–98 und 412–418). Entsprechend groß war auch das Verlangen nach einer repräsentativen Ausstattung der eigenen Kapelle (heute Sakristei) in der Hauptkirche Sint-Jan. Unmittelbar nach dem Beitritt erhielt Bosch von der Bruderschaft den Auftrag, für ihr Altarretabel zwei *Johannes*-Gemälde (Kat. 3) zu schaffen. Sie sollten die kleinen Flügel bilden, mit denen man die Reliefkästen verschließen konnte. Als Motive wurden die beiden Patrone der Hauptkirche von ’s-Hertogenbosch, die beiden Sint-Jans, gewählt: Johannes der Evangelist und Johannes der Täufer.

Johannes der Täufer

Boschs *Johannes der Täufer* (S.37, Kat. 3.1) liegt, in das Rot der Passion gehüllt, über die ganze Bildbreite gestreckt im Vordergrund einer Landschaft. Er stützt sich bei geschlossenen Augen auf den linken Arm, während er mit dem Finger der rechten Hand auf das Lamm Gottes, Symbol Christi, weist: „Seht, das Lamm Gottes, das die Sünde der Welt hinwegnimmt“ (Joh 1,29). Das Lamm wird durch eine Rasenbank, auf die sich Johannes mit dem Oberkörper stützt, und den unteren rechten Bildrand von der fremdartigen Landschaftsumgebung abgeschirmt. Da Johannes als letzter Prophet den Weg für Christus bereitet, hat er im Nachsinnen über seine Position in der Heilsgeschichte einen Gestus eingenommen, der auf den ersten Blick melancholisch erscheint, aber eher als Einsicht in die Unterwerfung unter den Heilsplan Gottes zu verstehen ist. An den Ärmeln lugt ein härenes

Untergewand hervor, ein übliches Attribut der asketischen Lebensweise des Johannes. Der ursprünglich im Vordergrund direkt vor Johannes platzierte Stifter wurde, wie Röntgenaufnahme und Stilanalyse belegen, schon während oder bald nach der Fertigstellung von Bosch übermalt. Die relativ große und bizarre Pflanze, die dort aufragt, folgt weitgehend den Umrissen des knienden, betenden und nach rechts vorne schauenden Stifters, der die übliche Kleidung der gebildeten städtischen Elite trägt. Das exotische Gewächs ist eine Bilderfindung, die auf schwer zu identifizierende Elemente natürlicher Pflanzen zurückgreift. Sie weist drei große, durch die vielen inwendigen Samenkörner dem Granatapfel ähnelnde Früchte auf. Der Granatapfel gilt als Sinnbild der Fruchtbarkeit und des natürlichen Überflusses, der barmherzigen Liebe, der Unsterblichkeit und der Heilsgaben der Kirche. Bei Bosch sind verfremdete Früchte und Pflanzen hingegen negativ aufgeladen; auf der Mitteltafel des *Gartens der Lüste* (Kat. 11.3), in der *Versuchung des heiligen Antonius* (Kat. 10.4) oder im *Heuwagen* (Kat. 20.2) stehen sie für die ungebändigt wuchernde Natur als Metapher für den Sünder, der seine Triebe und Sinne nicht kontrolliert.

Im *Johannes* ist jeder der drei Früchte ein Vogel zugeordnet. Unten auf der Erde pickt ein dunkler Vogel in einer offenen Frucht. Neben ihm liegt ein weiterer Vogel, der tot ist und die Krallen von sich streckt. Weiter oben auf halber Höhe der Pflanze labt sich ein bunt gefiederter Vogel an einer großen weißlichen Frucht, die gelbliche und bläuliche Farbakzente aufweist. Ganz oben vor dem Hintergrund des Himmels sitzt auf einer geschlossenen Frucht ein dritter (bzw. vierter) Vogel. Fasst man die Vögel als Seelentiere auf, dann befindet sich der untere im Status der Sünde, der mittlere in der sinnengeleiteten Verfassung der Versuchung durch das Böse und der obere im erleuchteten und gottnahen Zustand. Eine vergleichbare dreifache Figurenkonstellation, hier verkörpert durch drei Eremiten, findet sich im *Christophorus* (Kat. 7; siehe S. 78).

Mit einem drei- oder auch vierstufigen Bild vom Seelen- bzw. Heilszustand des Menschen umschreiben der bedeutendste niederländische Mystiker Jan van Ruusbroec (1293–1381), seine Schüler und Nachfolger sowie die observanten Bettelorden, also die wesentlichen Träger der monastisch-geistlichen Reformbewegung, den langwierigen mystischen Rückformungsprozess der deformierten Seele. Als Ausgangsbild für eine dreistufige Metapher wählte zum Beispiel der bedeutende und noch heute in den Niederlanden berühmte „Volksprediger" Jan Brugman (um 1400–1473), ein Franziskaner, der auch Beziehungen zu 's-Hertogenbosch hatte, das Verhältnis der Lilie zu den Dornen: „Das erste ist die Lilie unter den Dornen, das zweite die Lilie zwischen den Dornen, das dritte die Lilie über den Dornen" (Brugman, *Onuitgegeven Sermoenen*, 19. Predigt). Die Konstanten bilden die Lilie und die Dornen, variabel ist ihr Verhältnis zueinander. Daraus ergeben sich drei sowohl einzeln wie auch im Vergleich deutbare Bilder, die Brugman allegorisch auslegt: Die erste Lilie ist das Bild des Sünders, der nur äußerlich rein ist. Das zweite Bild verdeut-

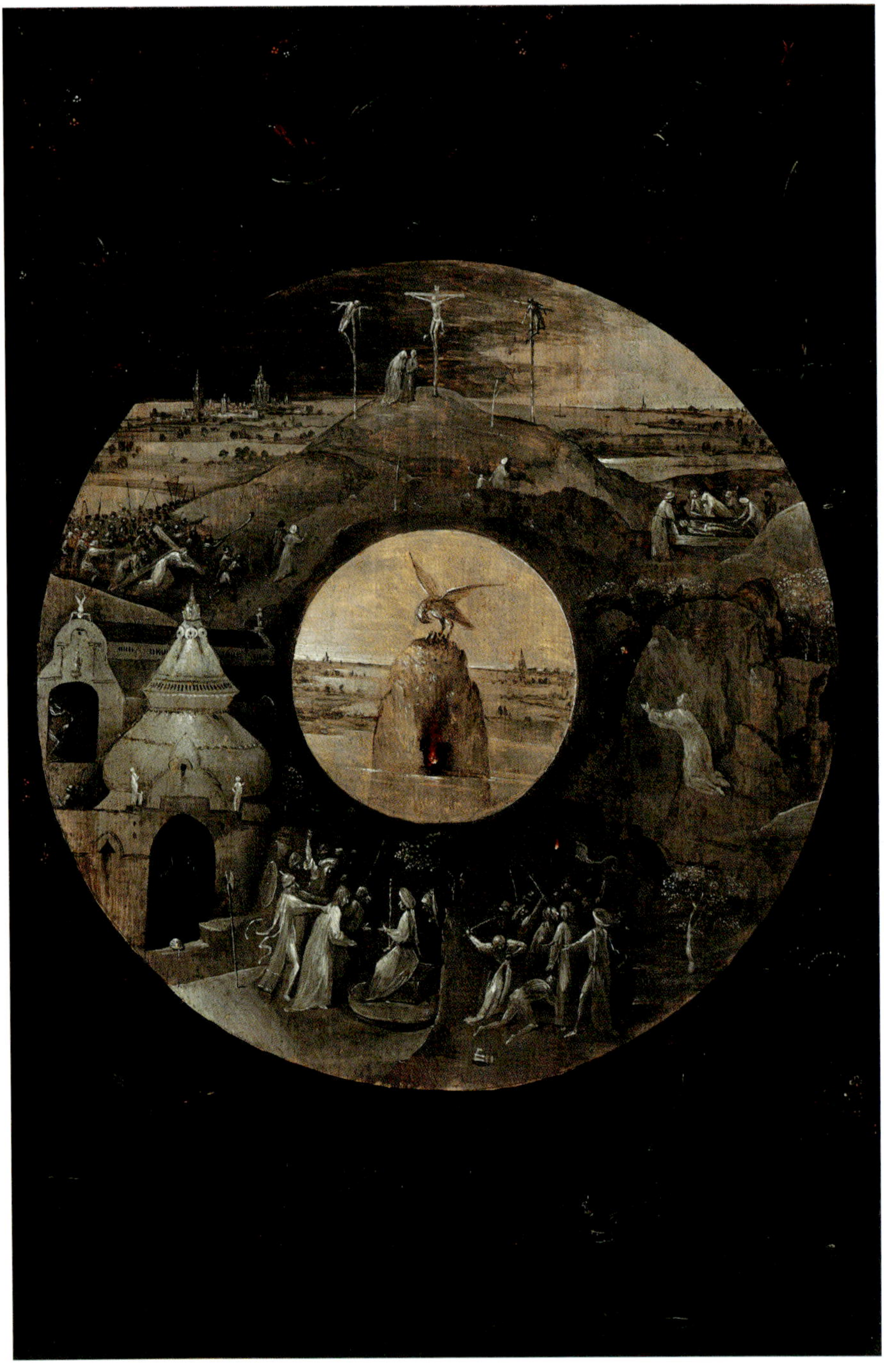

licht den stetigen Kampf gegen die Sünde und den Stachel des Fleisches. Die dritte Lilie bezeichnet den Zustand der wenigen Glückseligen, die über alle Versuchungen erhaben sind und ihre Natur überwunden haben. Zum dritten Bild nennt Brugman noch die positiven Exempla der ersten und wichtigsten Heiligen; dazu gehören Maria, die als „Lilie über den Dornen" auch Emblem der Liebfrauenbruderschaft von 's-Hertogenbosch war, sowie die beiden Johannes und der heilige Stephan. Offenbar hat Bosch diese Art von dreistufigen Bildern den Texten oder Predigten entlehnt und sie als Modelle für ähnliche, malerisch umgesetzte Metaphern genutzt (Fischer 2009, S. 332–337).

Boschs Gemälde unterscheidet sich auch ansonsten deutlich von anderen Bildern des Themas. Im *Johannes der Täufer* (S. 39) des bedeutendsten holländischen Malers seiner Zeit, Geertgen tot Sint Jans (um 1460/65 – vor 1495), ist der Heilige zwar ähnlich dargestellt, die Landschaft ist aber ganz anders aufgefasst. Der Baumbestand schirmt eine milde Wiesen- und Waldlandschaft ab, einen *hortus conclusus*, der zusammen mit den umhertollenden Hasen, dem Wild und den Vögeln sowie einem Weiher paradiesisch anmutet. Bosch hingegen durchsetzt die Landschaftsumgebung mit bedrohlichen Zeichen, etwa bizarren Felsformationen im Hintergrund und zwei Bären, von denen sich einer anschickt, ein erlegtes Reh zu fressen. Boschs Johannes lebt wie die Eremiten seiner anderen Bilder in der „woestijn" oder „woestenie" (Wüste, Ödnis, Wildnis), wie es in den niederländischen Heiligenlegenden wiederkehrend heißt. Die Landschaft erstreckt sich bei Bosch über die Bildbegrenzung hinaus. Landschaft und Welt sind gleichgesetzt. Angriffe von Löwe, Bär oder Wolf veranschaulichen die Gefährdung und Verfolgung der Seele im Erdenleben. Das Leben in der Welt ist für die Seele so gefährlich wie die unzivilisierte Natur für den Reisenden. Bosch zeigt die Welt in ihrer räumlich-materiellen Dimension als potenziell Leid erzeugend, wohingegen sich das Geistig-Geistliche als Refugium von Sicherheit und Beständigkeit, Trost und Freude empfiehlt.

Johannes und die Kunst Teufel zu malen

Das zweite Flügelgemälde, *Johannes auf Patmos* (S. 45, Kat. 3.2.1), stellt den Heiligen, den man auch mit dem gleichnamigen Evangelisten und Apostel gleichsetzte, bei der Niederschrift der Offenbarung (Apokalypse) während seiner Verbannung auf der Insel Patmos in der Ägäis dar. Johannes sieht durch die Vermittlung eines Engels vor der Sonne auf der Mondsichel thronend das apokalyptische Weib, das traditionell als Madonna aufgefasst wurde (Offb 12,1–5). Boschs Bild ist einerseits entlang einer Diagonalen aufgebaut,

Das göttliche Sonnenauge mit dem Passionsgeschehen, nach 1488
Rechte Flügelaußenseite der zwei kleinen Flügel des Liebfrauenbruderschaftsretabels
Öl auf Eichenholz, 63 x 43,3 cm (39 cm ø Kreis außen). Berlin, Staatliche Museen, Gemäldegalerie

an der die Bildelemente von rechts unten nach links oben hierarchisch vom Materiellen zum Unsichtbaren hin abgestuft sind, also von der vertrockneten Erde mit dem Teufel im Rücken des Johannes über den Heiligen selbst, dann über die Mittlerinstanz des himmelblauen Engels bis zur Muttergottes in den Wolken. Über das Bild hinaus führt diese Blickachse zum wundertätigen Marienbild weiter, das ganz oben auf dem Retabel stand. Andererseits ist das Bild als Dreieckskomposition mit Johannes im Zentrum, dem Engel als Spitze und den Kontrahenten Adler und Teufel als unteren Zwickeln angelegt. Im Vergleich mit anderen Darstellungen dieses Themas finden sich jeweils unterschiedliche Analogien, ohne dass sich ein einziges Werk als Vorbild erweist, doch ähnelt Boschs Gemälde im Aufbau und in den Motiven Martin Schongauers (um 1445/50–1491) *Johannes auf Patmos* (S. 38).

Der eigentliche künstlerische Wert von Boschs *Johannes* liegt auch eher in der Gestaltung von Details. Während Johannes die Vision empfängt, bewacht der Adler, sein Symboltier, das für die Niederschrift der Offenbarung notwendige Tintenfass. Als Gegenspieler des Menschen giert der Teufel danach, das Schreibwerkzeug des Johannes in seine Gewalt zu bringen, um den Heilsplan Gottes zu sabotieren. Diese Teufelsszene ist für die niederländische Darstellungstradition des Johannes-Themas typisch, doch nutzt Bosch sie für eine Invention, indem er den Teufel allegorisiert. Auf diese Weise signalisiert schon die Verbildlichung der niederländischen Redewendung „kurze Arme haben“, dass dessen Vorhaben nicht gelingen kann (vgl. Röhrich 1973, Bd. 1, Arm, S. 99), weil er einfach nicht die Fähigkeiten besitzt, Tinte und Fass unter seine Kontrolle zu bringen. Das Feuer auf seinem Kopf symbolisiert sein vor Begierden sich selbst verzehrendes Wesen und seine höllische Abkunft. Der Körper besteht aus mehreren im Sinne von Hölle, Sünde und Torheit negativ zu deutenden Teilen. So hat er die Beine und den Schwanz des Geckos, einer primär nachtaktiven Echsenart (Asmus/Grosshans 1998, S. 158). Er scheut also das Tageslicht oder in allegorischer Deutung das Licht der Erkenntnis Gottes. Seine Brille kennzeichnet sein den sinnlichen Dingen verhaftetes Streben (Fischer 2009, S. 325). Der Kapuzenmantel, den er trägt, ist schwer zu deuten: Ein solches Kleidungsstück findet sich nicht nur bei Mönchen, sondern wurde auch von bestimmten Laienpersonen getragen. Des Teufels Blick ist auf den Boden gerichtet, wo das Schreibwerkzeug des Johannes ruht, ohne das er die Offenbarung nicht niederschreiben könnte.

Die Szene mit Adler und Teufel ist mehr als nur ein anekdotischer Kampf um das Tintenfass des Johannes. Der Teufel ist ein Exemplum der Verblendung. Ganz im Sinne der Drolerien wird er zur Kontrastfigur, die das Hauptbild negativdidaktisch oder

Johannes auf Patmos, nach 1488
Rechte Flügelinnenseite der zwei kleinen Flügel des Liebfrauenbruderschaftsretabels
Öl auf Eichenholz, 63 x 43,3 cm. Berlin, Staatliche Museen, Gemäldegalerie

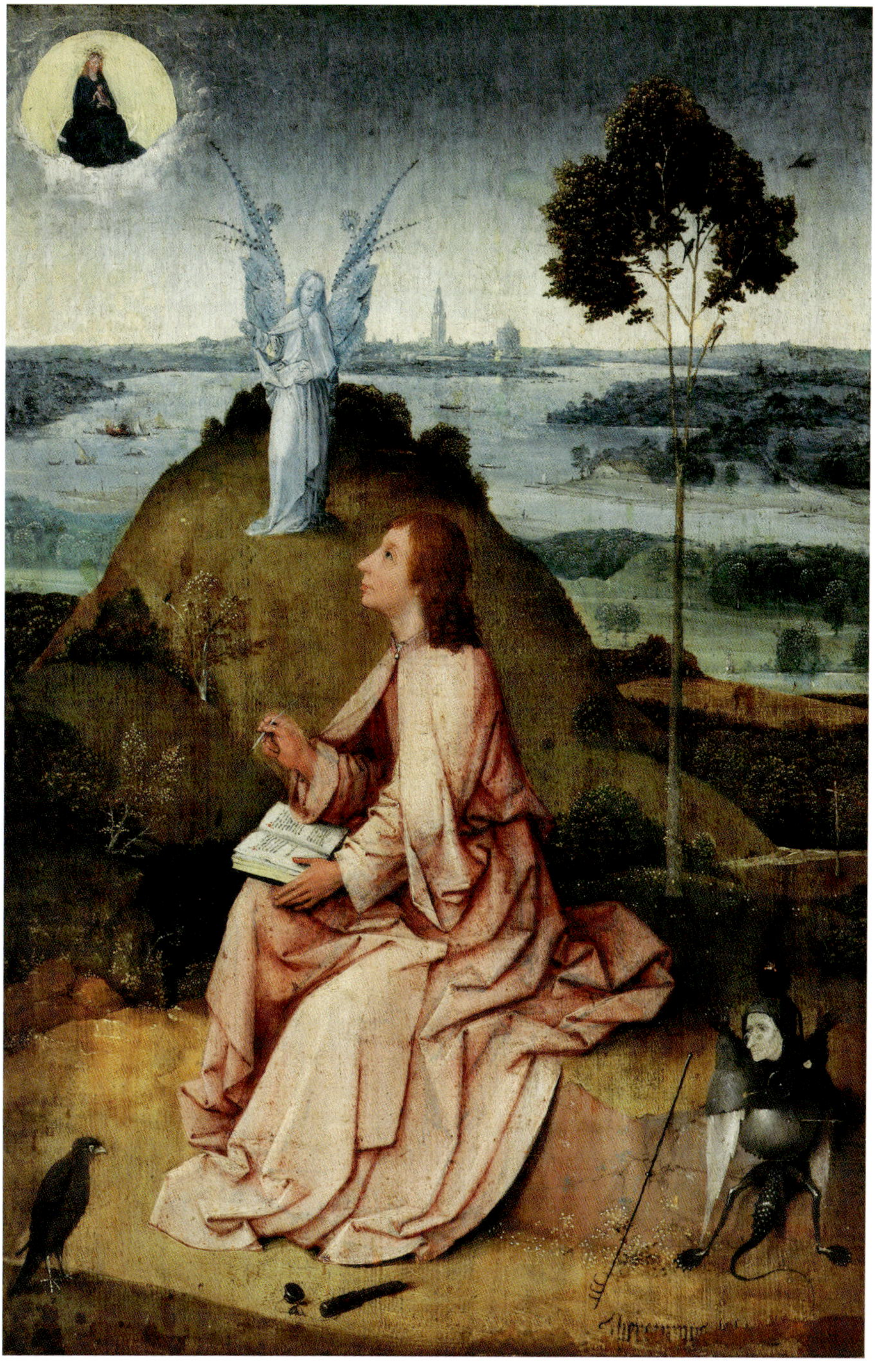

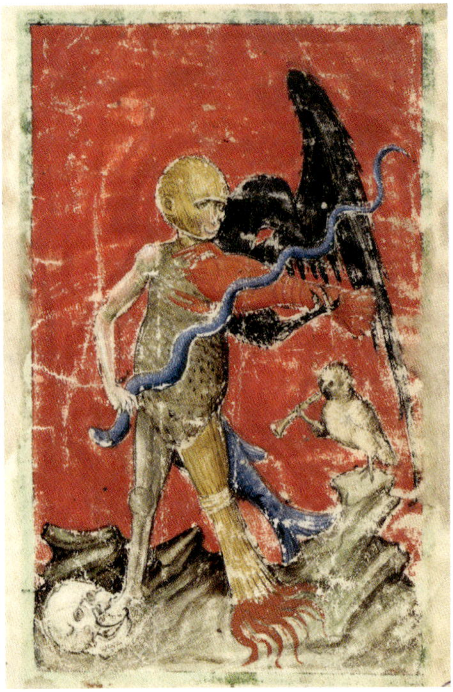

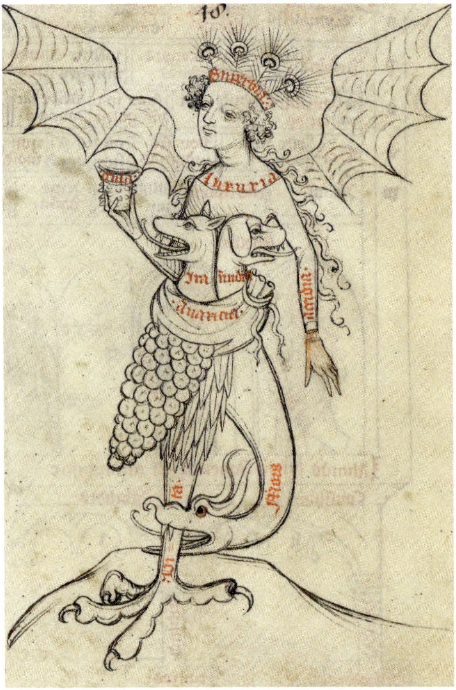

Anonymer Buchmaler, **Chaos der Elemente**, um 1420
aus: *Aurora Consurgens*, fol. 1r (Detail). Wasserfarben auf Pergament, 20,5 x 14 cm
Zürich, Zentralbibliothek Zürich, Ms. Rhenoviensis 172

Anonymer Buchmaler, **Siebenlasterweib**, um 1414
aus: *Mettener Armenbibel*, fol. 95r (Detail). Federzeichnung auf Pergament, 48,5 x 35 cm
München, Staatsbibliothek, clm. 8201

parodistisch erläutert. Auch die Bildordnung verdeutlicht dies. Der Teufel selbst steht auf der Schattenseite im Rücken des Johannes, unfähig, die Erscheinung am Himmel zu erblicken. Kompositorisch ist er vom Rest des Bildes durch die Senkrechte des Baumstamms, den Saum des Mantels von Johannes, das Schreibzeug und den schräg neben ihm liegenden „Crauwel" abgegrenzt. Der „Crauwel" ist eine harkenartige große Küchengabel zum Zubereiten von Fleisch, die in Teufelsdarstellungen häufig als Fang- und Folterwerkzeug fungiert, da die Verdammten in Textquellen auch als Fleisch bezeichnet und entsprechend behandelt werden.

Dieses und andere Hybridwesen Boschs haben ihre Vorläufer in den vor allem in geistlichen Texten, aber auch in der weltlichen Dichtung nachzuweisenden Mischwesen-Allegorien, die wohl im 12. Jahrhundert aus der moraldidaktisch intendierten christlichen

Interpretation der Einleitung entstanden, die Horaz (65–8 v. Chr.) seinem Brief über die Theorie der Dichtkunst, der *Ars poetica*, voranstellt. Darin schildert er ein sirenenhaftes Mischwesen als Gegenbild gelungener Poesie (Klemm 1993/94). In der spätmittelalterlichen Adaption wird ein Mischwesen aus verschiedenen als Symbol aufgefassten Körpergliedern von Mensch oder Tier und Gegenständen zusammengesetzt. Ein Beispiel ist das Siebenlasterweib der Mettener Bibel von 1414 (S. 46). Hier repräsentieren die einzelnen Glieder jeweils Sünden. In den meisten Darstellungen verweist die Disharmonie der Teile auf eine mangelnde natürliche oder göttliche Ordnung. Das allegorische Mischwesenprinzip eignet sich sogar dazu, der Darstellung parodistisch-komische Züge zu verleihen (S. 46).

Auch in Boschs Heimatstadt gehörten Mischwesen schon vor dem Beginn der Schaffenszeit des Malers zum künstlerischen Repertoire. Boschs Teufelskonzept ist hier anzusetzen. Nur selten malt er den relativ einheitlichen „klassischen" Typus mit den üblichen Merkmalen von Bocks- oder Krallenfüßen, dunklem Fell, langen Ohren und Fratzengesicht. Boschs Teufel haben den Charakter von Mischwesen, deren körperliche Bestandteile oder Attribute, wie oben angedeutet, auf bestimmte Laster selbstredend hinweisen. Sie definieren sich nicht nur als höllischer Widerpart der Engel, sondern auch als Gegensatz zu den Tugenden. Die Teufel bestrafen also nicht nur die armen Seelen, sondern repräsentieren auch ihre Sünden und machen sie dem Betrachter sichtbar. Die Darstellung des menschlichen Fehlverhaltens findet dabei im Alltagsbezug der Situationen und Gegenstände ihren Ausdruck. So wie das Leben der Heiligen in Gebäuden, Mode, Landschaft und Alltagsgegenständen zeitgenössisch aktualisiert wird, so nehmen auch die Teufel gewissermaßen vertraute Züge an. Ein weiteres Charakteristikum dieser Sünden-Teufel ist, dass sie nicht nur hässlich und dumm, sondern in ihrem Wesen als tendenziell lächerlich dargestellt sind. So wird der Betrachter in die Lage versetzt, sich von den Sünden bzw. Teufeln zu distanzieren, statt übermäßig vor ihnen Angst zu empfinden. Nicht zuletzt eröffnet das Mischwesenprinzip dem Maler kreative Spielräume, denn es funktioniert wie der Neologismus als rhetorische Figur in der Dichtkunst: Mit beidem lassen sich Leser/Hörer bzw. Betrachter immer wieder überraschen. Der Stolz des künstlerisch-schöpferisch Tätigen zeigt sich wohl auch in der Signatur des Gemäldes. Dass diese nicht van Aken lautet, sondern Bosch, als Kürzel für 's-Hertogenbosch, ist ein Hinweis auf die Identifikation des Malers mit seiner Heimatstadt und richtet sich an von auswärts Zugereiste.

Auf seiner in Grisaille gehaltenen Außenseite zeigt der *Johannes auf Patmos* die bemerkenswerte Darstellung *Das göttliche Sonnenauge mit dem Passionsgeschehen* (S. 42, Kat. 3.2.2); für die – tatsächlich nicht erhaltene – Pendantseite zu *Johannes der Täufer* lässt sich als Thema das Leben desselben oder das Leben Jesu denken. Das hochformatige Bild wird im Wesentlichen von einer stilisierten Pupille aus zwei ineinandergesetzten Kreisflächen eingenommen. Im hellen Zentrumskreis sieht man einen Pelikan bei

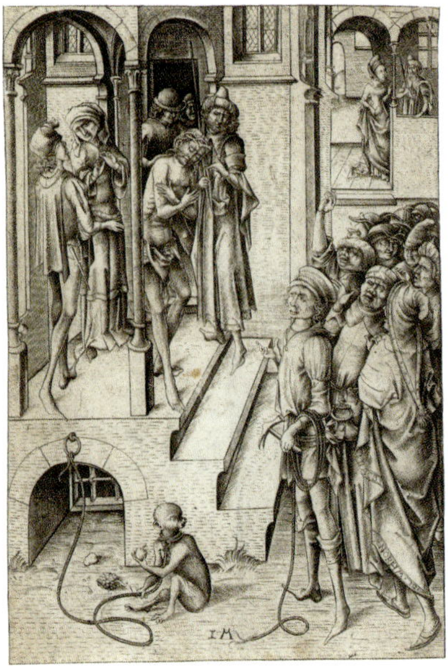

seinem Nest, das einen von Wasser und einer weiten Landschaft umgebenen Felsen krönt. Der *Physiologus* – eine im Mittelalter weit verbreitete Naturlehre, die Tiere und Pflanzen in einen allegorischen Bezug zum Heilsgeschehen setzt – sagt dem Pelikan nach, dass er seinen Nachwuchs, den er selbst getötet hat, durch das eigene Blut wiederbelebt. Er ist so ein Zeichen für den Opfertod Christi und die sich selbst aufopfernde Liebe Gottes. Die umlaufende Ringzone zeigt im Uhrzeigersinn die Passion Christi. Sie beginnt mit der Ölberg-Szene ganz rechts, dann folgen der Verrat mit dem Bruderkuss durch Judas und der Zornesausbruch Petri gegen Malchus, Christus vor Pilatus, die Geißelung an der Säule, die Dornenkrönung, die Kreuztragung, die Kreuzigung und schließlich die Grablegung rechts oben. An der höchsten Stelle ragen die drei Kreuze auf dem Kalvarienberg über den Horizont hinaus und verbinden Himmel und Erde. Der Kreis ist als „Welt-" oder „Erdkreis" zu verstehen. Der Himmel ist teilweise verfinstert (Mk 15,33). Genau parallel unterhalb der Kreuzigung auf der Mittelsenkrechten breitet der Pelikan seine Schwingen wie die Kreuzesarme aus.

Die Umgebung der Kreise stellt als eine nur punktuell unterbrochene nachtschwarze Fläche die Finsternis dar, in der einige kaum zu erkennende Dämonen ihr Unwesen treiben. Unten links leuchten schwach zwei Hirsche, weiter links ein Stachelschwein und ein Hahn auf, beides Tiere, die auch im *Garten der Lüste* (Kat. 11) und im *Jüngsten Gericht* (Kat. 13) wiederkehren. Links oben ist ein Behelmter mit Leiter auf der Schulter zu erkennen, rechts eine Harfe, ein Fahrgestell rechts unten. Vögel, verschiedene Fischmonster sowie weiße und rosarote Farbtupfer, die an Blüten erinnern, sind über die Fläche verteilt.

Israhel van Meckenem d. J., **Ecce Homo**, 1475–1485
Kupferstich, 20,9 x 14,5 cm. Amsterdam, Rijksmuseum

Seite 49
Ecce Homo mit Stiftern, um 1490–1495
Öl auf Eichenholz, 71,1 x 60,5 cm. Frankfurt am Main, Städel Museum
Inschriften: „Ecce Homo" – „Sehet, welch ein Mensch!"
„Crucifige eum" – „Kreuzigt ihn!"
„Salva nos xp[=Christ]e redemptor" – „Rette uns, Christus Erlöser!"

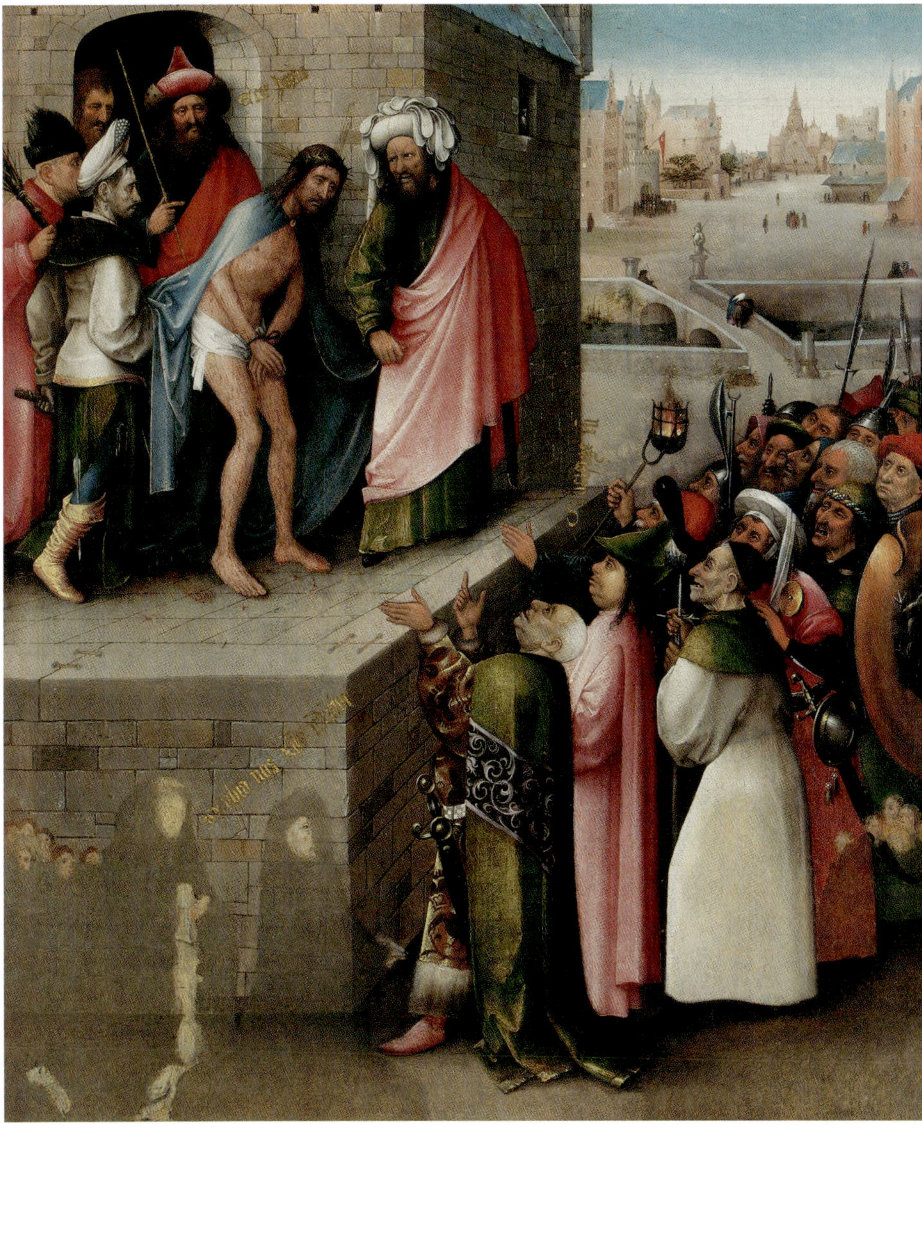

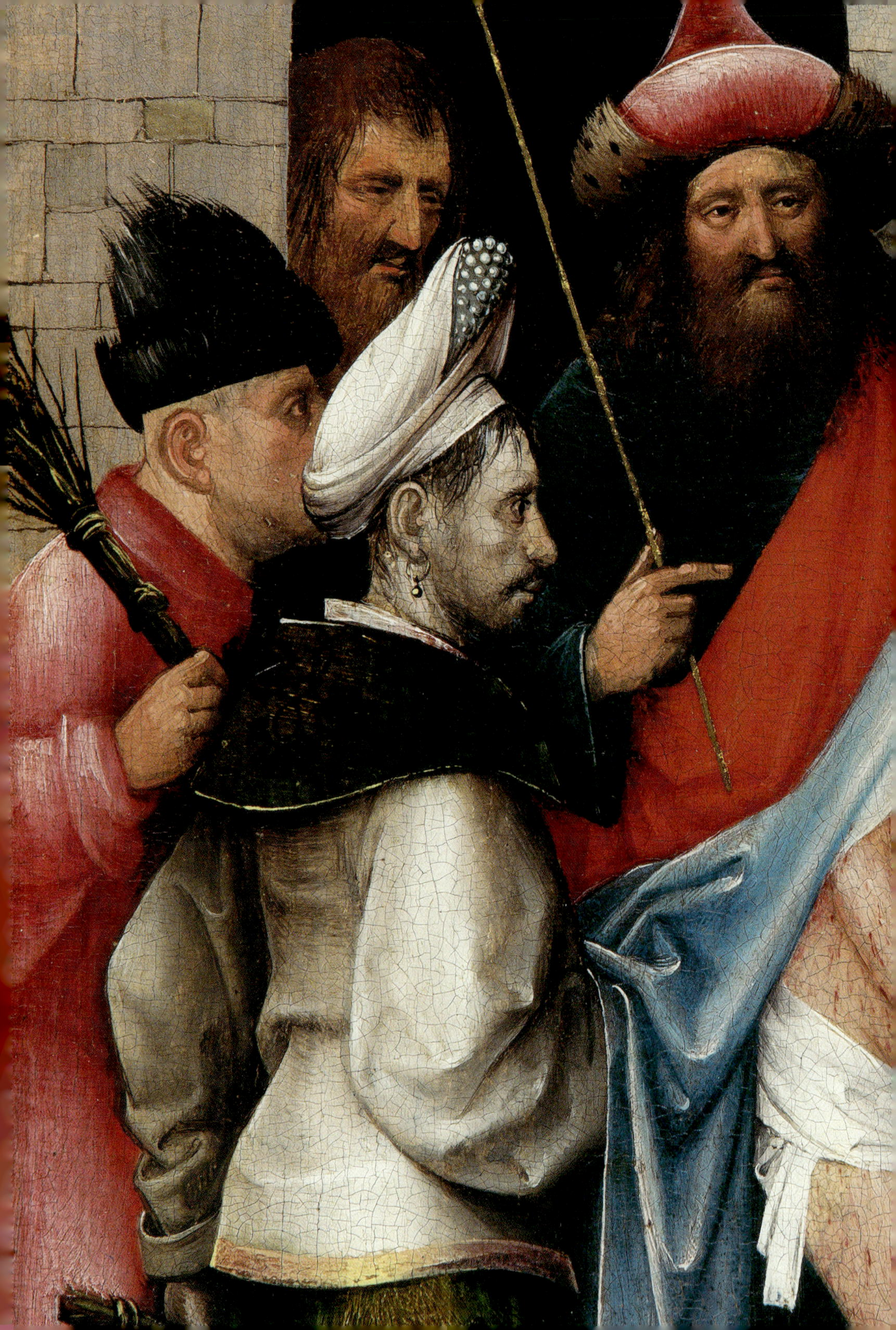

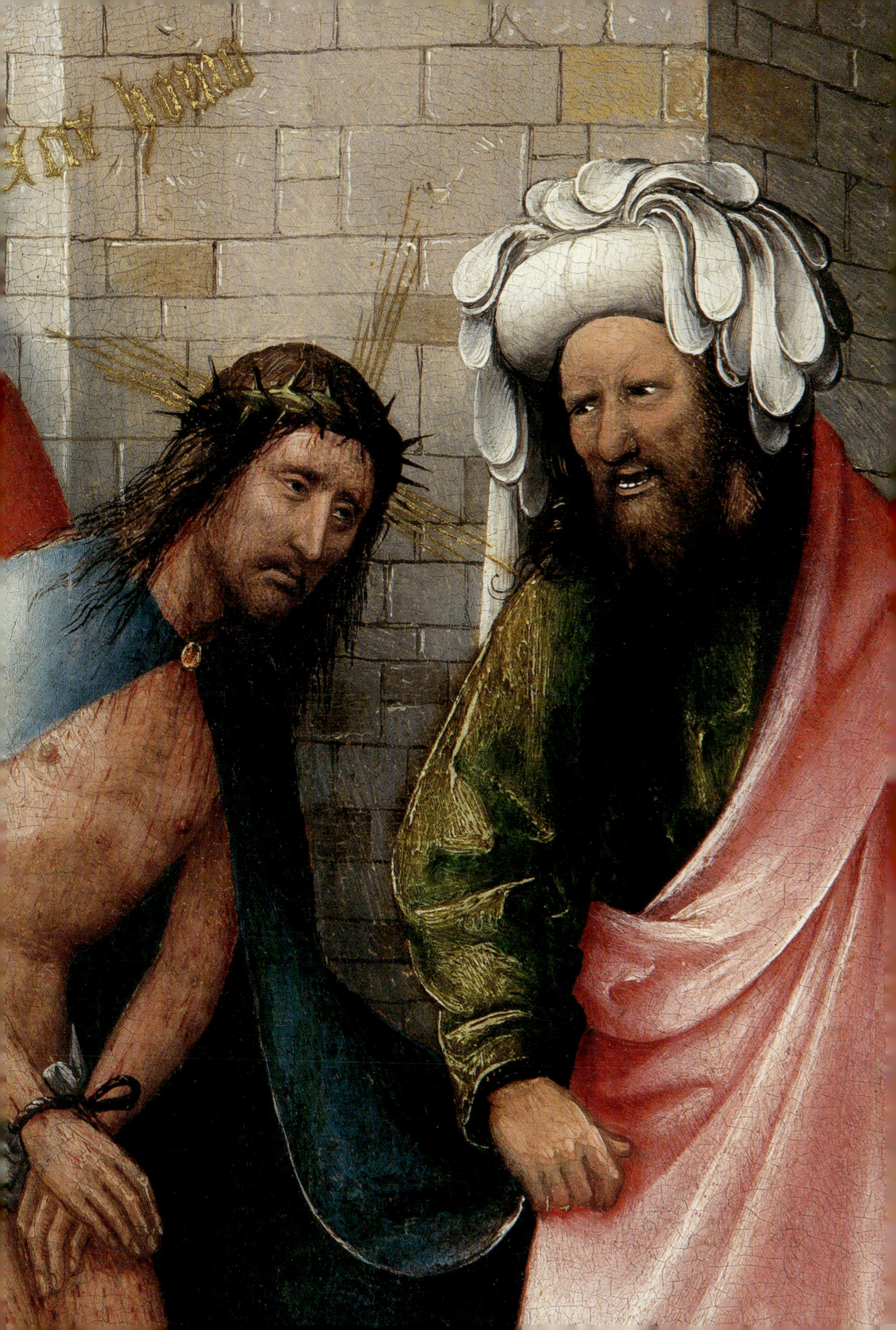

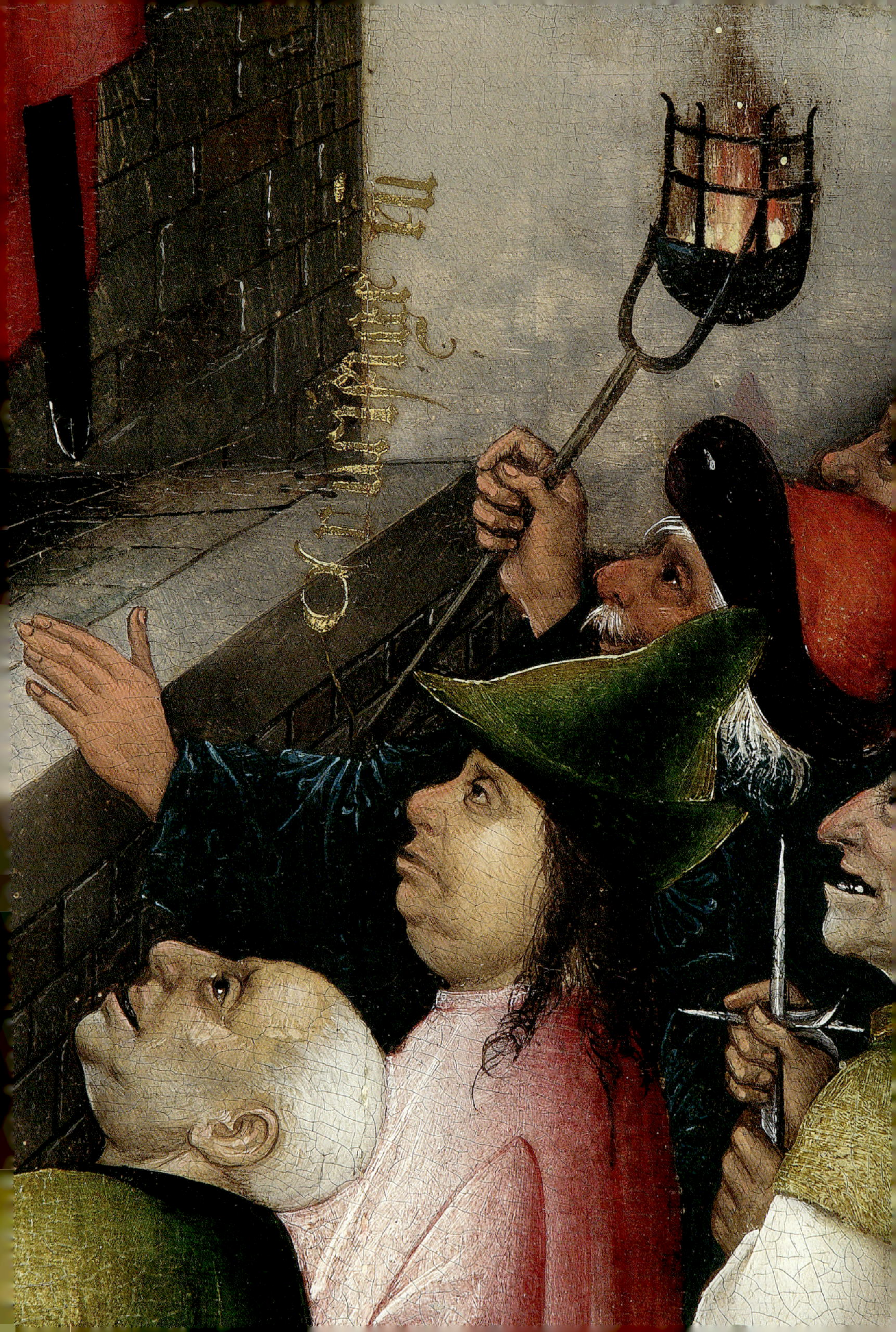

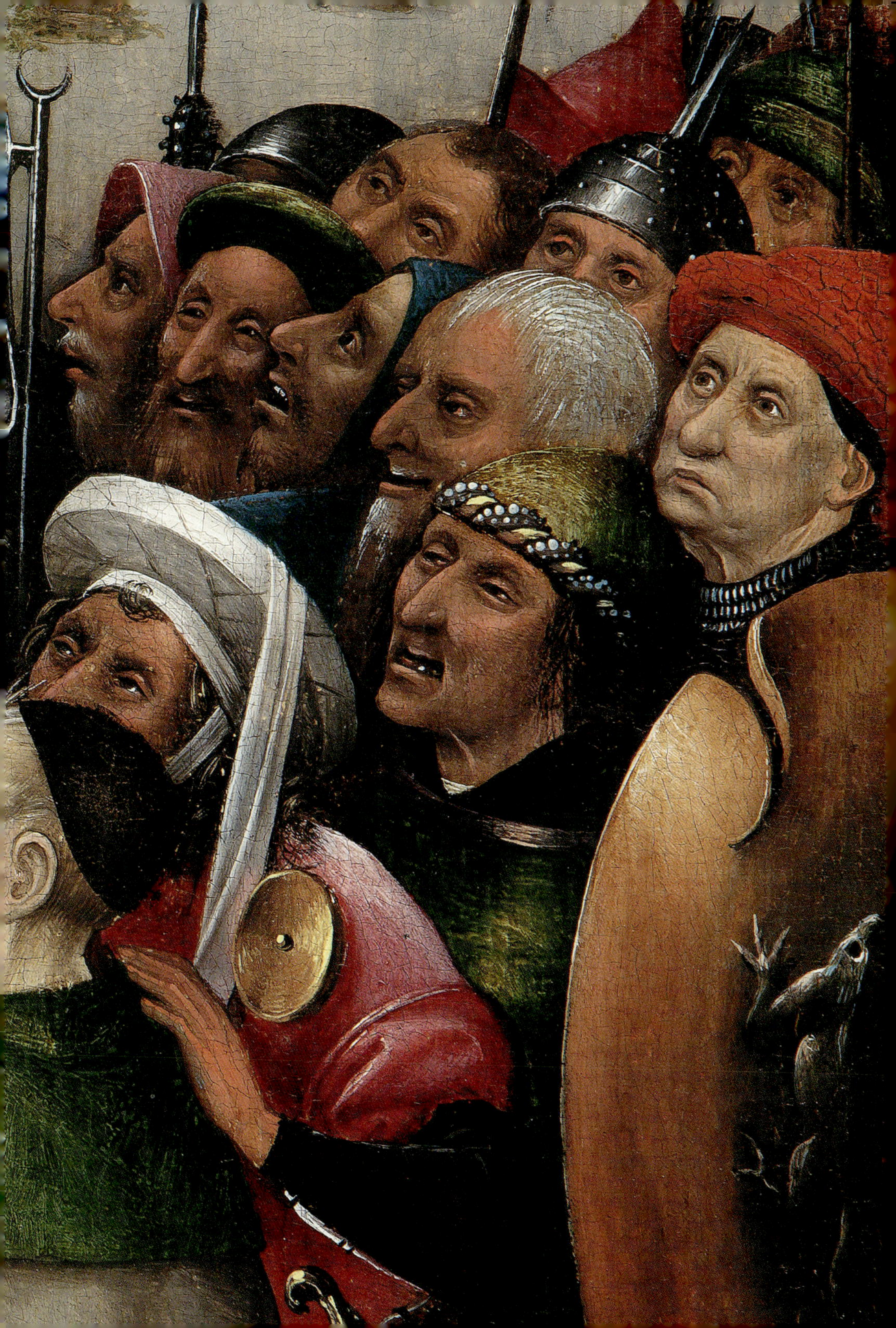

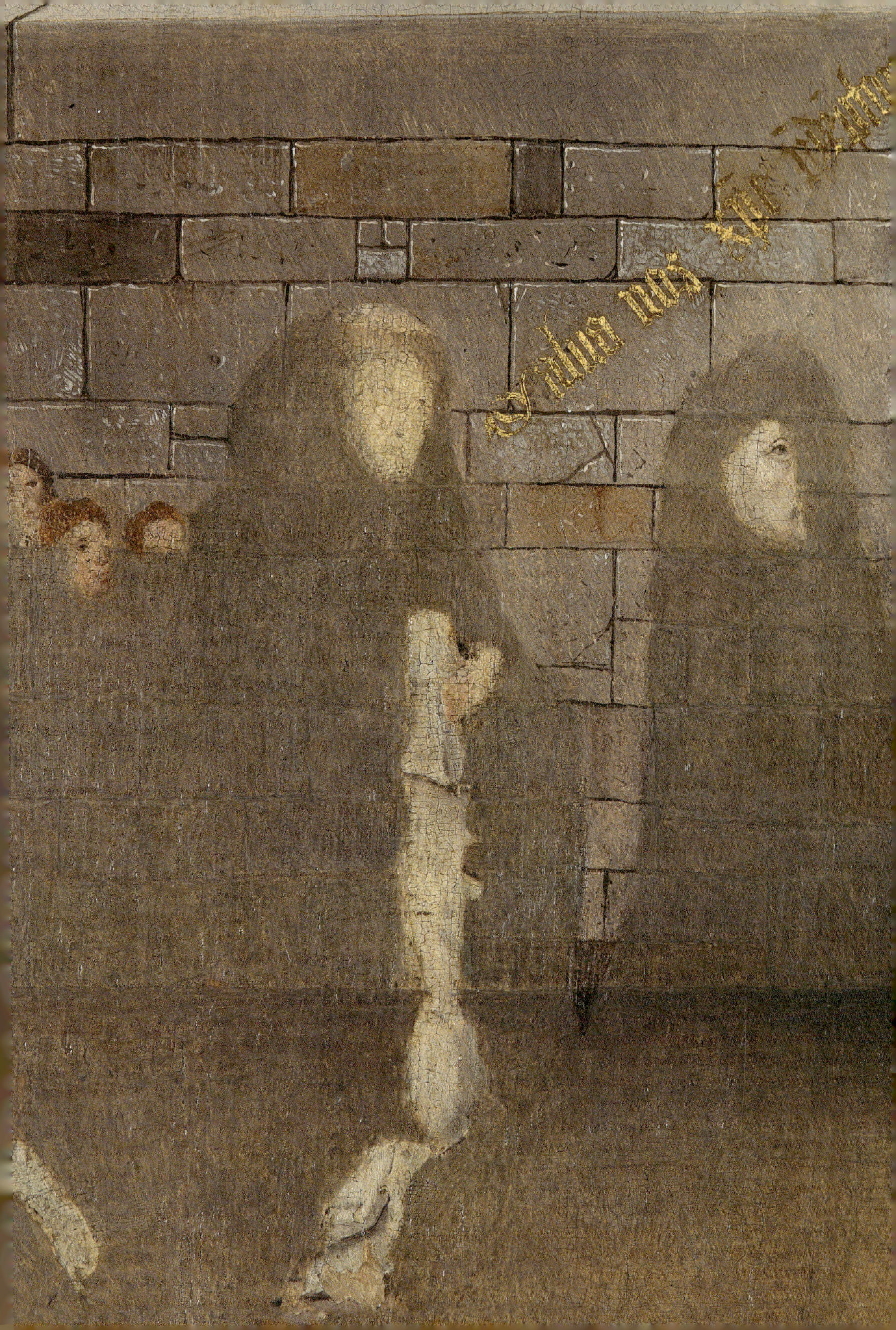

Das göttliche Sonnenauge mit der Passion thematisiert die Polarität zwischen dem Bösen als Finsternis der Unkenntnis in der Peripherie einerseits und dem Guten als Licht der Gotteserkenntnis im Zentrum andererseits.

Dass Bosch gleich nach dem Beitritt zu den Geschworenen den Auftrag für die Flügelgemälde des Altarretabels in Sint-Jan erhielt, deutet darauf hin, dass seine Tonsur und sein Besitz für die städtische Elite allein kaum ausreichend waren, um ihn in ihre Reihen aufzunehmen – er musste für die Brüder auch von besonderem Nutzen sein. Im Allgemeinen belohnte die Bruderschaft Künstler aus Dankbarkeit für konkrete Dienste erst nachträglich, mit der Erlassung des Mitgliedsbeitrages, dem entgeltlosen Beitritt oder gar der Zulassung in den Kreis der Geschworenen. Die Arbeitsleistung für eine fromme Gemeinschaft wurde mit der Teilhabe an dieser vergütet. So erhielt der Baumeister von Sint-Jan, Jan Heyns, erst 1495/96, etwa ein Jahr nach Abschluss der von ihm geleiteten Arbeiten an der Bruderschaftskapelle, die geschworene Mitgliedschaft (Vink 2001, S. 96). Aus Brügge ist bekannt, dass der Buch- und Tafelmaler Gerard David (um 1460–1523) der elitären Bruderschaft Onze-Lieve-Vrouw van den Drogen Boom, der vor allem Aristokraten und wohlhabende Bürger angehörten, erst beitrat, als er sich in seiner Profession erfolgreich etabliert hatte.

Bosch hatte aber zum Zeitpunkt seines Beitritts offensichtlich noch nicht vergleichbare künstlerische Verdienste vorzuweisen. Allenfalls könnte er als talentiert angesehen worden sein und als geeignet, ihm Aufträge anzutragen. Dabei mag auch eine Rolle gespielt haben, dass er theologisch sattelfest war, denn wegen ihrer religiösen Prägung erwartete die Bruderschaft dies von einem Maler als Mitbruder. Für Bosch selbst lag der Vorteil zunächst nicht im Materiellen, sondern darin, dass die überregionalen Kontakte der Bruderschaft zu hochrangigen Persönlichkeiten ihm ein Feld an potenziellen Auftraggebern eröffnete. Die Liebfrauenbruderschaft war die Institution, die hochwertige, überregional und sogar international anerkannte Kunst nach 's-Hertogenbosch holte. Schon 1456/57 lieferte „meester Rogier tot Brussel“, also Rogier van der Weyden, der Liebfrauenbruderschaft einen Entwurf für ein Mariengemälde.

Die Bruderschaft trieb die Fertigstellung und Ausstattung der Kapelle, für deren Altarretabel Bosch seine beiden *Johannes*-Gemälde geschaffen hatte, weiter voran. Boschs nächster Auftrag für die Bruderschaft bestand 1491/92 darin, eine neue Namenstafel für die lebenden und verstorbenen geschworenen Mitglieder zu fertigen. 1493 wurde dann das

Seite 50/51, 52/53, 54
Ecce Homo mit Stiftern (Details), um 1490–1495
Inschriften: „Ecce Homo“ – „Sehet, welch ein Mensch!“
„Crucifige eum“ – „Kreuzigt ihn!“
„Salva nos xp[=Christ]e redemptor“ – „Rette uns, Christus Erlöser!“

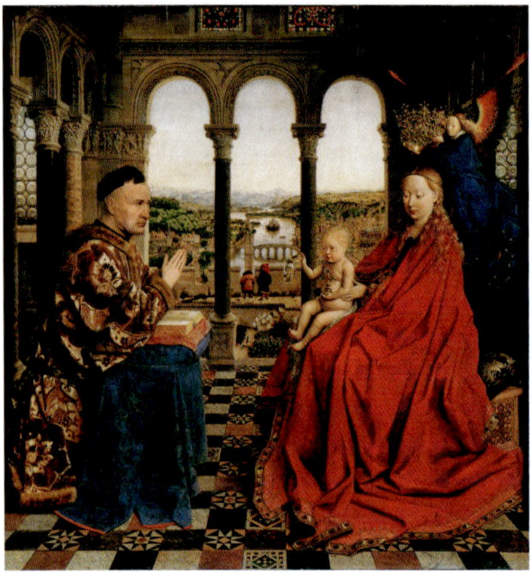

Altarretabel van Wesels in die fast fertiggestellte Kapelle gebracht (van Dijck 1973, S. 127). Zeitlich dazu passend lieferte Bosch 1493/94 auf Geheiß der Bruderschaft einen Entwurf für ein bemaltes Glasfenster, den er offenbar in Originalgröße auf einige alte Bettlaken („een paer aulder slaeplakens") malte und dessen Ausführung durch den Glasmaler Willem Lombart er kontrollierte. Während diese Aufträge keine oder nur geringe Einnahmen brachten, besserte Bosch sein Vermögen durch andere Quellen auf. Ein Zeichen seines Wohlstands sind die Verkäufe von Holz aus den Landgütern, die 1492 und 1494 Beträge von 51 und 56 Gulden einbrachten, was allein schon den Jahresbedarf eines Zweipersonenhaushaltes gedeckt haben dürfte.

Ecce Homo

Irgendwann Mitte der 1490er Jahre malte Bosch die Darstellung *Ecce Homo* (S. 49, Kat. 4), die heute in Frankfurt am Main zu sehen ist. Der Auftraggeber entstammte der elitären Klientel, wie sie auch in den Reihen der Bruderschaft zu finden war. Ob es ein Bruderschaftsmitglied war, lässt sich nicht mehr klären, da die Stifterfiguren abgekratzt und übermalt waren und erst bei der letzten Restaurierung 1983 wieder freigelegt wurden. So ist das Stifterehepaar mit sieben Söhnen, darunter ein Dominikanermönch, und sechs Töchtern nur noch schemenhaft zu erkennen. Das Bildthema geht auf die Evangelien zurück (Mt 27,11–26; Mk 15,2–15; Lk 23,2–7; Joh 18,28–19,16). Der römische Statthalter Pontius Pilatus lässt den gegeißelten Jesus dem anwesenden Volk zeigen und überlässt diesem die Entscheidung, ob er oder Barabbas hingerichtet werden soll. Im optischen Mittelpunkt des Bildes präsentiert auf einem steinernen Podest Pilatus, links unter den Korbbogen einer Palasttür gerückt, seinen Amtsstab haltend und in Schwarz und Rot gehüllt, Jesus der geifernden Menge. Der gedemütigte, blutende und gebeugte Christus wird von einem blassgesichtigen und mit einem Turban geschmückten Schergen zu seiner Rechten und

Jan van Eyck, **Madonna des Kanzlers Rolin**, um 1435
Öl auf Holz, 66 x 62 cm. Paris, Musée du Louvre

Seite 57
Ecce Homo mit Stiftern (Detail), um 1490–1495 (siehe Abb. S. 49)

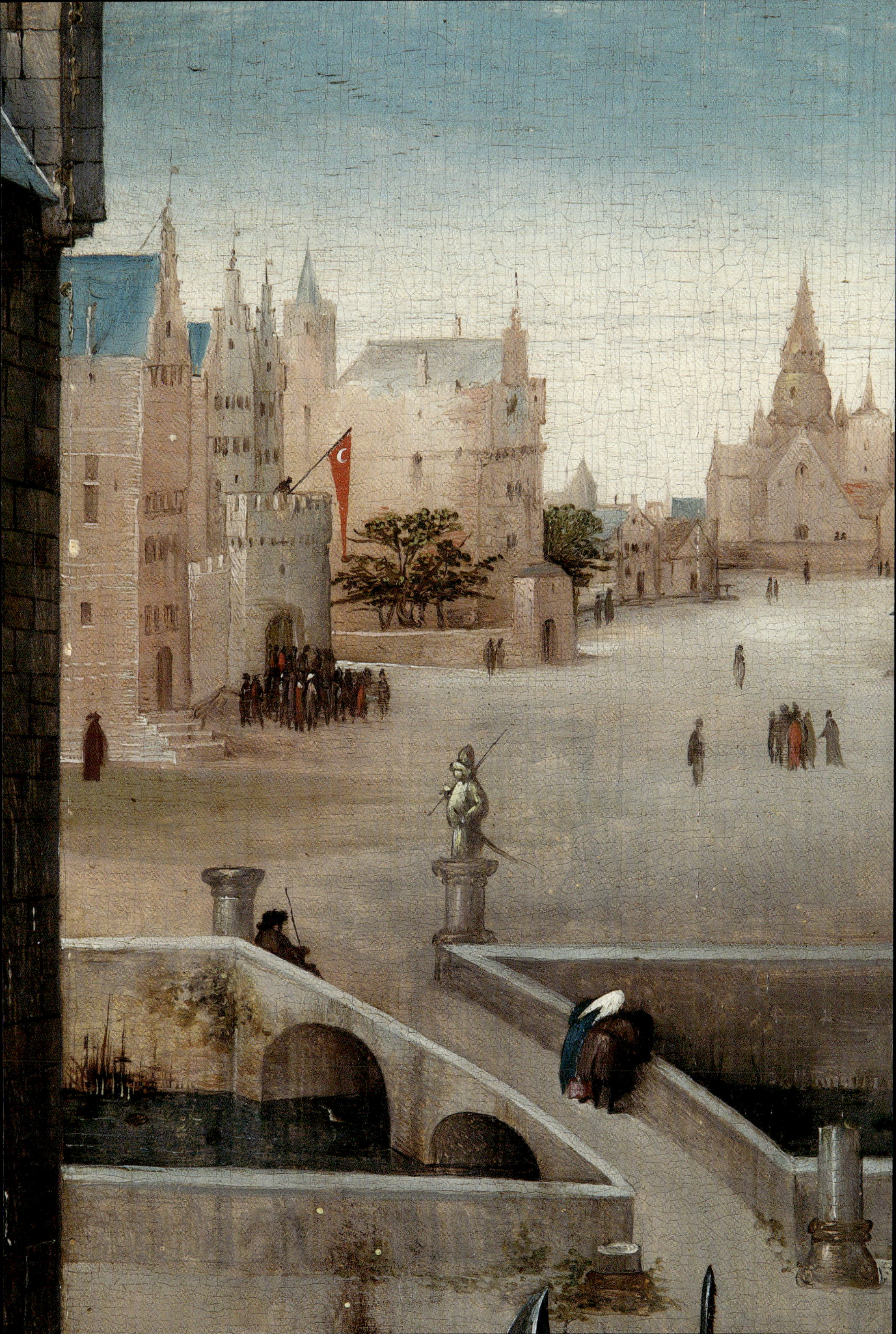

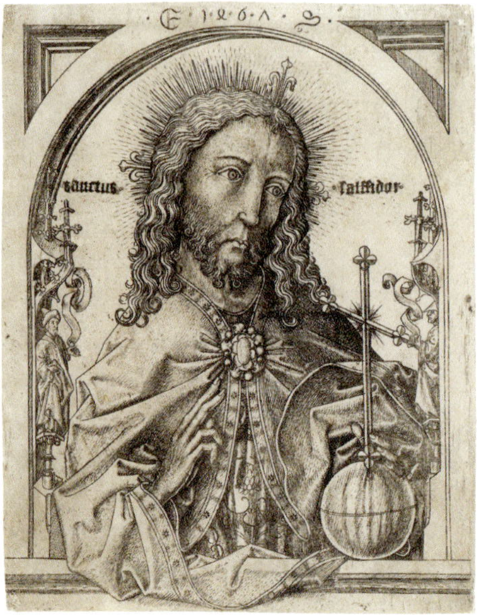

einem üppig ausstaffierten Handlanger zu seiner Linken am blauen Mantel gehalten und vorgeführt. Den folgenden Dialog hat der Maler auch als Inschrift golden aufgebracht: „Ecce Homo" („Sehet welch ein Mensch!" oder „Seht, da ist der Mensch!"). Die bunte und in fantasievolle Kostüme gekleidete Menge fordert: „Crucifige eum" („Kreuzigt ihn!"), während direkt unterhalb von Christus Vater und ältester Sohn der Stifterfamilie flehen: „Salva nos xp[=Christ] e redemptor" („Rette uns, Christus Erlöser!"). Die Bildkonstellation samt Inschriften macht die eschatologische Ausrichtung des Werks nur allzu deutlich. Es diente im Rahmen der Jenseitsvorsorge dazu, darum zu bitten, dass die Entscheidung über das Seelenheil der Stifterfamilie im kommenden Weltgericht gnädig ausfällt.

Kompositorisch steht Boschs *Ecce Homo* einem Holzschnitt von Israhel van Meckenem d. J. (um 1440–1503) mit gleichem Thema (S. 48) nahe, der als bedeutender Kupferstecher im nur etwa 100 km von 's-Hertogenbosch entfernten westfälischen Bocholt tätig war. Das Besondere an Boschs Werk ist jedoch die gegenüber früheren Künstlern gewandelte Auffassung der Landschaft. Auch hier erscheint die Landschaft als ambivalente „Welt" mit bedrohlichen und fremdartigen Versatzstücken. Die Kulisse der Stadt zeigt weitgehend mitteleuropäische, aber auch orientalisch anmutende Züge wie die rote Flagge des Osmanischen Reiches (S. 57). Auch in diesem Gemälde sind im Hintergrund die von Bosch auch in anderen Werken eingesetzten Wanderer oder Spaziergänger zu finden, darunter ein Paar, das dem Betrachter den Rücken zuwendet und in die Tiefe des Bildraums schaut wie in der *Kreuzigung* (Kat. 1) und im *Hieronymus* (Kat. 2; Fischer 2009, S. 278–279). Ein solches Paar tritt an zentraler Bildstelle schon in Jan van Eycks (um 1390–1441) *Madonna des Kanzlers Rolin* von etwa 1435 auf (S. 56), ebenso als Ehepaar – das weiße Kopftuch ist typisch für

Meister E. S., **Der Erlöser: sanctus salffidor**, 1467
Kupferstich, 14,7 x 11,7 cm. Braunschweig, Herzog Anton Ulrich-Museum, Kunstmuseum des Landes Niedersachsen

Seite 59
Dornenkrönung, um 1495
Öl auf Eichenholz, 73,5 x 59,1 cm. London, National Gallery

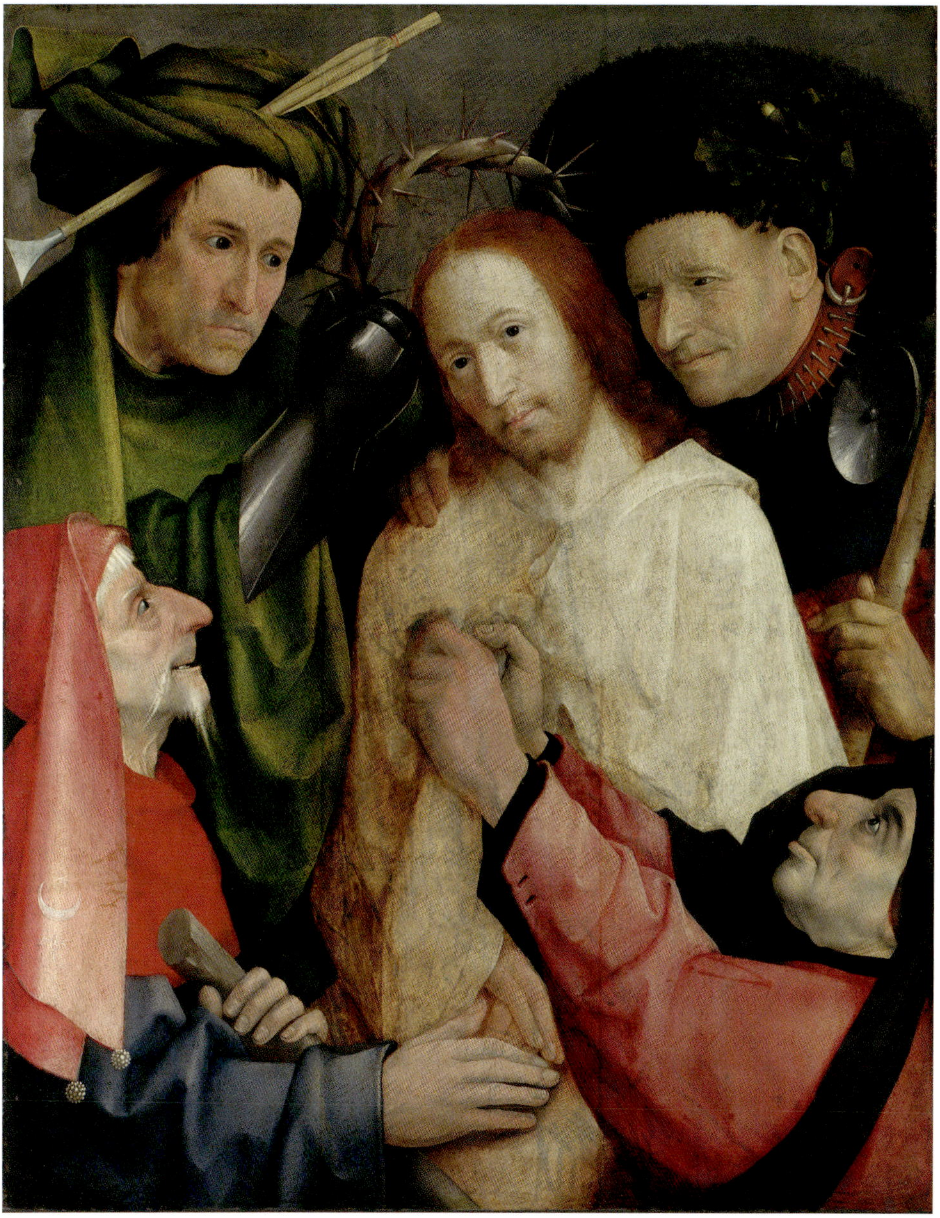

eine Hausfrau des 15. Jahrhunderts – in Rogier van der Weydens *Der heilige Lukas zeichnet die Madonna* von etwa 1435/40 (Boston, Museum of Fine Arts). Vermutlich stammt das Bildmotiv der Wandernden, Spaziergänger und Naturbetrachter aus der höfischen Buchmalerei des frühen 15. Jahrhunderts; so taucht es ähnlich in den *Très Riches Heures* auf. Diese Figuren führen den Betrachterblick in die Tiefe. Besonders beim Adel galten Spaziergänge mit Naturgenuss als ein gesundheitsförderndes und die Stimmung aufhellendes Mittel (Pleij 2000, S. 24 ff.). Im *Ecce Homo* steht ein Paar auf einer Brücke und schaut nach unten in einen Fluss, während seine Umwelt als feindlich und heidnisch charakterisiert ist. Die beiden repräsentieren die unbekümmerten Seelen, die an dem bösen Treiben um sie herum keinen Anteil nehmen. Doch auf diese Weise nehmen sie auch keinen Anteil an der Passion, sodass ihre Seelen unerlöst bleiben. So fordern sie den Betrachter zur Einkehr und Besinnung auf, so wie es die Stifter mit ihrer Anbetung von Christus tun.

Die Dornenkrönung

In der *Dornenkrönung* (S. 59, Kat. 5) manifestiert sich der Bezug zwischen Christus und dem Betrachter auf einer menschlichen Ebene, wie auch sonst in Boschs Œuvre, jedoch ungleich intensiver. Die Darstellung beruht auf der Schilderung der Passion Christi im Markus-Evangelium 15,17–19: „Dann legten sie [die Soldaten] ihm einen Purpurmantel um und flochten einen Dornenkranz; den setzten sie ihm auf und grüßten ihn: Heil dir, König der Juden! Sie schlugen ihm mit einem Stock auf den Kopf und spuckten ihn an, knieten vor ihm nieder und huldigten ihm." Das Gemälde zeigt im Bildzentrum frontal als Halbfigur Christus. Gestaltet ist er nach dem *Lentulus-Brief,* einem vermutlich im 13. Jahrhundert entstandenen vorgeblichen Augenzeugenbericht der Kreuzigung, der das Aussehen Christi beschreibt, von der Länge und Haselnuss-Farbe der Haare über die makellose, ausgeglichene Gesichtsform mit dem am Kinn geteilten Bart bis zur ernsten, aber liebevollen Erscheinung. Im Bild ist Christus leicht aus der Mitte nach rechts verschoben und sein Haupt in einer Art Gegenbewegung nach links geneigt. Er trägt einen weißen Überwurf, durch den die bläuliche Unterzeichnung und die ockerfarbene Untermalung durchschimmern. Die Anatomie der Arme unter dem Umhang erscheint falsch, was jedoch unter Hinweis auf zwei auf die Passion vorausweisende Bibelstellen zu erklären ist: In Psalm 22,15 heißt es: „Ich bin hingeschüttet wie Wasser, gelöst haben sich all meine Glieder. Mein Herz ist in meinem Leib wie Wachs zerflossen", und in Psalm 22,18: „Man kann all meine Knochen zählen; sie gaffen und weiden sich an mir."

Vier Schergen bedrängen Christus, von denen die oberen beiden tatsächlich für Soldaten gehalten werden können. Die rechte Hand des einen, links oben, ist in einen metallenen Handschuh gehüllt. Ein Armbrustpfeil steckt in seinem grünen Turban. Er hat große hervortretende Augen und verkniffene Lippen. Der andere, rechts oben, trägt eine ausladende schwarze Wollmütze mit einem Eichenblatt, eine Metallplatte an der Schulter und ein Stachelhalsband, das eigentlich Hirtenhunden zur Abwehr von Wölfen umgelegt wird. Es ist eine Anspielung auf Psalm 22,17: „Viele Hunde umlagern mich, eine Rotte von Bösen umkreist mich. Sie durchbohren mir Hände und Füße." Bosch hat den als Sinnbild des Bösen identifizierten Hund in den Bildern des *Hausierers* ebenfalls mit diesem Halsband ausgestattet (S. 303, Kat. 17.1; S. 319, Kat. 20.1). Der rechte Soldat runzelt grüblerisch die Stirn und hält einen Birkenstock. Die unteren beiden Figuren erinnern in ihrer Kleidung und besonders ihren Kopfbedeckungen eher an Gelehrte, zumal nur der linke locker einen Holzstab hält. Dieser weißhaarige Scherge mit Überbiss und einem ausgeprägten Ziegenbart, der auf seinem roten Kopftuch einen weißen Halbmond mit Stern trägt, ist ausgesprochen hager, während der andere eine dicke Unterlippe, eine Knollennase und eine runde Gesichtsform aufweist. So bilden die Schergen eine Gruppe voller optischer Gegensätze, und die Darstellung erhält ein teils fremdartig-orientalisches, teils vertraut-zeitgenössisches Gepräge.

Die Dornenkrönung ist aufgrund des Bildausschnittes und der symmetrischen Komposition kein Ereignisbild, sondern ein Andachtsbild. Die Dornenkrone als Symbol der Passion wird hinter Christi Haupt gehalten wie eine Krone der Auszeichnung: Aus dem Salvator coronatus wird eine Coronatio Salvatoris (Ringbom 1965). Das Antlitz Christi ist nicht zerschunden, die Passion nur angedeutet. Christus schaut in die Richtung des Betrachters und fixiert ihn auf eine intime, persönliche, ebenso eindringliche wie milde Art. Vergleichbar ist das Blatt *Der Erlöser* („sanctus salffidor") des Meisters E. S. von 1467 (S. 58), bei dem der ebenfalls geneigte und leicht zur Seite gedrehte Kopf Christi die Frontalität des Brustbildes mildert. Als Mensch gewordener Sohn Gottes vermittelt Christus die Gottesebenbildlichkeit des Menschen, der nach dem Bilde Gottes (Genesis 1,26–27) geschaffen wurde. Christus ist äußerlich passiv und innerlich lebendig, die Schergen sind äußerlich aktiv, aber innerlich tot. Bosch kontrastiert den mit der Dornenkrone „ausgezeichneten" Erlöser mit Exempeln von Sünde und Torheit, nicht so sehr, um Mitleiden zu erzeugen, sondern vor allem, um den idealen Menschen in Christus erfahrbar werden zu lassen. Polarisierend ist dem Zentrum mit Christus die Peripherie mit den vier Schergen in den Ecken – die oberen beiden in Dreiviertelansicht, die unteren im Profil – gegenübergestellt, die mit stechenden Blicken Christus fixieren. Sie stehen augenscheinlich für Eigenschaften und Verhaltensweisen, die vom mittleren und idealen Maß, das Christus verkörpert, abweichen: seelische Unausgeglichenheit, unrechter Glaube, Sündhaftigkeit und Verblendung. So deklinieren sie die Abweichungen von der Norm der Gottesebenbildlichkeit. Ihre Physiognomie und Körperhaltung, ihre Gestik und Mimik, ihre Kleidungsstücke, Rüstungsteile und Waffen geben dem in der Mitte so stillen Bild eine Aggressivität und Intensität, die die eher psychische als physische Bedrängung Christi spürbar machen. Die geschickte Bildregie inszeniert die Dualität von Sünde und Erlösung so, dass der Betrachter nur den Bereich um Jesu Haupt und Schultern als friedvoll empfindet. Die dargestellte Polarität provoziert eine Reflexion über die Sünde und das Böse einerseits, über Passion und Erlösung andererseits. Zu dieser Bildregie gehört auch die Wahl der Farben: Die vier Schergen sind mittels großflächiger Farbkontraste und absoluter Helldunkelwerte – Grün-Rot-Blau und Schwarz-Weiß – gestaltet. Diese Kontraste lösen sich in Christus im Bildzentrum in gedämpften, warmen Farben harmonisch auf. Die optischen Missklänge weichen der Stille. Nur die schwarzen Augen Christi setzen eine prägnante Note. Gemessen an der gängigen Vorstellung, Bosch sei ein Maler des Grotesken, überrascht die *Dornenkrönung* durch ihre Sensibilität und ihren Naturalismus; auch die Malweise besticht durch fein abgestufte Partien von Licht und Schatten sowie eine differenzierte Darstellung der Hauttöne. Im Verlauf des Schaffensprozesses hat Bosch gegenüber der Unterzeichnung die Aggressivität der Schergen sogar noch zurückgenommen und ihre Gestik und Mimik lebensnäher gestaltet; auch erscheinen die Waffen nun weniger bedrohlich (Spronk 2011).

Boschs Physiognomien stehen in einer sowohl durch physiognomische Traktate als auch durch die Bildkunst breit gestützten spätmittelalterlichen Tradition. In der Buchmalerei des 14. Jahrhunderts fallen hässliche Physiognomien in der Passion noch eher stereotyp und grob aus, doch schon in der nordalpinen Tafelmalerei ab etwa 1400 sind diese ein häufiges Mittel und werden dort durch eine gewalttätige und brutale Bildsprache unterstützt, um den Betrachter zu erschüttern (Suckale 1990, S. 27–28). In der zweiten Hälfte des 15. Jahrhunderts erscheint die Darstellung von Physiognomien durch die Halbfigurenbilder oder „Close-ups", dank derer die Köpfe größer werden und näher an den Betrachter heranrücken, ferner durch die sich nach 1500 noch steigernde Tendenz zur allgemeinen Monumentalisierung und durch die zunehmende Bildgröße noch eindringlicher. Doch folgt Boschs realistische Auffassung hässlicher Physiognomien noch nicht der zur karikaturhaften Übertreibung neigenden der Renaissance, wie sie Leonardo da Vincis (1452–1519) Zeichnung grotesker Köpfe von 1494 oder Dürers *Christus unter den Schriftgelehrten* von 1506 (S. 63) aufweisen. In dieser Tradition steht die *Kreuztragung* in Gent (Kat. 29), ein in der Nachfolge Boschs vermutlich in Antwerpen entstandenes Werk, das aus meiner Sicht keinesfalls ihm selbst zuzuschreiben ist.

Ein erstes Meisterwerk: Die Anbetung der Könige

Eines der ansprechendsten Werke Boschs ist die gut erhaltene *Anbetung der Könige* (S. 66/67, Kat. 6), die um die Jahre 1496/97 für das Antwerpener Stifterehepaar Peeter Scheyve (gest. 1506) und seine Frau Agnes de Gramme (gest. 1497 oder 1500) ausgeführt wurde. Der Vertrag zwischen Maler und Stifter könnte über die regionalen Kontakte der Liebfrauenbruderschaft zustande gekommen sein, wie im Fall des *Triptychons mit Hiob, Antonius und Hieronymus* (Kat. 22) aus der Bosch-Werkstatt. Das frühe Triptychon mit

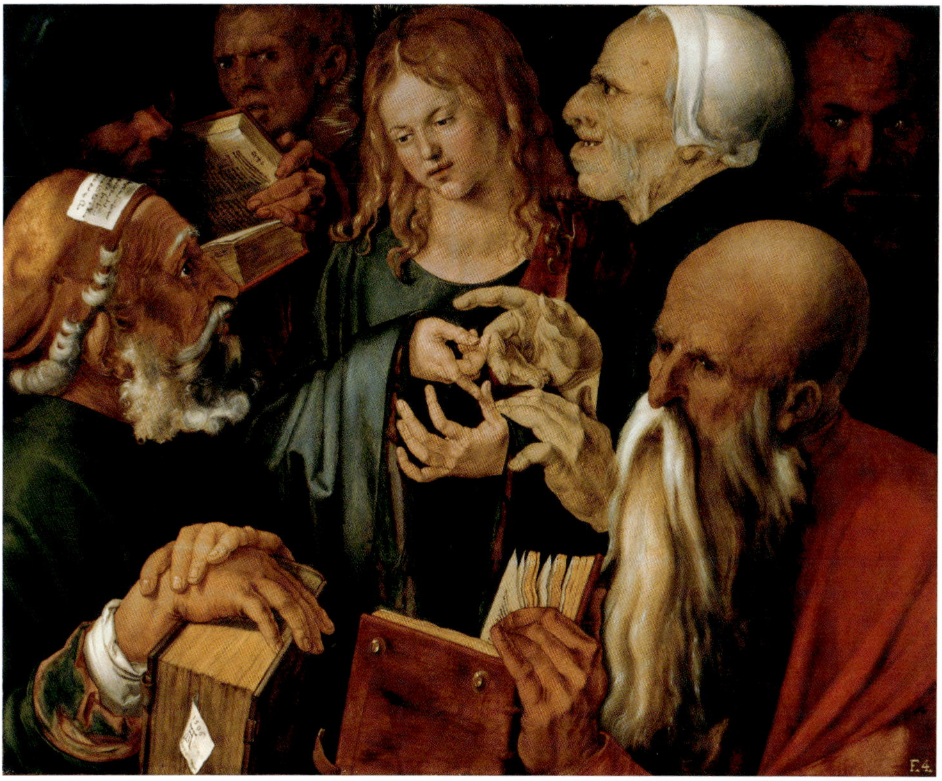

Albrecht Dürer, **Christus unter den Schriftgelehrten**, 1506
Öl auf Holz, 64,3 x 80,3 cm. Madrid, Sammlung Thyssen-Bornemisza

der *Anbetung* brilliert sowohl in der Farbgestaltung und der maltechnischen Ausführung wie auch durch die bis ins Detail ausgestaltete komplexe Ikonografie. Es erfüllte damit beste Voraussetzungen, um dem im Vergleich zu 's-Hertogenbosch anspruchsvolleren und verwöhnteren Publikum Antwerpens zu genügen und damit Bosch einer überregionalen Öffentlichkeit bekannt zu machen. Die Signatur „jheronimus bosch" auf der Mitteltafel fungiert daher sowohl als Gütesiegel wie auch als Herkunftsverweis.

Die kaiserlich privilegierte und günstig an der Schelde liegende Hafenstadt Antwerpen wurde im Verlaufe des 16. Jahrhunderts als der bedeutendste Handelsplatz Europas auch Multiplikator für Boschs Bilderfindungen auf dem Kunstmarkt. An den vielen Kopien und Varianten (vgl. Kat. 24) gemessen, die von diesem Triptychon in den folgenden Jahrzehnten entstanden, ist es eines der, wenn nicht gar das erfolgreichste Werk des Malers aus 's-Hertogenbosch. Das Triptychon beruht auf der Erzählung von den Weisen aus dem Morgenland in Matthäus 2,10–11: „Als sie den Stern sahen, wurden sie von sehr großer Freude erfüllt. Sie

Gregorsmesse mit der Passion und Stifterangehörigen, um 1496/97
Außenflügel von: **Anbetung der Könige mit Stiftern**
Öl auf Eichenholz, 146,7 x 42,3 cm (je Flügel, jeweils mit Rahmen)
Madrid, Museo Nacional del Prado

Seite 66/67
Anbetung der Könige mit Stiftern, um 1496/97
Öl auf Eichenholz, 146,7 x 84 cm (Mitteltafel), 146,7 x 42,3 cm (Flügel; jeweils mit Rahmen)
Madrid, Museo Nacional del Prado
Linker Innenflügel: **Heiliger Petrus mit Stifter**
Mitteltafel: **Anbetung der Könige**
Rechter Innenflügel: **Heilige Agnes mit Stifterin**

Seite 68/69
Anbetung der Könige mit Stiftern (Detail), um 1496/97
Mitteltafel: **Anbetung der Könige** (siehe Abb. S. 66/67)

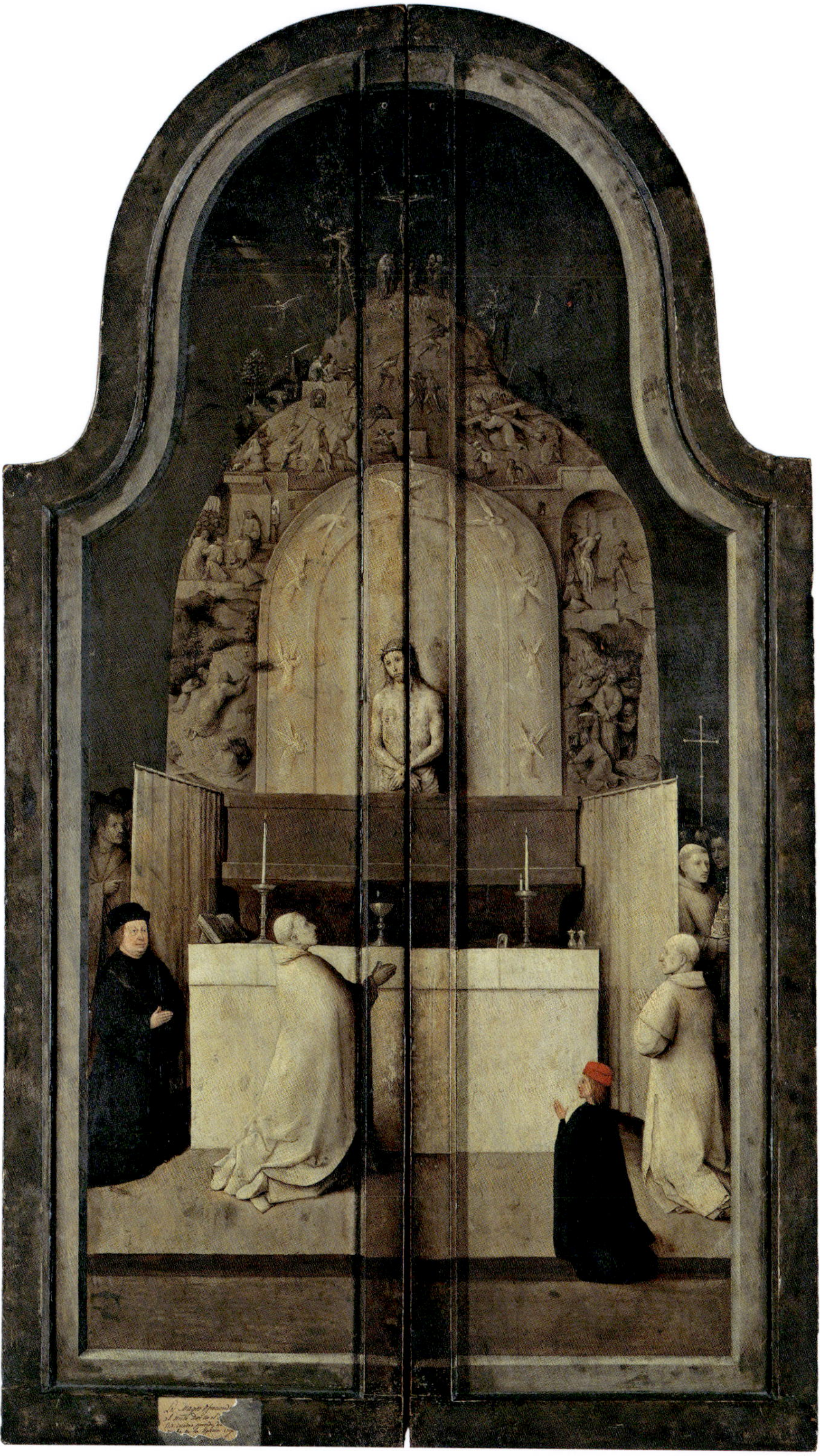

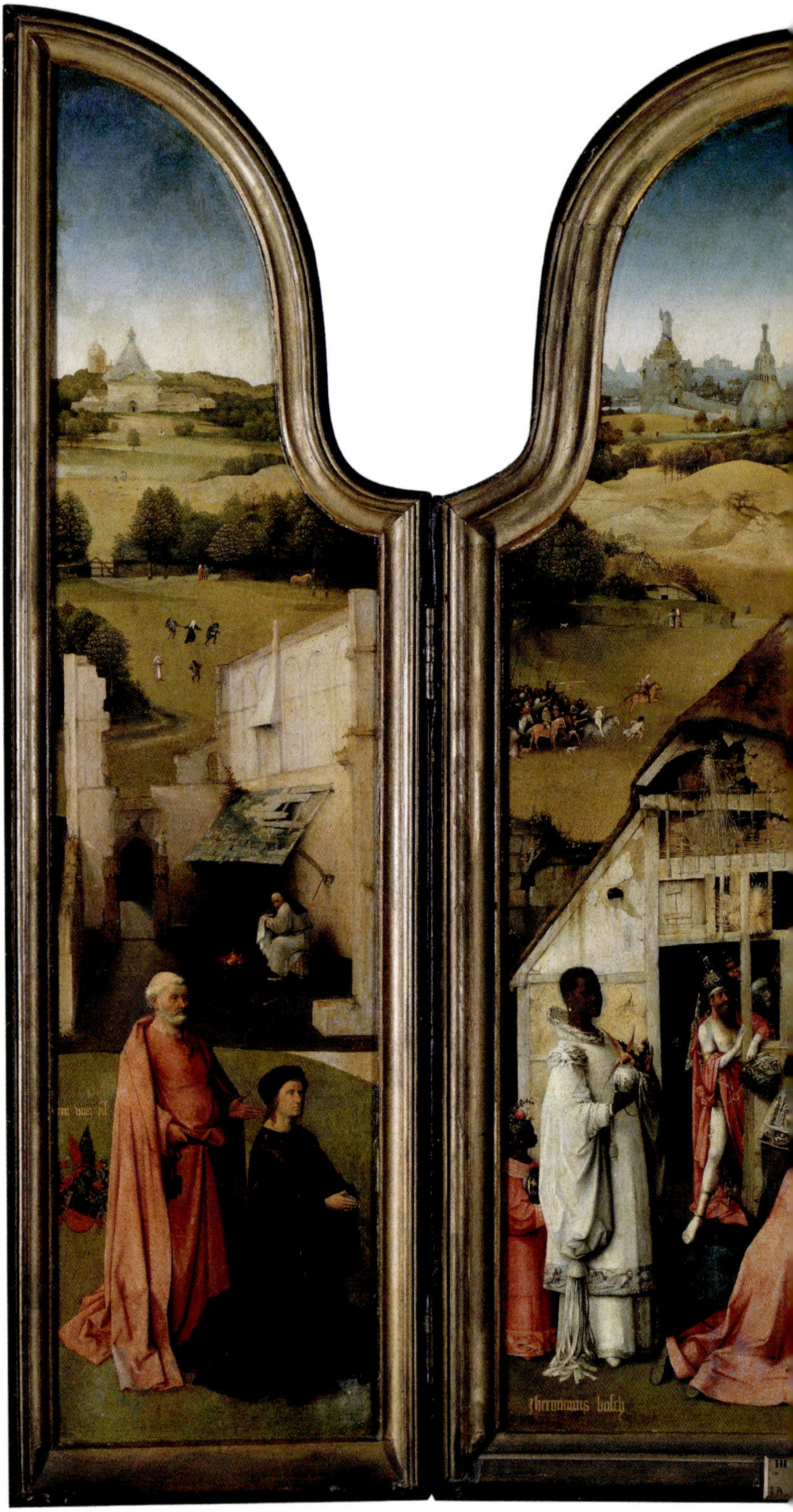

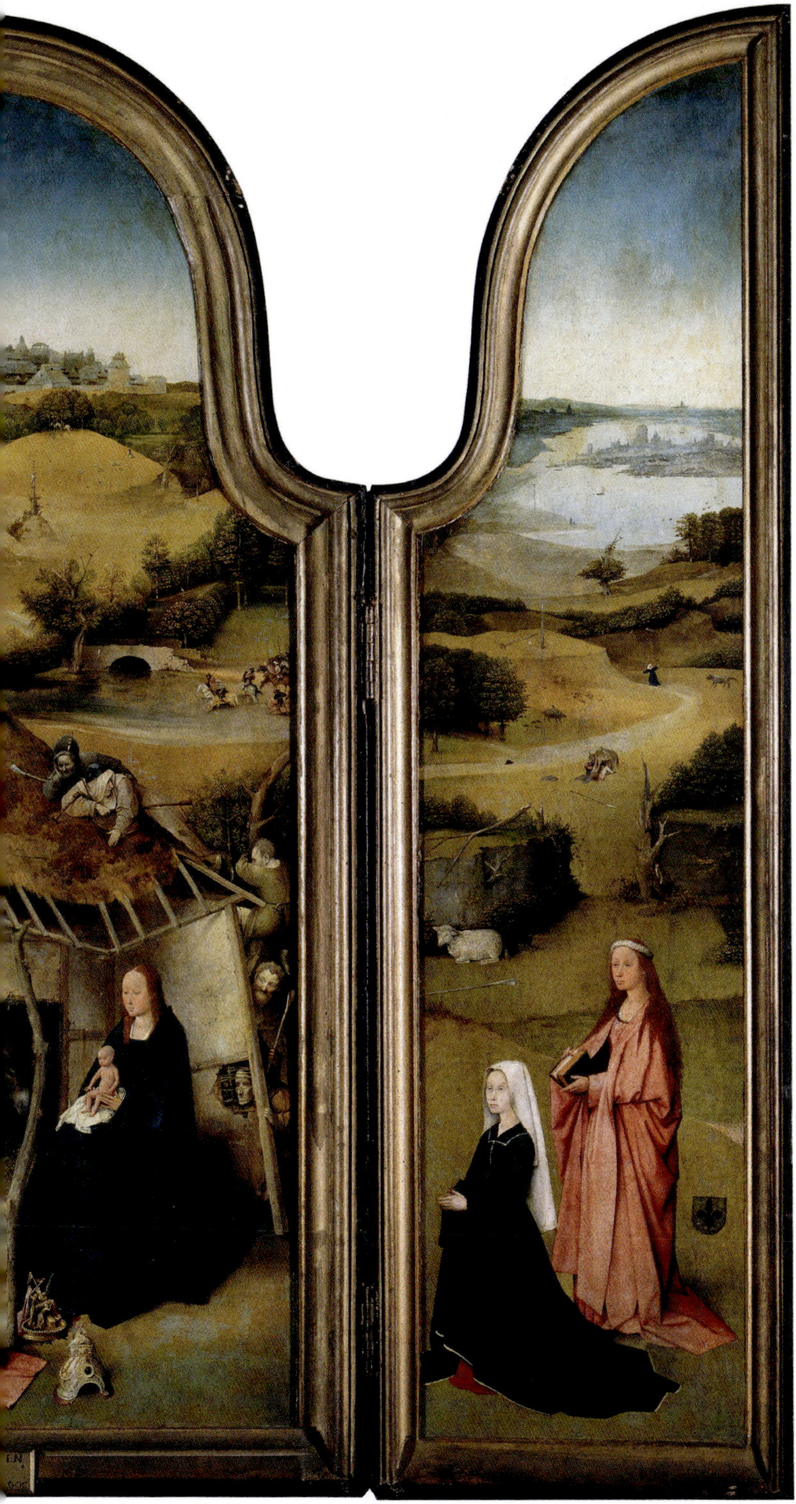

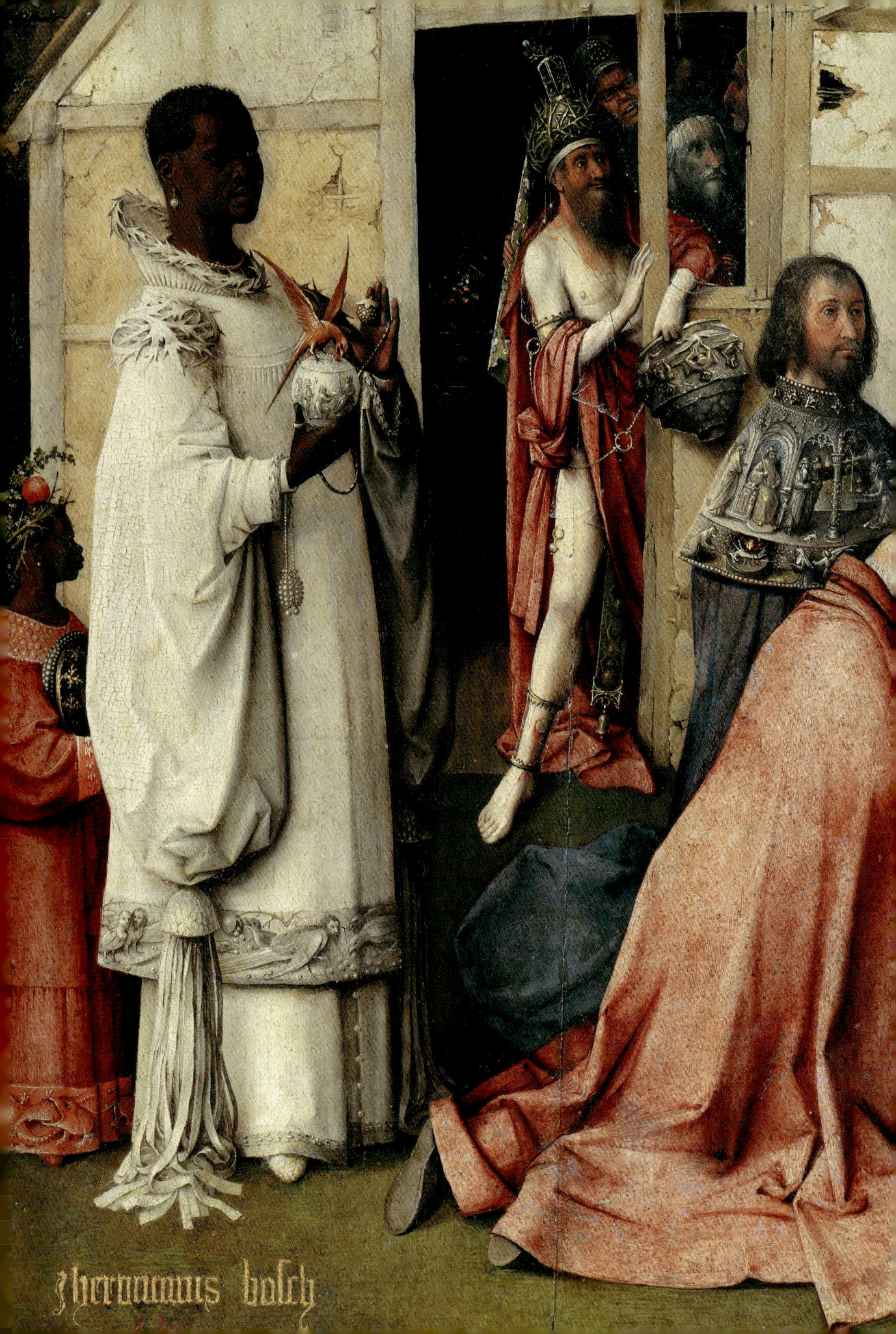
jheronimus bosch

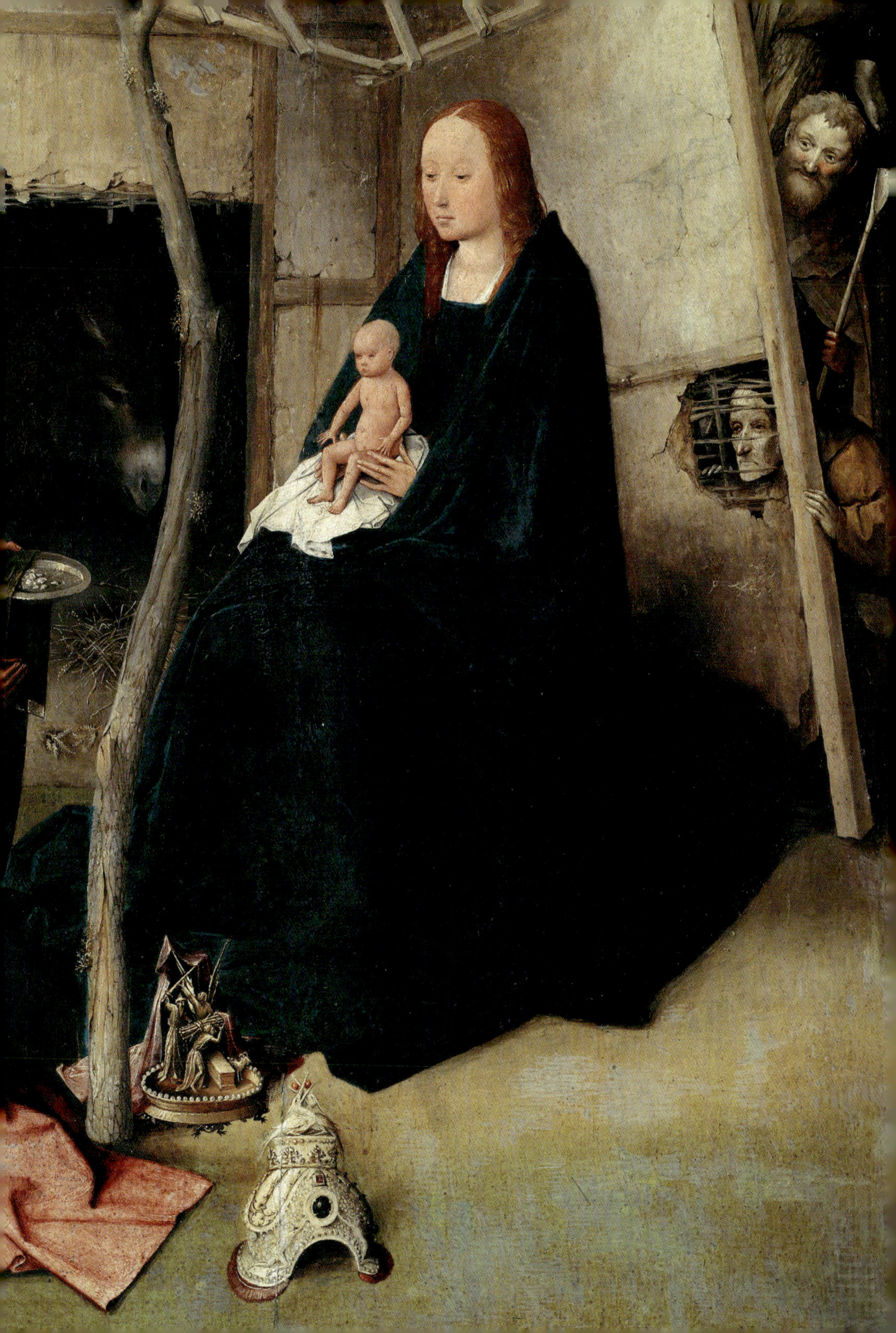

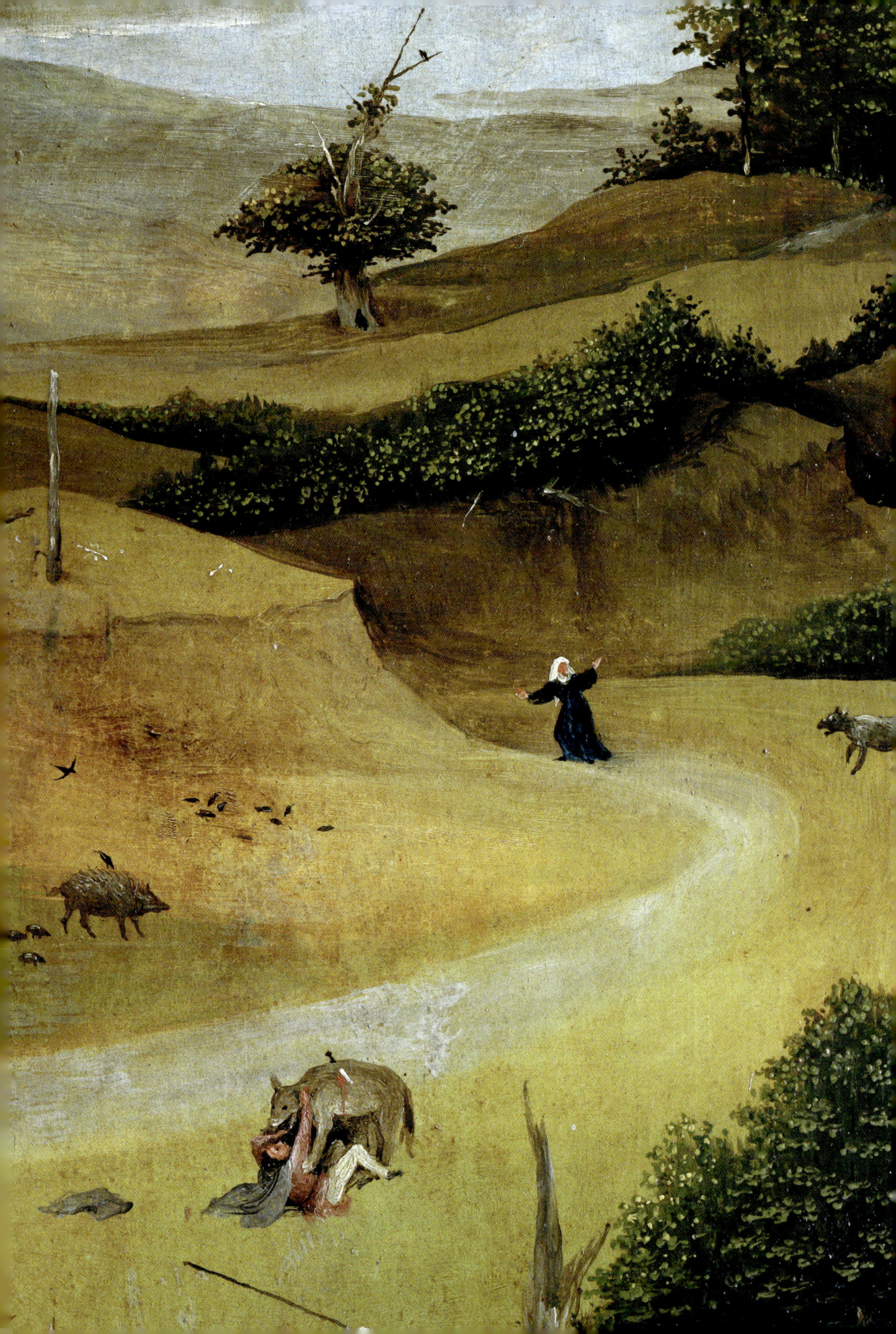

gingen in das Haus und sahen das Kind und Maria, seine Mutter; da fielen sie nieder und huldigten ihm. Dann holten sie ihre Schätze hervor und brachten ihm Gold, Weihrauch und Myrrhe als Gaben dar.“ Diese Begegnung wurde schon in der Spätantike und noch im Verlauf des Mittelalters unter Rückgriff auf weitere Bibelpassagen und andere Quellen legendenhaft zur Anbetung der Heiligen Drei Könige immer weiter ausgeschmückt.

Im Vordergrund haben sich die Könige vor der verfallenen Scheune zur Huldigung des Kindes versammelt. Rechts sitzt die in Nachtblau gehüllte Maria als *sedes sapientiae* (Sitz der Weisheit) und präsentiert das nackte Jesuskind auf einem weißen Tuch, ihm mit ihrem Körper als Thron dienend. Davor ist der älteste König nahe an Maria und das Kind herangerückt. Er kniet und trägt ein simples blassrotes Gewand, wie Bosch es sonst für die heiligen Eremiten wählt, z. B. den heiligen *Hieronymus* (Kat. 2). Das hohe Alter des im verlorenen Profil Dargestellten, der nur noch einen tonsurhaften weißen Haarkranz trägt, kennzeichnet ihn als Weisen, wie auch z. B. der *Hausierer* (Kat. 17.1) durch graues Haar seine Reife und Zuwendung zu Gott artikuliert. Hinter dem ältesten König und von ihm teilweise verdeckt kniet ein bärtiger zweiter König mittleren Alters, der in Blaugrau gewandet ist. Er bietet auf einem Teller eine Gabe dar. Auf dem Schulterüberwurf seines Mantels, der einer Mozetta gleicht, sind die Applikationen zu einer mit gelben und blauen Tönen angereicherten Grisaille gestaltet, die den Besuch der Königin von Saba bei Salomon zeigt, jene Szene, die als alttestamentliche Analogie zur Anbetung der Könige gilt. Während der älteste König am positivsten attribuiert ist, der zweite König prachtvoller und weniger demütig erscheint, ist der schwarze dritte König überwiegend negativ charakterisiert – was auf den ersten Blick überrascht, sich jedoch daraus erklärt, dass die drei Könige in dieser Zeit keineswegs überall so uneingeschränkt als Heilige verehrt wurden wie in und um Köln. Der dritte König steht etwas abseits vom Geschehen und ist durch seine Hautfarbe nicht nur als Exot, sondern durch weitere Attribute im Sinne der Wollust gekennzeichnet, etwa durch sein geradezu jugendliches Lebensalter, dem die Neigung zu dieser Sünde zugeschrieben wurde. Auch das Vogelsirenen-Pärchen auf seinem Mantelsaum und eine einzelne männliche Vogelsirene, die von vier nach Samen oder Früchten pickenden Vögeln umgeben ist, stehen für Wollust. Zudem trägt der kleine rot gekleidete Diener des dritten Königs einen grünen Zweig mit einer roten Frucht auf dem Kopf. Auf dem Saum des Dieners sind fischähnliche Monster erkennbar, von denen eines ein kleineres verschlingt, was an das Sprichwort „Große Fische fressen die kleinen“ erinnert. Schwarzer König und Diener verbildlichen also das natürlich blühende Leben, das sinnengeleitet, triebhaft und sündenanfällig ist. Das keusche Weiß des Gewandes

Anbetung der Könige mit Stiftern (Detail), um 1496/97
Rechter Innenflügel: **Heilige Agnes mit Stifterin** (siehe Abb. S. 66/67)

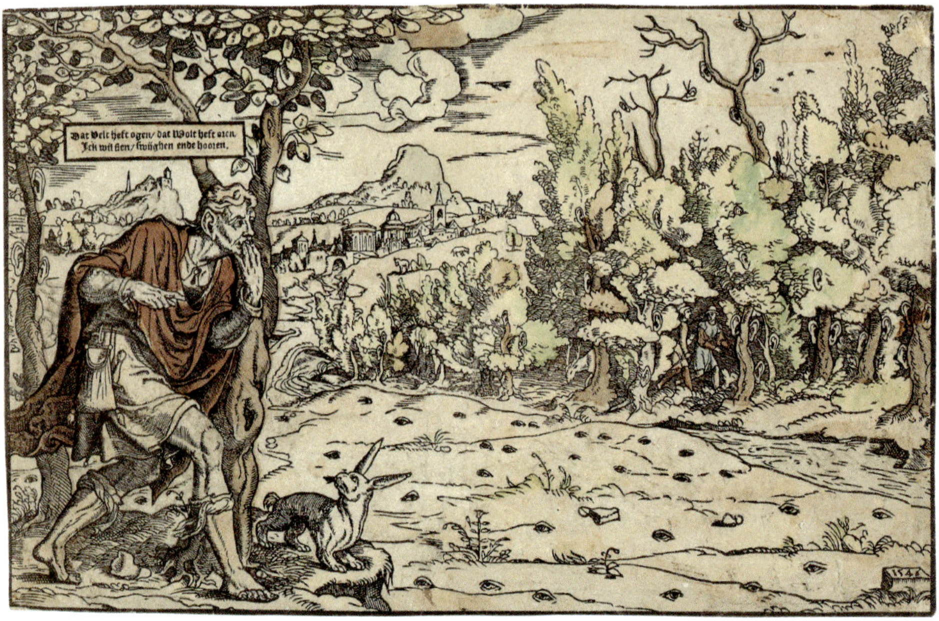

Niederländischer Künstler, **Das Feld hat Augen, der Wald hat Ohren**, 1546
Holzschnitt, 21,7 x 34,4 cm. Berlin, Staatliche Museen, Kupferstichkabinett

Seite 74/75
Anbetung der Könige mit Stiftern (Detail), um 1496/97
Mitteltafel: **Anbetung der Könige** (siehe Abb. S. 66/67)

muss man dann ironisch deuten oder aber in dem Sinne, dass der König die ihm innewohnende Sünde willentlich bezwingt. Allerdings verbindet auch ein positives Attribut den schwarzen König mit den anderen Königen. Es ist die Grisaille-Darstellung mit dem Besuch des Abner bei David auf dem Kugelgefäß in seiner Hand. Sie ist das Äquivalent zum Besuch der Königin von Saba bei Salomon auf dem Schulterkragen des mittleren Königs. Diese beiden Darstellungen des Alten Testamentes beziehen sich vorausweisend im Sinne der Typologie auf die Anbetung des Jesuskindes durch die Heiligen Drei Könige und die Darbringung ihrer Opfer. Insgesamt lässt sich sagen, dass sich die drei Könige von links nach rechts in ihrer Bedeutung und Ähnlichkeit Christus annähern. Die Imitatio Christi kulminiert im alten König, dessen roter Mantel eine vergoldete Kleinplastik mit dem Abrahamsopfer als Typus der Eucharistie mehr enthüllt als verhüllt.

Die Hauptszene hinterfängt ein pittoresk verfallener Stall aus Fachwerk, in dem sich einige offensichtlich negativ besetzte Gestalten versammelt haben. Ihr Anführer, der auf der Schwelle der Stalltür steht, wurde in der kunsthistorischen Forschung zumeist als

Antichrist gedeutet (Brand Philip 1953, Higgs Strickland 2007). Die Figur weist seltsam verzerrte Merkmale Christi auf, so eine Krone mit Dornengeflecht auf dem Kopf und ein Wundmal am Schienbein. Dabei ist er halbnackt, halb mit einem roten Umhang bedeckt, der sowohl an die Passion als auch an einen Königsmantel erinnert. Außerdem hält er in der linken Hand eine mehrfach gestufte Krone, die an die Tiara des Papstes erinnert. Sein Gefolge hinter ihm schaut durch ein Fenster. Der Antichrist, so dachte man, würde kurz vor dem Weltgericht in nicht genau bekannter Gestalt als Gegenspieler Christi auftreten, um die Menschen irrezuleiten. Die ganze Darstellung wird auf diese Weise eschatologisch ausgerichtet. Als Weiteres fallen rechts neben und auf der Scheune die Hirten auf, deren distanziertes Verhalten zwischen Versteckspiel und Sensationsgier moralisch zweifelhaft erscheint (Raupp 1986, S. 201). Auf den beiden Innenflügeln finden sich – vom Geschehen auf der Mitteltafel gleichermaßen abgegrenzt wie darin einbezogen – die Stifter, die von ihren Namenspatronen Petrus und Agnes begleitet werden. Den Vordergrund schließen links Mauern ab, mit einem kleinen Tor, vor dem Joseph die Windel wäscht, dazu rechts ein Durchlass zwischen Rasenbänken, vor dem ein Lamm, Symbol der Agnes wie auch Christi, Schutz und Ruhe findet. Somit ist der Vordergrund ein umfriedeter Bereich, ein *hortus conclusus*, für Heilige und Stifter. Dahinter öffnet sich der weite Mittelgrund bis zum durch Stadt und Hafen begrenzten Hintergrund als eine Landschaft mit verschiedenster Vegetation in Grünbraun- und Grüntönen, mit Einsprengseln von Figuren und einzelnen Bauten. Links tanzen Bauern auf freiem Feld, womit sie weltliches Vergnügen und Ignoranz gegenüber der Verkündigung demonstrieren (Raupp 1986, S. 200–201).

Das Bildmotiv eines Paares durchzieht alle drei Innentafeln (S. 66/67) etwa in der Bildmitte. Auf der linken Tafel steht das Paar mit dem Rücken zum Betrachter vor einem Gatter. Auf der Mitteltafel wechseln Mann und Frau die Position, der Mann steht jetzt unüblicherweise links von ihr. Die beiden haben sich einem zwielichtigen Gasthaus zugewandt, das durch den Taubenschlag und das Wirtshausschild mit Schwan als Bordell zu deuten ist (vgl. Kat. 17.1). Auf der rechten Innentafel stürzen sich bei einer Hinrichtungsstätte zwei Wölfe auf das Paar. Das Paar in der Landschaft ist in drei Stadien dargestellt, in denen sich ihr seelisch-leiblicher Zustand von links nach rechts jeweils verschlechtert. Damit hat Bosch hier das Prinzip der dreifach gestuften Metapher eingesetzt, wie beim *Hieronymus* (Kat. 2) und beim *Christophorus* (Kat. 7). In diesem Fall ergibt sich eine Parallele zu einer Stelle in einem predigtartigen Traktat des Jan van Leeuwen (gest. 1378), des wichtigsten Schülers Jan van Ruusbroecs. Seine Werke richten sich vor allem an Geistliche und Semireligiose, aber auch an Laien. Van Leeuwen legt einen Wolfsangriff auf ein Schaf spirituell in vier Stufen aus (Leeuwen, *Bloemlezing*, S. 30). Er beschreibt vier unterschiedlich schwere Attacken, die dann allegorisch gedeutet werden: von den Schafen, denen der Wolf nur die Wolle ausreißt, über die, die der Wolf zu Boden drückt, der dritten Gruppe, der der Wolf

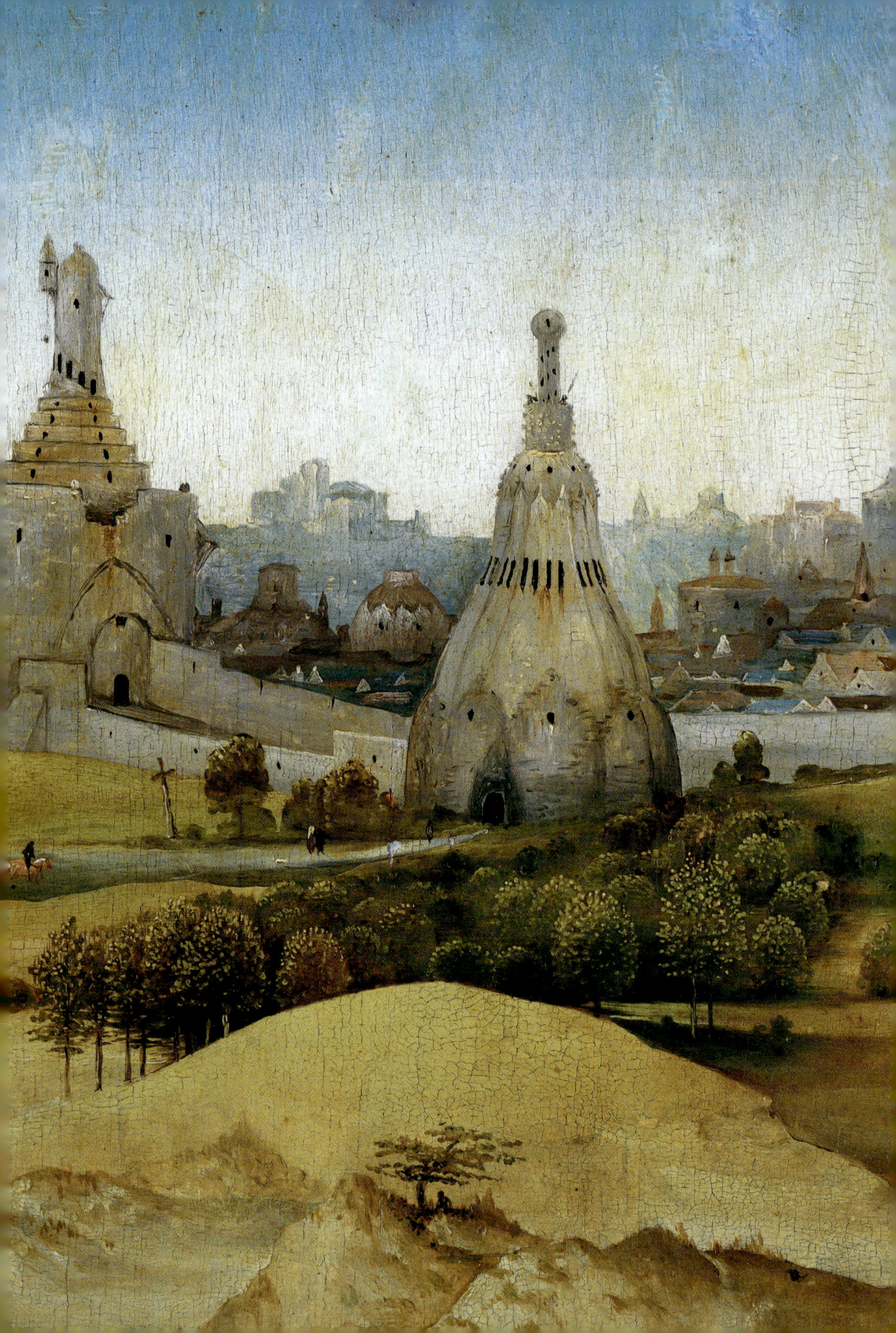

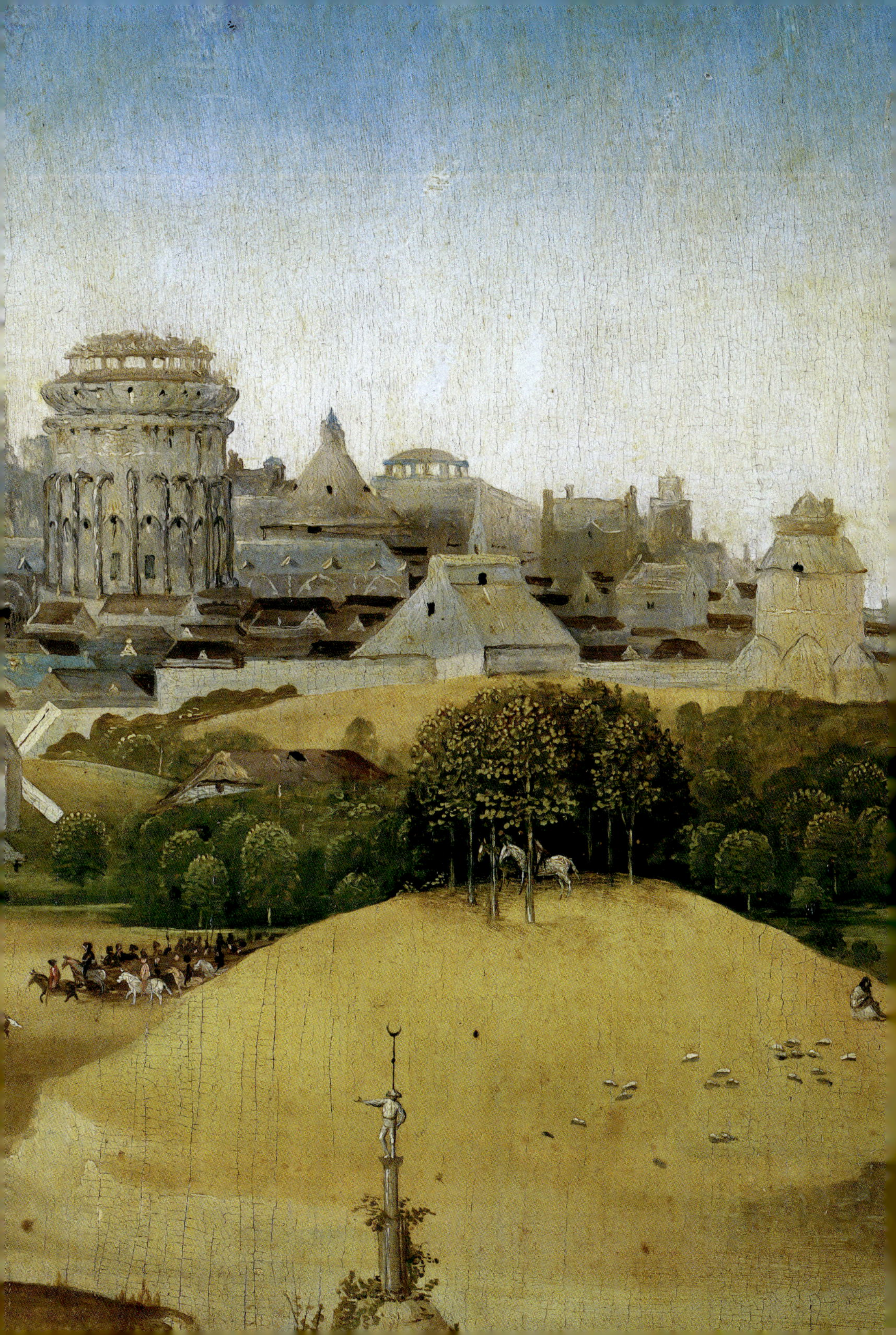

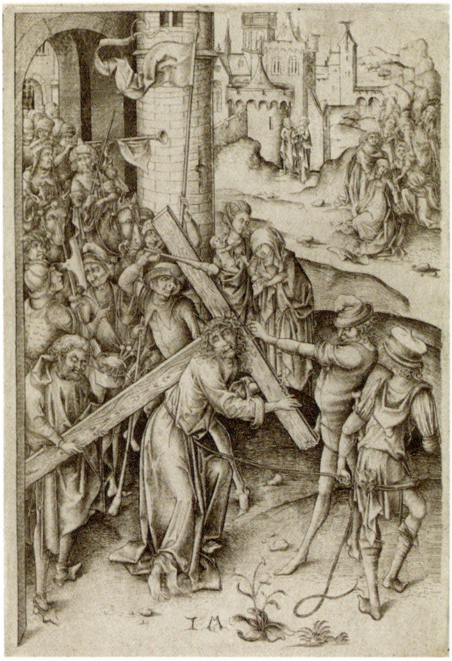

das Fell zerbeißt, bis zur vierten Gruppe von Schafen, denen der Wolf die Eingeweide zerreißt. Der Wolf verkörpert das Prinzip des Bösen, die Schafe stehen für die Gläubigen bzw. die verletzliche Seele. Bei Bosch ist das Paar als solches konstant, der Prozess vom Guten zum Bösen ist durch die unterschiedliche Umgebung und den Wandel im Verhältnis der beiden zueinander dargestellt. Der Zusammenhang der drei Szenen wird durch eine gedachte Linie erzeugt, die etwa horizontal verläuft und nach rechts leicht abfällt. Die Szenen befinden sich bei den Innentafeln zudem jeweils nahe der Mitte der jeweiligen Bildfläche.

Im Gegensatz zu seinen Vorgängern idealisiert Bosch die Landschaft nicht, sondern schildert sie als jenen Ort der Askese und des Seelenkampfes, an dem der Mensch nach der Vertreibung aus dem Paradies der Vergänglichkeit und Sünde ausgesetzt ist. Das Triptychon erlaubt es dem Betrachter, die noch nicht erlöste Welt auf den Tafeln des Gemäldes wie in einer Pilgerreise visuell zu durchlaufen und möglicherweise spirituell zu Gott geführt zu werden. Die Reise und insbesondere die Auffassung, dass das Menschenleben eine Pilgerfahrt sei, war im Spätmittelalter ein geläufiges Thema, um den Status des Menschen in seiner existenziellen Dimension zu erfassen. Die Details der Tafeln erschlossen sich dem Betrachter sicher nur bei einer eingehenden Erforschung oder Meditation. Sie verdeutlichen aber auch das hohe intellektuelle Niveau, auf dem Bosch als Schöpfer des Triptychons bei seiner Ausarbeitung ans Werk ging. Ästhetisch sprach es die Stifter und andere Zeitgenossen sicherlich durch seine künstlerisch in vielerlei Hinsicht gekonnte Ausführung, z. B. die Vielfigurigkeit und Naturnähe, an. In erster Linie ist es jedoch ein Memorialbild sowie ein liturgisches Werk, derart, dass vor ihm, also im

Israhel van Meckenem d. J., **Kreuztragung,** um 1480
Kupferstich, 21,2 x 14,6 cm. London, The British Museum

Seite 77
Große Kreuztragung, um 1500
Öl auf Eichenholz, 150 x 103 cm.
Madrid, Monasterio de San Lorenzo de El Escorial

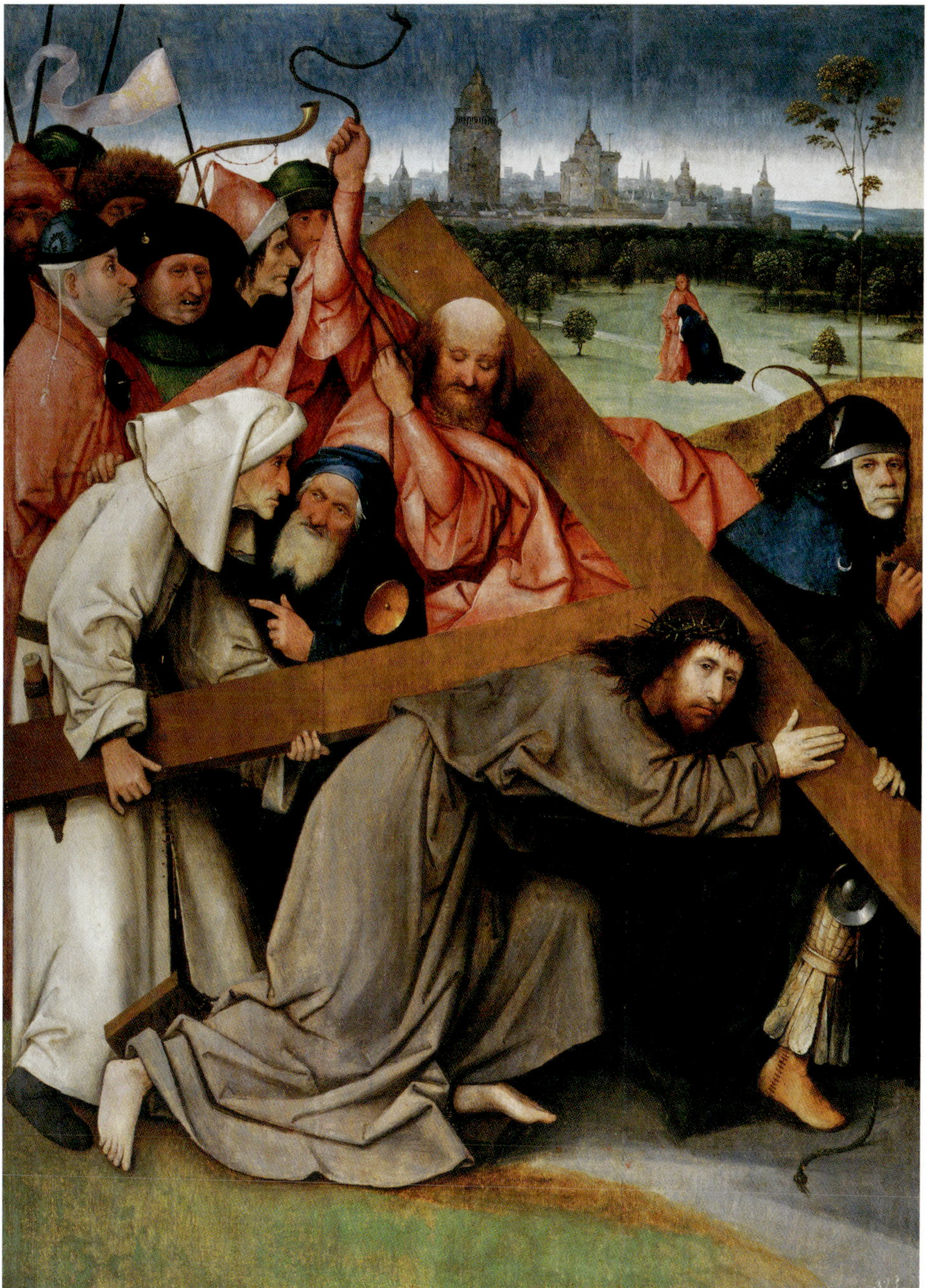

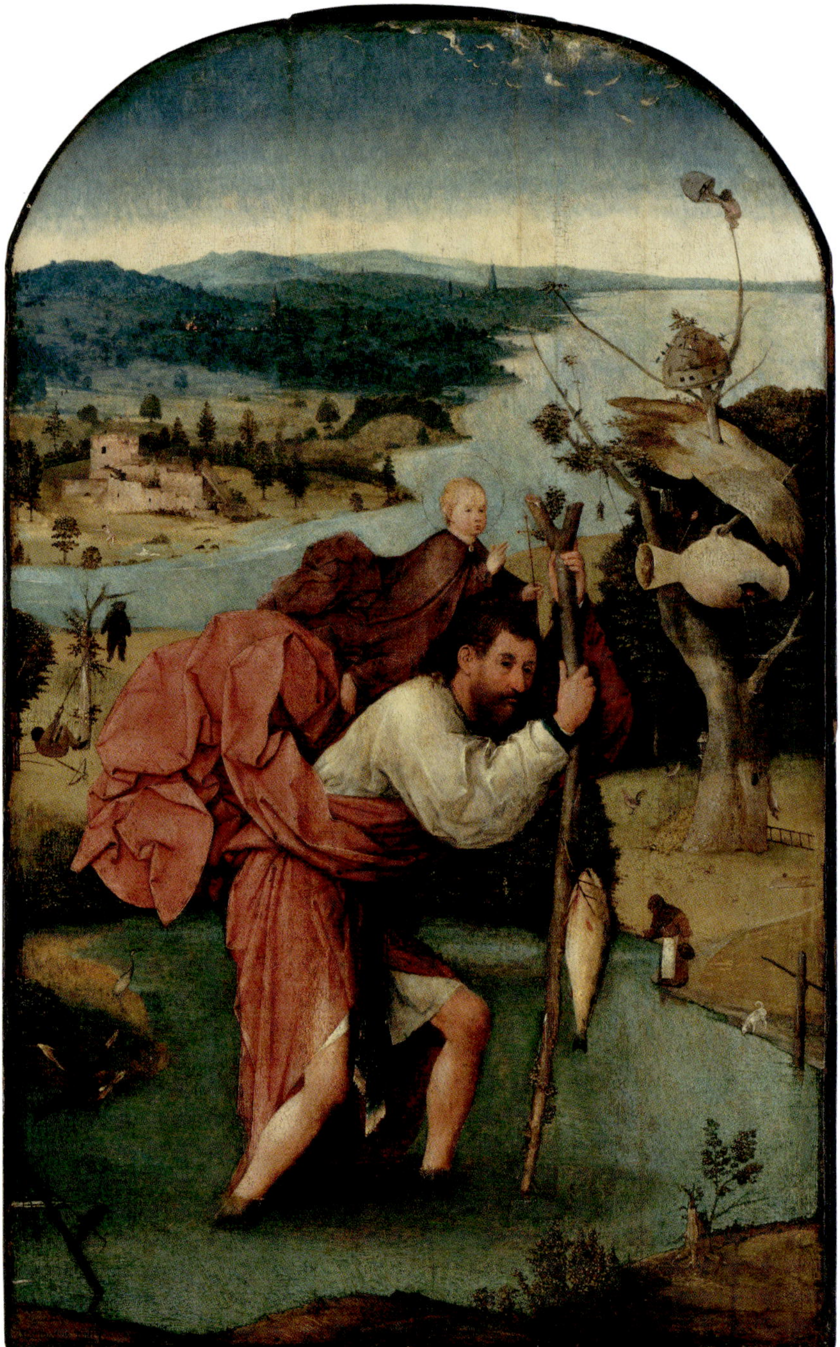

Angesicht des Christusknaben im Vordergrund, das Sakrament des Abendmahls zelebriert, also der Leib Christi gespeist wurde. Den Bezug zum Brot als Leib Christi stellen die Getreidebündel her, die – mit an Hostien erinnernden Scheiben versehen – im Giebel hängen, ferner die Gregorsmesse mit dem vor dem zelebrierenden Papst Gregor leibhaftig erscheinenden Christus auf der meistens sichtbaren, geschlossenen Außenseite.

In der *Gregorsmesse* (S. 65) ist die Passion Christi ganz anders angeordnet als auf der Außenseite des *Johannes auf Patmos* (Kat. 3.2.2). Sie springt in der Chronologie von links nach rechts im Zickzack nach oben. Die Reihe beginnt mit der Ölberg-Szene ganz links, dann folgen die Gefangennahme mit dem Zornesausbruch Petri gegenüber Malchus, dann wiederum links Christus vor Pilatus, dessen Frau hinter dem Thron hervortritt, die Geißelung an der Säule rechts, die Dornenkrönung auf der linken Seite, die Kreuztragung mit Veronika rechts und die Kreuzigung oben auf dem Hügel. Links der drei Kreuze schwebt ein betender Engel, rechts hat sich Judas am Baum erhängt, und der Teufel holt die Seele des bösen Schächers. Alle diese Szenen sind der Form des Altaraufsatzes angepasst, die wiederum der geschweiften Tafelform folgt. Sie alle sind Bilder im Bild der Gregorsmesse.

Bosch beschäftigt Mitarbeiter

Das *Ecce Homo*-Triptychon (Boston, Kat. 21) belegt, dass Bosch spätestens seit 1499 mindestens einen Mitarbeiter in seiner Werkstatt hatte – wie dies für einen herausragenden Maler wie ihn nicht anders zu erwarten wäre. Wer auch immer das Werk in einer Kompilationstechnik unter Rückgriff auf die Frankfurter Komposition desselben Themas (S. 49, Kat. 4), schuf, Boschs Wohlstand und Ansehen waren so groß, dass er nicht selbst malte, sondern malen ließ. Das ist in diesem Fall umso erstaunlicher, als es sich mit Peter van Os (um 1467/69–1542) um einen hochrangigen Auftraggeber handelt, der geschworenes Mitglied der Liebfrauenbruderschaft und einer von vier Stadtsekretären war, also einen bedeutenden Posten in der Administration der Stadt innehatte. Peter van Os' Namenspatron, der heilige Petrus, ist von der Darstellung desselben Heiligen auf dem linken Flügel der *Anbetung der Könige* (S. 66/67, Kat. 6.2) weitgehend kopiert. Der Faltenwurf über Schulter und Brust sowie am Saum in Bodennähe ist identisch, die Proportionen sind aber bei Boschs Petrus (Kat. 6.2) stärker in die Länge gezogen. Auf der Außenseite links ist van Os' Schwiegervater Vranck van Langhel (auch Franco van Langel, um 1440–1497), auf der Außenseite rechts dessen Frau Heilwig van der Rullen mit ihren Kindern dargestellt. Van Langhel trägt wie Peter van Os das Lilien-Abzeichen der Liebfrauenbruderschaft. Der erste

Der heilige Christophorus, um 1495–1500
Öl auf Eichenholz, 113 x 71,5 cm (oben abgeflacht, ursprünglich ca. 120 cm hoch)
Rotterdam, Museum Boijmans Van Beuningen

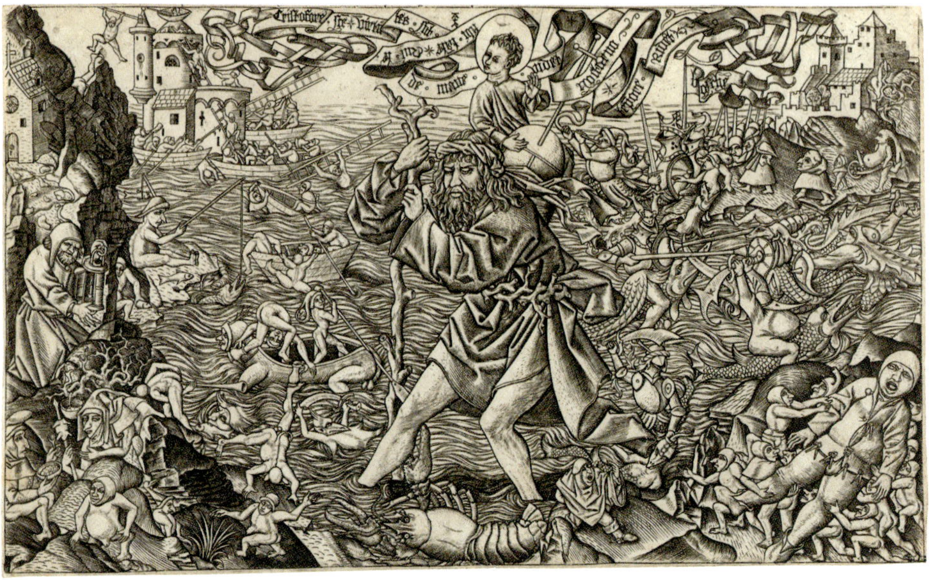

Alart Du Hamel, **Der heilige Christophorus**, um 1500–1504
Kupferstich, 19,9 x 33,4 cm. Amsterdam, Rijksmuseum

war 1466, der zweite 1496/97 geschworenes Mitglied geworden. Beide hatten als Notare den Status eines einfachen Weltgeistlichen. Van Langhel war 1481 derjenige Notar, vor dem Hieronymus Bosch und seine Frau wichtige Rechtsangelegenheiten regelten.

Vermutlich war Bosch in der Entstehungszeit des Bostoner Triptychons ganz oder weitgehend abwesend, weswegen er den Auftrag an seine Werkstatt delegierte. Für seine Abwesenheit gibt es zwei Indizien. Zum einen ließ Bosch zwar turnusgemäß die Mahlzeit der Bruderschaft im Rechnungsjahr 1498/99 (Juni bis Juni) wohl am 28. Dezember 1498 (van Dijck 1973, S. 182) auf seine Kosten ausrichten, jedoch nicht bei sich selbst, sondern im Hause des Schwagers des verstorbenen Vranck van Langhel, Wouter van der Rullen, der Apotheker, mehrfach Vorsteher der Bruderschaft und Kirchmeister von Sint-Jan war. Zum anderen erteilte Bosch am 17. Mai 1498 drei Personen, nämlich Gerardus de Heessel, Johannes sGreven und Victor vander Moelen, vor Vertretern der Stadt eine weitgehende Vollmacht für seine finanziellen Angelegenheiten, eine *potestas monendi* (van Dijck 2001a, S. 73). Im Zeitraum zwischen 1498/99 und 1506 wird Bosch dann auch nur beiläufig und indirekt in Akten vermeldet. Jedoch fallen in diese Zeit zahlreiche Werkaufträge, sodass seine Abwesenheit sich nicht auf die gesamte Zeit erstreckt haben kann. Obendrein brachte die geschworene Mitgliedschaft in der Liebfrauenbruderschaft ja eine Residenzpflicht mit sich, die nur aus gewichtigen Gründen ausgesetzt werden konnte.

Welchen Charakter das persönliche Verhältnis zwischen Bosch und van Os hatte, lässt sich freilich nicht genau bestimmen. Die Bruderschaft bot genügend gesellschaftliche Anlässe, um den Auftrag anzubahnen, zu besprechen und zu besiegeln, so vor allem die regelmäßigen gemeinsamen Mahlzeiten. Diese dienten im Allgemeinen dazu, den Zusammenhalt innerhalb einer bestimmten Gruppe herzustellen bzw. zu festigen und waren daher generell für Ordensgemeinschaften, Gilden und höfische Gesellschaften unentbehrlich. Das 1518 gedruckte *Reglement* der Bruderschaft legte neben vielen anderen Dingen auch den Ablauf des feierlichen Mahls fest. Dabei wird deutlich, wie die religiöse Ausrichtung nicht nur einen frommen Rahmen bildet, sondern auch das soziale Verhalten im Sinne des Maßhaltens und der Disziplinierung formte (*Reglement*, fol. 6v.): „Auf dass diese Ordonanz unter anderem auch die brüderliche Liebe der Mitglieder fördert, so versammeln sich die in der Stadt wohnenden geschworenen Brüder alle sechs Wochen sowie auch auf den vier Hauptfesttagen, und sie essen gemeinsam miteinander in Ehrlichkeit, Stille und Frohsinn. Während dieser Mahlzeit werden feierlich Benedicite [Daniel 3,57–88] und Oratio [Oration, Gebet] im Diskant gesungen und ebenso zwischen allen Gerichten ein frohes Gedicht oder ein Lobgesang. Und nach der Mahlzeit liest man Miserere mei Deus [Psalm 51] und De profundis [Psalm 130] für die Toten. Und damit sich diese Mahlzeit nicht in ein unangemessenes Zerwürfnis verwandelt, so ist es verboten, dass irgendjemand während der genannten Mahlzeit mehr als eine halbe Kanne Wein trinkt." Trotzdem überstieg das Essen das alltäglich Gewohnte und bestand traditionell aus Rindfleisch und Möhren, gewürzt unter anderem mit erlesenem Ingwer, Pfeffer und Safran. Aus besonderen Anlässen wurden im aristokratischen Stil mehrere Gänge mit Geflügel oder einem Dutzend Arten Fisch sowie Nüssen und Früchten aufgetragen, und alljährlich am 28. Dezember wurde ein Mahl mit zwei Schwänen serviert (Unverfehrt 2003, S. 58–63).

Durch seine Einnahmen aus Besitz und Kunstaufträgen gehörte Hieronymus Bosch spätestens seit 1498 zu den wohlhabendsten Einwohnern von 's-Hertogenbosch (Blondé/Vlieghe 1989). Das lässt sich aus den Summen entnehmen, die er als Abgaben und Sondersteuern jeweils zu zahlen hatte. Das waren eine regelmäßige prozentuale Abgabe, die am geschätzten Mietwert des Hausbesitzes gemessen wurde, sowie das zur Führung des Geldern-Krieges gelegentlich erhobene Reitergeld, dessen Berechnung auf der Basis des Gesamtvermögens und aller Immobilien erfolgte. Bei den verschiedenen Erhebungen zahlte Bosch jeweils zwischen 3 und 15 rheinische Gulden. Die Höhe seiner Abgaben schwankt also im Verlauf der Jahre. Mit seiner jeweiligen Beitragshöhe zählte Bosch zu den zehn, sechs oder ein Prozent der am meisten zahlenden Bürger. Er gehörte damit ökonomisch in dieselbe Klasse wie viele seiner geschworenen Mitbrüder.

Wohl in den Jahren um 1500 entstand die *Große Kreuztragung* (S. 77, Kat. 8). Sie beruht im Wesentlichen auf der Darstellungstradition, deren Grundlage, der Bibelbericht (Mt 27,32;

Lk 23,26; Mk 15,21), durch Psalmen und andere Überlieferungen angereichert wurde. Christus schleppt in einem graubraunen Gewand das Kreuz und schaut dabei ruhig den Betrachter an. Sein Leiden wird nicht durch Gestik und Mimik ausgedrückt, sondern symbolisch durch die Last des Kreuzes und die dichte, sich auftürmende Masse hinter ihm sowie durch sog. Karden, mit Nägeln gespickte Holzbretter, an seinen Fußknöcheln. Zudem zieht vorneweg ein gerüsteter Scherge mit gleichgültigem Blick Christus am Strick. Die Bildmitte dominiert eine Figur, die ein Seil hoch hält und entweder damit schlägt oder daran zieht. In anderen Gemälden führt diese Handlung ein Scherge aus. In Boschs Darstellung weist diese Figur mit dem blassroten Gewand, dem Vollbart und der Stirnglatze die Attribute des Petrus auf, was vermutlich auf einem Irrtum beruht, denn der Apostel tritt im Zusammenhang mit der Kreuztragung überhaupt nicht auf. Das Fußende des Kreuzes hält der von einem Bärtigen dazu beauftragte, ganz in weiß gekleidete Simon von Cyrene. Hinter Christus drängt sich die Menge, die das linke obere Viertel des Bildes weitgehend einnimmt. Ihre Darstellung besticht durch für Boschs Kunst ungewöhnlich große Figuren und durch einen klaren, tiefenräumlich gestaffelten Aufbau. Senkrecht zur Seitwärtsbewegung der Gruppe um Christus führt eine Blickachse in den Mittelgrund, wo durch eine sich wie zufällig öffnende Lücke Maria und Johannes sichtbar werden. In ihrer zueinander gekehrten Körperhaltung offenbart sich ihre stille Teilhabe am Passionsgeschehen, während die Schergen in ihrem geschäftigen Treiben in den Vordergrund gesetzt sind. Dieses Prinzip der Inversion, d. h. das gute Verhalten klein, das böse großflächig und vielgestaltig darzustellen, ist eine Grundkonstante in der Kunst Boschs.

Die Bildanlage geht wohl auf einen Kupferstich mit *Kreuztragung* des Israhel van Meckenem d. J. zurück (S. 76). Hier steht ein Scherge mit einer erhobenen Keule statt eines Seils hinter Christus. Übereinstimmungen zwischen Boschs Gemälde und van Meckenems Blatt finden sich in der gekrümmten Körperhaltung Christi und seinem aufgerichteten Kopf mit dem Blick in Richtung des Betrachters, in der Gestaltung der sich auftürmenden und als Pulk nach vorn drängenden Menge; die mitleidende Maria wird bei Bosch von Johannes, bei van Meckenem zudem von ihren Begleiterinnen gestützt. Nirgendwo sonst hat Bosch hinsichtlich Figurengröße und Komposition so monumental gemalt wie hier.

In motivischer und kompositorischer Abhängigkeit von der *Großen Kreuztragung* entstand als linker Flügel eines ansonsten nicht erhaltenen Triptychons die *Kleine Kreuztragung* (S. 91, Kat. 9), die zeitlich nur grob in das Jahrzehnt nach 1500 einzuordnen ist. Der Kreuzeszug ist ganz ähnlich gestaltet, jedoch vielfiguriger und zudem stärker aufsichtig gehalten, die Figuren sind eher übereinander als hintereinander gestaffelt. Links ist – hier in Rot und Blau statt in Weiß – die Figur des Simon von Cyrene mit Kopftuch aufgegriffen. Mittig zitiert Bosch oder ein Mitarbeiter rechts neben bzw. hinter Christus die Figur mit dem Seil und den Attributen des Apostels Petrus aus der *Großen Kreuztragung* (S. 77). Der Winkel der Körperachse und damit auch die der Arme ist gegenüber dem Vorbild etwas stärker nach rechts geneigt. Vorne marschiert ein Scherge in einer weißen Tunika und mit einem Schild voran, der eine Kröte, ein Zeichen der Sünde und des Bösen, bauchseitig zeigt. In den Vordergrund der hochformatigen Tafel, die zudem noch oben beschnitten ist, sind zwei Figurengruppen eingeschoben. Um den an einem Strick gefesselten bösen Schächer links ist eine Gruppe von vier Schergen angeordnet, von denen einer am linken Bildrand in Richtung des Betrachters schaut, was normalerweise einer realen Person – einem Stifter oder dem Maler selbst – vorbehalten ist. Ganz rechts entlastet ein Beichtvater in Gestalt eines Franziskanermönchs das Gewissen des guten Schächers. Dieser wird von einem Schergen festgehalten, der sich selbst an einen schlanken, hoch aufragenden entasteten Baumstamm stützt, an dem ein rot gekleideter Mann emporblickt. Die Spitze des Baumes ist nicht zu sehen, da der viertelkreisförmige Abschluss angesägt wurde, doch hängen Reste eines Strickes herab; daraus lässt sich schließen, dass es sich hier um den Stamm eines Hinrichtungsrades handelt, wie es im Hintergrund bei Bosch häufiger (Kat. 6.4, Kat. 10.3, Kat. 17.1, Kat. 18, Kat. 20), aber auch bei Pieter Bruegels d. Ä. *Kreuztragung* (Wien, Kunsthistorisches Museum, Gemäldegalerie) am rechten Bildrand vorkommt. Das Motiv der beiden Schächergruppen findet sich auch außen rechts in der *Versuchung des heiligen Antonius* Lissabon (S. 117, Kat. 10.2).

In formaler Analogie zum getragenen Kreuz auf der Innenseite hält auf der bemerkenswerten Außenseite (S. 84, Kat. 9.2) das Jesuskind ein Windrad, ein Kinderspielzeug. Der andere Außenflügel des Triptychons könnte als Gegenpart den Johannesknaben gezeigt haben, sodass beide, der Messias und der letzte Prophet, mit ihren Windrädern eine Art Wettstreit um ihren Rang in der Heilsgeschichte austrügen (vgl. S. 87). Durch einen solchen ernsten Hintersinn wäre die Darstellung trotz der Heiterkeit, die das kindliche Handeln ausstrahlt, doch der Würde der Außenseite einer Passionsdarstellung angemessen. Ansonsten stellt Bosch abhängig vom Kontext nur die Kinder von Stiftern positiv dar. In anderen Bildzusammenhängen sind sie mit Sünde und Unwissenheit bzw. Torheit konnotiert, so auf dem rechten Außenflügel des *Antonius* (S. 117, Kat. 10.2), wo ein Kind ebenfalls ein Windrädchen trägt, dem rechten Außenflügel des *Jüngsten Gerichts* (S. 253, Kat. 13.2) oder der Gula auf der Tafel mit den *Sieben Todsünden* (S. 308/309, Kat. 15; siehe auch Eintrag Kat. 9). Insgesamt ist die *Kleine Kreuztragung*, da sie Bildmotive der *Großen Kreuztragung* und der *Versuchung des heiligen Antonius* Lissabon frei variiert, als gänzlich oder weitgehend eigenhändiges Werk Boschs mit einer gewissen Werkstattbeteiligung anzusehen. Gerade die Außenseite zeigt wieder den Findungsreichtum und unabhängigen Geist des Malers aus 's-Hertogenbosch, der geistreiche Analogien zur Innenseite findet, ohne auf die herkömmliche Heiligen- und Passionsikonografie der Tafelmalerei zurückzugreifen.

Die Rolle der Landschaft sowie die dualistische Struktur seiner Bilder wurden bislang an den Passionsbildern und einigen Heiligendarstellungen aufgezeigt. Noch deut-

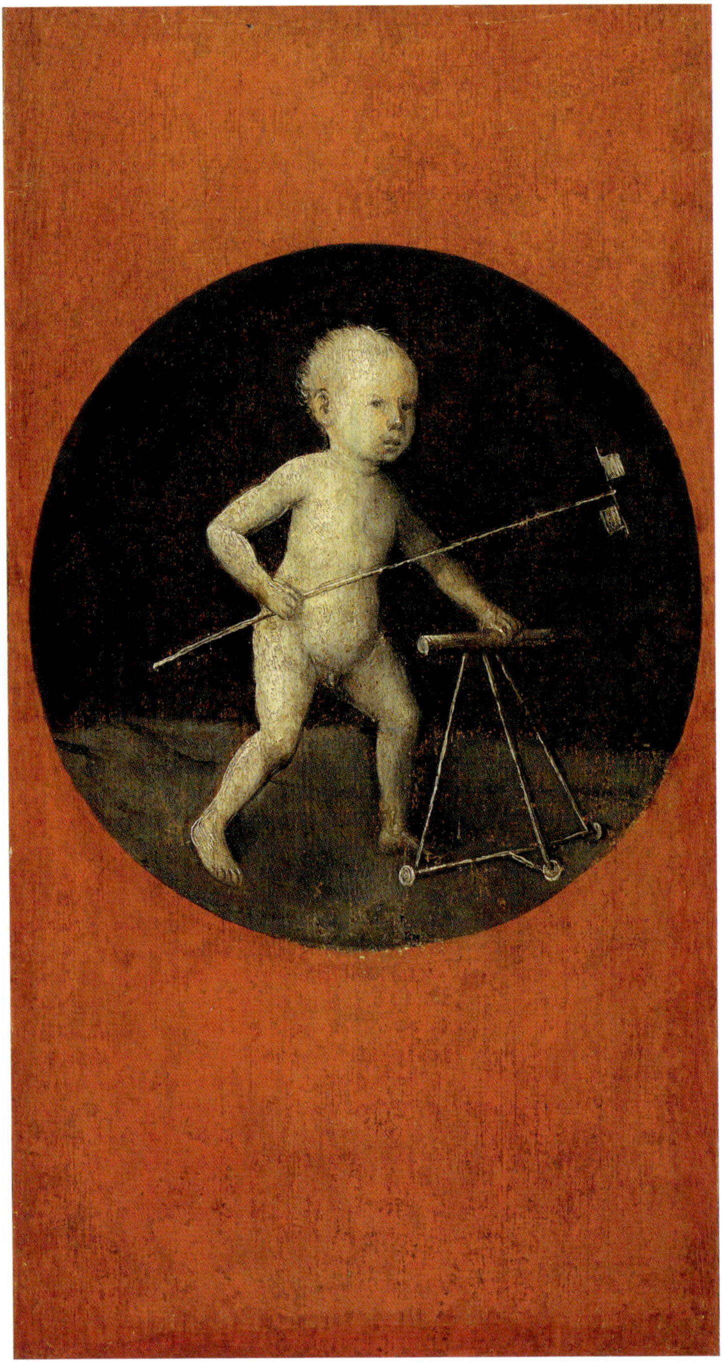

licher veranschaulichen den Schaffensprozess in materieller und geistiger Hinsicht einige Zeichnungen Boschs, da sich in diesem fragilen Medium die Praxis der Werkstatt klarer offenbart als in der Malerei. Über das Verhältnis von Bildthema, Hauptfigur oder -szene und Nebenmotiven geben besonders diejenigen Zeichnungen Auskunft, die nicht nur Motivvorlagen liefern (Kat. Z1, Kat. Z7, Kat. Z8), sondern eine gewisse Eigenständigkeit haben (Kat. Z2, Kat. Z3). Die gesicherten Zeichnungen Boschs (Kat. Z1–Kat. Z8) weisen eine typische, leicht skizzenhafte Zeichentechnik mit gestrichelter und aufgebrochener Kontur und plastischer Modellierung durch luftige Formschraffuren auf. Die Schraffuren sind zum Kernschatten hin verdichtet, teils mittels Kreuzschraffuren, sie sind aber auch durch Lichter aufgelockert. So gelingt es Bosch, auf fast impressionistische Weise das Licht einzufangen. Der Künstler benutzt für seine Zeichnungen stets Feder und Tinte, denn Silber- oder Metallstift waren um 1500 kaum mehr, schwarze oder rote Kreide noch wenig gebräuchlich. Boschs zugleich plastische, atmosphärische und skizzenhafte Zeichentechnik, mit der sich Motive rasch und deutlich umreißen lassen, kommt der arbeitsaufwendigen Vielfigurigkeit seiner Gemälde durch ihre Ökonomie entgegen. Diese sparsame Handhabung der Zeichnung und Unterzeichnung setzt sich in der rationellen *alla prima*-Malweise fort. Meist sind die Bildmotive, obschon nur so weit wie nötig ausgeführt, doch gut zu erkennen, was für ihre Symbolik unabdingbar ist. Die Bedeutung der Bildelemente ist bei Bosch die Grundlage für den Prozess der Bildfindung. Dies sei an einem symbolträchtigen Tier verdeutlicht, das in seinem Œuvre in der Mehrheit seiner Gemälde und in vier Zeichnungen vorkommt: an der Eule oder, genauer, am Steinkauz.

Das vielsagende Schweigen der Eule

Im Zentrum des Blattes *Das Eulennest* (S. 442/443, Kat. Z2) steht die kahle Krone eines verwachsenen Laubbaumes, wohl eine alte Eiche, die drei Eulen, vermutlich Steinkäuze, bevölkern. Das Astloch dient dabei der kleinen Eule als Nest. Vier Singvögel (Elstern, Eichelhäher?) halten sich unbeachtet in der Nähe auf, einer sitzt rechts auf einem Ast und richtet seine Aufmerksamkeit auf eine Spinne in ihrem Netz. Im Hintergrund durchquert links vor einer kleinen Stadt und neben einem Hinrichtungsrad eine Reitergruppe eine Senke. Weiter rechts hebt die Landschaft an. Ein Wegekreuz, eine Mühle, eine Siedlung und wohl auch Menschen beleben sie. Das alles ist in feinsten Details geschildert. Die Darstellung wirkt nur auf der ersten Blick wie eine Naturstudie, die Steinkäuze in ihrem natürlichen Lebensraum an ihrem üblichen Nistplatz zeigt. Denn es geht hier nicht um

Jesuskind mit Laufwagen und Windrädchen, um 1502–1510
Außenflügel von: **Kleine Kreuztragung**
Öl auf Eichenholz, 57,2 x 32 cm (oben um Viertelkreisbogen und unten minimal beschnitten, ursprünglich ca. 77–80 cm hoch; ca. 30 cm ø Kreis außen). Wien, Kunsthistorisches Museum

eine detaillierte naturalistische Wiedergabe wie bei Dürers *Käuzchen* von 1508 und erst recht nicht um eine Naturidylle. Die Zeichnung ist vielmehr eine Übung oder ein Muster für die Malerei. Wenn die Eule auch nicht offensichtlich als Symbol des Bösen dargestellt ist, so liegt es doch nahe, sie in der naturallegorischen Tradition des *Physiologus* bzw. der Bestiarien moralisch zu deuten: Zumindest eine Eule verkriecht sich in der Dunkelheit der Baumhöhle, und wie selbstverständlich flattern in ihrer Nähe Singvögel. In den anderen Bildern Boschs (siehe Kat. 2, Kat. 11, Kat. 12.2, Kat. 13.1, Kat. 17.1, Kat. 20.3) veranschaulichen solche Singvögel in der Nähe von Eulen die unschuldigen Seelen, die sich anlocken lassen von der Verführungskraft des Bösen. Die ebenso in ihrem Nest auf ihre Beute wartende Spinne unterstützt diese Vorstellung (Dittrich 2005, S. 405). *Der Wald hat Ohren, das Feld hat Augen* (S. 444, Kat. Z3r) ist eine konzeptionell außerordentliche Zeichnung mit allegorischem Charakter. Unter Berücksichtigung der Inschrift und der Rückseite trägt ihre Betrachtung einiges zum Verständnis der Bedeutung von Nebenmotiven und ihrer Funktion im Bildzusammenhang bei. Die Vorderseite des Blattes zeigt im Zentrum einen mäßig großen verwachsenen Baum, in dessen hohlem Stamm eine Eule hockt. In der laublosen Krone sitzen vier Vögel. Am Fuß des Baums zwischen den Wurzeln liegen ein Fuchs und ein Hahn. Vor dem Baum sind sieben geöffnete Augen gleichmäßig in zwei Reihen in eine Wiese hineingesetzt. Hinter dem Baum sowie zu seinen Seiten steht links und rechts je ein Ohr inmitten eines Haines von mehr als einem Halbdutzend belaubter, schlanker Bäume. Bosch hat seinem Blatt das Sprichwort „Der Wald hat Ohren, das Feld hat Augen" zugrunde gelegt, das bereits in der lateinischen Literatur des Hochmittelalters und später auch in der volkssprachlichen Überlieferung nachzuweisen ist. Ein in der Forschung immer wieder diskutierter niederländischer Holzschnitt von 1546 (S. 72) erweitert das in den Mittel- und den rechten Hintergrund platzierte Sprichwort zum regelrechten Landschaftsbild, indem eine Identifikationsfigur vorne links in einer ostentativen Gestik drei Finger auf den Mund legt und auf das sich vor dem Betrachter öffnende Panorama weist. Die Bildinschrift „Dat Velt heft ogen / Dat wolt heft oren / Ick wil sien / swijghen ende horen" („Das Feld hat Augen, der Wald hat Ohren, ich will sehen, schweigen und hören") erläutert das Visualisierte. Um 1530–1545 nahm der Antwerpener Kaufmann und Rederijker (Rhetoriker) Cornelis Crul (um 1500–1550) das Sprichwort in leichter Abwandlung in seinem moralsatirischen Gedicht *Mont toe, borse toe* (Mund zu, Börse zu) auf. Er spricht eine Warnung aus: Man könne weder draußen noch drinnen unbemerkt bleiben, da man von Mäuschen, Spinnen, Schlangen, Schwalben, Elstern und anderen Vögeln beobachtet werde, denn „das Feld hat seine Augen bereits geöffnet, / Alle Wälder und Forste entfalten ihre Ohren, / Du kannst nicht sprechen, denn sie würden es hören" (Bax 1956, S. 172–173). Um möglicher Verleumdung zu entgehen, müsse man seine Zunge bezwingen, was letztlich auch dazu diene, seinen Wohlstand zu bewahren. Wie die heute geläufige Redensart „Reden ist

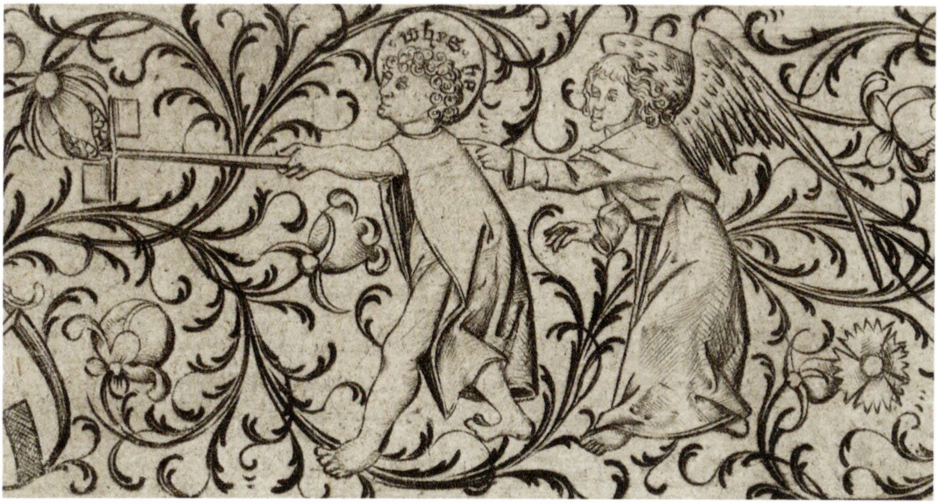

Israhel van Meckenem d.J., **Christus und Johannes als Knaben im Windrädchenwettstreit** (Detail), um 1470–1500
Kupferstich, 34 x 157 cm. London, The British Museum, Inv. 1842-8-6-39

Silber, Schweigen ist Gold" mahnt es als Lebensweisheit zur Vorsicht im Gebrauch der Zunge. Boschs sehr viel früher entstandene Zeichnung verfügt weder über eine menschliche Figur noch über eine erläuternde Inschrift. Doch zum Sprichwort als Hauptkomponente des Bildes kommen zwei Szenen hinzu, die ähnlich fungieren: die Eule mit den Vögeln und der Fuchs mit dem Hahn. Diese beiden Motive sind nicht nur mehrfach in Boschs Werken nachzuweisen, sie können wegen ihrer weiten Verbreitung auch über ihn hinaus als Topoi betrachtet werden. Zumindest in den elitären zeitgenössischen Rezipientenkreisen waren sie allgemein verständlich und daher als Kommentare oder Exempel brauchbar. Sie sollen den Betrachter vor der Aktivität des Bösen und den Konsequenzen unbedachten Handelns warnen. Die in der Bildmitte dargestellte Eule ist, weil sie nachts aktiv ist, negativ konnotiert und symbolisiert geistige Blindheit und Torheit, die Verlockung des Bösen sowie Unreinheit und Unkeuschheit (Vandenbroeck 1989, Bambeck 1987). Die Deutung der anderen Vögel ist ambivalent. Im Gedicht von Cornelis Crul treten sie negativ auf, sie können aber auch für Positives stehen, indem sie die freien Seelen verbildlichen, die Gottes Nähe suchen. In Boschs Zeichnung flattern links zwei Vögel mit den Flügeln, einer von ihnen hat einen aufgerissenen Schnabel und scheint sich gegen die Eule zu wenden. Diese Aktion wird betont durch den Verlauf des Schattens, der vom Ast, auf dem der Vogel sitzt, zur rechten Kante der Höhle, in der die Eule hockt, hinunterführt. Rechts sitzt ein Vogel, ein anderer ist vielleicht mit Nahrungsaufnahme beschäftigt, doch beide erscheinen ruhig und ahnungslos.

Im Verhältnis von Hahn und Fuchs tritt Letzterer als Aggressor auf. Gemäß der Tradition hatte der Fuchs als Geflügelräuber, Höhlenbewohner und Verwüster des Weinbergs des Herrn (Hohelied 2,15) einen schlechten Leumund und verkörperte die hinterlistige und betrügerische Schläue des Bösen sowie die Heuchler und Ketzer. Hingegen war der Hahn – Narrendarstellungen ausgenommen – Symbol der Wachsamkeit, des guten Priesters und Lehrers, des Verkünders des Evangeliums, der in der Nacht den Morgen ankündigt (Bambeck 1987, S. 43–48; de Bruyn 2001a, S. 446). Eule und Fuchs sind also negativ als Aggressoren, die anderen Vögel und der Hahn als Angegriffene und Gefährdete bzw. als Opfer zu deuten. Um die Botschaft zu verstärken und den Appell eindringlicher zu gestalten, schauen die Angreifer aus dem Bild heraus, so wie auch die Augen auf dem Feld und die Ohren im Wald dem Betrachter zugekehrt sind. Die Angegriffenen stellen exemplarisch drei Zustände dar, der Hahn das zum Tod bestimmte Opfer, die Vögel oben die noch unschuldig Unbeteiligten, und der eine wehrhafte Vogel steht für eine wachsame und abwehrbereite Haltung. Doch auch die Kombination von toter und blühender Vegetation hat in der Zeichnung eine klare Aussage: Die abgestorbene Natur, der Eule und Fuchs zugeordnet sind, verweist auf den Tod durch Sünde, die blühende Natur, in der die kritischen Sinne platziert sind, auf das gottgefällige, gute und neue Leben sowie auf die Gnade Gottes.

Die *Figurenstudien* auf der Rückseite (S. 445, Kat. Z3v) belegen, dass das Blatt als Muster- und Übungsblatt für die Werkstatt gedient hat. Hier finden sich von verschiedenen Händen ausgeführte Zeichnungen. Mehrfach wurde versucht, die Figur des behinderten und auf Krücken gehenden Bettlers mit Kapuze, der von einem kleinen Hund begleitet wird (links unten), an anderer Stelle des Blattes in einfacher Kontur ohne Binnengliederung nachzuzeichnen. Im unteren rechten Viertel kehrt dreimal der Hund, im oberen linken Viertel der Profilkopf und die Hand mit dem Napf wieder.

Auf der Vorderseite des Blattes wurde am oberen Rand Anfang des 16. Jahrhunderts ein lateinischer Satz notiert, der mit aufgelösten Abkürzungen heißt: „Miserrimi quippe est ingenii semper uti inventis et nunquam invendiendis“ („Denn armselig ist der Geist, der nur bereits Erfundenes benutzt, aber selbst nichts Neues erfindet“; Übersetzung nach Buck 2001, S. 199). Der Kommentar stammt sehr wahrscheinlich aus dem Pseudo-Boethius-Traktat *De disciplina scholarium* (Über die Erziehung der Schüler) aus dem 13. Jahrhundert und war als Zitat oder Paraphrase relativ weit verbreitet (Vandenbroeck 1981). Anders als bei den anderen Inschriften auf Boschs Bildern, die das Bildthema ergänzen oder konkretisieren, gibt dieser Satz gleichsam ein Werkstattgeheimnis preis. Diese Inschrift zeugt von einem gesunden künstlerischen Selbstbewusstsein des Malers: Der Satz erhebt einen allgemeinen kunsttheoretischen Anspruch, den Bosch exemplarisch auf der Vorderseite des Blattes demonstriert und konkretisiert. Die Innovation des Malers liegt in der Ergänzung des Sprichwortes durch zwei weitere Szenen, die des Baumes mit der Eule im hohlen Stamm und den Vögeln in der Krone und die des Fuchses mit dem Hahn an der Wurzel. Die Kunst liegt also im Finden und Kombinieren dieser Topoi. Die Inschrift kann daher als Maßstab gedeutet werden, den Bosch an seine Bilder anlegte. Der Künstler ist fähig, die verlangte „Invention" zu erschaffen, etwas Neues zu erfinden und damit den Ansprüchen seiner Auftraggeber voll zu genügen. *Der Wald hat Ohren, das Feld hat Augen* erweist sich somit als komplexeste Bosch-Zeichnung mit einer gegenüber dem *Eulennest* gesteigerten allegorischen Intention, die durch mehrere analoge oder aufeinander zu beziehende Bildmotive getragen wird. Es handelt sich um eine besondere Art von Musterblatt für die Werkstattmitarbeiter, nämlich um eine gezeichnete Bild- und Kunsttheorie, die beispielhaft die Auswahl und Anordnung von Bildmotiven im Bildfindungsverfahren und damit den geistigen Anteil am Werkprozess demonstriert. Kern von Boschs Schaffen und seiner Kreativität ist nicht etwa die Perfektionierung einer Bildtradition, sondern die Entfaltung eines Themas mithilfe der Kunst der Kombinatorik, die zu ikonografischen Inventionen und Innovationen führt.

Der hl. Christophorus als Groteske

Ein gut nachvollziehbares Beispiel dafür bietet der *Christophorus* (S. 78, Kat. 7), bei dem genaue Entstehungszeit, Auftraggeber und Funktionszusammenhang unbekannt sind. Klar ist, dass das Gemälde oben abgeflacht wurde, also einen halbkreisförmigen oberen Abschluss aufwies, was darauf schließen lässt, dass es sich wahrscheinlich um die Mitteltafel eines Triptychons handelt. Komposition und Hauptfigur sind einem in Basel gedruckten und um 1490 datierten Holzschnitt ähnlich. Die Komposition kann man sich gut als eine Vorübung zu den großen, in den folgenden Jahren entstandenen Triptychen vorstellen. Dabei nimmt Boschs *Christophorus* entwicklungsgeschichtlich eine besondere Position ein, da sich der Künstler darin deutlich von der Tradition absetzt und das Thema ganz neu entfaltet. Die untere Hälfte des Bildes und die Mitte des Vordergrundes nimmt die Hauptfigur Christophorus, der das Jesuskind auf der Schulter trägt, ein. Beide sind konventionell dargestellt und folgen der bildlichen Tradition, die auf der mittelalterlichen Legendenüberlieferung beruht, für die die *Legenda aurea* (1263–1273) des Jacobus de Voragine (um 1230–1298) eine wichtige Rolle spielte. Christophorus suchte den Mächtigsten, dem er dienen wollte. Nachdem er einem König und dann dem Teufel gedient hatte, machte er sich auf, Gott zu finden, wobei ihm ein Eremit entscheidende Hinweise gab. Somit wurde der Eremit die wichtigste Nebenfigur in den Bildern. Doch schon bei diesem Attribut des „heiligen Riesen" Christophorus hat Bosch eine Verfremdung vorgenommen. Für gewöhnlich wird der Eremit mit Bart, Mönchskutte und Laterne vor oder in einer Kapelle oder einer Höhle, manchmal in der Nähe eines Baumhauses dargestellt. In Boschs Gemälde befindet sich dieser zwar wie üblich auf der Höhe von Christophorus und Christus, jedoch schaut er aus der Öffnung eines überdimensionierten Kruges heraus, der horizontal in einem nahezu laublosen Baum hängt und in den eine Leiter hineinführt. Seine Laterne hängt von einem Ast über ihm an einem Seil herab. Über Eremit und Krug erstreckt sich ein enormes Strohdach. Archäologische Funde in 's-Hertogenbosch belegen, dass Importware aus Siegburg bei Köln als Vorbild für die Gestaltung des Kruges diente. Das Loch in der Seite macht es wahrscheinlich, dass Bosch einen Starenkrug darstellt, dessen Zweck es war, mit einer seitlich abnehmbaren Scherbe präpariert an Häuserfassaden oder Bäumen als Nistplätze zu dienen. Solche Krüge wurden aufgehängt, um die Vogeleier zu sammeln und zu verspeisen oder um die jungen Vögel, meist Stare, zu entnehmen und ihnen das „Sprechen" beizubringen (Marijnissen 1988, S. 405). So kann das Gefäß auf das Laster der Völlerei (Gula) verweisen, zumal es durch die übernatürliche Vergrößerung betont wird. Auch das gerupfte und aufgespießte Huhn direkt über dem Krug ist ein Zeichen der Völlerei. Auf die Sünde der Wollust spielt der Taubenschlag in der Baumkrone über dem Strohdach an. Der Eremit ist somit von Sünde umgeben, aber nicht aktiv in sie verstrickt. Eine überproportionale Wiedergabe findet sich bei Figuren, Pflanzen und Objekten, deren Konnotation vom geografischen wie vom spirituellen und ethischen Standpunkt her als am „Rande des Christlichen" aufzufassen sind; so erscheint übernatürlich Großes in exotischen Reiseerzählungen, die von nichtchristlichen Ländern berichten. Bosch hat die Inversion der Größenverhältnisse als Zeichen der verkehrten Welt unter anderem auf der Mitteltafel des *Gartens der Lüste* (Kat. 11.3) eingesetzt, wo sie die Verkehrung der göttlichen Schöpfungsordnung markiert. Die übernatürliche Größe stellt bedeutungsperspektivisch zugleich das vergrößerte Objekt symbolhaft heraus, in dessen Abhängigkeit der Mensch geraten ist und an dem er sich nun orientiert.

Zur Überraschung des Betrachters sind noch zwei weitere Eremiten im Bereich des Baumes dargestellt. Ein bis auf seine Kapuze splitternackter Einsiedler ist einen dünnen und kahlen, sich unter der Last biegenden Ast bis zum Ende hochgeklettert und macht sich dort an einem Bienenkorb zu schaffen. Diese Szene erinnert an die vierte Parabel des Barlaam-Textes (eines byzantinischen Romans um die Heiligen Barlaam und Josephat), die schildert, wie ein Mann in einem Baum über dem Abgrund hängt, Honig naschend seine prekäre Situation vergisst und schließlich in die Hölle stürzt. Ein dritter, allerdings positiv konnotierter Eremit steht rechts des heiligen Christophorus und diesem zugekehrt am Ufer des Gewässers. Er ist weißgeschürzt und hat seinen Blick wie in Gedanken oder in Meditation nach unten gesenkt. Sein rechter Arm ist zur Seite gehoben, in der linken Hand hält er einen Krug. Weiter rechts säuft ein kleiner weißer Hund aus dem Gewäs-

Kleine Kreuztragung, um 1502–1510
Öl auf Eichenholz, 57,2 x 32 cm (oben um Viertelkreisbogen und unten minimal beschnitten, ursprünglich ca. 77–80 cm hoch). Wien, Kunsthistorisches Museum

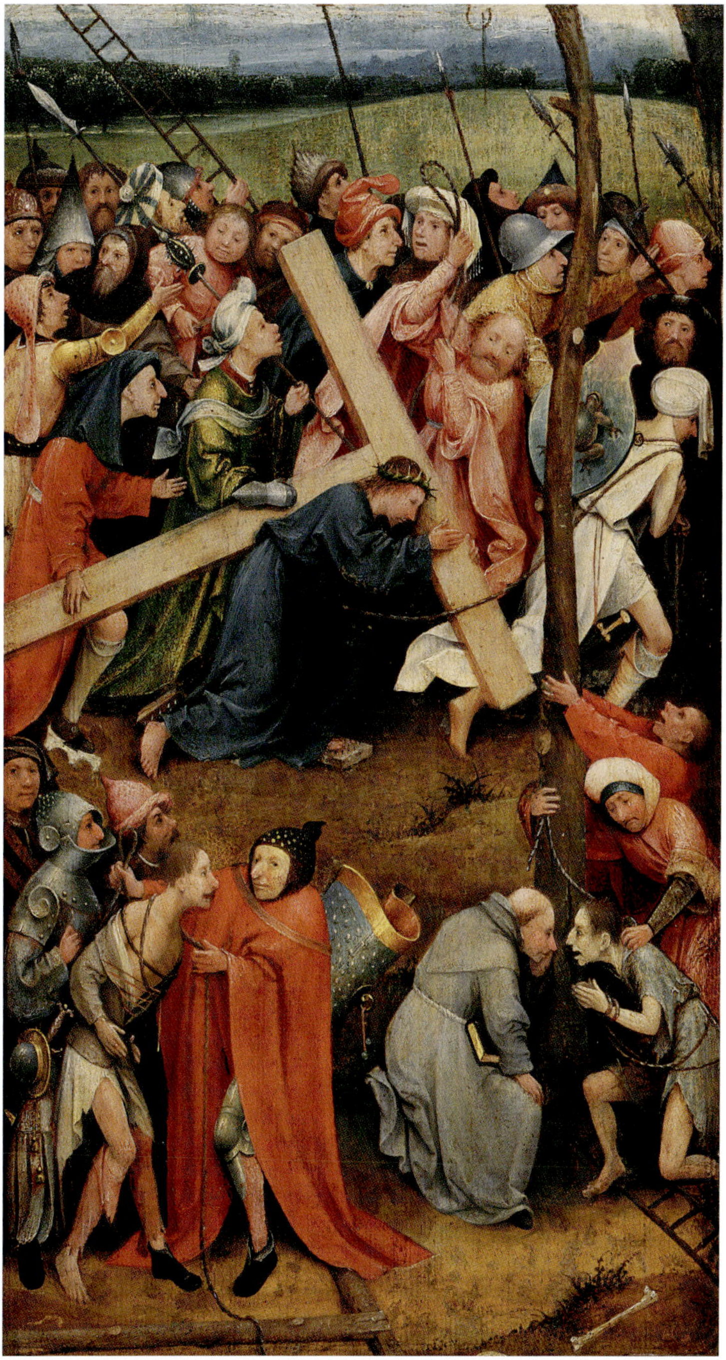

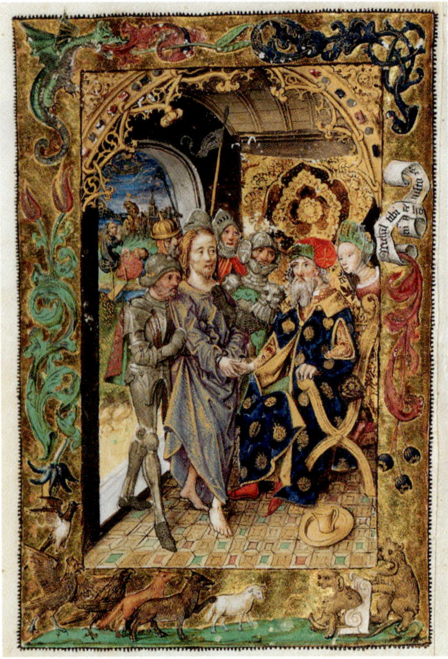

ser. Neben ihm ragt ein Steg oder Zaun ins Bild, der durch die Überschneidung mit der Bildkante wie ein Kreuz aussieht. In diesem Kontext kann der Krug bzw. das Trinken im Sinne des Durstlöschens aus der ewig sättigenden Quelle Christus gedeutet werden; der Krug wäre dann ein Sinnbild des zerbrechlichen Leibes, der als Behältnis der Seele dient und durch die Hinwendung zu Christus Stärkung erfährt.

Am linken Flussufer finden sich weitere, teils positiv, teils negativ zu deutende Szenen. Als Erstes fällt ein Jäger auf, der einen Bären an einem Strick um den Hals über einen Baum zieht. Der Bär ist Sinnbild böser Mächte und verschiedener Sünden, vor allem der Luxuria (Wollust), Ira (Zorn) und Acedia (Trägheit). Der Bär wird häufig bei dem Versuch abgebildet, an den Honig eines Bienenstocks zu gelangen. Er steht für den triebhaften Menschen, wie er auch in dem nackten Eremiten, der zum Bienenstock hinaufklettert, verkörpert ist. Insofern hat Bosch in der Darstellung des Einsiedlers das Thema Versuchung explizit formuliert: So wie der Honig naschende Bär von den fleißigen Bienen gestochen wird, so wird der nur von seinen körperlichen Bedürfnissen geleitete Sünder vom Teufel gepeinigt werden. Der Bärentöter wiederum ist ein Beispiel für den um 1500 aktualisierten Topos vom christlichen Streiter, wie Bosch ihn im „Stillleben“ mit Waffen und Rüstungsteilen im Vordergrund der Avaritia auf dem Gemälde *Die sieben Todsünden* (Kat. 15) andeutet und wie er etwa durch das *Enchiridion militis Christiani* (Handbüchlein des christlichen Streiters, 1503 gedruckt) des Erasmus von Rotterdam (um 1467–1536) propagiert wurde. Der christliche Ritter (vgl. Hiob 7,1) kämpft täglich gegen Teufel, Welt und Fleisch. In Boschs Bild verkörpern der Drache (jenseits des Flusses links) und auch der Bär den Teufel, der Bär und die beiden Eremiten im Krug und im Baum das Fleisch, der Krug, der Bienenkorb und der Taubenschlag die Verlockungen der Welt.

Niederländischer Künstler, **Christus vor Pilatus**, um 1475
aus: *Stundenbuch der Sophia von Bylant*, fol. 20v (Detail). Pergament, 23,3 x 16,6 cm
Köln, Wallraf-Richartz-Museum & Fondation Corboud, Graphische Sammlung

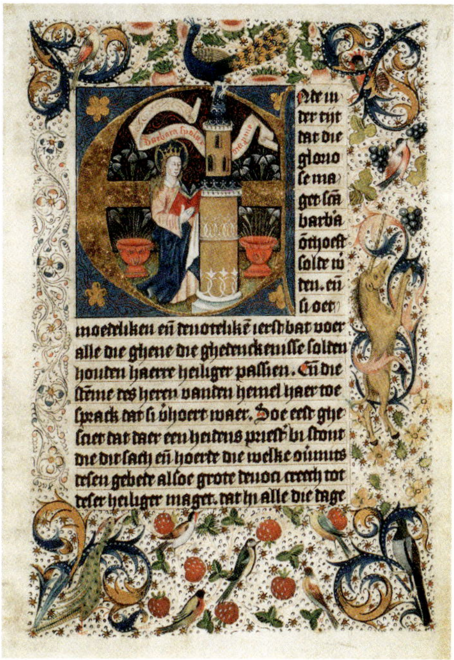

Außerdem sind noch der Mast eines gesunkenen Schiffes und ein fliegender Fisch am unteren linken Bildrand erwähnenswert, beides Zeichen der Gefahren zur See, die in Christophorus-Darstellungen immer wieder verbildlicht werden. Zahlreiche Bildmotive sind antithetisch aufeinander zu beziehen, so der Eremit am Ufer als Gegenbild zum Eremiten auf dem kahlen Ast, der fliegende Fisch als Pendant zum blutenden Fisch am Stab des Christophorus als Symbol der geistlichen Wegzehrung und des Opfertodes Christi, der riesige Krug als Kontrast zu dem normal großen, den der Eremit am Flussufer trägt, das aufgespießte Huhn als Korrelat zu den wachenden Hähnen am Fuß des großen Baumes. Das Bild fordert den Betrachter heraus, seinen Gesichtssinn für die Erkenntnis zu nutzen, wie es ein Christophorus-Legendentext aus dem 14. Jahrhundert als Gottesgabe empfiehlt: „dar umb hat er die fumf sin / einem ieglichen menschen geben, / daz er erchen an seinem leben / waz bös oder guot sei getan, / daz guot er tue vnd daz bös lan" (Schönbach 1874, S. 86, Z. 36–40). Das irreale Element des riesigen Kruges fungiert, ganz ähnlich wie Drolerien in der Buchmalerei, als signalhafte Aufforderung zur Reflexion und zur Deutung der Zeichen und Exempla des Bildes. Bosch stellt Christophorus dar, wie er in Christus das gesuchte Vorbild gefunden hat und seiner Demut und Enthaltsamkeit folgt. Seine gebeugte Haltung entspricht der des kreuztragenden Christus (Kat. 8) und des heiligen Jakobus (Kat. 13.1). Der Betrachter wiederum kann im Christophorus ein überzeugendes Vorbild erkennen, wenn er die Nebenmotive studiert und versteht. Diese Auslegung des Christophorus-Themas verschiebt die Funktion vom Schutzpatron zum Vorbild wahrer Frömmigkeit, entsprechend der Kritik am Bildkult und an der Verehrung der Schutzheiligen, besonders des Christophorus und des Antonius (um 250–356), die an der Wende zum 16. Jahrhundert aus reformorientierten geistlichen und auch aus früh-

Anonymer Miniaturist des Birgittenklosters Koudewater bei 's-Hertogenbosch
Die heilige Barbara, um 1480
aus: *Das Leben der Heiligen Barbara*, fol. 98r. Pergament, 24,6 x 17,3 cm
Den Haag, Koninklijke Bibliotheek, 133 B 13

humanistischen Kreisen erklang, so im *Enchiridion militis Christiani* des Erasmus von Rotterdam: Ein guter Christ solle sein Leben bessern und nicht materiellen Nutzen durch Heilige erhoffen. Nach der Volksfrömmigkeit erwarteten nämlich damals die Gläubigen vom bloßen Anblick eines Abbilds des heiligen Christophorus, am Tag der Betrachtung keinen schlimmen, d. h. schuldbeladenen Tod zu erleiden, wenn es nicht möglich war, die Sterbesakramente zu empfangen („unversehener Tod"). Ferner sollte Christophorus als Mittler zu Christus für Sicherheit und Schutz in fremden Landen sorgen, gegen Feinde und vor den Gefahren des Wassers helfen und von Schuldenlast erlösen. Er war Schutzpatron von Reisenden, Kaufleuten und Lastträgern. Die moraldidaktische Implikation erweist sich in Boschs Bild zugleich als Movens der Invention und der Innovation. Bosch zeigt im Christophorus, dass er das Reformdenken verinnerlicht hat und jenen kritischen Kreisen zuzurechnen ist, die sich durch eine an christlicher Sittlichkeit orientierte Bildung und Gelehrsamkeit definierten und sich von einer weniger reflektierten „abergläubischen" Frömmigkeit abgrenzten. Die Verwendung grotesker Gestaltungsmittel unterscheidet ihn zudem von seinen Künstlerkollegen. Die Perspektive kehrt sich um: War in der Darstellungstradition des Christophorus dessen Schutz bringender Blick auf den Gläubigen entscheidend, so richtet sich nun der Betrachterblick auf den Heiligen, um ihn als Exemplum zu studieren. Der Christophorus erscheint am Ende des 15. Jahrhunderts in der Tafelmalerei in zunehmend illusionistisch-mimetischer Darstellungsweise noch monumentaler, plastischer und raumgreifender. Boschs *Christophorus* ist vermutlich das erste Gemälde in einer Reihe von innovativen Darstellungen und Diablerien des 16. Jahrhunderts (Unverfehrt 1980), unter denen relativ am Anfang des 16. Jahrhunderts Alart Du Hamel (um 1450 – um 1506; S. 80) und der in Antwerpen tätige Meister von Frankfurt (1460–1515) stehen.

Drolerien

Die formal wie inhaltlich motivierten Wechselbeziehungen zwischen Motiven aus sakralen und profanen oder, besser, „hohen" und „niederen" Themenkreisen im Œuvre Boschs verweisen in Rolle, Funktion und Motivwelt auf die sog. Drolerien. Die Forschung hat Boschs Werke immer wieder mit den Drolerien in Verbindung gebracht, ohne diesem Vergleich auf den Grund zu gehen und ihn zu Ende zu denken. Der Begriff „Drolerie" kam im späten 16. Jahrhundert in Frankreich auf und ist eine Sammelbezeichnung für komisch-derbe und groteske figürliche oder szenische Darstellungen. Die deutschen und niederländischen Entsprechungen „Drollen" und „Grillen" schließen auch Grafik und Tafelmalerei, etwa von Pieter Bruegel d. Ä. und Hieronymus Bosch, ein (vgl. Raupp 1986, S. 307 und 309–310). Ihre Ursprünge liegen in den randständigen Bildorten der Kirchenfassaden und des Sakralraums an Kapitellen wie auch am Chorgestühl und in den Marginalien der Buchmalerei. Die Drolerien als solche werden wiederum auf die Predigtexempel der Dominikaner und Franziskaner zurückgeführt (Randall 1957, 1966). Nach dem frühen 14. Jahrhundert erlebten die Drolerien in der zweiten Hälfte des 15. Jahrhunderts eine zweite große Blütezeit.

Die Namen der Drolerienkünstler, etwa die der Chorgestühle von Breda, Hoogstraten und 's-Hertogenbosch in Brabant, sind oft in Vergessenheit geraten. Neben den Bildhauern benutzten auch Buchmaler von Rang Drolerien, so Jean Pucelle (um 1300 – um 1334), der für den französischen Hof arbeitete, sowie die Flamen Willem van Vrelant (gest. um 1481/82), *Lieven van Lathem* (gest. 1493) und der sog. Meister der Maria von Burgund, die im dritten Viertel des 15. Jahrhunderts für den Hochadel in den Niederlanden malten.

Die Motivkreise und Themengruppen der Drolerien sind weitgehend deckungsgleich in den Werken Boschs zu finden. Einen ersten großen Motivkreis bilden Darstellungen von grotesken Menschen, die sich durch unbändige Gestik und enthemmte Körperhaltung auszeichnen, ohne dass der Leib selbst unmenschliche Züge trägt. Dazu gehören allerlei Gebärdenakteure wie Akrobaten und Kletterer, Musikanten und Tänzer, die Zunge herausstreckende oder Zähne zeigende „Zanner" sowie das Gesäß entblößende „Blecker". Ein weiterer Motivkreis der Drolerien, der auch bei Bosch auftritt, ist die exemplarisch-genrehafte Darstellung der zu einer bestimmten Sünde neigenden Ständevertreter (vgl. Kat. 15, Kat. 20). Als Weiteres zu nennen sind Sprichwörter und Redensarten sowie Narren und Motive der verkehrten Welt. Neben all diesen genannten Motivkreisen, die als gemeinsamen Nenner lächerliche oder absurde Handlungen zeigen, gibt es solche mit einer grotesken Körperlichkeit. Zu diesen zählen die wohl an antiken Vorbildern orientierten „Kopffüßler", Köpfe oder Masken oder disproportionierte Körper. Eine weitere Motivgruppe kann unter „das Tier im Menschen" oder „der Mensch als Tier" rubriziert werden. Hierzu gehören Darstellungen von Fabeln oder von Tieren, die wie Menschen handeln, ferner „Lastertiere" wie Affe, Hund oder Schwein oder solche, die negative menschliche Verhaltensweisen oder Erfahrungen darstellen, wie zum Beispiel die Eule oder der Fuchs (S. 92). Einen letzten Motivkreis bilden die Figuren monströser Natur. Dies sind die traditionellen, seit dem Altertum bekannten Mischwesen aus Mensch und Tier wie Zentaur, Vogel- und Fischsirene sowie Fabelwesen wie Einhorn (S. 93), Drache und Greif. Dazu kommen frei geschaffene Mischwesen. Die Existenz der Drolerien, ja ihre wesentliche Ausformung im Bereich religiöser Kunst ist damit begründbar, dass das Monströse und Groteske das Sündhafte und Böse verbildlicht und damit Teil der Welt wie auch des Heilsplanes Gottes ist. Hieronymus Bosch knüpft an diese große Tradition der marginalen Bildkunst an und überführt sie in die Tafelmalerei. Drolerien gaben ihm eine gewisse künstlerische Freiheit, indem er aus einer Fülle von Bildmotiven auswählen, sie abwandeln und untereinander sowie mit dem Hauptmotiv kombinieren konnte. Ferner ergab sich aus dem Mischwesenprinzip eine Methode, um gänzlich neue Figuren zusammenzustellen.

III.

Im Labyrinth der Bilder: *Die Versuchung des heiligen Antonius*

um 1502

„Es war das erste und vielleicht das einzige Mal, dass es einem Künstler gelang, die Ausgeburten einer gequälten Fantasie, die die Menschen im Mittelalter ängstigten, konkret und anschaulich darzustellen. Mag sein, dass das nur zu diesem Zeitpunkt möglich war, da die alten Vorstellungen noch lebendig waren, während zugleich der neue Geist den Künstlern die Mittel in die Hand gab, darzustellen, was sie sahen."

ERNST H. GOMBRICH, 1950

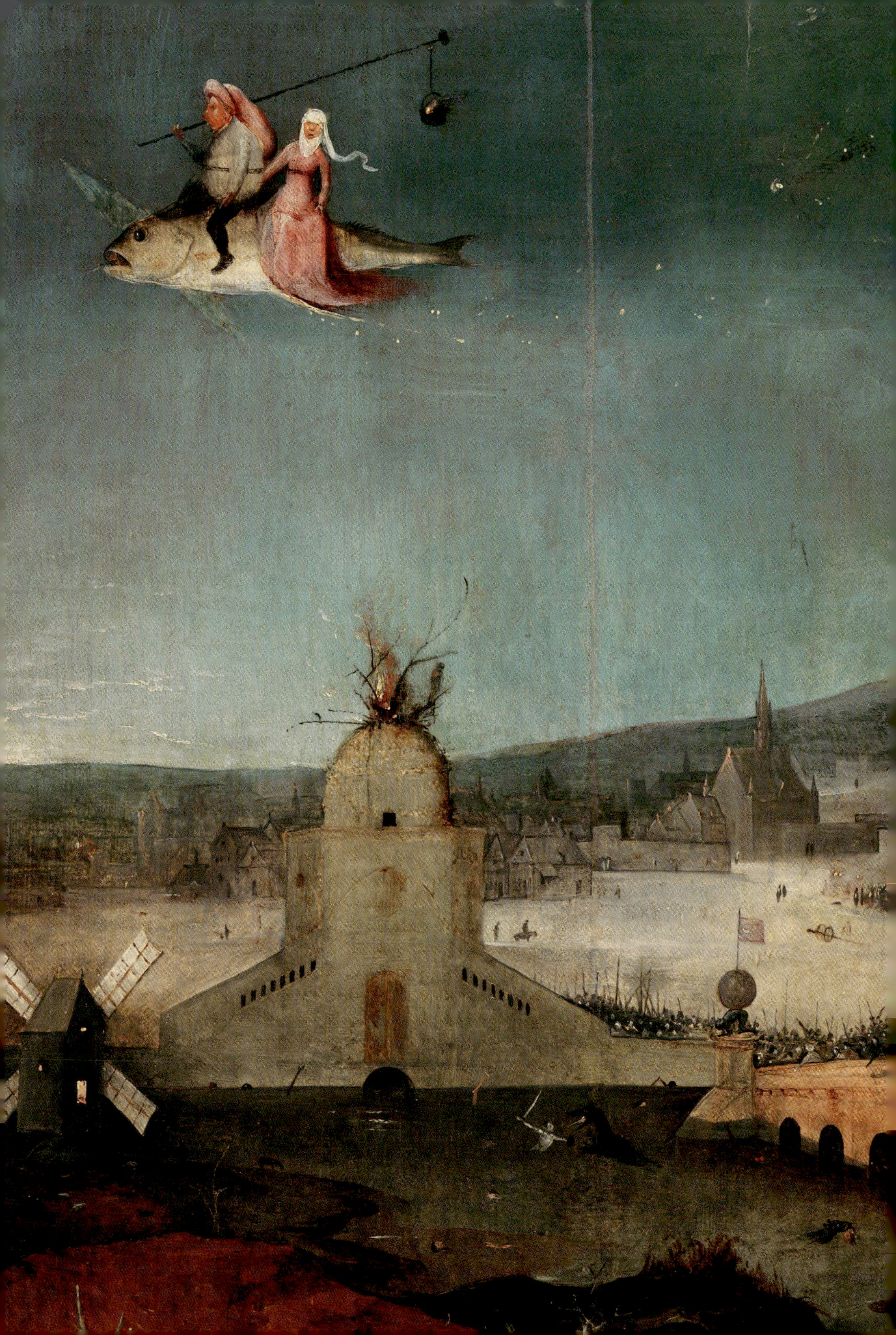

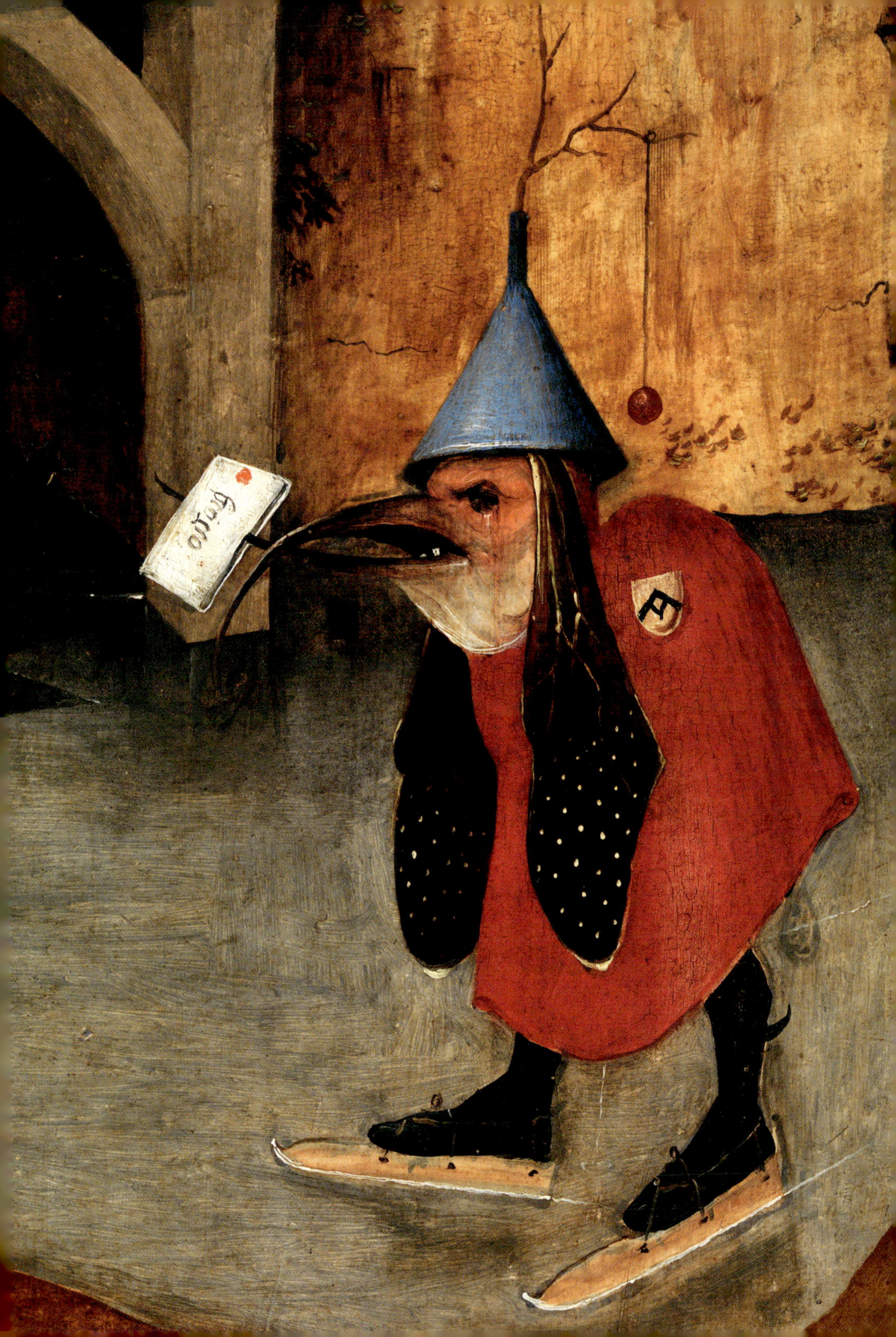

Die in den Jahren um 1502 entstandene *Versuchung des heiligen Antonius* (S. 118/119, Kat. 10) ist das erste der großen Triptychen, das Drolerien in einem Maß verwendet, dass die Hauptfigur in der Menge der Nebenfiguren fast verschwindet und die Bildfläche wesentlich von grotesken Bildmotiven eingenommen wird. Die herausragende Bedeutung des Antonius-Themas und besonders dieses Triptychons im Œuvre Boschs ist unumstritten. Obwohl Auftraggeber, Funktion und Anlass dieses Werkes nicht bekannt sind, gibt es doch ab 1504 mehrere Hinweise, dass der spanische und niederländische Hochadel Interesse an Bildern des Themas, auch in aufwendiger Gestaltung, hatte, sie kaufte und sammelte (siehe Text zu Kat. 10). Die Antonius-Darstellungen in einigen anderen Werken Boschs bzw. seiner Werkstatt beruhen offenbar auf dem *Antonius*-Triptychon (Kat. 12, Kat. 14, Kat. 22). In der Bosch-Nachfolge entstanden bis zur Mitte des 17. Jahrhunderts fast unzählbar viele Kopien und Nachahmungen (Unverfehrt 1980). Die Hauptquelle der Vita des Antonius (251/52–356), der als Urbild des Eremiten und „Vater der Mönche" gilt, ist die spätantike griechischsprachige Lebensbeschreibung des Athanasius von Alexandrien (um 298–373). Die Bildtradition beruht meist auf kurzen populären Vita-Versionen wie in der *Legenda aurea* oder in *Der Heiligen Leben* (um 1400) und schildert oft auch den Besuch des Antonius bei dem Eremiten Paulus von Theben (S. 101). Diese Begegnung fehlt bei Bosch. Bei genauerer Analyse der Einzelszenen des Triptychons zeigt sich, dass Boschs Quelle und Fundus die Antonius-Legende der lateinischen oder volkssprachlichen *Vitas patrum* (Väterbuch, eigentlich *Vitae patrum*) gewesen ist (Fischer 2009, S. 308–323).

Die zweite Hälfte des 15. Jahrhunderts war in den Niederlanden eine letzte Hochphase sowohl der Klostergründungen und Klosterreformen als auch des Kopistenwesens, wodurch sich die Verbreitung der *Vitas patrum* vor allem in ihrer volkssprachlichen Fassung (niederländisch *Vader boeck, Leven der heiligen vaderen*) intensivierte. Über die Konvente stand die Legendensammlung Bosch zur Verfügung. Reformierte Dominikanerklöster schrieben die *Vitas patrum* vor, sodass ein Exemplar in der großen Niederlassung in 's-Hertogenbosch zu finden gewesen sein dürfte. Ferner sind trotz bruchstückhafter Überlieferung des Bestandes der Bibliotheken von 's-Hertogenbosch im dortigen Gregoriushaus der Brüder vom gemeinsamen Leben die *Vitae patrum*, eine Handschrift von etwa 1450, und im Kloster der Wilhelmiten ein lateinischer *Vitas patrum*-Druck aus Nürnberg von 1478 nachzuweisen. Auch den möglichen Betrachtern von Boschs Antonius-Bildern hätte die Legende in ihren Details bekannt sein können, denn sowohl in den Bibliotheken

Seite 97, 98
Die Versuchung des heiligen Antonius (Details), um 1502
Rechter Innenflügel: **Der heilige Antonius in Meditation**
Linker Innenflügel: **Der heilige Antonius wird von Teufeln angeklagt** (siehe Abb. S. 118/119)

der Orden und religiösen Gemeinschaften als auch in denen des Adels befanden sich die entsprechenden Werke; die niederländischen Nassauer zum Beispiel besaßen die französische Fassung *Vie des anciens Saints Pères Hermites*.

Boschs Triptychon (Kat. 10) zeigt den heiligen Antonius auf den drei Innentafeln chronologisch von links nach rechts in seinen drei wichtigsten Lebensstadien, nämlich vom Eintritt ins Eremitenleben über den Höhepunkt der Dämonenangriffe auf der Mitteltafel bis zur Überwindung der Versuchungen und der Erlangung des inneren Friedens auf der rechten Innentafel. Im Kontrast zur kontinuierenden Darstellungsweise, die mit jedem Ereignis der Vita auch jedes Mal die Hauptfigur zeigt und auf diese Weise den Protagonisten Antonius bis zu zwei Dutzend Mal wiederholt – wie im Gemälde mit Stifter des Jüngeren Meisters der heiligen Sippe aus Köln von etwa 1500 (S. 101) –, reduziert Bosch die Anzahl der Antonius-Figuren auf vier und gruppiert die vielen Begegnungen seines ereignisreichen Lebens um diese herum. Dieses Konzept erschwert allerdings die Identifizierung der einzelnen Nebenfiguren und Szenen.

Auf der linken Innentafel (Kat. 10.3) stützen oder tragen zwei Antonitermönche mithilfe eines Knechts, der schon des Öfteren für ein Selbstbildnis Boschs gehalten wurde, den durch seine Kutte als Einsiedler kenntlich gemachten Antonius. Der Heilige ist infolge einer Attacke des Teufels bewusstlos geworden. Diese Hauptszene ist mit einer zweiten Szene verschränkt, die sich ganz oben im Bild abspielt, wo Antonius, im ekstatischen Gebet liegend, von Dämonen oder Teufeln durch die Luft geführt wird; dazu gehören außerdem die Teufel unter der Brücke. Dargestellt ist die Begebenheit, die sich relativ spät im Leben des schon gereiften Antonius ereignete (Athanasius 1917, 65. Kapitel, S. 41): Eines Tages sah er sich, als er am frühen Nachmittag meditierend in Ekstase geriet und eine Vision empfing, von Engeln in den Himmel gehoben. Doch plötzlich erschienen Teufel, die von ihm Rechenschaft über seine Jugendsünden verlangten. Diese Elevation wurde als eine Art Kampf in der Luft ein beliebtes Sujet in der Bildkunst, so in den Kupferstichen Martin Schongauers (S. 110) oder Lucas Cranachs d. Ä. (um 1475–1553; S. 110).

Bei Bosch geraten die Elemente nach dem Prinzip der verkehrten Welt in ein Chaos (S. 120/121): In der Umgebung von Antonius finden sich bei ihm ein Wolfsteufel, ein Ritterdämon mit einem Fisch als Lanze oder Rammbock, ein fliegendes Segelboot mit einem durch seine Beine blickenden nackten Männchen, ein kopfstehender lebender Krug mit Sense und weitere fliegende Fische. Die teuflischen Ankläger hocken im Dunkel der Brücke und haben die Anklage schon eröffnet, während ein buckliger und vogelgestaltiger Teufelsbote eine zweite Urkunde über das Eis bringt (S. 98). Auf Letzterer prangt die Aufschrift „protio", höchstwahrscheinlich die Abkürzung für „protestatio" (Massing 1994), was sie als Anklageschrift kennzeichnet. Die Teufel sind im eigentlichen Sinne *diaboli*: Ankläger und Verleumder, die den Menschen in sich selbst entzweien.

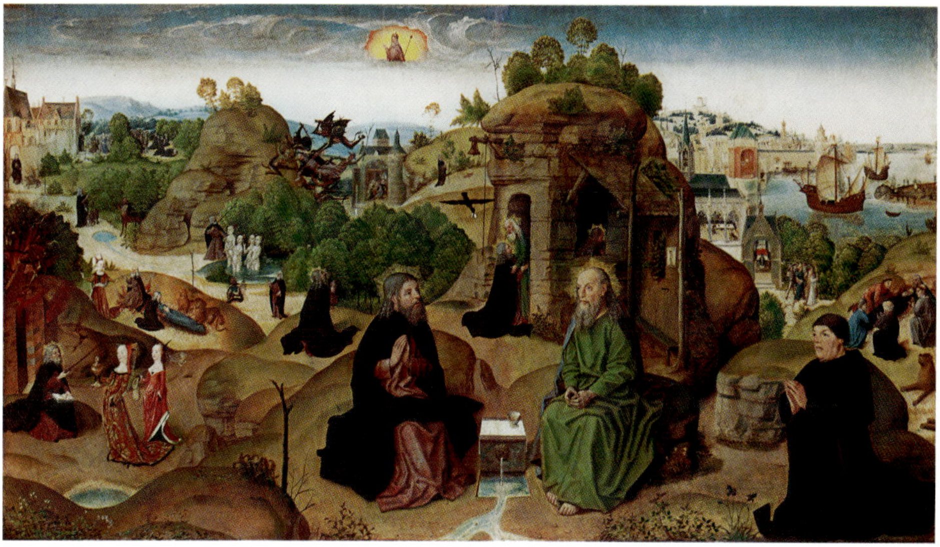

Jüngerer Meister der heiligen Sippe, **Legende des heiligen Eremiten Antonius**, um 1500
Öl auf Holz, 103,2 x 190,1 cm. München, Bayerische Staatsgemäldesammlungen – Alte Pinakothek

Seite 102/103
Die Versuchung des heiligen Antonius (Detail), um 1502
Mitteltafel: **Der heilige Antonius in Bedrängnis** (siehe Abb. S. 118/119)

Der Maler hat den Teufelsboten auf Schlittschuhe gesetzt, die im Spätmittelalter und in der frühen Neuzeit in Bild und Text gerne metaphorisch aufgeladen wurden. So heißt es im 16. Jahrhundert, dass die Welt (auf) Schlittschuh(en) laufe, also in die Irre gehe, auf dem falschen Weg sei. Diese Behauptung spielt auf die Sorglosigkeit derjenigen an, die auf dem brüchigen Eis ausrutschen und einbrechen. Eine ähnliche Bedeutung hat die Redewendung „Ic sta op een krakend ijs" („Ich stehe auf knirschendem Eis"; Massing 1994). Jedoch handelt es sich nicht um eine nur lokal verwurzelte volkssprachliche Redensart, denn schon im 12. Jahrhundert behauptet ein lateinisches Sprichwort: „Qui currit glaciem, se non monstrat sapientem" („Wer auf das Eis läuft, zeigt sich nicht weise").

Die Symbolik des blattlosen, verdorrten Zweiges im Trichter, den der Teufelsbote umgestülpt auf seinem Kopf trägt, lässt sich mit Bibelstellen, aber genauer noch mit einem Bild erklären, das Jan Brugman in einer Predigt benutzt: „Soe moet ghi ghebenedijt werden niet van mi, Janneken Brugmans, een arm dorre twijchken, die verdroghet bin vander fonteinen der gracien" („So sollt ihr nicht von mir gebenedeit werden, Jannchen Brugman, einem armen vertrockneten Zweiglein, der von der Quelle der Gnade vertrock-

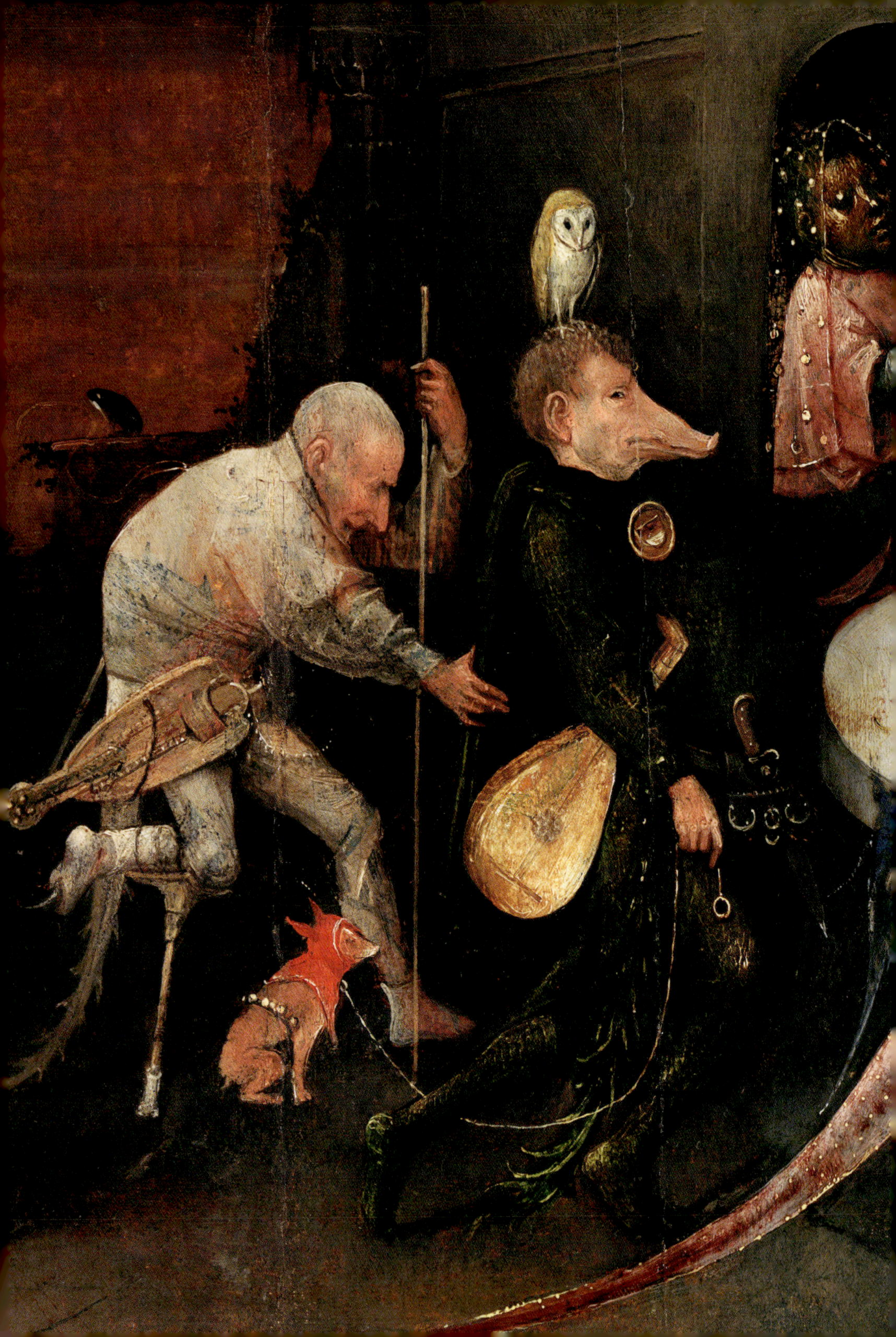

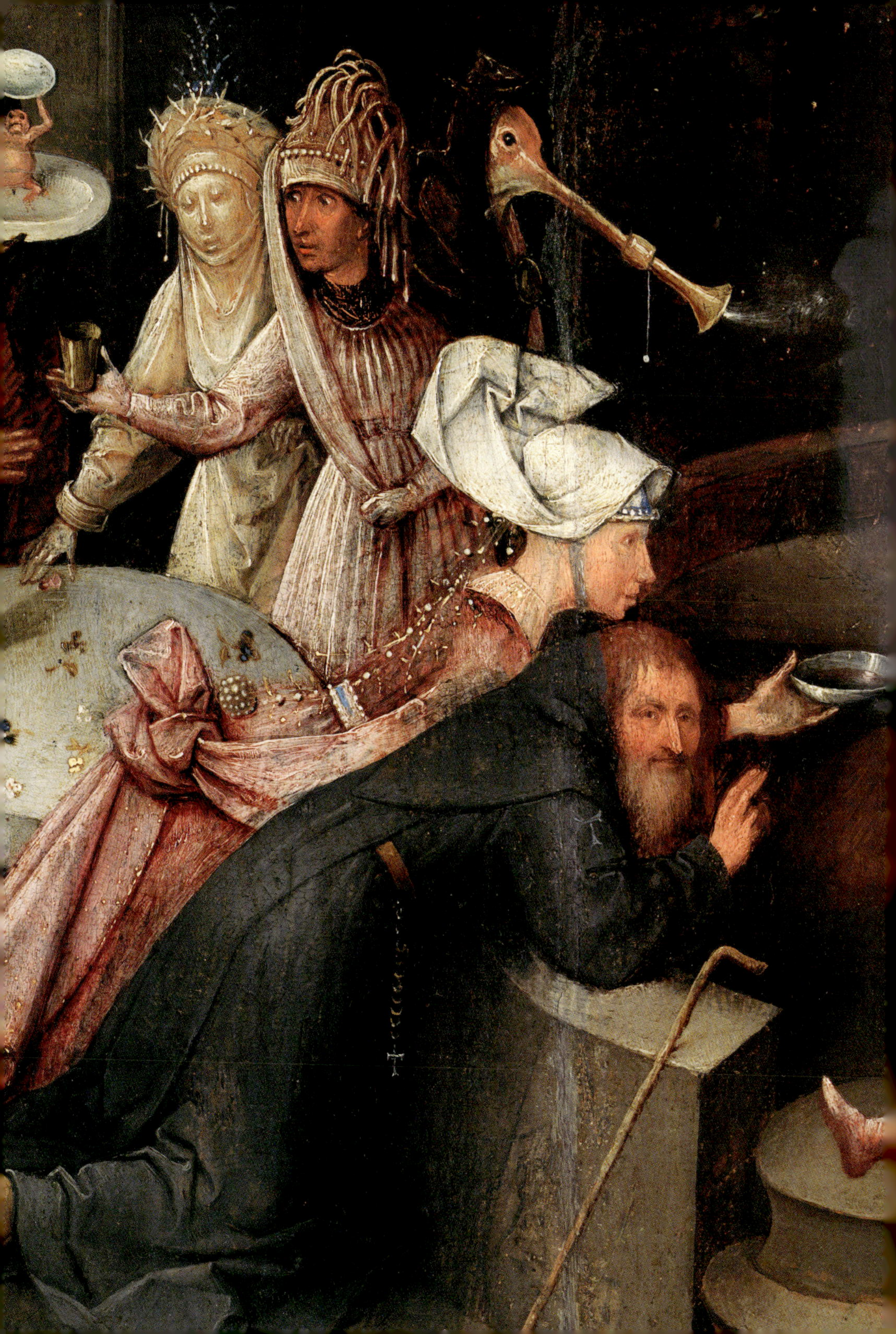

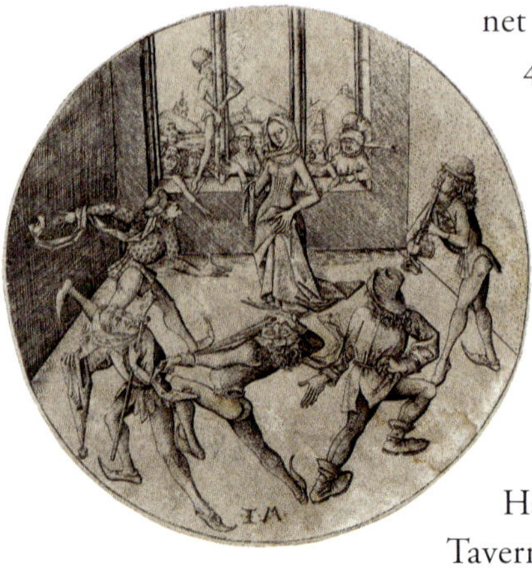

net ist"; Brugman, *Verspreide Sermoenen*, 13. P., Z. 452 ff.). Ursache dieser seelischen „Vertrocknung" sind die Triebhaftigkeit, bezeichnet durch die vom Ast herabbaumelnde rote Kugel am Band, die für Fruchtbarkeit und Männlichkeit steht, und die durch den Trichter symbolisierte Trunksucht (im Sinne von „sich volllaufen lassen"; Bax 1983, S. 89, Anm. 3).

Bosch hat noch weitere Ausschmückungen in die Landschaft gesetzt. So hat oberhalb der Hauptgruppe ein hockender Riese die Gestalt einer Taverne angenommen (S. 124/125). In den Antonius-Legendentexten ist der Riese ein häufiges Motiv (*Vitas patrum*, 23. und 66. Kapitel); dort allerdings heißt es, dass er stehend den Himmel erreicht und die vogelgestaltigen Seelen daran hindert, zum Himmel aufzusteigen. Die Taverne oder Herberge weist jedenfalls all die typischen, zweifelhaften Merkmale dieser sündhaften Etablissements in Boschs Gemälden auf und ist insofern ein diabolischer Seelenfänger. Davor stiehlt sich eine Gruppe vermeintlicher Geistlicher davon, von denen ein falscher Bischof den Weg in den Tavernen-Riesen weist. Links verschlingt ein großer Fisch, der in einem Kampfwagen steckt und mit Heuschreckenbeinen und einem wehrhaften Schwanz ausgestattet ist, an Land einen kleineren Fisch (S. 123). Dieses Motiv schmückt das Sprichwort „Große Fische fressen kleine Fische" aus und ähnelt der gleichnishaften, in Kapitel 85 der *Vitas patrum* Antonius in den Mund gelegten Aussage, dass es einem Mönch unter Weltleuten ergehe wie einem Fisch auf dem trockenen Land: Solange er nicht wieder in seinen Lebensraum zurückkehre, verliere er an Kraft.

In der Landschaft verteilt finden sich viele Zeichen des Weges und der Reise. So ist die Brücke ein Zeichen des Übergangs von einem Lebens- oder Bewusstseinsstadium in ein anderes. Ein Weg führt direkt nach rechts in Richtung Mitteltafel, während sich ein zweiter oben links in entgegengesetzter Richtung in der Bildtiefe verliert. Das Motiv des Verschlingens taucht zweimal am linken Bildrand auf. Es verweist weniger auf die Sünde der Völlerei als vielmehr auf das schlechte Ende des Lebens und jeder irdischen

Israhel van Meckenem d. J., **Der Moriskentanz**, um 1475
Kupferstich, ø 17,4 cm. Berlin, Staatliche Museen, Kupferstichkabinett

Seite 105
Die Versuchung des heiligen Antonius (Detail), um 1502
Mitteltafel: **Der heilige Antonius in Bedrängnis** (siehe Abb. S. 118/119)

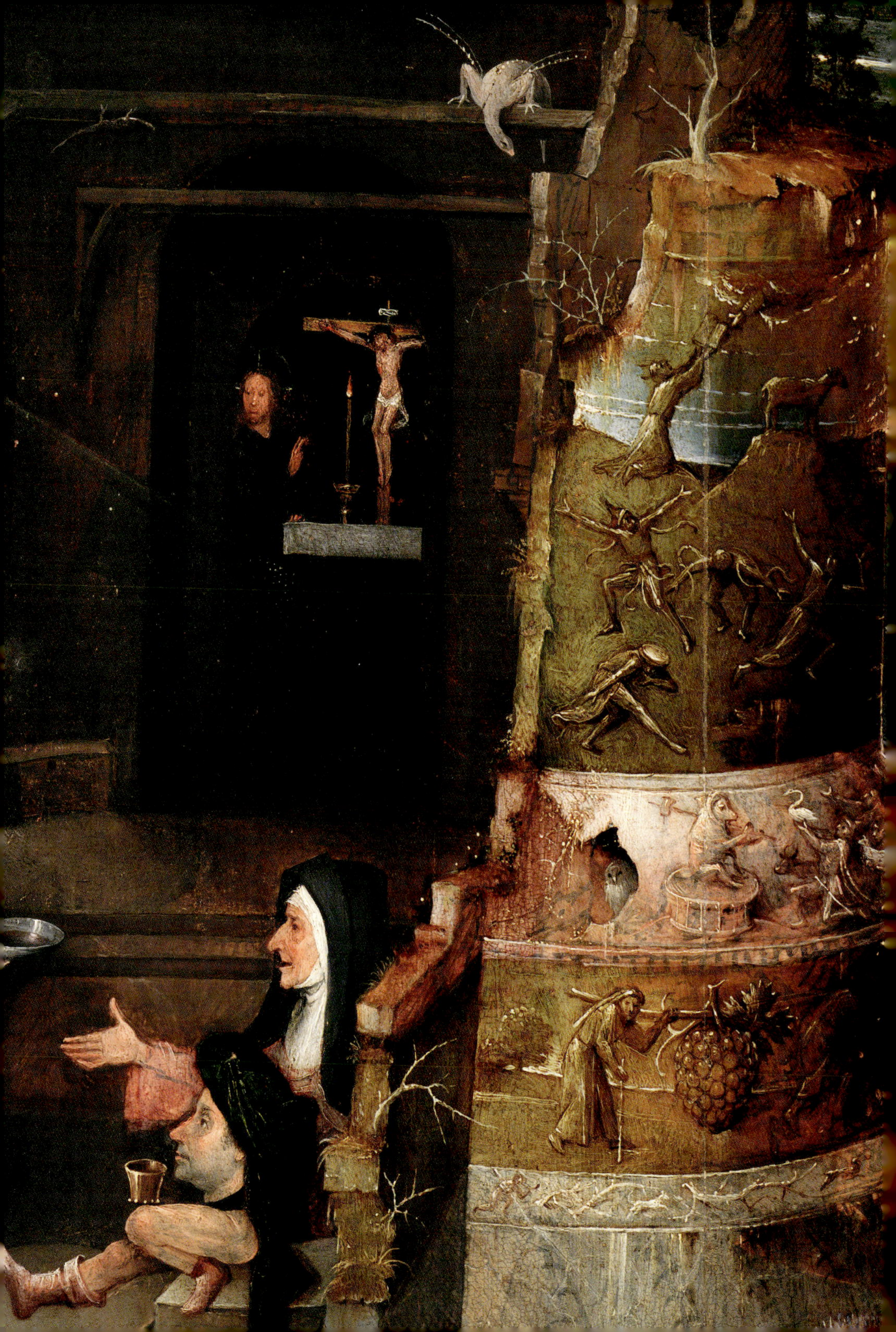

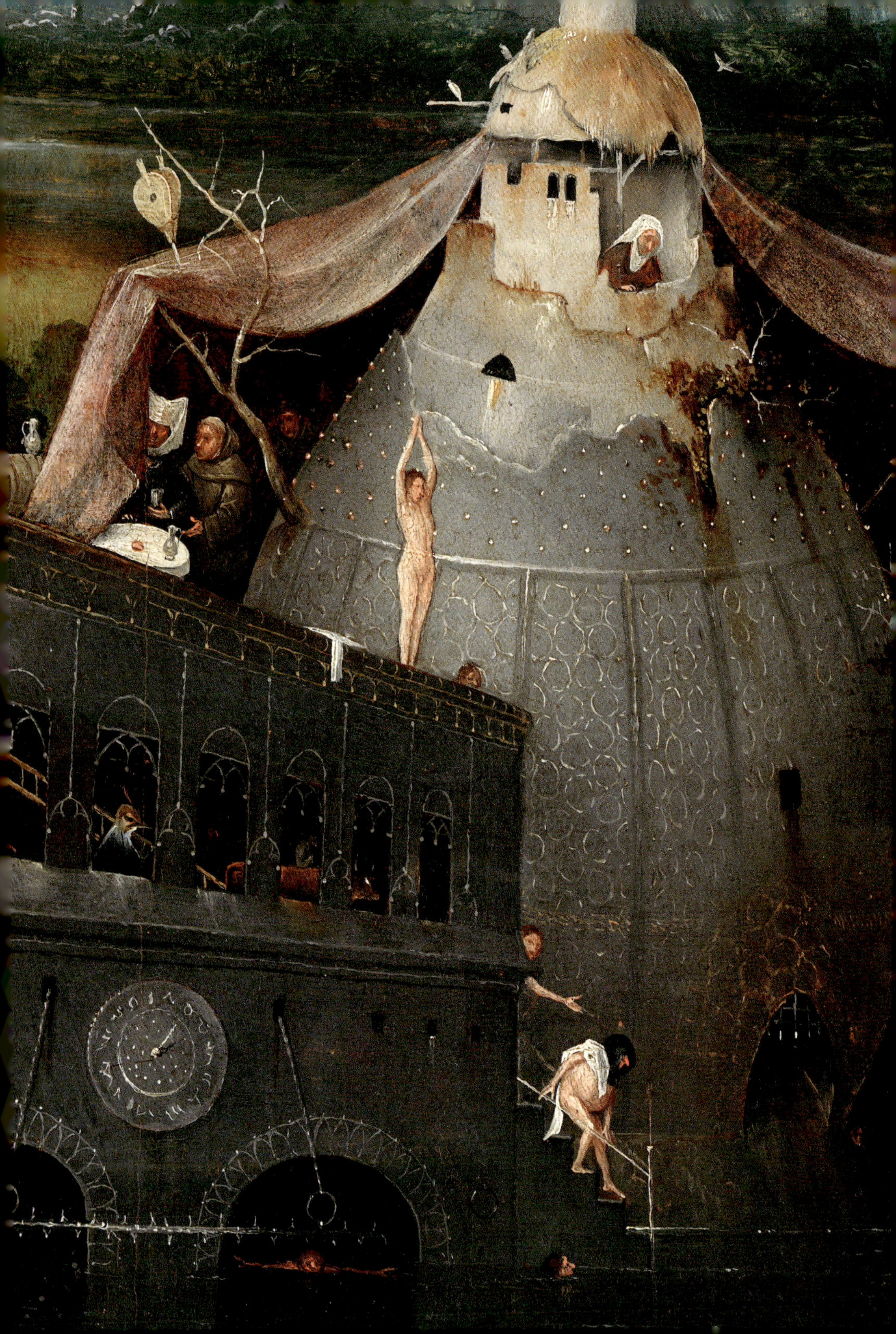

Reise durch die Kräfte des Bösen. Verbreitet war die Vorstellung, dass der Sünder durch einen riesigen Schlund die Hölle betritt. Ferner gehören zur Reisethematik noch die Schiffe unter dem Horizont und das Leuchtfeuer auf der rechten Bergkuppe. Antonius' Kampf gilt hier weniger konkreten Sünden und den Gefahren für Leib und Seele als dem Abschied vom Weltleben. Damit stellt er sich auch der Entscheidung zwischen Vergänglichkeit bzw. ewiger Verdammnis und der Unsterblichkeit der Seele. Allein die Mittel in diesem Gefecht scheinen noch nicht gefunden, so passiv und hilflos, wie Antonius ist.

Antonius findet Schutz im Herrn

Die Mitteltafel (Kat. 10.4) zeigt Antonius auf dem Höhepunkt des Kampfes mit den Dämonen, die massenhaft und in gedrängten Gruppen um den Heiligen herum erscheinen, ihn aber nicht körperlich attackieren, wie es in *Matthias Grünewalds* (um 1470/80–nach 1529?) *Antonius-Versuchung* (S. 109) auf dem Retabelflügel für das Isenheimer Antoniterhospital dargestellt ist. Antonius ist zwar in beiden Gemälden Vorbild im Kampf gegen böse Mächte, aber bei Bosch geht es um die Abwehr der bedrängenden Bilder im Kopf, nicht um die leiblich quälenden Dämonen wie bei Grünewald. Boschs Darstellung liegt das 9. Kapitel der *Vitas patrum* zugrunde, so die Aussage: „Denn das Zeichen des heiligen Kreuzes und der Glaube an unseren Herrn sind für uns eine uneinnehmbare Mauer" (vgl. die alemannische *Vitas patrum*, „[…] so ist mir sin zeichen des heiligen crúces ein mur vnd ein schirme vor úwerem gewalt", Wiliams 1996, S. 16; und die lateinische Version „Signum enim crucis et fides ad Dominum, inexpugnabilis nobis murus est", Migne, PL 73, 132B).

Der bärtige Antonius stützt sich kniend in der Bildmitte auf das Fundament eines nur in Überresten erhaltenen wehrhaften Turms, das von allerlei Getier bevölkert ist. Er schaut mit der erhobenen rechten Hand im Segensgestus zum Betrachter, während die Kontur seiner Rückenlinie schräg auf den ebenfalls segnenden Christus verweist, der inmitten der halbschaligen Turmruine unter einem Rundbogen in einer Art Apsis neben einem Altar mit Kruzifix erscheint. Antonius ist nicht nur körperlich auf Christus ausgerichtet, er nimmt ihn als Vision wahr und ist insoweit christusförmig, dass er die Gebärde des Segens auf den Betrachter überträgt. Antonius hat sich nun mit der unschlagbaren Waffe Jesus Christus für den Kampf mit dem Bösen gewappnet. Ursprünglich reichte die Verbildlichung des Textes noch weiter, denn an der linken Seite der Ruine ist in der Unterzeichnung ein Zelt mit Dämonen angelegt (Lissabon 1972, o. S.; Venedig 1992,

Die Versuchung des heiligen Antonius (Detail), um 1502
Mitteltafel: **Der heilige Antonius in Bedrängnis** (siehe Abb. S. 118/119)

S. 59; Schoute/Verboomen 2000, S. 180), eine Anspielung auf Psalm 27,3, den Antonius kurz vor der genannten Stelle zitiert: „Si consistant aduersum me castra, non timebit cor meum“ („Mag ein Heer mich belagern: Mein Herz wird nicht verzagen“) – dabei meint „castra“ Feld- oder Heereslager. Durch die Reliefbilder auf der rechten Seite wird die Turmmauer weiter mit Bedeutung aufgeladen (S. 105). Auf dem obersten Bild erscheint rechts neben der Erleuchtung bringenden Erscheinung Christi Mose auf dem Berg beim Empfang der Gesetzestafeln mit den zehn Geboten durch Gott (Dtn 10,1–11). Diese Übergabe kann als Präfiguration der Herabkunft des Heiligen Geistes, die Besteigungen des Sinai durch Moses und seine Gottesbegegnungen können als mystischer Aufstieg verstanden werden. Im Vordergrund ist der Tanz dargestellt, den die Israeliten unterdessen um das Goldene Kalb aufführen, hier in überspitzter Weise durch bebänderte Moriskentänzer wiedergegeben (vgl. S. 104). Darunter wird noch ein weiteres Beispiel des Götzendienstes gegeben, nämlich die Verehrung eines Affen. Den unteren Abschluss bildet ein Relief der Kundschafter mit der Traube (4. Mose,23), die sich typologisch u.a. auf die Gesetzesübergabe und die Kreuzigung beziehen.

Im Kontrast zur Erscheinung Christi am Altar hat Bosch den Teufel um den heiligen Antonius herum eine Parodie der heiligen Messe mit Predigt, Musik, Abendmahl und Armenspende erschaffen lassen (S. 102/103, 105). Dabei band er die teuflische Versuchung mit der Silberschüssel und einem großen Stück Gold mit ein (*Vitas patrum*, Kap. 11 und 12). Bei Bosch werden sie dem Eremitenheiligen von vermeintlichen Bettlern entgegengereicht, wobei aus dem Goldklumpen ein Becher geworden ist. Während der Teller von einer schlangenschwänzigen Dame einer Nonne angeboten wird, steht der Becher auf dem Knie eines rumpflosen Edelmannes mit altmodischem burgundischem Hut. Links zu Füßen Antonius’ stellt ein blinder Bettler, erkenntlich an dem schwarzen Kastorhut, ein abgetrenntes Bein aus, um Mitleid zu erregen. Mit den bettelnden Figuren wird auf Antonius’ Ermahnung angespielt, dass man sich mittels eigener Hände Arbeit selbst ernähren solle. Die Bettelei stand im 15. Jahrhundert in derart schlechtem Ruf, dass nach einer herzoglichen Verordnung tatsächlich Bedürftige sich mit einer Marke ausweisen mussten, um Missbrauch zu verhindern. Auf jeden Fall entlarven sich die anderen Bettler durch ihre hybride Erscheinung als Trugbilder des Teufels.

Die Körperhaltung des Antonius und des hinter ihm hockenden weiblichen Dämons ähneln der Anordnung der beiden Figuren im Relief *Die Vision des Kaisers Augustus und die Tiburtinische Sibylle* aus van Wesels Retabel. Auch die Thematik der Vision ist gleich, jedoch ist die dort positiv konnotierte Sibylle bei Bosch ins Negative gewendet. Hieran wird der Vorbildcharakter von Adrian van Wesels Retabel deutlich, das Bosch von seiner Gesellenzeit an kannte. Weitere Parodien schließen sich an: Links von Antonius feiert eine höfisch gekleidete Gruppe ein Art Mahl, wohl eine Parodie der Messe, denn es wird Wein kredenzt, und ein Diener trägt eine Silberschale mit einem rosafarbenen froschartigen Minidämon, der ein weißes Ei, das an eine Hostie erinnert, demonstrativ in die Höhe streckt.

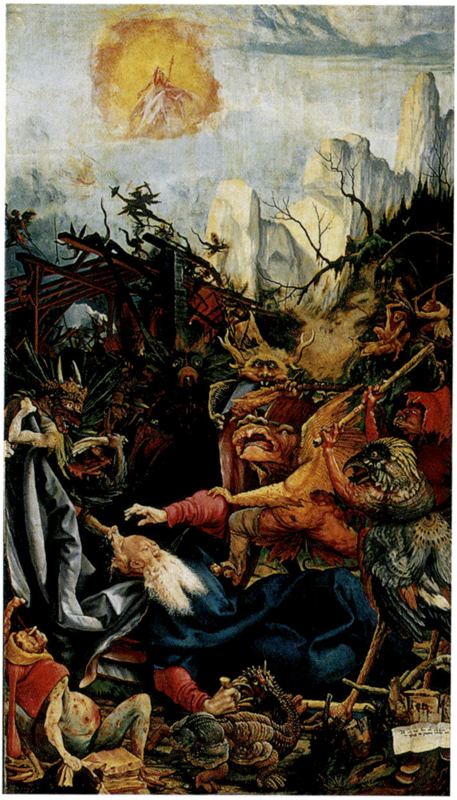

Weiter befinden sich in dieser Gesellschaft ein businennasiges Monster, ein schweineköpfiger Spielmann mit Laute und ein gehbehinderter Drehleierspieler. Dies sind alles weltliche Musikinstrumente, die dem Leiblich-Sinnlichen zugeordnet wurden und im scharfen Kontrast zur erbaulichen Kirchenmusik standen. In den drei Figuren am rechten Rand der Plattform hat Bosch möglicherweise die beiden heidnischen Philosophen – oder Pfaffen, wie es in der alemannischen Version heißt – wiedergegeben, von denen die *Vitas patrum* im 72. und 80. Kapitel berichtet (S. 134). Die Hauptgestalt scheint eine Messe zu lesen, denn sie hat die Tonsur eines Priesters, trägt eine Art Kasel und hält ein großes Buch in der Hand, aus dem sie mithilfe einer Brille und des linken Zeigefingers angestrengt vorzutragen versucht. Der Schweinekopf verrät die Figur als sittenlos und falsch. Zudem quellen aus seinem Rücken neben den Rippen seine Innereien hervor, was ein unmissverständliches Zeichen der Vergänglichkeit und des Todes ist.

Inversionen oder Parodien selbst von heiligen Dingen oder Figuren sind wie bei Bosch auch in didaktischen Texten nicht selten. Das Bild des Leibes als Tempel nutzt Dirc van Delf (um 1365–1404), Seelsorger am Statthalterhof in Den Haag, in seiner relativ weit verbreiteten volkssprachlichen *Tafel van den Kersten Ghelove* (um 1400; Tafel des Christenglaubens), um zu zeigen, wie die Völlerer ihren Bauch anbeten. Er fasst diese Verehrung als eine Art misslungene und verdrehte Nachahmung der eucharistischen Messe auf: „Das andere ist die Völlerei, wenn jemand seinen eigenen Bauch anbetet: Der Tempel ist die Küche, der Altar die Esstafel, der Diakon der Küchenmeister, das Messopfer gesotten und

Matthias Grünewald, **Die Versuchung des heiligen Antonius**, 1512–1516
Retabelflügel vom Isenheimer Altar. Öl auf Holz, 265 x 139 cm. Colmar, Musée d'Unterlinden

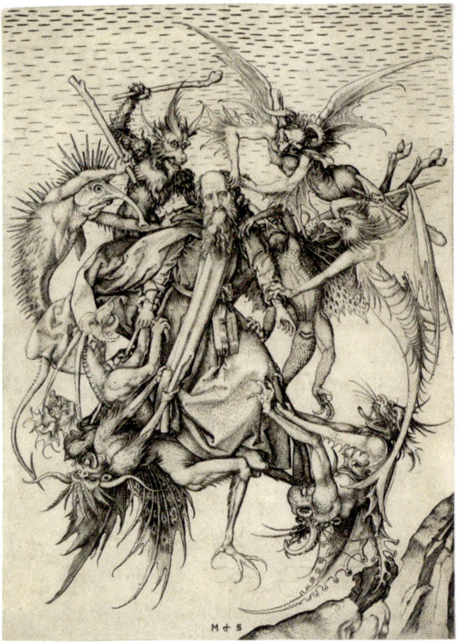

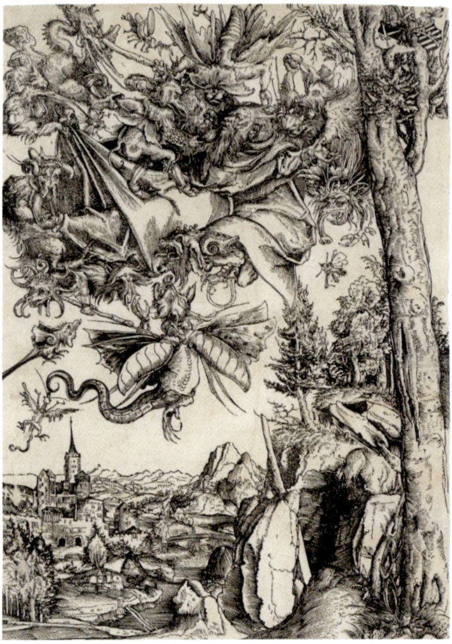

Martin Schongauer, **Die Versuchung des heiligen Antonius**, um 1480
Kupferstich, 21,2 x 23,0 cm. Berlin, Staatliche Museen, Kupferstichkabinett

Lucas Cranach d. Ä., **Die Versuchung des heiligen Antonius**, 1506
Holzschnitt, 40,0 x 26,8 cm. Berlin, Staatliche Museen, Kupferstichkabinett

gebraten, der Chorgesang das Keifen, der Zank und die Verleumdung im Streit" (niederländisches Original siehe Delf, *Kersten Ghelove*, Bd. II, Kap. XXXII, S. 209).

Im Rücken des Antonius auf der Verlängerung der Blickachse von Christus erblickt man links unten eine Darstellung des Zorns (S. 131). Bei einer riesigen roten Frucht und mehreren Monstern hält dort ein an einem Ast hängendes graues Männchen mit geöffnetem Mund eine Klingenwaffe mit drohend erhobenen Armen empor, was dem Exemplum der Ira in den *Sieben Todsünden mit den vier letzten Dingen* (S. 308/309, Kat. 15) ähnelt. Die Ira bildet einen Kontrast zur Demut von Christus und Antonius.

Darüber nähert sich der Tischgesellschaft ein seltsamer Richter oder Amtmann mit einem hohlen Baumstamm auf den Schultern und einem *doornstocksken*, einem Amtsattribut, in der metallenen Faust (S. 128). Er trägt zudem einen Bogen und wird von zwei gepanzerten Hunden begleitet, was ihn als Jäger ausweist. Der von einem Pfeil durchbohrte bleiche Kopffüßler-Dämon, den er wie einen Gefangenen mit sich führt, ist augenscheinlich erjagt worden, als er das Antonius-Schwein, das traditionelle Attribut des Heiligen, erlegte; die anderen bewaffneten Dämonen führen das Tier mit sich. Auch ein Hinrichtungsinstrument, ein Rad auf einem Pfahl, auf dem neben einem Leichenteil noch eine Krähe hockt, ist zu sehen.

Bei den Figuren im zweiteiligen metallenen Gebäude zur Rechten der Turmruine (S. 106) handelt es sich um Müßiggänger und Wollüstige: Der eiförmige Turmbau ist mit einem Taubenschlag bekrönt, auf dem Dach des linken Teils erscheinen zwei Mönche neben einer Dame an einem Rundtisch unter einem verdorrten Ast, dämonische Gestalten bevölkern den finsteren Hauptteil, und Schwimmer suchen das brackige Wasser auf. Davor im rechten unteren Teil der Bildtafel bevölkern Dämonen das Wasser, die auf einer riesigen Ratte (S. 121) und einem Krug auf Beinen reiten bzw. in bizarren Booten sitzen (S. 132/133). Sie sind sowohl im Sinne der Antonius-Legende als auch allgemein ikonografisch schwer zu deuten. Die Reiter haben adlige Züge und stehen so im Gegensatz zum Eremiten mit seinem einfachen Leben. Ganz im Hintergrund der Mitteltafel demonstriert Bosch sein Können, Feuer und Flammen ins Apokalyptische zu steigern: Dämonen brennen ein Dorf samt Kirchen (S. 126/127) nieder. Diese Darstellung entspricht dem 82. Kapitel der *Vitas patrum*, in dem geschildert ist, wie Antonius eine Vision der Verwüstung der Kirchen durch die Arianer empfängt.

Auf der Mitteltafel sind die visuellen und kognitiven Fähigkeiten des Betrachters stärker herausgefordert als auf den anderen Tafeln. Die Hauptfigur Antonius ist wesentlich kleiner dargestellt, und zahlreiche Bildelemente lenken den Blick ab. Doch führen mehrere Linien auf ihn zu, sein Angesicht bildet den absoluten Mittelpunkt der Tafel, und sein Blick zieht den des Betrachters herausfordernd an.

Antonius überwindet den Trug der Sinne

Auf der rechten Innentafel (Kat. 10.5) zeigt Bosch einen ruhig auf einer Rasenbank sitzenden Antonius, der die aufgeschlagene Schrift in den Händen hält, sich von den Erscheinungen ringsum nicht stören lässt und seinen inneren Frieden gefunden hat. Anders als auf den anderen Bildtafeln des Triptychons richtet sich weder sein Körper noch sein Blick auf ein im Bild dargestelltes Objekt. Links von ihm im Vordergrund sind ein kugelbäuchiger Kopffüßler und drei nackte Männer an einem Tisch gruppiert; einer liegt darunter und wird von einem Teufel mit einer Klinge durchbohrt. Zur Linken des heiligen Eremiten schaut eine nackte Frau aus einem mit einem roten Tuch drapierten, gespaltenen und hohlen Baumstamm heraus (S. 139). Er steht für das weibliche Geschlechtsteil – eine Anspielung, wie sie zum Beispiel noch Goethe in der Walpurgisnacht von *Faust I* (1808) verwendete: „Mephistopheles mit der Alten: Einst hatt' ich einen wüsten Traum; / Da sah ich einen gespaltnen Baum, / Der hatt' ein ‚ungeheures Loch'; / So ‚groß' es war, gefiel mir's doch. / Die Alte: Ich biete meinen besten Gruß / Dem

Ritter mit dem Pferdefuß! / Halt' Er einen ‚rechten Propf' bereit, / Wenn Er ‚das große Loch' nicht scheut." Die Frau, die sich den – mit einem kaum wahrnehmbaren Schleier bedeckten – Unterleib hält, ist die Inkarnation der Wollust. Sie schaut zu einem Teufel hinunter, der ihr einen Fisch hinhält. Hinter dem Baum kredenzt eine alte Frau mit auffälligem Kopfschmuck und blauem Mantel einem Teufel Flüssigkeit aus einem Krug. In dieser Kombination handelt es sich bei ihr wohl um eine Kupplerin. Dargestellt ist hier einer der im 5., 19. und 23. Kapitel der *Vitras patrum* geschilderten Versuche des Teufels, mit der – allerdings allzu aggressiven – Zurschaustellung weiblicher Reize Antonius von seinem frommen Leben abzubringen. Ebenfalls als Anspielung auf Triebhaftigkeit und Begierde dürfte das auf einem Funken schlagenden Fisch fliegende, bürgerlich gekleidete Paar zu verstehen sein.

Im Hintergrund entbrennt ein Krieg um eine Stadt. Vermutlich sind hier die Kämpfe unter den Christen im arianischen Streit gemeint, und es wird damit auch auf die weltlichen Ränke zwischen den Menschen angespielt, von denen sich Antonius distanziert, oder es handelt sich einfach um die „Scharen von Kriegern", die im 23. Kapitel als beliebige Erscheinungsform des Teufels genannt werden. Der Zweikampf zwischen dem Schwertkämpfer und einem schwarzen Drachen im Wasser vor den Stadtbefestigungen bringt den Kampf zwischen Gut und Böse noch einmal treffend zum Ausdruck. Antonius scheint von all diesem Treiben unbeeindruckt. Er hat einen Zustand erreicht, in dem die innere Schönheit der Gott zugewandten Seele über die sichtbare Schönheit des Leibes und der Bilder triumphiert. Ob der Teufel als Ankläger, Widersacher oder Verführer auftritt, die Irritationen und Angriffe auf die Sinne, zumal Auge und Ohr, erreichen Antonius nicht.

Ähnlich wie bei seinem *Christophorus* (S. 78, Kat. 7) hat Bosch im *Antonius*-Triptychon den Heiligen als Exempel der richtigen Lebensführung in der Nachfolge Christi dargestellt. Dies wird durch Analogien zwischen den Innen- und den Außentafeln mit zwei Passionsszenen (S. 117, Kat. 10.1/2) unterstrichen. Auf der linken Außentafel fällt Christus – anders als Petrus im Vordergrund – ohne körperliche Auflehnung bei der Gefangennahme zu Boden, wie auch Antonius auf der Mitteltafel ohne äußerlichen Widerstand gegen die Dämonen kniet. Auf der rechten Außentafel hält neben dem das Kreuz schleppenden Christus Veronika das Schweißtuch, dem das Antlitz Christi aufgeprägt ist. Auf der Mitteltafel der Innenseite erscheint vor Antonius rechts von der Mittelsenkrechten Christus neben dem Kruzifix, also neben seinem Abbild.

Der heilige Antonius gehörte wie der heilige Christophorus im 15. und frühen 16. Jahrhundert zu den in allen Ständen meistverehrten Heiligen. Er galt als Schutzpatron

Die Versuchung des heiligen Antonius (Detail), um 1502
Mitteltafel: **Der heilige Antonius in Bedrängnis** (siehe Abb. S. 118/119)

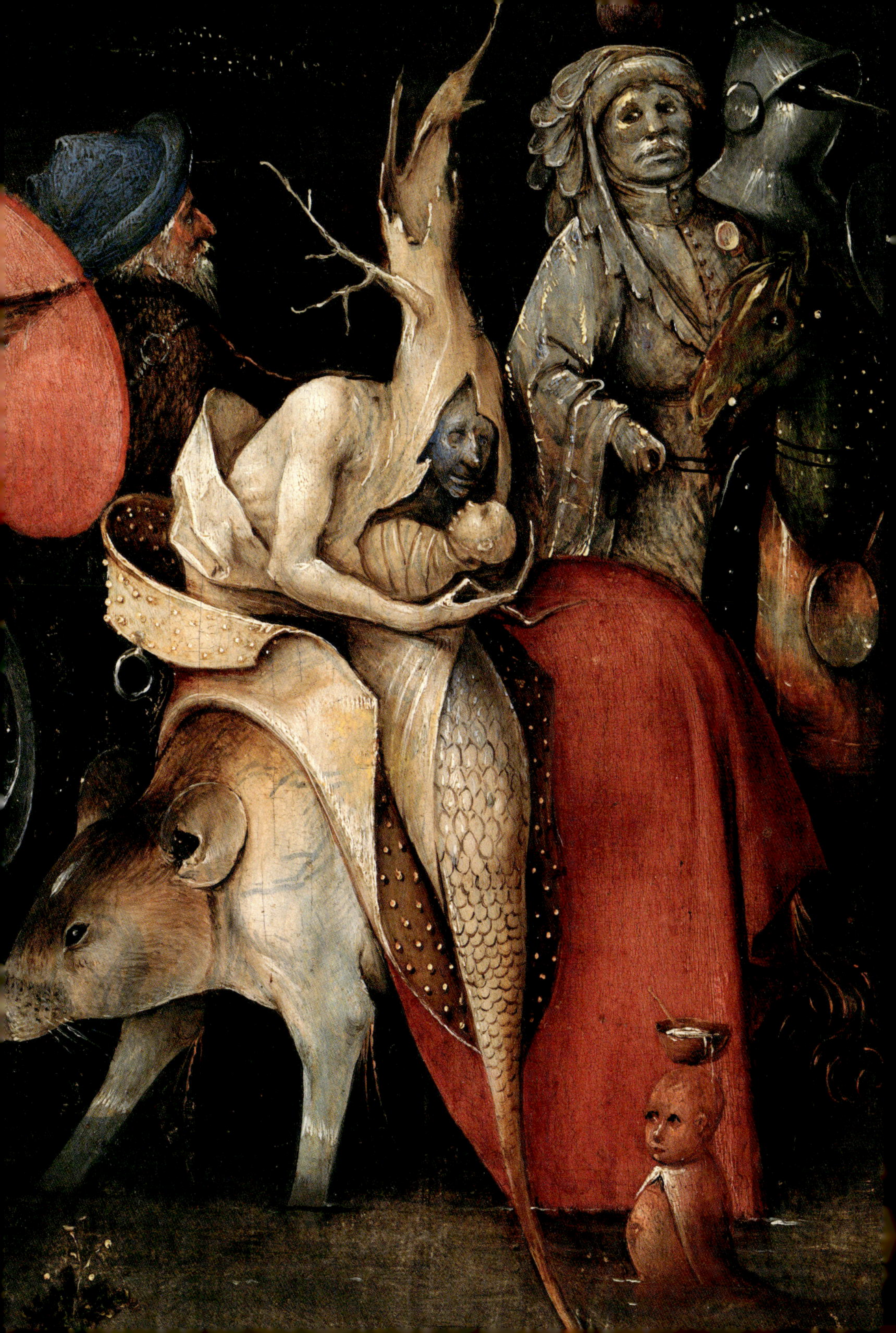

gegen Naturgewalten wie Feuer oder Blitze und gegen Krankheiten, wurde aber auch als Rächer gefürchtet, der das gefährliche Antoniusfeuer – nach heutigen Erkenntnissen eine Vergiftung mit Mutterkorn, die mit schweren Krankheitssymptomen einherging – nach seinem Gutdünken gab oder nahm. Jedoch war um 1500 ein partieller Wandel im Antoniusbild zu beobachten: Entsprechend der reformchristlichen Forderung sah man in ihm nun weniger den Schutzpatron als das Exemplum – ein Paradigmenwechsel, dem Bosch sich in seinem Werk anschließt. Seine Neuinterpretation fußt auf der fundierten Rückbesinnung auf den Viten-Text und das Motivrepertoire der Drolerien. So deutet denn auch der Ordensgeistliche José de Sigüenza, Prediger, Bibliothekar des Escorial und Vertrauter Philipps II. (1527–1598), in seiner *Chronik des Hieronymus-Ordens* (1605) den bei Bosch bzw. seine Nachfolgern ins Bild gesetzten Antonius im Sinne eines Vorbilds zur Bestärkung individueller Geistes- und Willenskraft. Anstatt die Gemälde zu beschreiben, zitiert Sigüenza aus der Antonius-Vita und bescheinigt dem Maler, dass er die Konfrontation des Heiligen mit seinen Visionen auch gestalterisch herausgearbeitet habe: Man sehe in den Bildern zum einen „den heiligen Fürsten der Eremiten, mit einem gelassenen Antlitz, fromm, betrachtend, ruhig und die Seele voller Frieden. Zum anderen die zahllosen Fantasien und Ungeheuer, die der Feind ausbildet, um diese gottgefällige Seele und diese standhafte Liebe zu verwirren, zu beunruhigen und zu betrüben. Dazu täuscht er lebende Tiere, Raubtiere, Chimären, Ungeheuer, Feuer, Tode, Schreie, Drohungen, Vipern, Löwen, Drachen und scheußliche Vögel aller Art vor, sodass Bewunderung entsteht, wie er all diesen Vorstellungen Gestalt geben konnte; und dies alles, um zu zeigen, wie einer Seele durch die Gnade Gottes geholfen und sie durch seine Hand zu einer solchen Lebensweise erhoben wurde – auch wenn in der Fantasie sowie vor den äußeren und den inneren Augen der Feind entfaltet, was zum Lachen und zum eitlen Vergnügen oder zur ausschweifenden Leidenschaft verleiten könnte, ist dies alles nicht fähig, sie zu erschüttern oder sie von ihrer Absicht abzulenken“ (Sigüenza 1605, S. 838; siehe auch Quellenanhang).

So dient Boschs *Antonius-Versuchung* nicht allein der Memorierung des Lebens des Antonius, sondern dem Unterscheiden und Urteilen, der Einordnung und Bewertung von Verhaltensweisen, Vorstellungen und Wahrnehmungen. Antonius spricht seinem Schüler mit dem Verweis auf die Gnade Gottes und die Unzulänglichkeit der Teufel Mut zu (29. Kapitel): „Wenn sie nun nicht einmal über die Schweine Gewalt besitzen, wie viel weniger über die Menschen, die nach Gottes Ebenbild geschaffen sind.“ Der Maßstab, an dem man das Falsche vom Richtigen scheidet, erfährt der gläubige Betrachter also in der Zuwendung zum Göttlichen, Himmlischen und Heiligen in sich selbst. Auch für die parodistische und metamorphe Gestalt der teuflischen Trugbilder gibt Antonius im 42. Kapitel eine Erklärung: „Denn wenn sie erscheinen, verhalten sie sich selbst so gegen uns, wie sie uns antreffen, und nach den Gedanken, die sie in uns finden, gestalten sie auch ihre Trugbilder.“ So werden die Dämonen umgekehrt zum Spiegel, der zur Selbsterkenntnis leiten kann. Nicht immer kann die Wirklichkeit von den Traumgebilden unterschieden werden, doch meist erscheint das Böse als das Irreale, Hybride, Hässliche, Niedere und Lächerliche, manchmal aber auch als das allzu Schöne oder Ideale. Bosch fordert hier das unterscheidende Sehen heraus, indem er mehrere Arten und Quellen von Bildern mit verschiedenem Wirklichkeitsbezug und entsprechender Wertigkeit inszeniert, nämlich Erscheinung, Abbild, Vorstellung und Trugbild. Da ist der wahrhafte Christus als Vision, eingebettet in die Schilderung des historischen Lebens des Antonius, dann die Bilder-im-Bild der Reliefs mit ihren positiven und negativen Exempla und nicht zuletzt die scheinbar übermächtigen Erscheinungen des Teufels, die nicht geschaffene Wesen sind; ihre körperliche Manifestation hat keine Wirklichkeit, sondern besteht in Trugbildern. Nur ihre immaterielle Existenz als böse Kräfte an sich ist wirklich.

Es bleibt unklar, ob das *Antonius*-Triptychon für einen weltlichen oder geistlichen Auftraggeber bestimmt war. Dem spirituellen und moralischen Nutzen steht ebenso die Freude an einer vielgestaltigen und reichen Malerei gegenüber, wie es schon de *Sigüenza* formulierte: „Er hat dieses Sujet und diesen Gedanken mehrere Male variiert, und dies mit so vielen neuen Einfällen, dass es meine Bewunderung erregt (zu sehen), dass er so viele Dinge erfinden konnte, und mich zwingt, mein eigenes Elend und meine eigene Schwäche zu betrachten und zu erkennen, wie weit ich von dieser Vollkommenheit entfernt bin, weil ich bestürzt bin vor so einfach nachgeahmten Personen und vor den kleinen Nichtigkeiten und weil ich mich verwirrt fühle und weil ich die Einsamkeit verliere, die Ruhe, die Sammlung und die Geduld: Und bei diesem Heiligen vermochte die Kunst des Bösen und der Hölle nicht, ihn zu Fall zu bringen: Und der Herr ist bereit, auch mir zu helfen, wie er es für ihn tat, und ich begebe mich nun mutig in den Kampf“ (Sigüenza 1605, S. 838).

Gefangennahme Christi, um 1502
Linker Außenflügel von: **Die Versuchung des heiligen Antonius**
Öl auf Eichenholz, 131,5 x 53 cm. Lissabon, Museu Nacional de Arte Antiga

Kreuztragung, um 1502
Rechter Außenflügel von: **Die Versuchung des heiligen Antonius**
Öl auf Eichenholz, 131,5 x 53 cm. Lissabon, Museu Nacional de Arte Antiga

Seite 118/119
Die Versuchung des heiligen Antonius, um 1502
Öl auf Eichenholz, 131,5 x 119 cm (Mitteltafel), 131,5 x 53 cm (Flügel)
Lissabon, Museu Nacional de Arte Antiga
Linker Innenflügel: **Der heilige Antonius wird von Teufeln angeklagt**
Mitteltafel: **Der heilige Antonius in Bedrängnis**
Rechter Innenflügel: **Der heilige Antonius in Meditation**

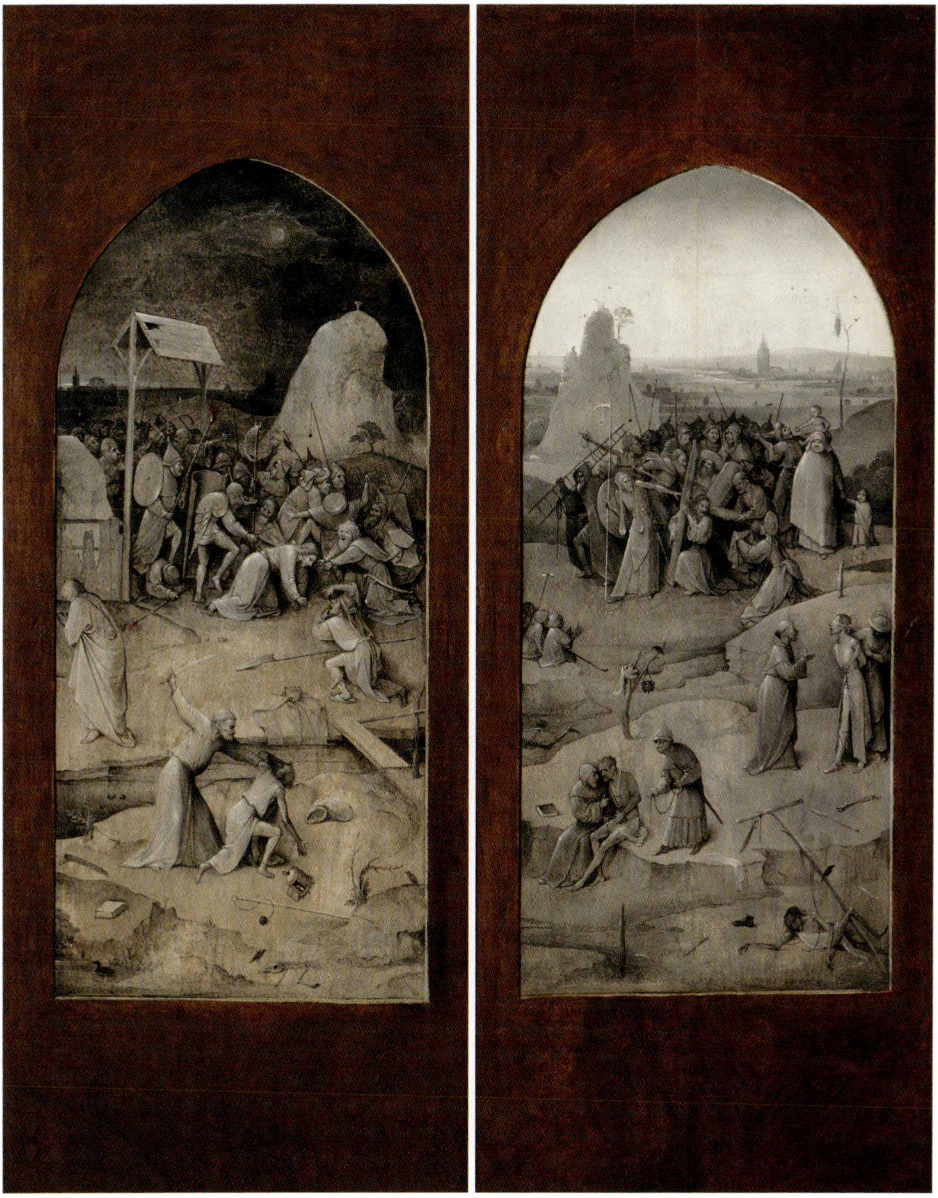

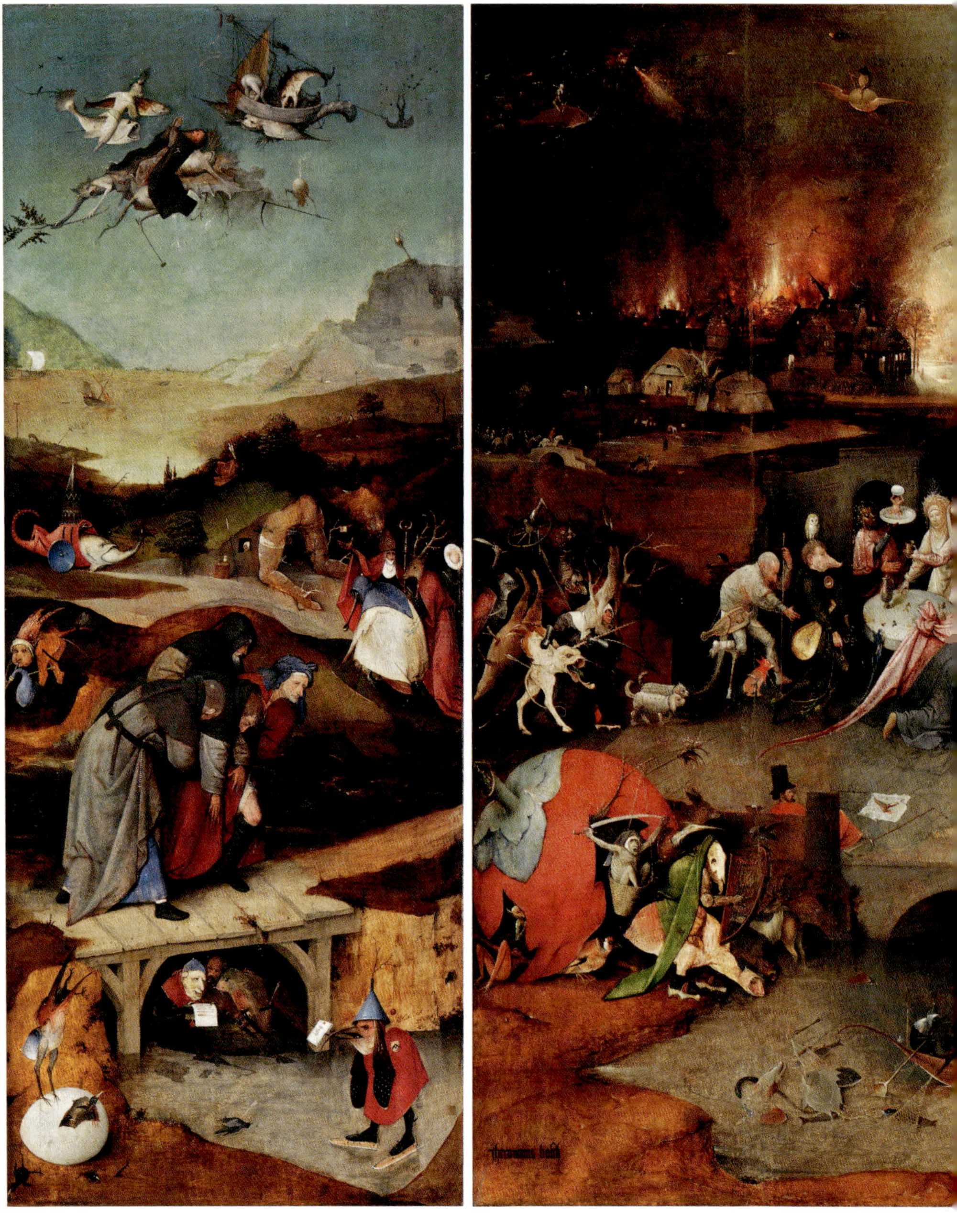

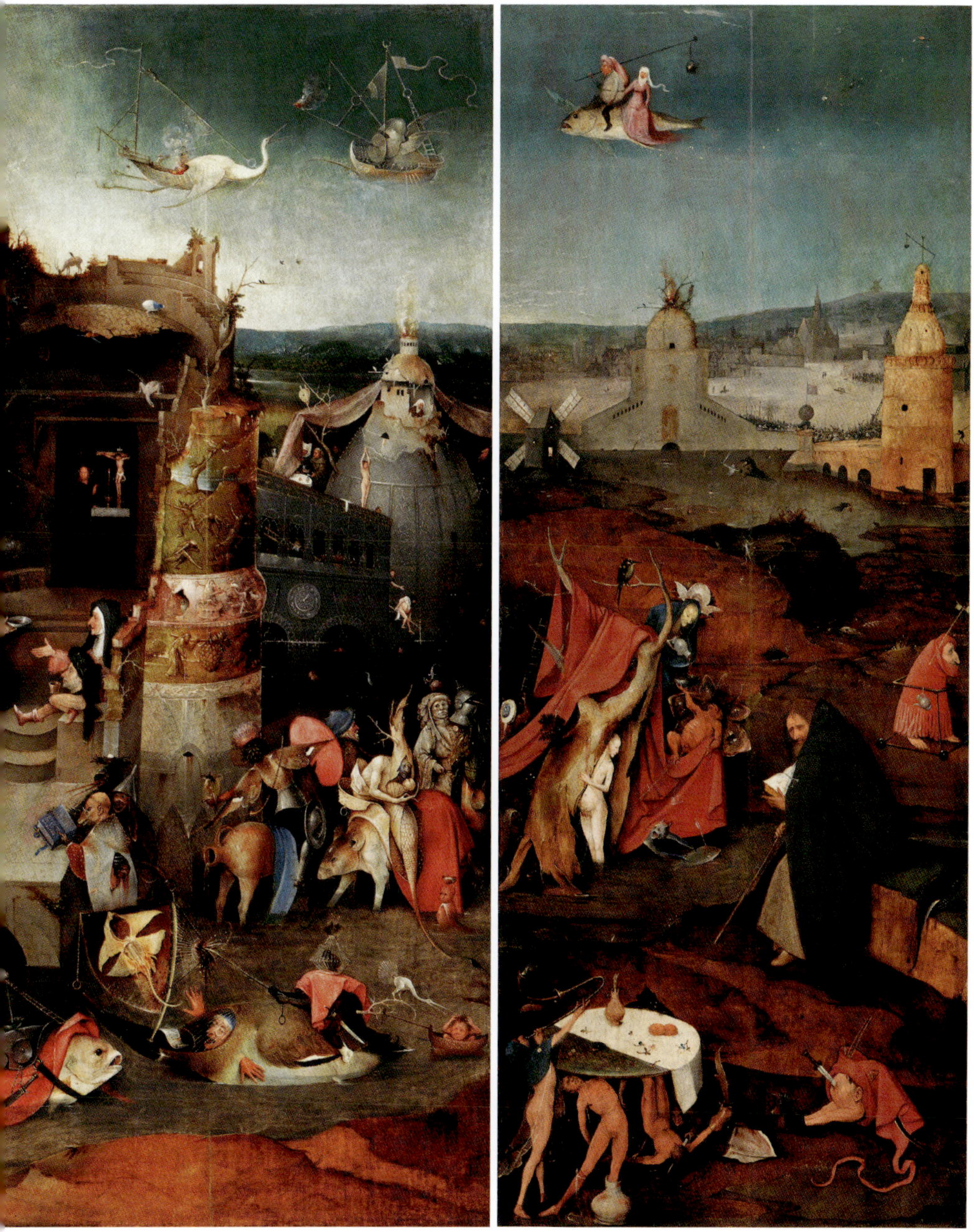

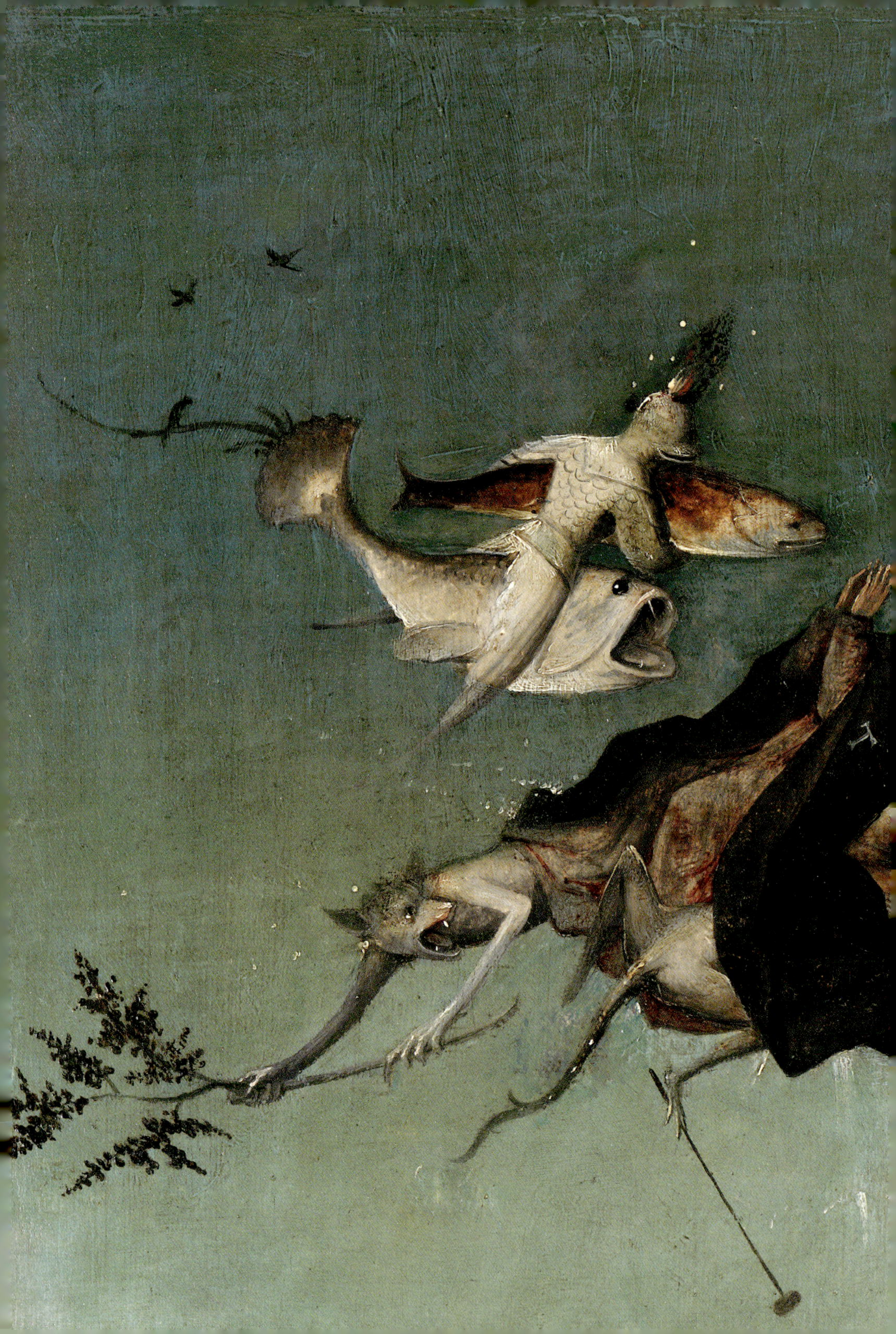

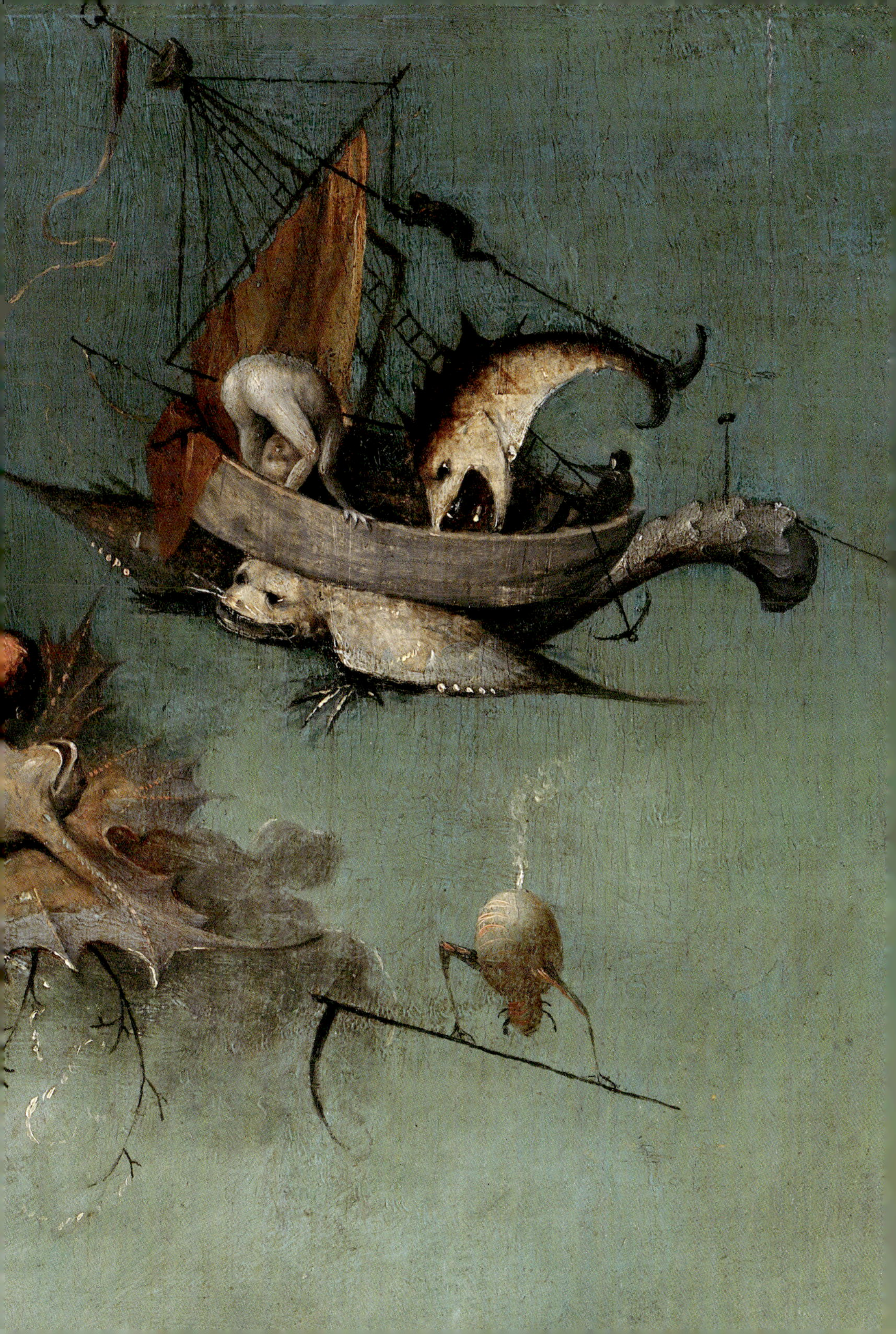

Seite 120/121, 123, 124/125
Die Versuchung des heiligen Antonius (Details), um 1502
Linker Innenflügel: **Der heilige Antonius wird von Teufeln angeklagt** (siehe Abb. S. 118/119)

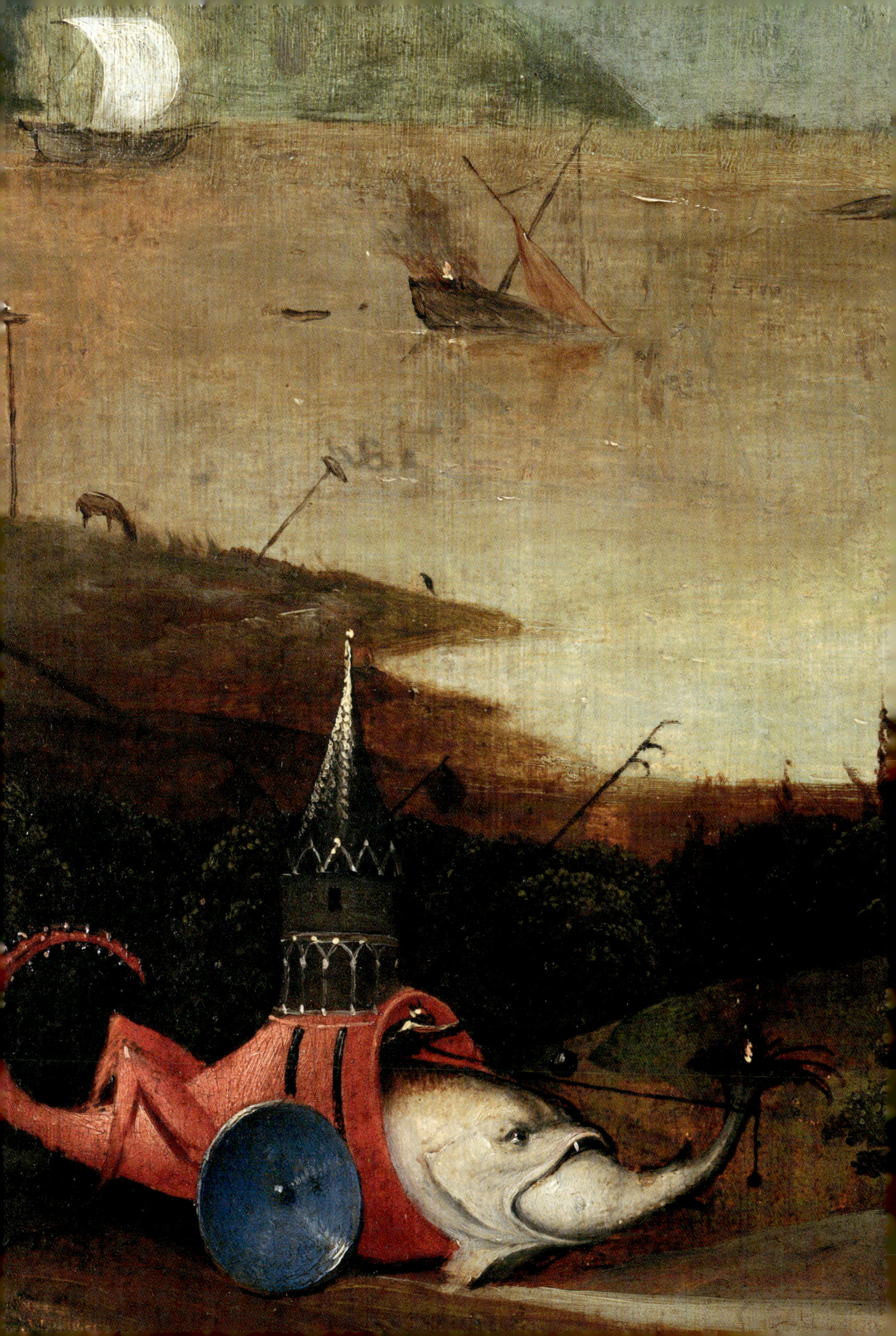

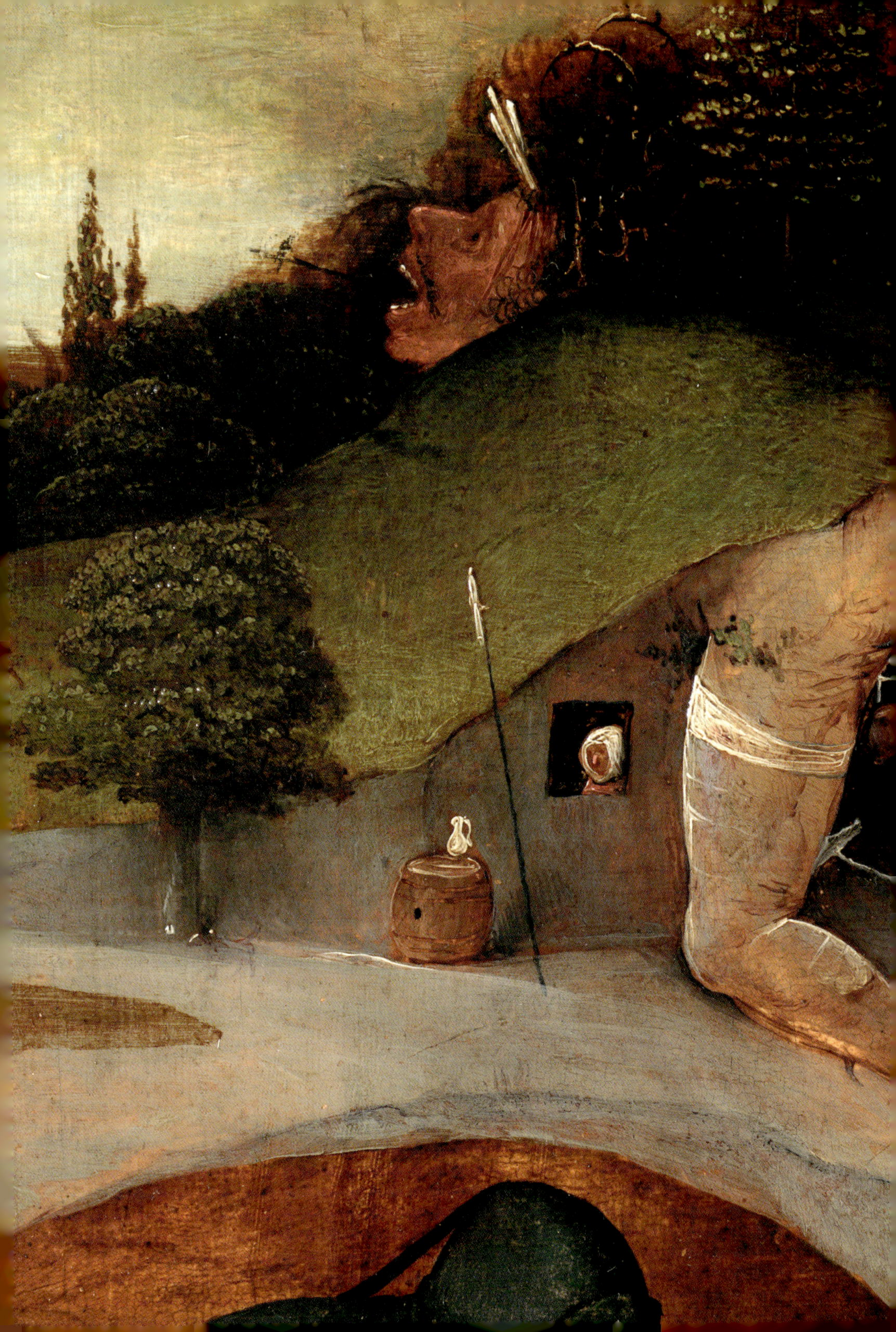

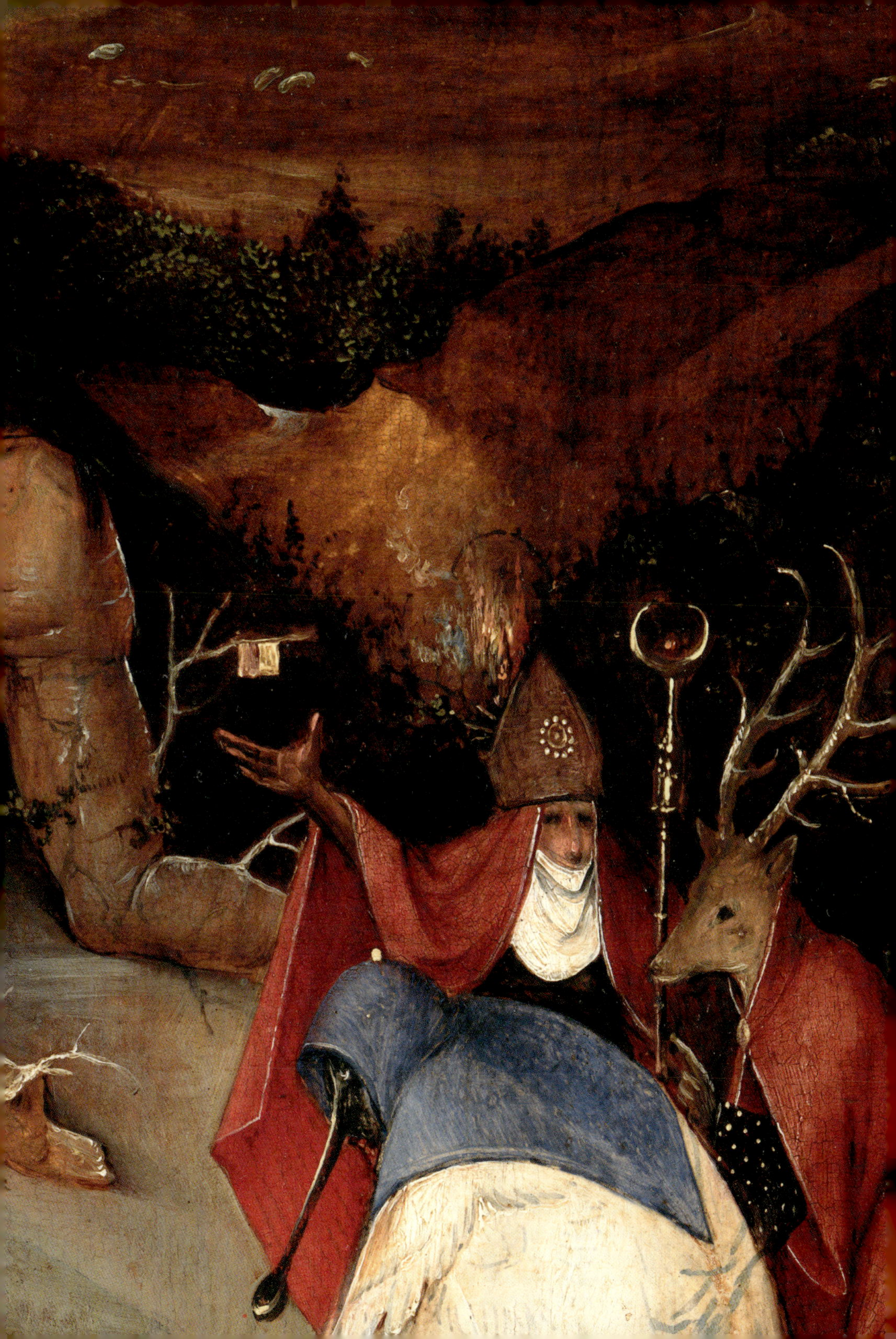

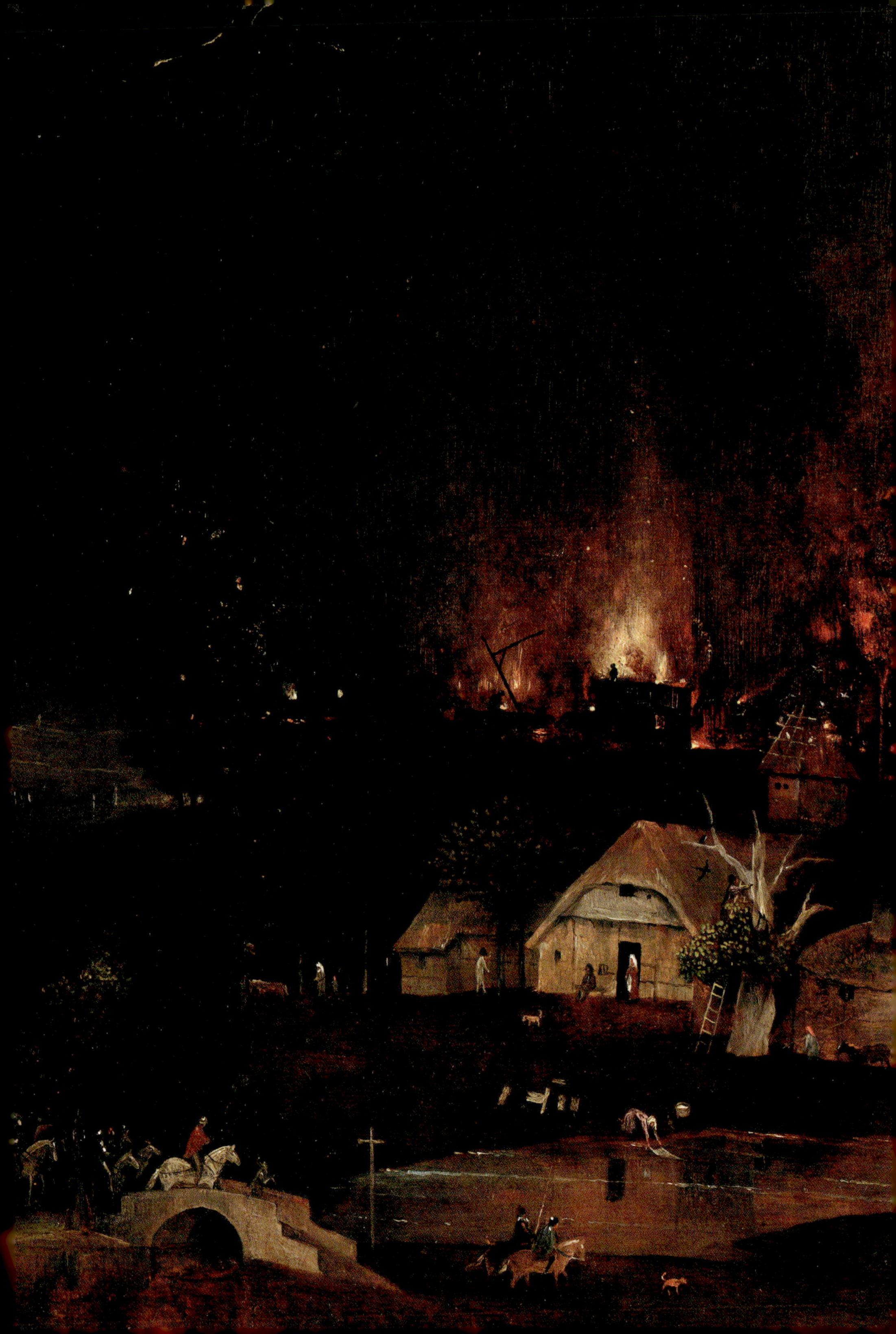

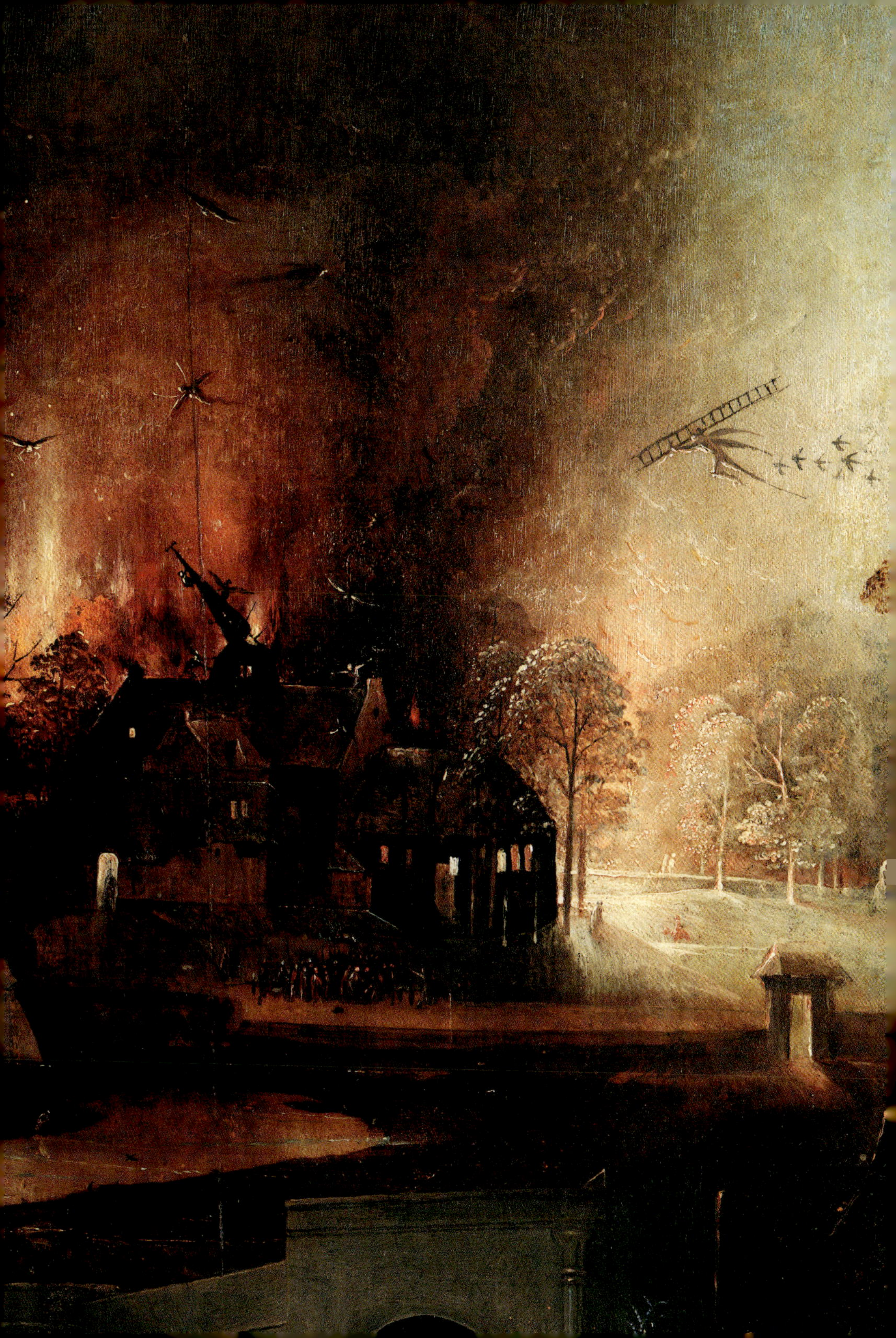

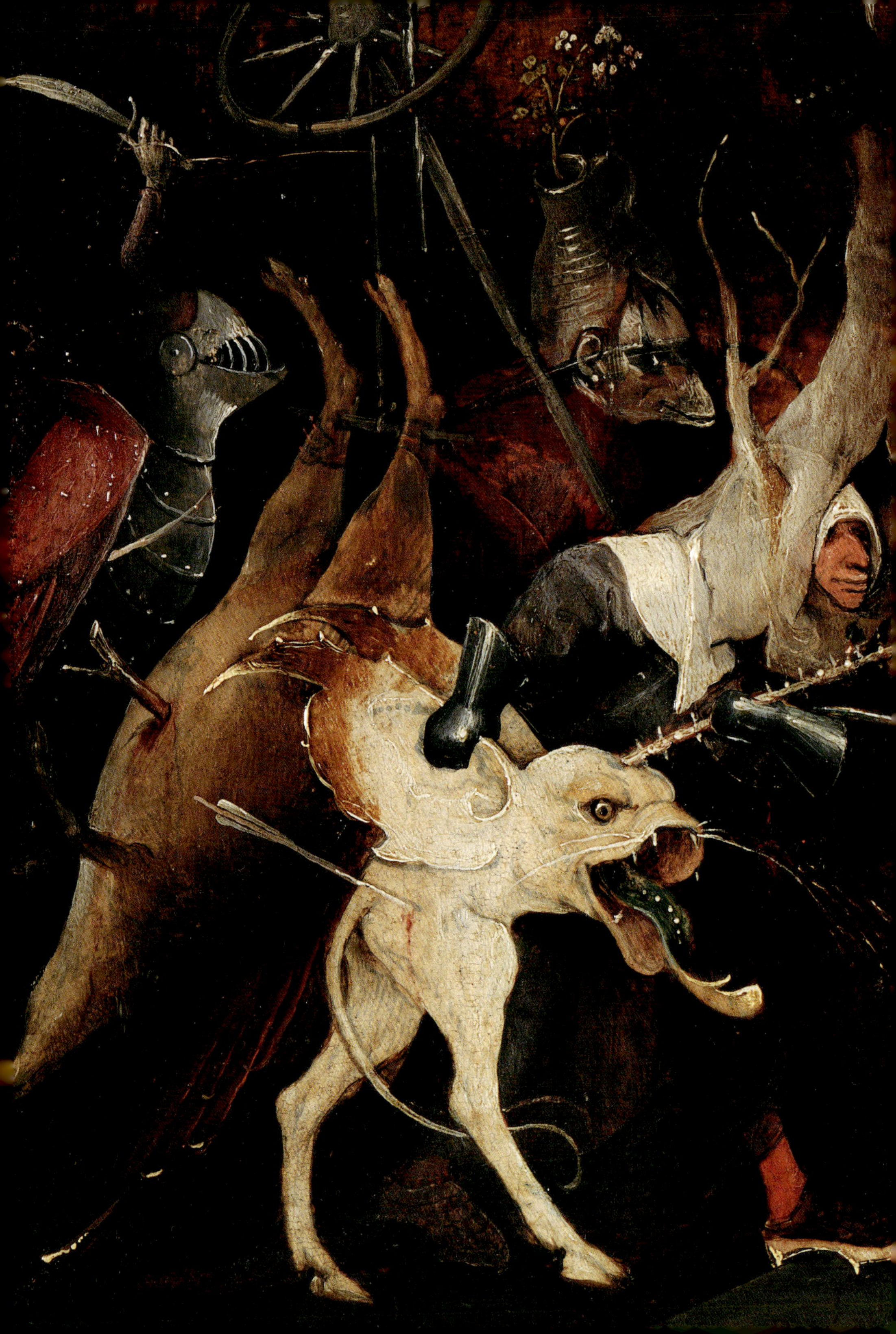

Seite 126/127, 128
Die Versuchung des heiligen Antonius (Details), um 1502
Mitteltafel: **Der heilige Antonius in Bedrängnis** (siehe Abb. S. 118/119)

Seite 131, 132/133

Die Versuchung des heiligen Antonius (Details), um 1502
Mitteltafel: **Der heilige Antonius in Bedrängnis** (siehe Abb. S. 118/119)

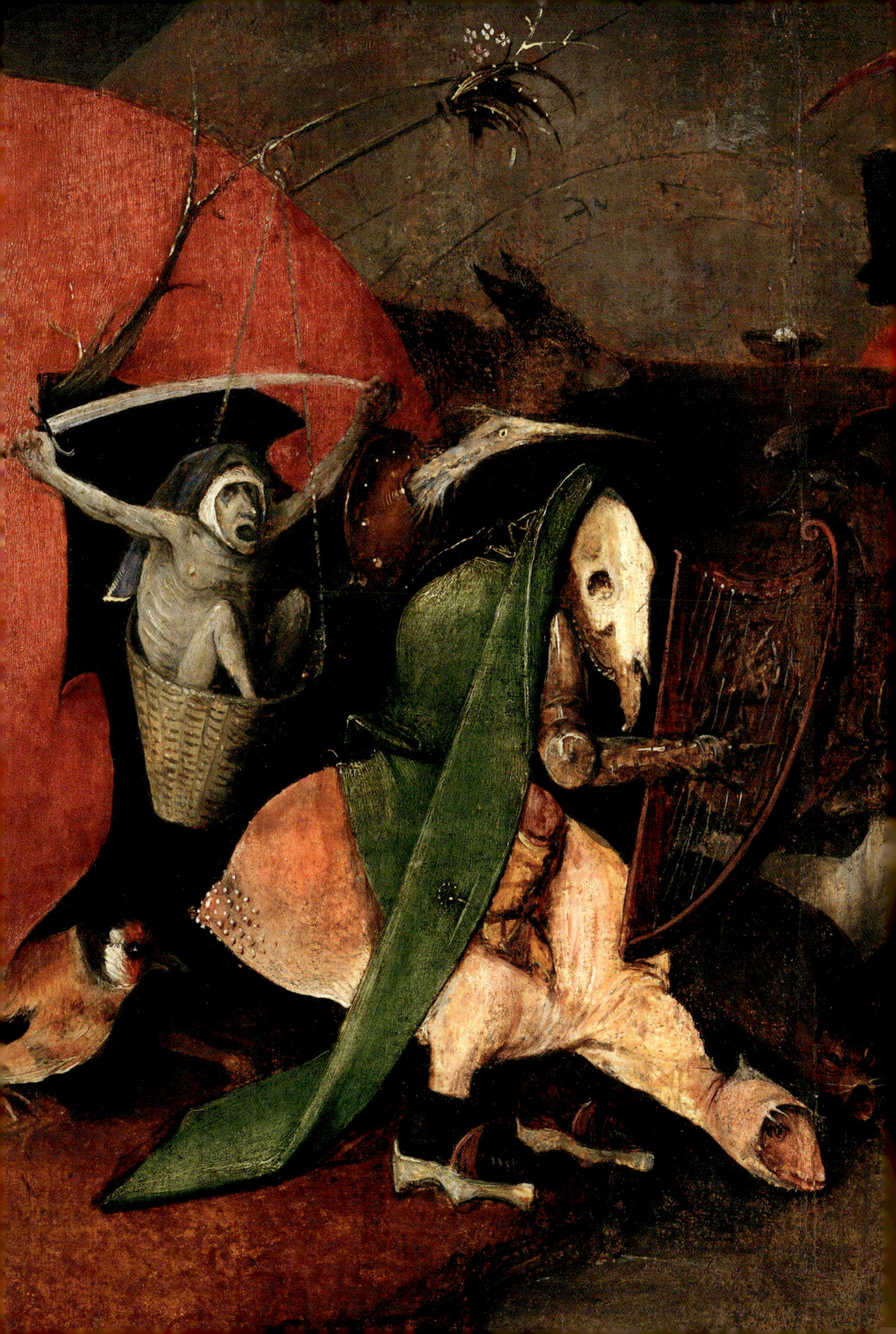

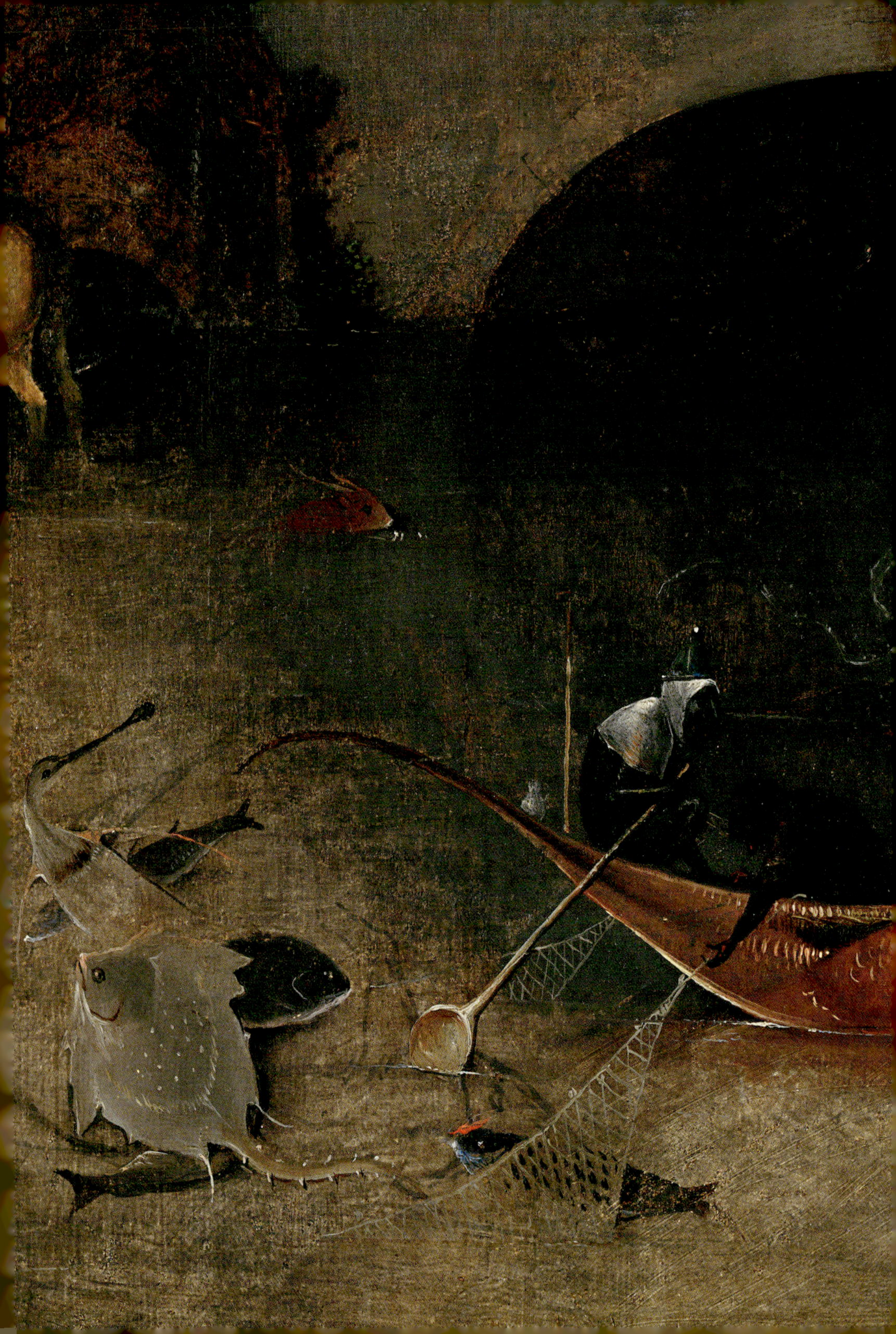

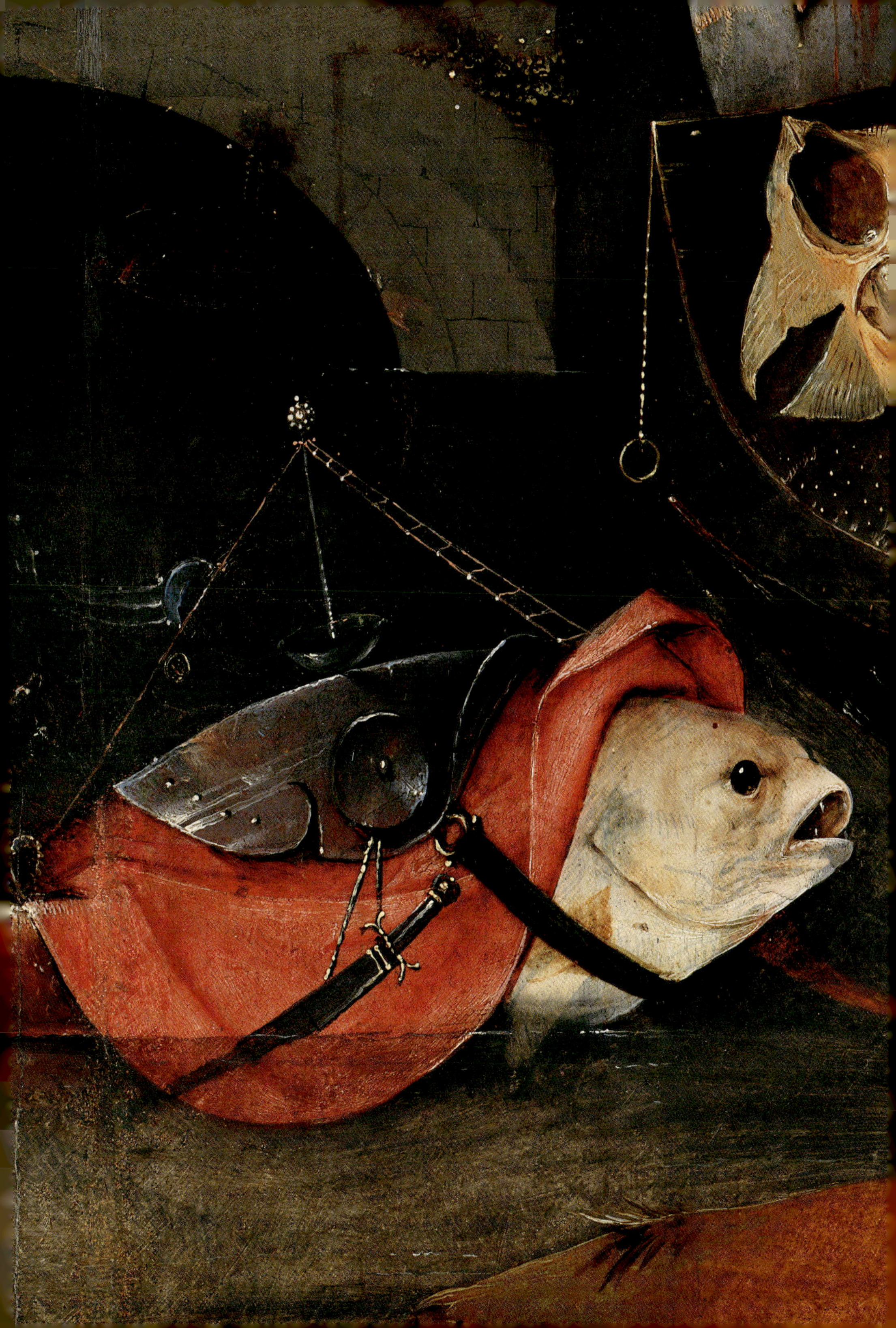

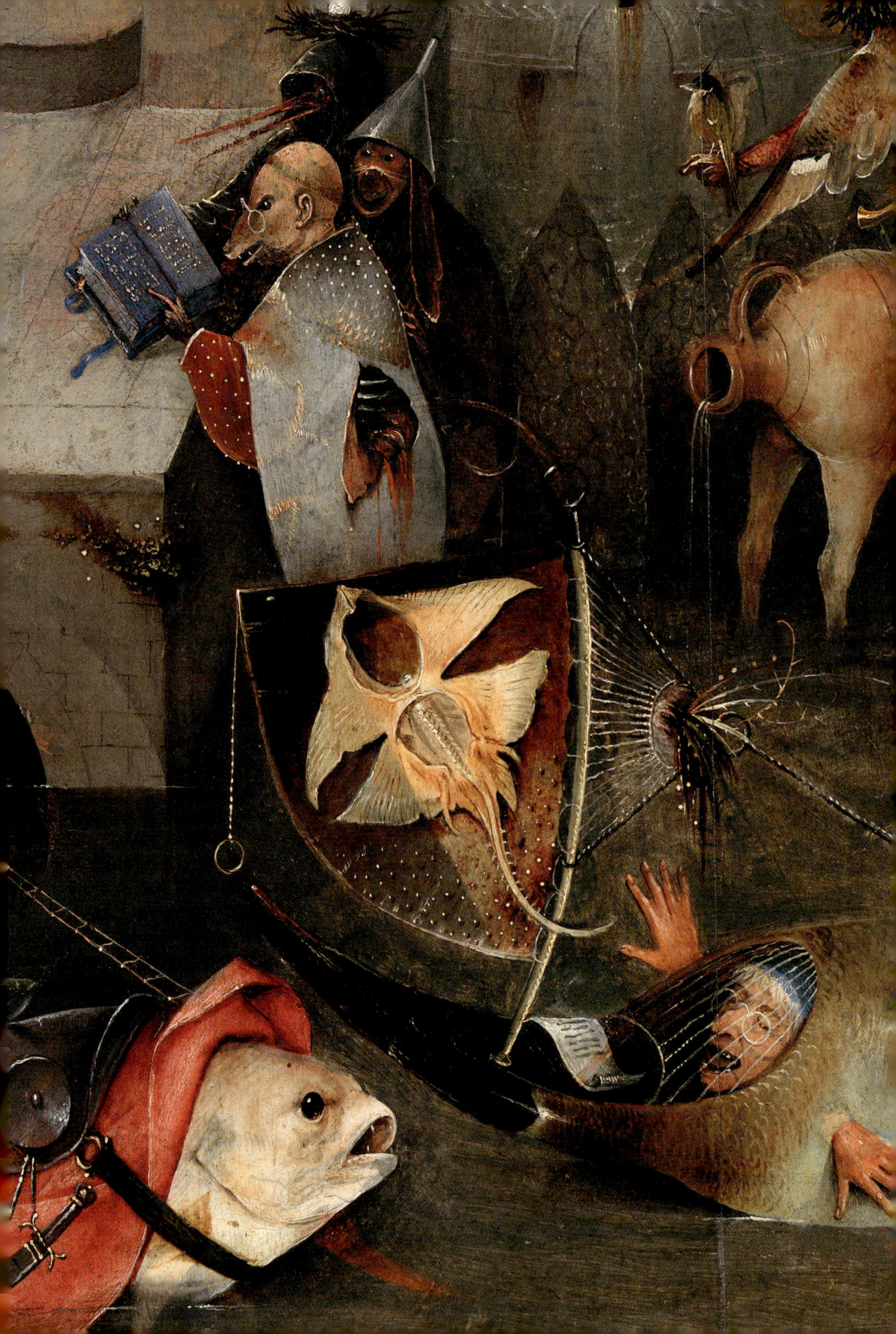

Die Versuchung des heiligen Antonius (Detail), um 1502
Mitteltafel: **Der heilige Antonius in Bedrängnis** (siehe Abb. S. 118/119)

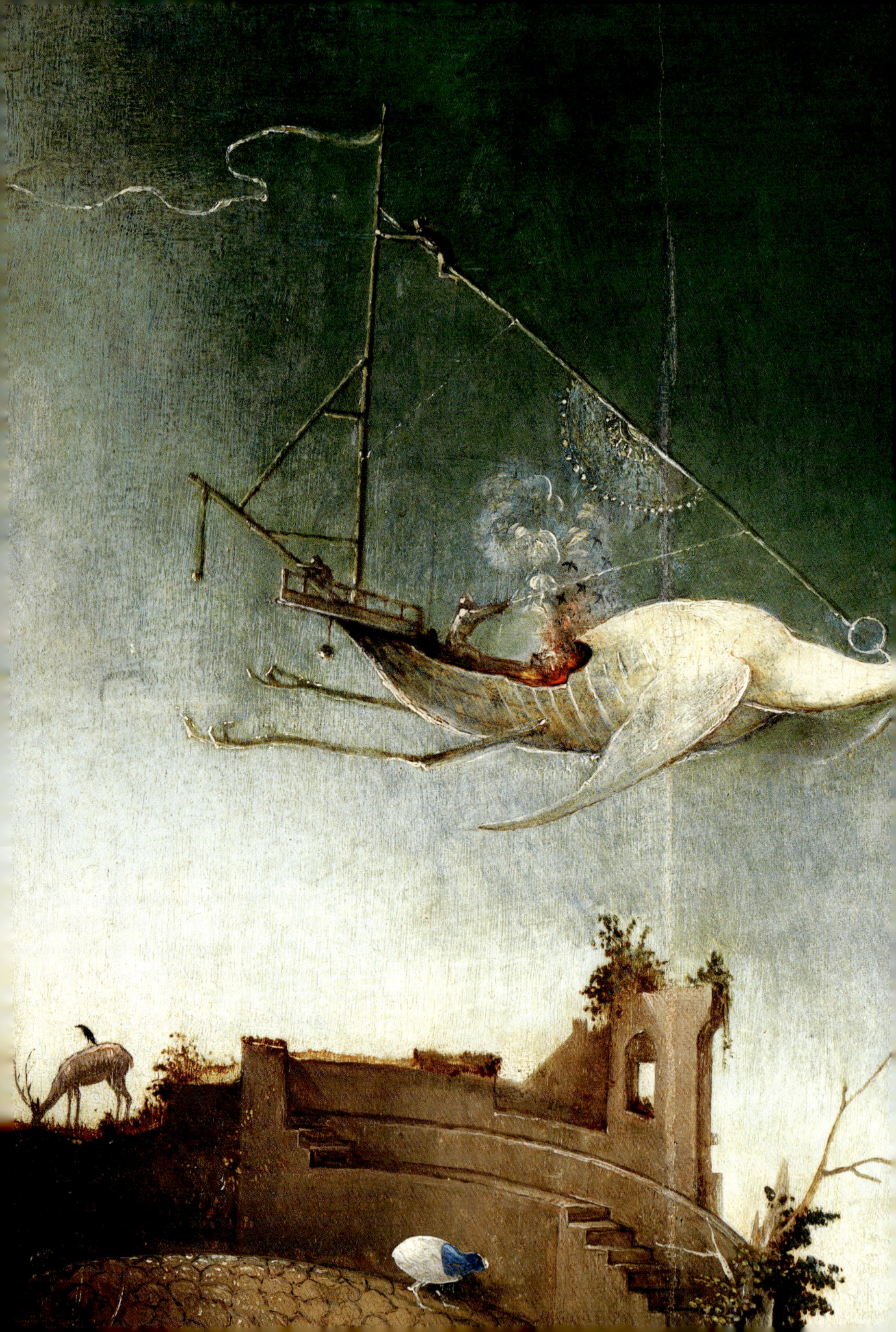

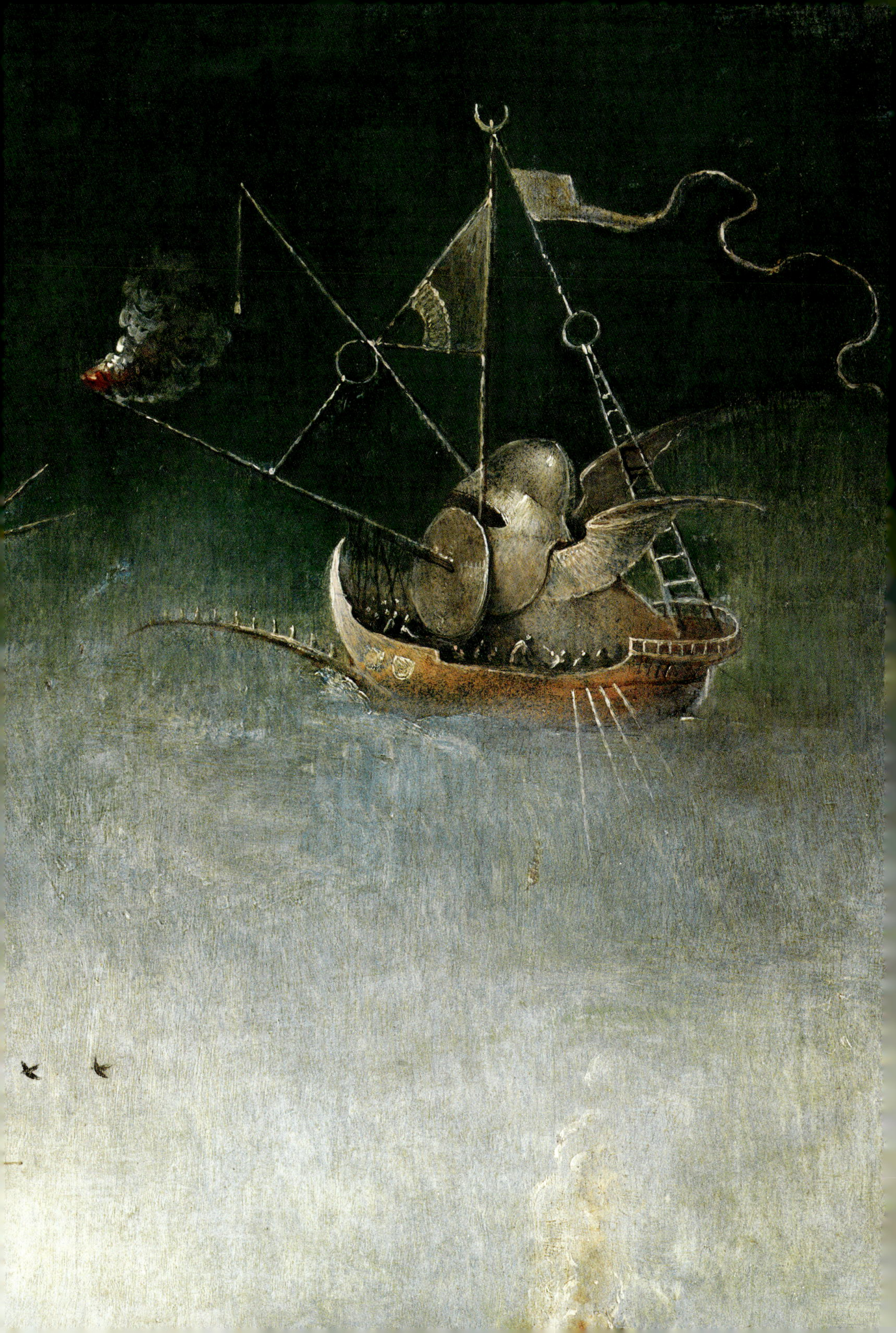

Seite 136/137, 139
Die Versuchung des heiligen Antonius (Details), um 1502
Mitteltafel: **Der heilige Antonius in Bedrängnis**
Rechter Innenflügel: **Der heilige Antonius in Meditation** (siehe Abb. S. 118/119)

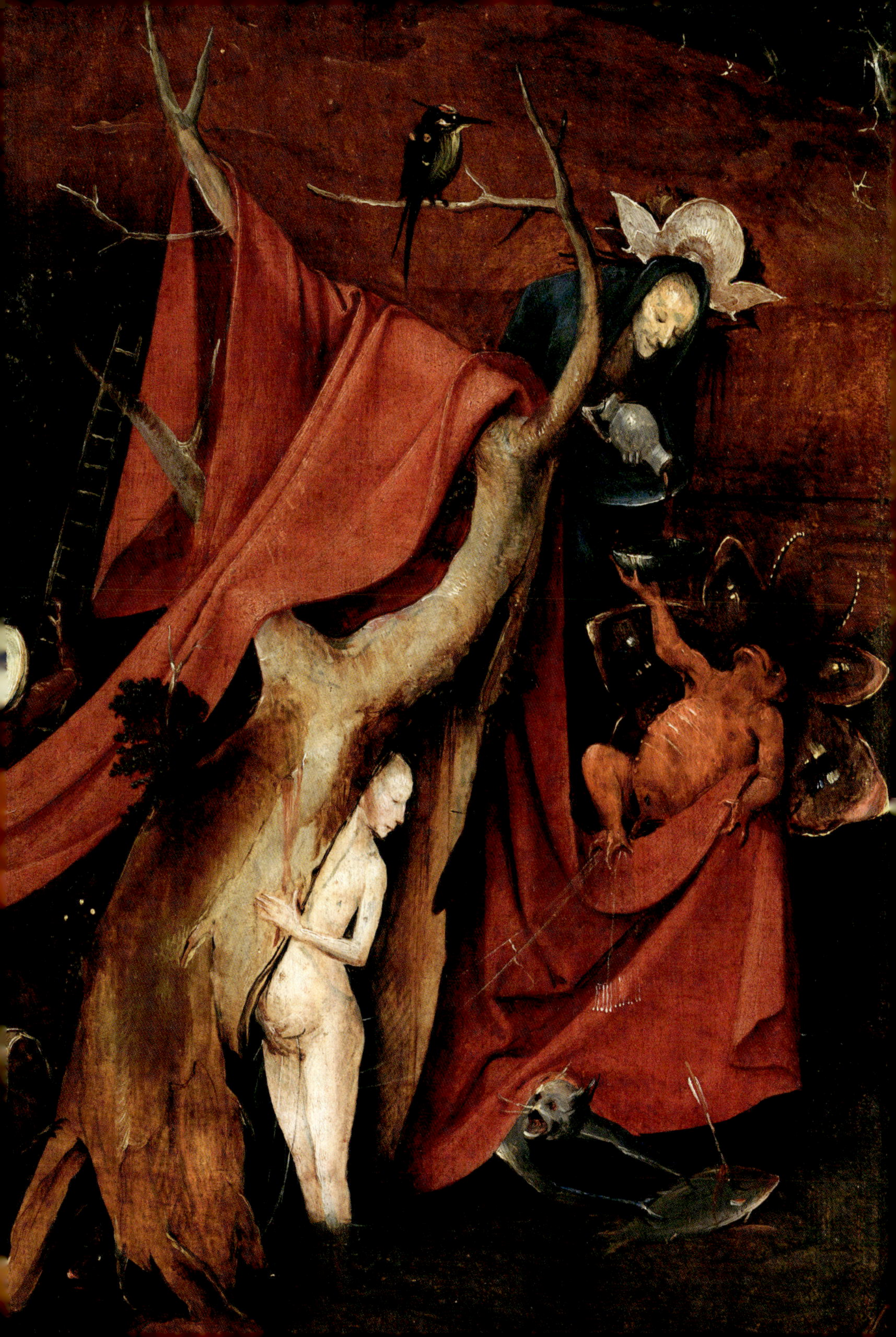

IV.

Hochzeitskunst: *Der Garten der Lüste*

um 1503

„Bosch gehört zu den sehr wenigen Malern, die einen magischen Blick hatten – er war in Wirklichkeit mehr als ein Maler! Er sah durch die Welt der Erscheinungen, machte sie transparent und zeigte sie uns so, wie sie ursprünglich war.“

HENRY MILLER, 1957

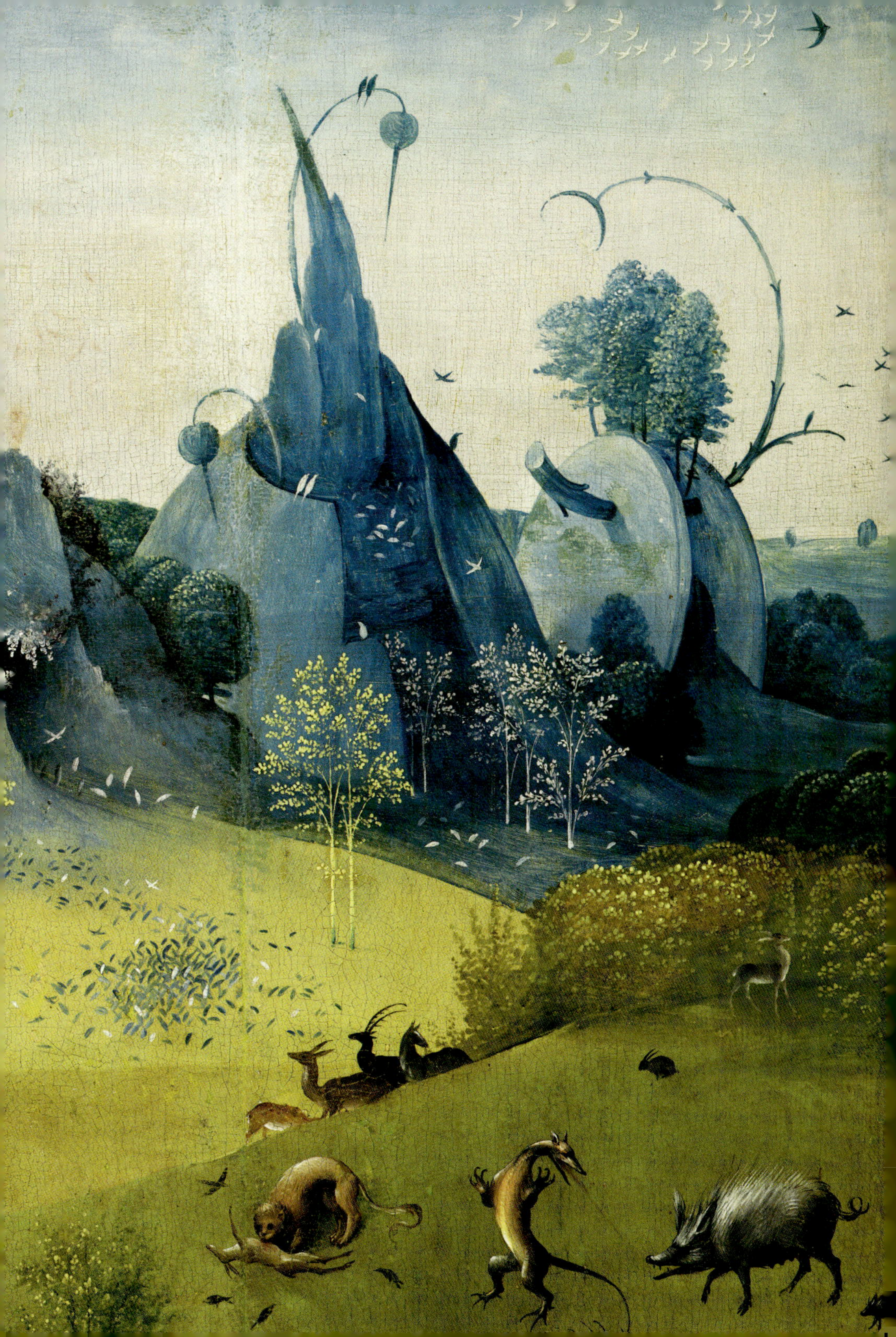

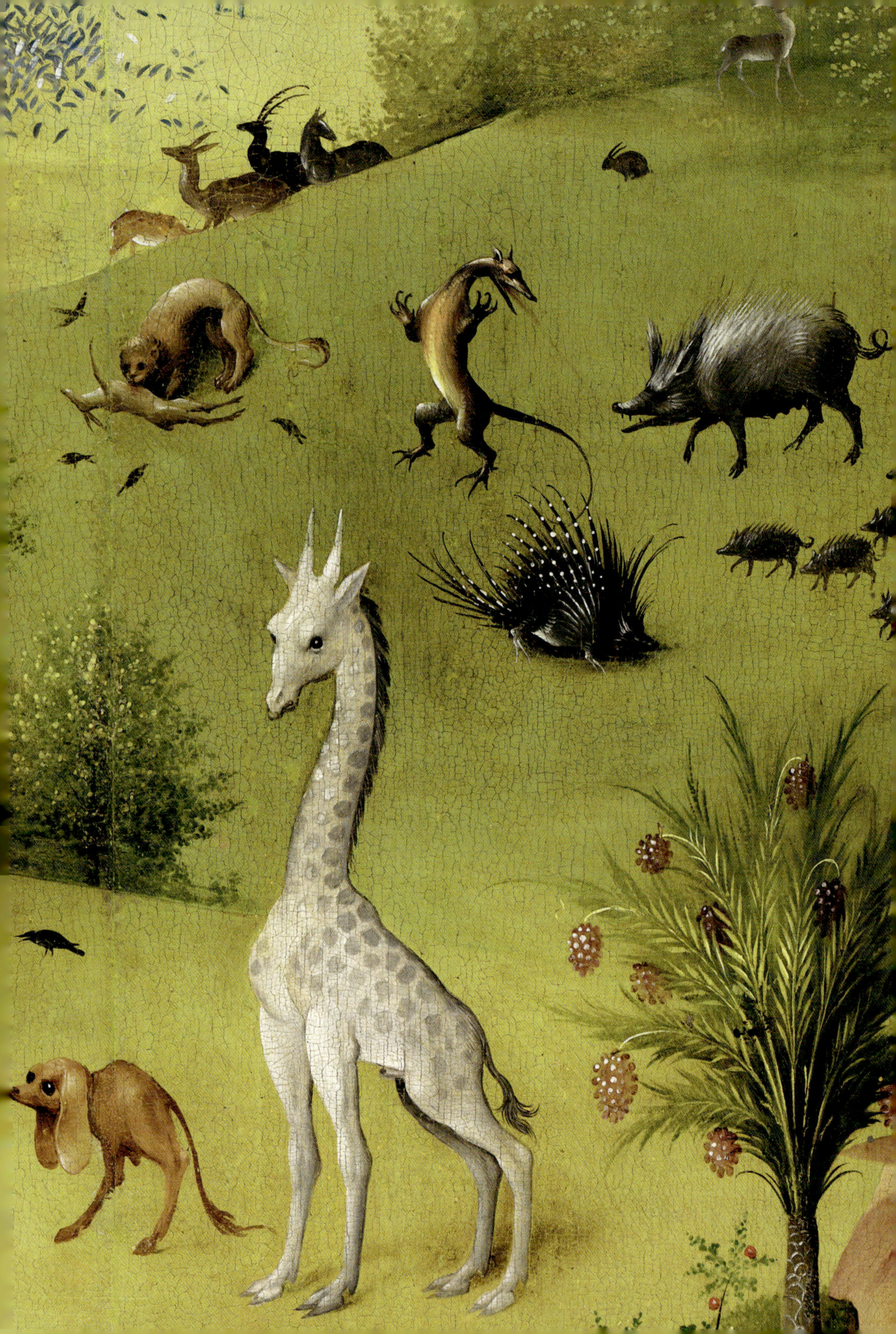

Der Garten der Lüste (Kat. 11), das berühmteste Werk Boschs, wurde höchstwahrscheinlich 1503 anlässlich der Hochzeit Heinrichs III. von Nassau-Breda (S. 144) gemalt und sollte als eine Art Hochzeits- oder Ehespiegel fungieren (*speculum nuptiorum*; Vandenbroeck 1990, S. 166, Anm. 795), also als Anleitung für das Gelingen dieses Liebesbündnisses und als Übersicht über seine Vorteile und Gefahren. Ab 1517 ist es im Brüsseler Palast der Nassauer nachgewiesen. Das Triptychon basiert thematisch-stofflich zweifelsohne auf der Bibel und Bibelauslegungen und weist vier unmittelbar zusammenhängende Tafelansichten auf: die beide Außentafeln umfassende Darstellung der Erschaffung der Welt bis zum dritten Tage, die linke Innentafel mit dem Paradies und der Zuführung der Eva, die Mitteltafel mit der Menschheit vor der Sintflut im verkehrten Paradies und schließlich die rechte Innentafel mit der Hölle. Schon Baldass interpretierte sehr treffend, dass *Der Garten der Lüste* sowohl „zeitlich aufeinanderfolgende und einander kausal bedingte Akte der Welt- und Menschheitsgeschichte" als auch „simultan gedachte Möglichkeiten des Seelenzustandes" darstelle und dass es ein „moralisierend-didaktisches Vanitas-Weltbild" sei (Baldass 1959, S. 234 f.). Jedoch muss die Funktion bzw. Intention um den Dualismus des „Belehrens und Unterhaltens" (*docere et delectare*) ergänzt werden. Diese immer wieder herangezogene Formel bildet eine wichtige Grundlage, ja Legitimation für die weltliche Dichtung wie auch die Bildkunst im Spätmittelalter und in der frühen Neuzeit (Raupp 1986, S. 126–133; vgl. Fischer 2009, S. 245–273). Sie geht letztlich auf Horaz zurück (*Ars poetica*, V. 333–334): „Aut prodesse volunt aut delectare poetae / aut simul et iucunda et idonea dicere vitae" („Die Dichter wollen entweder nützen oder erfreuen oder zugleich Erfreuliches und fürs Leben Nützliches sagen").

Über die „erfreuende" Wirkung des *Gartens der Lüste* gibt die früheste Erwähnung des Triptychons im Reisetagebuch des Antonio de Beatis Auskunft. Der Kanonikus begleitete Kardinal Louis d'Aragon (1475–1519) durch Deutschland und die Niederlande, Frankreich und Italien. Die Reise führte im Juli 1517 – ein knappes Jahr nach Boschs Tod – auch in den Palast Heinrichs III. von Nassau in Brüssel. De Beatis schreibt über den *Garten der Lüste*: „Es gibt außerdem einige Tafelgemälde mit verschiedenen Fantasiegebilden, auf denen Meere, Himmel, Wälder, Landschaften und viele andere Dinge nachgebildet sind, darunter einige, die in einer Meeresmuschel stecken, andere, die Kraniche scheißen, Frauen und Männer und Weiße und Schwarze in verschiedenen Handlungen und Zuständen, Vögel, Tiere, von jeder Sorte und mit großer Natürlichkeit, das Ganze wohgefällig und fantastisch, wie man es jemandem, der es überhaupt nicht kennt, kaum angemessen beschreiben kann"(de Beatis 1905, S. 116, Z. 32–37). De Beatis betont den

Seite 141, 142
Der Garten der Lüste (Details), um 1503
Linker Innenflügel: **Paradies** (siehe Abb. S. 188)

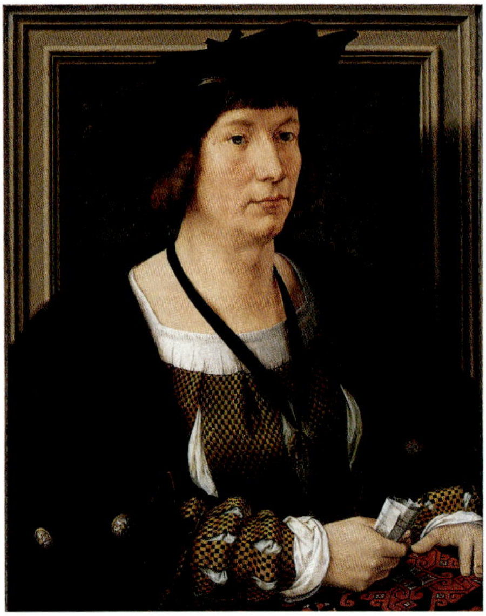

künstlerischen und unterhaltenden Wert, indem er Wörter wie „*bizzerie*" (Fantastereien), „*piacevole*" ([wohl]gefällig) und „*fantastiche*" (fantastisch) benutzt. Außerdem hebt er die Vielzahl der Motive und die Vielgestaltigkeit der menschlichen Figuren hervor. Zusätzlich unterstreicht der Unsagbarkeits-Topos am Ende des Zitats die überraschenden, eben kaum in Worte fassbaren bildlichen Qualitäten.

De Beatis' Bericht gibt zudem weiteren Aufschluss über den höfischen Kontext des *Gartens der Lüste*. Das Dekor des Palastsaals, in dem sich das Werk befand, umfasste weitere „allerschönste Gemälde" mit „wohlproportionierten Nacktfiguren" („In quello sono bellissime picture, et tra le altre uno Hercule con Dehyanira nudi di bona statura, et la historia di Paris con le tre dee perfectissimamente lavorate"; de Beatis 1905, S. 116, Z. 30–31.) Bei den von de Beatis erwähnten *Herkules und Deianeira* dürfte es sich um eines der ersten mythologischen Gemälde Jan Gossaerts (eigentl. Jan Mabuse, 1478–1532) handeln, die er in den Jahren nach seiner Italienreise (1508/09) im Gefolge Heinrichs III. geschaffen hat. Allerdings ist es wohl nicht das in Birmingham erhaltene Werk von 1517 (S. 146), dagegen spricht seine geringe Größe. Das ebenso genannte *Urteil des Paris* stammte wohl von Lucas Cranach, der dieses Sujet 1508 als Holzschnitt und seit etwa 1512/14 mehrfach als Gemälde darstellte (zum Beispiel S. 147). Allen drei Werken sind der moralisierende erotische Gehalt und ein Interesse an der Darstellung des nackten menschlichen Körpers gemein. Sie thematisieren das Verhältnis der Geschlechter sowie die für den Mann zuweilen verhängnisvollen Folgen einer Verbindung mit einer Frau. Die Moral aller drei Gemälde ist, dass die Schönheit und der Reiz der Frauen die Sinne der Männer blenden und ihre Triebe entfesseln. Herkules stirbt durch einen Racheakt seiner eifersüchtigen Angetrauten, und Paris löst durch die Wahl der Venus und die ihm zugesprochene allerschönste Helena den Trojanischen Krieg aus. Adam wird aus dem Paradies vertrieben, weil er die Verbindung zu Eva über Gottes Gebot stellt. Die Gefahren der irdischen Liebe zeigt zwar nur Bosch auf, aber alle drei Bilder stellen qua Thema die Macht

Jan Gossaert, **Heinrich III. von Nassau-Breda**, um 1516/17
Öl auf Holz, 57,2 x 45,8 cm. Fort Worth, Kimbell Art Museum

der Frau dar und können für den männlichen Betrachter eine Warnung sein, sich nicht der Sinneslust auszuliefern. Zugleich halten diese Gemälde dem Schauenden die ideale Schönheit des weiblichen Körpers vor Augen und sind selbst eine Augenlust. Dass Dürer, der 1520 den Palast besuchte, in seinem Tagebuch von Geheimtüren, einem Meteoriten im Hof sowie einem Riesenbett, „do 50 Menschen mügen innen liegen", schwärmt, zeigt ebenfalls, dass die dekorative Ausstattung, zu der auch die Gemälde gehörten, dem Vergnügen und der Unterhaltung der Gäste am Hof diente.

De Beatis Textpassage kann man die moralisierende Auslegung des *Gartens der Lüste* von José de Sigüenza entgegenhalten, der gegen 1605 die erste, sehr ausführliche Bildinterpretation dieses Triptychons schrieb. Er deutet die menschlichen Figuren, Tiere und Pflanzen dieser Tafel unter den Aspekten der Todsünden, der Vergänglichkeit und Flüchtigkeit alles Irdischen, also tendenziell so, wie dies auch viele Autoren des 20. Jahrhunderts tun. Eine adäquate Wertung dieser beiden kunsthistoriografischen Texte fällt leichter, wenn man ihre Entstehungszeit und die Bildung ihrer Autoren berücksichtigt. De Beatis, der als Weltgeistlicher und Sekretär wohl eher administrative Aufgaben hatte, das Triptychon nur kurz sah und abends seine Eindrücke aus der Erinnerung aufschrieb, betont das visuell Überraschende. De Sigüenza aber, der als Ordensgeistlicher Seelsorger war und das Werk immer wieder betrachten konnte, stellt die moralische sowie die meditative Funktion und Intention heraus. Die Polarität der Auffassungen de Beatis' und de Sigüenzas sind also mit den unterschiedlichen Rezeptionsbedingungen und Betrachterperspektiven zu erklären. Ein Künstlerlob sprechen beide aus. Sigüenza sieht Bosch als guten christlichen Maler, de Beatis findet in seinem Triptychon ästhetische Interessen und Bedürfnisse befriedigt.

Die in Grisaille gehaltene Außenansicht (S. 186/187, Kat. 11.1) gibt gemäß 1. Mose 1,1–13 die Schöpfung am Abend des dritten Tages wieder. Auf Gottes Geheiß werden Licht und Finsternis, das Wasser über und unter dem Gewölbe sowie Wasser und Land geschieden. Dann wird die Vegetation geschaffen: „alle Arten von Pflanzen, die Samen tragen, und von Bäumen, die auf der Erde Früchte bringen mit ihren Samen darin" (1. Mose 1,11). Die Außenansicht, die fast vollständig von einer Weltkugel eingenommen wird, stellt jedoch nicht die Schöpfung als Abfolge, sondern als Zustand am Ende des dritten Schöpfungstages dar. Im transparenten Himmelsgewölbe sammeln sich dunkle Wolken. Darunter ist die Kugel fast bis zur Hälfte mit Wasser gefüllt, aus dem in Schrägaufsicht die Erdscheibe, umgeben von einem schmalen Saum Wasser, herausragt. Auf dem teils flachen, teils hügeligen Land sind verstreut einige schroffe Felsen, einzelne Bäume oder Baumgruppen sowie vorne links seltsame, partiell offene oder aufbrechende fruchtartige Hohlformen angeordnet, aus denen oft gekrümmte Dornen herausragen. Bax und Vandenbroeck haben diese in der Bildtradition einzigartige Gestalt der Erdoberfläche im Sinne der zeitgenössischen Literatur als Fruchtbarkeits- und Geschlechtssymbol gedeutet. Bosch stellt die Weltkugel als Kombination der beiden geläufigen Typen,

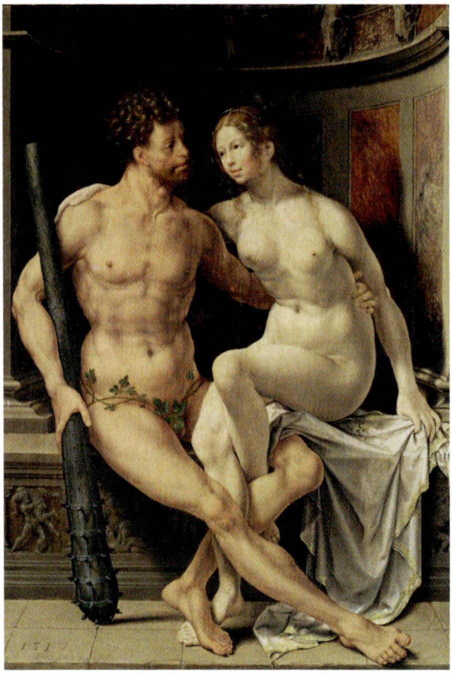

nämlich einerseits als transparente Kugel, andererseits als Erdscheibe dar. Der schwarze Hintergrund der Kugel hellt sich am linken oberen Zwickel auf. Dort sitzt Gottvater mit der Tiara auf dem Haupt in den Wolken und hält ein geöffnetes Buch (S. 182). Seine rechte Hand mit dem ausgestreckten Zeigefinger entspricht dem geläufigen Redegestus. An der oberen Bildkante verkündet Psalm 33,9: „Ipse dicit et facta sunt, Ipse mandavit et creata sunt" („Er sprach und es geschah, er befahl und es wurde geschaffen"). Die Darstellung Gottvaters ähnelt derjenigen in der *Schedelschen Weltchronik* (S. 183).

Die Paradieshochzeit

Die linke Innentafel des *Gartens der Lüste* (S. 188, Kat. 11.2) stellt die Schöpfung am sechsten Tag dar (1. Mose 1, 20–31). In der unteren Tafelhälfte im Vordergrund nimmt Gott in der Person von Christus mit Adam und Eva farblich und kompositorisch eine optisch vorrangige Position ein. In der Mitte steht Christus zum Betrachter gewandt und führt die zu seiner Linken kniende Eva, die er am Puls ihrer rechten Hand festhält, dem auf einem Hügel aufrecht sitzenden Adam zu seiner Rechten zu.

Die Sitzposition Adams und die kniende Haltung Evas erinnern an den in Schöpfungsdarstellungen häufigen ikonografischen Typus der Erschaffung Evas. Doch wird deutlich, dass Eva längst aus der Seite ihres zukünftigen Gemahls entsprungen ist und Adam sich nach dem Erwachen aufgerichtet hat. Als Phase zwischen der Erschaffung Evas (vgl. Kat. 13.3, Kat. 20.2) und der seltener dargestellten Paradieshochzeit (S. 163) ist die Zuführung ein Prototypus des Ehesakraments (Erffa 1989, S. 158). Mit dem Schwurgestus Christi erfährt das ideale Verhältnis zwischen Mann und Frau göttliche Bestätigung und wird der göttliche Hochzeitssegen ausgesprochen (Genesis 1,28): „Seid fruchtbar und vermehrt euch, bevölkert die Erde, unterwerft sie euch, und herrscht über die Fische des Mee-

Jan Gossaert, **Herkules und Deianeira**, 1517
Öl auf Holz, 36,8 x 26,6 cm. Birmingham, University of Birmingham, The Barber Institute of Fine Arts

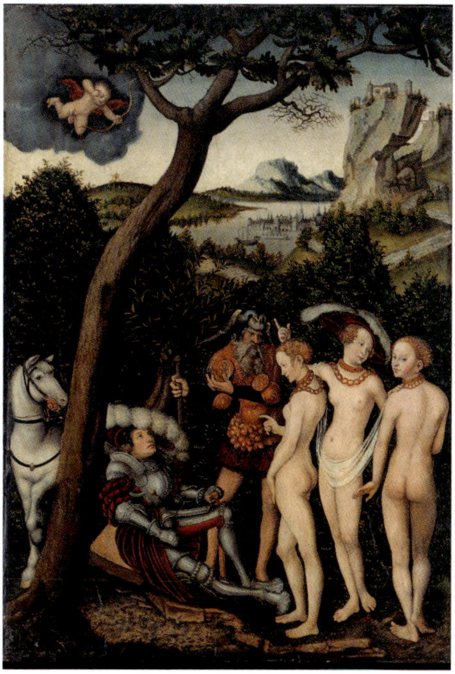

res, über die Vögel des Himmels und über alle Tiere, die sich auf dem Land regen."

Adam ist erwacht und wendet sich aus seiner Sitzposition von der inneren Schau Gottes zur äußeren Bewunderung Evas in ihrer blassen und schlanken Grazie: Eva ist „bereits das Bild der Verführung", der Blick Adams der „erste Schritt zur Sünde" (Tolnay 1965, S. 31–32). Im Sinne Augustinus' und mittelalterlicher Theologen beginnt der Sündenfall als Abkehr von Gott damit, dass Adam, der während Evas Erschaffung schlafend noch in ekstatischer Schau Teilhabe an den höchsten Dingen hatte, sich davon löst, als er, aus dem Schlaf erwacht, seinen Blick auf die gerade geschaffene Eva richtet und sich damit der sinnlichen Welt zuwendet (Schade 1977, S. 475 ff.). Indem Adam Eva anschaut, unterwirft er sich nicht mehr dem Willen Gottes, sondern lässt seinen eigenen, zur Sünde führenden Willen walten. Noch ist aber der erste Mensch nicht vom Schöpfer abgefallen.

Unmittelbar unterhalb der ersten Menschen wimmelt es von mehr als einem Dutzend Vögeln, Fabelwesen und fantasierten Tieren. Sie tummeln sich in und um ein dunkles Wasserloch, dessen Mittelpunkt unter Eva liegt. Ein echter Rebus ist hier der „monnikvis" (Mönchsfisch), ein Mönch mit Fischschwanz, der bei der Lektüre eines Buches dargestellt ist. In Anbetracht der Anordnung der Tiere in einem breiten zweireihigen Streifen unterhalb von Adam und Eva kann man wohl davon ausgehen, dass hier die noch intakte Schöpfungshierarchie der Kreaturen demonstriert werden soll. Der Mensch nimmt buchstäblich einen Rang über den Tieren ein und beherrscht auch das Animalische in sich selbst. Speziell Eva sind das Wasserloch und die Hasen vor der kleinen Erdhöhle als Attribute des Weiblichen, besonders der Fruchtbarkeit, zugeordnet (S. 149).

Hinter Adam am linken Bildrand ragt ein kanarischer Drachenbaum oder Drachenblutbaum auf, der als Symbol äußerst positiv besetzt ist. Sein bräunliches bis rotes Harz

Lucas Cranach d. Ä., **Urteil des Paris**, um 1528
Öl auf Holz, 101,9 x 71,1 cm. New York, The Metropolitan Museum of Art,
Rogers Fund 1928, Inv. 28 221

diente u. a. als pflanzliches Heilmittel und Farbstoff. Auffällig ist, dass eine Ranke mit Weintrauben den Stamm umschlingt und dass die Laubblätter flach und kreisrund wie Hostien sind. In keinem anderen Werk Boschs kommen derartige Scheiben als Blätter vor, sonst formt er sie kleinteilig und amorph aus. Durch die Symbole von Wein und Hostie kann der Drachenblutbaum mit dem Baum der – sich selbst aufopfernden – Liebe („*die boem der minne*", „*lignum amoris*") identifiziert werden. Von diesem selten erwähnten dritten der besonderen Bäume im Paradies berichtet Dirc van Delf. Die Liebe ist hier als Liebe Gottes zu verstehen, denn der Baum verweist deutlich auf Wein und Hostie, also Leib und Blut Christi und damit auf den Opfertod des Gottessohnes. Dass der Baum hinter Adam steht, streicht die besondere Position Adams als geliebtes Abbild Gottes heraus.

In der oberen Tafelhälfte auf der Mittelsenkrechten über Christus erhebt sich mirakelhaft der als Lebensbrunnen dargestellte Paradiesbrunnen, eine wunderbar wunderliche Mischgestalt (S. 150). Normalerweise wird der Paradiesbrunnen in der Form romanischer oder gotischer Brunnenarchitektur verbildlicht, um den Ursprung der Paradiesflüsse und die Lieblichkeit des Gartens Eden anzuzeigen. Bosch hat ihn wesentlich organischer bzw. vegetabiler gestaltet und ihm dasselbe Blassrot gegeben wie dem Gewand von Christus. Fünf weiße Scheiben erinnern sowohl an die Fünfzahl der Wunden Christi als auch an die Hostie als Leib Christi. Das hervorquellende Wasser wurde in der geistlichen Auslegung oft als Analogie zum Blut Christi aufgefasst. Die Gestalt des Brunnens spielt also auf die Passion, die Menschwerdung des Gottessohnes bzw. das Sakrament der Eucharistie wie auch auf das göttliche Opfer als Teil des Erlösungswerkes an. Damit nähert sich Boschs Lebensbrunnen der Tradition von Erlösungsallegorien, die Christus etwa im Lebensbrunnen, in der Weinkelter oder der Hostienmühle zeigen (Marrow 1979, S. 58–62). Zugleich machen die organisch-vegetabilen Formen aus dem Brunnen ein *opus naturae* (Vandenbroeck 1989, S. 55–61), ein von der Natur erschaffenes Werk. (Diese Auffassung erscheint auch logisch, denn der Mensch war nach allgemeinem Dafürhalten in der Zeit vor der Vertreibung aus dem Paradies noch nicht zu künstlerisch-handwerklichem Schaffen befähigt.) Die Edelsteine am Fuße des Brunnens drücken dessen Güte und Reinheit aus. Sie waren in Spätmittelalter und früher Neuzeit üblicher Bestandteil von Paradiesbrunnendarstellungen in Wort und Bild. Der Lebensbrunnen ist damit wie ein Vexierbild sowohl Christus als auch geschaffene Natur, nämlich die sterbliche Natur, in der der Gottessohn Gestalt annahm, um bis zum Kreuzestod unter den Menschen zu weilen.

In dem als gewölbte Scheibe ausgeformten Sockel sitzt eine Eule. Ähnlich wie in der Zeichnung *Der Wald hat Ohren, das Feld hat Augen* (Kat. Z3) befindet sie sich im

Der Garten der Lüste (Detail), um 1503
Linker Innenflügel: **Paradies** (siehe Abb. S. 188)

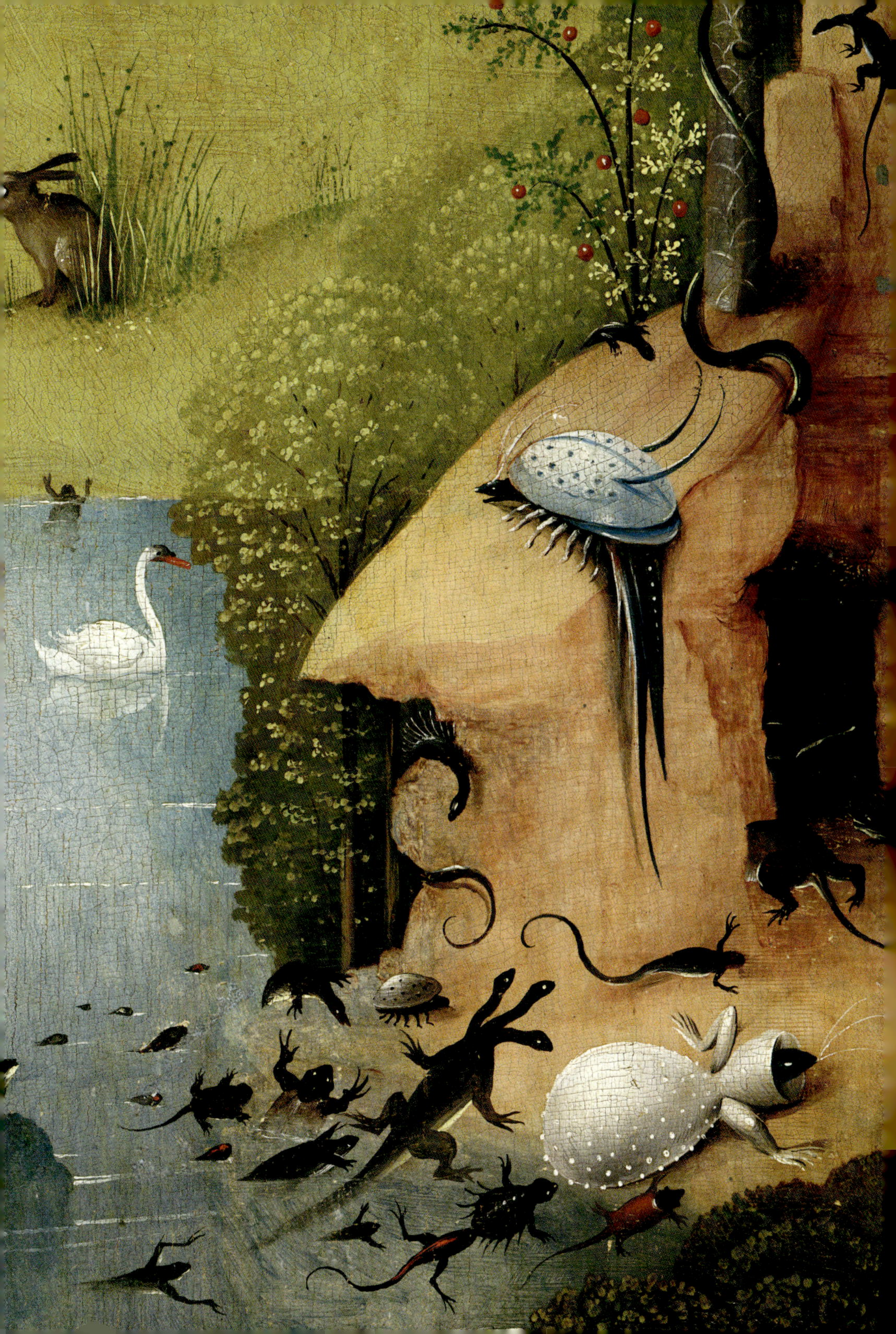

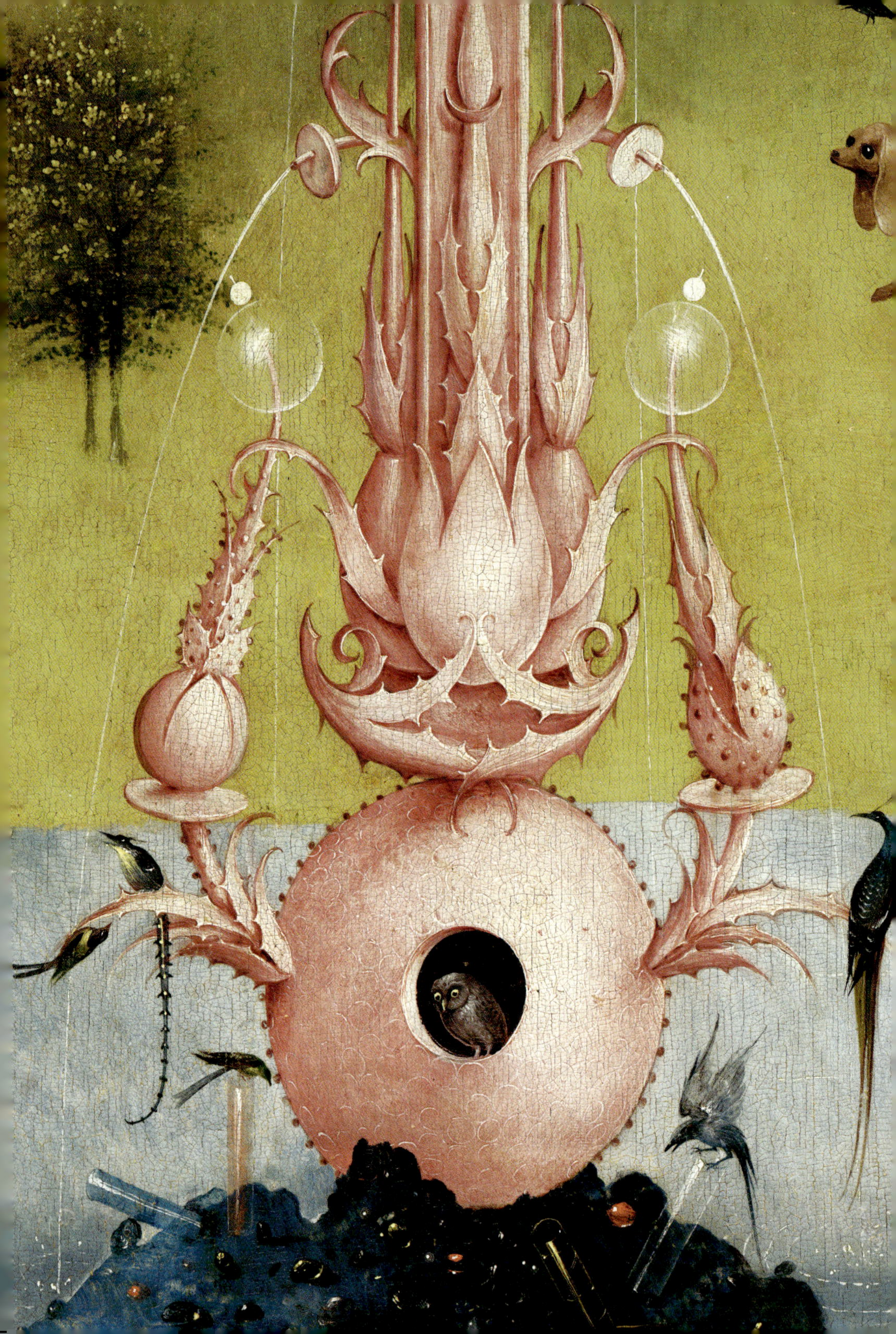

Zentrum der ganzen Tafel. Die Eule mit ihrer ganzen Palette negativer Bedeutungen wie geistige Blindheit und Boshaftigkeit, Sünde, Verlockung und Verführung kann im Bildkontext so gedeutet werden, dass in der geschaffenen und sich selbsttätig vermehrenden Natur ein Potenzial zum Bösen vorhanden ist, dem sich der Gottessohn ausgesetzt hat und das durch ihn gebändigt wird. Die Eule verkörpert ganz allgemein den „satanischen Widerpart beim Erlösungswerk" (Bambeck 1987, S. 53) und ist von Bosch als Äquivalent zum Baum der Erkenntnis mit der Schlange und dem Apfel eingesetzt.

In der Nähe des Brunnens am Bildrand links illustrieren trinkende Huftiere die Güte des Quellwassers vom Lebensbrunnen. Am meisten fällt ein Einhorn auf, das sein entgiftend wirkendes Horn in das Gewässer taucht und das Jungfräulichkeit, Keuschheit und Reinheit verkörpert. Nahebei stehen neben zwei Pferden und einem Rind Hirsche und Rehe. Letztere verweisen auf die verfolgte Seele, die Zuflucht bei Gott sucht, wie David in Psalm 42,2–3 fleht: „Wie der Hirsch lechzt nach frischem Wasser, so lechzt meine Seele, Gott, nach dir. Meine Seele dürstet nach Gott, nach dem lebendigen Gott. Wann darf ich kommen und Gottes Antlitz schauen?"

Gegenüber am Bildrand rechts erhebt sich auf einem Felsen ein zweiter Baum, eine Dattelpalme, die wie der Drachenblutbaum weintraubenartige Früchte trägt. Er ist als Baum des Lebens zu deuten. Dafür spricht, dass in mehreren Quellen der Baum des Lebens Datteln oder noch öfter Trauben oder traubenartige Früchte trägt (S. 105) und am höchsten Platz beim Paradiesbrunnen steht. Er ist der Baum, aus dessen Holz das Kreuz gefertigt und an dessen Stelle Christus ans Kreuz geschlagen sein soll. Entsprechend fordert der Prediger Jan Brugman seine Hörer mit folgendem Bild heraus: „Lasst uns mit der Braut [=der Seele] auf diesen Palmbaum des heiligen Kreuzes hinaufsteigen und seine Früchte pflücken" (Brugman, *Verspreide Sermoenen*, 13. P., Z. 129–130: „Laet ons opclymmen mitter bruut op desen palmbome des heilighen cruces ende plucken sine vruchten").

Der Bereich unter der Palme ist ausnahmslos negativ konnotiert. Die Schlange, die sich am Stamm herablässt, ist nicht nur als Zeichen des Sündenfalls, sondern des besiegten Satans zu sehen. Der kahle Fels unter dem Palmbaum ist teilweise hohl und signalisiert inmitten von Grün abgestorbenes Leben infolge sündigen Verhaltens. Seine eigenartige Gestalt spielt auf das Grab Adams an, das man auf Golgatha, der Schädelstätte, lokalisierte. Dieser Ort wurde sogar zuweilen buchstäblich als Schädelform ausgebildet. Bosch hat dem Fels sogar ein Gesichtsprofil gegeben, indem er die linke vorspringende Kontur oben als scharf gezogene Nase und darunter als Lippenwülste, um die sich eine weitere Schlange ringelt, ausbildet hat. Darüber formt ein käferartiges blassblau-schwarzes

Der Garten der Lüste (Detail), um 1503
Linker Innenflügel: **Paradies** (siehe Abb. S. 188)

Tier Lid und Wimpern eines geschlossenen Auges (S. 149). Diesen aus einer markanten Naturform herausgebildeten Kopf erkannte Jahrhunderte später der Surrealist Salvador Dalí (1904–1989) wieder (*Der große Masturbator*, 1929, Madrid, Museo Nacional Centro del Arte Reina Sofia). Doch auch schon im späten 15. und im 16. Jahrhundert suchte man Gegenständliches in amorphen Formen von Bergen oder Wolken, geädertem Marmor oder abgeblättertem Putz. Dabei kam und kommt der Fantasie die assoziative Arbeitsweise des menschlichen Gehirns entgegen.

Die negative Bedeutung des Felsens wird noch verstärkt durch etliche Amphibien, die das heilbringende Wasser verlassen, um am Fels entlang- und auch in ihn hineinzukriechen. Erwähnenswert ist hierbei noch, dass ganz außen rechts auf dem Brunnen ein Pfau sitzt, der als Widersacher der Schlange galt. Der Palmbaum mit den Weintrauben auf dem kahlen Fels symbolisiert also die Erlösung von dem Sündenfall Adams und seinen Folgen durch den neuen Adam Christus. Neben der Palme wächst links ein Früchte tragender Zweig als weiteres Zeichen dieses neuen Lebens. Die zahlreichen monströsen Tiere sowie die Tiere, die jagend oder fressend dargestellt sind, widersprechen nicht dem Paradiesgedanken, da einerseits das Paradies irgendwo zwischen Palästina und Indien lokalisiert und dementsprechend als von exotischen und monströsen Lebewesen bevölkert vorgestellt wurde und sich andererseits die Tiere durch den Sündenfall nicht verändert haben, so Thomas von Aquin (um 1225–1274).

Das als Seelenparadies wiedergewonnene Paradies, in dem Christus gegenwärtig ist, ist ein gleichnishaftes Abbild des gottnahen Seelenzustandes, der sich bei Bosch auch im wohlgeordneten formalen Bildaufbau zeigt. Kompositorisch sind Christus, Adam und Eva in eine klare Rangfolge gebracht. Zur Rechten Christi sitzt Adam, dessen Füße auf dem Gewandsaum seines Schöpfers ruhen, als Herr der Tiere auf einem Hügel wie auf einem natürlichen Thron. Es folgt kniend Eva zur Linken, der heraldisch schlechteren Seite. Ähnliche idealtypische Zuweisungen von Attributen in einer männlichen Bildseite links und einer weiblichen rechts weist auch Jan van Eycks *Arnolfini-Doppelbildnis* (London, National Gallery) auf, ein Gemälde, in dem der Frau das Häusliche, dem Mann die Außenwelt zugeordnet ist. Nach diesem Prinzip der männlichen und der weiblichen Seite sind im *Garten der Lüste* weite Teile der Landschaft gestaltet. Links – also zur Rechten Christi – finden sich vor allem positive Eigenschaften, rechts Symbole der Sünden (Dittrich 2005, S. 506). So steht auf der linken Hälfte der Elefant für Stärke, Klugheit, Genügsamkeit, Keuschheit und Mäßigung. Des Weiteren symbolisieren Hörner tragende Tiere sowie Enten und Vögel mit langen Schnäbeln das Männliche. Auf der Seite Evas findet sich ein Schwan, der für Entsagung und Reinheit steht, aber wegen des langen Halses auch den Hochmut bezeichnet. Giraffen wurden im 15. Jahrhundert selten dargestellt, eine symbolische Bedeutung ist für sie kaum greifbar. Auffällig sind aber der

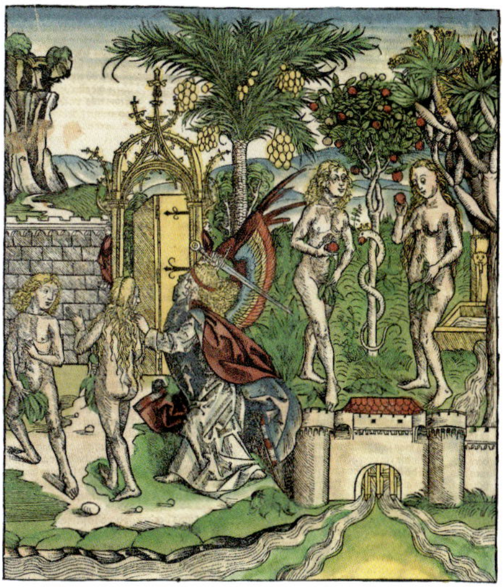

gesenkte Kopf und der graziös-lange Hals, der in einer gewinkelten und abfallenden Rückenlinie ausklingt, und schließlich die rückwärts gestellten Hinterbeine (S. 142). Diese Merkmale stimmen mit dem geneigten Haupt, der knienden Haltung sowie den runden und zarten Körperformen der Eva-Darstellung überein. Ferner gehören zu Evas Seite noch dunkle Höhlen und der dunkle Teich. Im Allgemeinen ist die Landschaft links geometrischer, rechts amorpher ausgebildet, was der als weiblich aufgefassten Materie und der als männlich verstandenen Form entspricht. Aus dem unterschiedlichen Zusammenwirken beider Prinzipien entstehen Aristoteles (384–322 v. Chr.) zufolge – und von Bartholomäus Anglicus (um 1190–1272) in seinem verbreiteten *Liber de proprietatibus rerum* (1235) aufgegriffen – die verschiedenen Werke der Natur, bei mangelndem Formwillen aber auch das Böse und Hässliche. Insgesamt sind in dieser Paradieslandschaft Mensch und Tier getrennt, und auch die Tierwelt ist bis in den Hintergrund hinein nach Kategorien – Vögel, Landtiere und Wasserbewohner – gruppiert, wobei die jeweilige Tierwelt an den ihr zugedachten Orten verweilt. Den Hintergrund schließen vier Felsformationen ab, die geometrische Rundformen annehmen und denen der Außentafel gleichen (S. 141).

Die Symmetrie und Ordnung der Tafel wird auch farblich getragen, denn die blasse Hautfarbe von Adam und Eva korrespondiert mit dem Weißgrau des Elefanten und der Giraffe, die oberhalb der ersten Menschen auf beiden Seiten des Brunnens platziert sind. Ordnung, Übersichtlichkeit und Hierarchie signalisieren, dass Gottes Gesetze gelten. Christus ist darin Repräsentant und Garant der göttlichen Ordnung, an der er selbst kraft seiner fleischlichen Gestalt Anteil hat. Als Fleisch gewordener Logos ist er Ursprung und Ziel, alles um ihn herum ist auf ihn ausgerichtet, das ganze Bild, ja das ganze Triptychon fächert sich von ihm ausgehend auf.

Auf der linken Innentafel ist nicht primär die Schöpfung oder das irdische Paradies im Sinne des Alten Testamentes dargestellt, sondern die Verheißung des Seelenparadieses

Hartmann Schedel, **Der Sündenfall und die Vertreibung aus dem Paradies**, 1493
aus: *Schedelsche Weltchronik*, fol. 7r (Detail), Nürnberg 1493
Holzschnitt, 42 x 29 cm. Weimar, Herzogin Anna Amalia Bibliothek

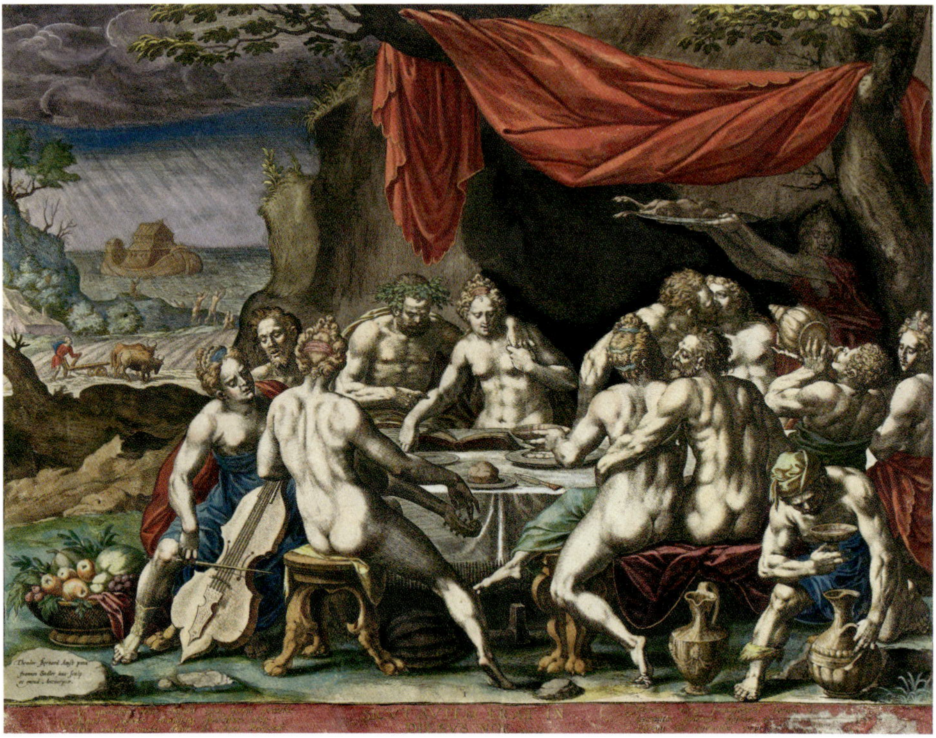

Jan Sadeler d. Ä. nach Dirck Barendsz, **Sicut autem erat in diebus Noe**, um 1581–1585
Kupferstich, 35,7 x 45,7 cm. Amsterdam, Rijksmuseum

im Sinne des Neuen Testamentes. Die verlorene materielle Sicherheit im irdischen Paradies kann durch die mystische Einheit zwischen den Seelenkräften und Gott im Seelenparadies überwunden werden. Der Einzug ins Paradies, sei es der der ersten Menschen, sei es jedes Christen, wird durch die Liebe der Menschen und die Gnade Gottes ermöglicht. Die Paradieshochzeit als von Gott gestifteter Liebesbund von Mann und Frau legitimiert die Ehe als heiliges Sakrament, deren Vollzug unter der Obhut Christi spirituell und lebenspraktisch ausgerichtet wird. Mögliches Leiden soll mit Geduld und Liebe überwunden werden.

Die Außentafel und die linke Innentafel sind erzähltechnisch als Verschiebung von der *narratio*, des Nacherzählens des alttestamentarischen Geschehens, hin zur *argumentatio*, einer Darstellung logischer Sachzusammenhänge, zu erklären, die auf der Mitteltafel in vielfacher Hinsicht wieder aufgegriffen werden. Die anderen Paradiesdarstellungen Boschs (Kat. 13.3, Kat. 20.2) folgen der Darstellungstradition dieses Themas wesentlich konventioneller, nämlich im Sinne des Sechs-Tage-Werks als chronologische Darstellungen der Schöpfungsetappen, und bilden nur den Prolog für die jeweils auf der Mitteltafel (Kat. 13.4, Kat. 20.3) folgende, in sich weitgehend selbstständige Darstellung.

Die Menschheit im falschen Paradies

Die reichhaltige Motivik der Mitteltafel kann, wie schon de Beatis anmerkt, kaum erschöpfend beschrieben werden. Auffällig ist die deutliche Teilung in Vorder-, Mittel- und Hintergrund. Viele Elemente wiederholen sich: nackte Männer und Frauen, manche von schwarzer Hautfarbe, Vögel, Land- und auch Wassertiere, Hohlformen pflanzlicher oder artifizieller Natur. Thematisch beruht die Mitteltafel auf der damals als historisch aufgefassten Vorstellung der *Menschheit vor der Sintflut* (Kat. 11.3), die zurückgeht auf 1. Mose 6,1–5: „Als sich die Menschen über die Erde hin zu vermehren begannen und ihnen Töchter geboren wurden, sahen die Gottessöhne, wie schön die Menschentöchter waren, und sie nahmen sich von ihnen Frauen, wie es ihnen gefiel. Da sprach der Herr: Mein Geist soll nicht für immer im Menschen bleiben, weil er auch Fleisch ist; daher soll seine Lebenszeit hundertzwanzig Jahre betragen. In jenen Tagen gab es auf der Erde die Riesen, und auch später noch, nachdem sich die Gottessöhne mit den Menschentöchtern eingelassen und diese ihnen Kinder geboren hatten. Das sind die Helden der Vorzeit, die berühmten Männer. Der Herr sah, dass auf der Erde die Schlechtigkeit des Menschen zunahm und dass alles Sinnen und Trachten seines Herzens immer nur böse war." Aufgegriffen wird diese Passage im Neuen Testament in Mt 24,37–39 (ähnlich in Lukas 17,26–27; Petr 3,5–7): „Denn wie es in den Tagen des Noach war, so wird es bei der Ankunft des Menschensohnes sein. Wie die Menschen in den Tagen vor der Flut aßen und tranken und heirateten, bis zu dem Tag, an dem Noach in die Arche ging, und nichts ahnten, bis die Flut hereinbrach und alle wegraffte, so wird es auch bei der Ankunft des Menschensohnes sein."

Es ist nicht leicht, die Bildtradition dieser Thematik in Grafik und Malerei des 15. bis 17. Jahrhunderts aufzuspüren, doch einige Beispiele des *Sintflut-* und des *Sicut erat in diebus Noe-*Themas lassen sich anführen. Das erste Sujet, basierend auf dem Alten Testament, zeigt den verzweifelten Versuch der Menschheit, sich vor dem Wasser auf Boote, Treibgut, Bäume oder Felsen zu retten, wie es in Jan van Scorels (1495–1562) *Sintflut* (Madrid, Museo Nacional del Prado) oder in Ansätzen auf der rechten Innentafel des *Gartens der Lüste* zu sehen ist. Beide Gemälde hingen im 17. und 18. Jahrhundert gemeinsam im Escorial in der Galería de la Infanta, d. h. in der den Frauengemächern zugeordneten Bildergalerie (Bassegoda 2002, S. 367). Auch auf der verlorenen Mitteltafel der *Fragmente einer Sintflut-Darstellung* (Kat. 19) dürfte dieses Thema dargestellt gewesen sein. Für das zweite, auf Mt 24 beruhende Sujet, das übersetzt „So war es in den Tagen Noahs" bedeutet, steht ein auf Dirck Barendsz (1534–1592) zurückgehender Stich (S. 154), der eindeutig das sündige Beisammensein darstellt. Boschs Mitteltafel gibt gemäß dem

Sicut erat in diebus Noe-Thema das ahnungslose wie auch sündige Treiben der Menschheit unmittelbar vor der Sintflut wieder, jedoch ungleich poetischer als Barendsz.

Was die Bibel nur vage umschreibt, schmücken die mittelalterlichen Texte weiter aus, so etwa Petrus Comestor (um 1100–1178) in seiner *Historia Scholastica* (um 1170), Jacob van Maerlant (um 1225 – um 1299) im *Spiegel Historiael* (um 1260) und Dirc van Delf in der *Tafel van den Kersten Ghelove* (um 1400). Die Texte berichten übereinstimmend, dass das erste Zeitalter, das von Adam bis zur Sintflut und zu Noah gereicht habe, von der Wollust regiert worden sei. Die guten Nachfahren Adams und seines dritten Sohnes Set seien den schlechten – von Kain abstammenden – Töchtern verfallen, woraufhin bald alle Menschen der Sünde, vor allem der Wollust, anheimgefallen seien. Dieser Verbindung seien Riesen entsprungen – eine Vorstellung, die Bosch den Impuls für den Baumriesen auf der rechten Innentafel (S. 213, Kat. 11.4) gegeben haben könnte. Die schwarze Hautfarbe, die einige Figuren auf der Mitteltafel haben, galt oft als Schandmal des Brudermörders Kain und seiner Nachfahren (S. 195).

Eine bildliche Klammer zur Situation auf der linken Innentafel und eine Schlüsselszene bilden die drei Figuren in der Höhle der rechten unteren Ecke der Mitteltafel (S. 207). Ihre Identifikation mit Adam, Eva und Noah (Bax 1956; siehe Fischer 2002b, S. 28–29), den Protagonisten vom Beginn und vom Ende des ersten Zeitalters, stützt sich unter anderem auf die Gestik und Mimik. Adam weist ostentativ auf Eva, um ihr die Schuld am Zustand der Menschheit zu geben. Zugleich schaut er geradewegs aus dem Bild, was die deutliche Ansprache des Betrachters verstärkt. Eva hält zudem eine Frucht, die einem Apfel ähnelt. Wie Adam trägt sie ein Fellkleid. Die aus dem Paradies Vertriebenen wurden im christlichen Mittelalter mit übergeworfenem Fell oder gewachsenem Haarkleid vor einer Hütte oder Höhle als Zeichen der Vertreibung aus dem Paradies und ihres primitiven Status verbildlicht. Noah, der erste Stammvater der Menschheit, schaut über die Schulter Adams und trägt Blätter auf dem Kopf, die ihn als Erfinder des Weinanbaus ausweisen.

Die Männer und Frauen links von Adam und Eva auf dem Hügel kann man als ihre Nachfahren sehen, da sie nicht mehr in Erdhöhlen wohnen, sondern in zeltartigen Behausungen – ein Zeichen ihrer sich allmählich entwickelnden Zivilisation. Die Konstellation von Mann und Frau, Frucht und Höhlung wiederholt sich in etlichen Figurengruppen der Mitteltafel. Das eschatologische Moment ist im *Garten der Lüste* implizit, sowohl in den Anspielungen auf die Sintflut und auf die sündige Menschheit nach dem Sündenfall als auch im Hintergrund der Mitteltafel, wo vier hybride Gebilde wackelig gen Himmel stoßen und kurz vor dem Einsturz zu stehen scheinen (S. 157, 158, 165, 166).

Der Garten der Lüste (Detail), um 1503
Mitteltafel: **Menschheit vor der Sintflut** (siehe Abb. S. 190/191)

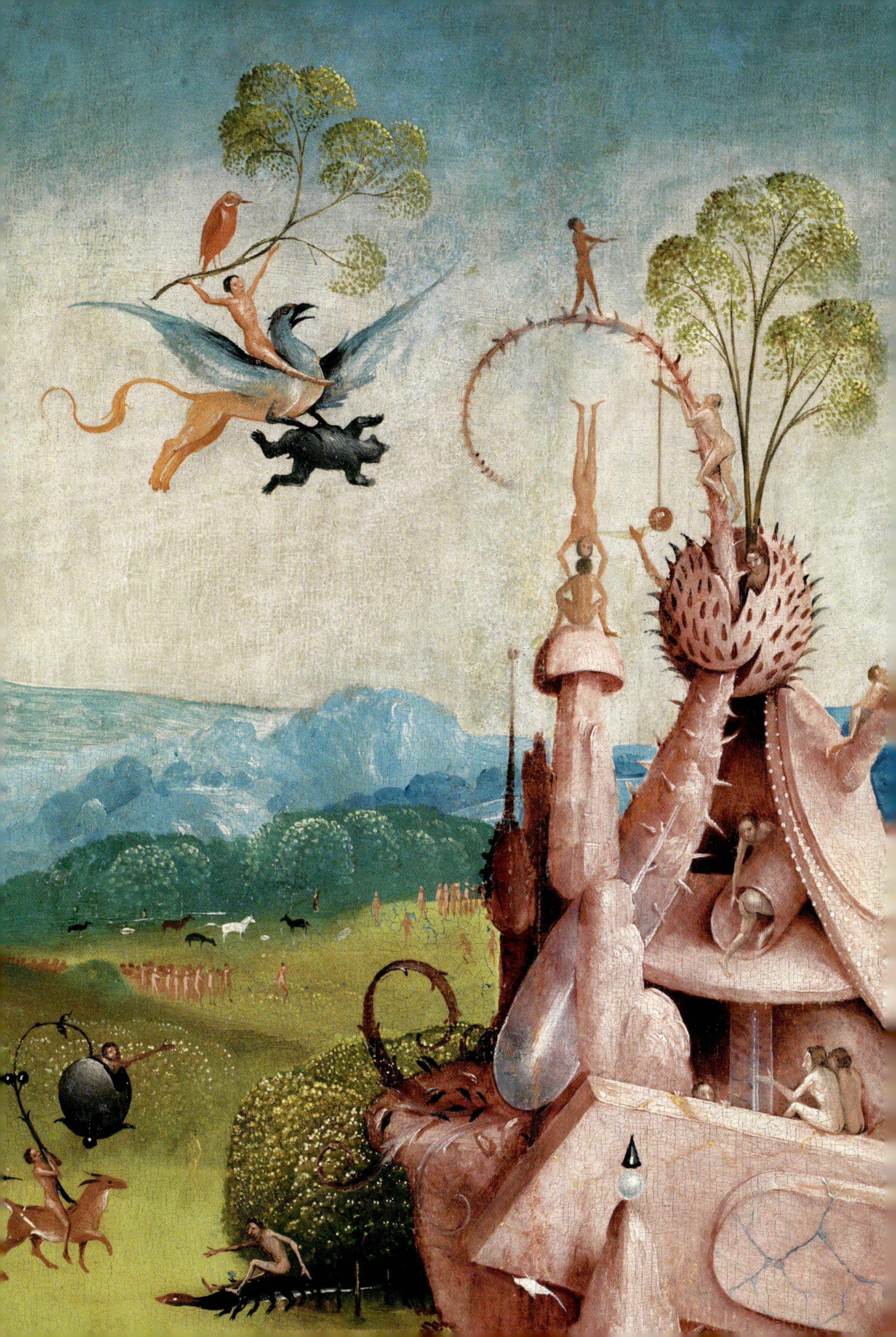

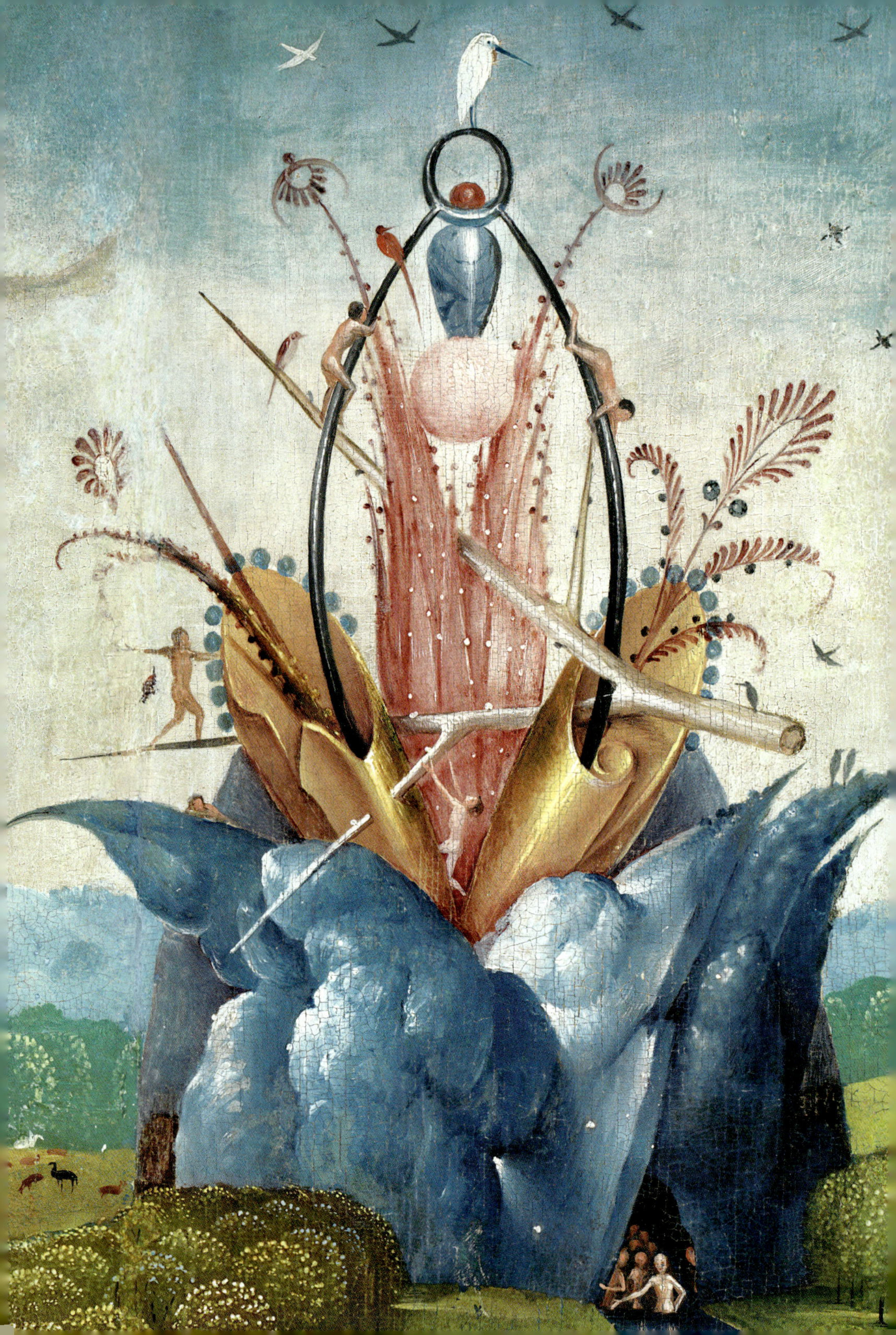

Bosch bediente sich bei der Umsetzung des biblischen Stoffes und für die Ausgestaltung der Paradieslandschaft bei den Merkmalen des *locus amoenus*. Dieser fiktive „angenehme Ort" der Lust und Liebe, der, auf der antiken Tradition aufbauend, im Mittelalter den weltlichen Paradies- und Gartendarstellungen zugrunde lag, grenzte sich vom religiösen Pendant, dem *hortus conclusus*, ab (vgl. Kat. 6.3). Zu beider Merkmale gehören eine eingegrenzte grüne Wiese mit duftenden Blumen und Schatten werfenden Bäumen, Singvögel und andere Tiere, eine Quelle oder ein Bächlein. In den profanen Darstellungen dieser Art sieht man Frauen und Männer in der Konversation, bei Gesellschaftsspielen oder beim Anbandeln, während Speisen bereitliegen und musiziert wird, so beim Meister E. S. (um 1420 – um 1468) im Druck *Großer Liebesgarten mit Schachspielern* (S. 160) und beim Meister der Liebesgärten (tätig um 1430–1450) im *Kleinen Liebesgarten* (um 1440–1450). Die Darstellungen dieser Bilder entsprechen eher der ideellen Form der sublimierten sinnlichen Liebe im Sinne der Minne, derweil Bosch diese Sinnlichkeit bis zur Ironisierung hervorkehrt.

Die Elemente des „lieblichen Ortes" hat Bosch, um ein Narrenspiel ergänzt, in der Luxuria-Darstellung von *Die sieben Todsünden mit den vier letzten Dingen* (S. 308/309, Kat. 15) genutzt und in dämonischer Überformung, die Luxuria symbolisierend, in der *Versuchung des heiligen Antonius* auf der rechten Innentafel (S. 118/119, Kat. 10.5) in Szene gesetzt. Dort schaut eine nackte, bis zu den Knien im Wasser stehende Frau aus dem hohlen und gespaltenen Stamm eines Baumes heraus, über den ein rotes Minnetuch geworfen ist, während ein Teufel ihr einen pfeildurchbohrten Fisch hinhält. Zu dieser Szene gehört auch der ostentativ seinen Unterleib darbietende Dämon, dem eine alte Frau ein Getränk kredenzt (S. 139). Das rote Minnezelt und der gespaltene Baumstamm tauchen als Metamorphose auf dem Hügel im rechten Vordergrund des *Gartens der Lüste* in einer Reihe minnezeltartiger Gehäuse als ein rotes, kegelförmiges Objekt auf, in dem drei Personen stehen: Bosch hat Zelt und Baumstamm in einem für ihn typischen Verfahren der Verschmelzung von Formanalogien zu einem neuen, irrealen Gegenstand geformt (S. 204). Dieses „Baum-Zelt" wurde zuweilen als „Koralle" (Fraenger) missverstanden. Auf die sexuelle Bedeutung des Dargestellten verweisen viele der zu zweit oder in Gruppen körperlich nahe beieinander stehenden, sitzenden oder liegenden Figuren, sei es, dass sie sich berühren, Früchte naschen oder sich in Gefäße quetschen.

Am vorderen linken Bildrand sitzt ein Paar in einer Art Blase, während der Mann seine Hand auf dem Unterleib der Frau und sie ihre Hand auf seinem Oberschenkel ruhen lässt (S. 196/197). Offenbar begnügt sich Bosch nicht mit Anspielungen auf hete-

Der Garten der Lüste (Detail), um 1503
Mitteltafel: **Menschheit vor der Sintflut** (siehe Abb. S. 190/191)

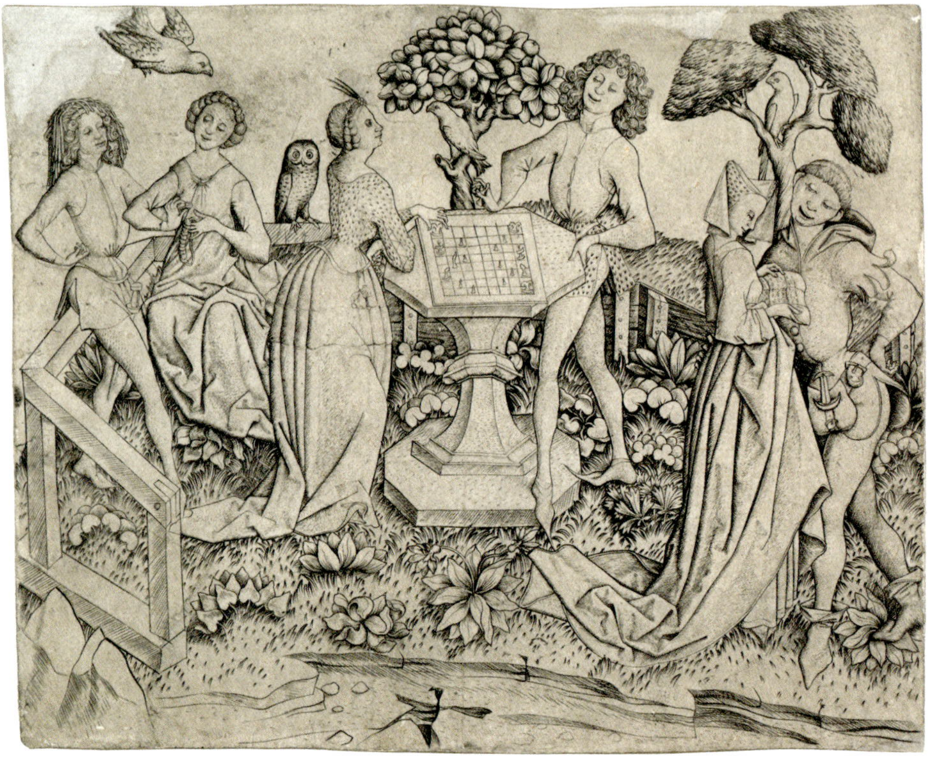

Meister E. S., **Großer Liebesgarten mit Schachspielern**, um 1460–1467
Kupferstich, 16,4 x 20,8 cm. Berlin, Staatliche Museen, Kupferstichkabinett

rosexuelle Liebe: Vor dem „Baum-Zelt" findet sich das Motiv zweier kniender Männer, das einen drastischen Kontrast von Unschuld und Derbheit bietet. Ein Mann beugt sich vornüber und streckt dabei zwei Blumen empor, die in seinem After stecken. Eben dorthin richtet der zweite Mann seine Konzentration, während er die eine Hand ausstreckt und mit der anderen eine Blume hält. Die Szene identifiziert Bax als Anspielung auf das *Peccatum contra naturam*, die Sünde gegen die Natur, wie man die Homosexualität bezeichnete.

Nicht nur im Vordergrund, auf der ganzen Mitteltafel fallen mehrere Sorten von Früchten auf: die Kirsche, die Brombeere, die Erdbeere (S. 118/119) und die Frucht des Erdbeerbaumes. In Spanien gaben Letztere als Symbole der Vergänglichkeit und der Verführung zur Sünde durch den schönen Schein dem *Garten der Lüste* um 1600 den durchaus treffenden Titel „Der Erdbeerbaum" oder „Gemälde der Erdbeere oder des Erdbeerbaums". Vandenbroeck erforschte die Bedeutung der Früchte intensiv. So ist die

Kirsche mit Fruchtbarkeit, Heirat, Liebe und Erotik konnotiert. Zwei Kirschen an einem Stiel galten als Phallussymbol. Die Brombeere deutet auf Liebe und Liebesschmerz hin. Alle diese Früchte können die weiblichen Körperteile und den Liebesgenuss oder den Geschlechtsakt bezeichnen. Eine ähnliche Symbolik gilt für die Blume und besonders die Rose. Singvögel (S. 195) sind wie Fische Phallussymbole.

Dieser mithilfe von Naturmetaphorik inszenierte Sinnestaumel ist zwar in der konkreten Umsetzung, nicht aber als Thema an sich neu. Ein in seiner allegorischen Komplexität vergleichbares Beispiel liefert der im Spätmittelalter berühmt-berüchtigte *Rosenroman*, von dem unter Engelbert II. für die Bibliothek der Nassauer eine französische Fassung angeschafft wurde. Der erste Teil des *Rosenromans* wurde um 1235 von dem Adligen Guillaume de Lorris (um 1205 – nach 1240) verfasst, der zweite Teil etwa 45 Jahre später von dem Pariser Gelehrten Jean de Meung (um 1240 – spätestens 1305). Dieser zweite Teil sorgte noch Anfang des 15. Jahrhunderts für Kontroversen, da unter anderem die Schriftstellerin Christine de Pizan (1365 – nach 1430) ihn der Frauenfeindlichkeit bezichtigte. Der *Rosenroman* beginnt, indem der Ich-Erzähler berichtet, wie er im Traum in einen Minnegarten gelangt und zahlreichen Personen allesamt Personifikationen der Tugenden oder Eigenschaften der Liebe – begegnet. Die treffsicheren Pfeile Amors reißen ihn aus seiner Passivität: Der Träumer verliebt sich in die Rose, kann sie aber nur kurz erreichen, da sie entführt wird, worauf er schließlich zu verzweifeln scheint. Der zweite Teil verlässt die empfindsam-idealisierende Stilebene, und aus dem höfischen Minnegarten wird ein irdischer Liebesgarten, in dem ein Kampf entbrennt, an dessen Ende die Rose schlichtweg erobert und brutal gebrochen wird. Das Ganze hat die Form einer zynisch-satirischen Belehrung, in der himmlische und irdische Liebe einander unversöhnlich als Gut und Böse gegenübergestellt sind. Die Frau, symbolisiert durch die Rose, ermöglicht dem Minnenden nicht mehr eine moralische Läuterung, sondern bedeutet nur noch Versuchung und Gefahr. Boschs *Garten der Lüste* steht sicher eher in letzterer Tradition, thematisiert in der Rolle Adams aber auch die Verantwortung des Mannes.

Viele Bildmotive im Mittel- und Hintergrund gehören zwar nicht zur Liebesgarten-Ikonografie, aber sehr wohl zum Themenkomplex Sünde und irdische Liebe. Im Zentrum galoppiert die „Kavalkade" der Laster im Kreis (S. 199). In dessen Mitte tummeln sich weiße und schwarze Frauen in einem kreisrunden Wasserbecken. Die akrobatischen Reiter entpuppen sich als „Venusnarren", die, von Liebesverlangen geblendet und aufgepeitscht, stetig um das Becken herumreiten. Den Tieren (Wild-)Schwein, Einhorn, Pferd, Esel, Bär, Ziegenbock, Stier, Dromedar bzw. Kamel, Löwe, Panther lassen sich die Laster Luxuria (Wollust), Gula (Völlerei), Avaritia (Geiz), Ira (Zorn), Superbia (Stolz) zuweisen, wobei die Zuordnung aber nicht immer eindeutig ist, zumal mehrere Tiere ein und dasselbe Laster verkörpern. Letztlich symbolisiert das Zentrum der Mitteltafel mit dem

Rundritt der Männer um den Teich nichts anderes als Weibermacht und Frauenherrschaft, die mit der Sündhaftigkeit und Torheit des Mannes korrespondiert. Der Wille des Mannes erliegt der Anziehungskraft der Frau. Der rationalen Kontrolle verlustig, wird er „wild". Nach Vandenbroeck sind die Motive des „Rundritts" und des „wilden Bereitens von Tieren" auf volkstümliche Fruchtbarkeitsriten und Fruchtbarkeitsgebräuche, auf Maiplätze, Beschwörungs- und Bindetänze wie auch auf Auswahl- und Werbetänze zurückzuführen. Manche ländlichen Marien-Prozessionen nahmen Elemente vorchristlicher Wasser- und Baumkulte auf, und ein Baum oder ein Teich wurde dann nicht mehr aus Naturverehrung, sondern als Ort der Gegenwart oder Erscheinung der Heiligen rituell umlaufen oder umkrochen. Das Umreiten des Teiches mit den Frauen bei Bosch kann als Parodie im Sinne einer falschen Ehrerbietung gedeutet werden. Auf sinnliche Liebe und Verführung, auf Unzivilisiertes und Wildes weisen weitere Motive der Mitteltafel hin, wie die Wilden Leute und die Afrikaner, die Meerritter und Meerjungfrauen. Die Untersuchung der Ikonografie zeigt summa summarum, dass das Treiben auf der Mitteltafel dem höfischem Anstand und Verhalten diametral widerspricht – es ist eine exotische und wilde Gegenwelt dargestellt. Eine Frauenherrschaft wollte „Mann" am Hofe gewiss nicht zulassen und sich auch nicht den eigenen Trieben überlassen. Stattdessen galt es Selbstbeherrschung und Contenance zu wahren.

Leicht verliert sich der Betrachter in den unzähligen Details des überbordenden Panoramas der Mitteltafel. Es ist sinnvoll, sich ihre im Verhältnis zur linken Innentafel kontradiktorische Bedeutung und Gestaltung im Ganzen wie im Detail zu vergegenwärtigen. So taucht die Eule in der Basis des Lebensbrunnens an der zentralen Stelle der Paradiestafel etwa in gleicher Höhe jeweils am linken und rechten Bildrand der Mitteltafel in Begleitung ihrer verblendeten „Verehrer" wieder auf. Während sich auf der Paradiestafel ein Einhorn nahe dem Quellfluss des Lebensbrunnens aufhält, wird es auf der Mitteltafel in der Nähe des Teiches der Frauen zum wilden Reittier, womit sich seine Bedeutung von der Keuschheit zur Wollust wandelt; Ähnliches ist in Boschs *Hieronymus* (S. 304/305, Kat. 12.2) zu beobachten. Die Mitteltafel invertiert nach den Prinzipien der verkehrten Welt die Vorgaben der Paradiestafel ins Gegenteil (Moxey 1994). Dies findet einen figürlichen Ausdruck in dem Mann links im Vordergrund, der kopfüber bis zur Brust im Wasser steckt (S. 196/197). Weiterhin werden die natürlichen Größenverhältnisse zwischen Mensch, Tier, Pflanze und Gegenstand aufgehoben, sodass die Vögel und Früchte oft genauso groß oder sogar größer sind als die Menschen. Dieses bedeutungsperspektivische Prinzip findet sich schon im *Heiligen Christophorus* (S. 78, Kat. 7). Die Hierarchie der Dinge ist nivelliert. Die auf der Paradiestafel neben- und untergeordneten Tiere sind auf gleicher Ebene und im direkten Körperkontakt mit den unzähligen Nachkommen des ersten Menschenpaares dargestellt. Männer und Frauen sind nicht mehr sorgsam

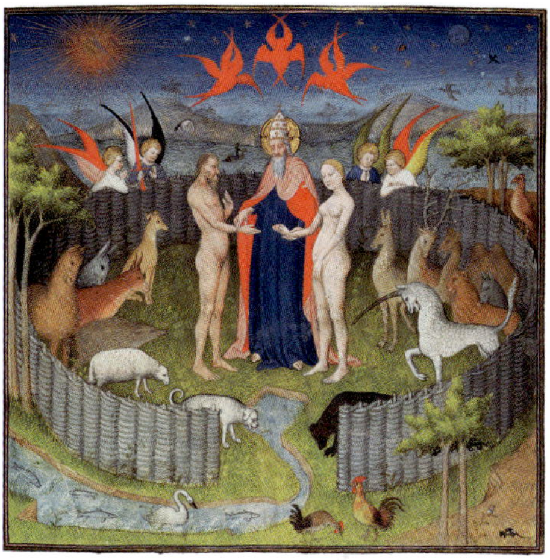

voneinander getrennt. Auch sind die natürlichen Lebensräume vertauscht, so befinden sich Vögel im Wasser und Fische an Land oder in der Luft. Im Gegensatz zur Statik und Ruhe der Paradiestafel ist alles in Bewegung. Selbst ruhende Bildmotive befinden sich in einer Situation vor dem Kippen, sind in sich fragil und instabil. Dies ist besonders im rechten Hintergrund zu beobachten, wo tektonische Elemente aufeinandergestapelt sind. Die Sünde löst die von Gott gegebene natürliche Ordnung auf. Chaos und Beliebigkeit werden zum Ordnungsprinzip.

Bosch nutzt die Parodie im Sinne einer Umkehrung der Figurationen der höheren Stillage als Mittel des künstlerischen Schaffensprozesses, um eine Vielheit von Figuren niederer Stilebene zu generieren. Ein gutes Beispiel ist hier die Adam-Christus-Eva-Gruppe. Die kompositorische, gestische und mimische Durchgestaltung nach hierarchischen Prinzipien wird in zwei Figurengruppen wieder aufgegriffen. Bei der einen Gruppe am rechten vorderen Rand der Mitteltafel verharrt eine Frau neben dem hockenden Mann mit den Blumen im Anus in derselben Körperhaltung wie Adam auf der linken Innentafel. Während sie passiv mit gestreckten Beinen dasitzt, mit einer Hand den aufgerichteten Oberkörper vom Boden abstützt und die andere Hand auf den Oberschenkel gelegt hat, ist ihr Gesicht mit einem transparenten Blütentrichter verschleiert, und um sie herum versinkt die Welt in Sünde und Torheit. Exakt spiegelbildlich an der Achse zwischen Mittel- und Höllentafel gegenüber befindet sich auf der rechten Innentafel eine zweite Frau in derselben Sitzposition. Jeweils links neben den Frauen hebt ein Mann bzw. ein Teufel sein Hinterteil empor, was unmissverständlich Unreinheit signalisiert. Die Frau auf der Höllentafel ist durch die Teufelsumarmung mit der Wollust, durch die Kröte auf ihrer Brust und das Gesäß eines Teufels mit Unreinheit konnotiert. Ihr Gesicht spiegelt sich zudem in der Spiegelfläche des Teufelshinterns, was auf die Todsünde Superbia (Eitelkeit, Stolz) verweist. Diese gilt als erste und ursprünglichste aller Todsünden, der schon Eva im Paradies verfiel. Daher ist die Frauengestalt in der Hölle, deren Blick sich selbst

Boucicaut-Meister, **Gott präsentiert Adam Eva**, um 1415
aus: *Des proprietez de choses*, fol. 16r. Pergament, 40,5 x 28,5 cm.
Cambridge, Fitzwilliam Museum, Ms. 251

gilt, das negativ konnotierte Gegenstück zu Eva wie auch zu Adam, wie sie auf der linken Innentafel vor dem Sündenfall dargestellt sind. Die erwähnte Frau auf der Mitteltafel wäre dann das Zwischenstadium der in Sünde fallenden Seele.

In der Parodie ist das Parodierte gegenwärtig. Im fortgesetzten Landschaftstyp und der ununterbrochenen Horizontlinie zwischen der linken und der Mitteltafel wird sogar Kontinuität suggeriert. Der Hintergrund wird dominiert von fünf teils roten, teils blauen Gebilden. Das mittlere ist vollständig von Wasser umgeben, während durch die Basis der anderen Wasserarme fließen. Sie verbildlichen offenbar die Quellen der vier Paradiesströme (S. 176/177, 181). Doch die gemeinsamen, separaten Elemente zwischen beiden Tafeln – Nackte, Tiere, Pflanzen und die Landschaft – sind ganz unterschiedlich zusammengefügt. Die Achse zwischen den Tafeln fungiert hier wiederum als Spiegelachse. Ist die linke Innentafel christozentrisch, so ist die Mitteltafel anthropozentrisch. Während auf der linken Innentafel Christus zur Verehrung durch den Betrachter ausgestellt wird, steht im Zentrum der Mitteltafel die Ehrerbietung gegenüber der Frau durch die sie umkreisenden Männer. Entsprechend ist der treuen Ehe mit dem Ziel der Zeugung von Nachkommen auf der linken Tafel die hemmungslose Sexualität auf der Mitteltafel gegenübergestellt. Es spricht also nichts dafür, dass Boschs Zeitgenossen die Mitteltafel mit ihrer grotesken Körpersprache und den irrealen Lebensverhältnissen als einen idealen, positiven oder vorbildlichen Ort aufgefasst hätten, wie seit Fraenger immer wieder behauptet worden ist. Dies bedeutet jedoch nicht, dass sie das Gemälde nicht künstlerisch „interessant" gefunden hätten.

Die Menschheit im Höllenbordell

Die rechte Innentafel breitet in einem irritierenden genrehaften Realismus eine Höllendarstellung aus, die nicht einmal mehr die gewisse Spiegelsymmetrie der Mitteltafel aufweist, sondern nur noch als chaotisch zu bezeichnen ist. Als ordnender Bezugspunkt dienen auf den ersten Blick die riesige Figur im Zentrum und bei genauerem Hinsehen einige von den anderen Tafeln weitergeführte Bildmotive. Die Hölle selbst erscheint nicht als diffuse Finsternis, aus der schemenhaft Teufel auftauchen, um die nach den Kategorien ihrer Sünden sortierten Verdammten auf grausamste Weise zu foltern. Vielmehr breitet sich eine infernalische Landschaft aus, die vorne verdorrte Erde, mittig ein über das Ufer getretenes Gewässer, das eine Brücke umspült, und am Horizont die Silhouette einer brennenden Stadt zeigt (S. 208/209). Der Hintergrund erinnert an eine untergehende Welt im Kriegszustand, die an den verheerenden Brand, den Bosch 1463 erlebte, gemahnt.

Der Garten der Lüste (Detail), um 1503
Mitteltafel: **Menschheit vor der Sintflut** (siehe Abb. S. 190/191)

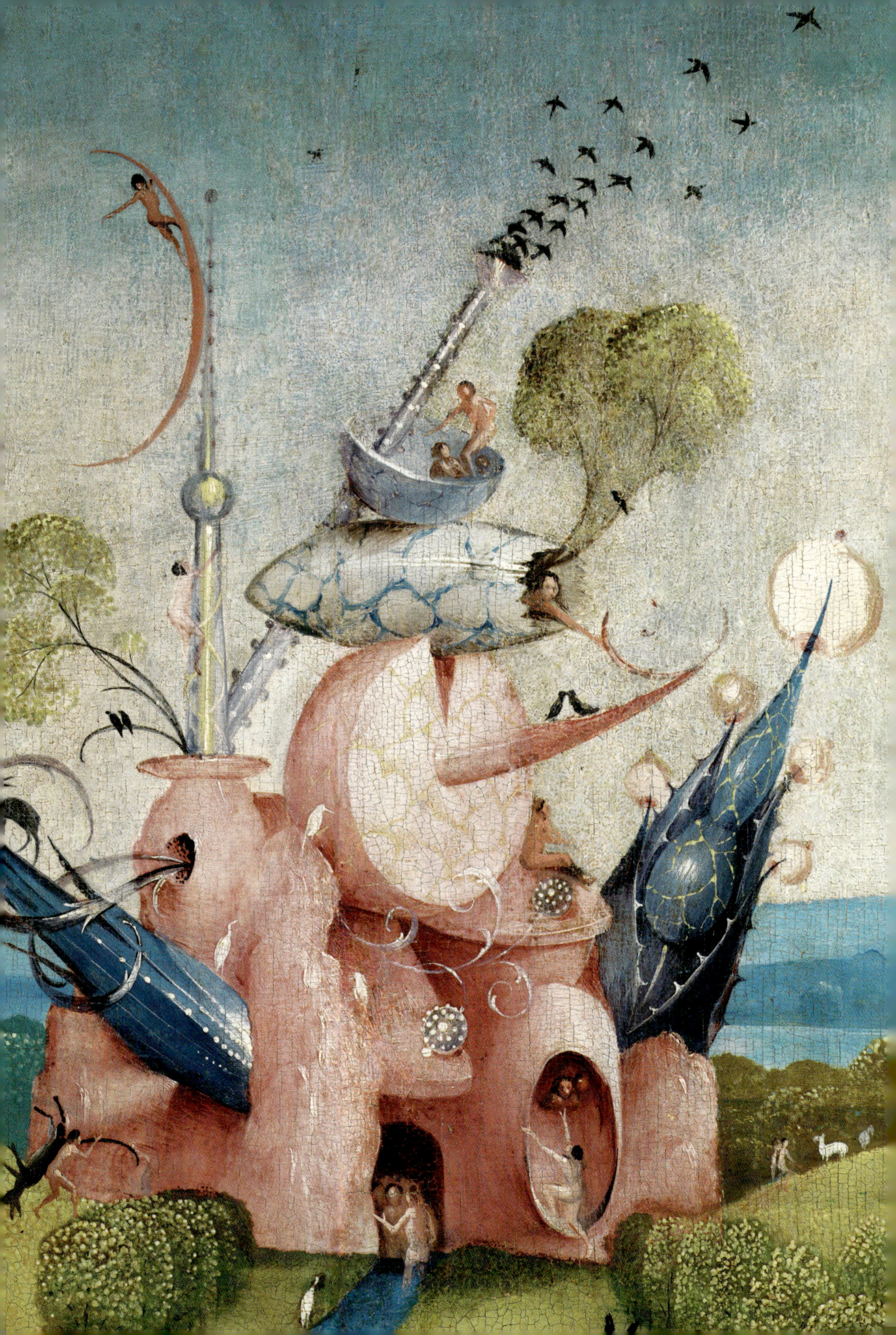

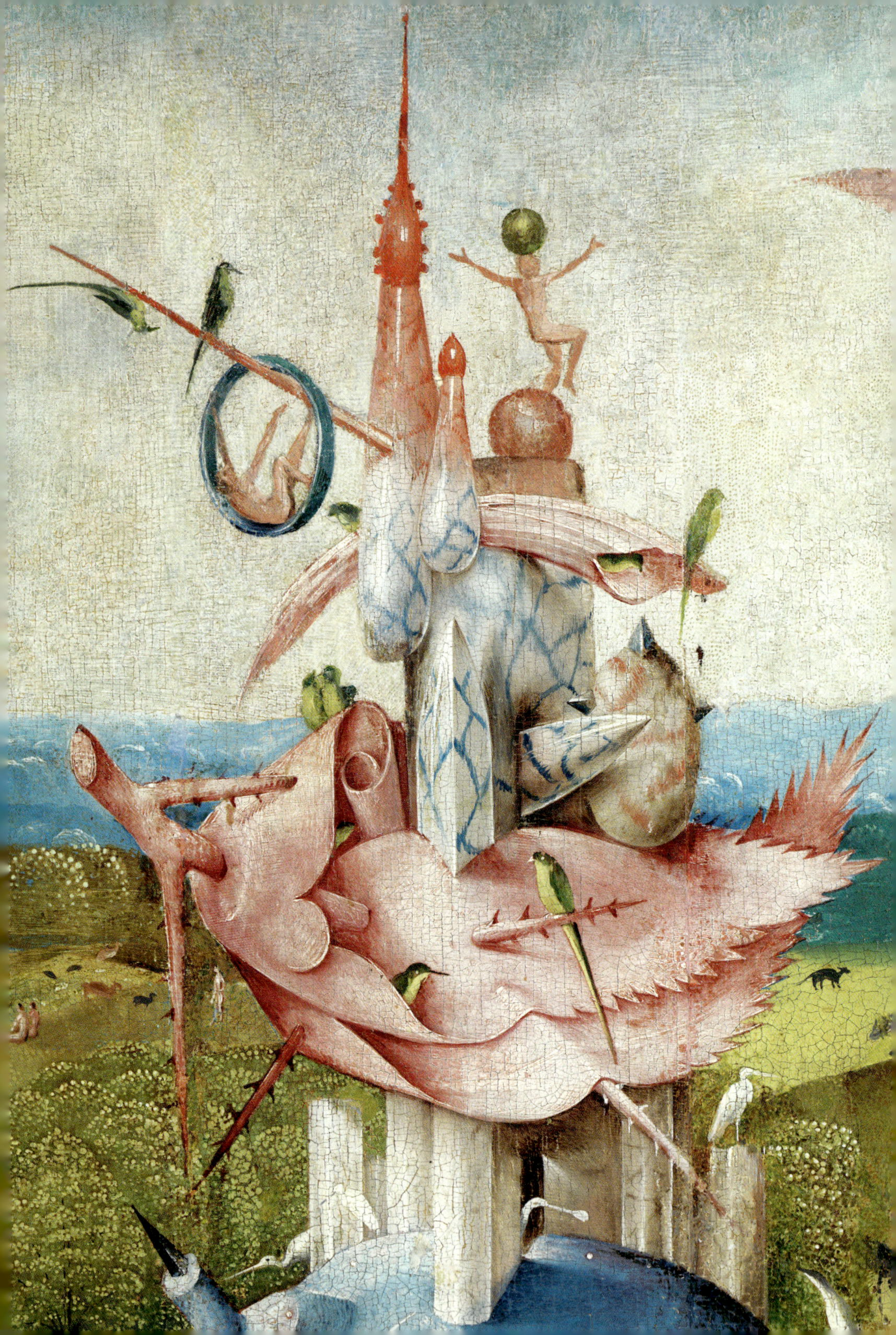

Die Tafel zeigt zeitgenössische Architektur, Kleidung und Gegenstände, die das Ganze dem Betrachter als aktuell oder bevorstehend darbieten.

Der sog. Baummensch (S. 213, vgl. Zeichnung Kat. Z4, S. 212) im Zentrum ist eine riesige, bleiche, anthropomorphe Gestalt, die dem Betrachter das Hinterteil entgegenstreckt und über die Schulter zurückschaut. Mit ihm thematisiert Bosch vor allem die Laster der Luxuria (Unkeuschheit) und der Gula (Völlerei). Wie ein grotesker Hut sitzt eine große Scheibe auf seinem Kopf, auf der drei Paare von Sündern und Teufeln um eine rote Sackpfeife kreisen (S. 210/211). Dabei werden sie von einem Teufel beobachtet, während ein anderer mit ganzem Körpereinsatz das qualmende Instrument bedient. Arme und Beine des Baummenschen sind verschmolzen und werden durch blattlose, hohle Bäume mit je einem Ast gebildet. Der Leib ist eiförmig, und in ihm ist eine Schenke eingerichtet, die durch eine Fahne mit einem Dudelsack markiert ist. Drinnen füllt eine Frau Krüge aus einem Fass, und drei Männer sitzen auf einer Kröte an einem Tisch (S. 213). Feuer scheint ihnen entgegenzuschlagen. Das Innere durchbohren zwei Äste, an denen ein Helm und eine Armbrust hängen. Am vorderen Rand stützt sich ein Mann nachdenklich auf den Arm. Daneben lehnt eine Leiter, über die ein Vogel-Ritter-Falter-Teufel zwei sündige Seelen nach oben schickt. Die Verdammten leiden hier und auch in den meisten anderen Szenen der Bildtafel an ihrer ausweglosen Situation, in der sie ihr irdisches Tun repetieren, seltener hingegen an direkten leiblichen Qualen. Die Füße des „Baummenschen“ bilden aschgraue Boote, die jeweils einen Teufel als Steuer- oder Fährmann haben. In der Mitte des Bodens sind in rechteckigen Öffnungen unzählige winzige Köpfe auszumachen. Ebenso verfügt jedes Boot über hohe Masten, an dem einen, bis oben hin sichtbaren hängt eine arme Seele unterhalb eines brennenden Ausgucks.

Bosch entfaltet auf dem ganzen rechten Innenflügel den Topos der „bösen Herberge“ oder „bösen Taverne“ (niederländisch „quade herberge“; Bax 1956, S. 91–92). Dieser aus der zeitgenössischen Literatur entlehnte Begriff prangert Bordelle und zwielichtige Wirtshäuser an, in denen weltliche Musik, Glücksspiel, Alkoholkonsum und Prostitution nach der damaligen Vorstellung zu den Sünden Wollust, Streitsucht, Zorn, Eitelkeit, Habgier, Trinksucht und Spielsucht führen. Dass Bosch diese Zusammenhänge nicht mit dem erhobenen Zeigefinger, sondern mit der Freiheit gestalterischer Kombinatorik wie auch mit bitterer Ironie inszeniert, zeigen die kreisenden und in vermeintlicher Vertrautheit Händchen haltenden Paare auf dem Kopf des Baummenschen. Die Sackpfeife ist der Inbegriff weltlicher Musik und zugleich ein Geschlechtssymbol bzw. Symbol für Zügellosigkeit. Die weltliche Musik assoziiert über den Paartanz die Wollust. Gemäß der Vor-

Der Garten der Lüste (Detail), um 1503
Mitteltafel: **Menschheit vor der Sintflut** (siehe Abb. S. 190/191)

stellung, dass eine Sünde zur anderen leitet, treten die Todsünden oft zusammen oder in Abfolge auf. „Ist der Wanst voll Speis' und Trank, steht die Unkeuschheit vor der Tür", schreibt etwa Thomas a Kempis (um 1380–1471) in seiner verbreiteten Schrift *De Imitatione Christi* (um 1418; Von der Nachfolge oder Nachahmung Christi). Die Sünden, insbesondere die Wollust, zerstörten die Reinheit des als Gefäß aufgefassten Leibes, der von seiner Bestimmung her Wohnstätte des Heiligen Geistes sein solle.

Der durch Sünde verunreinigte Leib widerspricht der kultischen Reinheit und schließt den Menschen von der Eucharistie aus. Die Unreinheit des Baummenschen wird durch das skatologische Motiv sehr plakativ dargestellt und zwar derart deutlich, dass der Betrachter von hinten in den als Bildaufriss gestalteten Wanst des Baummenschen hineinschaut. Der Leib wird ganz buchstäblich zur Aufenthaltsstätte der Sünden. Der Riese ist in jeder Hinsicht das Gegenteil zur Gottebenbildlichkeit des Menschen. Die anderen riesigen Musikinstrumente weiter vorne – besonders Laute, Harfe, Drehleier, Pommer und Trommel – schließen sich als Symbole weltlicher Musik der Bedeutung der Sackpfeife im Prinzip an, dienen aber den Teufeln zugleich als Folterapparate (S. 217).

Während der Topos der „bösen Herberge" im Baummenschen konzentriert dargestellt ist, wird er in den Szenen im unteren linken Bildraum detaillierter ausgebreitet (S. 218). Die nackte Frau mit dem Würfel auf dem Kopf ist durch die Kerze und den Krug in der Hand als Hure gekennzeichnet und gehört ebenfalls eindeutig ins zwielichtige Wirthausmilieu, wie ein Bildvergleich verdeutlicht (S. 219). Daneben hat Bosch aus dem Hasen, dem Symbol der Eva bzw. der Fruchtbarkeit, einen Jäger gemacht, der ein Paar zur Strecke gebracht hat. Nach dem Prinzip der verkehrten Welt bemächtigt sich die Fruchtbarkeit als natürlicher Trieb seines „Trägers", des Menschen (vgl. S. 169). Weiter links vorne hebt ein Teufel ein Feld für Tricktrack, ein dem Backgammon ähnliches Brettspiel, drohend empor. In der unteren linken Ecke des Bildes liegen Spielkarten verstreut. Daneben lehnt ein Mann mit dem Rücken an einer umgestoßenen Tischplatte, dessen rechte Hand von einem Dolch durchstoßen ist. Ein Teufel steht über ihm und stößt ihm ein Schwert in den Leib. Auf dem Rücken trägt er ein Schild, auf dem wie ein Wappen eine durchstoßene und abgehackte Hand prangt, die auf zwei Fingern einen Würfel balanciert. Dies entspricht der spätmittelalterlichen und frühneuzeitlichen Rechtspraxis der Leibesstrafen, nach der sich die Bestrafung auf jene Körperteile richtet, mit der die Sünde ausgeübt wurde. In diesem höllischen Verfahren ist die Hand das Corpus Delicti. Das riesige Ohrenpaar weiter oben im Bild, neben der Sackpfeife und auf einer senkrechten Linie mit den Musikinstrumenten, könnte analog gedeutet werden, nämlich in dem Sinne, dass das Hören weltlicher Musik zur Sünde verleitet. Hier steckt ein Pfeil quer in den Ohren, und ein Messer steht zwischen ihnen, als hätte es sie abgetrennt (S. 210/211). Die Leibesstrafen finden in der Bibel ihren Ausgang und ihre Legitimation, so spricht Chris-

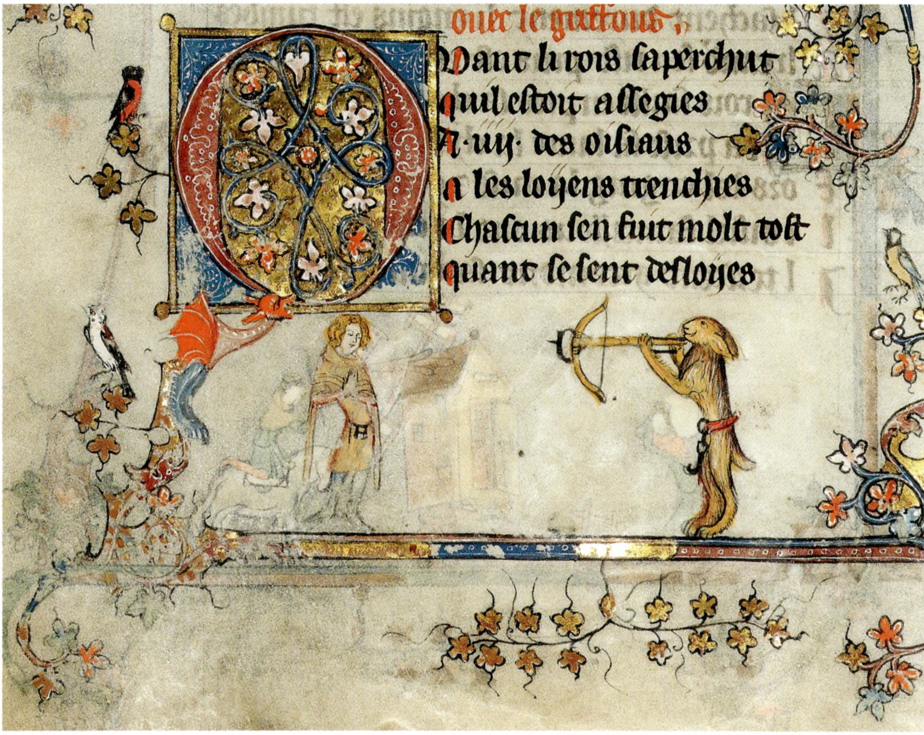

Französischer Buchmaler, **Der Hase als Jäger**, 1338–1344
aus: *Alexanderroman*, fol. 81v (Detail). Pergament. Oxford, Bodleian Library, Ms. Bodley 264

tus bei der Unterweisung der Jünger in der Passage über den Ehebruch (Mt 5,27–30): „Wenn dich dein rechtes Auge zum Bösen verführt, dann reiß es raus […] Und wenn dich deine rechte Hand zum Bösen verführt, dann hau sie ab und wirf sie weg. Denn es ist besser für dich, dass eines deiner Glieder verloren geht, als dass dein ganzer Leib in die Hölle kommt." Bosch lässt den Sünder den göttlichen Segensgestus, der auf der linken Innentafel verbildlicht ist, parodieren, sodass die Schwurhand auf das Würfelspiel Beziehung nimmt, was zugleich ein Verstoß gegen das Gebot, den Namen Gottes nicht zu missbrauchen, verstanden werden kann.

Es sind aktuelle Themen, die Bosch aufgreift. Die Restriktionen gegenüber der Prostitution nahmen gegen Ende des 15. Jahrhunderts zu, zugleich wurde die Ehe zunehmend institutionalisiert. Glücksspiele standen – oft in Kombination mit Alkoholkonsum – im Ruf, Erregung, Streitereien und Zornesausbrüche hervorzurufen, und waren deshalb häufig mit Verboten belegt. Die Kombination der Elemente in der Mitte und besonders unten auf der Höllentafel sowie ihre Gegenüberstellung mit dem Ehe-Ideal auf der

Paradiestafel entspricht einem didaktischen Spruchgedicht von etwa 1450 mit dem Titel „Sprichwörter über die Ehe" („Dit zijn proverben van huwene"): „Von bösen Menschen kann man lernen,/Unkeuschheit, Würfelspiel, trinken und schwören,/unzeitig trinken und essen,/Und auch die Fastentage vergessen,/Und ebenso alle Gebote,/Die man vor Gott halten sollte" („„An quade menschen mach men leeren,/Oncuusheit, dobbelen, drijncken en sweeren,/Tontide drijncken ende eten,/Ende oec die vastendaghe vergheten,/Ende oec alle die ghebode,/Die men hauden zoude van gode"; Braekman 1969, S. 92–93).

Der im Spätmittelalter immer wieder nachweisbare Motiv- und Themenkomplex der „bösen Herberge" verdichtete sich um 1500 für die städtischen Eliten und den Adel zu einem Negativbild. Erasmus von Rotterdam erwähnt in einem autobiografisch gefärbten Text von 1516 ausdrücklich, dass sein Erzieher frei von Würfelei, Hurerei und Trunksucht sei. Dem jungen Adel wurden neben Geltungssucht, Verschwendung und Jagdfieber auch Spielsucht und Saufgelage nachsagt. Ein Tugendtraktat des François Demoulins von 1509 warnt wohl daher den jungen François d'Angoulême, den späteren französischen König Franz I. (1494–1547), vor den Dämonen des Karten- und Würfelspiels. Ähnlich dürften Boschs Werke dem jungen Fürsten Heinrich III. von Nassau-Breda und dem Habsburger Philipp dem Schönen dazu gedient haben, sich bestimmte Verhaltensweisen als „unhöfisch" vor Augen zu halten. Bosch stellt die „böse Herberge" auch in der *Anbetung der Könige* (Kat. 6.3), in der *Antonius-Versuchung* (Kat. 10.3), im *Jüngsten Gericht* (Kat. 13.4), der Ira in den *Sieben Todsünden mit den vier letzten Dingen* (Kat. 15) und dem *Hausierer* (Kat. 17.1) dar.

Unter den einzelnen Szenen und Figuren der Höllentafel des *Gartens der Lüste* fällt auch der sog. Kackstuhlteufel rechts unten ins Auge (S. 221). Das blaue, vogelköpfige Monster sitzt auf einem als Thron fungierenden Toiletten- oder Kinderhochstuhl und verschlingt einen Sünder, dem Vögel, Rauch und Feuer aus dem Anus entweichen. Der große Kochkessel auf seinem Haupt illustriert den großen Appetit des Teufels. Dieses Sünder ausscheidende Ungeheuer zeigt Parallelen mit der *Visio Tundali*, in der ein riesiger, monströser vogelschnäbliger Teufel auftaucht, der die Wollüstigen bestraft, indem er sie verschlingt und wieder ausscheidet. Kapitel 10 mit der Überschrift „Über die Strafen der im Ordenskleid und Ordensstand Hurenden bzw. in jedem Stand sich zügellos Befleckenden" berichtet (zit. nach Dinzelbacher 1989, S. 90 f.): „Als der Engel also voranschritt, sahen sie eine Bestie, die allen Bestien, die sie vorher gesehen hatten, ganz unähnlich war, zwei Füße und zwei Flügel hatte, auch einen sehr langen Hals und eisernen Schnabel. Sie

Der Garten der Lüste (Detail), um 1503
Mitteltafel: **Menschheit vor der Sintflut** (siehe Abb. S. 190/191)

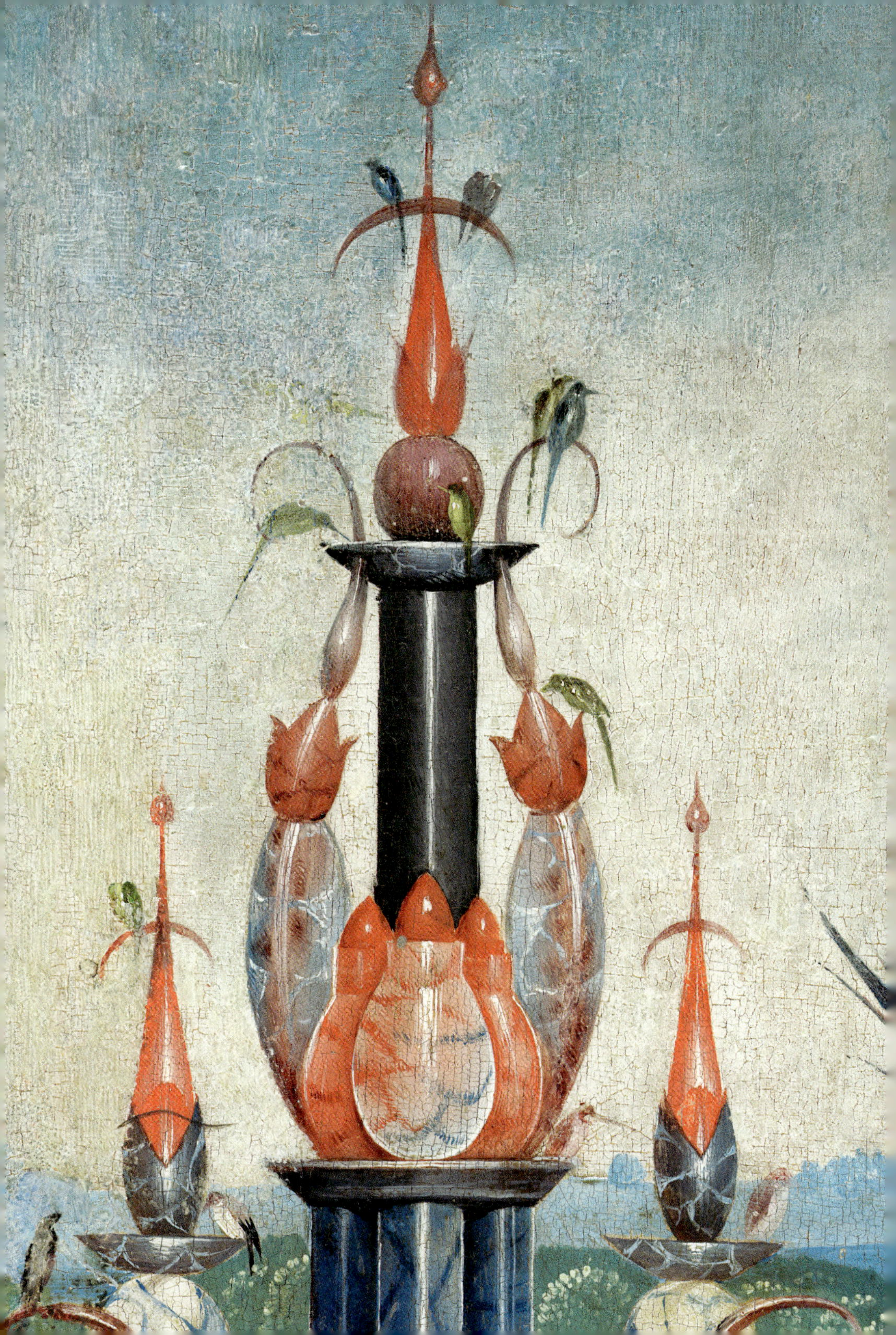

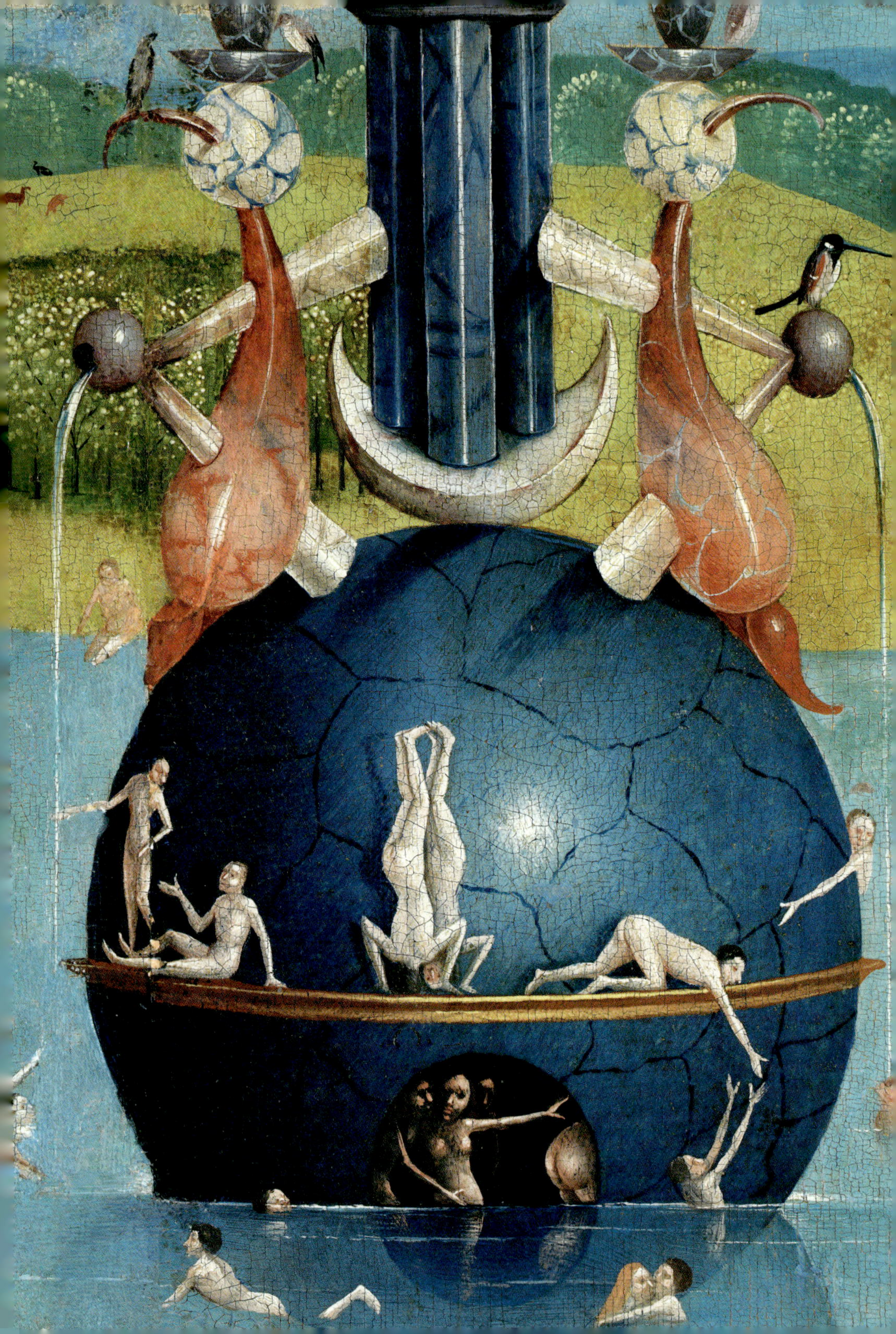

hatte auch eiserne Krallen, und durch ihr Maul ergoss sich eine unauslöschliche Flamme. Diese Bestie saß über einem Sumpf aus gefrorenem Eis. Die Bestie verschlang aber alle Seelen, die sie nur immer finden konnte, und nachdem sie in ihrem Bauch durch Martern zu nichts gemacht worden waren, gebar sie sie in den Sumpf aus gefrorenem Eis, und dort wurden sie wiederum zur Qual erneuert."

Die *Visio Tundali* (oder *Tnugdali*) wurde etwa 1149 von dem irischen Mönch Marcus im Regensburger Schottenkloster aufgezeichnet. Sie erzählt von der Jenseitsreise des Ritters Tundal, der auf einem Fest in Ohnmacht fällt und daraufhin von einem Engel durch die Hölle und bis ins Paradies geführt wird. Die furchtbaren Strafen der Sünder (S. 220) vor Augen, empfindet er Reue und kehrt seinen bisherigen Lebenswandel um. Die *Visio Tundali* war nördlich der Alpen weit verbreitet und stand dort in der Gunst des Publikums im Bereich der Visionsliteratur, zu der auch die *Divina Commedia* (verfasst 1307–1320) des Dante Alighieri (1265–1321) gehört, bis in die frühe Neuzeit ganz oben. Es gab schon früh zahlreiche Übersetzungen ins Volkssprachliche. 1482 wurde eine Ausgabe in Antwerpen gedruckt, 1484 in 's-Hertogenbosch durch Gerardus Leempt. Offenbar übte die Beschäftigung mit der Hölle eine große Faszination aus. Literarische Jenseitsreisen, das geistliche Spiel und Höllendarstellungen à la Bosch ermöglichten es auch Laien, sich ästhetisch mit dem Jenseits auseinanderzusetzen und auf das Kommende vorauszuschauen. Durch diese medialen Repräsentationen konnten das Schreckliche und die bösen Mächte materialisiert, anschaulich und dingfest gemacht und so gebannt werden. Sie eröffneten zugleich eine Gegenwelt zum Alltäglichen wie auch zum Heiligen, in der die Überraschung und sogar der Humor Eingang gefunden hatten. Davon zeugen nicht nur die Teufel im geistlichen Spiel mit ihren Feuerspielereien, ihren Listen und ihrem unsinnigen Pseudolatein, sondern auch die Teufel im *Garten der Lüste*.

Dass sich der thematische und chronologische Zusammenhang der Teile des Triptychons bis in die Bilddetails aufzeigen lässt, gilt auch für die Mitteltafel und Höllentafel, die kausal, formal und inhaltlich wesentlich stärker miteinander verbunden sind, als es auf den ersten Blick den Anschein hat. So sind beide eschatologisch ausgerichtet und zeigen eine Art implizites Weltgericht. Das Element Wasser ist auf jeder Tafel des Triptychons anwesend, doch verschiebt sich die Relation Land/Wasser nach rechts zugunsten des Letzteren. So ist die Hölle zur Hälfte von Wasser bzw. Eis bedeckt – ein verhältnismäßig großer Anteil, der keinen Vergleich in den gemalten Höllendarstellungen des 15. und 16. Jahrhunderts findet. Das Wasser ist hier wie die Sintflut ein Instrument der Strafe Gottes für die Sünder und daher der Hölle zugeordnet. Durch die in den Evan-

Der Garten der Lüste (Detail), um 1503
Mitteltafel: **Menschheit vor der Sintflut** (siehe Abb. S. 190/191)

gelien begründete Gleichsetzung des kommenden Weltgerichts mit der Sintflut wird die Flut hier zur Vorbotin und zum Strafmittel des Jüngsten Gerichts. Vor dem Hintergrund der vorsintflutlichen Lasterthematik repräsentiert der Baummensch mit den Bootsfüßen, dessen Riesengestalt auf die Nachfahren der Töchter Kains zurückgeht, hier eine Art trügerische oder falsche Arche, die keinem Sünder Schutz gibt, sondern vielmehr ihre Sünde ewig wiederkehren lässt. Er nimmt zugleich die Rolle des für Sintflut-Darstellungen topischen Baumes an, auf den die Ertrinkenden zur ihrer Rettung flüchten.

Die weltlichen Musikinstrumente sind ebenfalls durch das Thema der Menschheit vor der Sintflut begründet. In jener Zeit seien die „Begird der augen" durch das Fördern und Bearbeiten von Metallen, die „Begird der oren" durch die Kunst des Gesangs und die Erfindung von Musikinstrumenten wie Orgel und Harfe sowie die Begierde des Fleisches durch die Kleidung geweckt worden, weiß etwa die *Schedelsche Weltchronik* von 1493 zu berichten – in heutiger Terminologie entwickelten sich also vor der Sintflut die ersten Formen von Zivilisation und Kultur.

Das Kreismotiv verbindet formal alle vier Tafeln des Triptychons: Weltkugel bzw. Erdkreis, die Eule in der gewölbten Scheibe ist von Vögeln umgeben, die Männer umreiten den runden Teich mit den Frauen, und drei Paare umrunden auf einer kreisförmigen Scheibe die Sackpfeife auf dem Kopf des „Baummenschen". Der Kreis symbolisiert je nach Kontext die Vollkommenheit des Kosmos, oder er ist ein Zeichen des Sünders, denn die Begierde treibt den Menschen dazu, endlos und sinnlos im Zirkel zu wandern, ohne je ein Ziel zu erreichen.

So lässt sich der Bosch'sche Erfindungsgeist, der die Bildfläche bis ins Mikroskopische füllt, im konkreten Werkprozess des Malers und seiner Werkstatt bei der Ausgestaltung von Bilddetails konkret nachvollziehen. Während die Hauptmotive und die Grundstruktur der einzelnen Tafel im Werkprozess bereits früh festgelegt sind, wurden viele Detailmotive erst nach Festlegung der Paradiestafel kontradiktorisch, invertierend oder parodistisch aus einem ihrer Bildmotive entwickelt. Bosch folgt also bei der Ausarbeitung seiner Werke nicht einem vorab harmonisierend durchgestalteten Entwurf, sondern dem *amplificatio*-Verfahren, das ein Thema im Detail möglichst kunstvoll und zuweilen labyrinthisch entfaltet (Fischer 2009, S. 175–178).

Den Hochadel belehren und unterhalten

Mehrere Quellenfunde (siehe Text zu Kat. 11) seit 1517, beginnend mit dem Reisebericht von de Beatis, machen es wahrscheinlich, dass der Auftraggeber des *Gartens der Lüste* der bedeutende niederländische Zweig des hochadligen Hauses Nassau-Breda war. Für die Zeit um 1500 kommen Engelbert II. (1451–1504) und sein Nachfolger Heinrich III. von Nassau, Herren von Breda, infrage. Da die Ehe Engelberts mit Cimburga von Baden

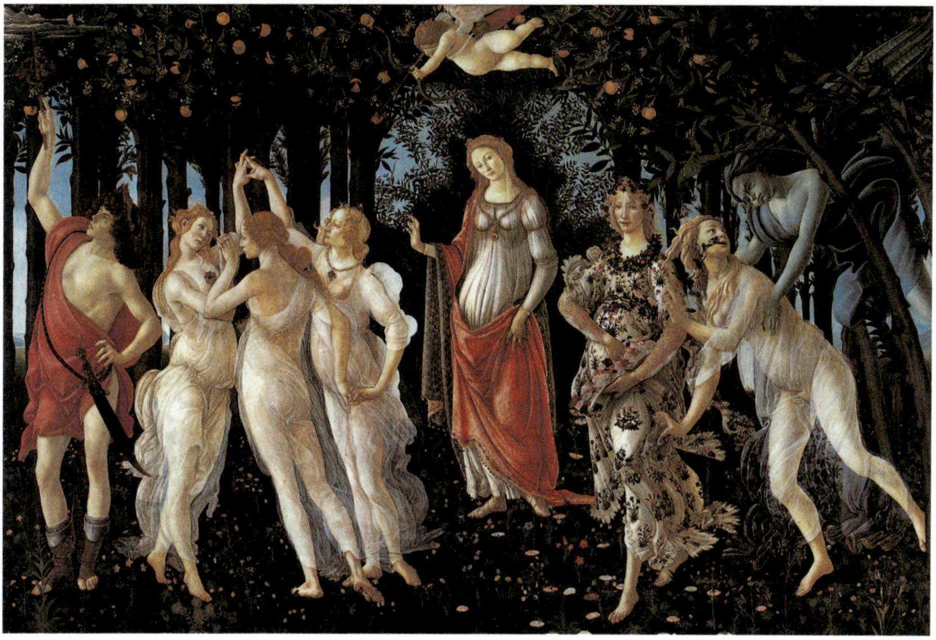

Sandro Botticelli, **Der Frühling**, um 1482
Tempera auf Pappelholz, 203 x 314 cm. Florenz, Galleria degli Uffizi

Seite 176/177
Der Garten der Lüste (Detail), um 1503 (siehe Abb. S. 190/191)
Mitteltafel: **Menschheit vor der Sintflut**

seit 1468 kinderlos blieb, ließ er 1499 seinen Neffen Heinrich im Alter von 16 Jahren aus den nassauischen Stammlanden in die Niederlande kommen. Dort wurde Heinrich im Brüsseler Palast der Nassauer (Hôtel de Nassau), in ihrem Haus in Mecheln sowie am Hof Philipps des Schönen in Gent erzogen. Heinrich war von 1501 bis 1506 dessen Hof so eng verbunden, dass er 1501 bis 1503 Philipp auf seiner Reise durch Spanien, Frankreich und Deutschland und 1506 erneut nach Spanien begleitete. Während der erstgenannten großen Reise vermittelte Engelbert für seinen auserkorenen Nachfolger die Hochzeit mit Françoise Louise de Savoie (vor 1486–1511). Die Verlobung erfolgte im November 1502, die Heirat im August 1503. Anfang Dezember, einen Monat, nachdem die Gesellschaft in die Niederlande zurückgekehrt war, ließ Engelbert II. anderthalb Wochen lang ausgedehnte Feierlichkeiten am Sitz der Nassauer in Brüssel ausrichten, mit denen offenbar auch die Hochzeit gefeiert wurde und an der ausdrücklich auch die Braut und ihre Hofdamen mit größtem Vergnügen teilnahmen (Gachard 1876, S. 338–339). Am 6. Januar 1504 inszenierten dann noch die Stände und der Kanzler Brabants in Brüssel eine Ankunftszere-

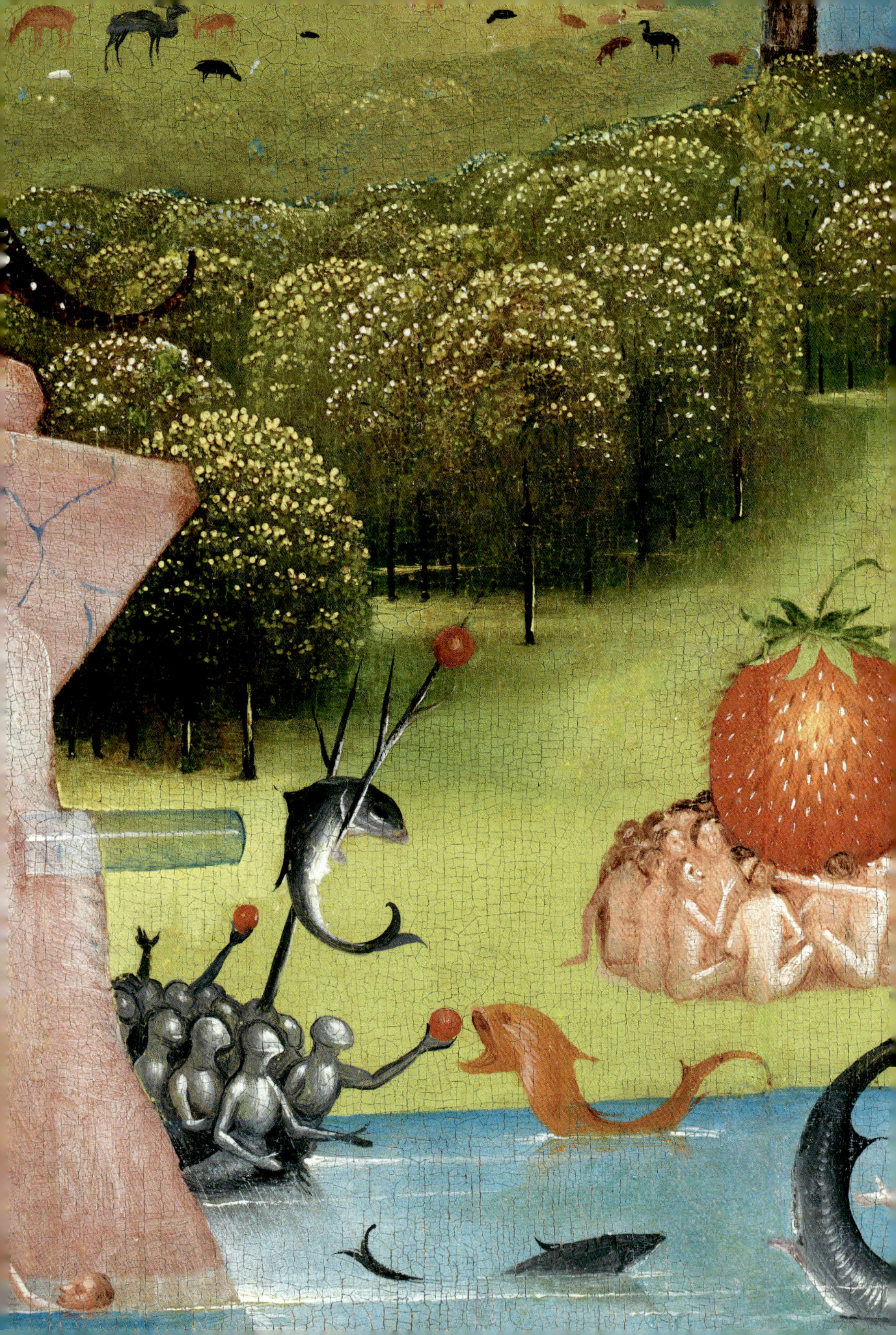

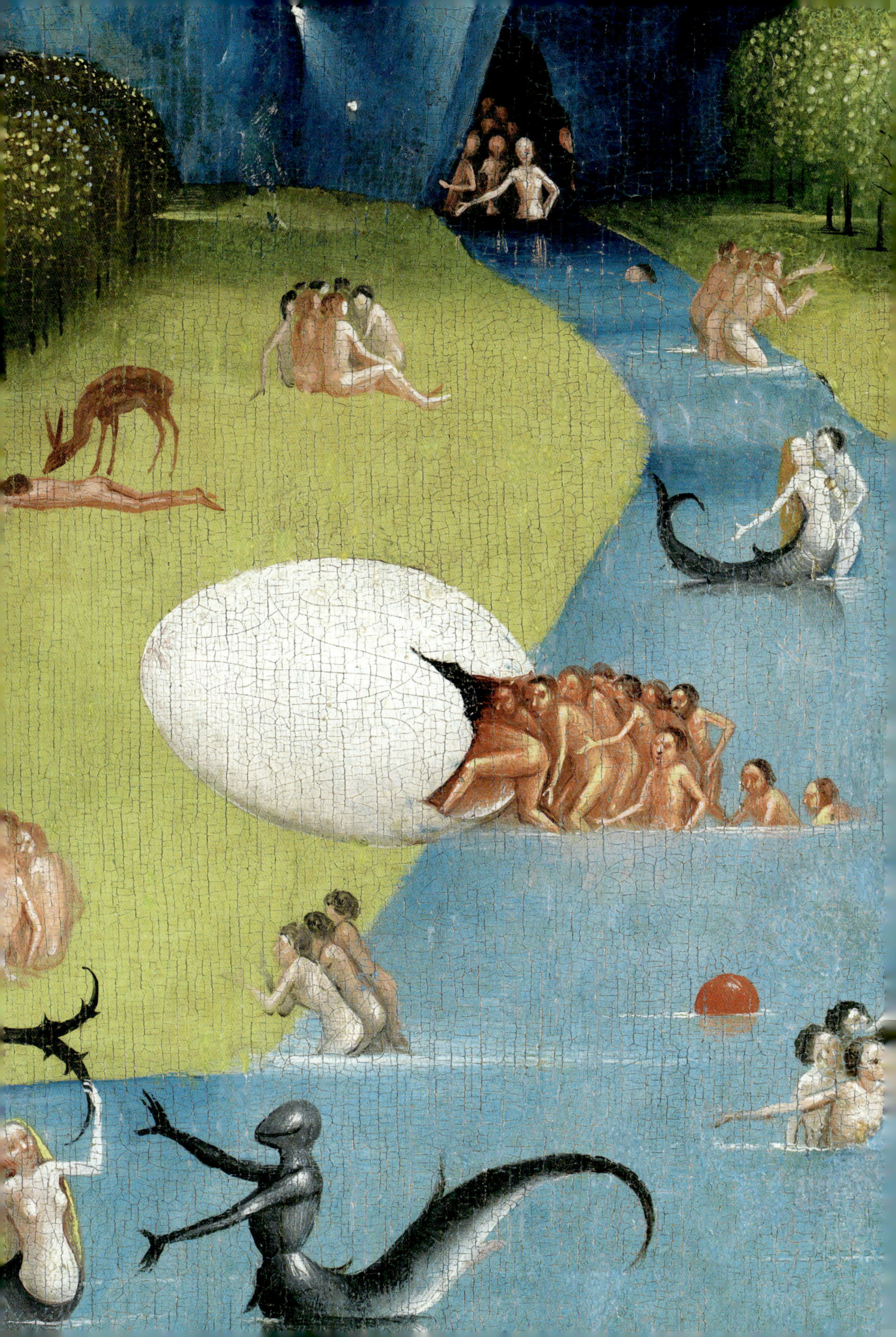

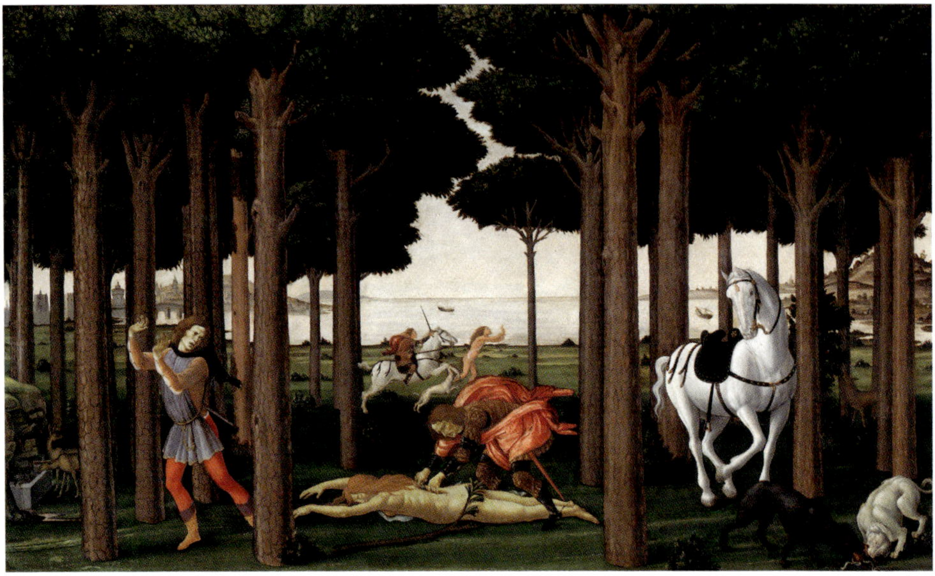

Sandro Botticelli, **Episode aus dem Leben des Nastagio degli Onesti**, 1483
Tempera auf Holz, 82/84 x 138/142 cm. Madrid, Museo Nacional del Prado

monie für Philipp den Schönen. Ob Bosch den *Garten der Lüste* schon im August 1503 fertiggestellt hatte und die Festgäste das Werk sehen konnten, das erst im Jahr zuvor zur Verlobung in Auftrag gegeben worden war, ist freilich unsicher.

Am 31. Mai 1504 verstarb Engelbert II. Als militärisches Talent hatte er den Habsburgern Maximilian und Philipp gedient und weitere wichtige politische Funktionen in den Niederlanden erfüllt. Vom Brüsseler Palast aus, von dem heute lediglich die Kapelle erhalten ist, hatte er die Statthalterschaft über die Niederlande während der Abwesenheit Philipps ausgeübt. Heinrich erbte von seinem Onkel die Besitzungen der Nassauer in den Niederlanden und trat auch in militärischer und politischer Hinsicht in seine Fußstapfen. Am 31. Juli 1504 hielt er 21-jährig in Breda, dem eigentlichen Hauptsitz der Nassauer, Einzug. Doch ließ er den Palast in Brüssel seit diesem Jahr weiter ausbauen. Erst 1515 wurde Breda der tatsächliche Hauptsitz, wo Heinrich dann auch seine zweite Hochzeit feierte und umfangreiche Bauerweiterungen veranlasste.

Ob der kinderlose Engelbert II., der an der sehr schmerzhaften und langwierigen Geschlechtskrankheit der Syphilis litt und 1504 sehr wahrscheinlich an ihr starb, Heinrich mit dem *Garten der Lüste* warnen wollte, sei dahingestellt. Die Erziehung des jungen Heinrichs III. von Nassau lag, wie beim Hochadel im Spätmittelalter üblich, in den Händen eines weltlichen und eines geistlichen Lehrers. Anhaltspunkte für die Bildungsinhalte liefern die Bibliotheken von burgundischen und niederländischen Fürsten und höheren Adligen sowie die erhaltenen Bücher der Bibliothek der Nassauer (siehe Fischer 2009, S. 354). In diesen finden sich vor allem historiografische Werke, Exempelkompilationen, moraltheologische und moraldidaktische Schriften, Enzyklopädien und andere geistliche Literatur. Auch Werke, die den Horizont des *Gartens der Lüste* abstecken, gehörten zum Bestand, so der *Roman de la Rose*, die historiografisch zu verstehenden Weltchroniken und Bibelbearbeitungen sowie Augustinus' (354–430) *Gottesstaat*. Die Erzieher der Fürsten sahen den Tugendadel und die Bildung für wichtiger an als die kriegerisch-ritterlichen Werte. *Der Garten der Lüste* wie auch *Das Jüngste Gericht* (Kat. 13) und die *Antonius-Versuchung* (Kat. 10) sind Werke, die zur moralischen Erziehung Heinrichs III. und Philipps des Schönen geeignet waren, die eine spirituelle Dimension enthielten und auch den künstlerischen Erwartungen des höfischen Publikums zu genügen versuchten.

Beide, Engelbert und Heinrich, waren offenbar Kunstliebhaber, die bevorzugt Künstler aus der Region für Aufträge heranzogen. Ihr Verhältnis zu den brabantischen Städten, darunter auch 's-Hertogenbosch, war sehr eng. So könnte der Kontakt zu Hieronymus Bosch mittels der Liebfrauenbruderschaft erfolgt sein; im Folgenden seien einige Indizien dafür genannt. Durch seinen Hofmeister Bernt von Lutzenborch ließ Heinrich III. 1504/05 der Bruderschaft als Anerkennung ein Pferd schenken, was vielleicht anlässlich seines persönlichen Besuchs in 's-Hertogenbosch am 10. Dezember 1504 geschah. Seit diesem Jahr war Heinrich als Droste von Brabant der Stellvertreter Philipps als Herzog dieser Provinz. Die Funktion als Droste wiederum vertrat Hendrik Masscherel, dessen Wappen für die Liebfrauenbruderschaftskapelle Boschs Werkstatt verfertigte und dessen Gesellen 1503/04 die Bezahlung entgegennahmen. Heinrich war wie seine erste Frau äußeres Mitglied der Bruderschaft. Unter den äußeren Mitgliedern der Liebfrauenbruderschaft befanden sich im Zeitraum 1469–1502 immerhin 15 habsburgische Hofleute, u. a. mit der Funktion als Rat, Hofmeister, Arzt und Kaplan sowie 1479–1514 neun Vertreter des mit den Habsburgern verbundenen Hauses Nassau und von deren Hofpersonal. Zu Mitgliedern der Bruderschaft zählten überdies seit 1507 „Franssu de Savoy, vrou van Nassau, tot Breda", die Frau Heinrichs III. Dieser selbst wird 1517/18 vermeldet, muss aber schon lange vorher Mitglied gewesen sein.

Das dichte Beieinander von ernsten und unterhaltenden Elementen ist für ein Kunstwerk, das im Zusammenhang mit einer Hochzeit entstand, wie dem *Garten der Lüste,* nicht ungewöhnlich. Denn diese Kombination entspricht den profanen Funktionen des Belehrens und Erfreuens, *docere et delectare,* die erst durch das komplexe Bildprogramm erfüllt werden. Vergleichbar sind zwei Werkkomplexe Sandro Botticellis (1445–1510), die in einen Hochzeitszusammenhang gehören und die Schlafzimmer von Brautleuten oder die Vorräume dazu zierten, nämlich zum einen *Der Frühling* (S. 175) und *Minerva mit*

Zentaur (Florenz, Galleria degli Uffizi) und zum anderen der Zyklus mit einer Geschichte aus Boccaccios *Decamerone* über den Ritter Nastagio degli Onesti aus Ravenna (S. 178). Diese weisen sehr ernste, lehrhafte Inhalte auf, die nicht minder drastisch sind als Boschs Höllendarstellungen und neben der Freude über die Vermählung die Ambivalenz und Fragilität der irdischen Liebe, die Treue und den Tod thematisieren. Die Heirat zweier junger Adliger war eben keine vergnügliche Privatsache, sondern hochpolitisch und deshalb auch für die Brautleute nicht nur persönlich ein tiefer Einschnitt in der Biografie. Die biblische Thematik des *Gartens der Lüste* und die mythologische Thematik der Gemälde Botticellis erklären sich mit den andersartigen Auffassungen nördlich und südlich der Alpen in diesem Bereich. Boschs Triptychon entspricht im Ansatz den religiös motivierten Ehelehren nördlich der Alpen, unter denen diejenige des Albrecht von Eyb (1420–1476), *Ob einem manne sey zu nehmen ein eeliches weib oder niet*, besonders weit verbreitet war: Sie wurde zwischen 1472 und 1540 vielfach und auch auf Niederländisch gedruckt. In Italien wurde die Ehe dagegen stärker in den politisch-gesellschaftlichen Kontext gerückt und ihr weltlicher Nutzen für das Staatswesen betont. Die Differenziertheit einer schriftlichen Ehelehre konnte *Der Garten der Lüste* freilich nicht liefern.

Die doppelte Aufgabe des Belehrens und Erfreuens im Kontext einer Vermählung erwähnt das 1394 am Statthalterhof in Den Haag anlässlich der Hochzeitsfeierlichkeiten Albrechts von Bayern (1336–1404) mit Margaretha von Kleve (um 1375–1411) vorgetragene Gedicht des Willem van Hildegaertsberge (Oostrom 1987, Nr. LVI, S. 46–53; Fischer 2009, S. 270–271). Der Dichter folgt zunächst dem Ziel der Belehrung und appelliert darin an die Hochzeitsgesellschaft, friedfertig zu bleiben, in Harmonie und Eintracht das Hochzeitsfest zu begehen, immer in vorbildlicher Erinnerung an den im Paradies von Gott gestifteten Ehebund zwischen Mann und Frau, Adam und Eva, die dort so lange leben konnten, wie sie ohne Sünde waren. Es folgt die Erörterung des Nutzens der Ehe, der unter anderem darin besteht, dass sie die Existenz der Menschheit garantiere, weil ihr rechter Vollzug die Menschheit vor dem Aussterben und die Einhaltung des Bundes in liebender Partnerschaft vor der Strafe Gottes bewahre. Hier flackert sicher das Bild der Menschheit vor der Sintflut als Gegenbeispiel auf. Die moralische Belehrung zeigt auf, dass ein diszipliniertes Verhalten die Grundbedingung für ein gutes und auch genussvolles Leben ist. Am Ende des Gedichtes steht die Bitte, sich von der vorgetragenen Lehre nicht entehrt zu fühlen, denn aus guter Lehre sei, wenn sie angenommen werde, oft Weisheit entsprungen. Hildegaertsberge lässt noch einige Worte zur Rolle des Dichters folgen, die darin besteht, das Maß zwischen Unterhalten und Belehren einzuhalten. Weder darf

Der Garten der Lüste (Detail), um 1503
Mitteltafel: **Menschheit vor der Sintflut** (siehe Abb. S. 190/191)

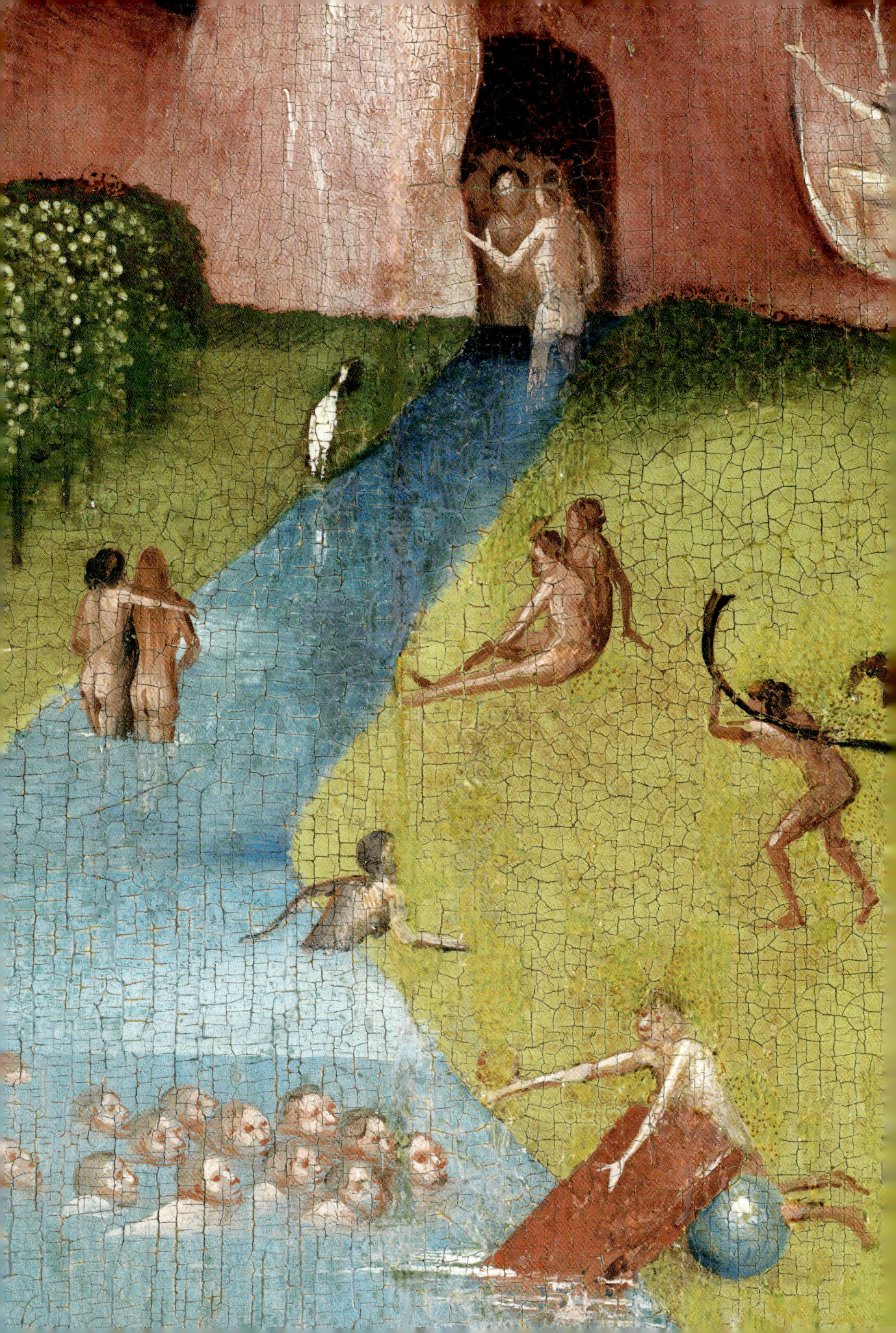

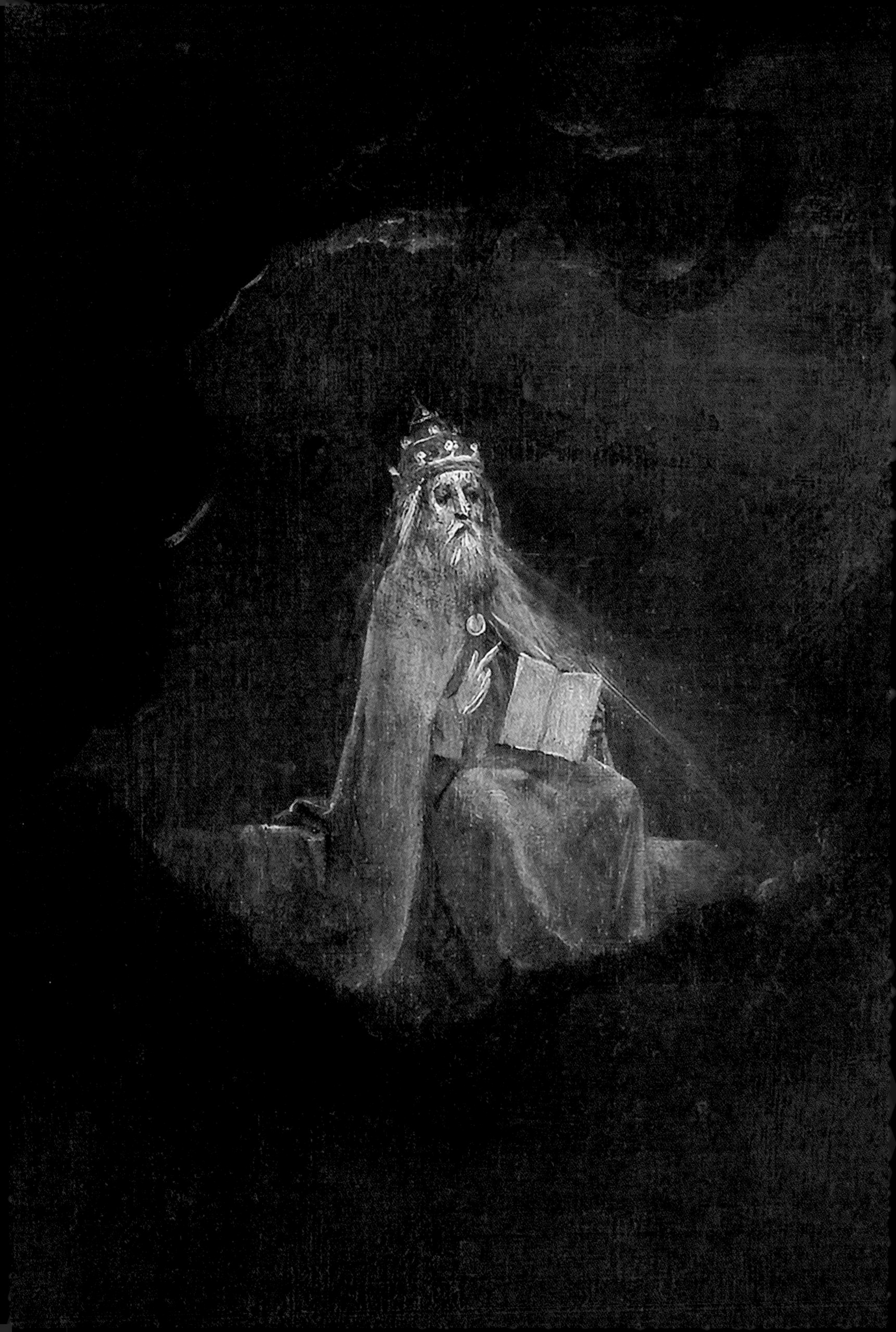

also die Moral aggressiv oder aufdringlich vorgetragen werden, noch darf eine reine Unterhaltung ohne jeden (moralischen) Nutzen erfolgen. Gerade die Mitteltafel *des Gartens der* Lüste war mit ihrem farbenfrohen und fremdartigen Bildpanorama wohl eher auf Schauwerte ausgelegt, die dem höfischen Publikum gefallen sollten.

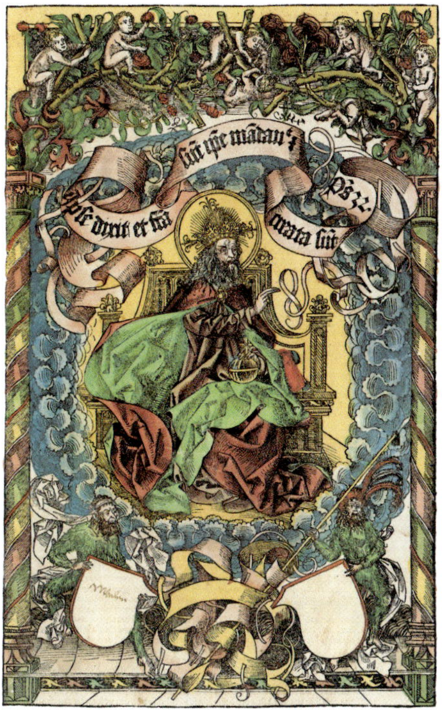

Der visuelle Eindruck konnte jedenfalls mit jenem bunten und exotischen Bankett anlässlich der Hochzeit Karls des Kühnen mit Margarete von York (gest. 1503) 1468 in Brügge konkurrieren. Der für die künstlerische Gestaltung verantwortliche Stadtrederijker von Brügge, Anthonis de Roovere, berichtet von 24 verschiedenen Wildgerichten und dazu drei Dutzend zu Bäumen geformten Nachspeisen aus verschiedenen gezuckerten Obstsorten, die zudem noch von einem Zwergenpaar angeboten wurden (Pleij 2000, S. 141). Man erlaubte sich auch derbe Späße, etwa die Gestaltung von Hundefiguren, die duftende Haufen in Form von Muskatnüssen hinterließen. Der Reiz des Utopischen liegt darin, sich einen materiellen Überfluss vorzustellen, welcher Lustbefriedigung, Sicherheit, Frieden und Glück, also physisches wie psychisches Wohlbefinden garantieren soll. Diese Wunschträume erheben keineswegs Anspruch auf Einlösbarkeit und Vollzug, ihr Wert liegt im Ästhetischen wie im Imaginativen an sich. Das Erlebnis des Überalltäglichen, des Anderen, wird im Wunderbaren und Wunderlichen eingelöst. Am Hofe hegte man Bewunderung für die Gestalt und den Glanz von Edelsteinen und Edelmetallen, die Farben von Gobelins und prächtigen Kleidern, Kuriositäten wie „Einhorn"-Hörnern, Walzähnen, Kokosnüssen und Muscheln. Diese galten als Gegenstände, die die Natur als Künstlerin am Werk zeigten und vice versa die Kunst als Nachschöpferin der Natur.

Seite 182
Schöpfung der Welt bis zum dritten Tag (Detail), um 1503
Außenflügel von: **Der Garten der Lüste** (siehe Abb. S. 186/187)

Hartmann Schedel, **Gottvater als Weltenschöpfer**, 1493
aus: *Schedelsche Weltchronik*, fol. 1v, Nürnberg 1493
Holzschnitt, 42 x 58 cm. Weimar, Herzogin Anna Amalia Bibliothek

Das ästhetische Wechselspiel zwischen Natur und Kunst zeigt sich im *Garten der Lüste* in der Form des Lebensbrunnens und der Edelsteine an seiner Basis auf der linken Tafel sowie in den fünf gewaltigen Paradiesbrunnengebilden im Hintergrund der Mitteltafel. Ferner verband man am Hof Exotik und Wildheit mit dunkelhäutigen Menschen und wilden Leuten, in denen die Grenze zum Anderen, zum nicht höfisch Kultivierten imaginär erreicht wurde, um sich dann wieder in seine Rolle und das Zeremoniell einzufügen. Das Paradies gewissermaßen mit den Sinnen wahrzunehmen ermöglicht der *Garten der Lüste* auch über die Pracht der Buntfarben, die erstaunlich frisch und hell sind. Bosch gelingt es in diesem Werk tatsächlich, mit den eigentlich als extremen Gegensatz verstandenen Farben Rot und Blau eine harmonische Farbzusammenstellung zu erreichen.

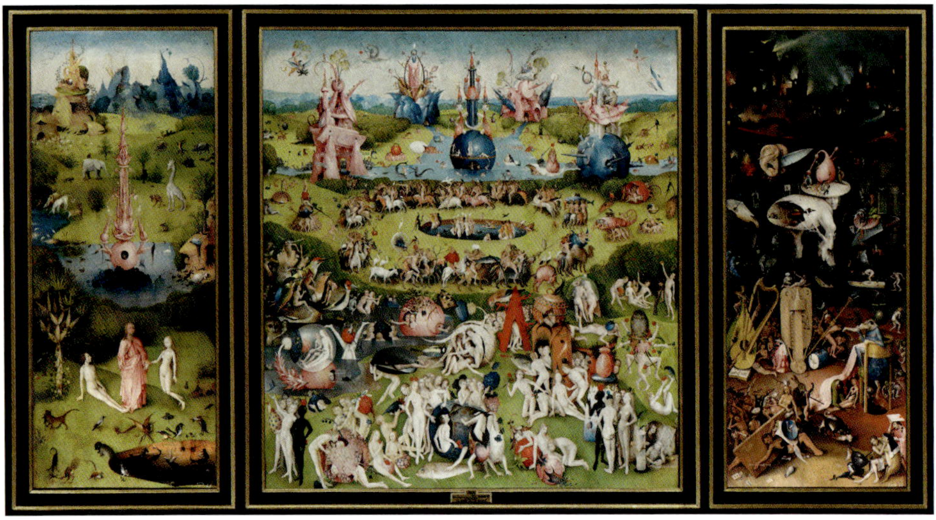

Seite 184-191
Der Garten der Lüste (Außenflügel: Schöpfung der Welt), um 1503
Öl auf Eichenholz, 220 x 195 cm (Mitteltafel, 190 x 176,7 cm ohne Rahmen),
220 x 97 cm (Flügel)
Madrid, Museo Nacional del Prado

Außenflügel: **Schöpfung der Welt bis zum dritten Tag** *(Seite 185, Detail; 186/187)*
Linker Innenflügel: **Paradies mit der Zuführung Evas** *(Seite 188)*
Mitteltafel: **Menschheit vor der Sintflut** *(Seite 190/191)*
Rechter Innenflügel: **Die Hölle** *(Seite 189)*

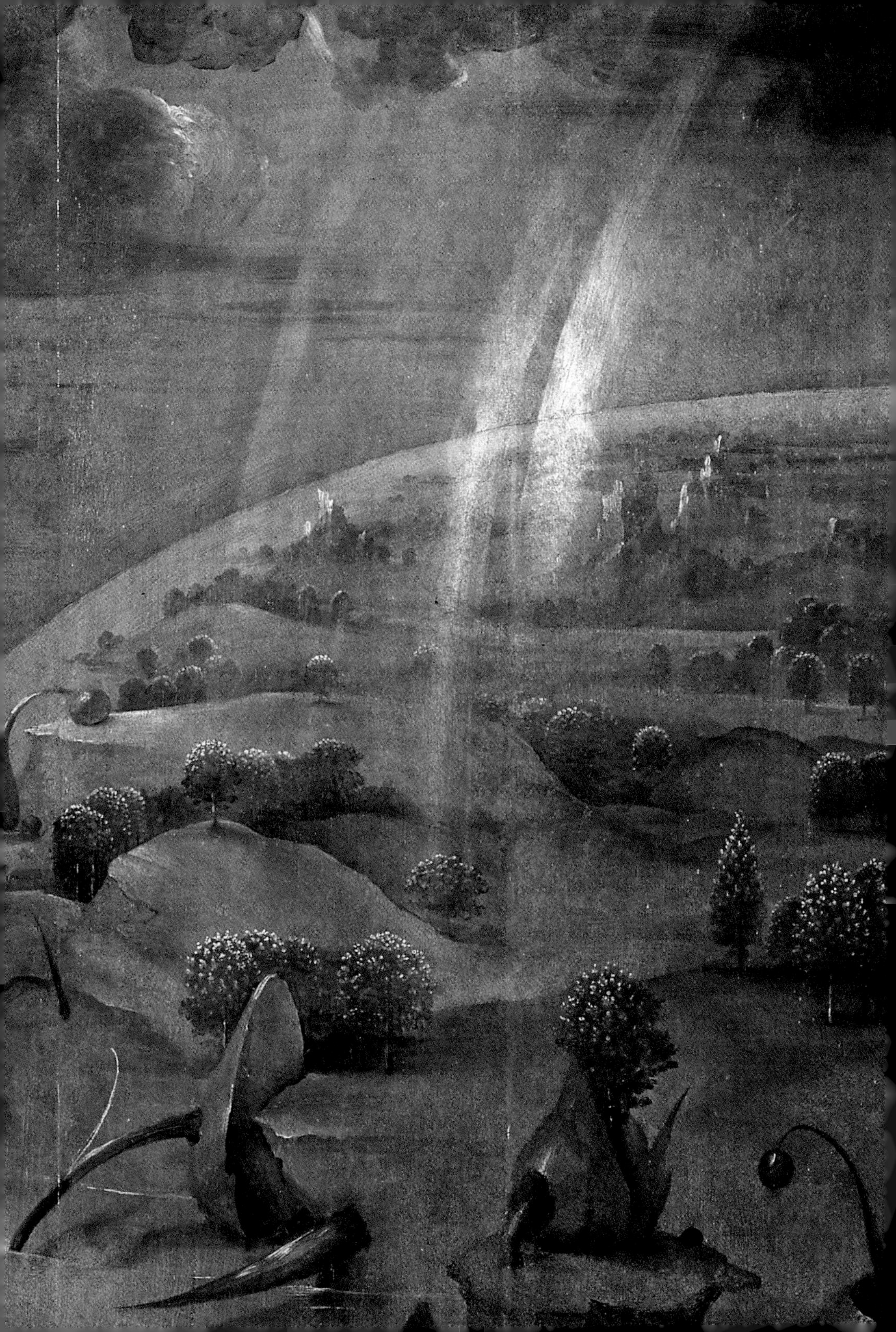

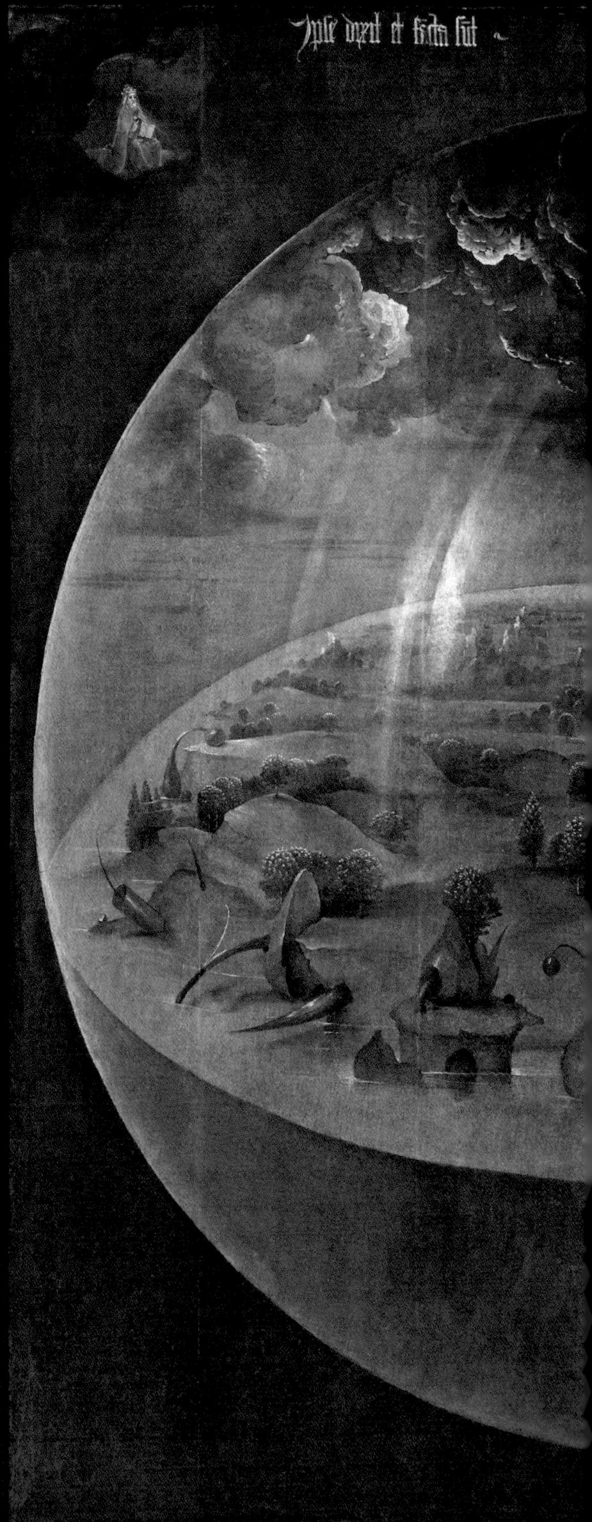
Ipse dixit et facta sut

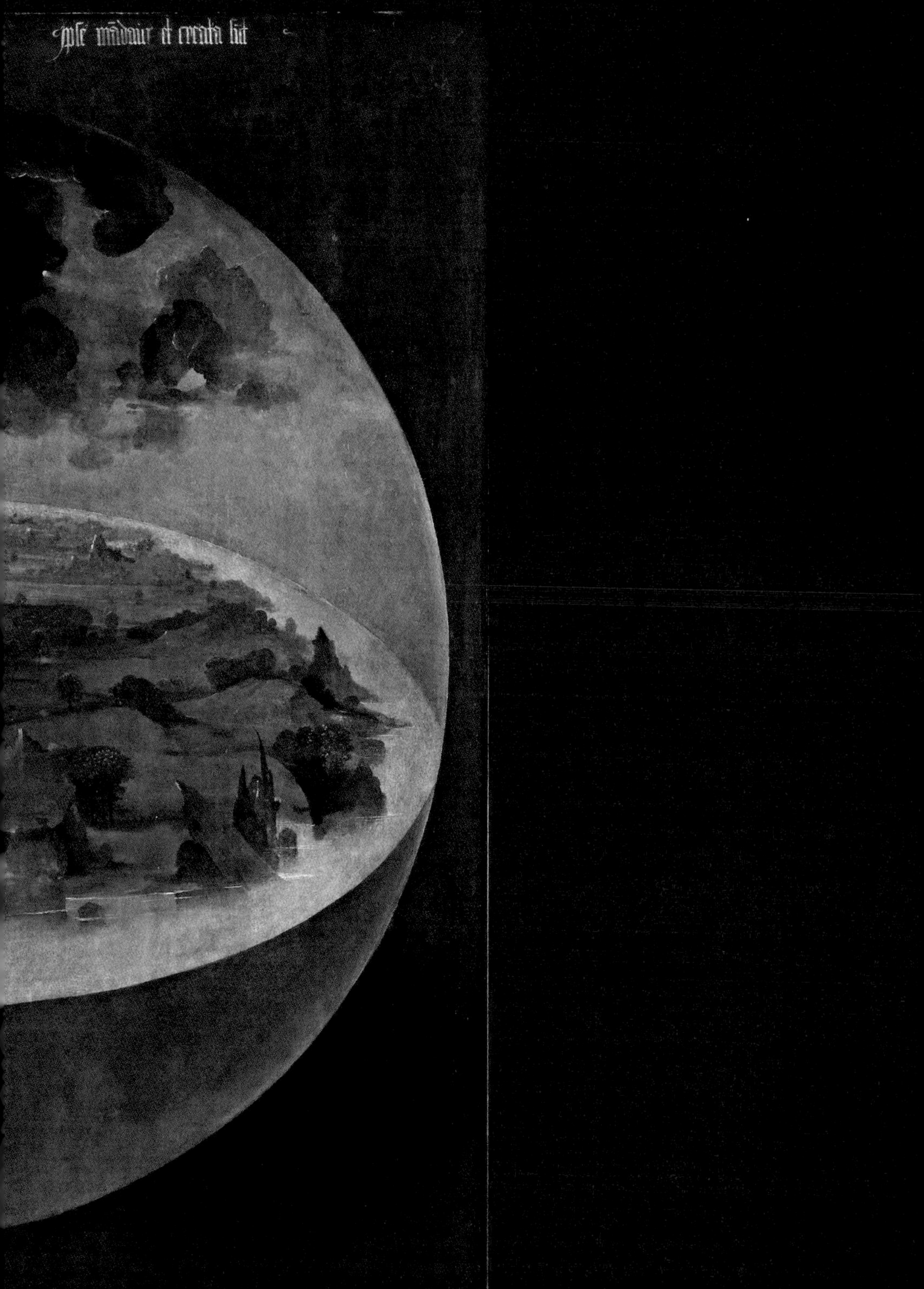
ipse mādavit et creata sūt

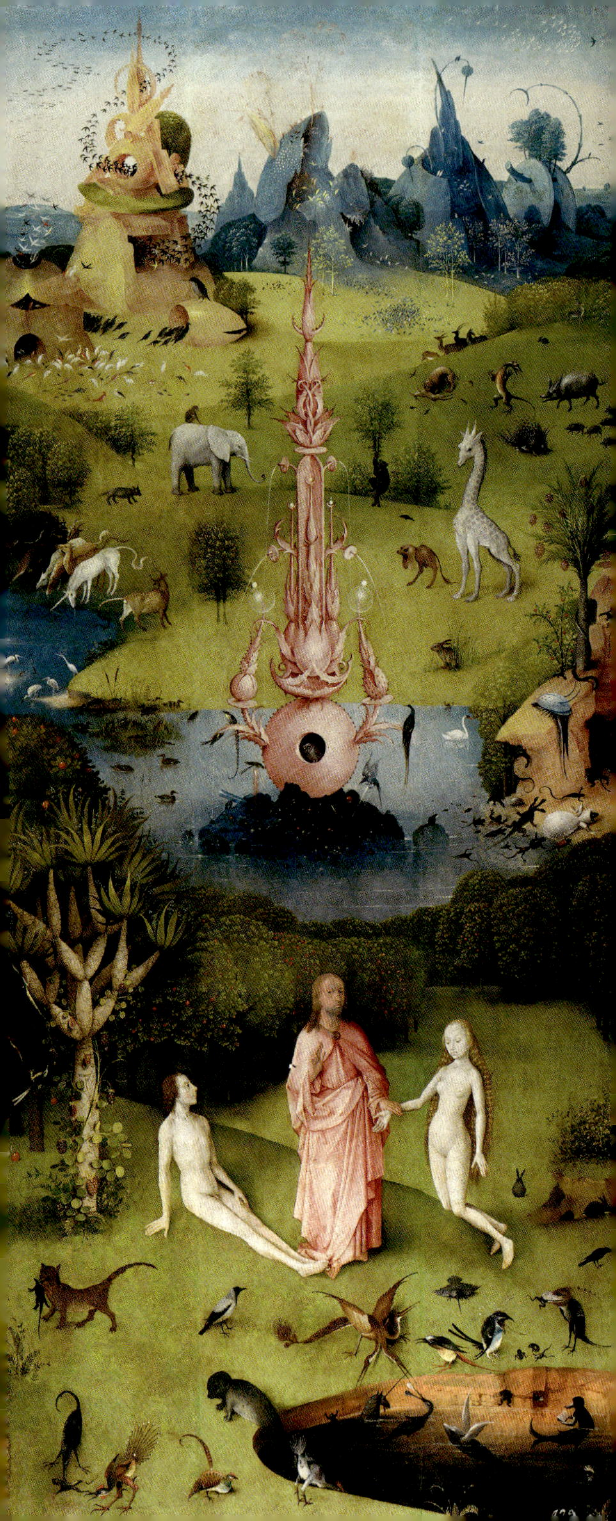

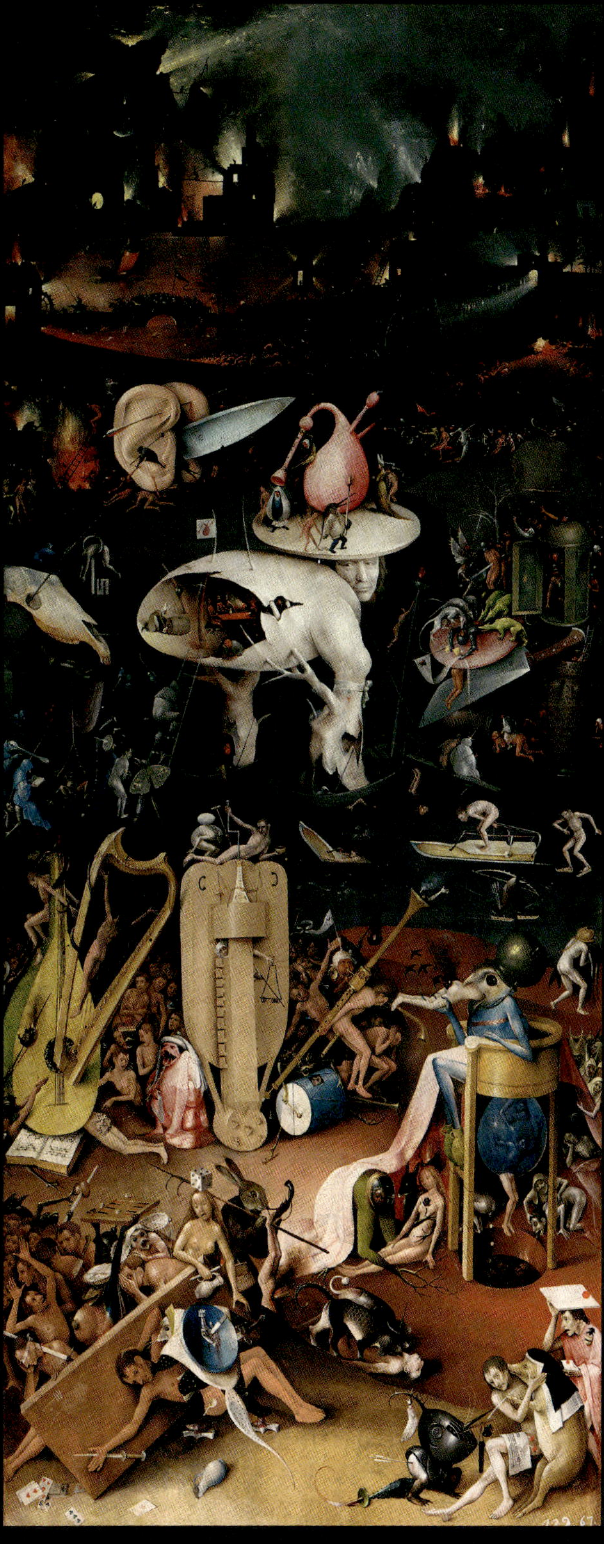

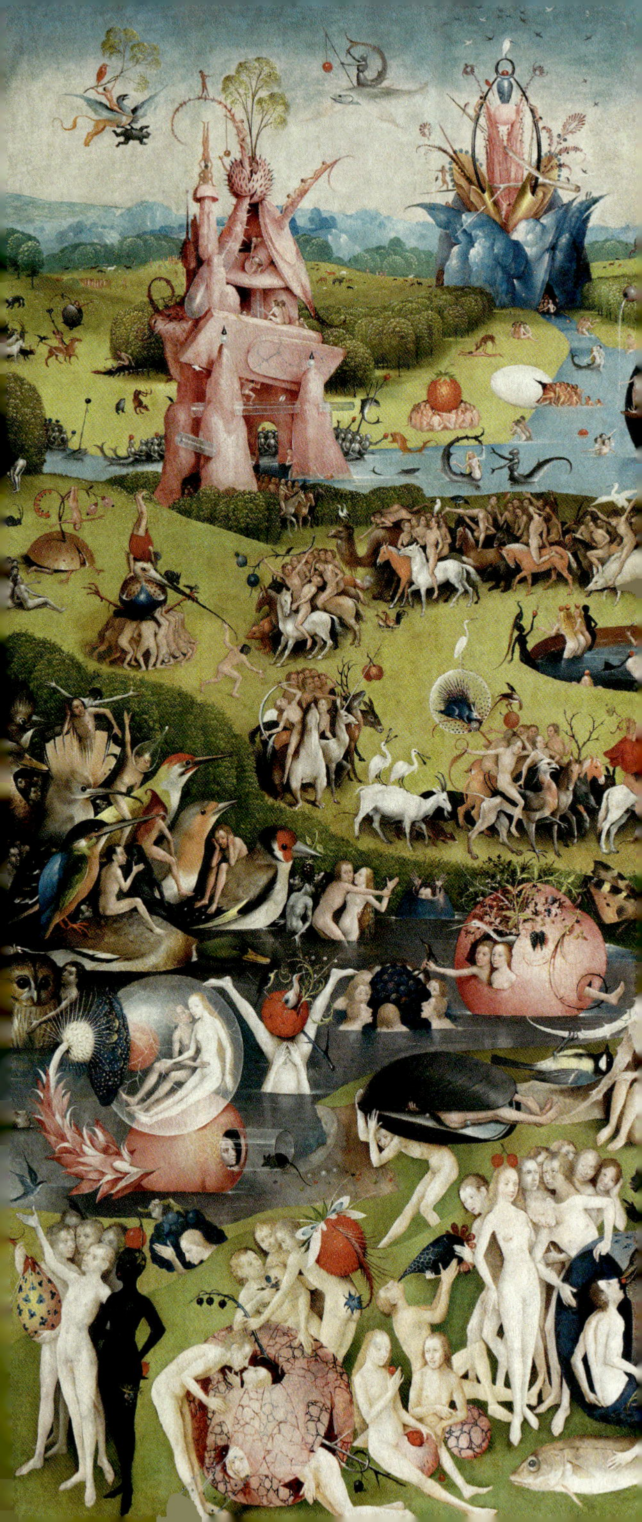

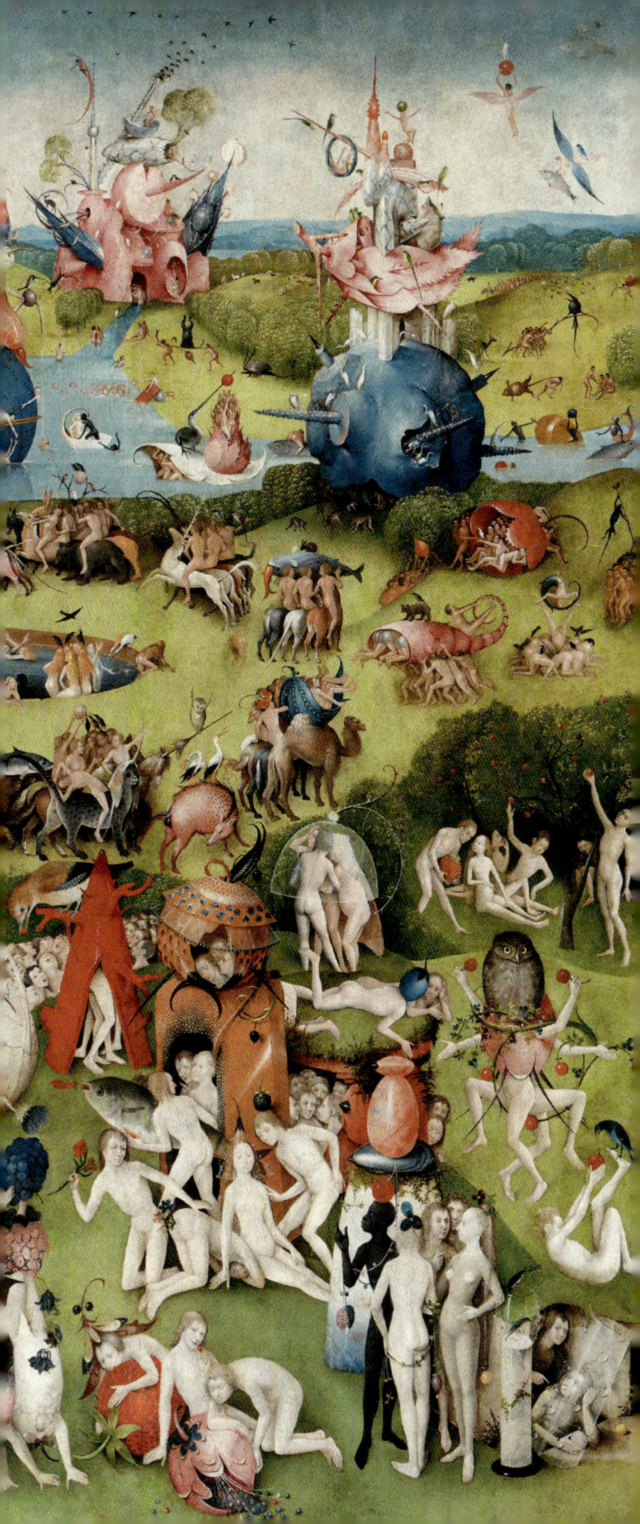

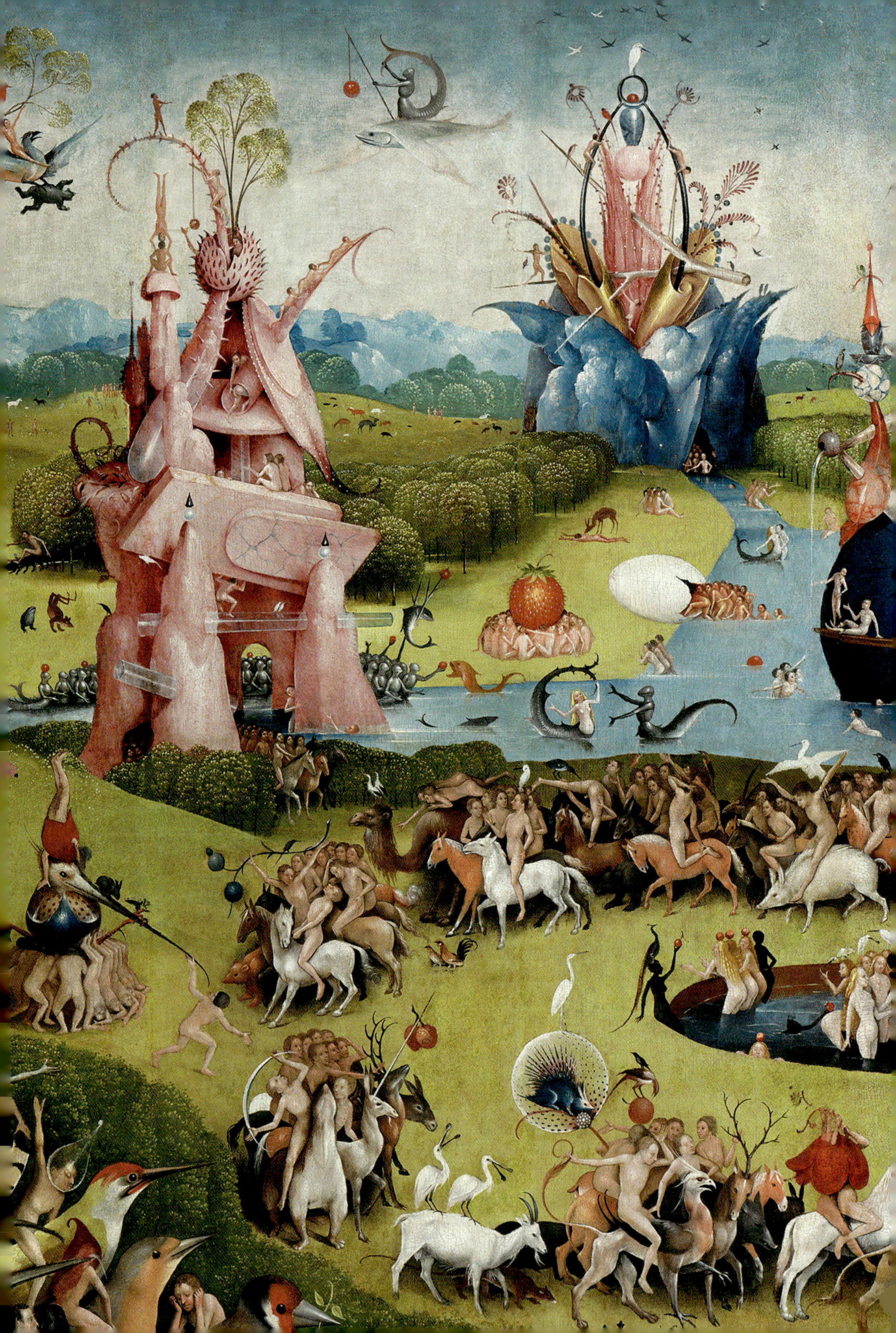

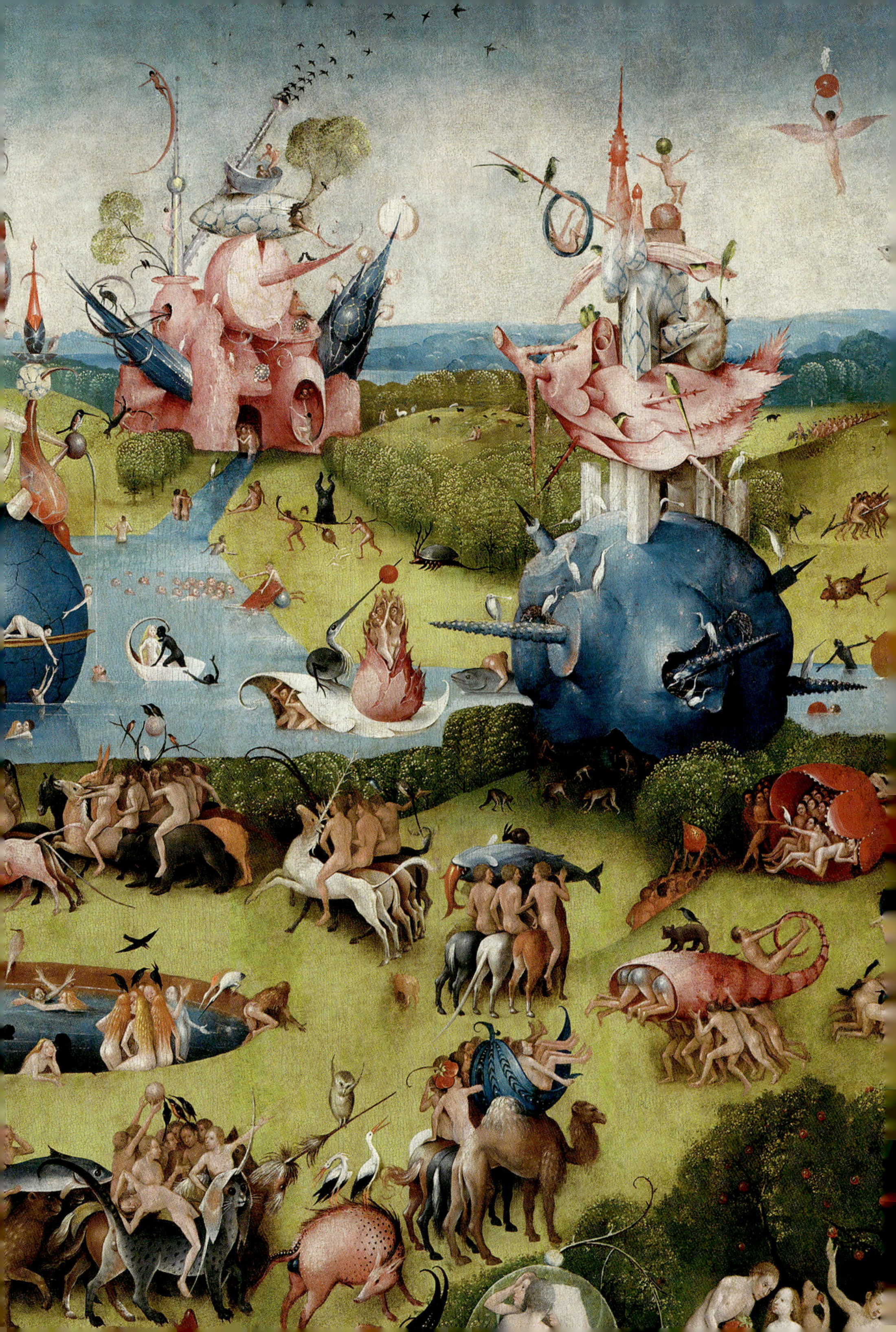

Seite 192/193, 195, 196/197
Der Garten der Lüste (Details), um 1503
Mitteltafel: **Menschheit vor der Sintflut** (siehe Abb. S. 190/191)

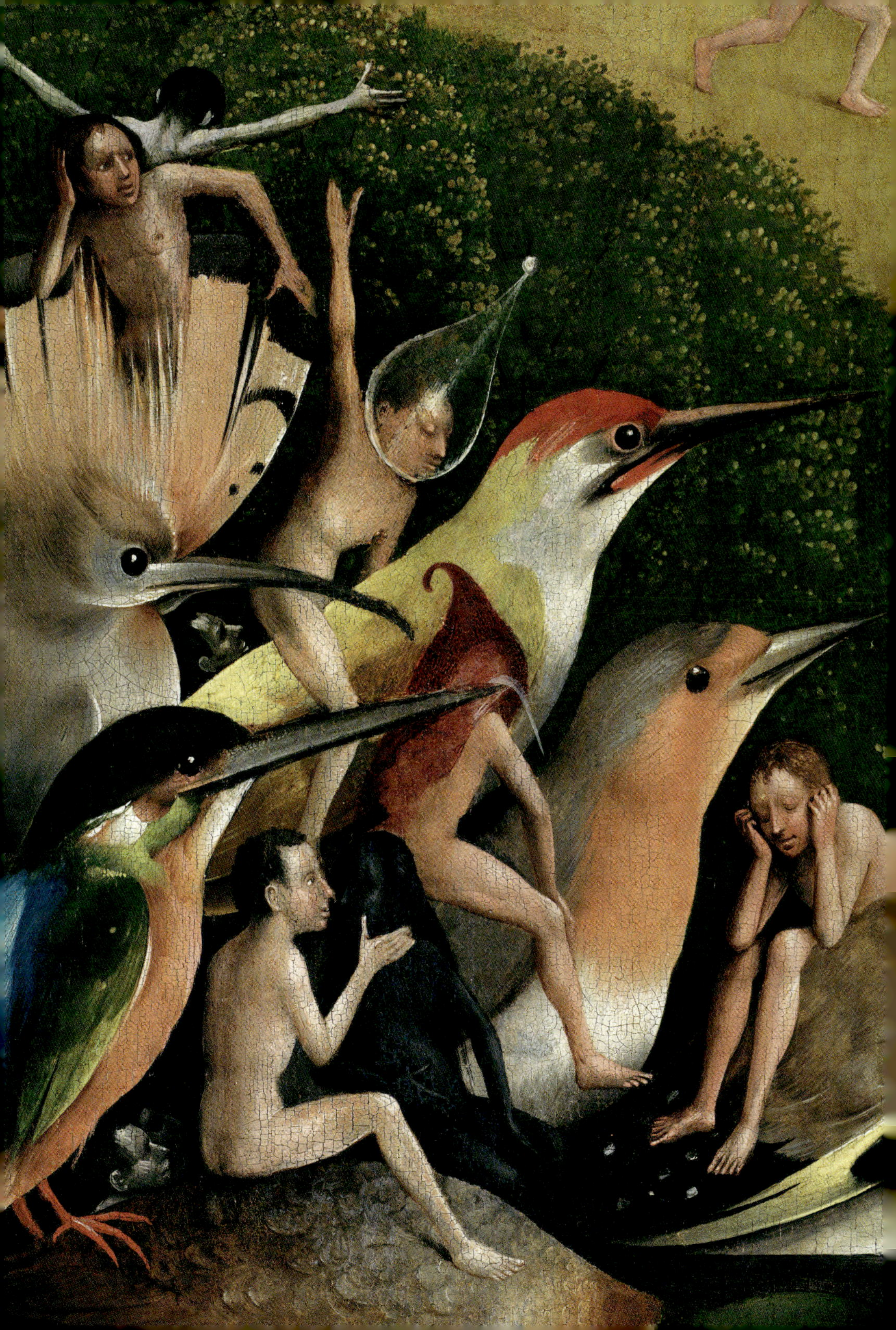

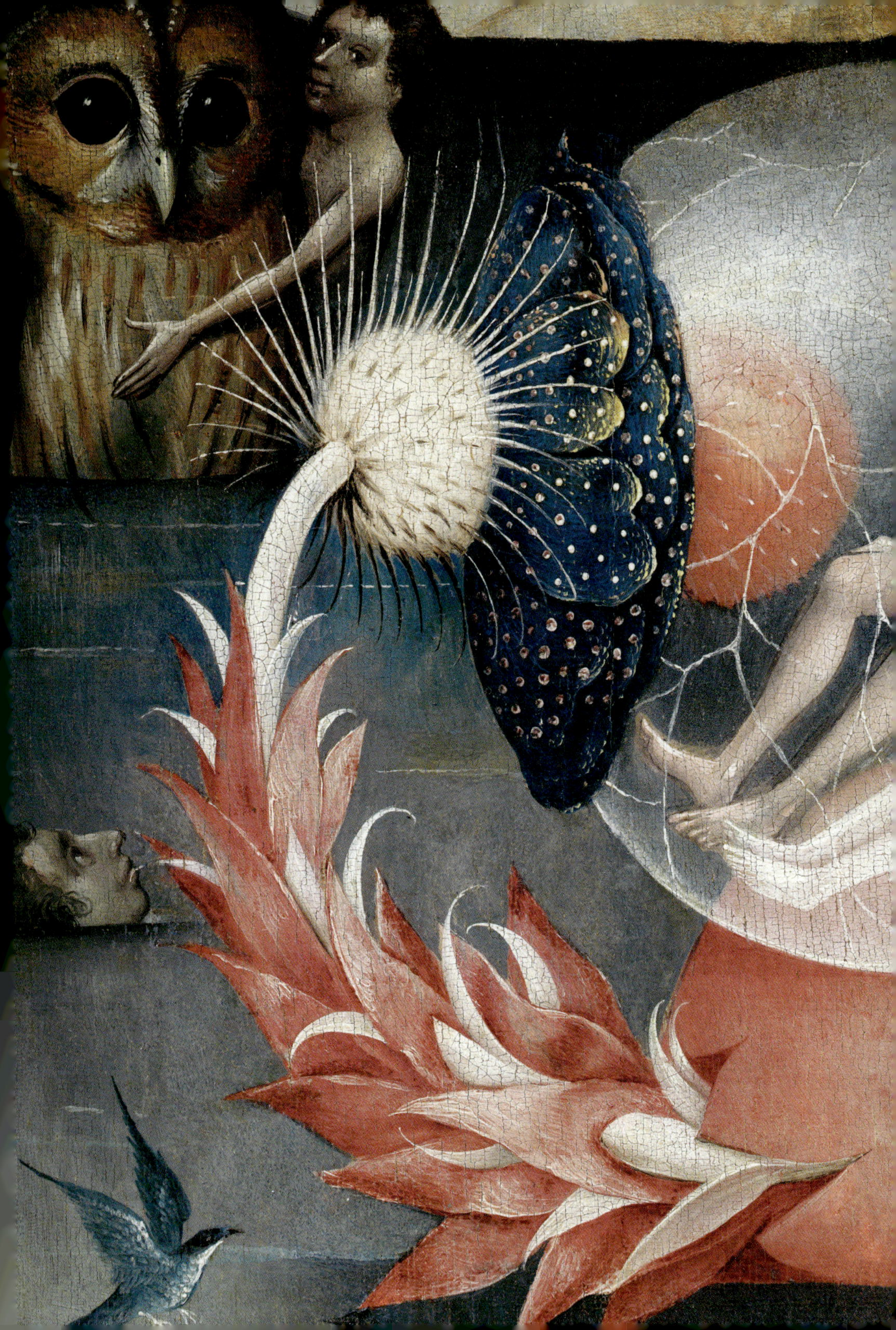

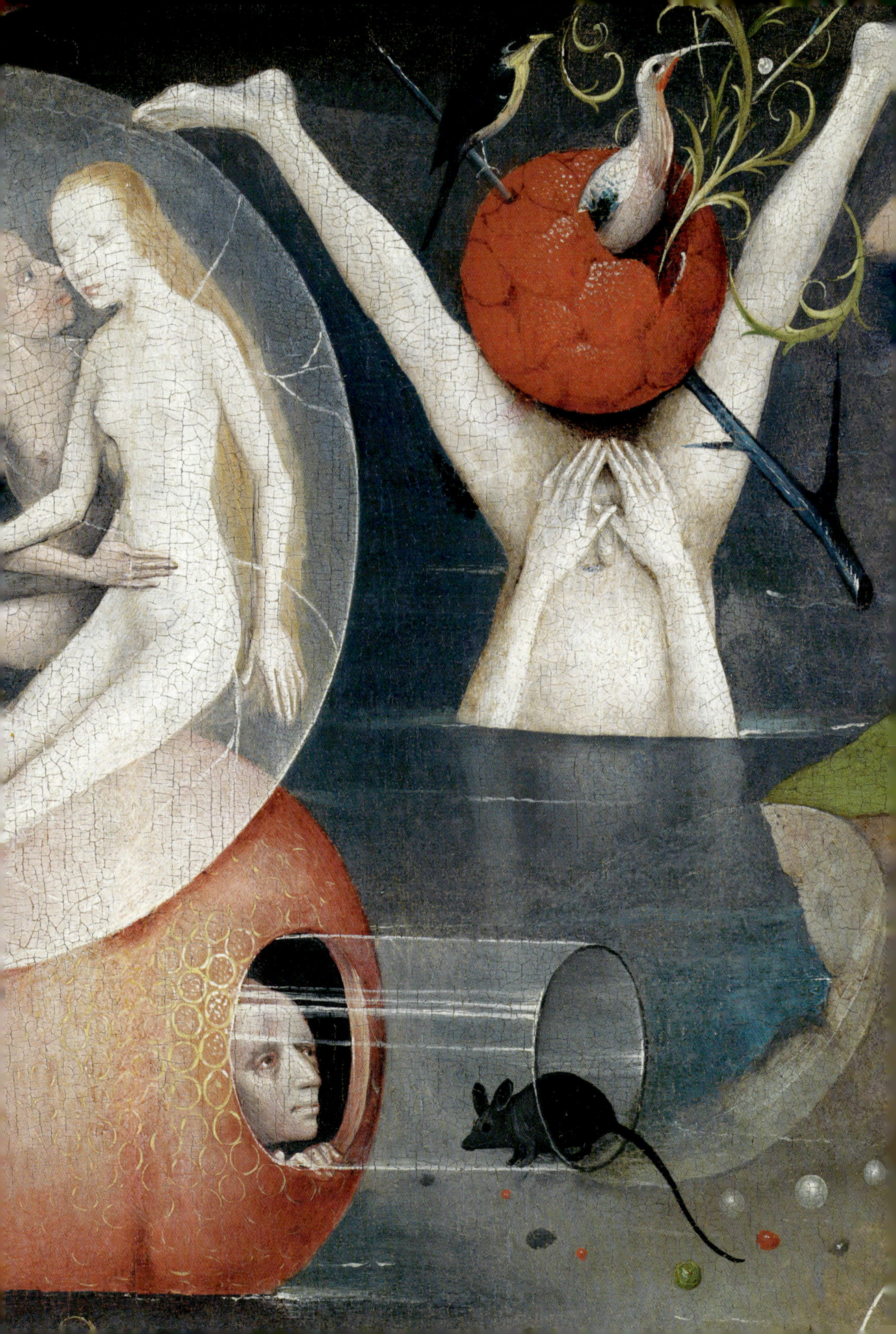

Seite 199, 200/201
Der Garten der Lüste (Details), um 1503
Mitteltafel: **Menschheit vor der Sintflut** (siehe Abb. S. 190/191)

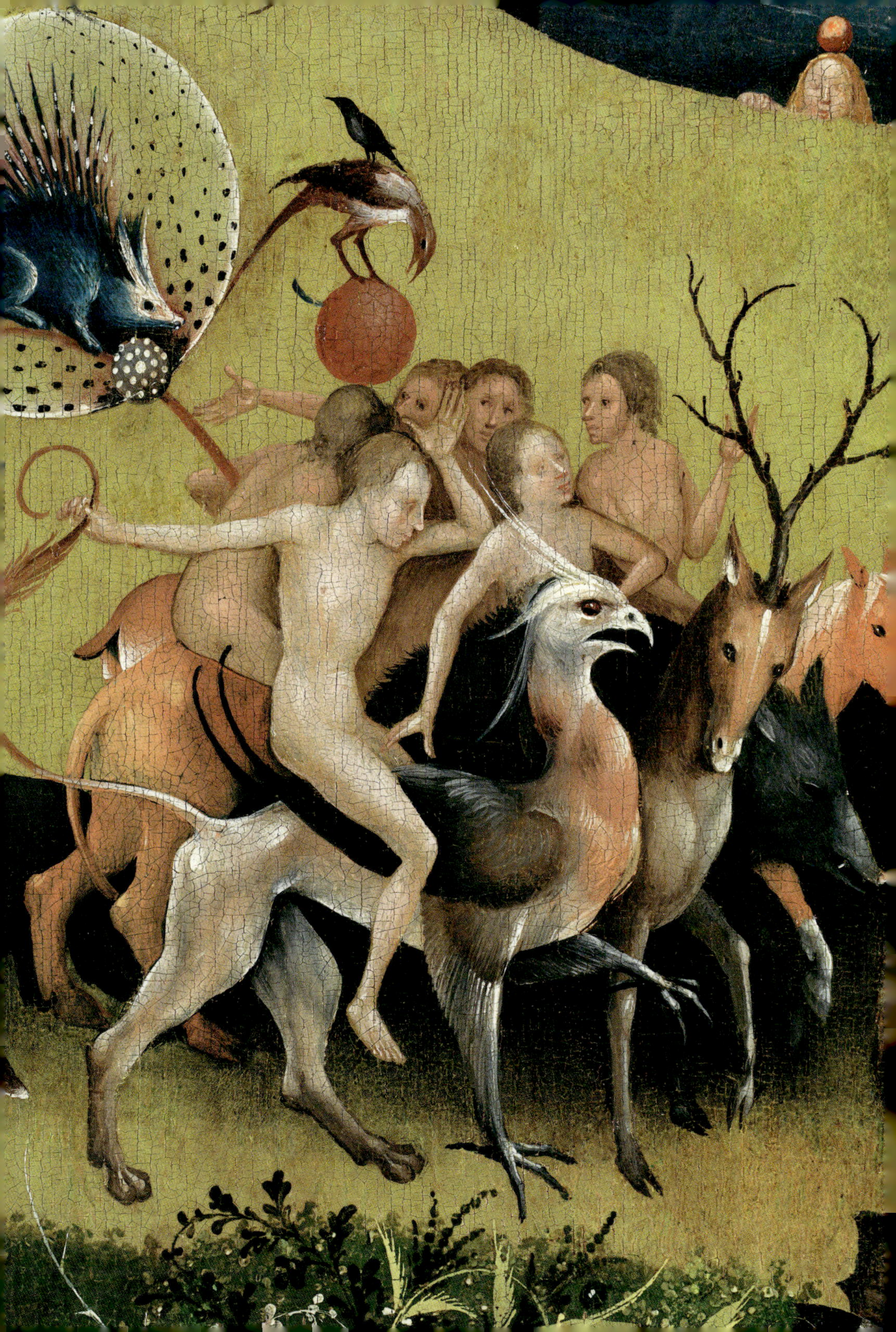

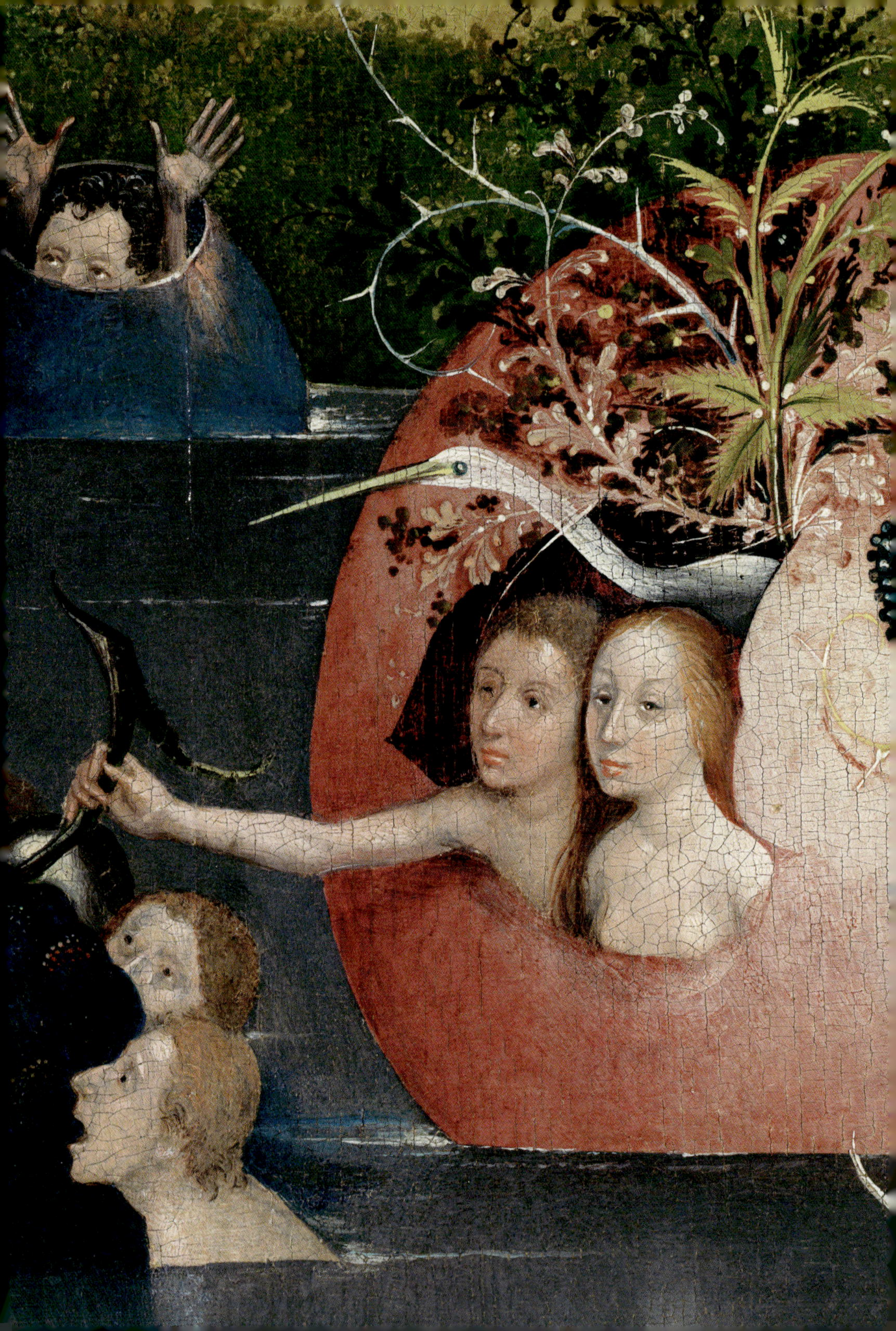

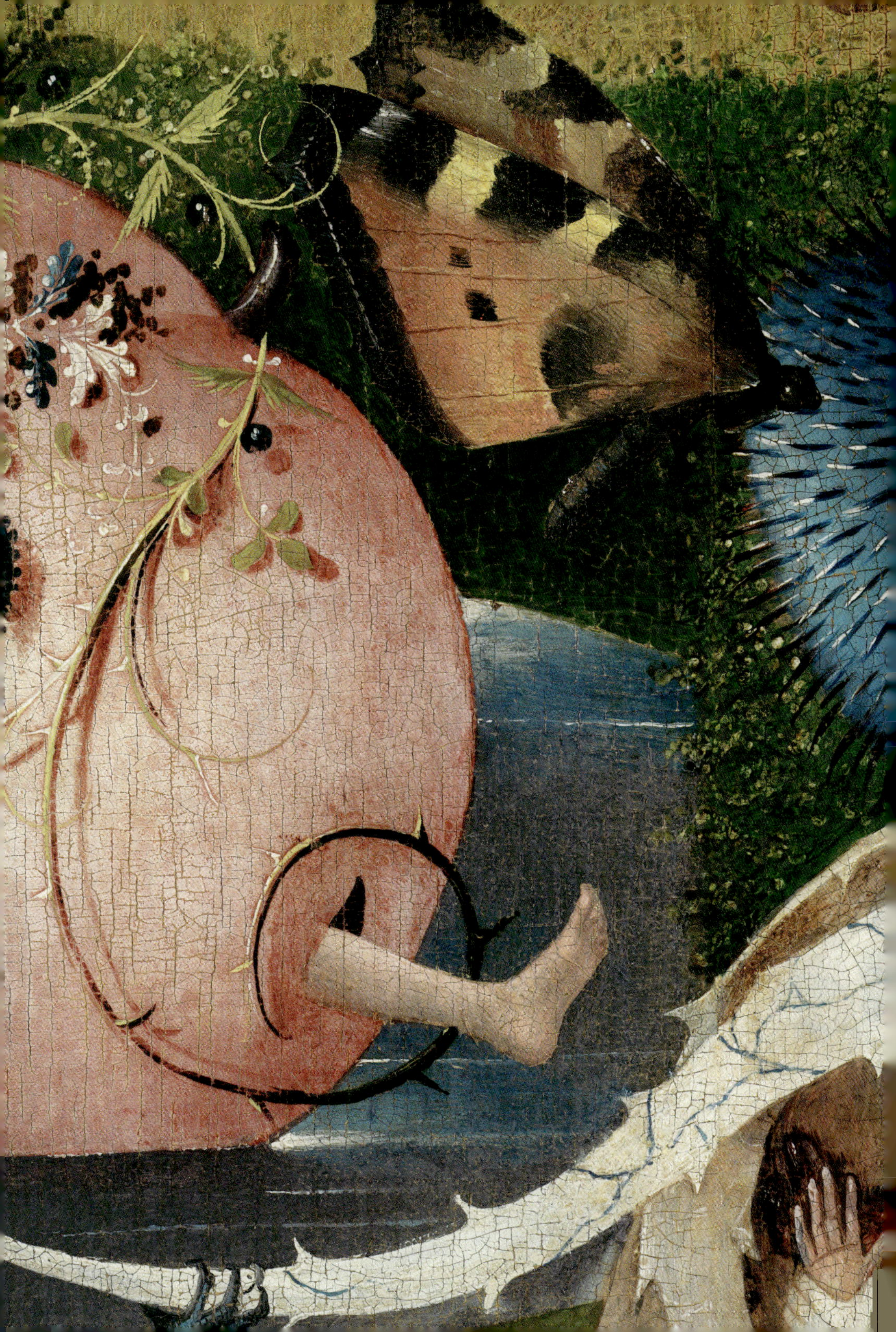

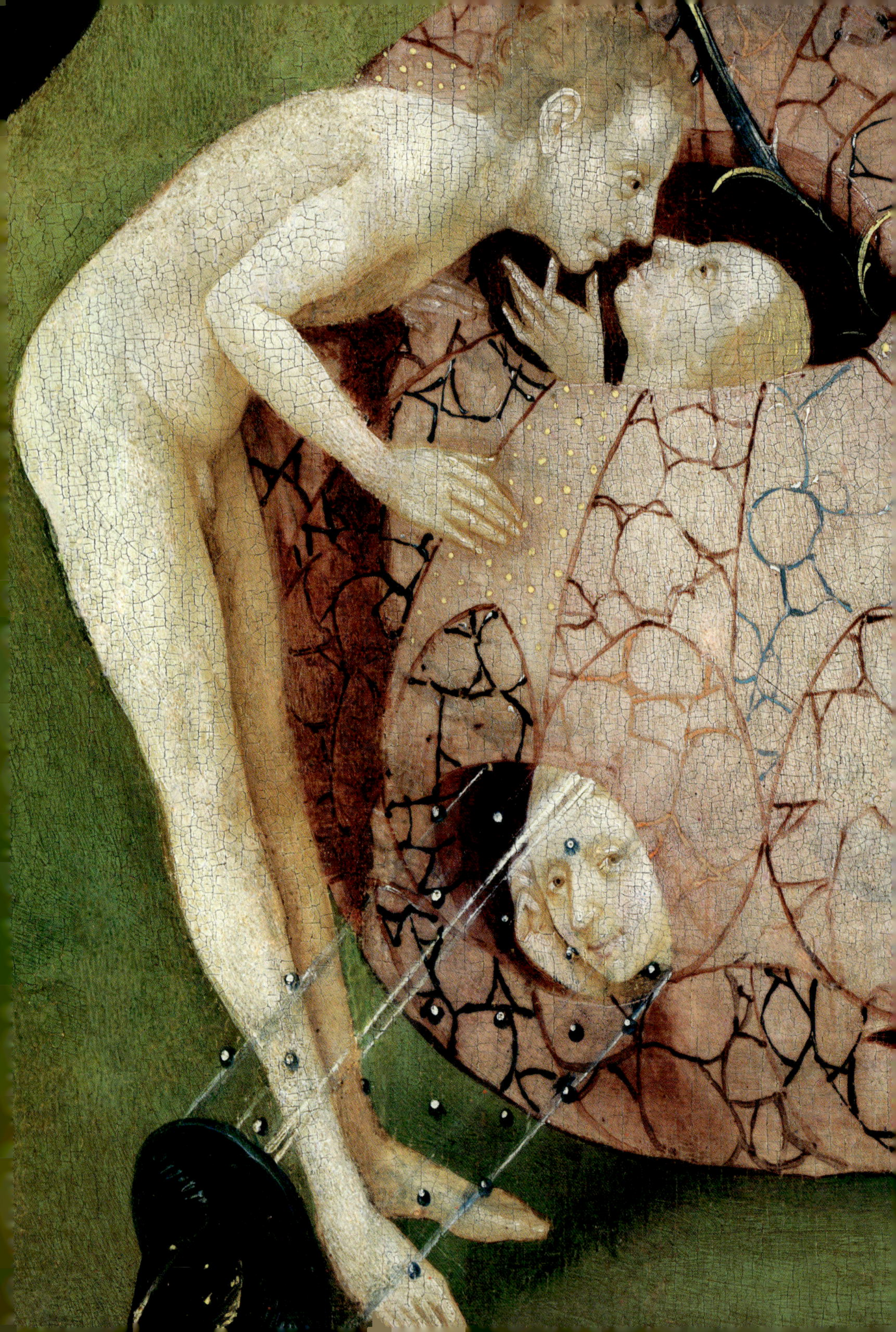

Der Garten der Lüste (Detail), um 1503
Mitteltafel: **Menschheit vor der Sintflut**
(siehe Abb. S. 190/191)

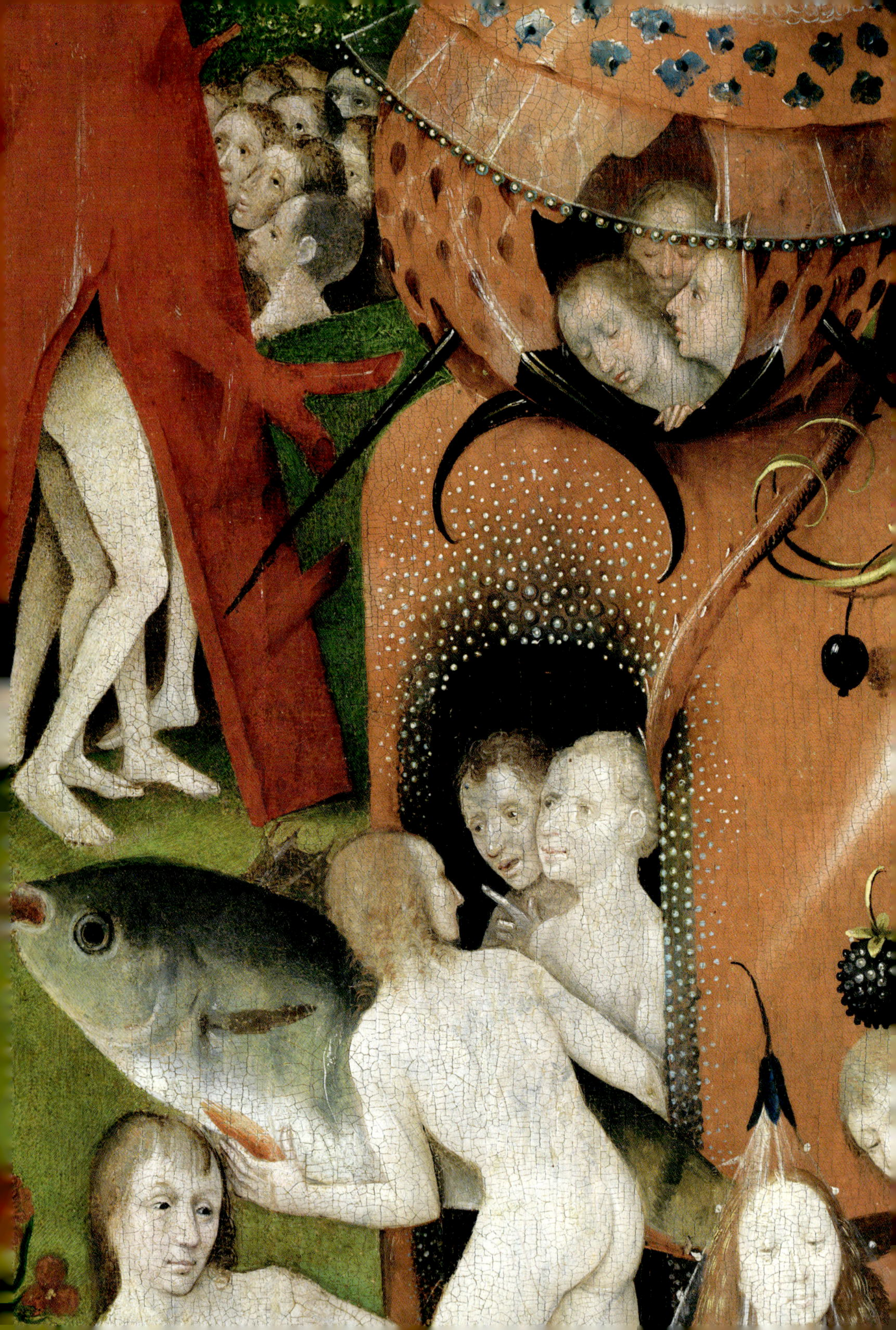

Der Garten der Lüste (Detail), um 1503
Mitteltafel: **Menschheit vor der Sintflut**
(siehe Abb. S. 190/191)

Der Garten der Lüste (Details), um 1503

Seite 207
Mitteltafel: **Menschheit vor der Sintflut**
(siehe Abb. S. 190/191)

Seite 208/209, 210/211
Rechter Innenflügel: **Die Hölle**
(siehe Abb. S. 189)

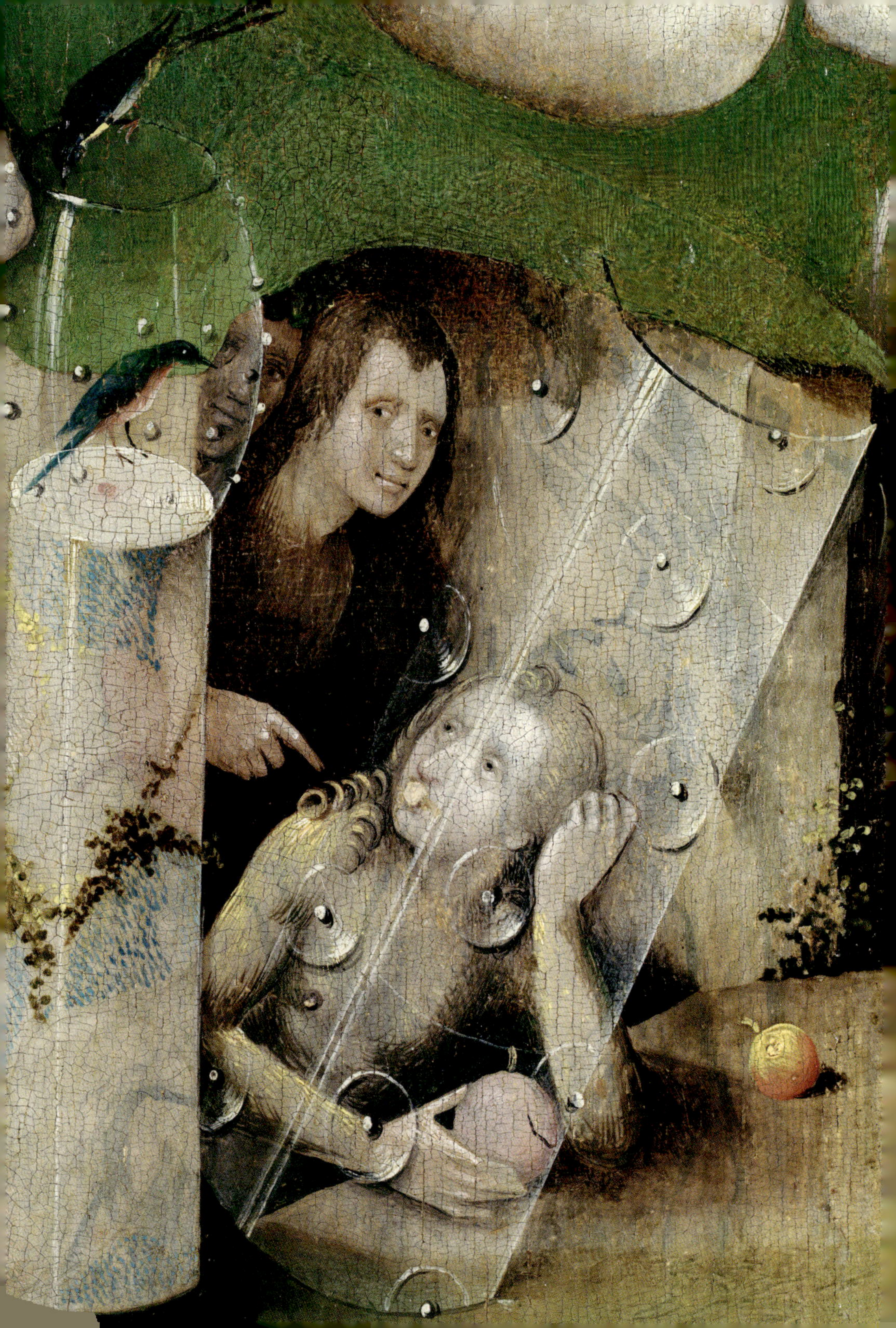

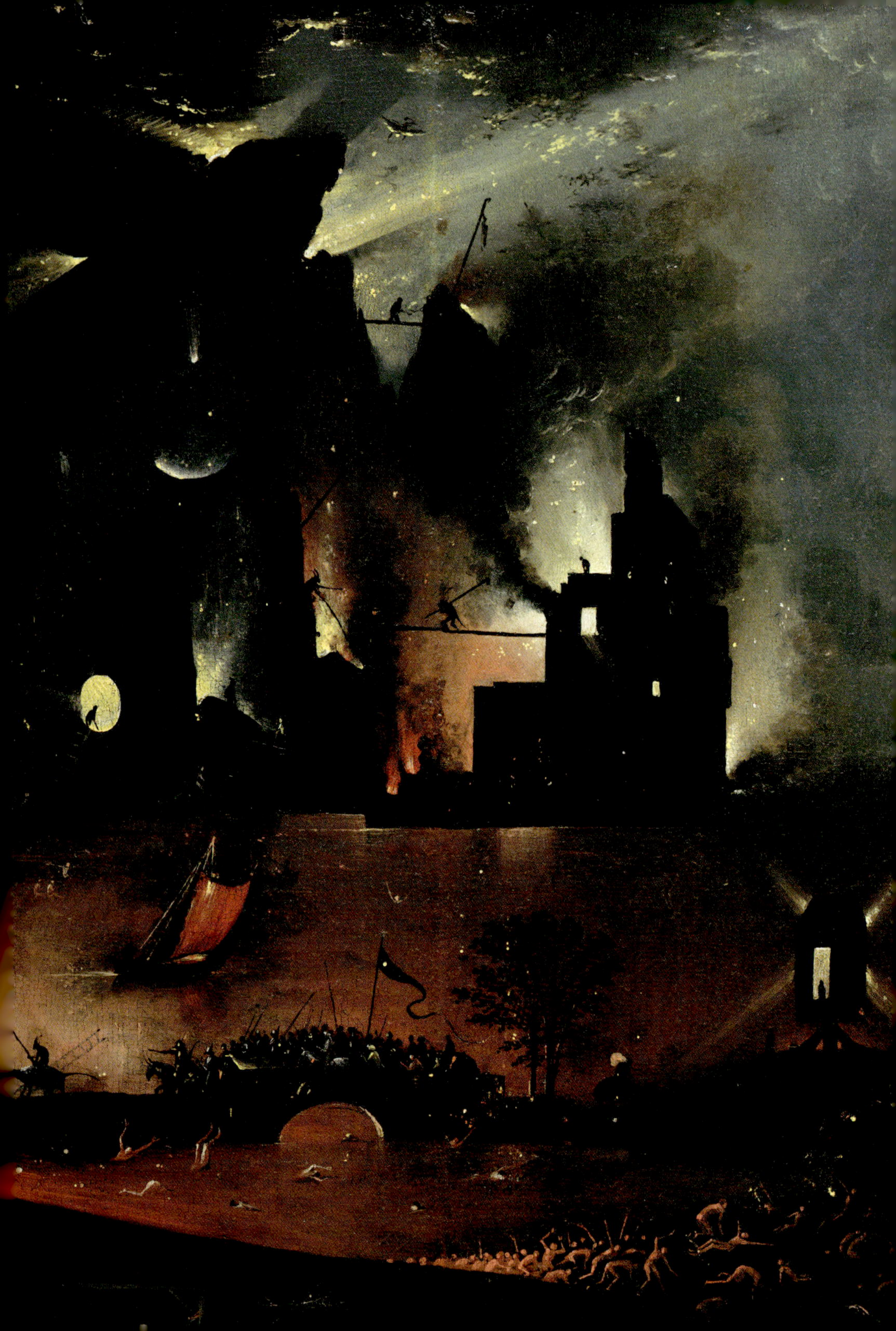

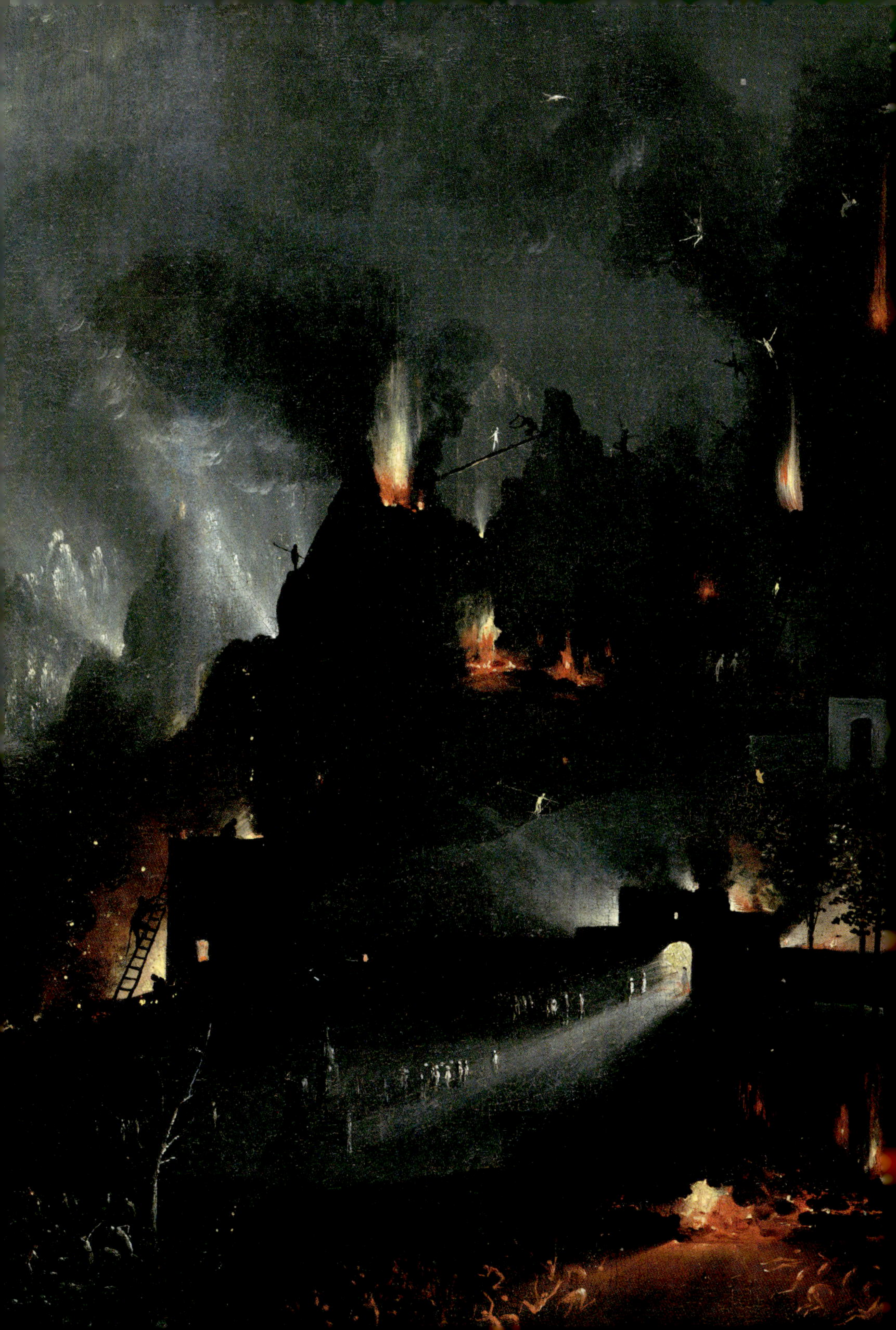

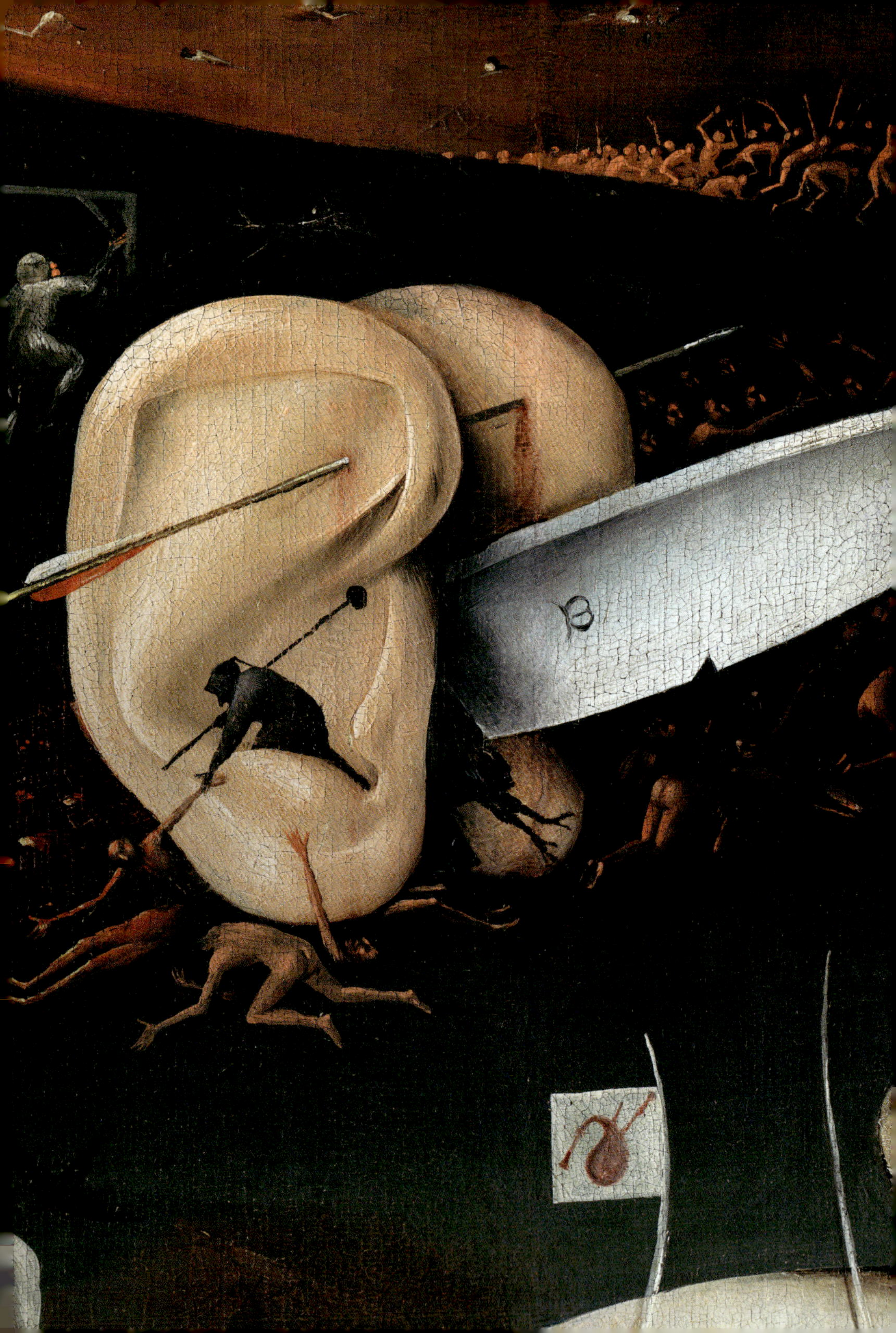

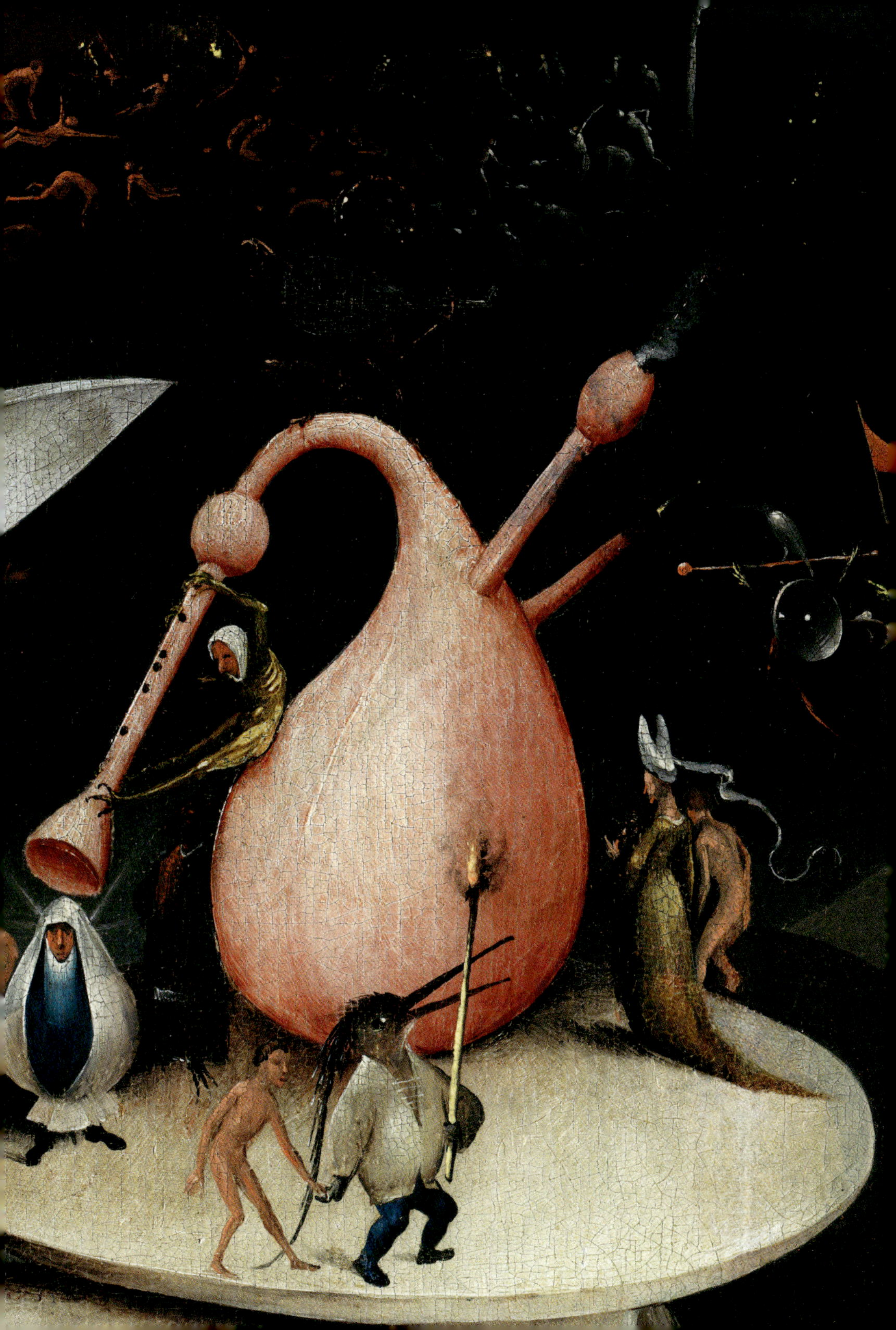

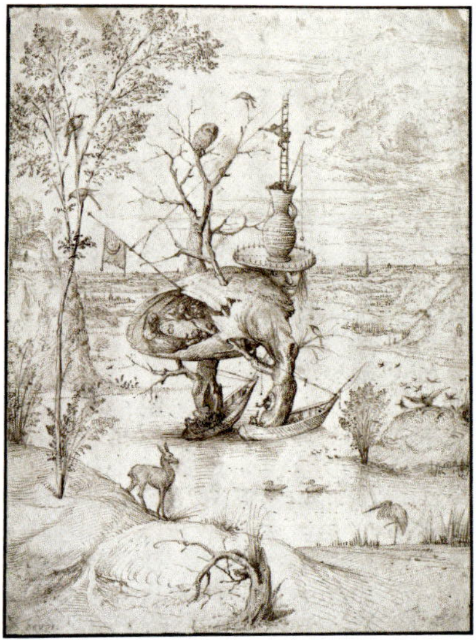

Der Baummensch, um 1503–1506
Feder mit brauner Tinte auf Papier, 277 x 211 mm. Wien, Albertina
Ende des 16. Jahrhunderts wurde von unbekannter Hand mit Feder die Aufschrift BRUEGEL hinzugefügt.

Seite 213
Der Garten der Lüste (Detail), um 1503
Rechter Innenflügel: **Die Hölle**
(siehe Abb. S. 189)

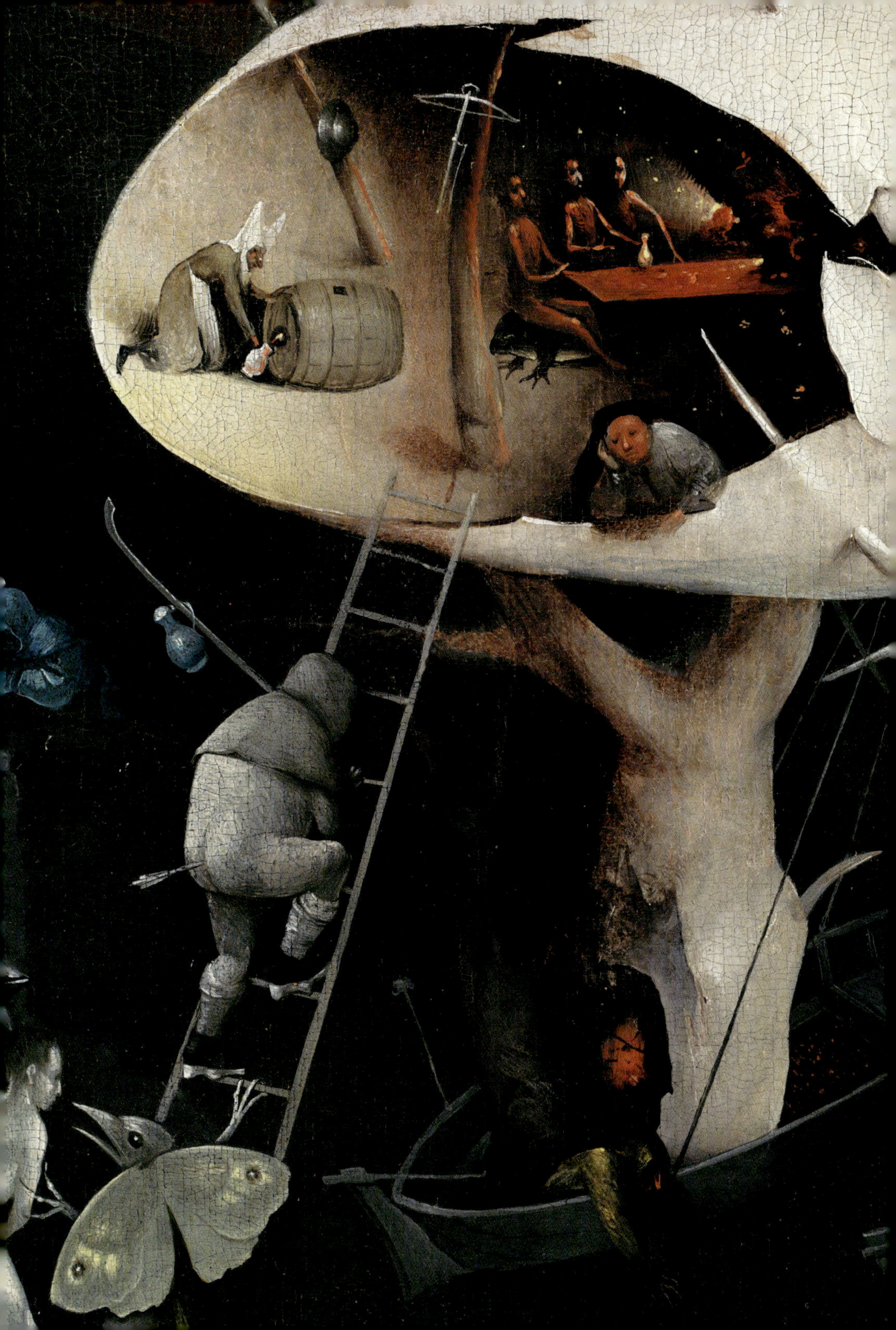

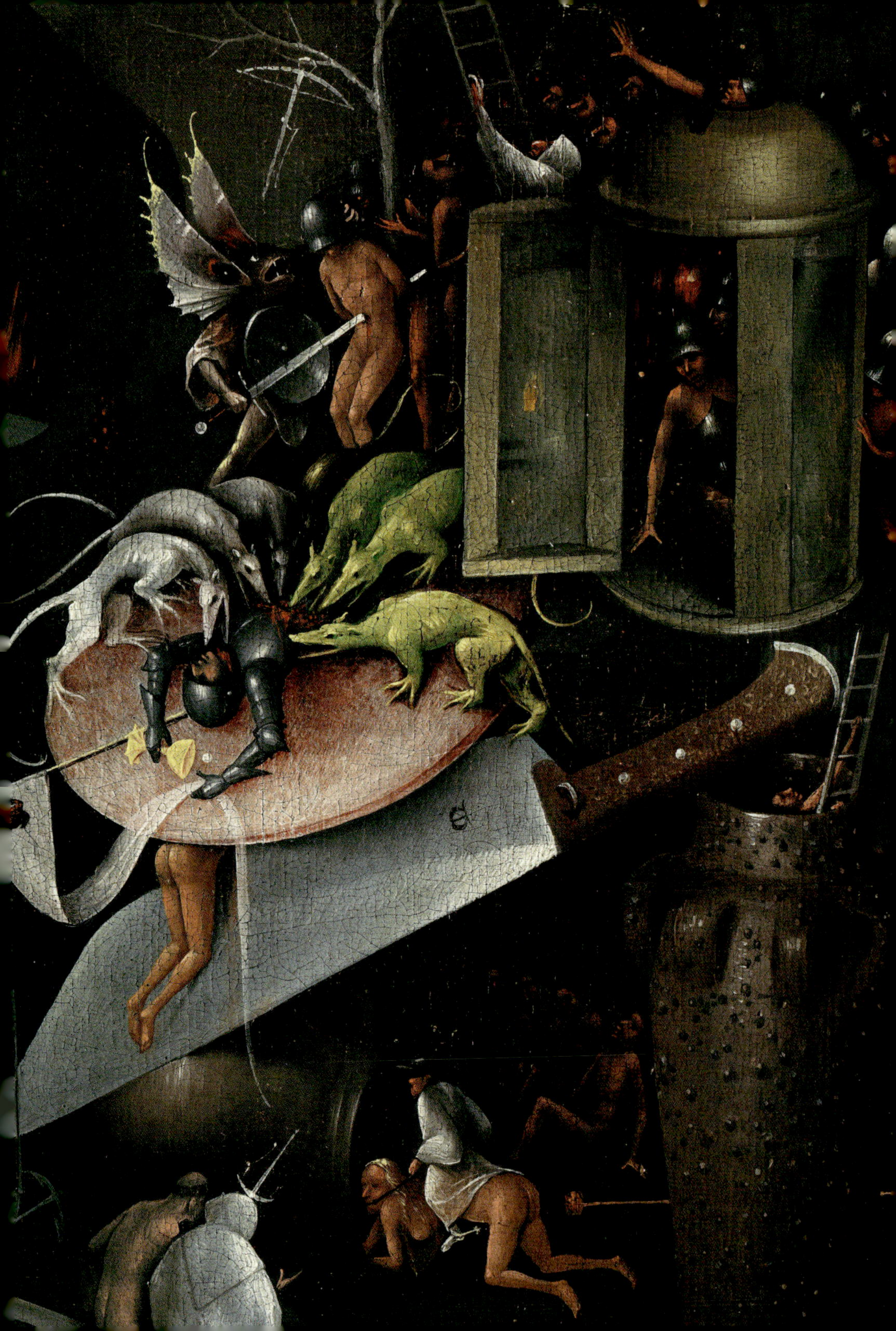

Der Garten der Lüste (Detail), um 1503
Rechter Innenflügel: **Die Hölle**
(siehe Abb. S. 189)

Der Garten der Lüste (Detail), um 1503
Rechter Innenflügel: **Die Hölle**
(siehe Abb. S. 189)

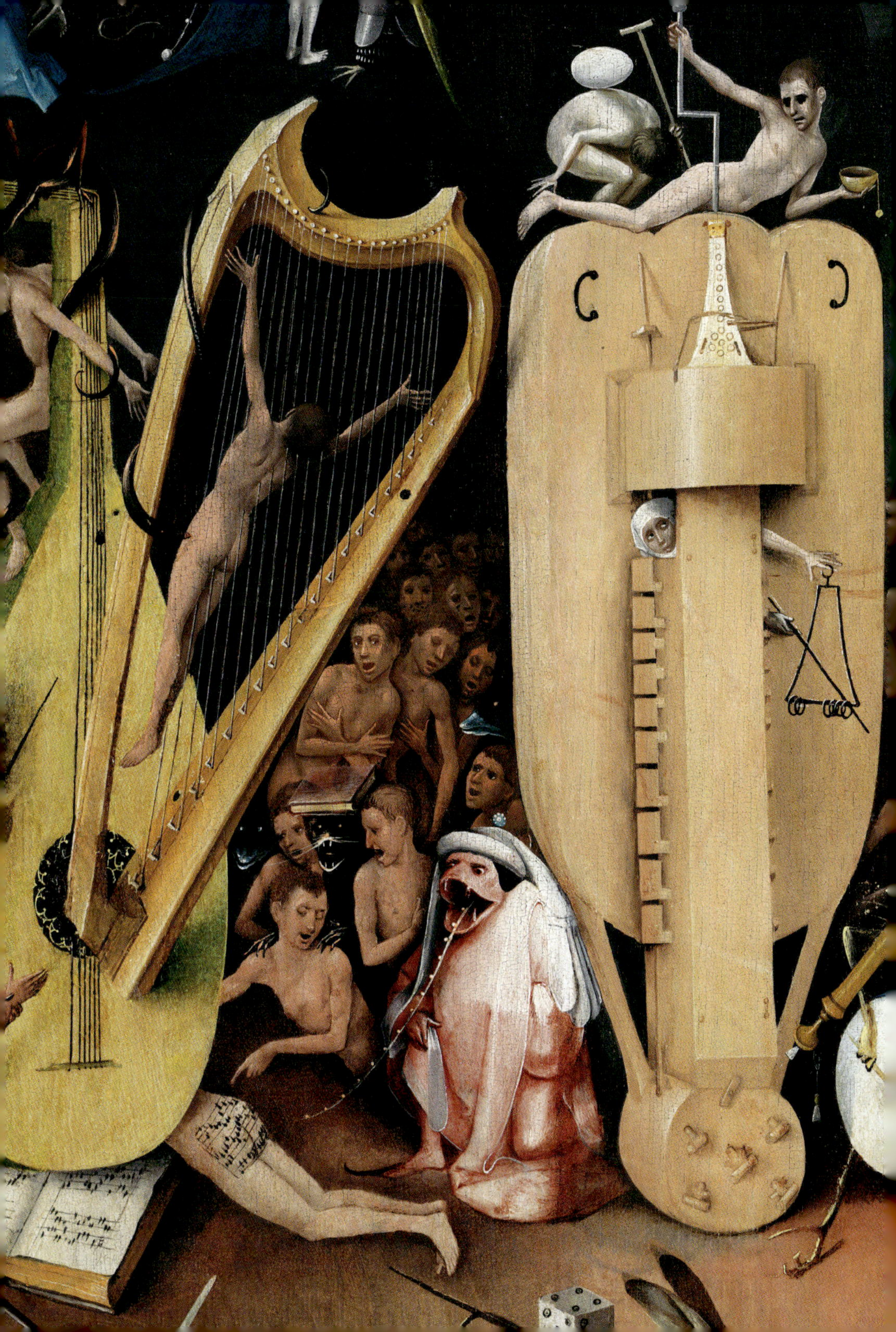

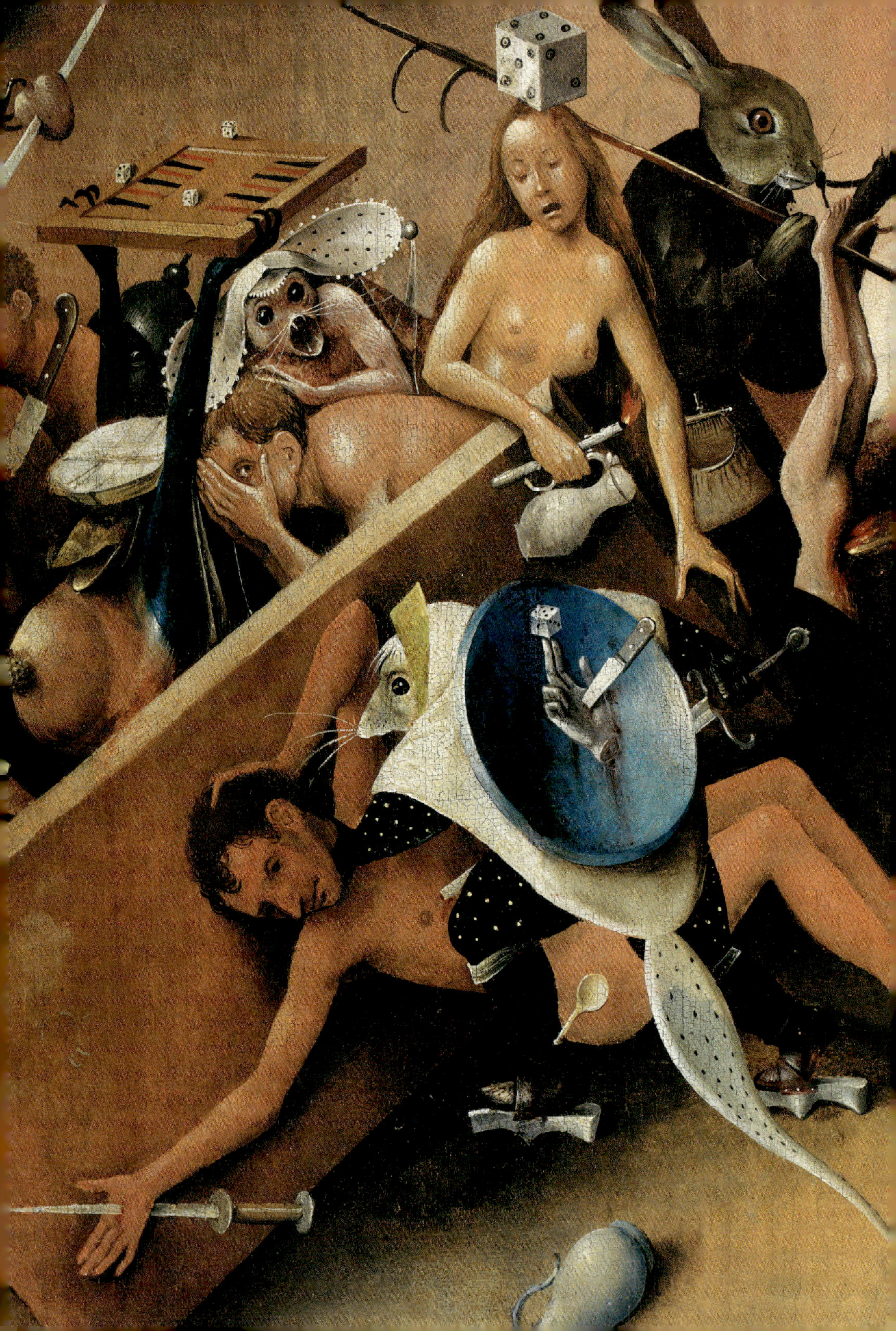

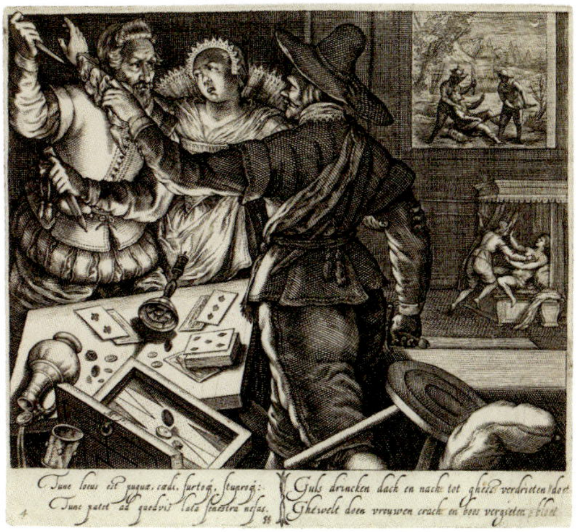

Jacob Matham, **Die Folgen der Trunksucht**, um 1600–1620
Kupferstich, 17,8 x 19,8 cm. London, The British Museum

Seite 218
Der Garten der Lüste (Detail), um 1503
Rechter Innenflügel: **Die Hölle**
(siehe Abb. S. 189)

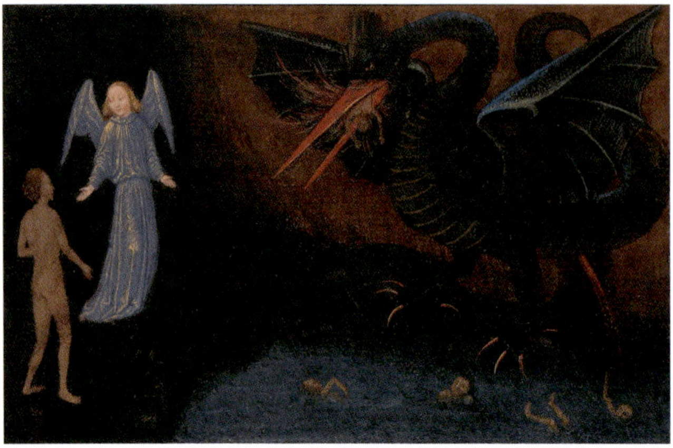

Simon Marmion, **Unkeusche Priester und Nonnen verschlingendes Monster**, um 1474
aus: *Visio Tundali für Margarete von York*, fol. 24v (Detail)
Tempera, Blattgold, Goldhöhung und Tinte auf Pergament, 36,3 x 26,2 cm
Los Angeles, The J. Paul Getty Museum, Ms. 30

Seite 221
Der Garten der Lüste (Detail), um 1503
Rechter Innenflügel: **Die Hölle**
(siehe Abb. S. 189)

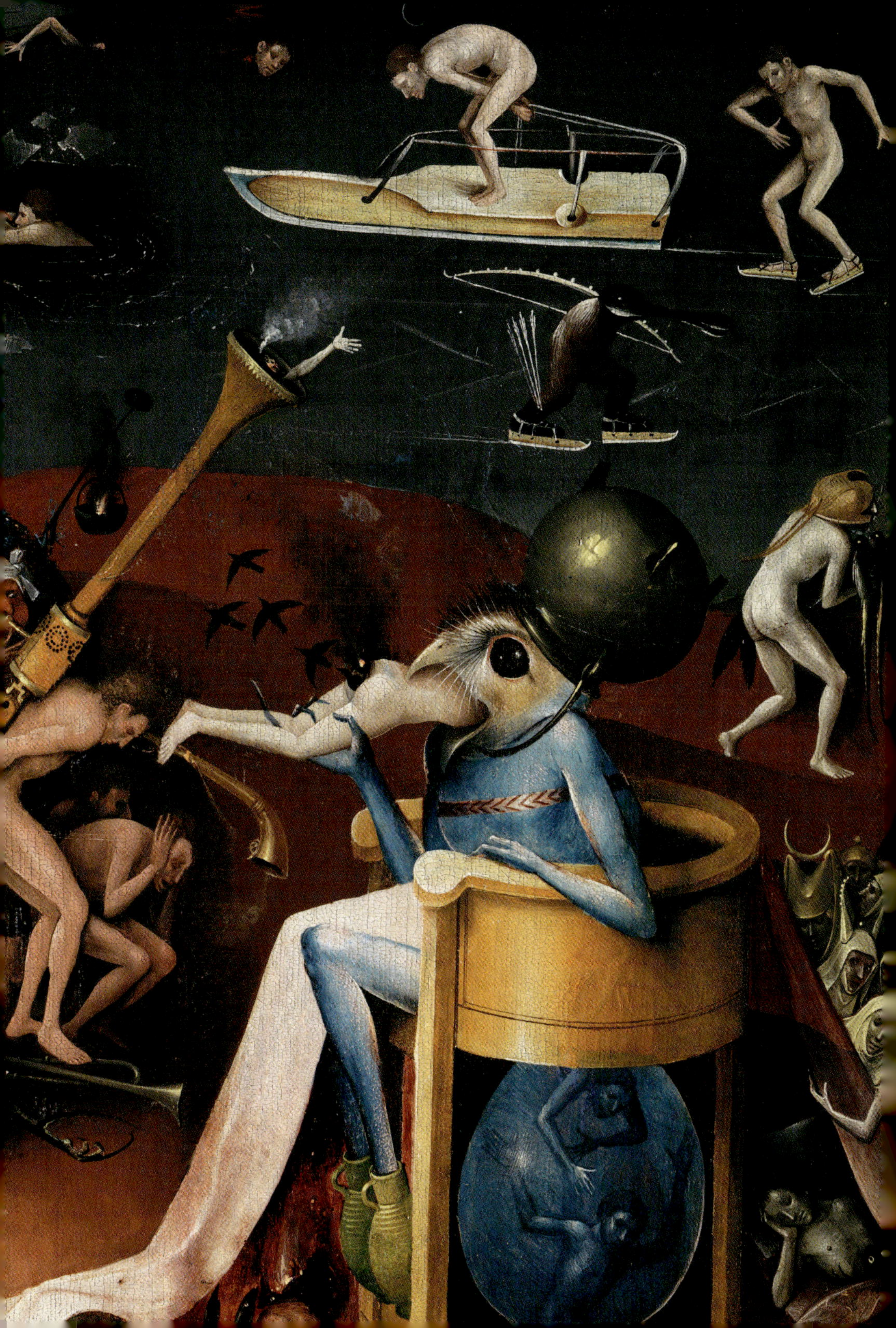

V.

Kunst für den König: *Das Jüngste Gericht*

um 1506

„Ich werde das Gefühl nicht los, dass das wahre Geheimnis der beeindruckenden Alb- und Tagträume [von Bosch] noch nicht wirklich gelüftet wurde. Wir haben bisher zwar einige Löcher in die Tür eines verschlossenen Raumes gebohrt, doch den passenden Schlüssel zu dieser Tür haben wir anscheinend immer noch nicht gefunden.“

ERWIN PANOFSKY, 1953

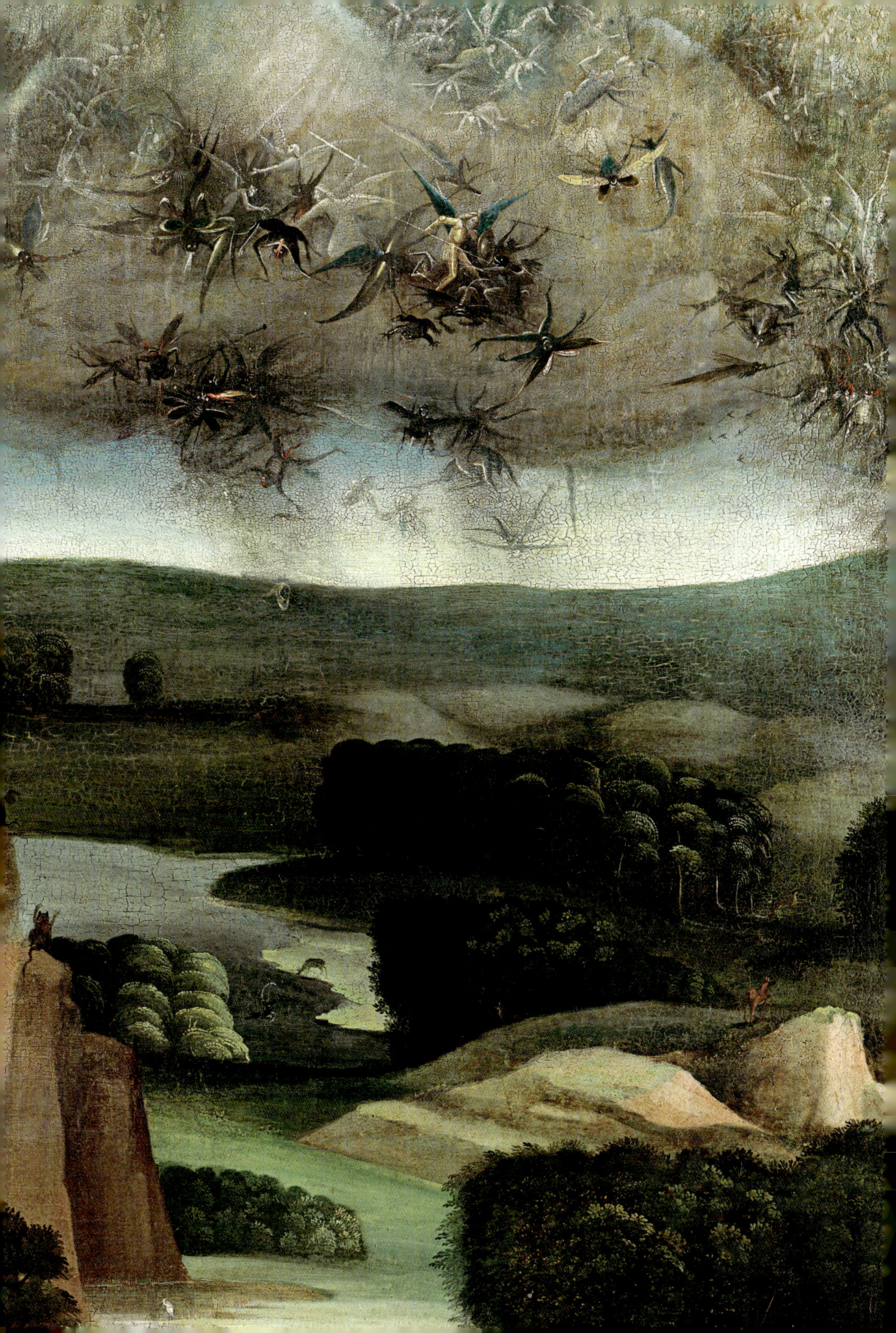

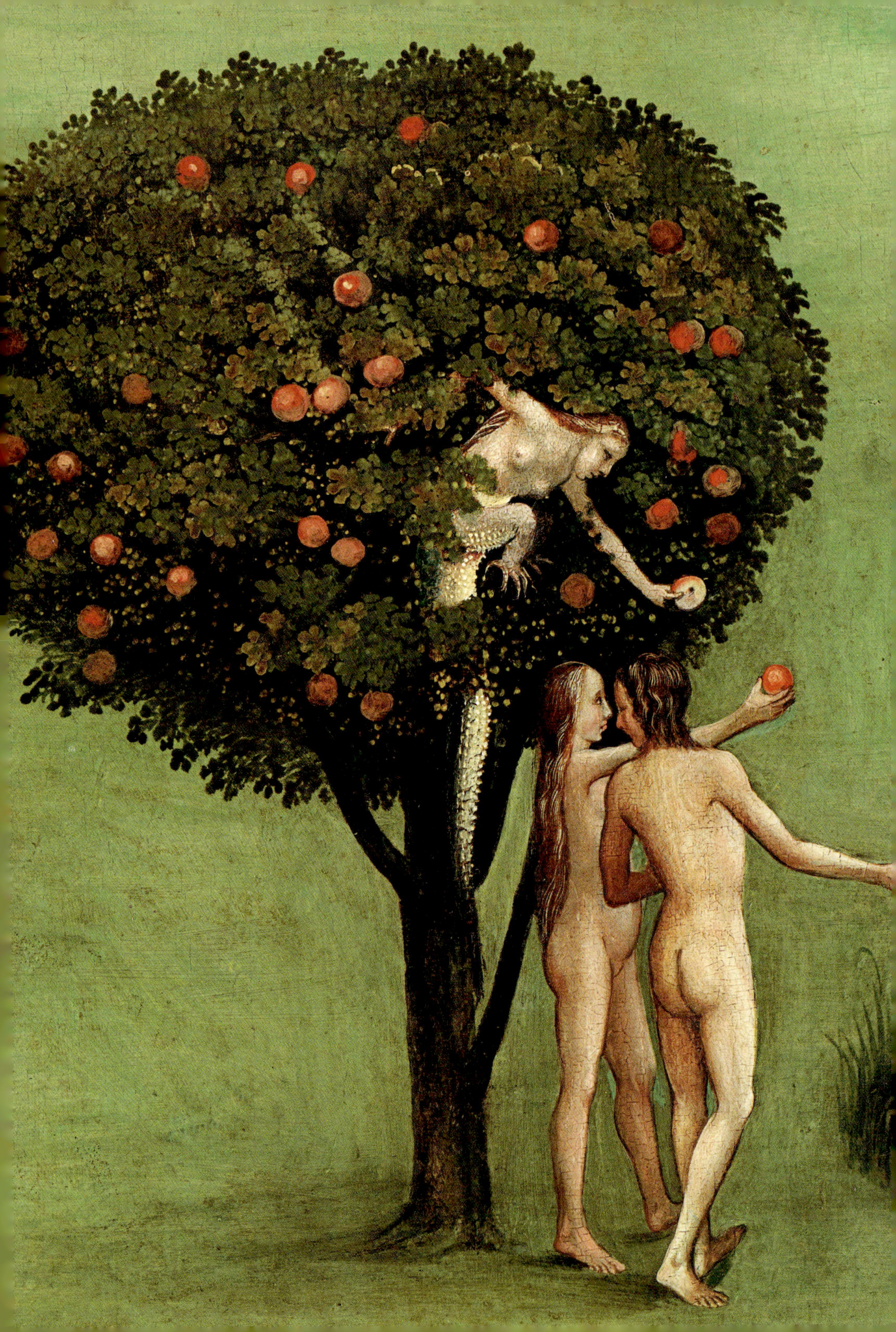

In den Jahren zwischen 1497 und 1503, markiert durch die *Anbetung der Könige* und den *Garten der Lüste*, erarbeitete Bosch sich mit diesen komplexen Werken eine künstlerische Position, die ihn über das überregionale Patriziat hinaus auch für den hohen Adel interessant machte. Die Beliebtheit Boschs an fürstlichen und königlichen Höfen beginnt spätestens mit dem *Garten der Lüste*, mit dem sich der Künstler wohl endgültig das höfische Publikum als Auftraggeber eröffnete. Die Rückkehr des Habsburger-Hofes um Erzherzog Philipp den Schönen aus Spanien im Jahr 1503 markiert für Bosch den internationalen künstlerischen Durchbruch. Das ein halbes Jahr nach dem Tod Isabellas von Kastilien (1451–1504) im Juni 1505 aufgestellte Inventar ihres Besitzes zeigt, dass schon vor Ende 1504 mindestens ein Gemälde der büßenden Maria Magdalena mit der Signatur Hieronymus Boschs am spanischen Hof war („una Magdalena penitente“: Sánchez Cantón 1950, S. 182–184; Pita Andrade 2006, S. 14 und S. 41). Dies ist vermutlich durch die dynastischen Verbindungen dorthin gelangt, sei es durch den Vater Felipe de Guevaras, Diego de Guevara (vor 1442–1520; S. 227), der selbst Gemälde Boschs besaß und Majordomus Johannas von Kastilien bzw. Philipps, später Schatzmeister der Margarete von Österreich und äußeres Mitglied der Liebfrauenbruderschaft war, oder durch Philipp selbst, der sie zum Beispiel bei seiner Spanienreise 1502 als Geschenke mit sich geführt haben könnte. Die Aufträge, die sein Hof oder er selbst als regierender Fürst der Niederlande, Sohn des römisch-deutschen Königs und späteren Kaisers Maximilian und selbst spanischer König (ab 1505) erteilte, führten qua Ranghöhe und Ansehen zur Aufwertung und Auszeichnung von Boschs Kunst und boten ihr eine Bühne, woraufhin andere Adlige diese Kunst ebenso begehrten und sich wenigstens Kopien besorgen ließen. So nahm die Nachfrage nach Boschs Kunst in den folgenden Jahren und Jahrzehnten an den europäischen Fürstenhöfen und Königshäusern stetig zu.

Im September 1504 beauftragte dann Philipp der Schöne den Maler selbst. In der Urkunde ist dabei von „Jheronimus van Aken, genannt Bosch, Maler, wohnhaft in ’s-Hertogenbosch“ („Jeronimus van Aeken dit Bosch paintre demeurant au Bois le Duc“) die Rede, womit die Namensidentität von Hieronymus Bosch (in der Schreibweise Jheronimus Bosch) mit Jheronimus van Aken archivalisch bezeugt ist. Jedoch trägt schon die *Anbetung der Könige* (Kat. 6.3) um 1496/97 und wohl noch einige Jahre früher der *Johannes auf Patmos* (Kat. 3.2) den Namenszusatz Bosch als Kürzel für ’s-Hertogenbosch, was nur dann Sinn macht, wenn sich die Werke an Betrachter von außerhalb seiner Heimatstadt richten. In der besagten Urkunde zahlte die Administration von Philipp dem

Seite 223, 224
Das Jüngste Gericht (Details), um 1506
Linker Innenflügel: **Sturz der Engel, Sündenfall und Vertreibung** (siehe Abb. S. 254/255)

Schönen Hieronymus Bosch einen Vorschuss „für ein großes Tafelgemälde von neun Fuß Höhe und elf Fuß Länge, welches das Jüngste Gericht, d. h. Paradies und Hölle, zeigen soll" („ung grant tableau de paincture de neuf pietz de hault et onze pietz de long, ou doit estre le Jugement de dieu assavoir paradis et infer"). Mit der Auftragserteilung wurde – wie üblich – neben der thematischen Aufgabenstellung auch die Größe festgelegt sowie eine Anzahlung in Höhe von 36 Livres gewährt. Die Rechnungseinheit des Livre (bzw. Pfund) entsprach etwa dem rheinischen Gulden, sodass man auf einen möglichen Endpreis – als dem etwa Fünffachen der Anzahlung – von geschätzt wenigstens 180 Gulden käme (Fischer 2009, S. 20).

Der Anlass für den Auftrag des *Jüngsten Gerichts* ergibt sich aus den allgemeinen politischen und den persönlichen Umständen Philipps. Dieser weilte, teils begleitet von Heinrich III. von Nassau-Breda, spätestens seit September 1504 in 's-Hertogenbosch und blieb dort – mit kurzen Unterbrechungen im Januar und um die Monatswende März/April – bis zum Mai 1505. Ein letzter Besuch erfolgte im August 1505. Der Grund waren die Kriegsvorbereitungen gegen das von der Herrschaft der Habsburger abtrünnige Herzogtum Geldern, geführt von Herzog Karl von Egmond (1467–1538). Philipp beauftragte das Werk in dem Monat, als er seine Truppen um 's-Hertogenbosch aufmarschieren ließ und in der Stadt mit dem verbündeten Herzog von Kleve zusammentraf. Im selben Monat war mit dem Abkommen von Blois (22. September) besiegelt worden, dass sich Frankreich im Konflikt zurückhielt.

Nach den bürgerkriegsähnlichen Unruhen im Kampf um die Nachfolgeherrschaft der Länder des untergegangenen Burgundischen Reiches seit dem Tod Karls des Kühnen 1477 sollte nach der als Zwang empfundenen Herrschaft Maximilians I. mit Philipp wieder Kontinuität und Normalität – im Sinne der niederländischen Stände – in den Niederlanden eintreten. Im Gegensatz zu seinem Vater wurde Philipp von den einheimischen niederländischen Ständen als natürlicher Prinz („prince naturel") des Landes angesehen, denn er war als Sohn Maximilians und Marias von Burgund in Brügge geboren und in Mecheln von Margarete von York, der Witwe Karls des Kühnen, sowie durch niederländische Adlige und Humanisten erzogen, die auch in den Jahren regierten, bevor Philipp ab 1494 nach und nach die Regentschaft übertragen wurde. Dieser gewann seinen Hofstaat aus Adligen der Niederlande selbst, verfolgte eine versöhnliche Politik und hatte die ihm wohlgesonnenen niederländischen Stände auf seiner Seite. Das Herzogtum Geldern allerdings pochte auf Souveränität, was Philipp lange nicht anfocht. Erst auf Drängen Maximilians sollte er Geldern endlich unter die Kontrolle der Habsburger und des Reiches zwingen.

Über die Auftraggeberschaft und die Kunstpolitik Philipps des Schönen ist erst seit einigen Jahren und Jahrzehnten Genaueres bekannt (Onghena 1959, Rivière 1985,

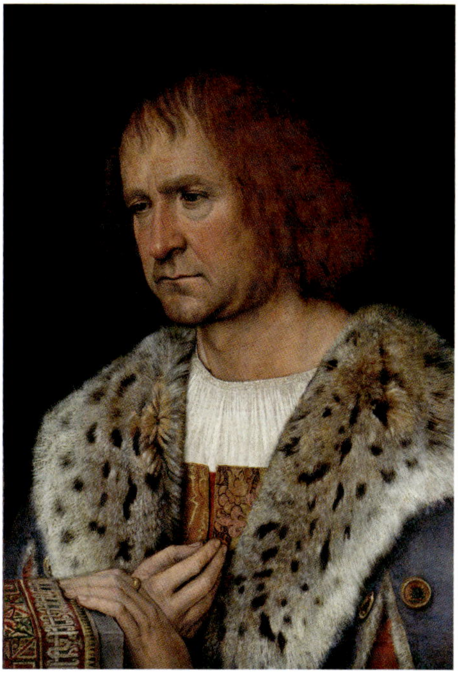

Zalama Rodríguez/Vandenbroeck 2006). Dennoch zeugen etwa drei Dutzend Porträts als Gemälde oder Stifterbilder, einige Altarretabel oder größere Gemälde, Tapisserien, Buch- und Glasmalereien und etliche in Urkunden erwähnte Werke davon, dass die junge und relativ kurz währende Herrschaft Philipps aktiv und überlegt eine angemessene Repräsentation anstrebte. Philipp griff dabei zum Teil auf vertraute Künstlernamen zurück. So standen die beiden Söhne Jacob und Lieven des bedeutenden Buchmalers Lieven van Lathem (nachweisbar ab 1454 – gest. 1493), der für die burgundischen Herzöge Philipp den Guten und Karl den Kühnen gearbeitet hatte, in seinem Hofdienst. Von den Brüdern war Jacob (nachweisbar 1493–1522) Tafelmaler und vor allem Porträtist, dem aber bisher keine Gemälde zugeordnet werden konnten; Lieven (nachweisbar 1496–1506) war Goldschmied und Siegelschneider. In der Kategorie der Gemälde bildet Boschs *Jüngstes Gericht* (S. 254/255, Kat. 13) eines der bedeutendsten Werke, wenn nicht das bedeutendste überhaupt. Er ist auch der namhafteste Künstler, der für Philipp den Schönen tätig war.

Die Identifizierung des *Jüngsten Gerichts*, das heute in Wien hängt, mit dem in der oben aufgeführten Akte genannten Werk ist heute weitgehend akzeptiert. Sie begründet sich mit der Darstellung der Heiligen auf den Außenseiten, mit der Größe des Werkes, mit der übermalten Stifterfigur und damit, dass es – wohl schon 1508 – im Besitz der Habsburger war. Die abweichende Größe des Triptychons in Wien gegenüber dem Auftrag – es ist nur etwa halb so groß wie die in der Akte genannten Maße (siehe Text Kat. 13) – müsste als spätere Änderung oder Abweichung akzeptiert werden, die etwa eigenmächtig durch Bosch oder auch in mündlicher Absprache im gegenseitigen Einvernehmen erfolgte. Falls er das Werk erst im Folgejahr der Anzahlung begonnen haben sollte, sind als Grund auch ausbleibende Zahlungen im Zusammenhang mit Philipps

Michiel Sittow, **Diego de Guevara**, um 1516/17
Öl auf Holz, 33,6 x 23,7 cm. Washington D.C., National Gallery of Art, Andrew W. Mellon Collection

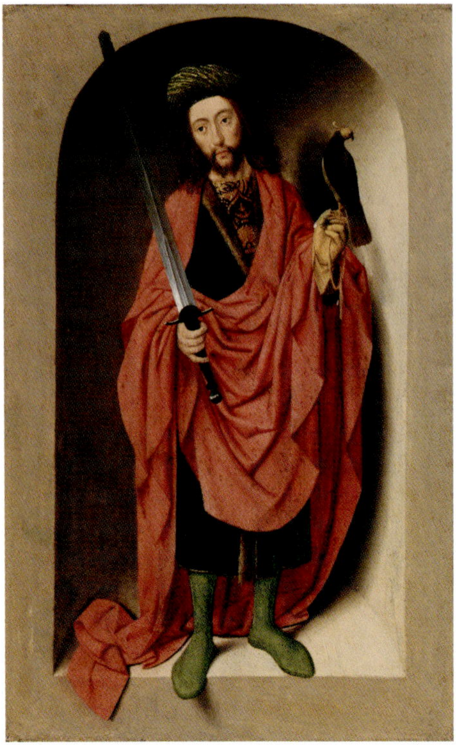

Antritt der Königskrone von Kastilien, Leon und Granada und seiner Abreise nach Spanien Anfang 1506 sowie seinem baldigen Tod im September 1506 denkbar.

Jakobus und Bavo

Die Darstellung des *Heiligen Jakobus d. Ä.* ziert die linke Außentafel (S. 253, Kat. 13.1). Jakobus, Sohn des Zebedäus (gest. um 44 n. Chr., spanisch Santiago), wird auch der Namenszusatz „Major" gegeben, um ihn von dem anderen Apostel Jakobus zu unterscheiden, der Sohn des Alphäus war und „der Jüngere" genannt wird. Der Legende nach reiste er nach Spanien, brach die Mission aber wegen mangelnden Erfolges ab. Als er dann im Heiligen Land hingerichtet worden sei, habe sein Gefolge den Leichnam auf ein führerloses Schiff gelegt, das erst in Galizien im Nordwesten der Iberischen Halbinsel wieder angelandet sei. Die Gebeine seien bestattet, das Grab des Jakobus jedoch vergessen und später durch einen wundersamen Stern wiederentdeckt worden. An dieser Stelle errichtete man eine Kirche. Im Spätmittelalter war Santiago de Compostela mit dieser Kirche neben Rom und Jerusalem der bedeutendste christliche Wallfahrtsort, zu dem Pilgerrouten durch ganz Westeuropa führten. Jakob wurde zum Landespatron Spaniens, insbesondere im Kampf gegen die Mauren.

Bosch hat den barfüßigen Jakobus in einer durch die Last der Lebensreise gebeugten Haltung in Dreiviertelansicht gemalt, vergleichbar seinem *Christophorus* (Kat. 7) und den *Hausierern* (Kat. 17.1 und Kat. 20.1). Der Bildaufbau ist ähnlich: Um die gebeugte, aber unbeugsame Hauptfigur herum sind kleine bis miniaturhafte allegorische Bildmotive verstreut. Jakobus ist in ein langes Gewand gekleidet. Über der rechten Schulter trägt er einen mit beiden Händen gehaltenen Wanderstab, an dem ein in Falten liegendes Tuch

Meister des Braunschweiger Diptychons, **Der heilige Bavo**, um 1490
Detail der Außenseite des Braunschweiger Diptychons. Öl auf Holz, 35 x 23 cm
Braunschweig, Herzog Anton Ulrich-Museum, Kunstmuseum des Landes Niedersachsen

bis zum Boden hinunterhängt. Auf seinen Schultern ruht der für ihn typische Pilgerhut mit vorn hochgeschlagener Krempe, an der eine Jakobsmuschel befestigt ist. An seinem Gürtel hängen eine Brottasche, ein Dolch in zerschlissener Hülle und ein Beutelbuch.

In der kargen Landschaftsumgebung spielen sich einige Szenen ab, die mögliche Ereignisse oder Zustände während einer Pilgerreise wiedergeben, die aber auch metaphorisch Stationen des Lebensweges umschreiben. Rechts sticht ein Wegelagerer auf einen am Boden liegenden Reisenden ein, dessen mitgeführter Besitz neben ihm verstreut liegt; so wird die Gefahr illustriert, auf der Lebenspilgerschaft unverschuldet Hab und Gut, Gesundheit oder gar das Leben zu verlieren. Darüber bzw. tiefer in der Landschaft befindet sich ein Sühnekreuz, das oft aus Reue am Ort eines Verbrechens aufgestellt wurde. Im Kontrast dazu kriecht zu Füßen Jakobus' eine Schlange als Symbol des Bösen. Darunter ist der Rand eines kleinen Gewässers zu sehen, an dem zwischen Schilfrohr Jakobsmuscheln liegen, eine Eidechse krabbelt und weiter links ein seltsamer Frosch mit Hörnern hockt. Der linke Bildrand weist gleich vier Szenen auf. Im Rücken des Heiligen hockt eine Nebelkrähe auf einem abgestorbenen Baum und warnt als Kündervogel vor Krankheit und schlechtem Tod (vgl. Dittrich 2005, S. 320). Darüber folgen drei Exempla mit direktem Bezug zur Lebenspilgerschaft: Einem am Bein versehrten Wanderer mit Krücken folgt ein Blinder, der sich mit tief ins Gesicht gezogenem Pilgerhut an seinem Vormann festhalten muss. Obwohl ihre körperlichen Beeinträchtigungen sie zu Bettlern gemacht haben, sind sie auf Pilgerfahrt gegangen. Das Ziel ihrer Lebensreise werden sie aber sicher nur mithilfe des Heiligen erreichen können. Von Jakobus wird jedenfalls berichtet, dass er einen Lahmen heilte. Weiter oben macht ein Reisender Rast unter einem Baum mit üppig belaubter Krone, ein Motiv, das das Gottvertrauen ausdrückt, das den guten Pilger mit Schatten und Früchten versorgt – frei nach dem Hohelied 2,3 („Ein Apfelbaum unter Waldbäumen ist mein Geliebter unter den Burschen. In seinem Schatten begehre ich zu sitzen. Wie süß schmeckt seine Frucht meinem Gaumen!"). Ganz oben auf einem Felsen hat sich hingegen jemand der Lebenspilgerschaft durch Selbstmord am Strick entzogen. Dieses Sinnbild der *desperatio*, der Verzweiflung, geht auf die Darstellung des Judas zurück und kommt bei Bosch so in der Passion der *Anbetung der Könige* (Kat. 6.1) vor, wo ebenfalls eine von einer zweiten Person begleitete Figur auf den Gehängten zeigt. Bax hat die Szene als eine Geschichte aus der Jakobus-Legende gedeutet. In einigen Versionen wird nämlich berichtet, dass der Heilige einem zu Unrecht Gehängten das Leben wiedergab, nachdem sein Vater nach Santiago gepilgert war (Bax 1983, S. 296–297).

Auf der rechten Außentafel präsentiert sich *Der heilige Bavo* (S. 253, Kat 13.2). Der Legende nach war er ein Adliger, der sich vom irdischen Leben abkehrte und sein Hab und Gut an Bedürftige verschenkte. Bavo zeigt sich in der typischen Haltung eines

Schutzpatrons (vgl. S. 228) aufrecht und frontal zum Betrachter gewandt, allerdings mit leicht gesenktem Blick und nach rechts gewandtem Kopf. Er trägt eine Tunika mit Umschlagärmeln und darüber einen knielangen Mantel, der über die rechte Schulter geworfen ist. Unterschenkel und Füße sind bestrumpft. Goldene Sporen weisen ihn als Reiter und Adligen aus. Seine rechte Hand greift unter dem Mantel in eine Geldbörse, hinter der ein Schwert befestigt ist – Symbole seiner Großherzigkeit bzw. seines adligen Standes. Auf seiner linken Hand trägt Bavo einen Falken, sein wichtigstes Attribut. Ein einfaches Barett ziert sein Haupt.

Rechts vom Heiligen hat ein Bettler einen durch eine Leibesstrafe verlorenen Fuß auf einem weißen Tuch oder Papier ausgelegt, um seine Hilfsbedürftigkeit zu belegen, wobei nicht zu erkennen ist, ob es sein eigener oder ein von einer Hinrichtungsstätte entwendeter ist (vgl. Bax 1983, S. 305–307). Dieses Bildmotiv hat Bosch auch auf dem *Antonius*-Triptychon (S. 118/119, Kat. 10.4) dargestellt. Dort soll mit dem ausgelegten Körperteil vermutlich eine schwere Krankheit oder unrechte Strafe vorgetäuscht werden, um Mitleid zu erzeugen. Der Bettler neben Bavo weist am Handgelenk seiner verdrehten rechten Hand ein rundes Geschwür oder ein Pflaster auf, während er mit der Linken eine Rundschale hält. Aus dieser hängt eine Plombe an einer Schnur heraus, was eine offizielle Marke der Behörden war, mit der „echte" Bettler ihre Bedürftigkeit ausweisen konnten. Zur Linken des Heiligen hockt eine alte Frau mit vorspringendem Unterkiefer, die Kopftuch und Mantel trägt. Auf der rechten Schulter sitzt ihr ein Kleinkind, das eine Schale mit Löffel auf dem Kopf balanciert. Aus dieser läuft Brei heraus. Letzteres ist als Zeichen des Hungers, den das Kind peinigt, oder sogar der Vergeudung zu deuten. Davor streckt ein weiteres Kind oder auch eine zwergwüchsige Gestalt mit kleinem Kopf und zu großer Kleidung ebenso wie die Alte und das jüngere Kind einen Arm verlangend zu Bavo aus. Der große Altersunterschied zwischen Frau und Nachwuchs lässt über ihr Verhältnis rätseln. Quellen kolportieren, dass Bettler beliebige Kinder auflasen oder anstifteten, damit diese Mitleid erweckten und sie so in ihrer Bettelei unterstützten. Sowohl ihr Verhalten wie auch die pejorative Darstellung ihrer äußeren Erscheinung machen diese Gruppe zum negativen Gegenbild aufdringlicher, falscher bzw. vorgeblicher Bettler, von denen in der spätmittelalterlichen niederländischen Literatur öfter berichtet wird (Steemers 1979, S. 19; Marijnissen 1988, S. 221). Die Szene spielt sich unter dem abgeflachten und ornamentlosen Rundbogen eines überbauten oder untertunnelten Durchganges ab, hinter dessen zweitem Rundbogen ein Blick auf die mäßig belebte Straße einer Stadt mit typischen spätmittelalterlichen Giebelhäusern zu erheischen ist.

Das Jüngste Gericht (Detail), um 1506
Mitteltafel: **Das Jüngste Gericht**
(siehe Abb. S. 254/255)

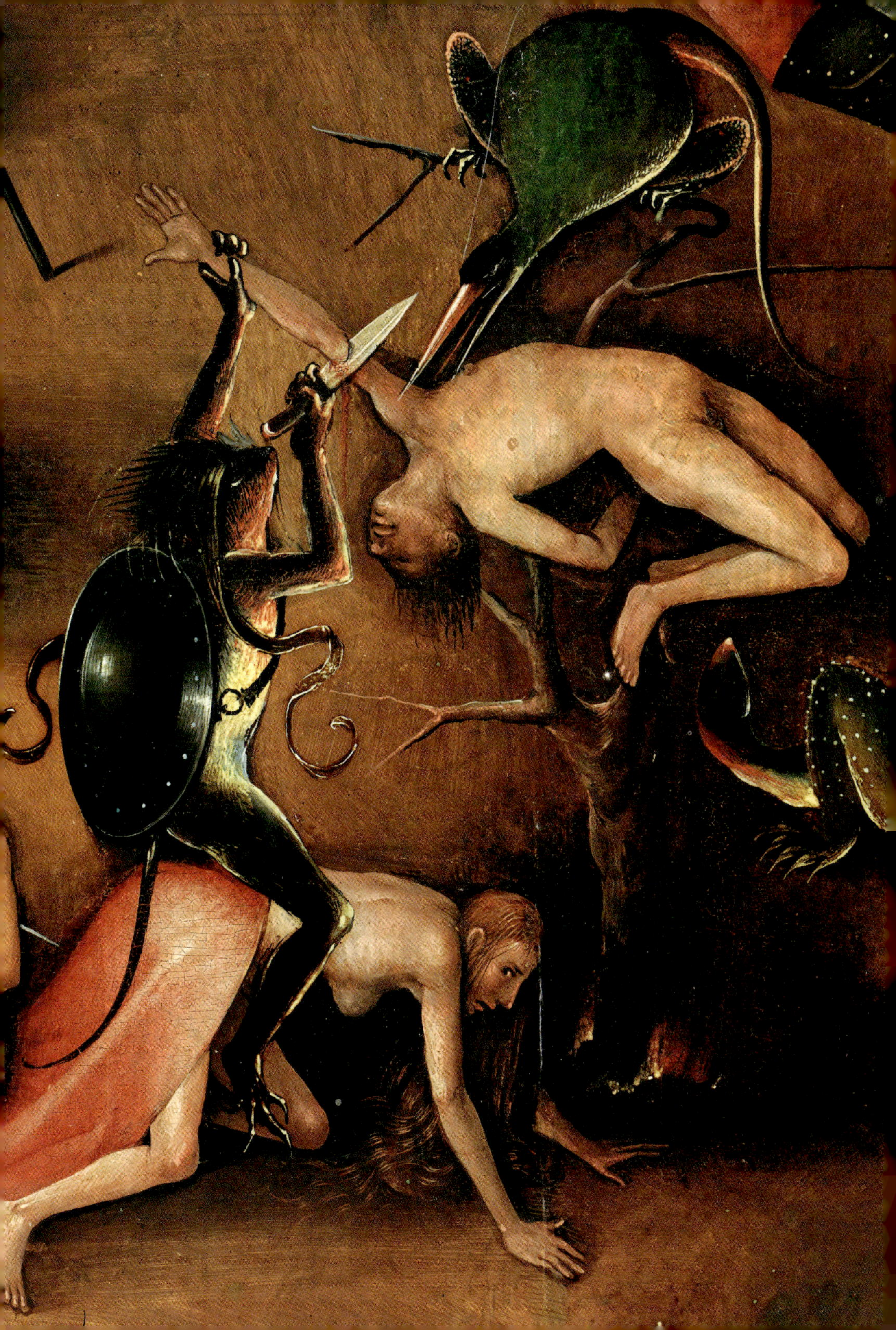

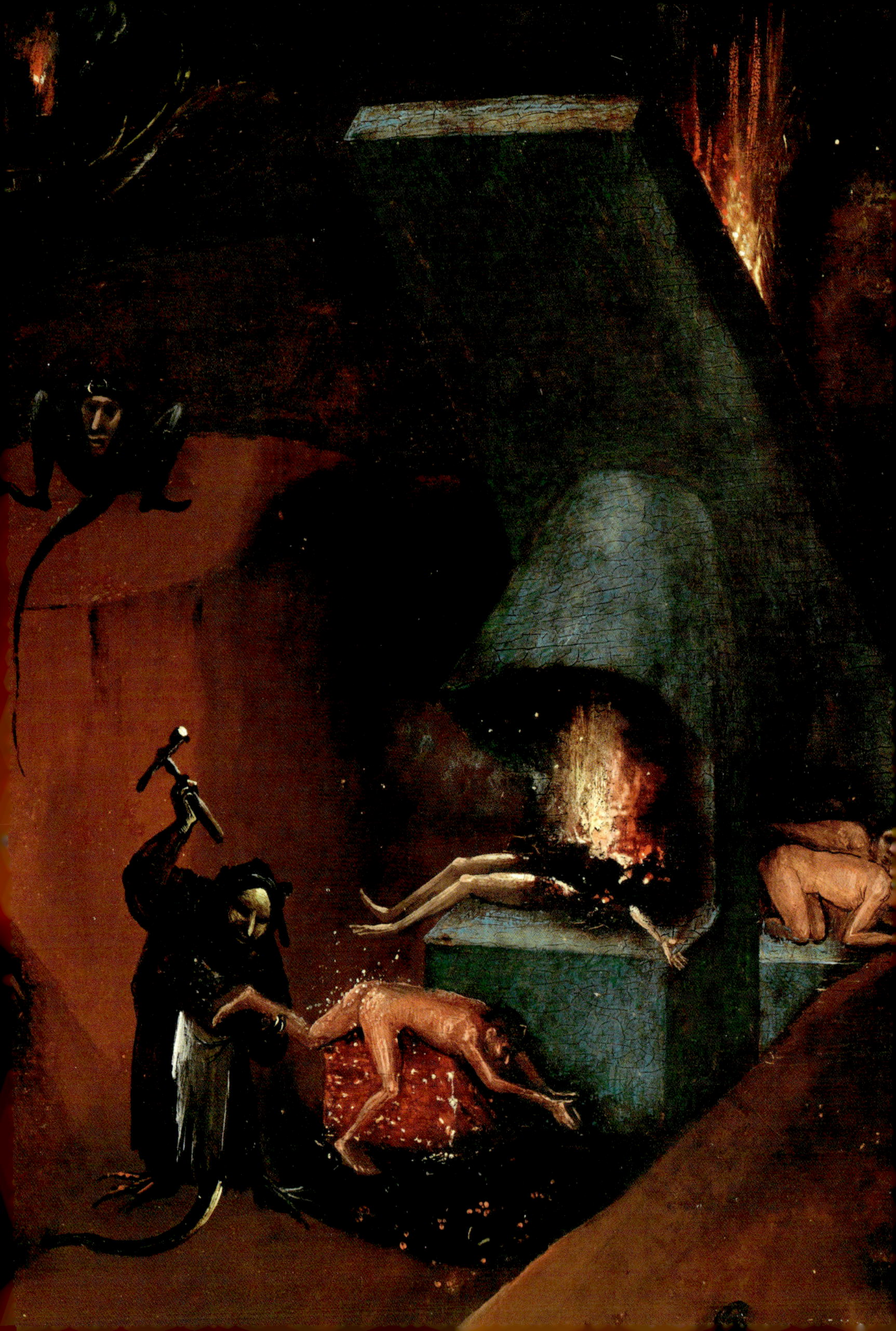

Der heilige Bavo auf der Außentafel trägt die Gesichtszüge Philipps des Schönen (siehe Kat. 13; vgl. S. 235, 252). Somit repräsentiert Bavo den niederländischen Zweig der Habsburger und speziell Philipp. Bavo (auch: Sint Baaf) war der Stadt- und Bistumsheilige von Gent und Haarlem und wurde auch in anderen Städten und Orten der historischen Niederlande, vor allem in Westflandern, verehrt. So auch in Brügge, das eine Reliquie von ihm beherbergt und ein Stadtviertel nach ihm benannt hat. In der Geburtsstadt Philipps des Schönen soll laut einer Inschrift in der Liebfrauenkirche das Herz des Heiligen seine letzte Ruhe gefunden haben. Der heilige Jakob, der zweite Heilige der Außenansicht, vertritt als Schutzpatron Spaniens die dynastische Verbindung des Hauses Habsburg mit der spanischen Monarchie. Diese war gelungen durch die geschwisterliche Doppelhochzeit Philipps des Schönen mit Johanna von Kastilien (1479–1555; S. 235), später „die Wahnsinnige" genannt, 1496 sowie Margaretes von Österreich (1480–1530) mit Johann von Aragón und Kastilien (1478–1497) ein Jahr später.

Künstlerisch sind beide Heiligendarstellungen in Grisaille-Malerei umgesetzt. Die Helldunkelabstufungen und -kontraste und damit die Plastizität sind hier viel stärker ausgeprägt als bei buntfarbigen Gemälden Boschs und auch bei denen mit reduzierter Palette. Dieser Befund gilt selbst im Vergleich mit anderen Grisaillen, was aber auch auf die Monumentalität der Figuren zurückzuführen ist. Freilich muss eine monochrome Malerei die Kontraste aus dem Helldunkel herausarbeiten, um klar und wirksam zu sein. So erhalten die beiden Heiligen eine sehr feine, fast marmor- oder elfenbeinartige Erscheinung. Die dunkelblau erscheinende Unterzeichnung tritt oft hervor. Ob sie ausführlicher ist als bei den buntfarbenen Malereien Boschs, kann nur eine technische Untersuchung klären. In den Schatten wurde kühles, sonst warmes Grau verwendet, worüber das Weiß wie Schleier gelegt wurde. Den unteren Abschluss beider Tafeln bildet ein illusionistisches gotisches Maßwerk, an dem je ein Wappenschild an einem Lederriemen hängt. Ob die Schilder nur Dekoration sind oder tatsächlich Wappen zeigten oder zeigen sollten, ist ungeklärt.

Die Art und die Monumentalität der Präsentation des Bavo und des Jakobus bewirken, dass in beiden die Funktion des Schutzpatrons weit stärker hervortritt als in Boschs anderen Heiligengemälden. Beide sollten durchaus verehrt und angebetet werden. Als frommer Adliger, der sich karitativ gegenüber den wirklich Bedürftigen zeigt, konnte Bavo Vorbild für Philipp den Schönen sein. Er trifft das Ideal eines großzügigen und gerechten Herrschers, als den sich Philipp sicher dargestellt sehen wollte. Jakobus erscheint durch seine Fähigkeit, Heilwunder zu wirken, ebenfalls als karitativ Wirkender, mehr noch aber als Beistand für den Pilger und als nachzuahmendes Vorbild auf der

Das Jüngste Gericht (Detail), um 1506
Mitteltafel: **Das Jüngste Gericht** (siehe Abb. S. 254/255)

Lebenspilgerreise. Beide kann man sich daher als persönliche Schutzpatrone für Philipp vorstellen, als Christenmenschen wie auch als Fürsten. In diesem Sinne haben beide Heiligen einen Bezug zur Innenansicht: Gute Taten und die Vermeidung von Sünden waren essenzielle Maßgaben im Angesicht jenes Tages, an dem sich jeder Christ vor dem Herrn würde verantworten müssen.

Die Entstehung des Bösen

Die linke Innentafel (S. 254/255, Kat. 13.3) zeigt das Entstehen des Bösen und den Verlust des Paradieses. Oben stellt sie den Sturz der Engel dar, der hier wie so oft mit der Trennung von Licht und Finsternis gleichgesetzt ist. Die gleißende Erscheinung Gottvaters in der Mandorla ist von Engeln umgeben. Farblich sieht es so aus, als bräche Sonnenlicht durch Gewitterwolken. Der Kampf mit Schwertern und Kreuzen der nur mit wenigen Strichen angedeuteten weißen Engel wird vom Erzengel Michael in goldener Rüstung angeführt. Die stürzenden Engel haben schwärzliche Insekten-Gestalt angenommen und fallen teils rücklings kopfüber nach unten auf die Erde (S. 223). Somit wird erklärt, wie das Böse in der Welt kam: Die „Charaktereigenschaften" der Engel haben sich mit dem Sturz spiegelbildlich ins Gegenteil verkehrt. Unterhalb hocken links auf den steilen kahlen Felsen seltsame dunkle Tiere mit erhobenen Pfoten, als wollten sie die fallenden Engeln beklagen oder begrüßen.

Die Chronologie springt dann von ganz oben nach ganz unten vorne, gleichsam zum gegenüberliegenden Punkt des Bildes, um die Erschaffung Evas aus der Rippe Adams zu zeigen. Adam schläft dabei und stützt sich auf einem Arm ab, was als Zeichen dafür zu verstehen ist, dass seine Gedanken gleichwohl tätig sind. Er befindet sich im Zustand der inneren Schau, der Schau Gottes. Der ruhende Hund neben ihm symbolisiert diese Kontemplation mit dem Ziel der Gotteserkenntnis. Direkt daneben hält Gott in der Gestalt von Christus segnend Eva am linken Unterarm. Eva entspricht spiegelverkehrt genau ihrer Gestalt im *Garten der Lüste* (Kat. 11.3). Die Figur des Christus ist deutlich nachträglich übermalt, das rote Gewand mag noch das Original sein, der Schnurrbart ist sicher nicht authentisch. Rechts erstreckt sich ein Tümpel mit zwei Enten, Zeichen der Liebe und Treue. Oberhalb der Dreier-Gruppe steht ein Hahn, Zeichen des Glaubens und der Wachsamkeit, auf seinem Posten und hält den zwischen den Schatten der Baumreihen umherschleichenden Fuchs als Sinnbild des Bösen auf Distanz. Ein zweiter Hahn sitzt auf einem Baum.

Das Böse liegt im Paradies bereits auf der Lauer, wo es seit dem Engelssturz anwesend ist. Rechts dieser Szene schlägt das listige Böse endlich zu. Dort steht der üppige Baum der Erkenntnis mit seinen gelbroten Früchten (S. 224). Eva hält einen Apfel am gestreckten Arm abschätzend vor sich, während Adam gestikulierend neben ihr steht.

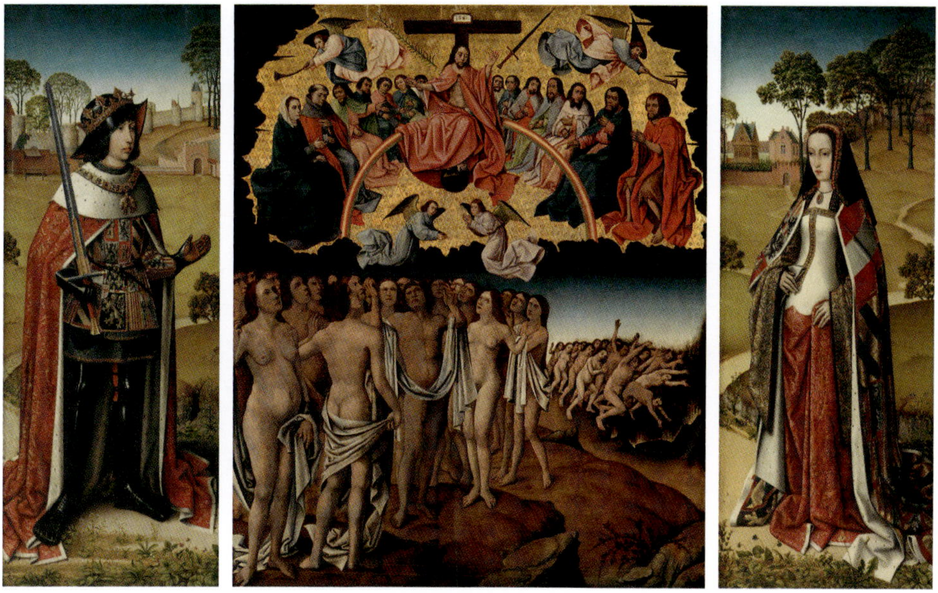

Meister der Josephslegende, **Jüngstes Gericht für das Rathaus von Zierikzee mit Philipp und Johanna als Stiftern**, um 1505/06
Öl auf Holz, 126 x 105 cm (Mitteltafel), 125 x 48 cm (je Flügel)
Brüssel, Musées Royaux des Beaux-Arts de Belgique

Seite 236/237
Das Jüngste Gericht (Detail), um 1506
Mitteltafel: **Das Jüngste Gericht** (siehe Abb. S. 254/255)

Der Teufel, als Schlange mit Gesicht und goldenen Haaren der Eva gleichend, hockt oberhalb der Urmutter außerhalb ihres Blickfeldes und reicht einen zweiten Apfel. Die Verführung Evas durch den Satan wird als Täuschung und Schmeichelei inszeniert. Das Stachelschwein rechts bezeichnet die Habgier und die Eule auf blattlosem Ast die Verführungskraft des Bösen. Darunter steht ein bisher nicht identifizierter Vogel, vielleicht ein Straußenvogel oder Kranich. Auf die Erschaffung Evas und den Sündenfall folgt mittig am rechten Rand die Vertreibung aus dem Paradies. Der Erzengel Michael in Rot treibt Adam und Eva durch einen dunklen Wald fort. Er ist auf einer senkrechten Linie mit Gottvater und Christus angeordnet, während Eva in allen drei Ereignissen in jeweils gleichem Abstand auf einer schrägen Linie platziert ist.

Die Fluchtbewegung der beiden Stammeltern aller Menschen divergiert mit der Bewegung der Erlösten auf der Mitteltafel, die von den Engeln dort nach ganz links oben in den Himmel begleitet werden. Die Bildränder zwischen linker Innentafel und Mittel-

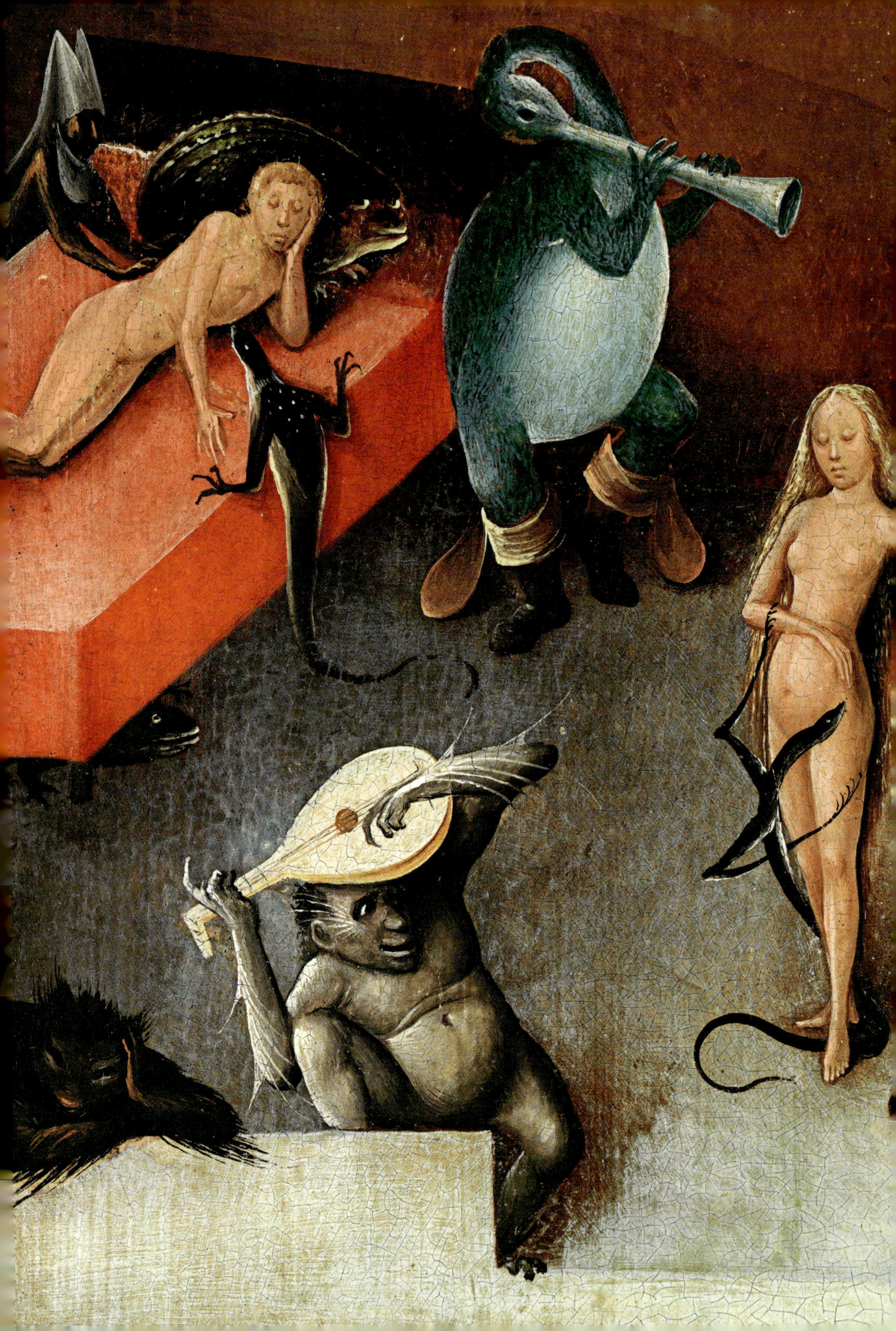

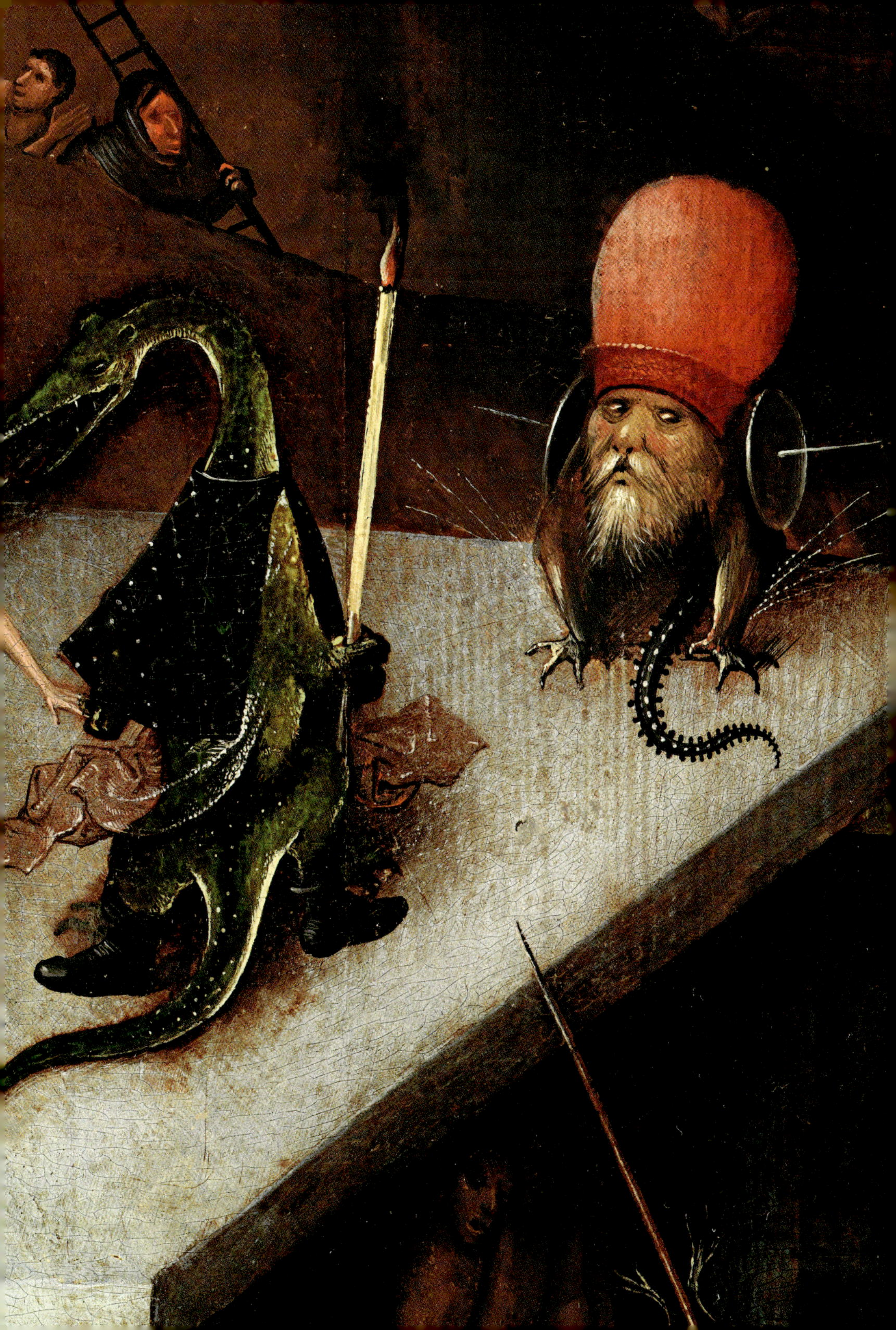

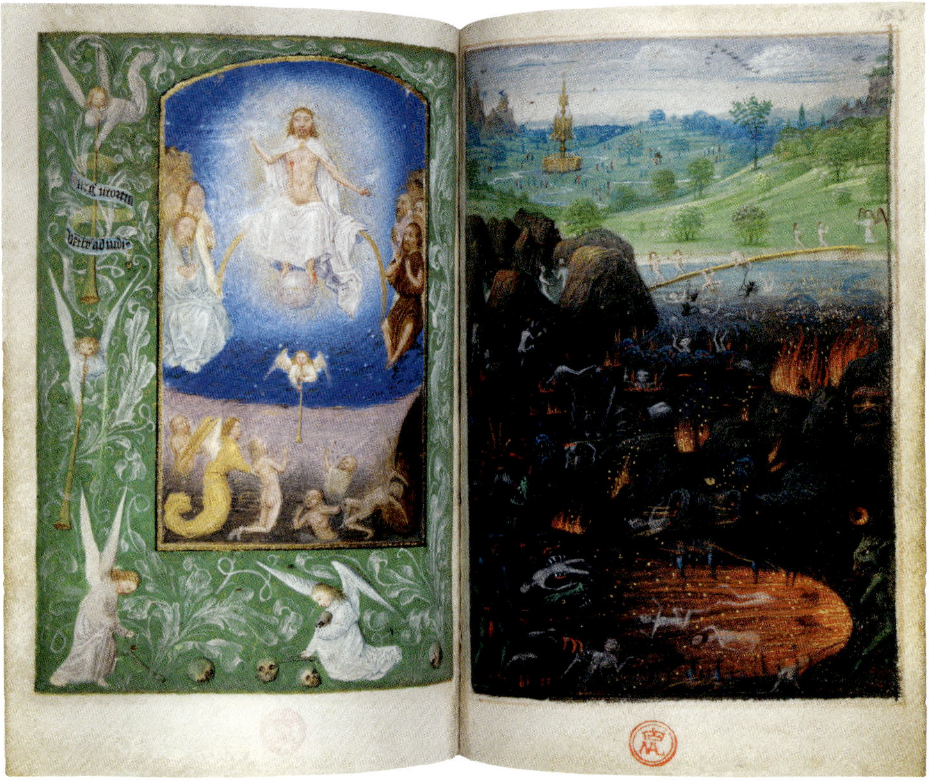

Simon Marmion, **Das Jüngste Gericht**, 1475–1481
aus: *Stundenbuch*, fol. 152v–153r
Pergament, 11 x 7,7 cm. London, Victoria and Albert Museum, Ms. Salting 1221

tafel bilden hier die Grenze zwischen den soeben Vertriebenen, die später wieder erlöst werden, und den am Tag des Gerichts Erlösten. Damit zeigt die linke Innentafel, dass Gott unerbittlich jeglichen Verstoß gegen seine Ordnung ahndet, egal, ob von Engeln oder Menschen verübt. Gleichzeitig wird die Existenz des Bösen an den Beispielen des Engelssturzes und des Sündenfalls gezeigt. Insofern bildet die linke Innentafel den Prolog zu den beiden anderen Innentafeln.

Das Weltgericht

Die Mitteltafel (S. 254/255, Kat. 13.4) zeigt *Das Jüngste Gericht* gemäß Mt 25,31–33: „Wenn aber des Menschen Sohn kommen wird in seiner Herrlichkeit und alle heiligen Engel mit ihm, dann wird er sitzen auf dem Stuhl seiner Herrlichkeit, und werden vor ihm alle Völker versammelt werden. Und er wird sie voneinander scheiden, gleich als ein Hirte die Schafe von den Böcken scheidet, und wird die Schafe zu seiner Rechten stellen und die Böcke zu seiner Linken." Bosch stellt den Himmelsstaat weitgehend auf konventionelle Weise dar. Christus thront auf einem Regenbogen. Seine rechte Hand ist erhoben für die Auserwählten. Die Linke ist gesenkt und bedeutet: „Geht weg von mir, ihr Verfluchten, in das ewige Feuer, das bereitet ist dem Teufel und seinen Engeln!" (Mt 25,41). Unter den Heiligen zu beiden Seiten sind Maria und Johannes der Täufer als Fürbitter für die Seelen herausgehoben. Zwischen ihnen halten Engel eine Rolle in der Farbe des Himmels, auf dem die Leidenswerkzeuge zu vermuten sind. In zwei Gruppen zu sechst halten die Apostel Rat; in der linken Gruppe sind Petrus und Paulus an ihrer überlieferten Physiognomie zu erkennen. Je zwei himmelblaue Engel lassen links und rechts goldene Posaunen ertönen. Links bzw. heraldisch, also vom Weltenrichter gesehen, rechts öffnet sich der tiefblaue Himmel im oberen Winkel des Bildes in goldenem Licht für die Auserwählten, während auf der anderen Seite nur schwärzeste Finsternis klafft. Unterhalb, im Hintergrund, bricht sich ein gigantisches Inferno Bahn, erstreckt sich mit Gewässern, Hügeln und Gebäuden, zwischen denen Feuer auflodern, eine nächtliche Landschaft, in der Verdammte einzeln oder in Gruppen von Teufeln getrieben und gefoltert werden, gemäß Offb 21,8: „Aber die Feiglinge und Treulosen, die Befleckten, die Mörder und Unzüchtigen, die Zauberer, Götzendiener und alle Lügner – ihr Los wird der See von brennendem Schwefel sein. Dies ist der zweite Tod." In der Mitte am linken Rand bringt ein weiß gekleideter und blondhaariger Engel eine erlöste Seele in Sicherheit. Darüber ganz oben werden etwa ein Halbdutzend Erlöste von Engeln in den Himmel begleitet.

Ungewöhnlich in der Tafelmalerei ist das Konzept einer ausgeprägten Asymmetrie der Darstellung von Auserwählten und Verdammten bzw. Himmel und Hölle. Für gewöhnlich ist die Zahl beider Gruppen in der Tafelmalerei etwa gleich, so im *Jüngsten Gericht* (S. 248) von Stephan Lochner (um 1400/10–1451) oder im *Triptychon mit dem Jüngsten Gericht* (1505/06) in Brüssel, das für den Gerichtssaal des Rathauses von Zierikzee in Zeeland bestimmt war und Philipp den Schönen und Johanna als Stifter zeigt (S. 235). Diese übliche Aufteilung hat offenbar mit dem Funktionszusammenhang im Rahmen der öffentlichen Rechtsprechung zu tun, so zierten die meisten Weltgerichtsdarstellung Gerichtslauben oder -säle.

In der Buchmalerei finden sich Beispiele einer anderen Bildregie, sowohl für Stundenbücher wie auch in der Visionsliteratur (S. 238). Hier wird das Paradies nach hinten verschoben und erscheint so ferner wie auch kleiner. Etliche Visionstexte schildern eine sehr schmale Brücke der Prüfung oder des Urteils, die über einen Abgrund oder ein Gewässer führt und über die der Auserwählte erst noch balancieren muss, um ins Paradies zu gelangen (Dinzelbacher 1973, 2002). Auch berichten spätmittelalterliche Texte, dass die Zahl der Verdammten die der Erlösten tausendfach übersteige. Damit wird das Individuum angespornt, ein gottgefälliges Leben zu führen, um zu den Auserwählten zu gehören. Die Grundlage für diese Annahme liefert das Gleichnis Jesu zur Beschreibung des kommenden Himmelreichs in Mt 22,13–14: „Da befahl der König seinen Dienern: Bindet ihm Hände und Füße und werft ihn hinaus in die äußerste Finsternis! Dort wird er heulen und mit den Zähnen knirschen. Viele sind gerufen, aber nur wenige auserwählt." Das Bildkonzept mit dem allzu deutlichen Überhang der Verdammten kann also keineswegs mit Pessimismus oder Fatalismus gleichgesetzt werden, sondern ist ein dramatisierendes Mittel, das aus der individualisierten Andachtssituation abzuleiten ist. Auch ein so großes Triptychon konnte geradezu privaten Charakter haben, selbst wenn es nicht in den persönlichen Räumen aufzustellen war. Boschs *Jüngstes Gericht* wies ursprünglich ein einzelnes Stifterporträt links unten auf der Mitteltafel auf, wohl von Philipp dem Schönen (siehe auch Text Kat. 13). Das berühmte Polyptychon Rogier van der Weydens im Hospital von Beaune ist ein Beispiel eines ähnlich auf das Seelenheil des Stifters, in diesem Fall Rolin und seine Frau, ausgerichtetes *Jüngstes Gericht*.

Die Höllendarstellung auf der Mitteltafel ist in bestimmte Bereiche gegliedert. Im Vordergrund links und möglicherweise auch links der Bildmitte im Hintergrund findet in Andeutung die Auferstehung der Toten statt, die aus ihren Gräbern steigen. Dieser Akt des Weltgerichts wird nicht immer dargestellt. Zwar strukturiert die Jenseitsbrücke, die über einen ausufernden Fluss führt, zwischen Vorder- und Mittelgrund das Szenario in Bereiche davor und dahinter sowie links und rechts, doch scheint sich die Welt schon überall in die Hölle verwandelt zu haben. Auch ist das Schicksal der einsamen Seele, die auf dieser Brücke mit anderen Seelen von einem Pulk Teufel reitend herangeführt wird, wohl im wahrsten Sinne des Wortes besiegelt. Dieser Kolonne hastet ein Teufelsbote mit der Anklageschrift voraus, um sich bei dem Torwächter anzumelden, der in der Öffnung eines riesigen grünen, als Basis eines Foltergerätes dienenden Krugs steht.

Bestimmte Todsünden sind, in Variationen gruppiert, verbildlicht, jedoch sind nicht alle wiedergegeben (vgl. Bax 1983). Das Tondo der Hölle von Boschs *Sieben Todsünden mit den vier letzten Dingen* (S. 308/309, Kat. 15) zeigt die Todsünden in einzelnen lateinisch beschrifteten Szenen, sodass ihre Attribute eine Identifizierung auch im *Jüngsten Gericht* erleichtern. Rechts hinter der Brücke erblickt man die Trägheit (Acedia): Im Sinne der bösen Herberge ruht ein Mann mit einem Dudelsack auf einem Fass; sein Arm stützt ihn zusätzlich. Im Eingang des Wirtshauses schaut eine Frau mit einer Hörnerhaube (Dop-

Das Jüngste Gericht (Detail), um 1506
Mitteltafel: **Das Jüngste Gericht** (siehe Abb. S. 254/255)

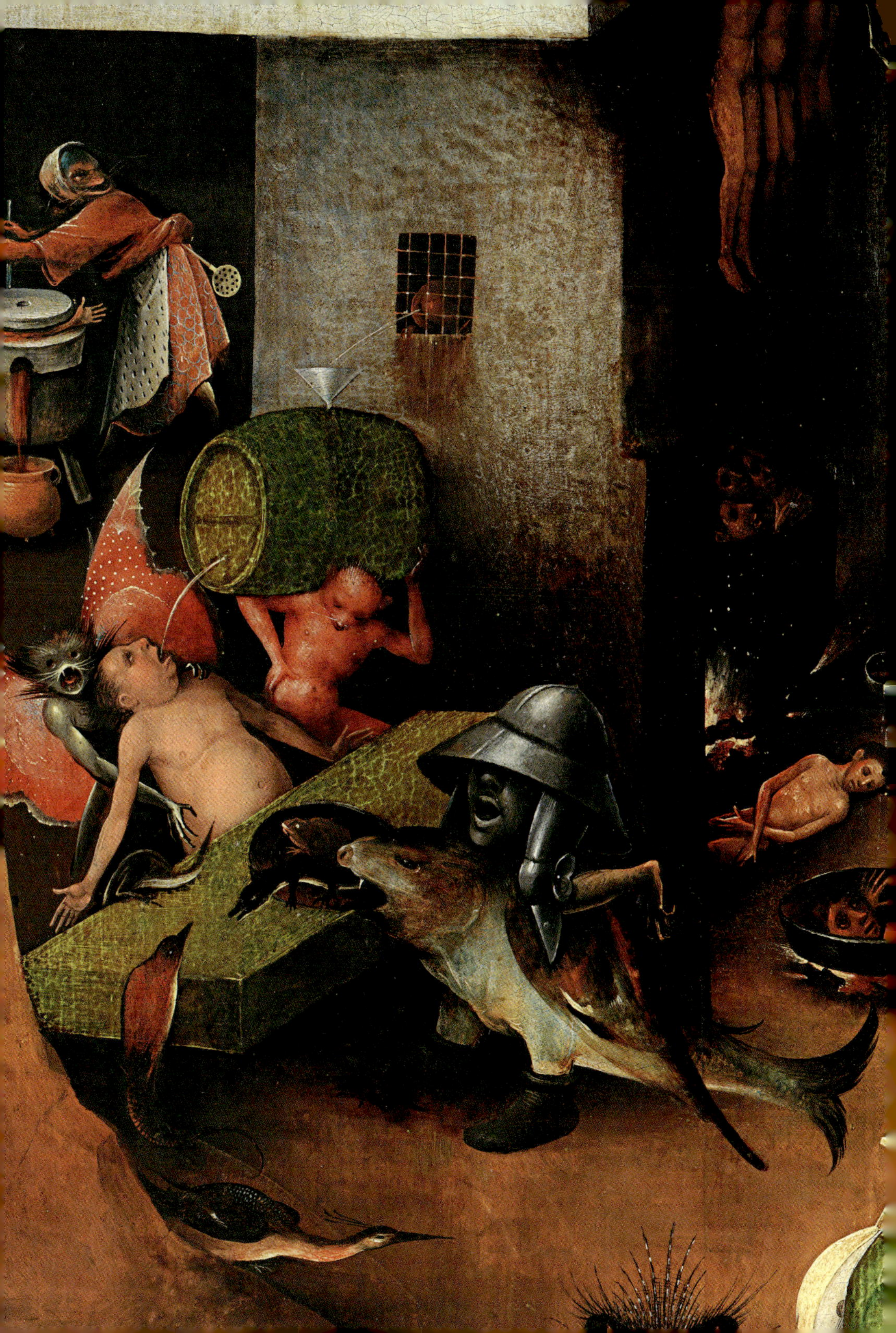

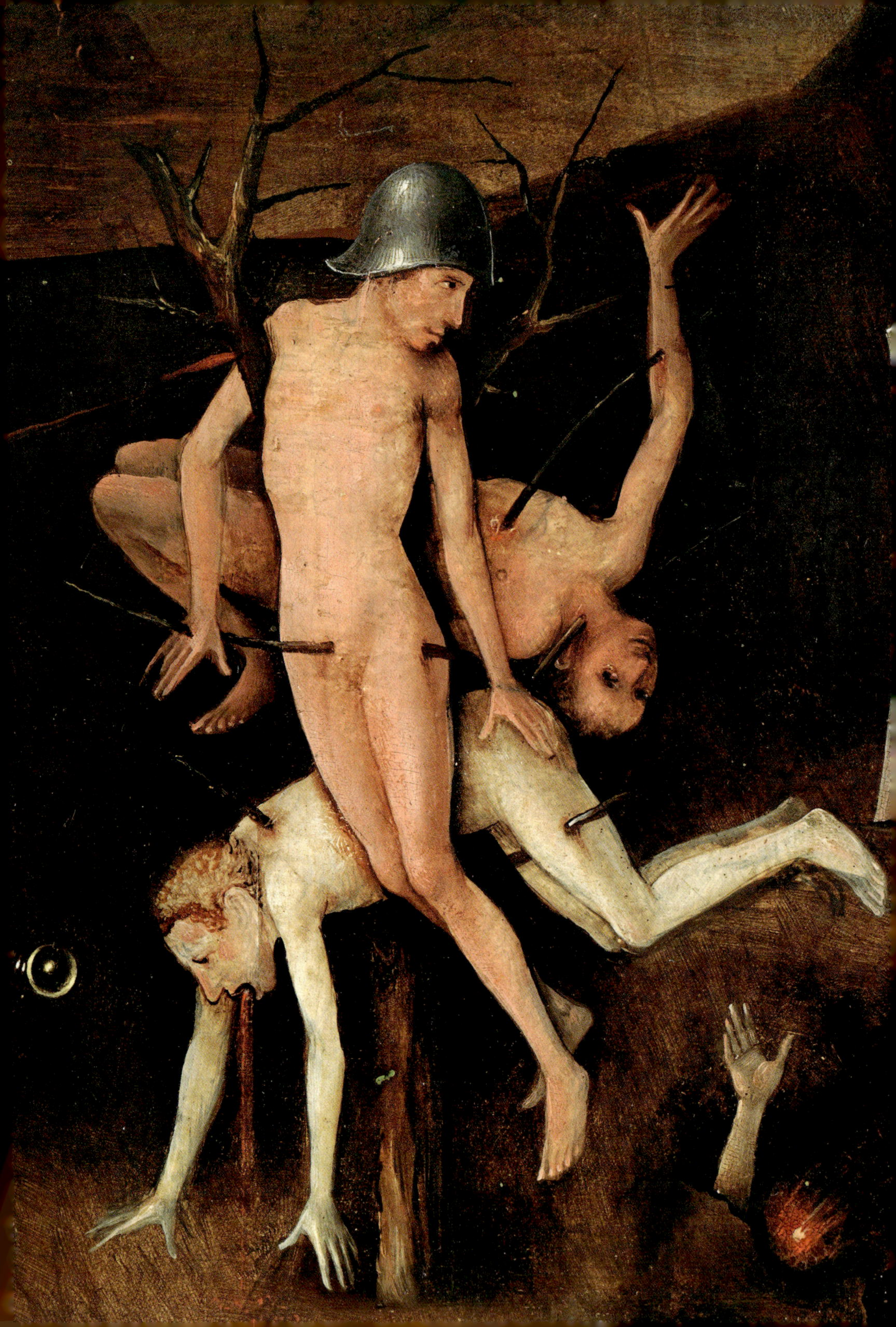

pelhennin) heraus. Diese Kopfbedeckung kennzeichnet eine Kupplerin, sie steht also für die Wollust (Luxuria). Die burgundische Haube, auch ihre kegelförmige Variante mit nur einer Spitze, war schon um 1480 aus der Mode gekommen. Weiter rechts werden zwei Seelen von teuflischen Schmieden mit Hufeisen beschlagen (vgl. Kat. 15), während andere Seelen in der Esse schmoren (S. 232). Vorne links sowie am linken Bildrand verweisen die Szenen auf die Todsünde des Zorns (Ira), dessen typisches Symbol die erhobene blanke Klinge ist (vgl. Kat. 15). Hier finden sich auffällig viele Waffen und sogar Kriegsmaschinen (S. 246/247). Der Zorn galt als Ursache von Krieg, Mord und Brandstiftung. Dieses Thema erfasst genau seinen historischen Zusammenhang. Ganz vorne und auf dem Plateau links ist wiederum die Wollust (Luxuria) dargestellt (vgl. Kat. 15): Ein Mann liegt auf einem roten Bett, hinter dem eine Frau mit einer Hörnerhaube steht. Davor wird eine Frau, an der eine Schlange hochkriecht, von einem Teufelsdrachen mit einer Kerze an der Hand gehalten. In der Umgebung machen Teufel Musik (S. 236/237). Bax hat das blaue musikalische Monster, dessen Maul und Nase ein Blasinstrument formen, in der niederländischen Buchmalerei des 14. Jahrhunderts nachgewiesen (Bax 1979, S. 350). Es ist also vermutlich ein Beispiel für eine Monster-Drolerie, die zum Beispiel mittels Musterbüchern überliefert wurde. Dieses Paar spielt auf Adam und Eva an, denn es ist genau dort platziert, wo die beiden gegenüber auf der linken Innentafel aus dem Paradies vertrieben werden. Die Wollust galt als eine der ersten Sünden überhaupt.

Links vorne vor den Mauern wird die Sünde der Völlerei (Gula) bestraft. Verdammte werden in einer Pfanne oder an einem Spieß selbst zu Speisen verarbeitet oder zum Essen und Trinken gezwungen. Letzteres betrifft einen dicken Mann vor einer Tafel (vgl. Kat. 15), der einen Strahl direkt aus einem Fass trinkt (S. 241). Tatsächlich handelt es sich um Urin, der von einem Teufel stammt. Hier knüpft die Mitteltafel an die Sündenfallszene an, auf deren Höhe sie platziert ist. Die Gula galt beim Essen des Apfels vom Baum der Erkenntnis als treibende Kraft.

Das Tor zur Hölle

Im Vordergrund der rechten Innentafel (S. 254/255) nimmt eine Schar von Teufeln eine Handvoll Seelen in die Mangel, darunter eine Frau, die von Teufeln zum Mitsingen aus einem großen Buch genötigt wird. Ihr gegenüber verliest ein dicknasiger und bebrillter Teufel die Anklageschrift eines Mannes, dessen Augen verbunden sind. Es wirkt fast so, als ob die Teufel um Einlass in die eigentliche Hölle bäten. Dass hier direkt vor dem Tor zur Hölle oder zu einem weiteren Höllenkreis Mann und Frau einander gegenüber-

Das Jüngste Gericht (Detail), um 1506
Mitteltafel: **Das Jüngste Gericht** (siehe Abb. S. 254/255)

gestellt sind, lässt an Adam und Eva denken, die eigentlichen Verursacher des Leidens der Menschen. Die Grenze bildet eine Mauer mit einem mit Kröten geschmückten Höllenportal, vor dem sich eine schwarze Gestalt in orientalisch anmutender Kleidung mit grünem Turban wie ein Wärter aufgebaut hat. In seinem Magen und auf seinem Kopf lodert Feuer. Von dem Tor werden männliche Verdammte herabgelassen, die mutmaßlich genauso als Zielscheibe für Pfeilschussübungen dienen sollen wie die Verdammten vorne links und auf dem grünen Fisch.

Hinter der Befestigungsanlage steht ein rotes Zelt, in dem Unmengen von Verdammten zusammengepfercht sind. Rechts davon sowie weiter hinten sind insgesamt vier Riesen zu sehen. Gemäß der Tradition wird nur der Fürst der Finsternis und das Oberhaupt aller Teufel, Satan bzw. Luzifer, als Riese dargestellt. Jedoch gibt es durchaus Abweichungen, da das Aussehen der Teufel im Wesentlichen auf Darstellungskonventionen beruht, die im Spätmittelalter zugunsten der Auffassung der willkürlichen Gestalt des Bösen generell zu mehr Freiheiten und Spielräumen in ihrer Darstellung führen. Rechts wirft ein monochrom grüner Riese seinen lang behaarten Kopf in den Nacken, um Feuer senkrecht auszuspucken (S. 251). Dabei wird das Bein eines Verdammten vor seinem Mund sichtbar. Dahinter hält eine Riesin ihren geblähten Wanst fest, der über und über mit weißen und roten Punkten gesprenkelt ist. Auch in ihrem Gesicht finden sich neben Tasthaaren auch einige Pusteln an der Nase. Sie könnten eine Anspielung auf eine schwere ansteckende Krankheit, etwa die Syphilis (Bax 1983, S. 244–254), sein oder eine Art Schmuck darstellen – oder schmückt sie sich doch mit den Folgen ihrer sexuellen Promiskuität? Der Hennin bezeichnet hier gewiss ihre Eitelkeit und Wollust. Hinter ihr hockt unter einem blauen Tuch ein Riesenteufel, dem ein Pfeil im Anus steckt – eine Szene, die schon beim Zusehen schmerzt. Die Betonung des Fressens und Ausscheidens sowie der Verdauungsorgane ist typisch für die Hölle, zumal für Satan: Diese Tätigkeiten unterstreichen die Unreinheit und Nichtigkeit der Sünde. Links hockt der vierte Riesenteufel. Er trägt eine braungrüne Kutte, unter dessen Kapuze weißes Haar hervorschaut. Dieser Riese frisst Sünder, und Sünder scheinen sich auch in Massen in oder unter seinem Bauch zu befinden. Auf seinem Rücken rollt ein Insektenteufel eine rote Kugel hinauf, die einer Erdbeerbaumfrucht gleicht: Sie steht auch hier, wie im *Garten der Lüste*, für die Nichtigkeit und Flüchtigkeit des Sinnengenusses. Hinter den Riesen folgt wiederum wie auf der Mitteltafel eine infernalische Landschaft mit Gewässern, Felsen und Gebäuden in nachtschwarzen Umrissen und mit Feuersäulen.

Boschs durchdachtes Vorgehen zeigt sich auch in der Farbgebung. Auf der Innenansicht bilden Braun und Schwarz eine Antithese zum Grün der linken Innentafel. Das Lebende und das Absterbende stehen im Kontrast. Die kräftige Farbpalette des Himmels und seines Personals auf der Mitteltafel kehrt in der Hölle vor braunem Fond wieder. Rot,

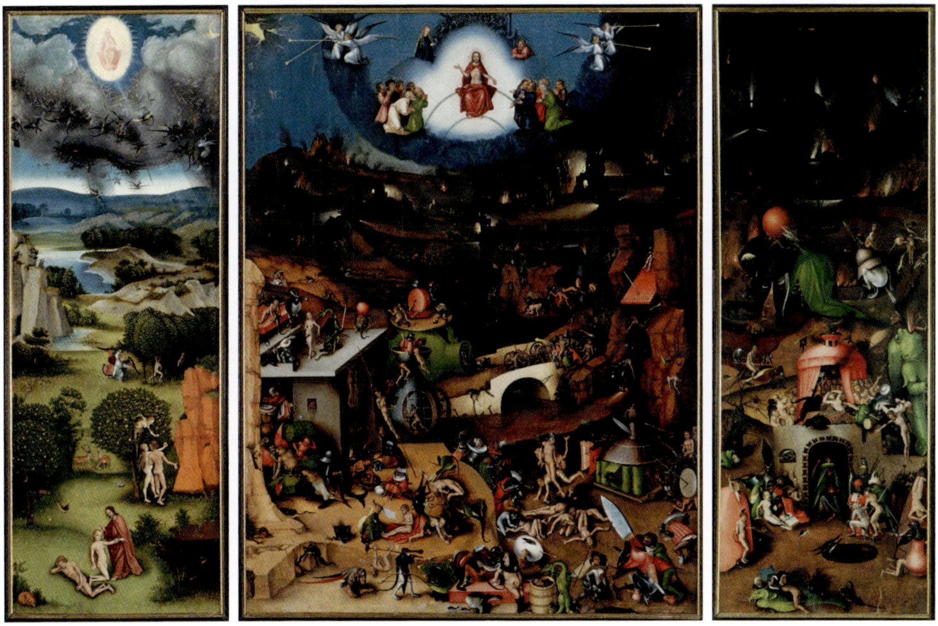

Lucas Cranach d. Ä., nach Hieronymus Bosch, **Das Jüngste Gericht**, 1508 (um 1520–1524?)
Öl und Tempera auf Lindenholz, 163 x 125 cm (Mitteltafel), 163 x 58 cm (je Flügel)
Berlin, Gemäldegalerie (Bosch-Original siehe Abb. S. 254/255)

Seite 246/247
Das Jüngste Gericht (Detail), um 1506
Mitteltafel: **Das Jüngste Gericht** (siehe Abb. S. 254/255)

Blau und Grün sind besonders auf der unteren Hälfte der Mitteltafel gleichmäßig verteilt. Die rechte Innentafel verwendet das Blau nur einmal, dafür aber sticht das Grün hervor, das diese Tafel mit der linken Innentafel verbindet. Die gezielte Farbrhythmik sorgt so für eine kompositorische Ausgewogenheit und erzeugt einen relativ harmonischen Gesamteindruck, trotz der chaotischen Figurenverteilung.

Die Farben unterliegen gerade im Spätmittelalter einer sehr differenzierten Symbolik. Der Symbolwert einzelner Farben variiert je nach Kontext bis hin zu einer partiell gegenteiligen Bedeutung. Neben Schwarz, Grau, Braun und Weiß setzt Bosch bei den Teufeln die drei intensiven Farben Grün, Blau und Rot ein. In diesem Zusammenhang steht Grün für Unbeständigkeit und Unzuverlässigkeit, Blau für Betrug und Illusion, Rot für alles von der christlichen Norm Abweichende (Pleij 2004, S. 77–88). Damit sind aber nach dem Verständnis der Zeit wesentliche Eigenschaften von Teufeln angesprochen: Sie verwandeln sich ständig und nehmen immer neue Erscheinungsformen an, sie täuschen

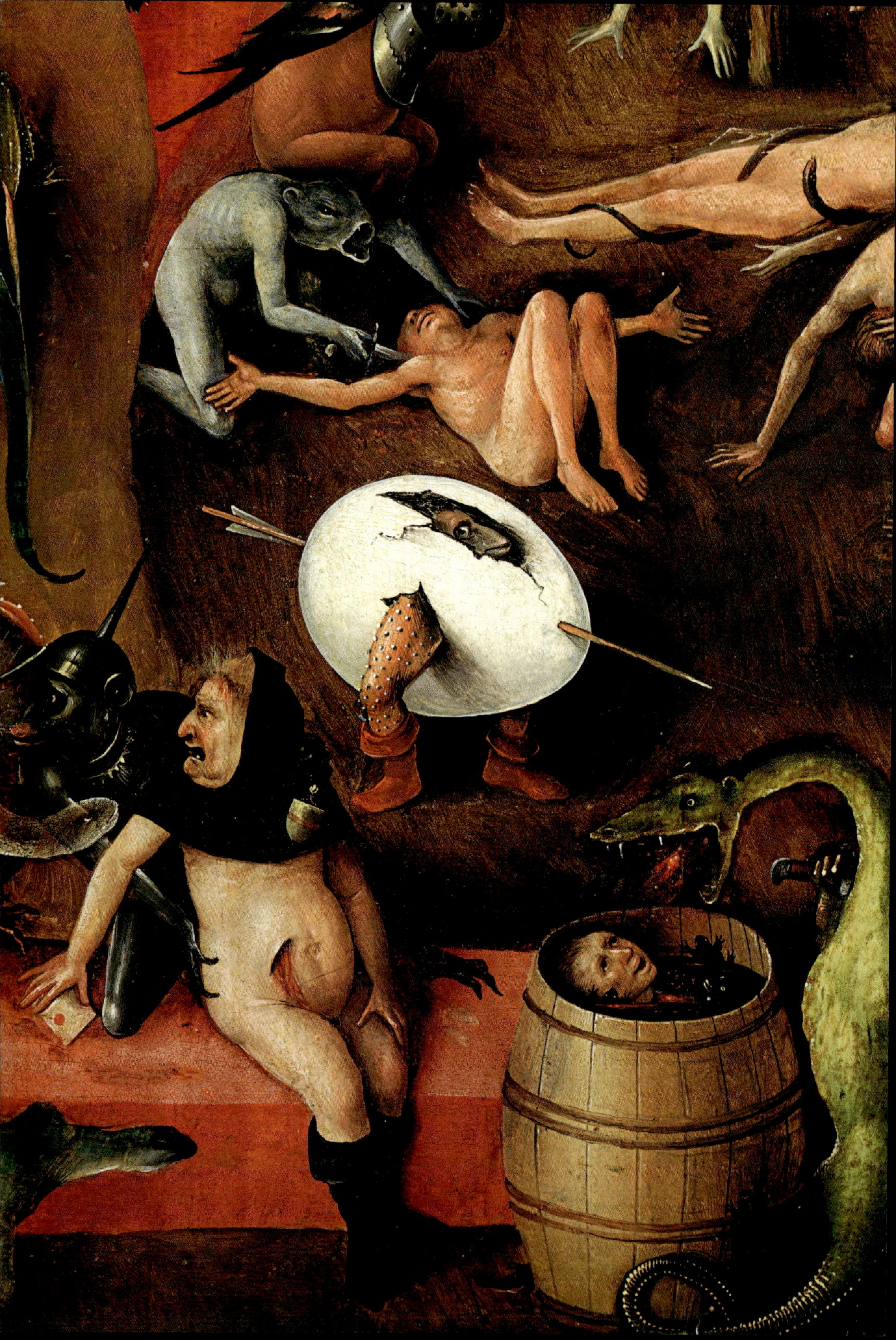

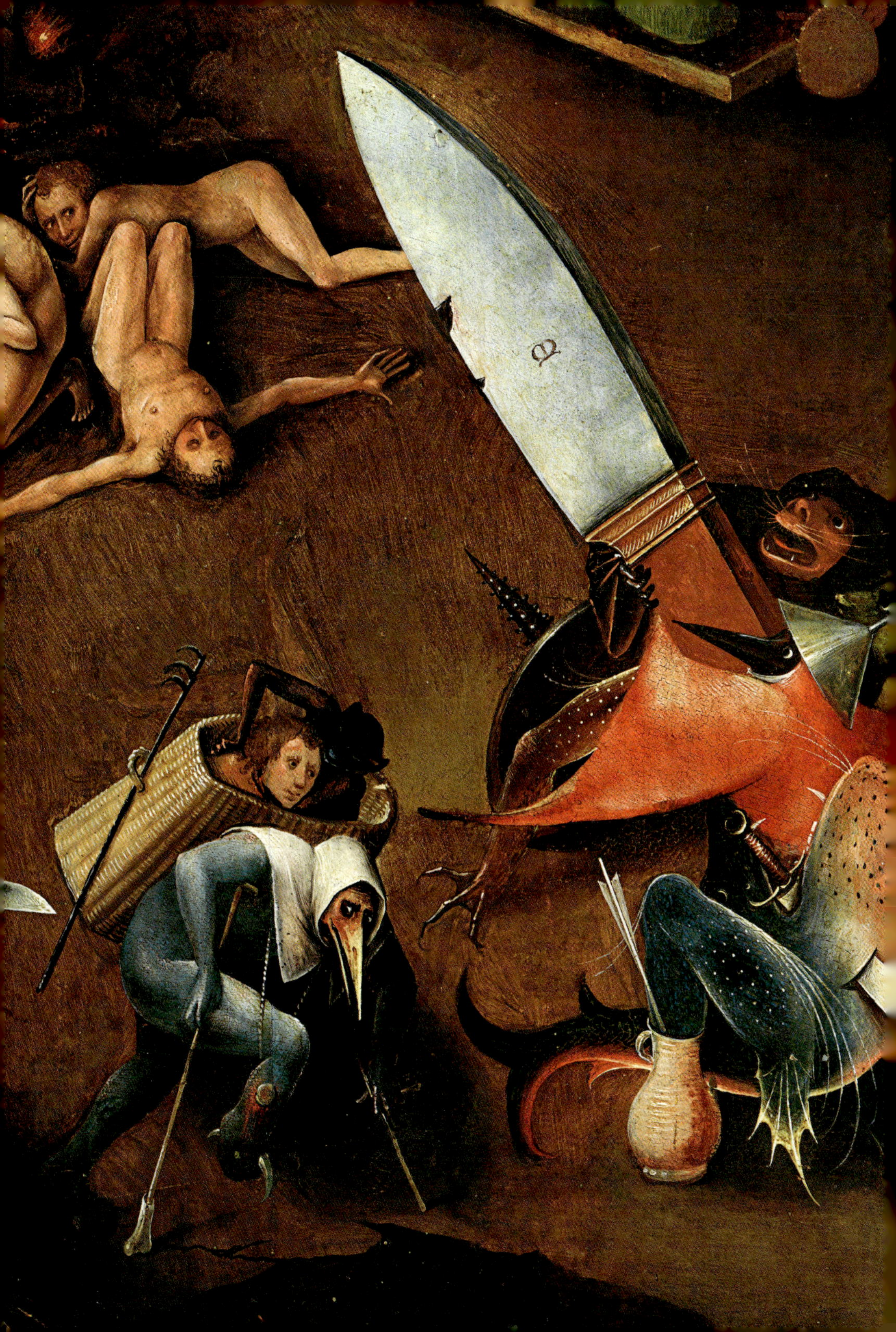

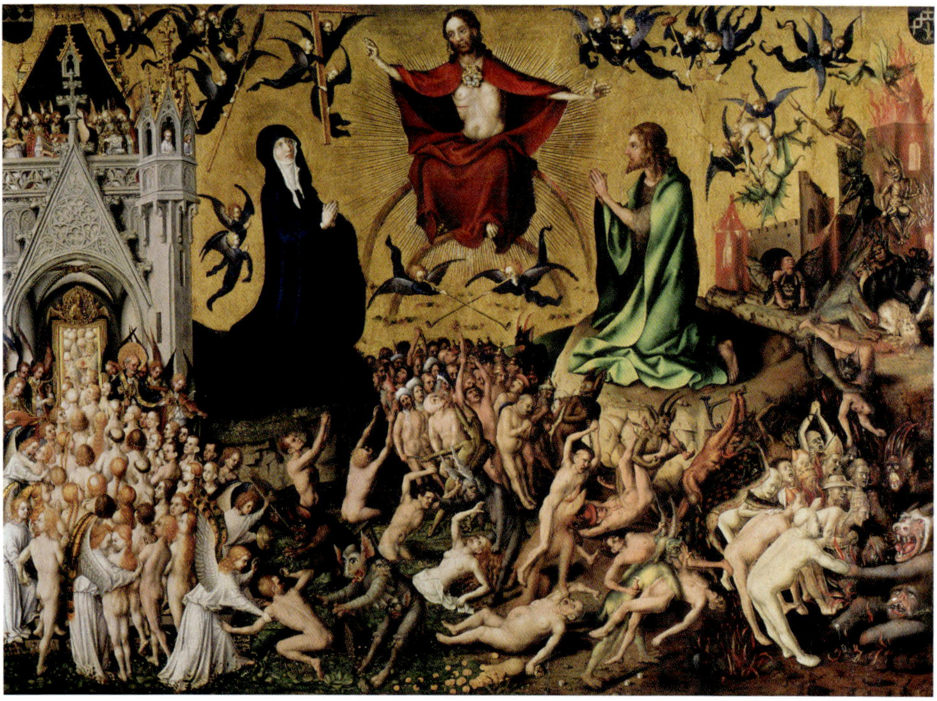

Stephan Lochner, **Das Jüngste Gericht**, um 1435
Öl auf Eichenholz, 124,5 x 172 cm
Köln, Wallraf-Richartz-Museum & Fondation Corboud

den Menschen über die wahren Werte und Ziele und verwirren ihn, sie bringen ihn aus der inneren Ruhe und aus jeglichem Gleichgewicht, bis dass der Sünder sich aus der Gemeinschaft aussondert oder verstoßen wird.

Die Innenflügel des *Jüngsten Gerichts* von Bosch sind, zumal in den jeweiligen oberen Hälften, nachträglich stark übermalt worden, sodass ein Vergleich mit dem *Jüngsten Gericht* von Lucas Cranach (S. 245), einer Kopie von Boschs Werk, Hinweise auf den möglichen ursprünglichen Zustand gibt. Verglichen mit Cranach wirken auf Boschs linker Innentafel der Hintergrund bis zum Horizont und vor allem der Himmel um Gottvater zu grün. Auch auf der ähnlich gestalteten linken Innentafel des *Heuwagens* (S. 320/321, Kat. 20.2) und der Kopie (S. 294) ist er wie üblich blau.

Bosch stellt das Jenseits nicht als gloriose Himmelsstadt dar, sondern als göttliches Himmelslicht, in dem auch die Leiblichkeit der auferstandenen und erlösten Seelen gleichsam entmaterialisiert und vergeistigt wird, sodass sie mystisch Gott schauen. Das Licht symbolisiert nicht bloß Gott, „es manifestiert das Wesen Gottes selbst“ (Benz 1969,

S. 326–328). Folgerichtig deutet Bosch dieses Licht nur an, es lässt sich nicht darstellen, da es per se außerhalb des Bildes und alles Materiellen existiert. Derart stellte es in der Tafelmalerei vor Bosch lediglich Dirk Bouts (1410/20–1475) in *Das irdische Paradies* (S. 261) dar, während Stephan Lochner oder Hans Memling (1433/40–1494) in ihren Darstellungen des *Jüngsten Gerichts* (S. 248, 281) das prächtige Tor der Himmelsstadt als Eingang zum Himmel malten, hinter dem dieser als goldene Folie erscheint.

Im Gegensatz zu den Erlösten ist bei den Verdammten der Anteil des Leiblichen so groß, dass sie in Bilddarstellungen ausgesprochen kreatürlich wie „Fleisch" (niederländisch „vlees") behandelt werden. Sie werden wie Fische gefangen, wie Wild erjagt oder wie Vieh geschlachtet, gegebenenfalls eingepökelt, zum Reifen aufgehängt, gebraten oder gekocht und für den großen Verschlinger, Satan oder Luzifer oder einen ihrer Vertreter, zubereitet. Dazu benutzen die Teufel Trage-, Fang- und Küchengeräte, wie lange, dreikrallige Fleischhaken (niederländisch „Crauwel").

Da das Himmlische in das Immaterielle und Nichtabbildbare projiziert wird, kommt der Hölle im Vergleich dazu ein starkes Gewicht zu, und es lassen sich Sünden und Strafen zur Belehrung ausgiebig darstellen. Der Betrachter kann die Bildlandschaften des *Jüngsten Gerichts* in einer Art Augenwanderung der Seele durchstreifen. Das Bild hält neben den Wahrheiten, die den Menschen betreffen, zugleich Vielfalt und innovative Einfälle sowohl im Bildkonzept als auch in einzelnen Figuren bereit. Ähnliches gilt auf sehr eindrucksvolle Weise für den *Garten der Lüste* (Kat. 11), den der Betrachter von links nach rechts visuell erkunden kann, beginnend im Paradies mit der Zuführung Evas über die Mitte mit der Menschheit vor der Sintflut bis zur Hölle und wieder zurück. Doch zeichnet sich *Das Jüngste Gericht* durch eine strenge religiöse Ernsthaftigkeit aus, während *Der Garten der Lüste* zweifellos feierlicher und fantastischer und zugleich heiterer bzw. komischer ist.

Das *Jüngste Gericht* war nicht in Auftrag gegeben worden, um an einer Gerichtsstätte gezeigt zu werden, sondern der Auftraggeber Philipp der Schöne verfolgte damit ein persönliches Anliegen in Verbindung mit der bevorstehenden, mutmaßlich entscheidenden Schlacht gegen Geldern. Das Werk sollte ihn im Bewusstsein seiner Pflichten als Christ und Fürst zeigen. Die ursprünglich im Gemälde angelegte Fürbittedarstellung Philipps trug die Bitte um Gottes Beistand für die habsburgische Seite vor. In Gottes Hand sollte das Urteil über diesen Krieg liegen sowie über alle, die darin ihr Ende finden sollten. Philipp hatte den Krieg lange hinausgeschoben, wenn auch vermutlich nicht so sehr aus persönlichen Gründen, sondern eher, um den politischen Frieden zwischen sich und den Ständen in den Niederlanden zu wahren, und konnte sich über dessen Ausgang durchaus nicht sicher sein; insofern befand er sich in einer heiklen Situation.

Das Beispiel des *Jüngsten Gerichts* zeigt nochmals, dass sich Boschs Kunst im Zusammenspiel seiner Persönlichkeit, seiner Umgebung und seines Auftraggebers ausformte.

Nur der Hochadel konnte derart große Werke beauftragen. Mit Bosch beauftragte Philipp einen Maler, dessen Werke in der Tradition der südniederländischen Buch- und Tafelmalerei des 15. Jahrhunderts standen und der ihr doch neue Impulse geben konnte. Auch steht Bosch gewissermaßen repräsentativ für den Landesteil Brabant, in den sich das zuvor in Westflandern (Gent, Brügge) gelegene Macht- und Wirtschaftszentrum der Niederlande verschob – mit weit reichenden Konsequenzen für die Kunst und den Kunstmarkt. Zu der Hauptstadt Brüssel, der Residenzstadt Mecheln und der Handelsstadt Antwerpen trat 's-Hertogenbosch schließlich als militärstrategischer Vorposten hinzu.

Die Wertschätzung Boschs auch über den niederländisch-spanisch-habsburgischen Bereich hinaus manifestierte sich unter anderem darin, dass Lucas Cranach d. Ä., wie oben erwähnt, *Das Jüngste Gericht* kopierte (S. 245). Cranach weilte frühestens Ende Juni bis spätestens zum 17. November 1508 in Mecheln und wohl auch in Brüssel, um als Abgesandter Friedrichs des Weisen (1463–1525), des Kurfürsten von Sachsen, an der Feier aus Anlass der Huldigung und der Schwurleistung für den ältesten Sohn Philipps und Johannas, den jungen Erzherzog Karl, den späteren Karl V. (1500–1558), anwesend zu sein. In dieser Zeit hätte er Boschs Triptychon abmalen können. Obschon die Kopie in Farbe und Gestalt der Figuren sehr exakt ist, konnte Cranach nicht alle Details identifizieren, sodass er etwa den Kranich oder Straußenvogel auf der linken Innentafel durch Hirsche ersetzte.

Das Jüngste Gericht (Detail), um 1506
Rechter Innenflügel: **Die Hölle**
(siehe Abb. S. 254/255)

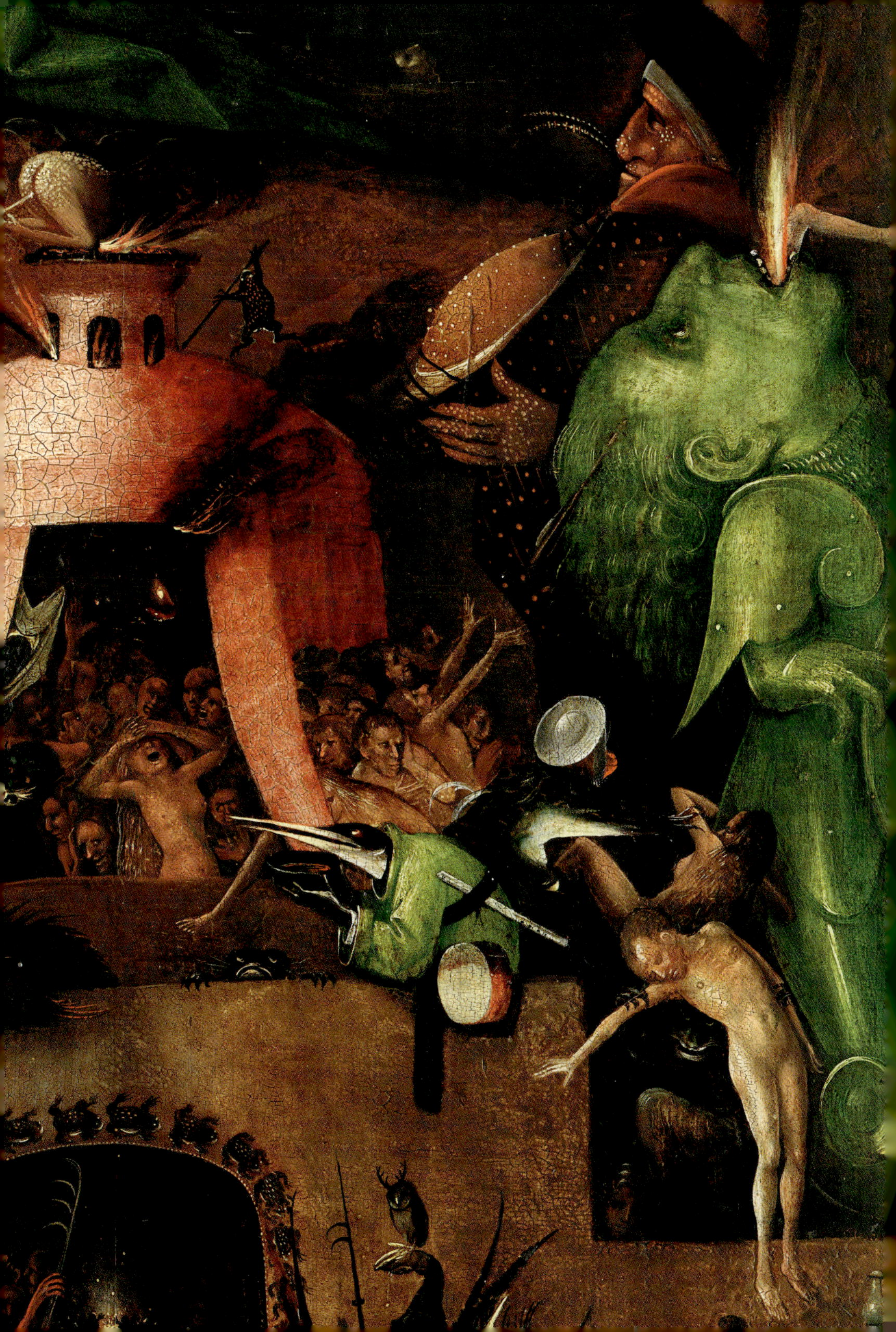

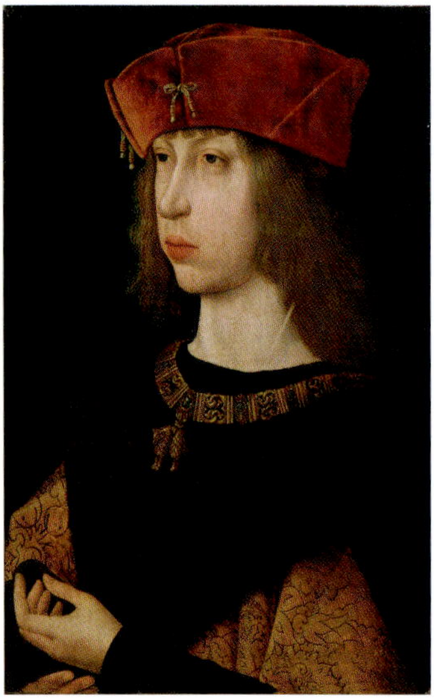

Meister der Magdalenenlegende, **Philipp I. von Habsburg, genannt der Schöne**, um 1501
Öl auf Holz, 31 x 20,2 cm. Paris, Musée du Louvre

Seite 253
Der heilige Jakobus, um 1506
Linker Außenflügel von: **Das Jüngste Gericht**
Öl und Tempera auf Eichenholz, 167 x 60 cm
Wien, Akademie der bildenden Künste, Gemäldegalerie

Der heilige Bavo, um 1506
Rechter Außenflügel von: **Das Jüngste Gericht**
Öl und Tempera auf Eichenholz, 167 x 60 cm
Wien, Akademie der bildenden Künste, Gemäldegalerie

Seite 254/255
Das Jüngste Gericht, um 1506
Öl und Tempera auf Eichenholz, 163 x 127,5 cm (Mitteltafel), 167 x 60 cm (Flügel)
Wien, Akademie der bildenden Künste, Gemäldegalerie
Linker Innenflügel: **Sturz der Engel, Sündenfall und Vertreibung**
Mitteltafel: **Das Jüngste Gericht**
Rechter Innenflügel: **Die Hölle**

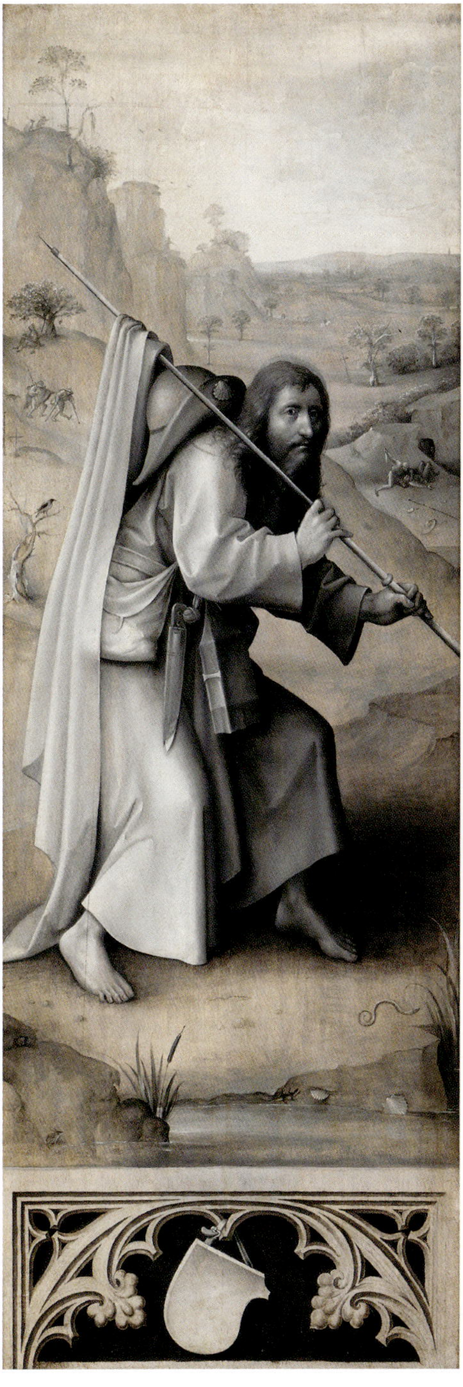

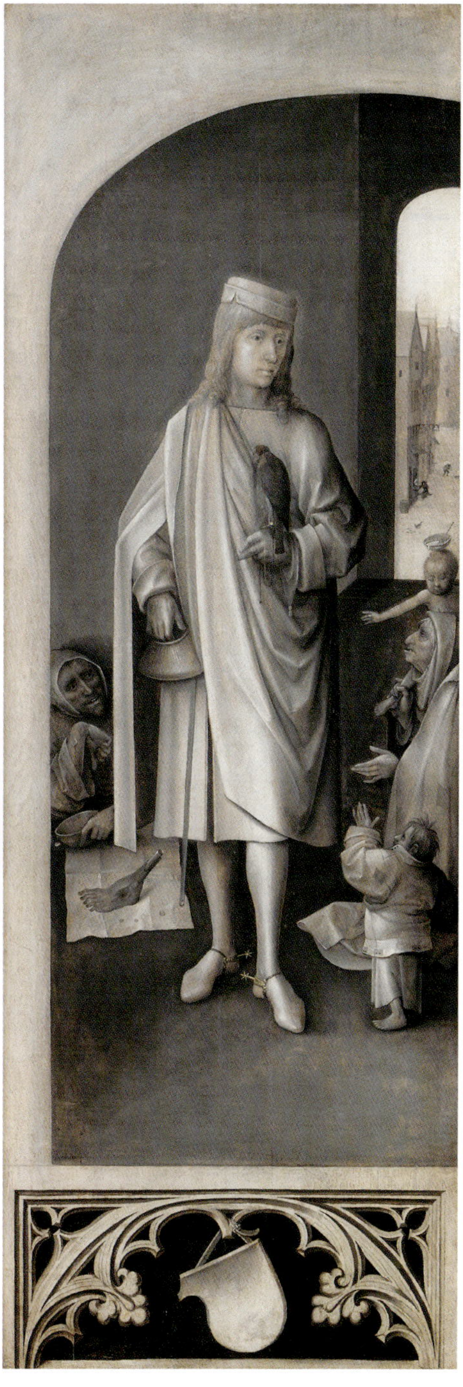

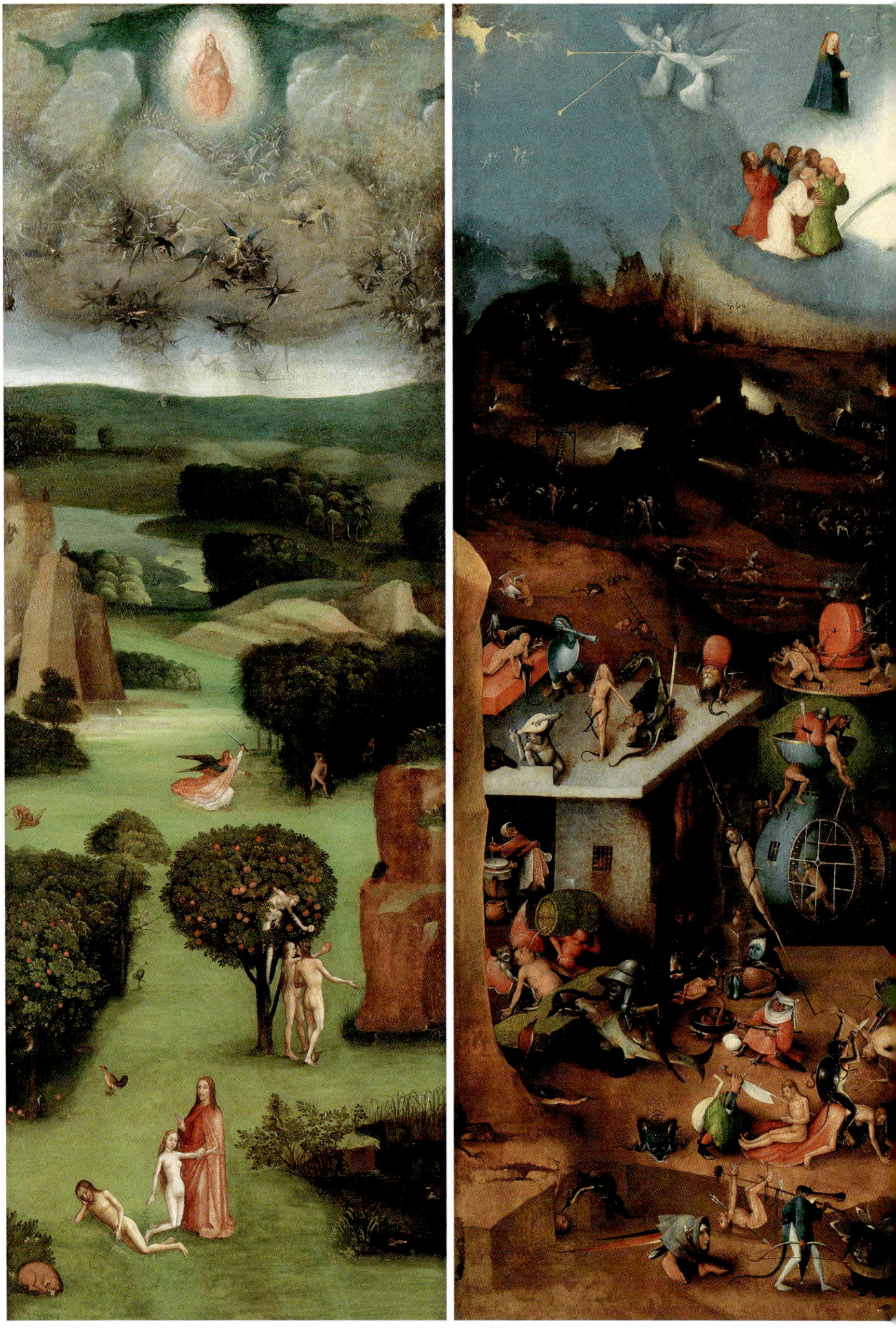

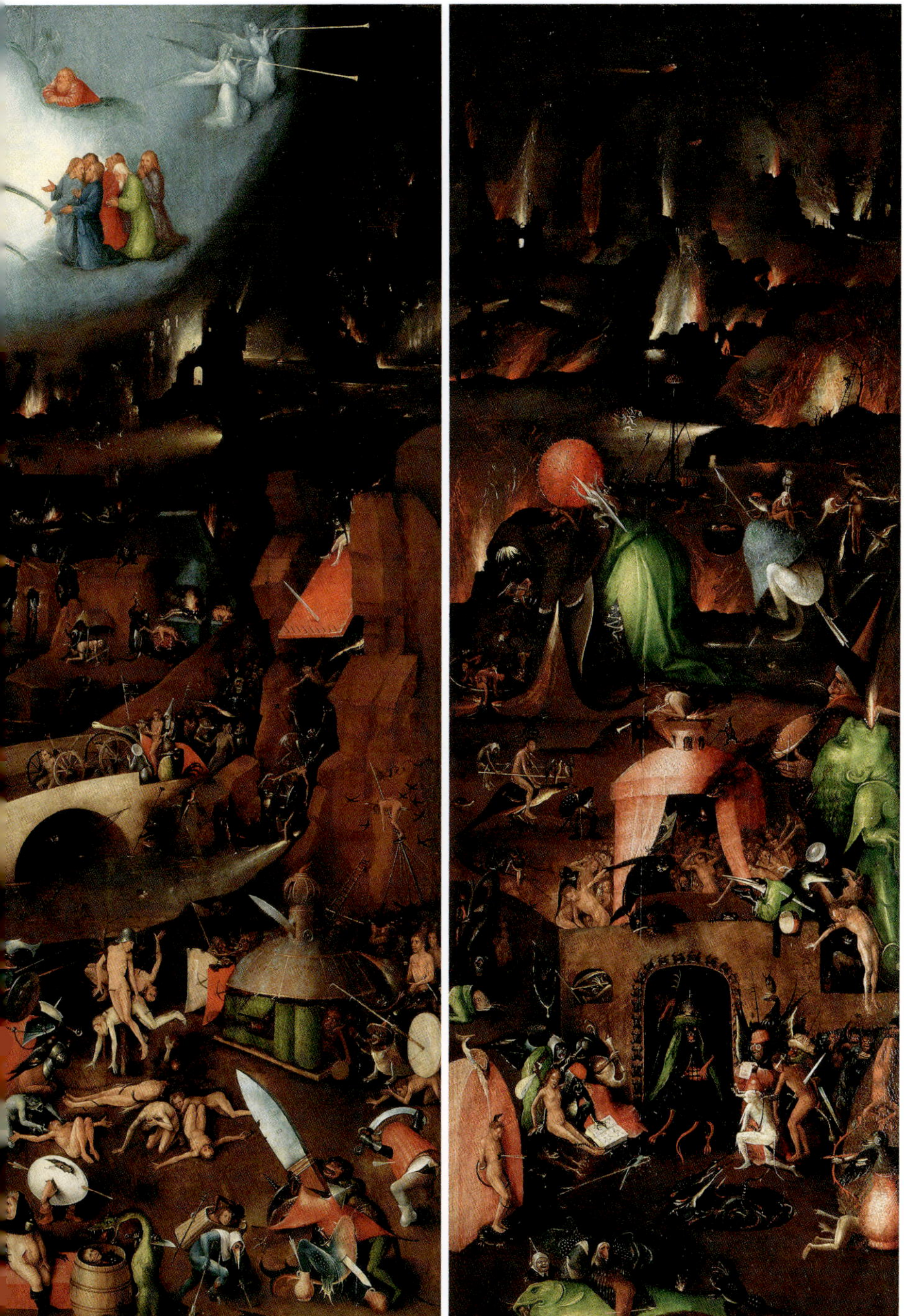

VI.

Exemplum docet: Späte Werke

1504–1516

„Wovon träumte Bosch? Von der Passion Christi, von der Bosheit, der Stupidität der Schergen, von der Eitelkeit und Vergänglichkeit des Irdischen, von der Hölle mit ihren Folterinstrumenten, von der Versuchung, der die heiligen Männer wenig Widerstand entgegenzusetzen vermögen.“

MAX JAKOB FRIEDLÄNDER, 1941

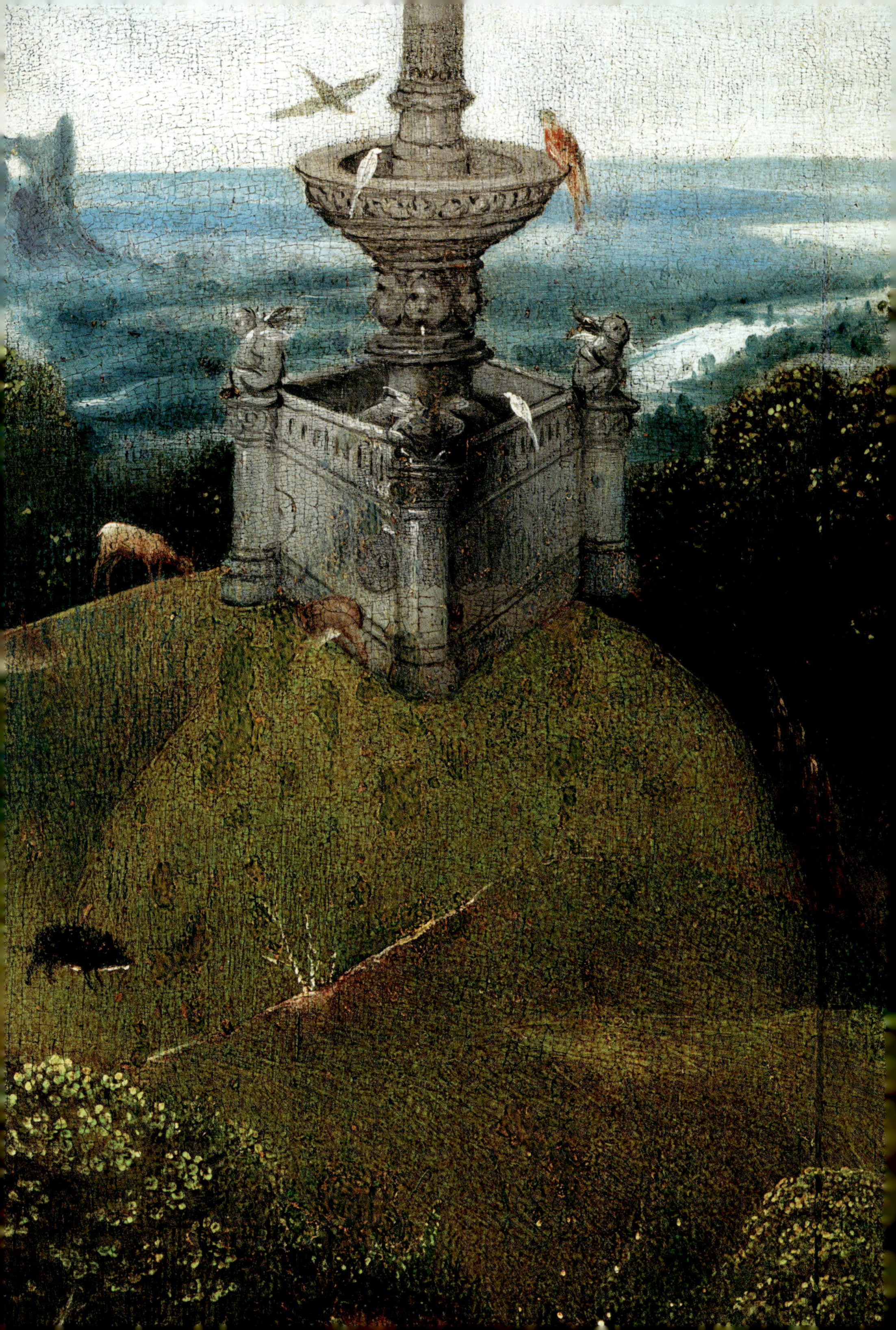

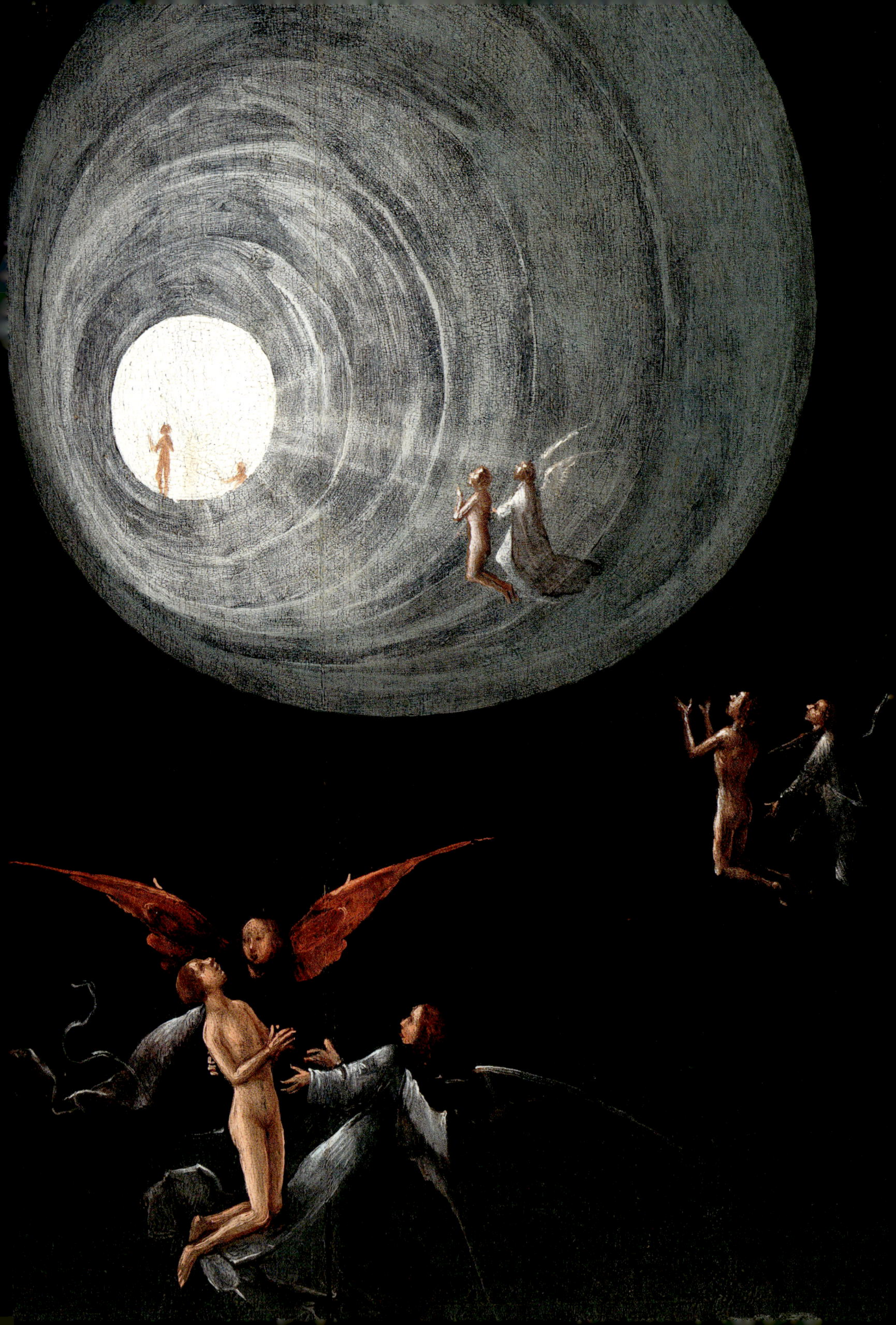

Mit den großen Triptychen *Versuchung des heiligen Antonius, Der Garten der Lüste* und *Das Jüngste Gericht* hat Boschs Schaffen sowohl künstlerisch als auch hinsichtlich seiner Auftraggeber eine neue Qualität erlangt. Doch gerade diese Werke trugen wesentlich dazu bei, dass seine Kunst, schon im 16. Jahrhundert beginnend, auf das Groteske verengt wurde, wie etwa die oben zitierten Äußerungen von de Beatis illustrieren oder die Texte von Guevara und Sigüenza beklagen. Auch wenn die Drolerien Bosch die Möglichkeiten gaben, seine Kunst variantenreicher und prachtvoller, ja fantastischer zu gestalten, entsprang die Wahl dieses Mittels nicht einfach einer persönlichen Willkür, sondern erfolgte in Abhängigkeit von der Thematik der Auftragswerke und von seinen Auftraggebern, besonders den höfischen, denen die Drolerien aus den Stundenbüchern vertraut waren. Überhaupt gab es für die später so häufigen, eher kleinformatigen „Diablerien" in der Nachfolge Boschs erst seit den mittleren Jahrzehnten des 16. Jahrhunderts einen Markt.

Die Gründe für Boschs Erfolg lagen vielmehr in einer ganzen Bandbreite von Neuerungen, die er in die Malerei einführte. So orientierten sich viele Werkstatt- und frühe Nachfolge-Werke an der *Anbetung der Könige* (Kat. 6), einem Werk, das nicht dem Umfeld der Drolerien zuzurechnen ist. Aus seiner Werkstatt gingen in Boschs letzten zehn Schaffensjahren einige Werke hervor, die teils fortsetzen, was vor allem bis zur *Antonius-Versuchung* (Kat. 10) geschaffen worden war (Kat. 12, Kat. 14, Kat. 21, Kat. 22), teils ging Bosch auch neue Wege (Kat. 15–20). Für die späten Jahre seines Wirkens war ein Faktor von großer Bedeutung, dem sich zu seiner Zeit viele Künstler stellen mussten: Die Interessen der potenziellen Auftraggeber wandten sich zunehmend der Renaissance und dem Humanismus Italiens zu. Diese Veränderung eröffnete Bosch jedoch auch Chancen, denn es gab nun einen neuen Markt für seine Gemälde.

Einen erhellenden Ausblick auf die Rezeption von Boschs Kunst in Italien im letzten Jahrzehnt seines Lebens ermöglichen die drei Werke in Venedig (Kat. 12, Kat. 14 und Kat. 16). Sie sollen hier, da sie in einen Sammlungszusammenhang gehören, als Einheit betrachtet werden, obwohl zumindest die beiden Triptychen eigentlich für religiöse Zwecke konzipiert waren und nicht für eine Schausammlung, als deren Bestandteil sie in Venedig fungierten. Eine solche Funktion belegen der Bericht des Patriziers Marcantonio Michiel (1484–1552) von 1521 und das Inventar des Marino Grimani (1488/89–1546) von 1528. Letzterer war der Neffe und Erbe des Kardinals Domenico Grimani (1461–1523), aus dessen

Seite 257, 258
Paradies und Hölle (Details), um 1505–1515
Innenseite des inneren linken Flügels: **Das irdische Paradies**
Innenseite des äußeren linken Flügels: **Das himmlische Paradies**
(siehe Abb. S. 312/313)

Besitz die drei Gemälde mit großer Sicherheit stammen. Die Grimani zählten zu den bedeutenden Adelsfamilien in Venedig. Domenico gehörte zu den Reformorientierten in der katholischen Kirche, der Kontakte zu jüdischen Intellektuellen hielt, offen gegenüber den Entwicklungen im Norden war und auch den aus den Niederlanden stammenden Papst Hadrian VI. (1459–1523) unterstützte (Limentani Virdis 2010).

Als möglicher Importeur oder Vermittler der Gemälde Boschs wurde der aus Antwerpen stammende und seit 1516 in Venedig tätige Verleger von Hebraica und Händler von Luxusgütern Daniel van Bomberghen (auch Daniel Bomberg, um 1485–1553) genannt, der auch Kontakte zu Grimani hatte (Aikema 2001a, Limentani Virdis 2010). Eine weitere Person blieb bisher unbeachtet: der familiär über seinen Neffen Jan Goessens mit Bosch verbundene 's-Hertogenboscher Kaufmann Lodewijk Beys. Beys besaß am Markt ganz in der Nähe von Hieronymus Bosch ein so repräsentatives und komfortables Haus, dass Maria Bianca Sforza (1472–1510), die Frau Kaiser Maximilians I., dort anlässlich des kaiserlichen Besuches 1502 logierte. Beys zog 1500, 1504 und 1513 auf lukrative Pilgerfahrt nach Jerusalem bzw. zum Berg Sinai, von dem er Reliquien der heiligen Katharina mitbrachte (van Dijck 2001a, S. 54 f.). Die von Adligen oder Patriziern unternommenen kostspieligen Jerusalem-Fahrten starteten im Frühjahr und Herbst von Venedig aus. Beys, von dem bekannt ist, dass er seine Pilgerfahrten mit dem Geschäftlichen verband, hätte bei einem solchen Aufenthalt in Venedig eine Lieferung von Werken Boschs aushandeln oder organisieren können.

Zur Zeit des Berichts von Michiel war eine Sammlung von Handschriften und Gemälden aus den Niederlanden in einem (heute für die Öffentlichkeit zugänglichen) Palast der Grimani in der Nähe der Kirche Santa Maria Formosa in Venedig untergebracht, darunter auch das 1520 erworbene *Breviarium Grimani*. Die von Domenico Grimanis Erben wohl noch erweiterte Gemäldesammlung enthielt auch Bilder von Hans Memling, Joachim Patinir (um 1485–1524) und Herri met de Bles (um 1500/10–1555/60). Die Werke dieser Sammlung wurden nach Domenicos Tod größtenteils in Kisten gelagert, die erst 1615 wieder geöffnet wurden. Danach hing zumindest das *Triptychon mit der gekreuzigten Märtyrerin* (*Sint-Ontcommer*; Kat. 14) in einem Saal des Dogenpalastes.

Das Eremiten-Triptychon

Das *Eremiten-Triptychon mit den Heiligen Hieronymus, Antonius und Ägidius* (S. 304/305 Kat. 12) ist etwa 1504 und damit wohl noch vor dem *Jüngsten Gericht* entstanden. Funktion und Auftraggeber sind unbekannt. Der obere Rundbogenabschluss wurde irgendwann abgesägt, die Außenseiten wurden abgehobelt und parkettiert, sodass auch hier keine Wappen oder gar Stifter weiteren Aufschluss geben könnten. Das Bildkonzept mit jeweils einem Heiligen auf jeder der drei Innentafeln des Triptychons lässt an die Verehrung als Schutzpatrone und die Verwendung auf einem Altar denken. Die Mitteltafel ist aufgrund der zen-

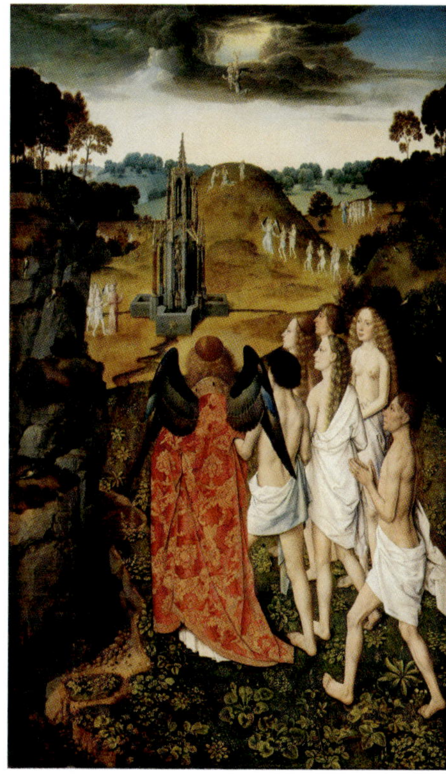

tralen Position und der doppelten Bildfläche die Haupttafel und zeigt den hageren *Hieronymus* (Kat. 12.2) inmitten einer weiten und hügeligen Landschaft in einer als Kapelle dienenden Ruine auf den Knien vor einem Kruzifix. Der lange rote Umhang lässt nur die nackten Füße, die Hände und die Brust frei, vor die der Heilige mit seiner Rechten einen Stein hält, um sich zu kasteien. Mit der linken Hand greift er nach einem farbigen Kruzifix, das auf einem Altärchen in einer Miniaturapsis steht. Auf den Mäuerchen sind drei monochrome Reliefs angebracht (S. 277). Als Grundlage dieser Hauptszene dienten Auszüge des Briefes des Heiligen an Eustochium (*Ad Eustochium de custodia virginitatis* 22, 7): „Also jener ‚Ich', der ich aus Furcht vor der Hölle mich selbst zu einem solchen Kerker verurteilt habe, in der einzigen Gesellschaft von Skorpionen und wilden Tieren, dachte oft zurück an die Tänze der Mädchen. Die Wangen waren bleich vom Fasten, aber im kalten Körper flammte der Geist auf in der Glut der Begierden. Vor dem Menschen, der dem Fleische nach bereits gestorben war, loderte einzig noch das Feuer der Sinnlichkeit auf." Der Brief erschien in einem Frühdruck in Hasselt 1490. In den drei Reliefs, die als Bilder-im-Bild fungieren, entfaltet Bosch den inneren Zwiespalt und Kampf des Hieronymus, der sich zwischen Keuschheit (Continentia) und Wollust (Luxuria), zwischen Demut (Humilitas) und Hochmut (Superbia) entscheiden muss. Die beiden jeweils einander gegenüber an den Seiten einer Chorapsis angebrachten Reliefs bezeichnen nämlich diese Laster bzw. Tugenden. Als positives Exemplum ist vorne rechts die alttestamentliche Tugendfigur Judith dargestellt, die dem Heerführer des babylonischen Königs Holofernes, als dieser die jüdische Stadt Betulia belagerte, den Kopf abschlug, nachdem sie ihn bei einem fingierten Tête-à-tête betrunken gemacht hatte (Judit 13,1–17; S. 262). Der Mann, der seine Triebhaftigkeit mit dem Verlust des Kopfes bezahlt, wird so zum kontra-

Dirk Bouts, **Das irdische Paradies**, um 1470
Öl auf Holz, 115 x 69,5 cm. Lille, Palais des Beaux-Arts

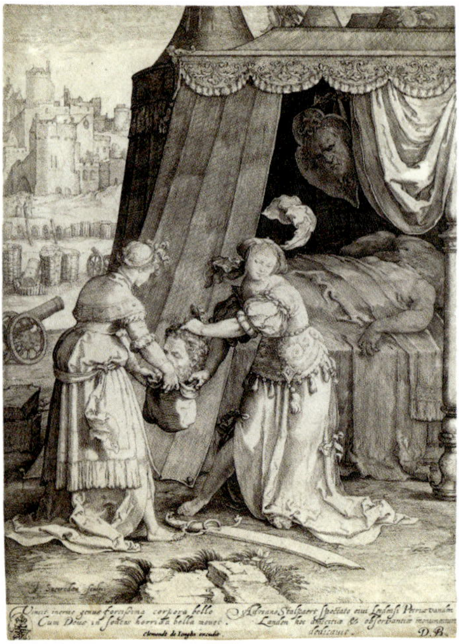

diktorischen Exemplum der Judith, die ein Sinnbild für den Sieg der Klugheit, des Mutes und der Keuschheit über die verblendende Wollust ist. Der heilige Hieronymus benutzt in seinem Brief an Eustochium zur Illustration seines Zwiespalts nicht das Beispiel der Judith, sondern die ebenfalls um das Thema Wollust kreisenden Geschichten um Samson und Delilah sowie David und Bethseba. Ein separates negatives Gegenstück zu Judith bildet das Relief gegenüber. Darin versucht ein Akrobat oder Tänzer, den Rücken eines Einhorns zu besteigen. Dieses wilde und äußerst starke Fabeltier lässt sich aber nur von einer Jungfrau besänftigen – so erzählt die Legende, die es damit zum Sinnbild der Keuschheit, besonders Mariens, macht. Die Figur entspricht den bebänderten Moriskentänzern (vgl. Israhel van Meckenem, S. 104), die das Goldene Kalb auf dem Relief verehren, das die Mitteltafel des *Antonius-Triptychons* schmückt (S. 105, Kat. 10.4). Unterhalb dieser beiden Gegenbilder befindet sich das dritte Bildrelief an der Apsis. Ein Mann steckt mit seinem Oberkörper in einem Bienenkorb, während sein entblößtes Hinterteil herausschaut. Dasselbe Bildmotiv findet sich auf einem einige Jahrhunderte älteren, zum Reliquiar umgestalteten Räuchergefäß (Fischer 2009, S. 162) in Venedig. Es steht beispielhaft dafür, in welchen zeitlichen und räumlichen Dimensionen die Verbreitung solcher Motive erfolgte. Aus Boschs Werkstatt wurde es von einem Mitarbeiter oder einem Nachfolger wieder in einer Zeichnung aufgegriffen (S. 460/461, Kat. Z9r) und später von Pieter Bruegel (S. 275) verwendet. Im Anus des Nackten im Korb steckt ein vertrockneter Zweig, auf dem eine von Vögeln umflogene Eule sitzt; sie steht hier, wie auch sonst, wohl für geistige Blindheit. Das blanke Hinterteil ist eine bei Bosch übliche, im 14. bis 16. Jahrhundert durchaus verbreitete Metaphorik, die die Unreinheit durch die Sünde eines auf das Leibliche reduzierten Lebens sehr direkt veranschaulicht. Über dem Kopf des Hieronymus, auf der vom Nackten im Korb über das Einhorn-Akrobat-Relief weitergeführten

Jan Pietersz Saenredam nach Lucas van Leyden, **Judith und Holofernes**, um 1600
Kupferstich, 28,7 x 20,9 cm (beschnitten)
Dresden, Staatliche Kunstsammlungen, Kupferstich-Kabinett

Linie, sitzt auf einem Ast ein Vogel, das Symboltier der freien Seele oder des Heilszustandes. Offensichtlich handelt es sich um das Gegenbild zum in der Sünde gefangenen Nackten im Korb.

In der wilden Landschaft um Hieronymus herum sind Zeichen des Verfalls der vorchristlichen heidnischen Kultur zu finden (S. 278). Der Heilige kniet in einer Ruine, die einer Kapelle mit Chorapsis ähnelt. Reste eines verzierten Bodenbelags aus Stein sind noch vorhanden. Links steht ein Säulenstumpf mit einem aufgemalten Bild, auf dem ein kniender Mann inmitten von Sternen den Kosmos anbetet. Die Risse in der Säule, der Frosch in der Basis sowie die vertrockneten Zweige daneben laden das Ganze zusätzlich mit einer unheilvollen Bedeutung auf. Dahinter ist eine Skulptur zu erkennen, die umzustürzen scheint. Tatsächlich distanzierte sich der historische Hieronymus von antiker Astrologie, gelehrtem Heidentum und heidnischem Götzenglauben. Rechts führt eine Treppe aus der Dunkelheit eines kryptaartigen unterirdischen Gewölbes auf Hieronymus zu – eine passende Metapher für den Ab- wie den Aufstieg der Seele (S. 285). Links im Mittelgrund sieht man hinter einem Löwen, dem Symboltier des Hieronymus, einige Vögel und eine Gruppe Wild. Bosch gelingt eine eindringliche Darstellung des heiligen Hieronymus auch ohne die Wiedergabe von Affekten, körperlichem Leiden und Selbstkasteiung (vgl. Cranach, S. 269). Abgesehen von der kargen Umgebung und den wilden Tieren geht die wahre Bedrohung von der Sünde des Unglaubens, des Zweifels und der Unkeuschheit aus.

Ähnlich wie im Genter *Hieronymus* (Kat. 2) die den Heiligen umgebende Landschaft sein Inneres anzeigt, so externalisiert das venezianische Gemälde den persönlichen Konflikt mittels des Bildes-im-Bild. Die Gegensätzlichkeit der Bildreliefs und die Gesten des Hieronymus verdeutlichen den inneren Widerstreit der Seele. Die Bilder liefern dabei die Argumente. Die rechte Hand des Heiligen weist auf das Relief mit dem Exemplum der Unkeuschheit, während die Bewegung der linken Hand zum Exemplum Judiths geht, sodass sich die Arme kreuzen. Die höchste Gegenwärtigkeit weist aber das vollplastische und in natürlichen Farben gestaltete Kruzifix auf, dem letztlich Hieronymus' Griff gilt. Hinter diesem trägt das abgestorbene Bäumchen oben wieder Grün. Der Heilige wählt also Glaube und Erlösung. Eine vergleichbare Bildstruktur in der Mitteltafel mit den Bildern-im-Bild hat Bosch schon im *Antonius-Triptychon* (S. 118/119, Kat. 10.4) eingesetzt.

Die Innenflügel bieten wenig Platz, um die Viten der Heiligen auszubreiten. Der linke Flügel zeigt einen Wasser schöpfenden *Antonius*, der wie in Meditation zu Boden schaut. Ihm gegenüber schenkt ein Teufel Flüssigkeit ein, als wolle er den Heiligen nachäffen. Auch andere Dämonen parodieren Antonius, zum Beispiel halten zwei Teufel ein offenes Buch vor sich (S. 272/273). Unter den vorderen Dämonen tragen drei stilisierte Pfauen-Augenflecken, wie sie auch in der Kleidung der *Gekreuzigten Märtyrerin* (Kat. 14) vorkommen. Wesentliche Bildmotive stammen aus dem *Antonius-Triptychon* (Kat. 10.4 und

Kat. 10.5), so das brennende Kloster und die Nackte unter dem Baum mit dem roten Tuch als Sinnbild der Versuchung der Wollust (S. 271).

Auf der rechten Innentafel ist der *Heilige Ägidius* dargestellt. Er war einer der vierzehn Nothelfer, weswegen seine Verehrung im Spätmittelalter recht weit verbreitet war. Ägidius (um 640 – um 720) stammte ursprünglich aus Athen und lebte einige Jahre als Eremit in einer Höhle an der Rhône-Mündung. Der Legende nach ernährte er sich von der Milch einer Hirschkuh. Als er sich dem Jagdgefolge des Gotenkönigs Wamba in den Weg stellte, um die Hirschkuh zu schützen, wurde er von einem Pfeil getroffen. Aus Demut bat er Gott, von dieser Wunde nicht geheilt zu werden. Der König ließ zur Sühne die Benediktiner-Abtei von Saint-Gilles in Südfrankreich gründen, dessen Vorsteher Ägidius wurde. Bosch stellt ihn als betenden Einsiedler in einer dunklen Höhle vor einem einfachen Altar mit den typischen Attributen Buch, Benediktinerkutte und Hirschkuh dar. Abweichend von der Bildtradition weist der Heilige bei ihm die Priestertonsur auf, und der Pfeil steckt nicht außen im Arm, sondern in seiner Herzgegend. Vor dem Heiligen liegt neben dem Buch noch ein Brief oder eine Urkunde, vielleicht die Stiftungsurkunde der Abtei oder der von einem Engel überbrachte Zettel mit der Bestätigung der Vergebung der Sünden Karls des Großen (747/48–814), von der die Heiligenlegende berichtet. Hinter Ägidius schaut eine Person durch ein Loch in die Höhle hinein, vielleicht ein Mitglied der Jagdgesellschaft.

Die Landschaftsumgebung ist schroff, mit einigen Pflanzen und Tieren belebt und von einer Farbe, die zwischen Moosgrün und Rotbraun changiert, was auch auf den mäßigen Erhaltungszustand zurückzuführen ist. Zahlreiche kleine Symboltiere sind um Ägidius angeordnet (Dittrich 2005, S. 506). Unter diesen Details sind diejenigen oberhalb wohl positiv zu deuten, so das Stachelschwein links als Symbol der Glaubensstärke, der Silberreiher mittig als Symbol der Liebe und Treue zu Christus, die Gämse auf dem Felsvorsprung als Weisheit Gottes und die Kohlmeise rechts am Höhleneingang als Sinnbild der Seele. Vorne bzw. unterhalb hockt ein Rabe als Zeichen des Bösen auf einem Kadaver. Daneben liegen links der Kopf eines Wildschweins und rechts der Schädel eines Pferdes, Zeichen der Superbia. Eine Eidechse kriecht auf eine vertrocknete Baumwurzel; sie steht ganz allgemein für die Sünde. Durch die Betonung des Einsiedlerdaseins und der Selbstaufopferung wird der Heilige zum vorbildlichen Beter und Büßer. Der betende Ägidius in der Höhle könnte gut das Vorbild für die Bilder der Heiligen Petrus und Magdalena auf der Außenseite der *Anbetung der Könige* (Kat. 24.1/2) von Boschs Werkstattmitarbeitern abgegeben haben.

Ob das Triptychon aus seinem Funktionszusammenhang heraus gekauft, für den ursprünglich vorgesehenen Zweck doch nicht verwendet oder gar schon für den Export

Paradies und Hölle (Detail), um 1505–1515
Innenseite des inneren rechten Flügels: **Sturz der Verdammten** (siehe Abb. S. 312/313)

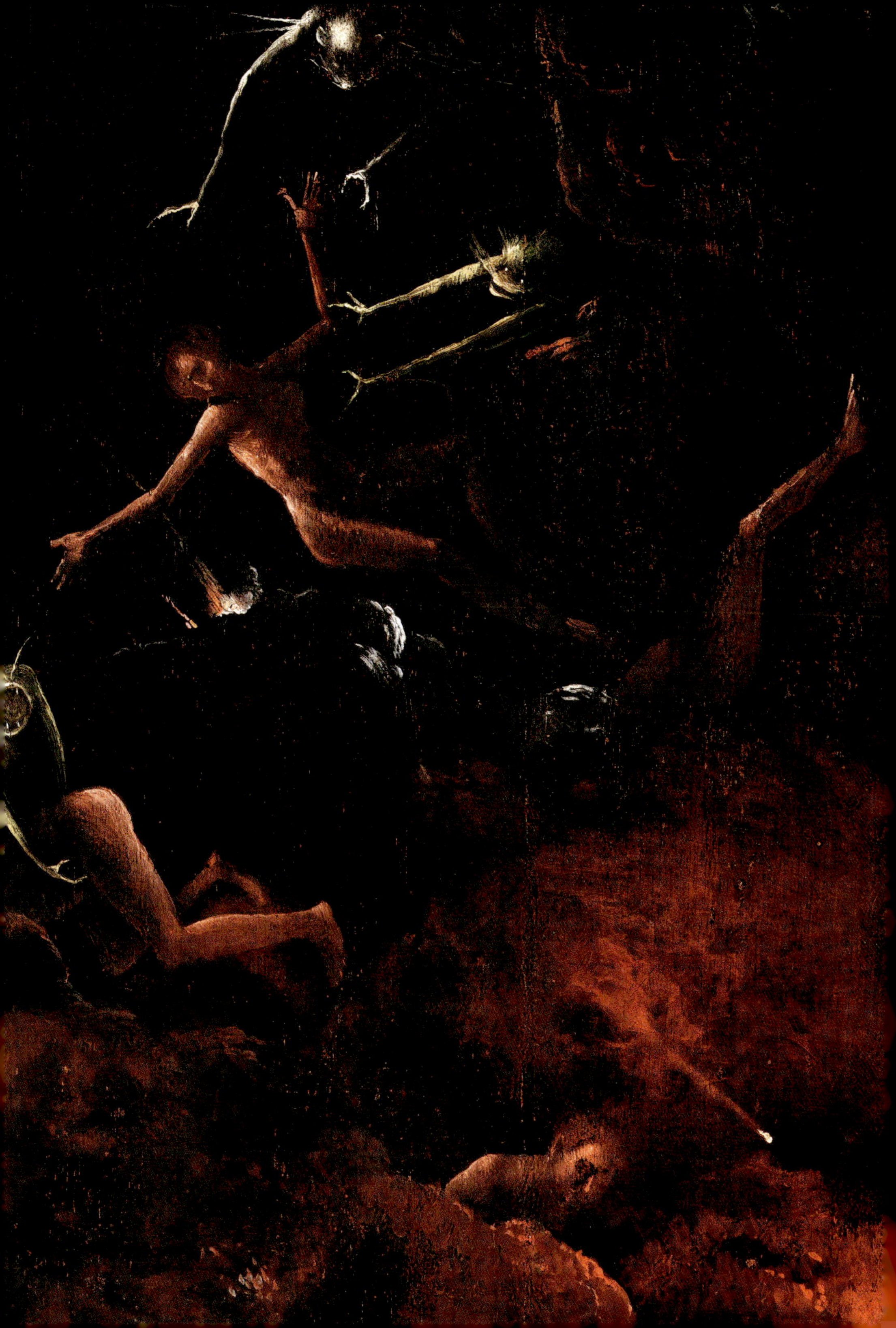

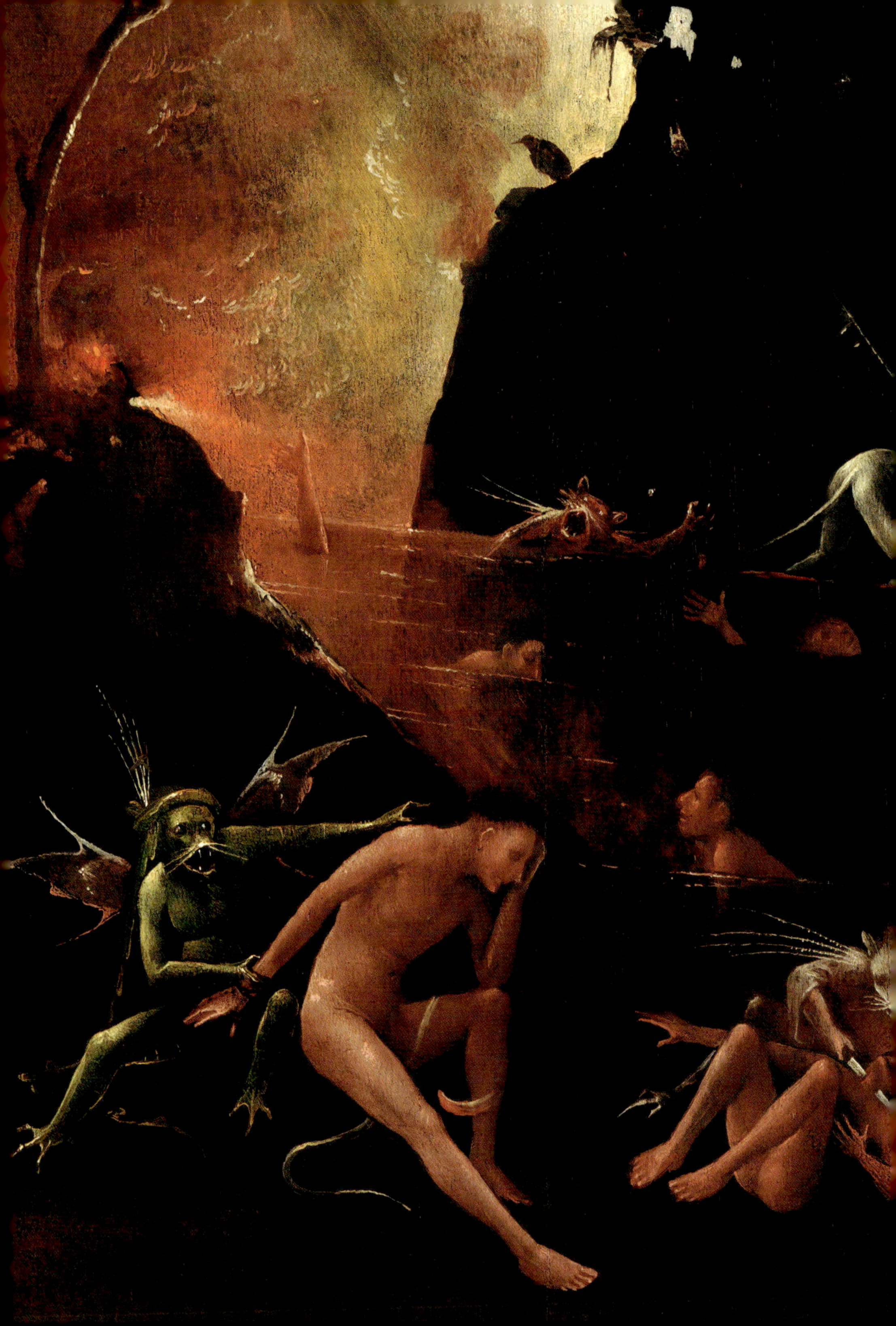

konzipiert wurde, ist nicht zu entscheiden. Jedenfalls sind alle drei Heiligen für das venezianische Umfeld gut gewählt. Bevor der Bibelübersetzer und Asket Hieronymus um 1500 ein beliebtes Bildthema nördlich der Alpen wurde, war er es schon seit Jahrzehnten in Italien. Ägidius wurde dort ebenso stark verehrt wie Antonius. Letzterer entspricht mit den Dämonen-Mischwesen und Höllenlandschaften, die mit ihm verbunden sind, zugleich den Erwartungen an die flämischen, d. h. niederländischen Maler im 16. und 17. Jahrhundert, die in der Kunstliteratur südlich der Alpen als Spezialisten in diesem Genre gerühmt wurden (Aikema 2001a/b/c).

Eine Jungfrau am Kreuz

Die Funktion des *Triptychons mit der gekreuzigten Märtyrerin (Sint-Ontcommer)* (S. 310/311, Kat. 14) war, das zeigen die in der Malschicht nachweisbaren beiden Stifter, die eines Memorialbildes oder eines Altargemäldes im Rahmen einer Seelenmessstiftung zur Jenseitsvorsorge. Die Auftraggeber weisen sich anhand der Kleidung in gleicher Weise als Mitglieder der gebildeten städtischen Elite aus wie die Stifter anderer Bosch-Gemälde (siehe zum Beispiel Kat. 6 oder Kat. 21). Die Datierung auf um 1505–1515 erfasst die Entstehung und die Übermalung. Welche Zeitspanne dazwischen lag, ist unklar. Ebenso ist nicht deutlich, ob das Werk von den Auftraggebern, zum Beispiel wegen angeblicher künstlerischer Mängel, nicht abgenommen wurde oder ob es seine religiöse Funktion einmal erfüllte, dann aber aus dieser herausgenommen und verkauft wurde. Über die Identität der Heiligen auf der Mitteltafel wurde lange gerätselt. Eine eindeutige Aussage ist im Grunde nicht zu treffen, da zwischen dem ursprünglichen Gemälde und dem überarbeiteten in ihrer jeweiligen Funktion zu unterscheiden ist. Geschaffen wurde das Werk als Dreitafelbild mit der *Sint-Ontcommer*, einer legendenhaften Heiligen, die, ursprünglich als Wilgefortis verehrt, auch unter anderen Namen bekannt war bzw. von der sich im Verlauf des 14. und 15. Jahrhunderts mit ihrer geografischen Ausbreitung vom Brabantisch-Mittelrheinischen nach Deutschland (als „heilige Kümmernis“) verschiedene Legenden- und Kultvarianten entwickelt haben (Schweizer-Vüllers 1997; King 2003). Nach der seit dem 15. Jahrhundert verbreiteten Legende war die jungfräuliche Heilige eine bekehrte Christin und Tochter eines heidnischen Königs. Als sie, die ihr Leben als Braut Christi Gott geweiht hatte, verheiratet werden sollte, flehte sie, um der unliebsamen Hochzeit zu entkommen, Gott so lange an, sie zu verunstalten, bis ihr ein Bart wuchs. Der Bräutigam in spe war nun zwar abgeschreckt, ihr Vater aber ließ sie daraufhin in der Art ihres himmlischen Bräutigams töten, nämlich kreuzigen. Drei Tage habe sie vom Kreuz herab gepredigt, Menschen

Paradies und Hölle (Detail), um 1505–1515
Innenseite des äußeren rechten Flügels: **Die Verdammten in der Hölle** (siehe Abb. S. 254/255)

zum Christentum bekehrt und Trost gespendet. Nachdem sie von Engeln in den Himmel gebracht worden sei, sei ein heftiger Sturm losgebrochen, und der Palast des Vaters sei in Flammen aufgegangen (Bax 1961, S. 31–32).

Die Heilige trägt, wie es einer Prinzessin gebührt, über einem silbrig-golden bestickten anthrazitfarbenen Untergewand ein geschlitztes und gegürtetes rotes Kleid mit langem Saum und weiten Ärmeln sowie eine goldene Krone auf dem leicht zur Seite und nach hinten geneigten Haupt. Auf dem dunklen Unterkleid zeichnen sich Punkte und feine Zweige sowie stilisierte Augenflecken von Pfauenfedern als Zeichen der Auferstehung ab. Ontcommer ist mit Seilen an ein Tau-Kreuz gebunden. Ihr langes, kastanienbraun-goldenes Haar fällt ungebunden weit den Rücken herab: ein Zeichen ihrer wahrhaftigen Jungfräulichkeit. Vom Kinn bis zur Schläfe zeigt sich ein Schatten, der einen Bart allenfalls andeutet, was durch Abrieb der Oberfläche im Verlauf der Zeit verursacht sein könnte. Möglicherweise war er im 18. Jahrhundert noch zu sehen, da Zanetti (siehe Text zu Kat. 14) sich nicht entscheiden konnte, ob eine Heilige oder ein Heiliger dargestellt sei. Jedoch wurde der Bart der Heiligen auch in einigen anderen Bildern lediglich angedeutet.

Für das weitere Verständnis des Bildes ist es wichtig, sich klar zu machen, dass ihm das Muster figurenreicher Kreuzigungsdarstellungen zugrunde liegt, so in der Darstellung der Affekte und der Teilung der Figurengruppen seitlich vom Kreuz in eine gute und eine schlechte Seite. Die Christusförmigkeit (Imitatio Christi) der Heiligen zeigt sich somit im gesamten Bildaufbau wie auch in Details. In der Mitte ist sie am Kreuz dargestellt, allerdings nicht hängend und leidend, sondern zwischen Leben und Tod. Sie verkörpert Erlösung, Auferstehung und Triumph über den Tod. Rechts der Gekreuzigten sind die vorderen zwei Männer der Gruppe in prachtvolle Fantasiekostüme gekleidet. Sie könnten die königlichen Väter der Brautleute oder den Königsvater der Braut und einen Berater darstellen, begleitet von weiteren Höflingen. Der eine zeigt auf eine Darstellung an seinem Gürtel. Dieser zeigt die Konfrontation eines Bären und eines Affen, der sich eines lanzenartigen Stammes oder Astes bedient, was als Anspielung auf den ungleichen Kampf zwischen Braut und Bräutigam gedeutet wurde (Bax 1961, S. 22). Links der Heiligen fällt der königliche Bräutigam in Ohnmacht (S. 300), wobei Platz und Körperhaltung einerseits der mitleidenden Maria in vielen Kreuzigungsbildern, andererseits der Kreuzabnahme vom Altarretabel van Wesels (S. 24) entspricht. Interessant ist die formale Ähnlichkeit der Kleidung von Braut und Bräutigam, besonders in der Farbe und Verzierung des Untergewandes beider, wobei die Darstellungen – Pfauenfeder und Eule – Positives und Negatives in Kontrast setzen. Beim Bräutigam wird nämlich unter dem roten Umhang auf dem Oberschenkel eine Eule, Zeichen von Torheit und Verblendung, entblößt. Die ostentativ vor ihm liegende Schaufel und der unregelmäßige Erdboden lassen an Psalm 7,16 denken: „Er gräbt ein Loch, er schaufelt es aus, doch er stürzt in die Grube, die er selber gemacht hat", sie könnten also für seine misslungenen Pläne stehen oder auch an das bevorstehende Urteil Gottes gemahnen, wie es in Lk 3,17 formuliert ist: „Schon hält er die Schaufel in der Hand, um die Spreu vom Weizen zu trennen und den Weizen in seine Scheune zu bringen; die Spreu aber wird er in nie erlöschendem Feuer verbrennen." Ein Priester und andere Höflinge oder Diener helfen eifrig dem Prinzen. Weitere Männer stehen vor und in einem hohlen Baum, der zumindest im unteren Bereich kahl ist, was ein weiteres Zeichen der Sünde auf dieser Seite des Kreuzes ist. Eine ähnliche Bildkomposition mit König und Bräutigam jeweils neben dem Kreuz und dem Palast im Hintergrund findet sich in einem heute weitgehend zerstörten Wandgemälde in Rostock.

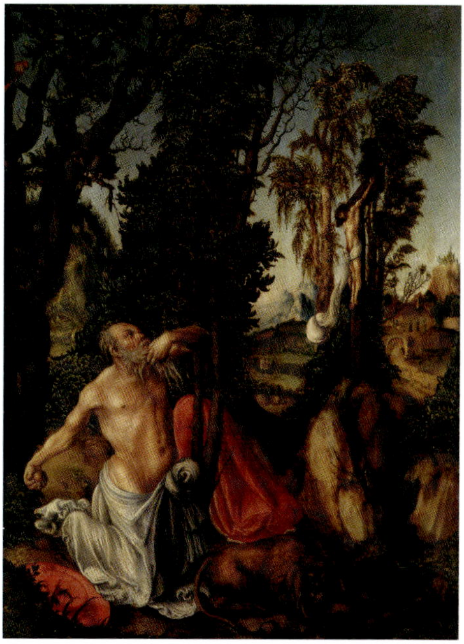

Die Figuren des Triptychons entfalten ihre Wirkung weniger durch ihre Mimik als durch ihre lebhafte und abwechslungsreiche Körpersprache, durch Haltung, Blicke und insbesondere ihre Gestik – in einer solchen Dichte hat Bosch diese in keinem anderen Werk eingesetzt. So sind die Figurengruppen rechts und links vom Kreuz klar unterschieden. Einige unter den dicht gedrängten Figuren links vom Kreuz verbergen ihr Gesicht oder halten sich den Kopf, als wenn sie von der Sonne geblendet würden, andere wenden sich von der Heiligen am Kreuz ab oder nehmen sie nicht wahr. Da sie für die christliche Lehre unempfänglich sind und Angst vor der göttlichen Allmacht und Strafe haben, die von der Heiligen am Kreuze ausgeht, repräsentieren sie die negative Seite. Die rechte Seite wäre demnach positiv als die der Geläuterten und Bekehrten zu deuten. Dass sich hier auch der Vater der Braut befindet, überrascht nur auf den ersten Blick: Nach einigen Versionen der Legende von Sint-Ontcommer bekehrte sich dieser nach dem Tod seiner Tochter zum Christentum. Die Figuren auf dieser „guten" Seite verhalten sich ruhig und schauen in die Richtung der Gekreuzigten. Diese scheint ihnen durch eine leichte Drehung des Körpers zugewandt zu sein.

Lucas Cranach d. Ä., **Hieronymus als Büßer**, 1502
Öl auf Lindenholz, 55,5 x 41,5 cm. Wien, Kunsthistorisches Museum, Gemäldegalerie

Der linke und der rechte Innenflügel des Triptychons zeigen Ereignisse nach dem Kreuzestod der Märtyrerin. Links brennt der Palast, eine Ansammlung von Giebelhäusern mit einem Turm um einen Hof. Über die Brücke werden Güter in Sicherheit gebracht (S. 297). Gegenüber auf dem rechten Flügel sind die Folgen eines Sturmes zu sehen. Ein riesiger Fisch liegt am Strand, der direkt weggeschleppt wird, drei Schiffe sind gekentert. Nur ein Panzerschiff liegt unbeschadet im Wasser. Das Brandmotiv wurde bei der Übermalung umgedeutet. Es gehört seitdem zu einer über den linken Stifter gemalten Darstellung des heiligen Antonius, wobei oben aber keine Teufel ergänzt wurden (vgl. Kat. 10.4, Kat. 12.1, Kat. 22). Nun ist hinter dem heiligen Eremiten ein Turm zu sehen, der links genau die Rückenkontur und den Kopf des Stifters überdeckt. Antonius ist in das Studium eines Buches vertieft. Einige kleine Dämonen umgeben ihn. Auf der rechten Innentafel, die sich im Gegensatz zum Antonius an die Szenerie der Mitteltafel anschließt, wurde der Stifter mit einem Priester und einem Schergen übermalt. Hinter den beiden überfallen zwischen zwei Hügeln Räuber einen Wanderer, und ein Bär trottet über denselben Weg in die entgegengesetzte Richtung. Die Übermalung des einen Stifters mit der populären Antonius-Versuchung, aber auch die variantenreiche Figurendarstellung der Mitteltafel dürften das Werk für italienische Kunstliebhaber interessant gemacht haben.

Paradies und Hölle

Aus dem Bericht von Marcantonio Michiel lässt sich schließen, dass sich die beiden um 1505–1515 entstandenen Flügelfragmente *Paradies und Hölle* (S. 312/313, Kat. 16) im Haus des Kardinals Grimani in Venedig befanden. Sein Bericht erwähnt zwei eigens von Hieronymus Bosch geschaffene Bilder, die er fälschlicherweise als „Leinwände" bezeichnet, was wohl einer flüchtigen Betrachtung geschuldet ist: eines „mit der Hölle und einer großen Vielfalt von Monstern" und als zweites „die Leinwand der Träume". Bei dem ersten Bild (Kat. 16.3, *Sturz der Verdammten*) fällt es schwer – angesichts von Boschs großen Triptychen – die „große Vielfalt der Monstren" („la gran diversità de monstri") zu erkennen. Gemeint ist wohl der Abwechslungsreichtum der Körperhaltungen aller Figuren, bei denen auf den ersten Blick schwer zwischen Verdammten und Teufeln zu unterscheiden ist. Außerdem ist die Äußerung als eine formelhafte Anerkennung aus einem noch eher begrenzten Repertoire von Lobeskategorien zu verstehen. Bei dem zweiten Bild (Kat. 16.4, *Die Verdammten in der Hölle*) gibt der Verdammte mit dem melancholischen Gestus des Kopfaufstützens im Vordergrund den Anlass, das Bildthema als „Leinwand der Träume"

Seite 271, 272/273
Eremiten-Triptychon (Details), um 1504
Linker Innenflügel: **Der heilige Antonius** (siehe Abb. S. 304/305)

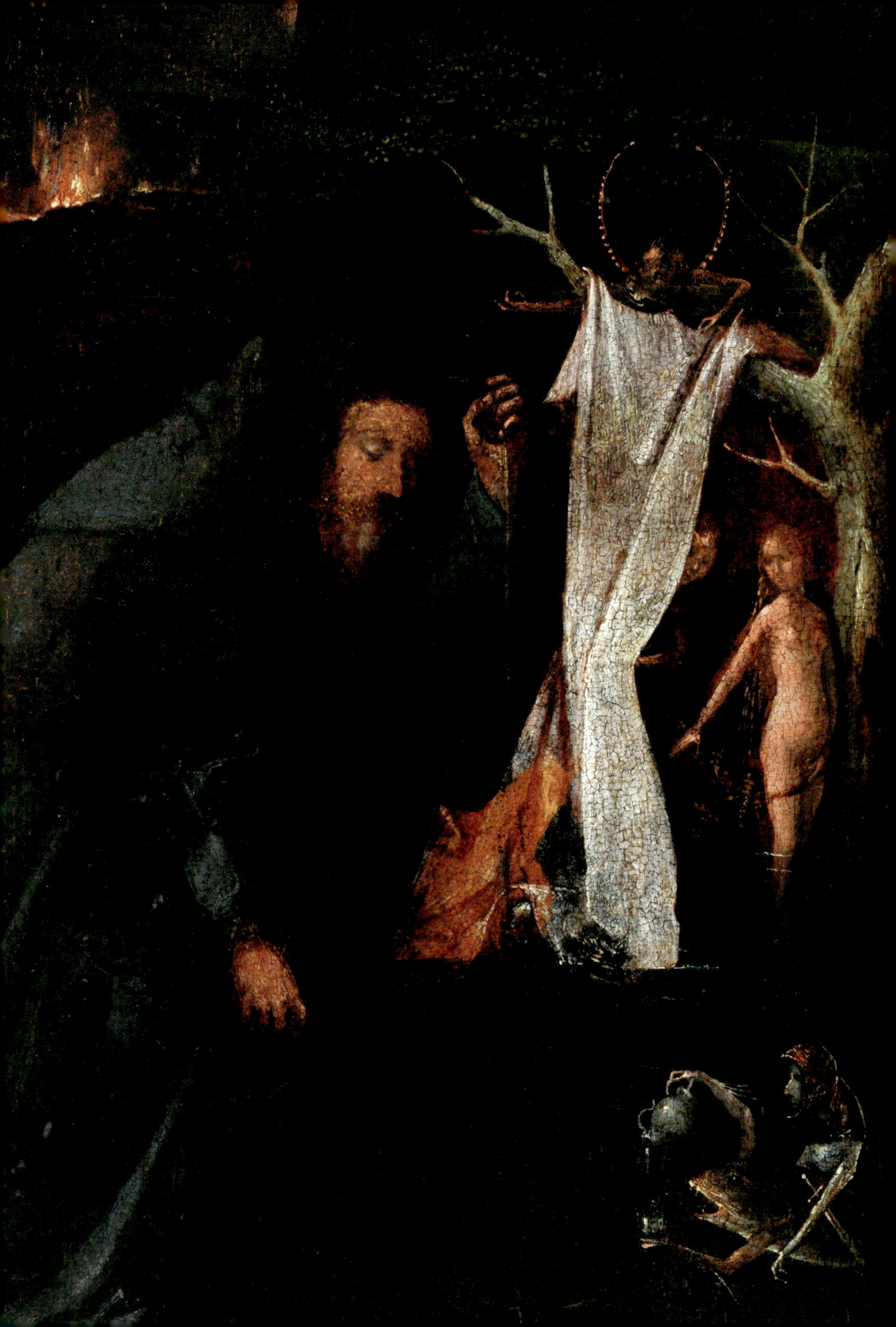

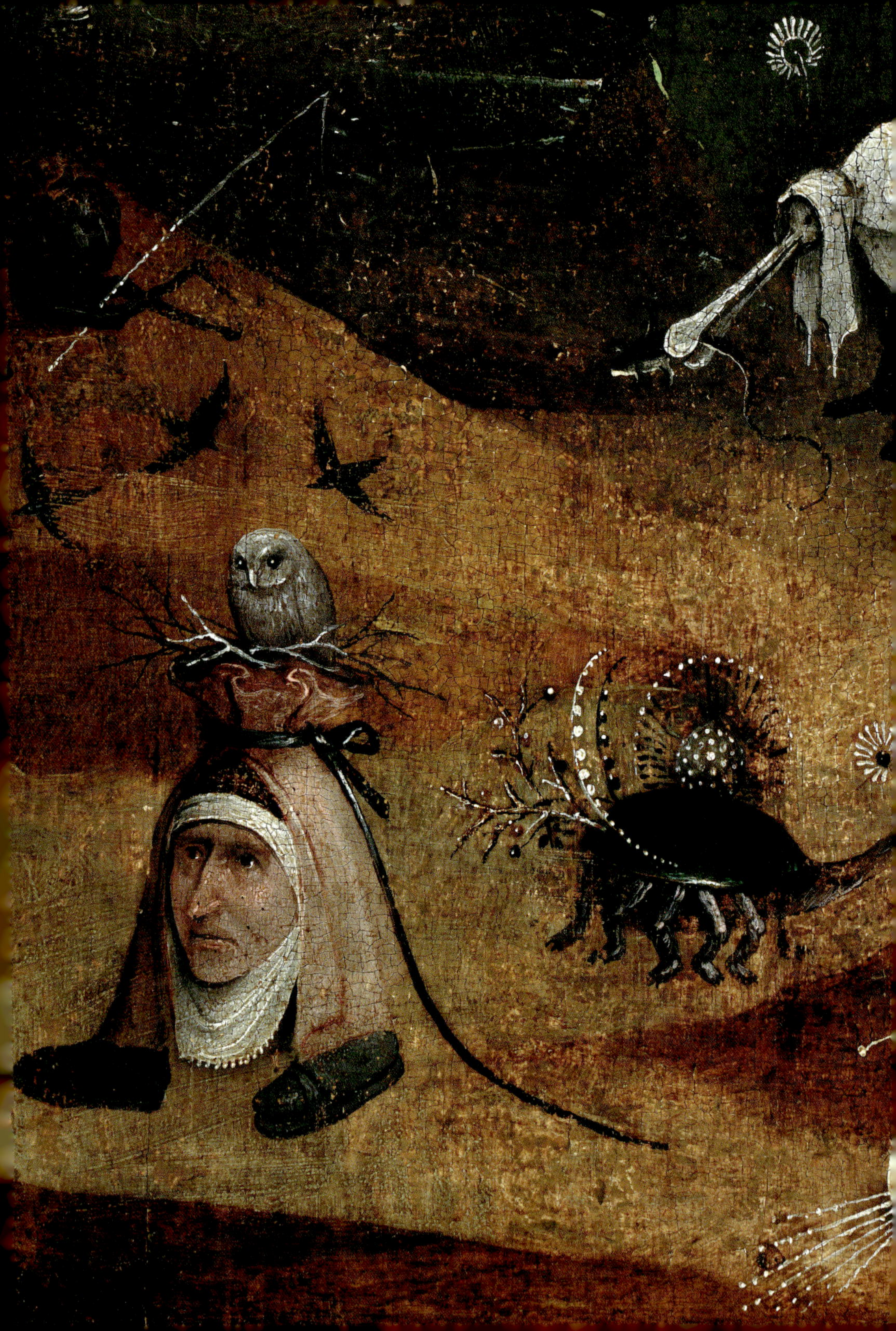

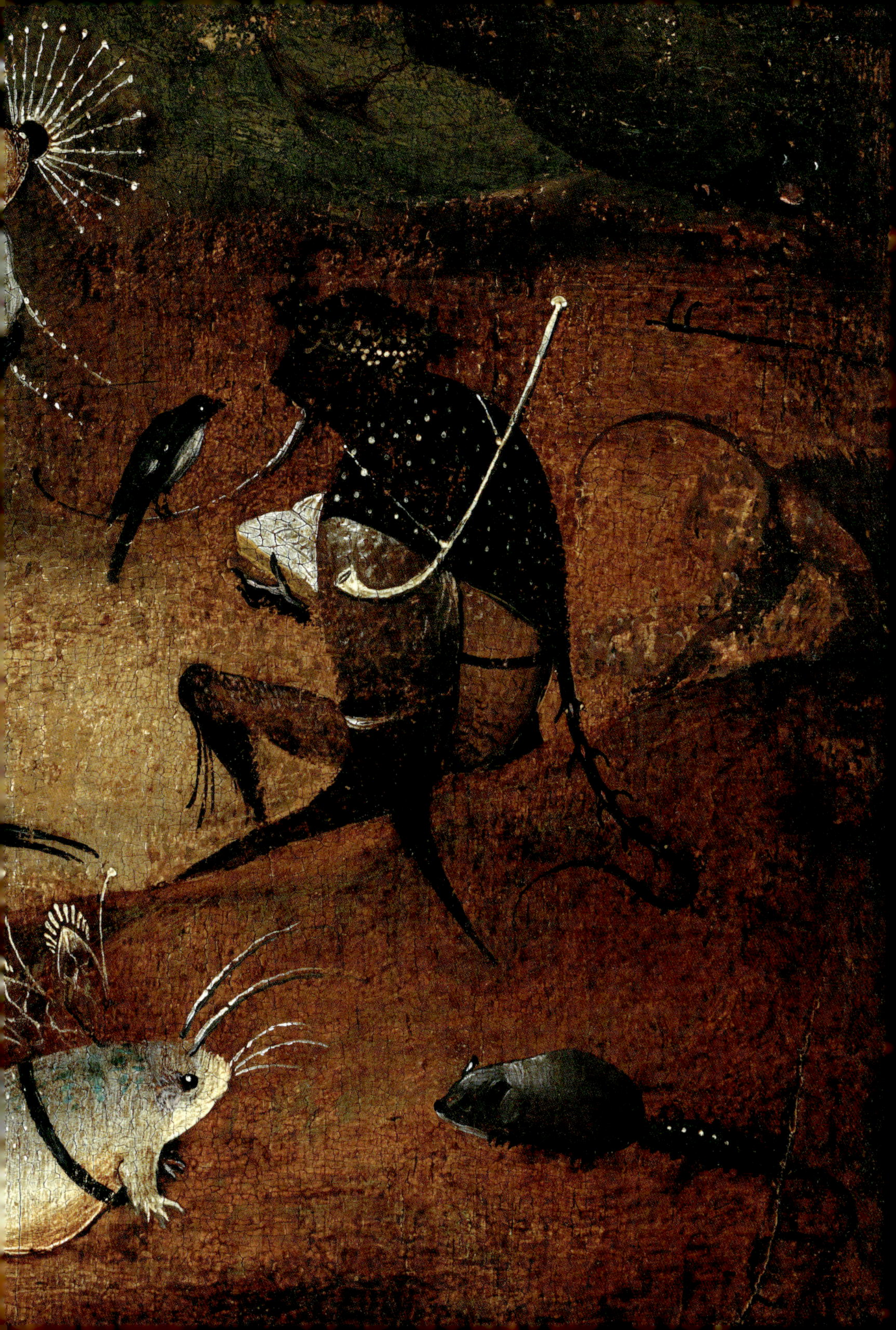

zu deuten (S. 266). Die Auffassung von zwei separaten Bildern zeigt deutlich, dass das ursprüngliche Werk Boschs, falls es je eine Mitteltafel oder einen Mittelschrein mit dem Jüngsten Gericht gehabt haben sollte, hier schon längst in die Einzelteile demontiert war. Die anderen zwei Flügeltafeln mit den Paradiesdarstellungen werden gar nicht erwähnt, wohl weil sie dem italienischen Kunstbetrachter unspektakulär erschienen.

Die ursprüngliche Funktion dieser vier Tafelgemälde ist völlig unbekannt. Fast scheint es, als ob sie von vornherein für den Export bestimmt gewesen wären, um das Kunstpublikum jenseits der Alpen zu befriedigen (siehe Aikema). Jedenfalls erreicht Bosch insbesondere in *Sturz der Verdammten* und *Die Verdammten in der Hölle* mit minimalen Mitteln beeindruckend effektvolle Szenerien. Durch die Reduktion von Bildelementen und Farben und die oft scherenschnittartigen, in diffusen und grenzenlosen, teils flackernden, teils gleißenden Räumen schwebenden Figuren wirken diese Gemälde vielleicht noch beklemmender und faszinierender als die anderen Gestaltungen der Hölle in Boschs Œuvre, auch wenn diese raumfüllender sind (Kat. 11.4, Kat. 13.4/5). Die erste Enttäuschung über die schlechte Qualität dieser vier überlieferten Tafeln, die zumindest ein moderner Betrachter verspüren mag, weicht so einem anderen, bereichernden Erlebnis.

Die linken Innentafeln zeigen *Das irdische Paradies* und außen *Das himmlische Paradies*. Die erstgenannte Tafel stellt die erste Etappe der auserwählten bzw. geretteten Seelen in den Himmel dar: Die Engel zeigen ihnen noch einmal das verlorene irdische Paradies mit dem Quellbrunnen. Der Brunnen weist eine antikisierende Architektur auf, die auf einfachen geometrischen Formen und Körpern beruht und an der zentralen Säule wasserspeiende pausbäckige Gesichtsmasken und nackte hockende Engel mit Flügelchen zeigt, die ganz ungewöhnlich für Boschs Paradiesbrunnen- und Engelsdarstellungen sind. Der Aufstieg in den Himmel auf der äußeren linken Tafel wartet mit einer überraschenden Bilderfindung auf. Die Seelen fahren, je von einem Engel begleitet, in die als eine Art Tunnel aufgefassten Himmelssphären auf und verlieren sich im Gleißen des Himmels. Die Auffassung des himmlischen Paradieses als unschaubares Licht erinnert an den 100. Gesang in Dantes *Divina Commedia*. Ein nicht im Ausdruck, aber motivisch vergleichbares Paradies, allerdings ohne den an Beschreibungen von Nahtoderlebnissen gemahnenden Tunnel, schufen kurz vor Bosch Dirk Bouts (S. 261) und auch Simon Marmion (S. 238). Hans Memlings *Jüngstes Gericht* (S. 281) enthält den Höllensturz und die symmetrische Gesamtanlage. Bemerkenswert ist die Maltechnik, die Bosch nirgends so ökonomisch und effektvoll zur Geltung gebracht hat wie beim *Sturz der Verdammten* und den *Verdammten in der Hölle*. Über einer kaum nachweisbaren Unterzeichnung ist eine schwarze Farbschicht aufgetragen, auf der *alla prima*, also zügig nass in nass, helle Akzente von ins Rote, Gelbe und Grüne spielenden Tönen gesetzt sind.

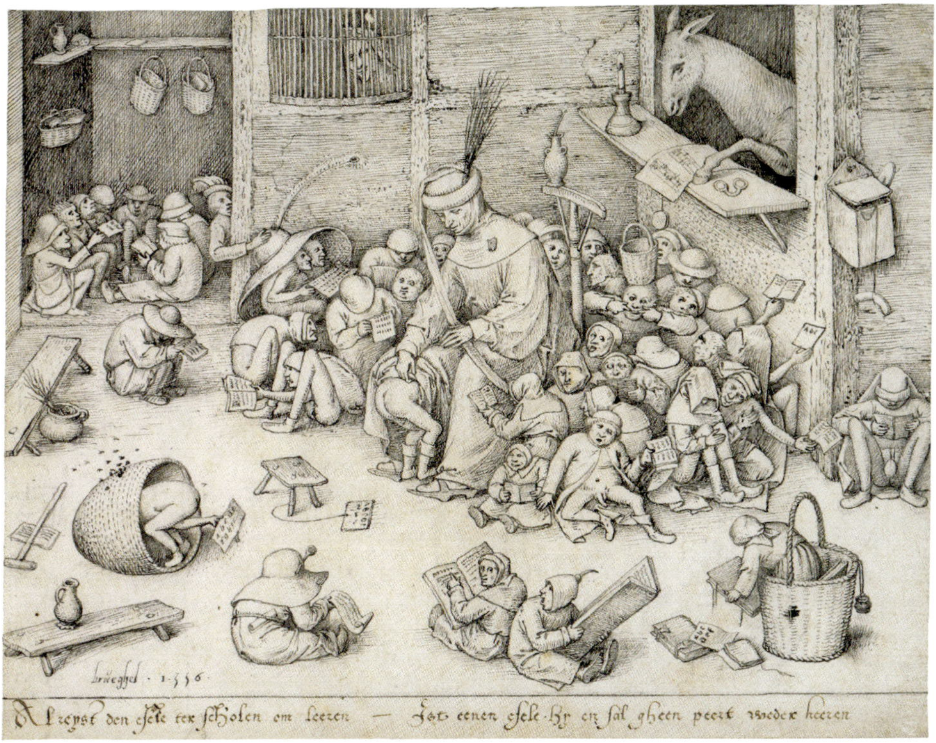

Pieter Bruegel d.Ä., **Der Esel in der Schule**, 1556
Feder und schwarze Tinte, 23,2 x 30,7 cm
Berlin, Staatliche Museen, Kupferstichkabinett, KdZ 11 641

Die Veränderung in Boschs Bildauffassung, die in seinen früh nach Venedig gelangten Werken zu beobachten ist, verwundert nicht, da der Künstler damit auf eine allgemeine Entwicklung reagierte: Auch in den Niederlanden umgab sich der Hochadel um die Wende zum 16. Jahrhundert zunehmend mit humanistischen Gelehrten und Dichtern und förderte ab 1509 gezielt die Bildkunst der italienischen Renaissance (Coburg 2010). Diese Öffnung von der – aus der Zeit der Burgunderherzöge ererbten – genuin niederländischen Kunst zur italienischen Renaissance setzte ein, als Margarete von Österreich nach dem Tod ihres Bruders Philipp des Schönen (gest. 25.9.1506) am 18. März 1507 von ihrem Vater, dem späteren Kaiser Maximilian I., die Regentschaft über die Niederlande erhielt. 1508/09 reiste Jan Gossaert als Begleiter von Heinrich III. von Nassau-Breda und Philipp von Burgund (1464–1524), der 1517 *Das Steinschneiden* (Kat. 18) besaß, nach Rom, um zahlreiche Studien und Skizzen u.a. antiker Statuen anzufertigen. 1510 wurde der venezianische Maler, Kupferstecher und Zeichner Jacopo de' Barbari (1440/60–1516) Hofmaler

Margaretes in Mecheln. Damit wurden ausgerechnet Heinrich III. und Margarete von Österreich als Nachfolgerin Philipps des Schönen, denen Bosch seine bedeutendsten Aufträge verdankte, zu Förderern der Renaissancekunst. Auch wenn dies nicht den sofortigen stilistischen Umbruch für die Kunst in den Niederlanden bedeutete, so trat doch ein zumindest partieller langfristiger Wandel ein, der eine gewisse Konkurrenz für einheimische Darstellungsweisen bedeutete. Bosch reagierte darauf offenbar mit klareren Bildstrukturen, weniger grotesken Teufelsdarstellungen und mehr genrehaften Bildelementen. Die Charakteristik vieler Werke seiner letzten zehn Schaffensjahre lässt sich im Kern mit der Formel „Exemplum docet" – Das Beispiel (be)lehrt – fassen.

Die fast quadratische Tafel mit den *Sieben Todsünden mit den vier letzten Dingen* (S. 308/309, Kat. 15) entstand um 1505–1510. Die ursprüngliche Bestimmung und der Auftraggeber sind unbekannt. Die spanischen Worte „tabla" und „mesa", die der Bosch-Kenner Felipe de Guevara um 1560 in seinen *Comentarios de la pintura* bei der Beschreibung des Werks benutzt, wie auch der Bildaufbau haben dazu geführt, darin eine Tischplatte zu sehen. Die Tafel lässt sowohl eine Hauptansicht erkennen als auch die Notwendigkeit, den Blick im Kreis um die Tafel herumzulenken und den Betrachterstandpunkt zu verändern, um die Todsünden-Darstellungen zu betrachten. Doch lässt sich aus Letzterem nicht folgern, dass das Gemälde wie eine Tischplatte liegend wahrzunehmen wäre.

Todsünden und letzte Dinge

Wie *Das Jüngste Gericht* (Kat. 13.3–5) weist auch *Die sieben Todsünden mit den vier letzten Dingen* eine ernste Stillage auf, ist jedoch durch das traditionelle kreisförmige Präsentationsschema viel klarer strukturiert. Die lateinischen Inschriften dienen zusätzlich zur Verdeutlichung des Dargestellten. Der vorrangige Zweck der Beschriftung besteht darin, dass der Betrachter die einzelnen Elemente und ihren Zusammenhang gut erkennen kann. Dies lässt auf die Verwendung für eine religiöse Unterweisung von Geistlichen, etwa angehenden Priestern, oder von gläubigen Laien schließen, für die in Kirchen didaktische Bildtafeln mit schematisierter Einteilung genutzt wurden; allerdings sind nur wenige solcher Tafeln heute noch erhalten bzw. bekannt (Boockmann 1994; Slenczka 1998). Diese Tafeln sollten immer wieder betrachtet und ihre Inhalte gelernt werden. Dabei diente *Die sieben Todsünden* auch als Beichtspiegel der Selbstbefragung oder Selbstversicherung, so für Philipp II., der das Werk in seinen Gemächern im Klosterpalast San Lorenzo de El Escorial aufbewahrte. Am oberen Rand sind gleichsam als Überschrift die Bibelverse aus

Eremiten-Triptychon (Detail), um 1504
Mitteltafel: **Der heilige Hieronymus**
(siehe Abb. S. 304/305)

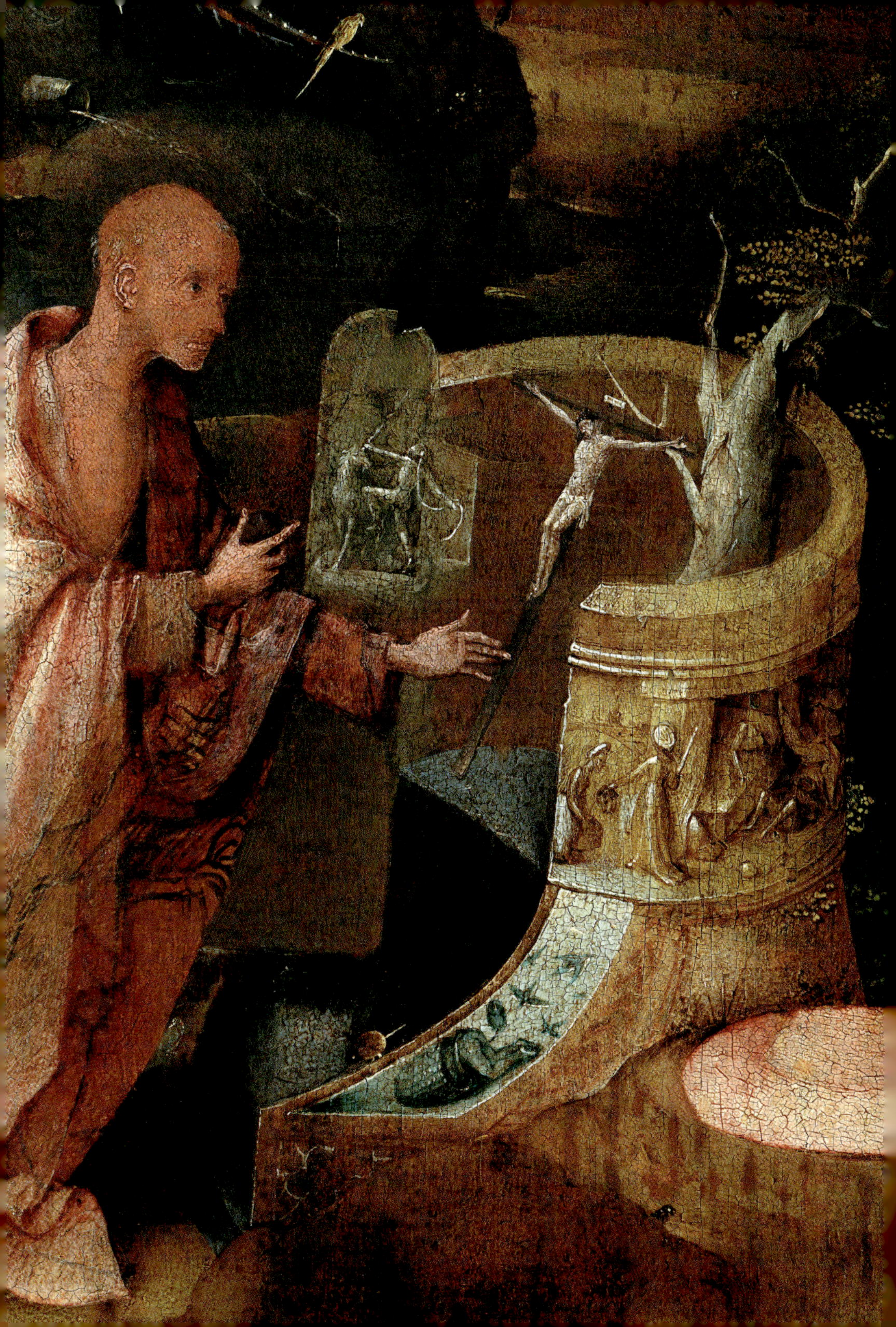

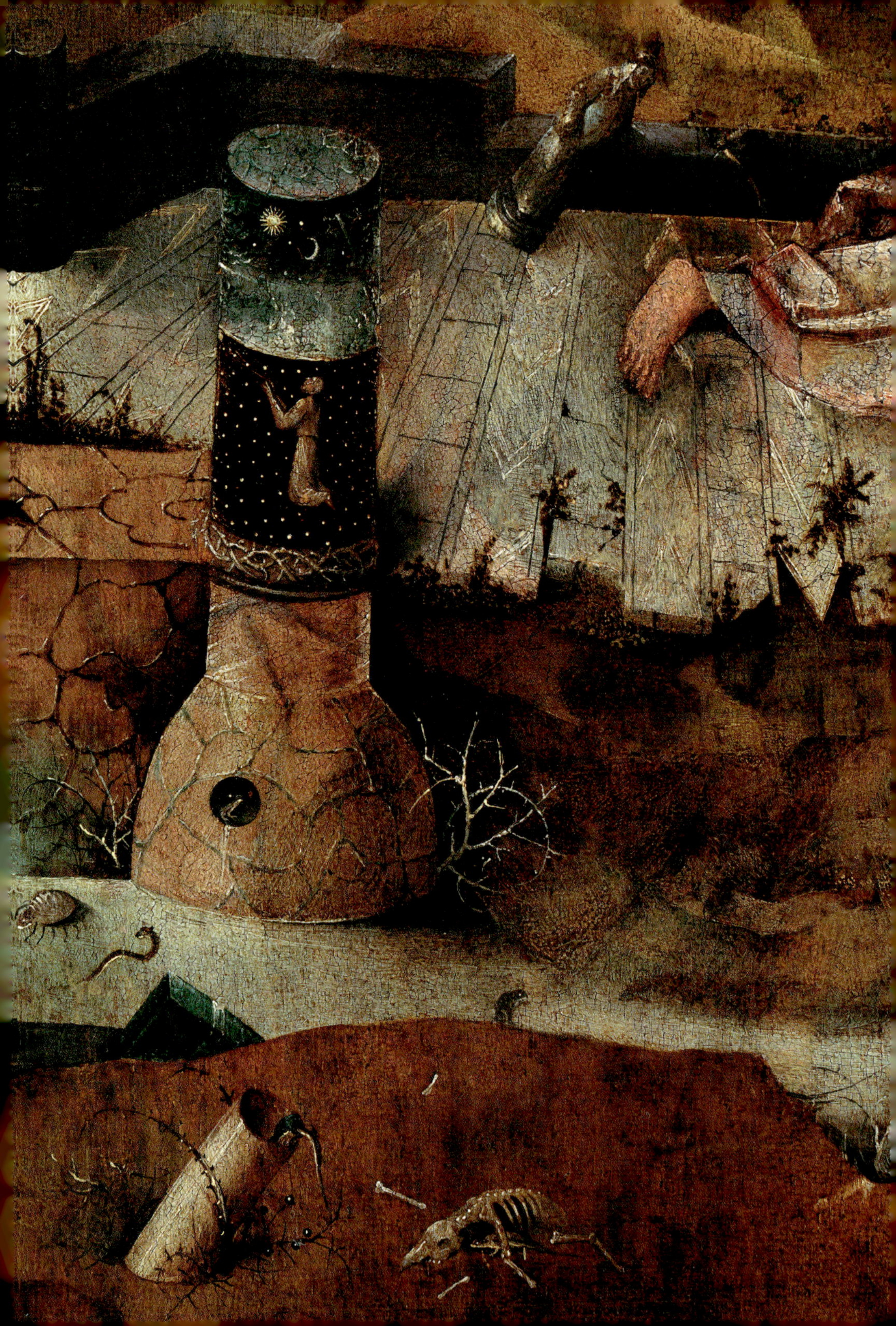

dem 5. Buch Mose 32,28–29 zu lesen: „Gens absque consilio est et sine prudentia/Utinam Saperent et intelligerent ac novissima providerent" („Doch diesem Volk fehlt es an Rat, ihm mangelt es an Verstand. Wären sie klug, so begriffen sie alles und verstünden, was in Zukunft mit ihnen geschieht"). Dieser Satz verweist nach unten auf den großen Tondo im Zentrum des Bildes, der die Uneinsichtigkeit der großen Masse der Gläubigen darstellt. Das Volk wird durch sieben verschiedene Exempla der Todsünden weitgehend repräsentiert: Adel, Juristen bzw. Amtsträger, Bürger verschiedener Schichten, einfaches Volk und Bauern. Nur die Geistlichkeit wird im Hinblick auf die geistlich-kirchliche Zielbestimmung und im Unterschied zum *Heuwagen* (Kat. 20.3) mit keiner Sünde direkt angesprochen. Unter den Darstellungen der sieben Todsünden fällt als Erstes der Zorn („Ira") auf, der an der Hauptansicht ausgerichtet ist: Zwei Bauern sind unter Alkoholeinfluss vor einer Schenke in Streit geraten, vielleicht um eine Frau, und gehen mit Dolch und Hocker aufeinander los. Eine derartige Keilerei entsprach ganz dem zeitgenössischen Klischee vom tölpelhaften und cholerischen Landbewohner. Gegen den Uhrzeigersinn folgen dann der Stolz („Superbia") mit der Darstellung einer bürgerlichen Frau, die ihren nicht mehr der aktuellen Mode entsprechenden aufwendigen Kopfputz im Spiegel eines – ein Gebände mit Spitze tragenden – Teufels zurechtrückt. Die Wollust („Luxuria") präsentiert sich mit einer geradezu klassischen Schilderung eines höfischen Stelldicheins im Garten. Ein Pärchen zieht sich in den Schutz eines Zeltes zurück, während sich ein anderes von einem Narren unterhalten lässt. Die Trägheit („Accidia", eigentl. „Acedia") mit einem innerlich wie äußerlich erkalteten Bürger, der sich von seiner frommen Ehefrau nicht für den Rosenkranz erwärmen lässt. In der Völlerei („Gula") machen sich die männlichen Mitglieder eines schäbigen Haushaltes auf ekelerregende Weise über ihre Speisen her. Die Darstellung der Habgier („Avaritia") schildert die Beeinflussung und Bestechung des in der Mitte sitzenden und seinen Amtsstab haltenden Richters durch zwei Männer, während seine beiden Beisitzer beschäftigt sind. Im Neid („Invidia") hält ein spitzgesichtiger Mann mit Überbiss einen abgenagten Knochen fest, derweil er einen stolzen Adligen mit Falken scheel ansieht. Daneben knüpft ein junges Paar trotz Gitterstäben zarte Bande, wobei der Mann seiner Angebeteten eine rosafarbene Blumenblüte reicht.

Im Zentrum der radial angeordneten sieben Todsünden findet sich das stilisierte göttliche Sonnenauge. Die Sonnenstrahlen gehen von Christus aus, der in der Pupille als Schmerzensmann erscheint, während in der Iris „Cave, Cave Dominus videt" („Hüte dich, hüte dich, der Herr sieht!") zu lesen ist – ein Hinweis auf die Allwissenheit Gottes. Der

Eremiten-Triptychon (Detail), um 1504
Mitteltafel: **Der heilige Hieronymus**
(siehe Abb. S. 304/305)

Schmerzensmann verweist aber auch auf den Opfertod des Gottessohnes und Erlösers als Heilsangebot an den reuigen Sünder.

Die Darstellung der vier letzten Dinge beginnt mit dem Tod links oben, dessen Gestaltung ganz in der *Ars-moriendi-*Tradition des guten und vorbildlichen Sterbens steht (S. 291, vgl. auch Kat. 17.5). Dann folgt in der oberen rechten Ecke das Jüngste Gericht in einer ebenfalls konventionellen Gestaltung, die mit dem thronenden Christus und seinem himmlischen Hofstaat Hans Memlings *Jüngstem Gericht* (S. 281) näher steht als Boschs Wiener Triptychon (Kat. 13.4). Es folgen – als sozusagen „zeitgleiche" Stadien – unten links die Hölle und rechts der Himmel. Am unteren Rand des Bildes zwischen diesen beiden Tondi steht der Bibelvers 5. Buch Mose 32,20: „Abscondam faciem meam ab eis et considerabo novissima eorum" („Und er sagte: Ich will mein Gesicht vor ihnen verbergen und dann sehen, was in Zukunft mit ihnen geschieht"). Er verdeutlicht die eschatologische Ausrichtung des Werks und formuliert eine Warnung an diejenigen, die sich von Gott abgewendet haben: Die scheinbare Abwesenheit Gottes ist die Ruhe vor dem Sturm des Gerichts. Wer Gott nicht sucht, dessen Schicksal ist besiegelt. Die Verweigerung der Gotteserkenntnis führt zur Strafe und Verdammung durch den Herrn. In der Hölle finden sich die mit lateinischen Inschriften bezeichneten Sünden-Exempla als gleichfalls bezeichnete, spezifisch gestaltete Höllenqualen wieder. Damit wird das diesseitige Verhalten an den Status im Jenseits gekoppelt. Die Darstellung des Himmels als prachtvolles Stadttor ähnelt der Gestaltung bei Memling (S. 281): Während Petrus unter Aufsicht des thronenden Weltenrichters die Auserwählten einlässt, spielen Engel Musik und beobachten weibliche Heilige und die Ältesten die Szene von einer Art Gerichtslaube aus.

Den Fond des Gemäldes bildet ein dunkles, beunruhigendes Schwarzgrün, das mit kleinen unregelmäßigen Tupfern aufgehellt ist, aus denen sich aber keine Monster bilden wie bei der frühen Darstellung auf dem Außenflügel des Liebfrauenbruderschaftsretabels, *Das göttliche Sonnenauge mit dem Passionsgeschehen* (Kat. 3.2.2). Gleichwohl repräsentiert auch hier die dunkle Fläche den Abgrund der Finsternis im Kontrast zum Sonnenauge.

Die sieben Todsünden mit den vier letzten Dingen wirkt mit der Evozierung des bedrohlich observierenden Gottes und der drohenden Sündenstrafen typisch „mittelalterlich". Doch Boschs Gemälde ist in seinen innerbildlichen Bezügen komplexer als die didaktischen Bildtafeln seiner Zeit, und es ist auch ästhetisch anspruchsvoller. Auf der Höhe der Zeit ist Bosch mit der Verwendung von Exempeln, die zwar einerseits auf die der Anschaulichkeit dienenden Predigttechniken der Franziskaner und Dominikaner des Spätmittelalters zurückgeht, andererseits aber die Anfänge der frühneuzeitlichen Bildgattung der Genremalerei markiert (de Bruyn 1987). Felipe de Guevara schreibt in seinen *Comentarios de la pintura* geradezu begeistert über die im Verhalten der Figuren ablesbare Gestaltung des Neids (siehe Text zu Kat. 15). Jedoch ging es bei den Exempeln weniger um eine feinsinnige

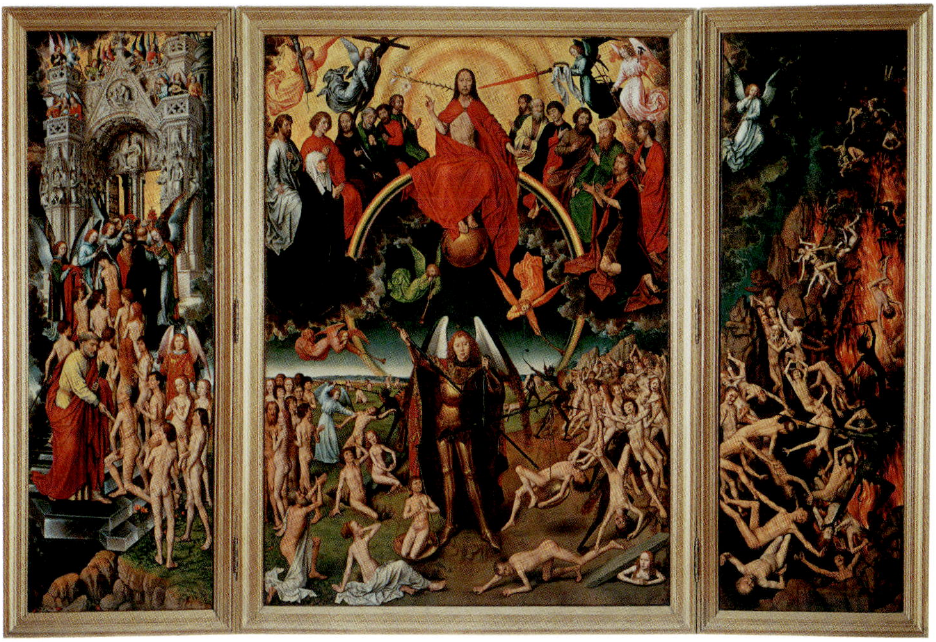

Hans Memling, **Das Jüngste Gericht**, 1467–1471
Öl auf Holz, 221 x 161 cm (Mitteltafel), 242 x 90 cm (je Flügel). Danzig, Muzeum Narodowe

Darstellung als darum, zur Abschreckung und Warnung ein Negativbild zu kreieren, in das eine gehörige Portion Spott einfließt, so in den Darstellungen von Zorn, Stolz oder Wollust.

Ein wiederentdecktes Triptychon

Das Triptychon ist die dominierende Bildform in Boschs Œuvre. Von den zwanzig Werken, die er geschaffen hat, sind neun Triptychen, mindestens vier weitere sind Fragmente von Retabeln. In der älteren Literatur und im allgemeinen Sprachgebrauch werden Triptychen oder Retabel gelegentlich zur vermeintlichen Aufwertung als „Altäre" bezeichnet, doch dieser Begriff ist insofern irreführend, als vom liturgischen Standpunkt aus der einem Heiligen geweihte Altar, der zugleich Ort der Reliquien und des Messopfers ist, von größerer Bedeutung ist, während das Bild meistens lediglich als illustrierendes Beiwerk und Schmuck anzusehen ist. Auch ist weder jedes Triptychon ein Altarretabel noch ist es an sich eine sakrale Bildform. Diese Annahme führte zu Fraengers irriger Interpretation des *Gartens der Lüste* (Kat. 11) als Verherrlichung der Sinnenlust. Boschs Triptychen bieten aber auch keinen Beleg für eine generelle Profanisierung oder Säkularisierung dieser Bildform, denn die verwendete Thematik ist stets religiös. Zu den bekannten innovativen

Triptychen Boschs zählt neben dem *Garten der Lüste* und dem *Jüngsten Gericht* (Kat. 11 und Kat. 13) auch ein aus Fragmenten rekonstruiertes Werk (S. 306/307, Kat. 17), von dem die originalen Flügelaußen- und Innenseiten gesichert sind: *Der Hausierer* (Kat. 17.1), *Das Narrenschiff* (Kat. 17.2), *Exempel von Gula und Luxuria* (S. 306/307, Kat. 17.3) und *Der Tod des Geizhalses* (Kat. 17.5). Als nicht erhaltene Mitteltafel scheint eine *Hochzeit zu Kana* wahrscheinlich (siehe Kat. 17.4a und Kat. 17.4b).

Die Darstellung des *Hausierers* (S. 303, Kat. 17.1.) auf den Außenflügeln hat einige Ähnlichkeiten mit dem Gleichnis vom verlorenen Sohn (Lk 15,11–32): Beide kommen vom rechten Weg ab, verprassen ihren Besitz in Spelunken und geraten in Armut und Ehrlosigkeit. Dennoch ist der Hausierer ein eigenständiger Bildtypus (vgl. S. 302): Während der verlorene Sohn reumütig zum leiblichen Vater zurückkehrt und freudig von ihm aufgenommen wird, kann der Hausierer darauf hoffen, vom himmlischen Vater aufgenommen zu werden. Dass dies geschieht, ist jedoch keinesfalls sicher; Bosch deutet diese Möglichkeit in seinem Gemälde lediglich an. Konkret zeigt er den Protagonisten im Zentrum des Bildes auf dem Weg, hinter ihm zu seiner Rechten ein Bordell in einem heruntergekommenen Haus, vor ihm zu seiner Linken ein Gatter mit einem Rind. Letzteres steht bei Bosch für die enge Pforte, die den Zutritt zum himmlischen Paradies verheißt. Die Auffassung, dass das Leben eine Pilgerreise zu Gott sei, eine der Grundkonstanten in Boschs Werk, zeigt sich auch hier. Die linke und die rechte Seite stehen nicht nur in einem Gegensatz, sondern stellen auch von links nach rechts einen Zeitablauf vom diesseitigen Leben zum Tod bzw. Jenseits dar. Die links thematisierte Verschwendungssucht und Wollust wurde besonders als Eigenschaft des jungen Lebensalters angesehen. Der gealterte und geläuterte Hausierer nimmt stellvertretend für den Betrachter die Rolle des Bereuenden im Angesicht des Lebensendes ein. Ähnlich wie die Außenflügel mit dem *Hausierer* ist auch die Innenansicht konzipiert. In dem hier zu rekonstruierenden Triptychon bilden beide Innenflügel gegensätzliche Extreme sündigen Verhaltens, die bildrhetorisch in *oppositio* zum auf der Mitteltafel dargestellten, von Gott gesegneten Lebensstand der Ehe stehen.

Bei der *Narrenschiff*-Tafel auf dem linken Innenflügel oben (S. 289, 306, Kat. 17.2) sitzen vorn in der Mitte des Schiffes ein Franziskaner und eine Klarisse, die Laute spielt. Die Kombination ist besonders pikant, da der tonsurierte Mönch als Priester eigentlich die Nonne seelsorgerisch begleiten und auf den richtigen, d. h. spirituellen Pfad lenken sollte. Beide scheinen zu singen, zugleich baumelt von oben ein Fladen Brot in Reichweite ihrer Münder herab. Auf dem Brett zwischen ihnen, das weit über das Boot wie ein Sprungbrett hinausragt, stehen ein Zinnbecher und ein Teller mit Kirschen, Symbolen geschlechtlicher Lust (Vandenbroeck 1989, S. 162 f.). Ähnlich ausgelassen verhalten sich hinter diesem Paar drei gemäß ihrem hitzigen Zustand in Rot und Rotbraun gekleidete Männer, von denen der rechte ein löffelförmiges Paddel oder Steuerruder hält. Weiter links necken sich ein rot gekleideter Mann und eine weitere verschleierte Frau im Kampf um zwei Trinkkrüge, von denen der der Frau anscheinend leer, der im Wasser noch gefüllt ist. Rechts von der Hauptgruppe kauert in sich gekehrt die an einem Napf nippende Personifikation der Torheit, ein Narr, auf einem Ast, der aus dem Bootsrumpf wie ein Mast oder Bugspriet emporsteigt. Links vom Narren klettert ein ebenfalls rötlich gekleideter Mann mit einem Messer an dem in einer Baumkrone oder einem Maibäumchen endenden „Hauptmast" des Bootes nach oben, um ein festgebundenes gerupftes Huhn – ein Symbol der Völlerei – loszuschneiden. Eine Fahne ähnlich der des Osmanischen Reiches mit gelbem Halbmond auf Rot flattert zwischen Huhn und Laubkrone, aus deren Dunkelheit eine Eule späht. Ganz unten schwimmen zwei nackte Männer im dunklen Wasser, von denen der eine seine gefüllte Schale über dem Wasser führt, der andere an Bord zu kommen versucht. Weitere Gegenstände ergänzen die Figurenszenen: Im Boot befindet sich ein Fass, am rechten Baumstamm baumelt ein Fisch, und ganz links ragt ein Krug, der über einen Ast gestülpt ist, schräg empor – ein Symbol der Wollust. Völlerei und Wollust, Weltvergessenheit und Torheit sind hier offenkundig die illustrierten Laster.

Der untere Teil des linken Innenflügels, die *Gula und Luxuria*-Tafel (Kat. 17.3), zeigt zwei weitere Szenen. Die obere bzw. hintere Szene führt die Darstellung der Völlerei und der Torheit weiter aus: Vier fast Nackte klammern sich schwimmend mit eindeutiger Absicht an ein offensichtlich reich gefülltes Fass, auf dem ein beleibter Businenbläser sitzt, der einen Maibaum mit herabhängender Kugel sowie als Kopfbedeckung eine Kapuze und einen umgekehrten Trichter – er steht für Verschwendungssucht – trägt. Davor schwimmt eine Gestalt mit einer – auf einem Teller oder Rundtablett angerichteten – Geflügelpastete, auf der ein kleiner Löfflerkopf steckt, als Kopfbedeckung ziellos umher. Die untere bzw. vordere Szene führt das Thema der Wollust ähnlich wie das Exemplum der Luxuria im Bild *Die sieben Todsünden mit den vier letzten Dinge* (Kat. 15) aus. Am Ufer des Gewässers hat sich ein eher bürgerlich gekleidetes Paar in ein möbliertes blassrotes Zelt zum Tête-à-tête zurückgezogen. Davor liegen Trippen (hölzerne Unterschuhe) sowie ein Hut burgundischer Mode auf einem Gürtel und einem Trompetenstück. Weitere Kleidungsstücke, die wohl eher den Schwimmenden gehören, sind über oder neben einen teils verdorrten Baum geworfen. Auch hier ist wieder ein Krug über einen Ast gestülpt. Die Verbindung von Trinken, Speisen, Musizieren und Wollust kennen wir bereits aus dem *Garten der Lüste* (Kat. 11). Die üppig wuchernde Natur wird hier wie dort zum Zeichen der unbeschnittenen menschlichen Triebe, die nur noch dem Sinnengenuss folgen.

Das Pendant zur sinnlichen Ungehemmtheit, die auf dem linken Innenflügel beschworen wird, bildet *Der Tod des Geizhalses* auf dem rechten Innenflügel (S. 290, 307, Kat. 17.5). Eine biblische Grundlage für Boschs Gemälde besteht nur mittelbar im Gleichnis vom reichen Mann und armen Lazarus (Lk 16,19–31), eher greift die Ikonografie auf die Illustrationen von Drucken der Sterbekunst des ausgehenden Mittelalters zurück, der *Ars moriendi* (S. 291). Dabei ging es um die richtige Vorbereitung auf den Tod, um ins Himmelreich zu gelangen (vgl. den Tod in den *Sieben Todsünden mit den vier letzten Dingen*, Kat. 15). Bosch stellt einen alten Knauser kurz vor seinem Tod in seiner Bettkammer dar, der einer letzten, entscheidenden Versuchung durch einen Monsterteufel, der ihm einen Geldsack reicht, ausgeliefert ist. Die Dramatik des Bildes erhöht der eintretende Tod, der schon in der geöffneten Tür steht. Ein Engel kniet flehend hinter dem Sterbenden und preist die einzige Rettung an: ein von Licht umschienenes Kruzifix an einem Fenster. Parallel vor dieser Szene ist der Geizhals nochmals dargestellt, wie er, sich auf einen Stock stützend und seinen Rosenkranz haltend, ein Geldstück in einen Sack füllt, der von einem in einer Truhe hockenden Teufel gehalten wird. Als Kontrast dazu sind die wie ein Stillleben arrangierten Waffen und Rüstungsteile am vorderen rechten Bildrand zu sehen. Sie sind die Symbole des christlichen Streiters, mit ihnen soll sich der Gläubige gegen das Böse wappnen. Die Gegensätze von Gut und Böse, ewigem Leben und ewiger Verdammnis sind im Bild klar dargestellt, beide Seiten sind gleichermaßen präsent.

Die Mitteltafel des Triptychons mit der *Hochzeit zu Kana* (Kat. 17.4) ist nur durch mehrere Kopien erhalten. Als getreueste Kopie des Originals gilt die heute im Louvre verwahrte Zeichnung des Bildes (S. 287, Kat. 17.4a), als bestes Gemälde das in Rotterdam (S. 306/307, Kat. 17.4b), obwohl es, anders als eine weitere Version in Huis Bergh (S. 286), oben unvollständig ist. Von der Hochzeit zu Kana in Galiläa berichtet Joh 2,1–11. Jesus, Maria und die Jünger sind auf eine Hochzeit eingeladen. Als der Wein ausgeht, redet Maria auf Jesus ein, er solle die Diener sechs Krüge mit Wasser füllen lassen, deren Inhalt sich darauf in besten Wein verwandelt. Entsprechend ist die weiß gekleidete Braut von Johannes und Maria umrahmt. Die Gäste verteilen sich um den gewinkelten Tisch, an dem rechts Christus mit dem Segensgruß sitzt. Zahlreiche oft nicht leicht zu deutende Nebenszenen füllen den Raum, wie die kleine Person mit dem Kelch vor dem Tisch. Mittig öffnet sich der Raum nach hinten in ein Gewölbe, an dessen Ende unter einem Baldachin ein prunkvoller Stollenschrank (niederländisch „tritsoor") mit kostbaren Metallgefäßen steht, vielleicht für den Ausschank des kostbaren Weines. Auf den Kapitellen der Säulen spielt sich eine seltsam spaßige Szene ab: Ein Amorknabe mit einem Topf über dem Haupt, der seine Blindheit bezeugen soll, versucht mit seinem Bogen einen Liebespfeil auf eine ebenso kleine und nackte Figur abzuschießen, die in einem Loch Deckung sucht. Ungewöhnlich an dieser Szene ist unter anderem, dass Amor bis um 1500 üblicherweise mit langer

Eremiten-Triptychon (Detail), um 1504
Mitteltafel: **Der heilige Hieronymus**
(siehe Abb. S. 304/305)

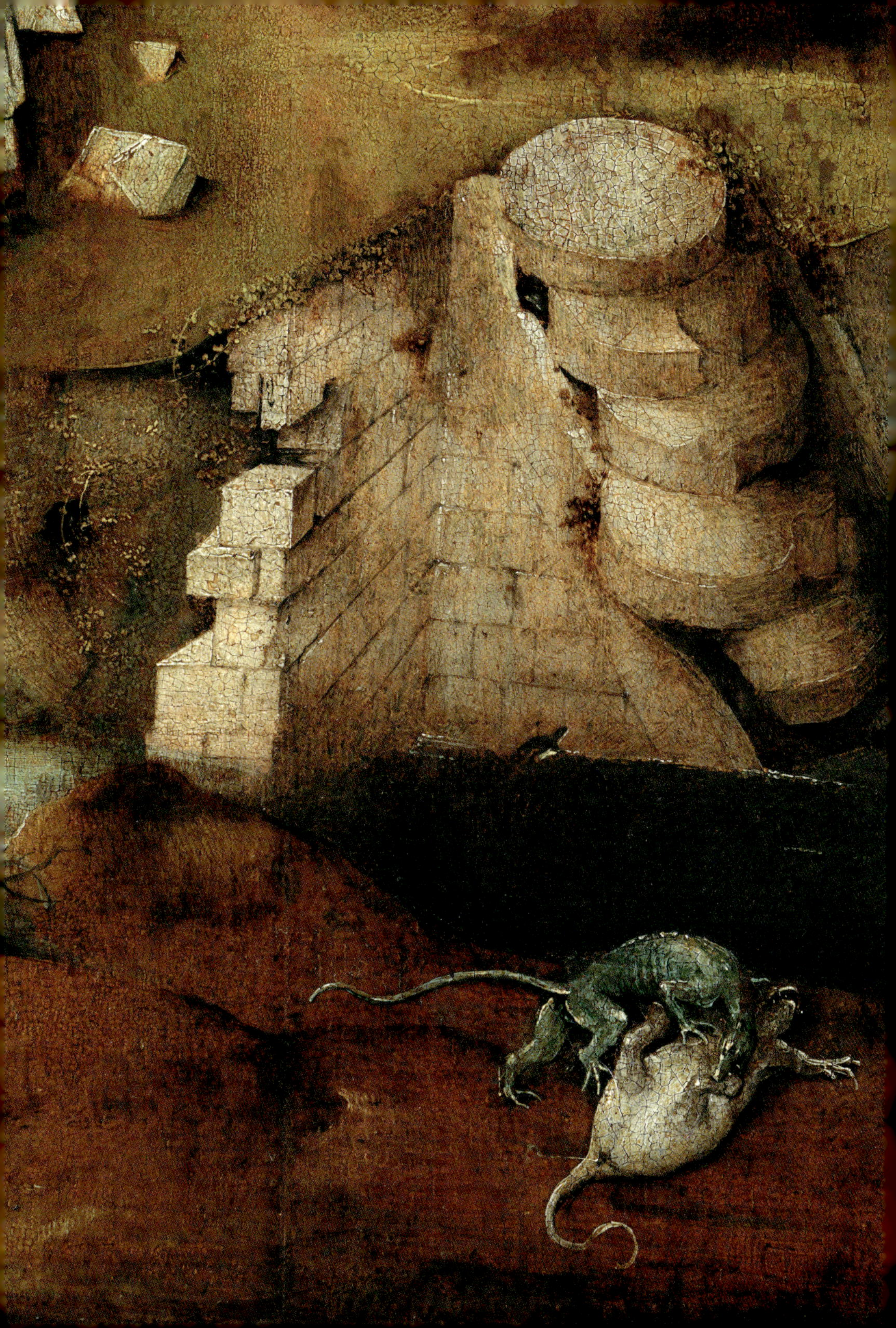

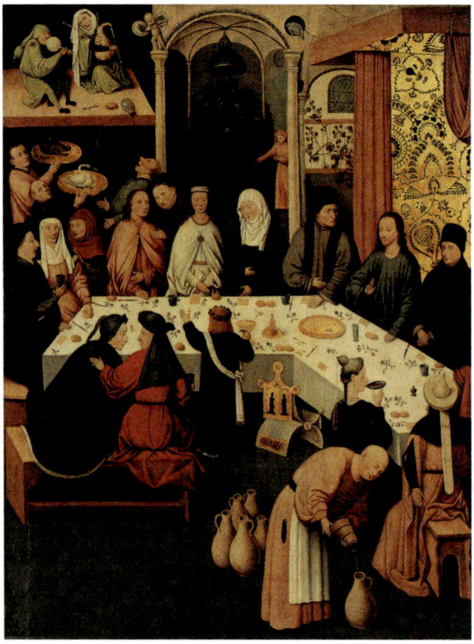

Robe und eher als junger Mann dargestellt wurde. Erst kurz nach 1500 malte ihn zum Beispiel Lucas Cranach in Gestalt eines Putto. Bosch hat hier einen nackten Jungen verbildlicht, ohne ihn aber nach dem Vorbild der Putten der Renaissance zu formen (vgl. den Engel bei Hans Memling, S. 281). Ein weiteres Zeichen weltlicher Freuden sind die zwei links auf einer Empore spielenden Musiker.

Die Annahme, dass die Mitteltafel mit der *Hochzeit zu Kana* und die Flügelgemälde ein Triptychon bildeten, lässt sich durch die zueinander passenden Größenmaße der Tafeln, die kontrastierend angelegte Thematik, wie sie auch Predigten zur Hochzeit zu Kana aufweisen, und die kompositionellen Bezüge stützen (siehe Text zu Kat. 17). Dazu gehören beispielweise sich wiederholende Bildmotive wie faltenreiche Stoffe jeweils im Vordergrund der Mitteltafel und beider Innenflügel, mittig und links die gedeckten Tische, die sich zudem zu einer symmetrischen U-Form zusammenschließen, sowie ein Baldachin jeweils über Christus und dem Geizhals. Solche scheinbaren Zufälligkeiten sind, wie zum Beispiel die Analysen des *Gartens der Lüste* gezeigt haben, dadurch zu erklären, dass die Nebenmotive in einem quasi parodistischen Verfahren von der Hauptszene abgeleitet sind. Hier nehmen die Flügel, die Todsünden-Exempel in niederer Stillage darstellen, als sekundäre bzw. periphere Bestandteile des Gesamtwerkes Bezug auf die Mitteltafel als Hauptbild, das mit einem Bibelthema eine hohe Stillage zeigt. *Der Hausierer* auf der Außenseite (S. 303) weist parallel zur Innenansicht ebenso Extreme auf: Die linke Seite zeigt, wie oben dargestellt, das ausschweifende, vor allem wollüstige Leben, das der Jugend nachgesagt wird, die rechte das Ende des Lebens mit der Frage nach dem Status im Jenseits. Der Hausierer ist im wahrsten Sinne „außen", eben außerhalb der Christengemeinschaft der Mitteltafel, noch nicht der Erlösung nahe, jedenfalls nicht so nahe wie die Gäste der Hochzeit zu Kana. Doch ist er ein reuiger Sünder.

Anonymer Künstler nach Hieronymus Bosch (?), **Hochzeit zu Kana**, um 1515–1540
Mitteltafel des „Kana-Triptychons"
Öl auf Holz, 93,5 x 72 cm. 's-Heerenberg, Huis Bergh

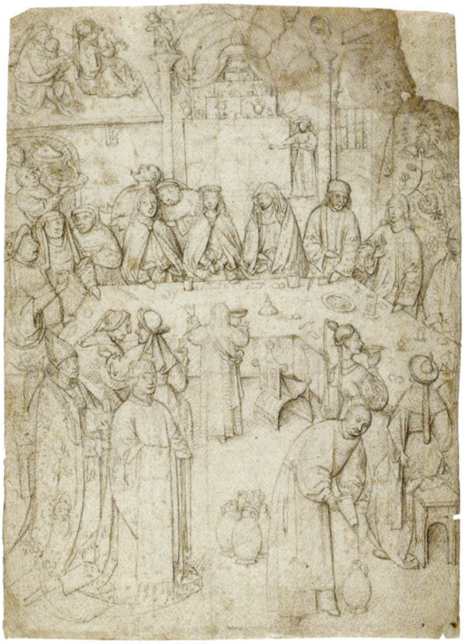

Von hier spannt sich der Bogen zum – namentlich nicht bekannten – Auftraggeber und zur möglichen Funktion dieses Triptychons. Der Stifter ist auf der Zeichnung der Mitteltafel (S. 287, Kat. 17.4a) dargestellt, und an seiner Kleidung ist zu erkennen, dass es sich um einen Kanoniker (Weltgeistlichen) handelt. Die Geschichte der Hochzeit zu Kana wurde wegen des von Jesus bewirkten, als Zeichen der Eucharistie gedeuteten Weinwunders gern herangezogen, um den Stand der Ehe als geheiligt und ihren Rang als Sakrament zu bezeugen. Weiterhin wurde ja, zum Beispiel in Predigten, für die Ehe ein moralischer Nutzen geltend gemacht. Wenn nun aber der Stifter im eigenen Interesse ein bestimmtes Thema wählt, das der Fürbitte und der Jenseitsvorsorge dienen soll, und er sich ausgerechnet für eines entscheidet, das auf den Ehestand Bezug nimmt, so könnte man – ein wenig spekulativ – folgern, dass sich der Kanoniker, ob Priester oder nicht, ebenfalls im Stand der Ehe befunden haben könnte und als reuiger Sünder (wie der Hausierer) diese zu rechtfertigen oder aufzuwerten suchte. Zwar taucht das Thema der Hochzeit zu Kana auch in Klöstern auf, etwa in den Speisesälen, doch bei einem für diesen Zweck geschaffenen Werk müsste entweder das gemeinschaftliche Mahl oder die geistlich-mystische Ehe zwischen Gott und der Seele im Vordergrund stehen, etwa dadurch, dass Maria und Christus nebeneinander säßen oder die Jünger hervorgekehrt wären.

Immer wieder ist Bosch als strenger Moralprediger oder Pessimist bezeichnet worden. Schon den frühen Bosch-Interpreten entging die Funktion seiner Bilder nicht. So bezeichnete Guevara einige Gemälde Boschs als „moralidades“. In Boschs ausgeprägtem Moralismus fließen zwei Stränge zusammen: die religiösen Jenseitsvorstellungen seiner Zeit und das Interesse an einem guten Leben im Diesseits. Sein Moralismus kommt jedoch weder mit dem Zeigefinger daher, noch ist er rein subjektiv, seine konkrete Ausformung ist vielmehr ohne Bezug auf seine spezifischen Auftraggeber und auf seine Einbindung in

Anonymer Künstler nach Hieronymus Bosch (?), **Hochzeit zu Kana**, um 1505–1515
Mitteltafel, Kopie
Federzeichnung auf Papier, 28,1 x 20,8 cm. Paris, Musée du Louvre, Sammlung Rothschild

die ’s-Hertogenboscher Liebfrauenbruderschaft als Institution der bürgerlichen Elite (und des Adels) nicht angemessen zu fassen. Die Werte und Normen, die sie vertritt, sind die einer typischen Bürgermoral (Vandenbroeck 1987a). Die elitäre Bürgerschaft war bestrebt, sich moralisch besonders auszuzeichnen, und nahm sich dafür in vielerlei Hinsicht die adlige Hofkultur zum Vorbild. Gemeinsame moralische Werte verschaffen einer Gruppe oder einem Stand aber nicht nur eine ideologische Selbstversicherung und befördern das Gemeinschaftsgefühl, sie gehen auch mit einer Abgrenzung von bestimmten Ständen oder Bevölkerungsgruppen einher, indem bestimmte Verhaltensweisen negativ konnotiert oder stigmatisiert werden (Vandenbroeck 1987a, S. 247–280).

Sicherlich dienten moralische Lehren auch als Lebensweisheiten, die dem Individuum seine Existenz im Diesseits erleichtern, wenn nicht sogar angenehm machen sollten. Die Einsicht in angemessene wie nützliche Verhaltensregeln sollte ein sittliches, ehrenhaftes und gottgefälliges Leben ermöglichen. Die daraus resultierende Aufgabe der Mäßigung und der angemessenen Positionierung zwischen Disziplinierung und Genuss dokumentieren auch die Regeln um das festliche gemeinsame Mahl der Liebfrauenbruderschaft (siehe S. 63), zu dem zu laden die geschworenen Brüder in regelmäßigen Abständen verpflichtet waren. Am Sonntag, dem 10. März 1510 traf man sich zum dritten Mal auf Einladung Boschs, diesmal wieder in seinem eigenen Heim, und es wird berichtet, „dat die gezworen bruderen twee ende twee, paer ende paer gegaen zyn vuyt der kercke inden huise ons medebruders Jheronimi van Aken scilder“ („dass die geschworenen Brüder zwei und zwei, Paar und Paar aus der Kirche in das Haus des Mitbruders Hieronymus van Aken, Maler, gegangen sind“; van Dijck 2001a, S. 182). Anlass für die Zusammenkunft war der Tod des Mitgeschworenen Jan Back. Zwar bestand das sich anschließende feierliche Mahl aus mehreren Gängen, und die Zutatenliste umfasste ein Dutzend verschiedener Arten Fisch sowie Nüsse und Früchte, doch dass kein Fleisch serviert wurde, ist wiederum Zeichen einer religiös motivierten Beschränkung in der Fastenzeit (Unverfehrt 2003, S. 62–63; Quelle ediert bei van Dijck 1973, S. 451).

Das Steinschneiden

In Boschs erhaltenem Œuvre gibt es nur ein einziges Gemälde, das in seiner Thematik und Funktion profan – und vielleicht auch genau deshalb das kleinste – ist: *Das Steinschneiden* (S. 315, Kat. 18), das ebenfalls nur grob in die Jahre um 1505–1515 einzuordnen ist. Im 15. Jahrhundert finden sich in der Druckgrafik bereits eine Reihe von Werken mit profaner Thematik, die etwa eine Verbindung zwischen Torheit und Liebe herstellen. Doch erst im

Hochzeit zu Kana mit Exempeln („Kana-Triptychon“) (Detail), um 1500–1510
Linker Innenflügel oben: **Das Narrenschiff** (siehe Abb. S. 306/307)

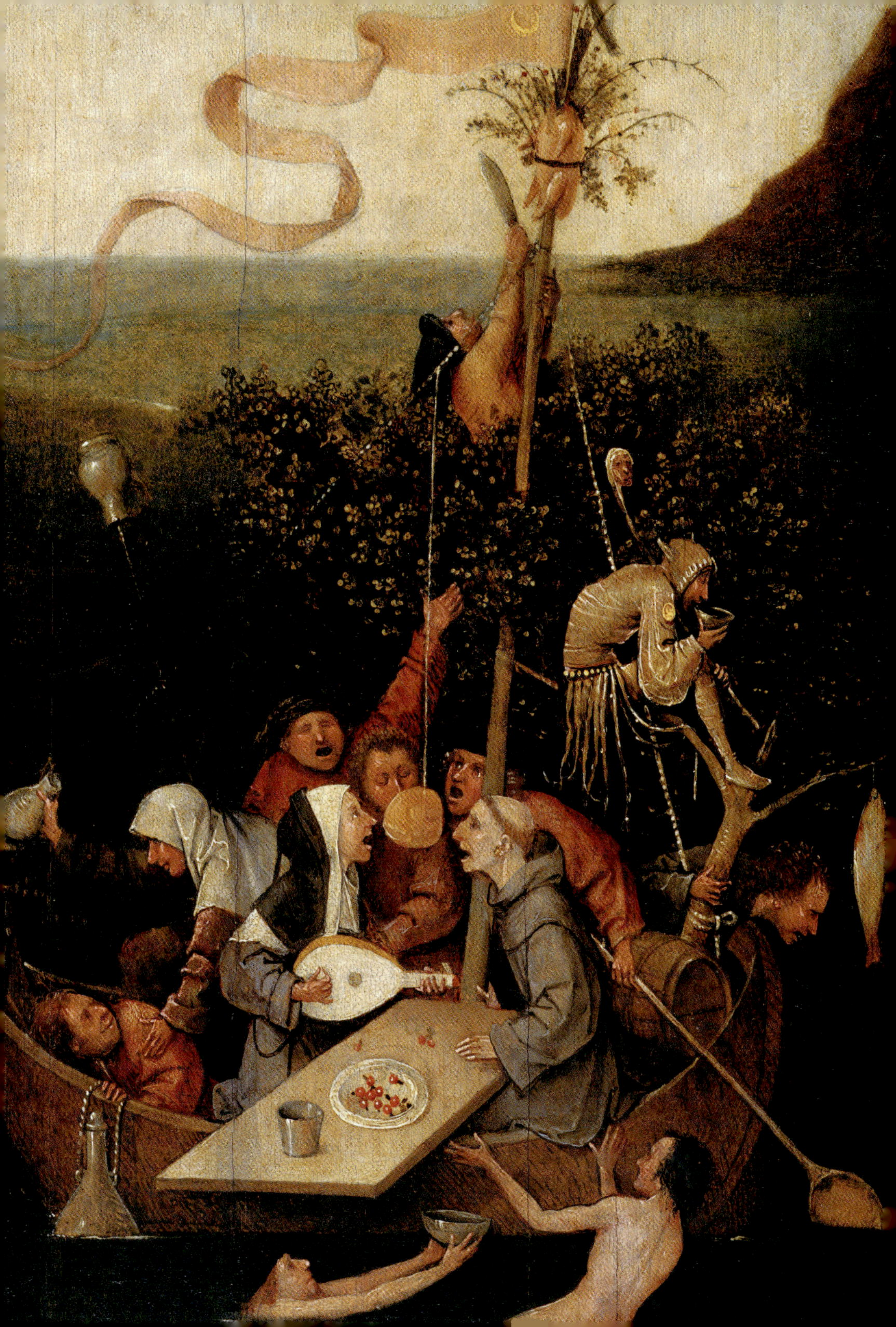

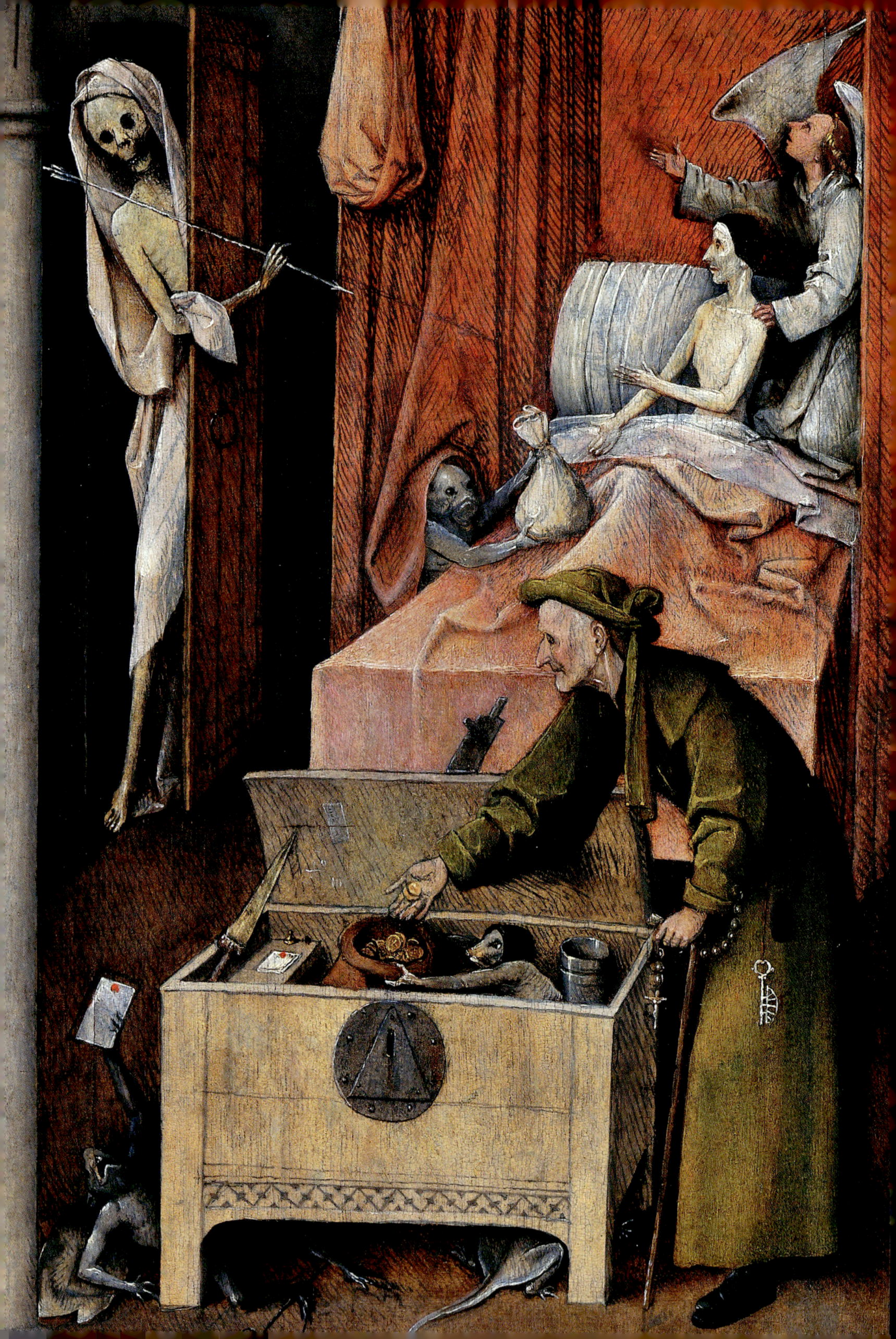

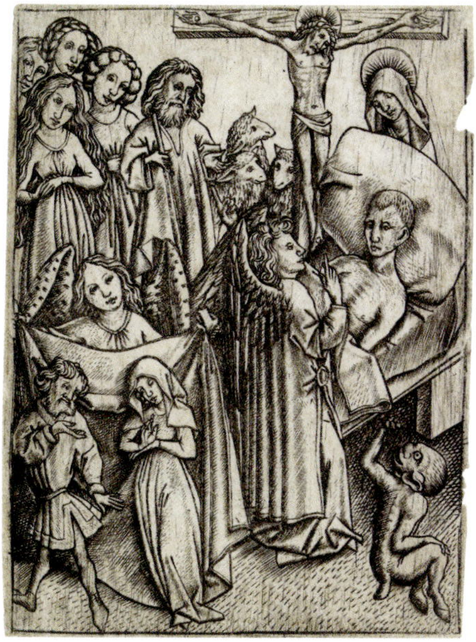

16. Jahrhundert ist dieser Themenkomplex bildwürdig für die Tafelmalerei (S. 314; vgl. auch Kat. 28). Der erste Besitzer oder gar Käufer dieses Bosch-Werks war möglicherweise Philipp von Burgund – für ein derart kleinformatiges Bild scheint ein Auftraggeber unwahrscheinlich zu sein. Das Original oder eine Kopie davon befand sich seit 1517 im Speisesaal seines Palastes in Wijk bij Duurstede südöstlich von Utrecht. Philipp von Burgund, ein unehelicher Sohn von Herzog Philipp III., dem Guten (1396–1467), war eng mit dem niederländisch-habsburgischen Hof verbunden (Cools 2000, Sterk 1980). Seit 1497 Kammerherr Philipps des Schönen, wurde er 1498 von ihm zum Admiral ernannt, ab 1501 war er Mitglied im Orden des Goldenen Vlieses und zwischen 1504 und 1511 militärisch im Geldern-Konflikt aktiv. 1508 begab er sich, wie oben erwähnt, nach Italien, 1517 wurde er durch Vermittlung Heinrichs III. von Nassau-Breda Bischof von Utrecht. Philipp von Burgund gilt als schwacher Bischof und Politiker, war aber als Mäzen und Lebemann ein typischer Renaissancefürst.

Das Steinschneiden gleicht sowohl thematisch als auch in seiner lehrhaft-unterhaltenden Funktion der einfachen, volkstümlichen, schwankhaften Theaterkleinform *Klucht*, die vom 14. bis zum 17. Jahrhundert in den Niederlanden aufgeführt wurde. Oft drehte es sich dabei um den betrogenen Ehemann und seine listige Ehefrau, womit auf humoristische Weise „nebenbei" die Geschlechterrollen transportiert wurden. Boschs Gemälde, dessen Ikonografie Koldeweij 1991 untersuchte, zeigt in einem von goldener Zierschrift umgebenen Kreis eine Szene mit vier Figuren in einer Landschaft. Als Protagonist erweist sich der links von der Bildmitte auf einem robusten Lehnstuhl sitzende Mann, dem Bosch die zweizeilige Inschrift spöttisch in den Mund gelegt hat: „meester snijt die keye ras/

Meister E. S., **Trost durch Abwenden vom Irdischen**, um 1450–1460
Aus der Serie: *Ars moriendi,* Kupferstich, 8,9 x 6,7 cm
Oxford, Ashmolean Museum, Department of Prints and Drawings

Seite 290
Hochzeit zu Kana mit Exempeln („Kana-Triptychon") (Detail), um 1500–1510
Rechter Innenflügel: **Der Tod des Geizhalses**
(siehe Abb. S. 306/307)

Myne name Is lubbert das". Die erste Zeile fordert also den „Meister" unmissverständlich auf, den Stein behände zu entfernen. Damit ist auch die dargestellte Haupthandlung im Bild beschrieben: Es gilt, den Mann durch eine Kopfoperation von seiner Torheit zu befreien. Der zweite Vers offenbart den Charakter des Protagonisten mit doppeldeutigem Wortwitz, da er mit „Mein Name ist kastrierter Dachs", aber auch mit „Mein Name ist Lubbertus" übersetzt werden kann. „Lubbert Das" klingt, flüssig gesprochen, wie die latinisierte Namensform „Lubbertus" und reiht die Person so unter die im 16. Jahrhundert beliebten Spottheiligen ein. Beide Übersetzungsvarianten spielen auf die Figur des betrogenen Ehemanns an, der sowohl durch Mangel an Durchblick und Männlichkeit wie auch durch die List seiner Gattin unfähig ist, diese vom Fremdgehen abzuhalten. Bosch macht diese Figur durch verschiedene Attribute lächerlich: Sie ist angebunden, korpulent und ungelenk, ein winziger Zierdolch hängt am Stuhl, der ironischerweise an einen Thron gemahnt und unter dem die noch heute sprichwörtlichen Pantoffeln stehen. Der von dem Protagonisten Lubbert angesprochene „meester" wird mit einem Trichter auf dem Kopf und einem Krug am Gürtel als verschwenderischer Quacksalber gekennzeichnet, also als eine umherziehende zwielichtige Person mit mangelnder medizinischer Befähigung, die ihrem Eigennutz stärker verpflichtet ist als der Heilung des Patienten (vgl. die mittige Szene im Vordergrund von *Der Heuwagen*, S. 320/321, Kat. 20.3). Rechts im Bild stehen die mit Kopftuch scheinbar keusch gekennzeichnete Ehefrau und ein an der Tonsur kenntlicher Priester, der in Schwänken mit dieser Thematik meist der Grund der Untreue der Ehefrau ist. Kopfbedeckungen oder auf dem Kopf balancierte Objekte sind in spätmittelalterlichen Allegorien häufig anzutreffende Mittel symbolischer Charakterisierung. Die Bedeutung des Buches auf dem Kopf der Frau ist allerdings nicht geklärt. In der ikonografischen Tradition symbolisierte ein Buch ursprünglich die Bibel, die Gelehrsamkeit oder das Wissen. Soll hier angedeutet werden, dass die Frau wissender oder gar „gewitzter" als ihr Mann ist? Den Stein, durch dessen Entfernung der „Patient" von seiner Torheit zu genesen hofft, malte Bosch sowohl am Kopf wie auch auf dem Tisch tatsächlich als Blumenknospe. Diese Verbildlichung von „keye" ist bei Darstellungen des Themas Steinschneiden unüblich. Das Wort „keye" bedeutet zwar Stein, aber auch Blume oder Nelke, und letztere Bedeutung setzte offenbar Bosch ins Bild um. Er unterlag an dieser Stelle also einem Missverständnis bei der Übertragung des offenbar vorgegebenen, das Bild inspirierenden Satzes. Philipp von Burgund wird mit Amüsement zur Kenntnis genommen haben, dass die Schmuckform der Kadellen einen Fingerzeig auf die Wappenschilde der Mitglieder des Goldenen Vlieses bietet, die diese ornamentale Zierschrift im späten 15. und in der ersten Hälfte des 16. Jahrhunderts aufwiesen. Was für ein feierlicher Rahmen für ein derbes Volksstück!

Fragmente einer Sintflut-Darstellung

Einer ernsten Stillage entsprechen dagegen die *Fragmente einer Sintflut-Darstellung* mit der *Versuchung und Erlösung des Hiob* auf den Außenflügeln, entstanden um 1510–1515 (Kat. 19). Die Deutung der Ikonografie der Außentafeln (S. 316, Kat. 19.1) ist seit jeher umstritten und wurde entweder verallgemeinernd (Exemplum der Versuchung und Erlösung) oder selektiv (Geschichte Jonas im letzten Tondo) beantwortet. Insgesamt enthalten die Außenflügel vier Tondi. Im ersten links oben brandschatzen Teufel ein großes Gehöft, das an einigen Stellen bereits brennt, während ein vorne stehendes, anscheinend wohlhabendes Paar dies angstvoll beklagt. Der kniende Mann betet vermutlich, jedoch sind seine Hände durch eine Fehlstelle nicht mehr sichtbar. Im Tondo links unten überfällt ein Teufel einen Bauern beim Pflügen. Im oberen Tondo rechts schlagen fernab der Zivilisation Dämonen mit Knüppeln auf einen fast nackten Mann ein. Der Tondo liefert einen einzigartigen Beleg in Boschs Œuvre für die Übertragung einer Monster-Zeichnung auf ein Gemälde (S. 454/455, Kat. Z8). Das letzte Tondo rechts unten zeigt parallel zwei Szenen, nämlich vorne Christus, wie er den Gequälten segnet, und dahinter einen Engel, der einen Mann bekleidet. Dahinter versinkt im Hintergrund ein Schiff. In den ersten drei Tondi ist eine deutliche Steigerung auszumachen. Zunächst trifft es die Bediensteten und die Güter des Dargestellten, dann wird ihm selbst die Bestellung seiner Felder unmöglich gemacht, und schließlich ist er selbst dem Bösen restlos ausgeliefert, sodass er im wahrsten Sinne nur mit dem blanken Leben davonkommt.

Die Deutung der Außenflügel als *Versuchung und Erlösung des Hiob* (Wuhrmann 1998) ist durchaus plausibel, allerdings verlässt sich Bosch hier weniger auf die Bildtradition (vgl. Hiob mit Musikanten in Kat. 22) als auf seine eigene Interpretation des Themas. Er verzichtet darauf, die Figuren oder natürlichen Mächte illustrierend abzubilden, die in der eigentlichen Textgrundlage (Hiob 1,13–22) genannt werden. Die Teufel fungieren bei ihm vielmehr als Stellvertreter, die das Prinzip des Bösen in seinem Wirken darstellen. Die Einkleidung des Nackten und die Rettung des „Schiffbrüchigen" vor oder aus dem Sturm ist metaphorisch gemeint: Leben, Güter und Würde werden dem Glaubenden wiedergegeben. Bosch verallgemeinert die Hiob-Geschichte, um das Beispielhafte herauszustellen. Er konzentriert sich damit auf das Wesentliche, darauf, die unerschütterliche Treue Hiobs zu Gott darzulegen, und kommt so dem Bibeltext sogar näher. Dort geht es gerade darum, dass Gott Satan in einer Wette erlaubt, Hiob zu versuchen, um so herauszufinden, ob dieser auch dann Gott die Treue hält, wenn er alles verloren hat.

Wie die Außentafeln so zeigen auch die Innenflügel mit der *Welt vor der Sintflut* und der Darstellung *Die Tiere verlassen die Arche Noah* (S. 317, Kat. 19.2/3) die Allmacht Gottes und das beispielhafte Gottvertrauen von Personen des Alten Testamentes. Für die linke Innentafel wurde als Thema unter anderem der Sturz der Engel vorgeschlagen (siehe Text

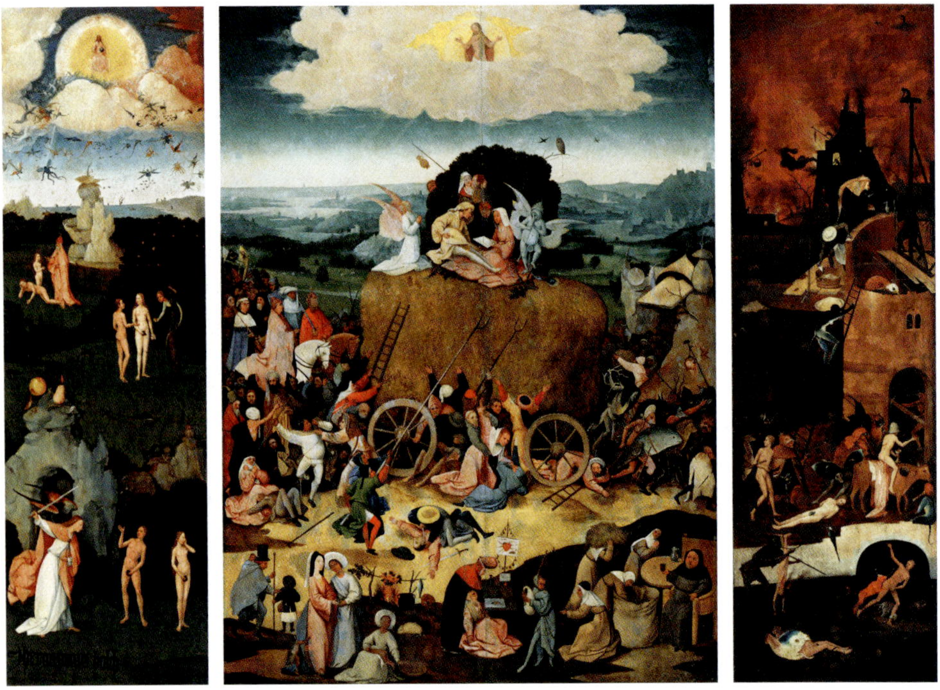

Anonymer Künstler nach Hieronymus Bosch, **Der Heuwagen**, Kopie, um 1550
Öl auf Eichenholz, 140 x 100 cm (Mitteltafel), 140 x 50 cm (je Flügel)
Madrid, Monasterio de San Lorenzo de El Escorial (Bosch-Original siehe S. 320/321)

zu Kat. 19; Cinotti 1966, S. 97). Jedenfalls zeigt sie, wie das Böse das Leben auf der Erde in einem Maß durchdrungen hat, dass Gott nun einschreiten wird, um es auszutilgen; nur einige wenige Auserwählte werden überleben. Wie die Außen- besticht auch die Innenansicht durch die Einfachheit und Reduktion der Darstellung, sowohl bezüglich der Komposition und der Art und Zahl der Nebenmotive wie auch der Farbe, die für Boschs Triptychen ungewöhnlich ist. Da die Sintflut als Gleichnis für das Kommen des Menschensohns im Jüngsten Gericht aufgefasst wurde, reihen sich die *Fragmente einer Sintflut-Darstellung* mit der *Versuchung und Erlösung des Hiob* in die späten eschatologischen Werke Boschs ein, wie *Die sieben Todsünden mit den vier letzten Dingen* (Kat. 15), die zwei Doppelflügel mit *Paradies und Hölle* (Kat. 18) und der *Heuwagen* (Kat. 20). Alle diese Werke sind – pauschal formuliert – weniger aufwendig und klarer komponiert als *Der Garten der Lüste* (Kat. 11) und *Das Jüngste Gericht* (Kat. 13).

Interessanterweise sind bei diesem Bosch-Werk nicht nur die Außen-, sondern auch die Innenflügel in Grisailletechnik ausgeführt. Grundsätzlich lassen sich zwei Gründe für den Einsatz dieser Technik nennen, ein religiöser und ein künstlerischer. Der künstlerische liegt im Wettstreit der Künste der Malerei und Bildhauerei: Ein Grisaillegemälde stellt den Versuch dar, die Kunst der Bildhauerei durch die Nachahmung ihrer Mittel im Illusionismus noch zu übertrumpfen. In religiöser Hinsicht stellt die Grisaille einen Verzicht auf die Feierlichkeit, Gegenwärtigkeit und den Illusionismus der Farbe dar. Dazu passt das Augustinus-Wort: „Denn die Erkenntnis der Kreatur in sich selbst ist sozusagen farbloser, als wenn sie in der Weisheit Gottes, der Künstlerin, die sie schuf, erkannt wird" (Augustinus, *Gottesstaat*, Buch XI, Kap. 7, S. 13.). Das Fehlen der Farbe wäre dann als ein Mangel an Intensität und Vollständigkeit zu verstehen. Die Gegenwart Gottes oder auch eines Heiligen manifestiert sich in der Farbigkeit des Dargestellten, und dementsprechend ist die Innenseite eines Retabels als Festtagsseite zumeist farbig gestaltet, im Gegensatz zur oft in Grisaille gemalten Außenseite als Alltagseite. Monochromie kann aber auch asketische Armut, Demut, Ernsthaftigkeit oder Trauer ausdrücken, eine Deutung, die sich für dieses Bosch-Werk heranziehen ließe.

Alle Welt folgt dem Heuwagen

Das um 1510–1515 entstandene *Heuwagen*-Triptychon (S. 320/321, Kat. 20), dessen originäre Buntfarbigkeit die Kopie erahnen lässt (S. 294), erscheint wie ein Resümee der Werke Boschs. Es vereint die Klarheit und Einfachheit der frühen Passions- und Heiligengemälde mit der Vielfigurigkeit und Komplexität der meist eschatologisch ausgerichteten Triptychen der mittleren Phase und der genrehaften Exemplarität der späten Gemälde. Der Außenflügel (S. 319, Kat. 20.1) variiert das Bildmotiv des *Hausierers* (vgl. S. 303, Kat. 17.1). Auch dieser Buckelkrämer ist ein ambivalentes Sinnbild des Lebens als Pilgerreise zu Gott. Der von der Last des Lebens gebeugte, verarmte und ausgemergelte Hausierer wendet den Kopf zur Betrachtung der Dinge, die um ihn herum geschehen, und lenkt damit auch den Betrachter auf diese Szenen. Neben dem schmalen Trampelpfad, auf dem er wandelt, nähert sich ein rotbrauner Hund mit Stachelhalsband (vgl. Kat. 5, Kat. 17.1), eine Inkarnation des Teufels, wie durch Text- und Bildvergleiche aufzeigt werden konnte (de Bruyn 2001a, S. 258–268). Links unten haben sich zwei Nebelkrähen bei den Knochenresten eines Pferdekadavers versammelt, ebenso wie die Hinrichtungsstätte auf dem Hügel im Hintergrund ein Hinweis auf den schlechten Tod durch Sünde. Gleichsam im Rücken des Hausierers und entgegen seiner Bewegungsrichtung – als wäre dies ein Geschehen in seiner eigenen Vergangenheit – nehmen drei Räuber einen Reisenden aus. Dieser Hinweis auf den Verlust des Materiellen evoziert nicht nur eine sehr reale Bedrohung für Reisende in der damaligen Zeit, sondern ist auch im übertragenen Sinn zu deuten: Wer auf seinem Lebensweg unachtsam ist, muss mit einem solchen Verlust rechnen. Rechts gegenüber erblickt man ein Exemplum des weltvergessenen Treibens von Bauern oder Hirten, die musizierend und tanzend ihre Herde vernachlässigen und sich der Sündhaftigkeit ihres Tuns nicht bewusst sind. Doch dem Hausierer eröffnet sich ein zweiter Weg abseits vom Laster. In all der Trostlosigkeit gibt eine schmale Brücke vor seinen Füßen Hoffnung. Denn dieser schmale, wackelige Steg, der von einem äußerst notdürftigen „Geländer" mit Y-förmiger Stütze flankiert wird, führt über einen dunklen Bach und symbolisiert nichts weniger als den engen, aber einzigen Weg zur Erlösung im Jenseits. Er kombiniert die Vorstellung der Jenseitsbrücke (Dinzelbacher 1973; vgl. Kat. 10.3, Kat. 11.4, Kat. 13.3, Kat. 20.4) mit dem Bild der engen Pforte (vgl. Kat. 17.1; Mt 7,13–14: „Geht durch das enge Tor! Denn das Tor ist weit, das ins Verderben führt, und der Weg dahin ist breit und viele gehen auf ihm. Aber das Tor, das zum Leben führt, ist eng und der Weg dahin ist schmal und nur wenige finden ihn").

Die Innenansicht des *Heuwagen*-Triptychons bettet die Symbolik des Heus in eine Allegorie ein, die von den wesentlichen Akten der Schöpfung und von einer Höllendarstellung gerahmt wird, was dem Ganzen eine chronologische Abfolge von links nach rechts gibt. Die linke Innentafel zeigt oben unter dem im Himmel thronenden Gottvater – der sich also über und am Anfang von allem befindet – den Sturz der rebellischen Engel vom Himmel auf die Erde, der oft mit der Scheidung von Licht und Finsternis gleichgesetzt wurde. Dann folgt von hinten nach vorne die Erschaffung Evas aus der Seite Adams vor dem felsenartigen Paradiesbrunnen, mittig rechts der Sündenfall und schließlich im Vordergrund die Vertreibung Adams und Evas aus dem Paradies durch den Erzengel Michael. Nachdem also das Entstehen des Bösen und die Rastlosigkeit des Menschen biblisch eingeleitet und begründet sind, nimmt auf der Mitteltafel der Zug des Heuwagens die Richtung der Vertreibung Adams und Evas von links nach rechts auf und führt sie linear und bildparallel weiter. Das Kernmotiv des Heuwagens, das Bosch aufwendig und ideenreich entfaltet, geht, wie schon Sigüenza erkannte, auf das Alte Testament zurück, nämlich auf Jesaja 40,6–8: „Eine Stimme sagte: Verkünde! Ich fragte: Was soll ich verkünden? Alles Sterbliche ist wie das Gras und all seine Schönheit ist wie die Blume auf dem Feld. Das Gras verdorrt, die Blume verwelkt, wenn der Atem des Herrn darüber weht. Wahrhaftig, Gras ist das Volk. Das Gras verdorrt, die Blume verwelkt, doch das Wort unseres Gottes bleibt in Ewigkeit", ferner auf Psalm 103,15–19: „Des Menschen Tage sind wie Gras, er blüht wie die Blume des Feldes. Fährt der Wind darüber, ist sie dahin; der Ort, wo sie stand, weiß von ihr nichts mehr. Doch die Huld des Herrn währt immer und ewig für alle, die ihn fürchten und ehren; sein Heil erfahren noch Kinder und Enkel; alle, die seinen Bund bewahren, an seine Gebote denken und danach handeln. Der Herr hat seinen Thron errichtet im Himmel, seine königliche Macht beherrscht das All." In der Praxis wurde die Bibelstelle in der volks-

Triptychon mit der gekreuzigten Märtyrerin (Sint-Ontcommer) (Detail), um 1505–1515
Linker Innenflügel (siehe Abb. S. 310/311)

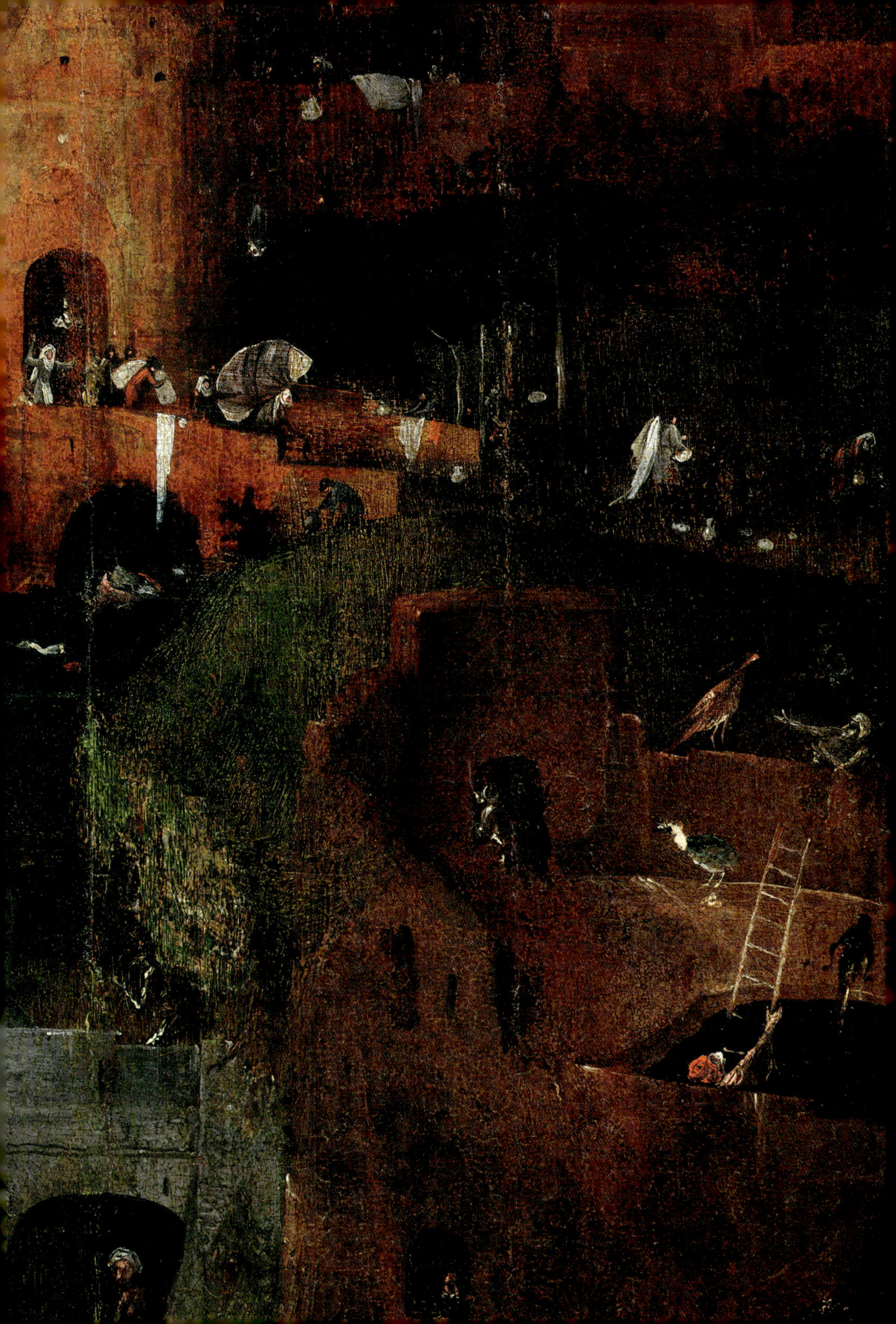

sprachlichen Literatur vielfach abgewandelt und ausgelegt, und zuweilen schrumpfte sie als Redewendung auf den Ausruf *tis al Hoy*: „Alles (ist) Heu!" zusammen. Das Heu-Motiv ist mit seinen Konnotationen Fleisch, Vergänglichkeit und Eitelkeit im Spätmittelalter so weit verbreitet gewesen, dass es als Topos zu betrachten ist. Soweit bekannt, war Bosch allerdings der Erste, der diesen Topos in ein Bild umsetzte.

Das Heu wird auf der Mitteltafel zur Projektionsfläche menschlicher Wünsche, Schwächen und Begierden. Entsprechend zeigen die vielen Figuren und Szenen auf der Mitteltafel Verhaltensweisen rund um Vergänglichkeit, Verführung, Verblendung, Habgier und Betrug (de Bruyn 2001a). Durch die gelbe Farbe, die dem Gold ähnelt, erscheint der Heuwagen bzw. das Heu den Menschen aller Stände als dauerhafter und absoluter Wert. Doch durch die schiere Menge des Heus macht Bosch seine Wertlosigkeit nur umso deutlicher.

Der „Anbetung des Heus" sind auf Boschs Gemälde die verschiedensten Stände verfallen. Entsprechend der Ständelehre stehen Kaiser und Papst in der Hierarchie ganz oben. Sie sind auf der Rückseite des Zugs zu erkennen, begleitet von einem König und einem Fürsten. Zwar wird die Ständehierarchie nicht konsequent abwärts geführt, jedoch finden sich im Bild auch deutlich erkennbare Mitglieder anderer Stände, so Ordensgeistliche in der rechten vorderen Bildecke. Es sind offensichtlich Franziskaner – deren Orden eigentlich dem Armutsgedanken verpflichtet ist –, die hier eifrig Heu zur Seite raffen. Während ihr Beichtvater im Stuhl ausruht, sind die Nonnen bei der Arbeit, bis auf eine, die mit einem Sackpfeifenspieler anbandelt. Doch werden Geistliche oder fromme Personen von Bosch nicht durchweg kritisch dargestellt: Mittig vor dem Heuhaufen verhält sich beispielsweise ein Mönch vorbildlich, indem er einen Streithahn zurückhält, und mittig in der unteren Bildhälfte wird ein Pilger von einer anderen Person wohl im Streit angegriffen, bleibt aber passiv. Typische weltliche Personen sind kaum genau einem Beruf oder einer sozialen Gruppe zuzuordnen, finden sich aber alternierend mit orientalisch gekleideten Figuren – offenbar ist nicht nur die Christenheit mit Blindheit geschlagen. Buchstäblich blind ist der Mann mit dem hohen Kastorhut unten links, der an einem Stab von einem Blindenjungen geführt wird. Daneben findet sich eine bürgerliche, offenbar kinderlose Frau, der „Zigeunerinnen" ein (entführtes) Baby verkaufen möchten, wie man es damals neu zugewanderten Roma verleumderisch nachsagte. Zwischen diese Szene und die Mönch-und-Nonnen-Gruppe ist ein betrügerischer Quacksalber gesetzt, der seinem Patienten eher das Geld als den Zahnschmerz nimmt.

Völlige Weltvergessenheit demonstrieren die jungen Menschen sowohl ganz links am Bildrand wie auch besonders auf dem Scheitel des Heuhaufens (S. 322/323): Letztere liegen im Gras bzw. Heu und nutzen den Sichtschutz eines Busches, um sich, von weltlicher Musik begleitet, der sinnlichen Liebe hinzugeben. Sie verkörpern damit die blühende Blume des Jesaja-Zitats: Ihre jugendliche Schönheit und junge Liebe vergehen wie diese

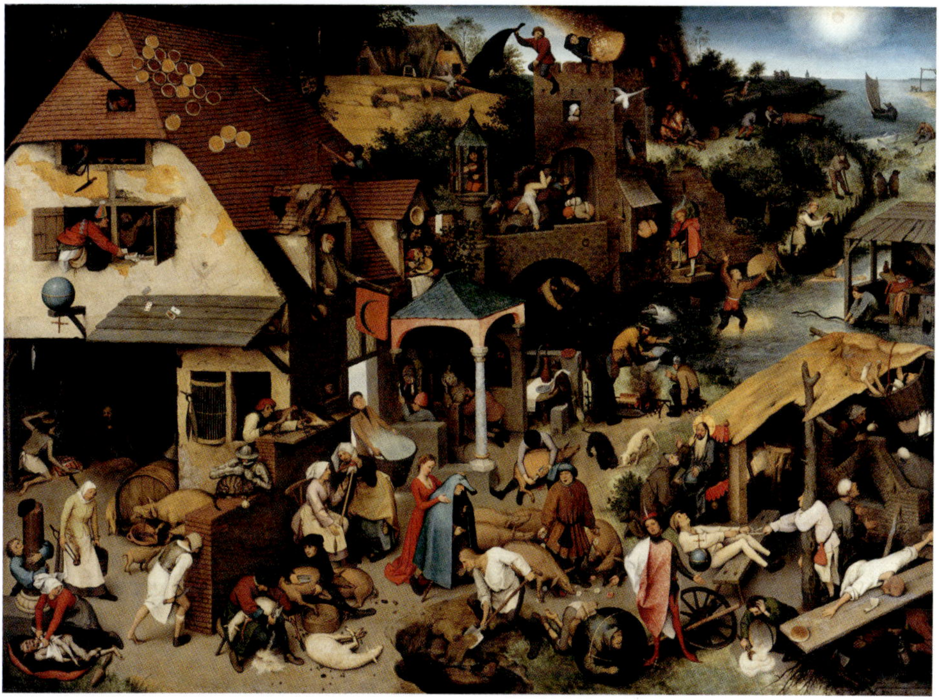

Pieter Breugel d. Ä., **Die Niederländischen Sprichwörter**, 1559
Öl auf Eichenholz, 117,2 x 163,8 cm. Berlin, Staatliche Museen, Gemäldegalerie

und sind nur von kurzer Dauer. Diese Liebesszene auf dem Heuhaufen ist das Schlüsselmoment der Mitteltafel des Triptychons, was sich auch daraus erkennen lässt, dass sie an exponierter Stelle inmitten eines Engels links und eines auf seiner Nasenfanfare spielenden Teufels rechts gegenüber angeordnet ist. Darüber schaut Christus aus einer Wolke herab und zeigt als Schmerzensmann mit erhobenen Händen seine Wundmale – eine an das Weltgericht mahnende Geste. Doch nur der Engel blickt zu Christus auf und hat Blickkontakt. Hier setzt Bosch wie oft die Spiegelsymmetrie mit einer senkrechten Spiegelachse durch Christus als Spitze eines Dreiecks und beschriebener „Schäferstündchen"-Gruppe ein, damit der Betrachter – der potenziell Erlöste oder Verdammte – vergleichen und sich entscheiden kann. Der Teufel ist dabei dem Engel durch die Form seiner Flügel und die ungewöhnliche blassblaue Farbe optisch angeglichen, wobei Blau hier – analog zu Luft und Rauch – für Trug, Nichtigkeit und Vergänglichkeit steht (damals hieß es zum Beispiel „blaue Brille" anstatt wie heute „rosa Brille"). Selbst die unvermeidliche Eule taucht auf: Sie sitzt, von Vögeln umgeben, auf einem Ast, spiegelsymmetrisch zu einem an einem Stock hängenden Krug links vom Busch. Bei der Eule erkennt man sogar ein Seil, das sie

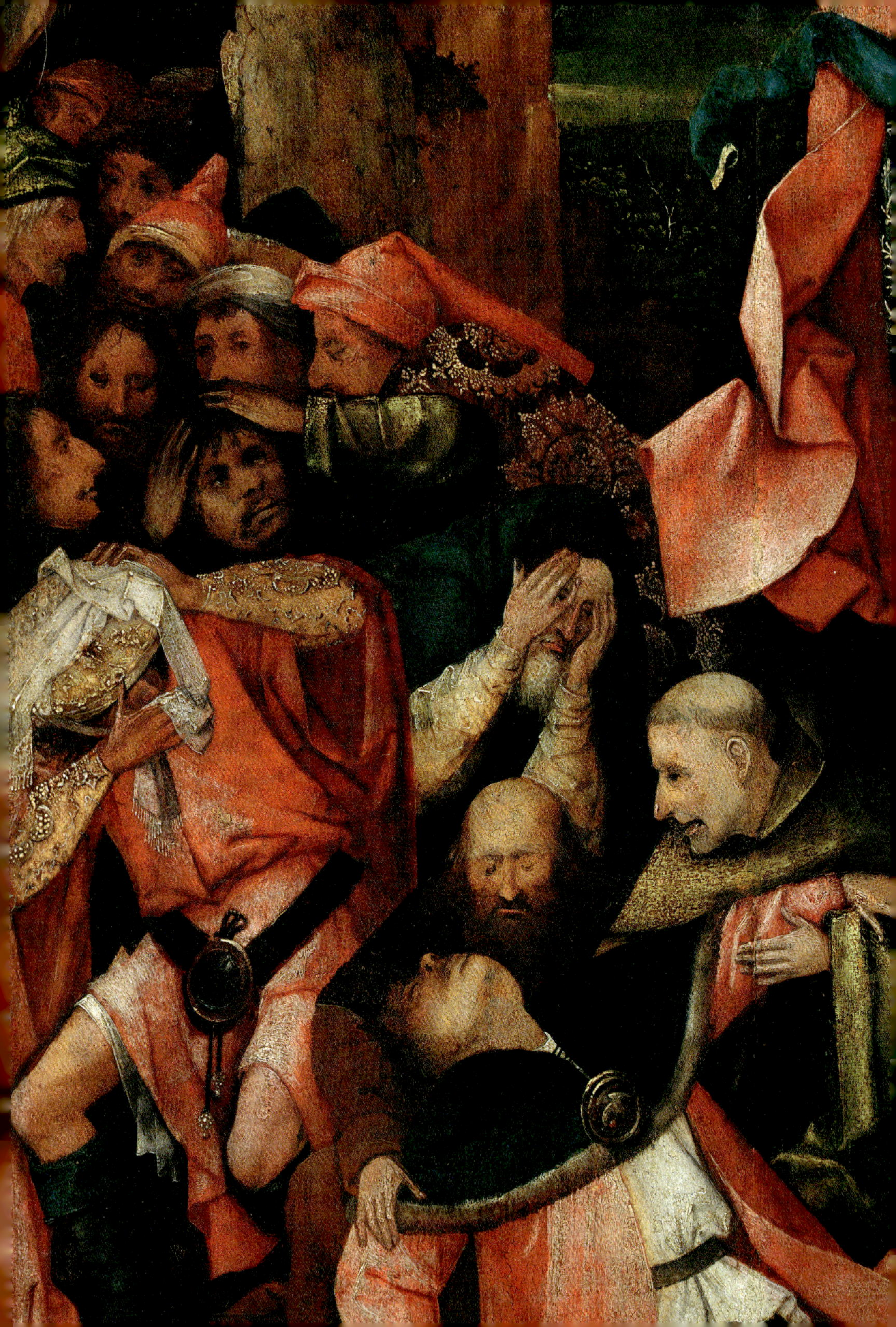

als Lockvogel ausweist, nämlich des Teufels bzw. der Sünde, dem/der die Sünder auf den Leim (der vom Fänger ausgelegten Ruten) gehen. Schon José de Sigüenza sah in der Szene auf dem Heuhaufen die prägnanteste des Gemäldes und formulierte treffend: „Eines dieser Bilder enthält als Grundgedanken und als Hauptmotiv einen mit Heu beladenen Wagen und auf ihm sitzend die fleischlichen Lüste, die Berühmtheit und die Zurschaustellung des Ruhms und der Herrschaft, dargestellt durch einige nackte Frauen [sic!], die spielen und singen, und den Ruhm in der Gestalt eines Dämons neben ihnen mit seinen Flügeln und seiner Trompete, die seine eigene Größe und Freude verkündet" (Sigüenza 1605, S. 839).

Auf dem rechten Innenflügel erreicht als Endstation die Spitze des Heuwagen-Zuges auf einer (Jenseits-)Brücke die in feurige Rot- und Brauntöne getauchte Hölle. Fachmännisch wird dort mittels Gerüst und Flaschenzug von Teufeln eifrig ein Turm gemauert, der mit den Sünden der Menschen parallel zum Turm des Heus emporwächst (S. 228). Im Vordergrund führen und schleppen Mischwesenteufel die nackten Verdammten in die Hölle und treibt ein teuflischer Jäger seine Beute vor sich her (S. 330/331). Die Botschaft der Innenseite des *Heuwagen*-Triptychons ist klar: Wer sich blind den weltlichen Werten überlässt, landet geradewegs in der Hölle. Abhilfe verschafft nur die Rückbesinnung auf christliche Werte, um mit himmlischem Beistand den Weg des Heils einzuschlagen. Den eschatologischen Zug, den die Bibelzitate in sich tragen, hat Bosch mit voller Deutlichkeit umgesetzt. Die Ausweglosigkeit der Innenansicht durchbricht der Hausierer auf der Außenseite. Er erscheint als ein Beispiel für einen einzelnen Sünder, der sich anschickt, sein Leben zu bessern, indem er die Straße des Lasters verlässt und den Pfad der Erlösung aufnimmt.

Zweifelsohne bietet das *Heuwagen*-Triptychon weniger ernsten Gemütern besonders auf der Mitteltafel eine überraschend originelle Bildinvention mit einem überbordenden Tableau anekdotischer Szenen, die für sich allein als eigenständige Gemälde taugten. Diese Vielzahl und Varianz der Figuren machen den *Heuwagen* zu einem reichhaltigen Gemälde, das auf der Entfaltung des Themas mittels der rhetorischen Figur der *accumulatio*, also der Ansammlung analoger Szenen und Figuren zum Symbol „Heu", beruht. Hierin beweist Bosch seine handwerkliche wie geistige Meisterschaft. Dieses Verfahren hat später auch Pieter Bruegel d. Ä. angewendet (*Die niederländischen Sprichwörter*, S. 299; *Die Kinderspiele*, um 1560, Wien, Kunsthistorisches Museum, Gemäldegalerie).

Bosch war auch in seinen letzten Schaffensjahren nicht so sehr mit der Tafelmalerei beschäftigt, als dass er nicht noch verschiedene Tätigkeiten als Entwerfer hätte annehmen können oder müssen. 1508/09 holte man bei ihm und seinem Mitbruder Jan Heyns im Haus Wouter van der Rullens einen Rat ein, wie und wo das Altarretabel Adriaen van Wesels

Triptychon mit der gekreuzigten Märtyrerin (Sint-Ontcommer) (Detail), um 1505–1515
Mitteltafel (siehe Abb. S. 310/311)

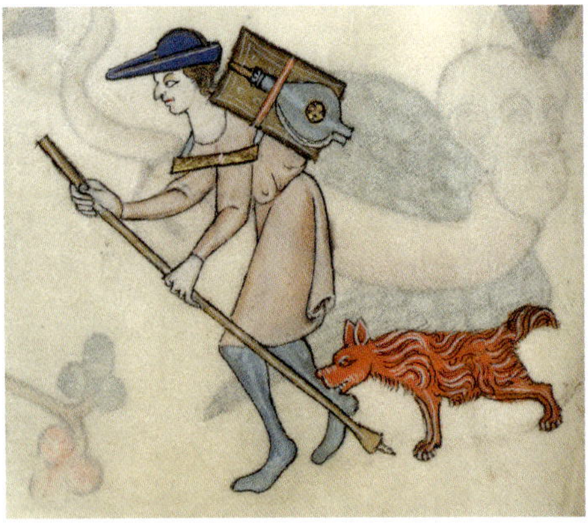

polychrom zu fassen sei, 1511/12 folgte ein Entwurf für ein Kreuz auf einer Kasel sowie 1512/13 der Entwurf für einen Leuchter. Diese Tätigkeiten waren nicht minderer Art, sondern selbstverständliche Aufgaben als Mitglied der Bruderschaft, wie Bosch sie immer wieder ausgeführt hatte. Sie sprechen sogar für ihn, da das Entwerfen, Beraten und Organisieren im Ansehen über dem Arbeiten mit eigenen Händen rangierte.

Erfolg und Wohlstand Hieronymus Boschs hielten an. 1510 wird in der Rechnung zum Bruderschaftsmahl von seinen „maeghden" (Mägden) berichtet, die damals zu einem standesgemäßen Haushalt dazugehörten. Eine weitere Zahlung von 68 Gulden im Jahre 1515 kann als Erlös von Holzverkäufen oder auch als Bezahlung für künstlerische Aufträge gedeutet werden. Im Jahr darauf starb der Künstler und wurde am 9. August, nachdem eine feierliche Totenmesse im Kreis seiner Freunde und Mitbrüder abgehalten worden war, beigesetzt (siehe Urkunde im Quellenanhang). In seiner Heimatstadt 's-Hertogenbosch, deren Bevölkerungszahl schon zuvor im Gefolge des Krieges gegen das von den Habsburgern abtrünnige Geldern drastisch dezimiert worden war, wütete um das Jahr 1516 eine schwere Pleuritis-Epidemie (Brustfellentzündung), der neben Hieronymus Bosch und unzähligen anderen auch sein Neffe Anthonis und der Baumeister Jan Heyns erlagen.

Noch im selben Jahr erteilte der Herzog von Brabant, der spätere Kaiser Karl V., Boschs Witwe Aleid van der Mervenne zehn Pfund Leibrente pro Jahr (van Dijck 2001a, S. 185), was eigentlich nur als Abgeltung für gelieferte Kunst erklärbar ist. Hatte Bosch zu Lebzeiten von der Verbindung mit Aleid stets profitiert, so profitierte am Ende seine Frau finanziell von ihm. Vermutlich erbte sie auch den Nachlass mit dem Werkstattmaterial.

Englischer Buchmaler, **Hausierer**, um 1325–1335
Pergament, 35,5 x 24,5 cm, aus: *Luttrell Psalter*, fol. 70v (Detail)
London, British Library, Add. Ms. 42 130

Seite 304/305
Eremiten-Triptychon, um 1504
Öl auf Eichenholz, 85 x 60 cm (Mitteltafel), 85 x 29 cm (Flügel; Tafeln oben beschnitten, ursprüngliche Höhe ca. 110 cm, runder oder geschweifter Abschluss)
Venedig, Gallerie dell'Accademia
Linker Innenflügel: **Der heilige Antonius**
Mitteltafel: **Der heilige Hieronymus**
Rechter Innenflügel: **Der heilige Ägidius**

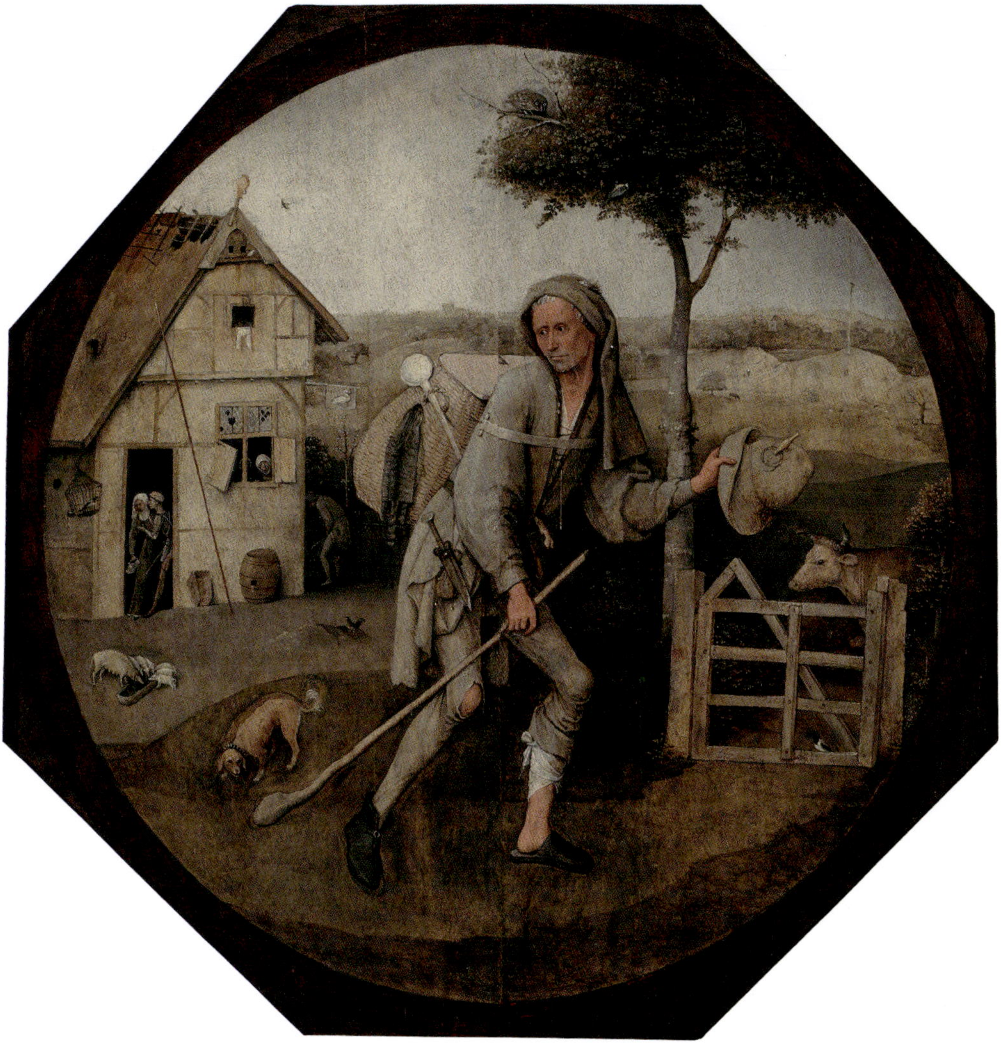

Der Hausierer, um 1500–1510, Außenflügel von: **„Kana-Triptychon“**
Öl auf Eichenholz, 71 x 70,6 cm (ursprünglich ca. 94 x 72 cm)
Rotterdam, Museum Boijmans Van Beuningen

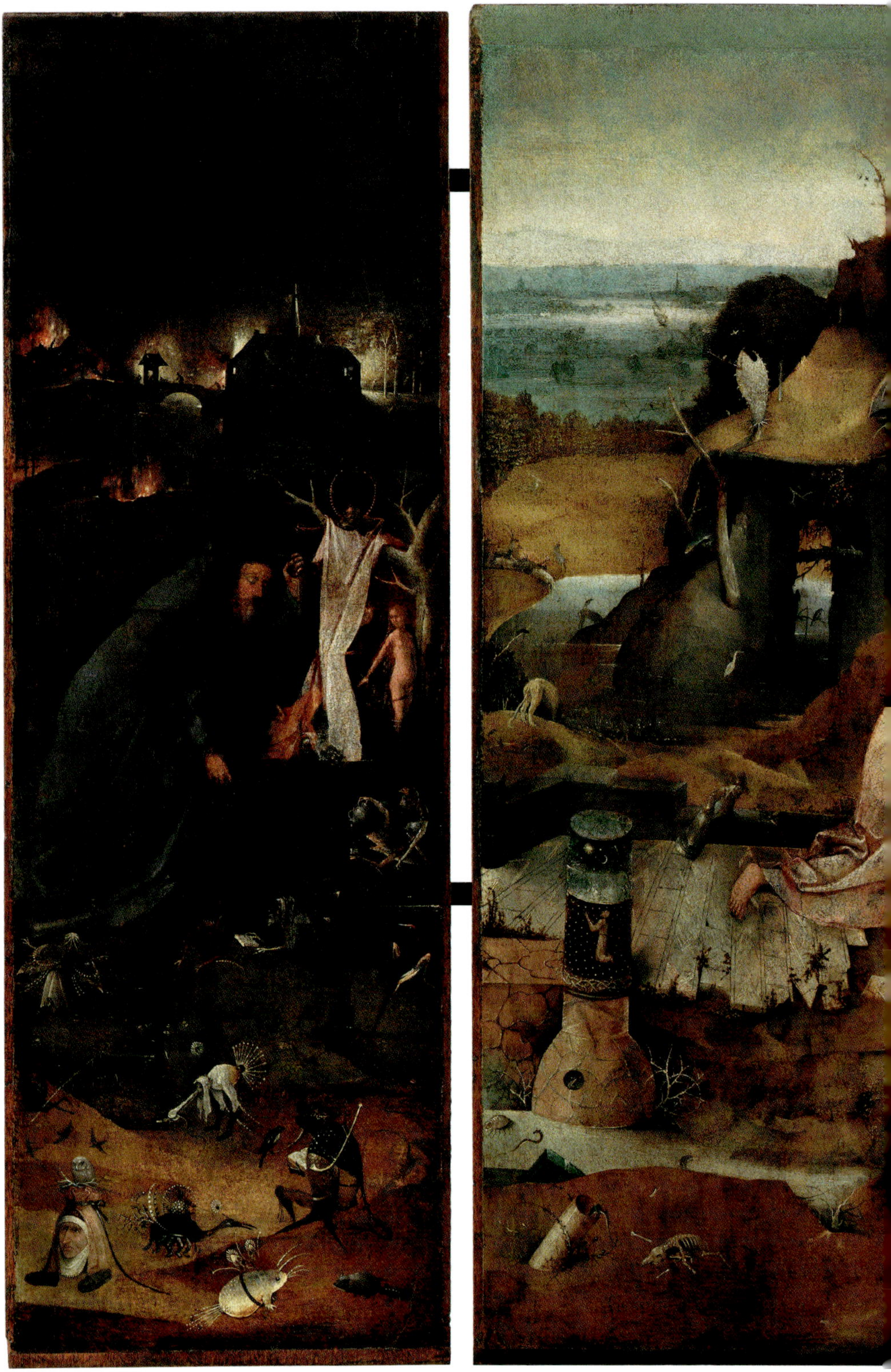

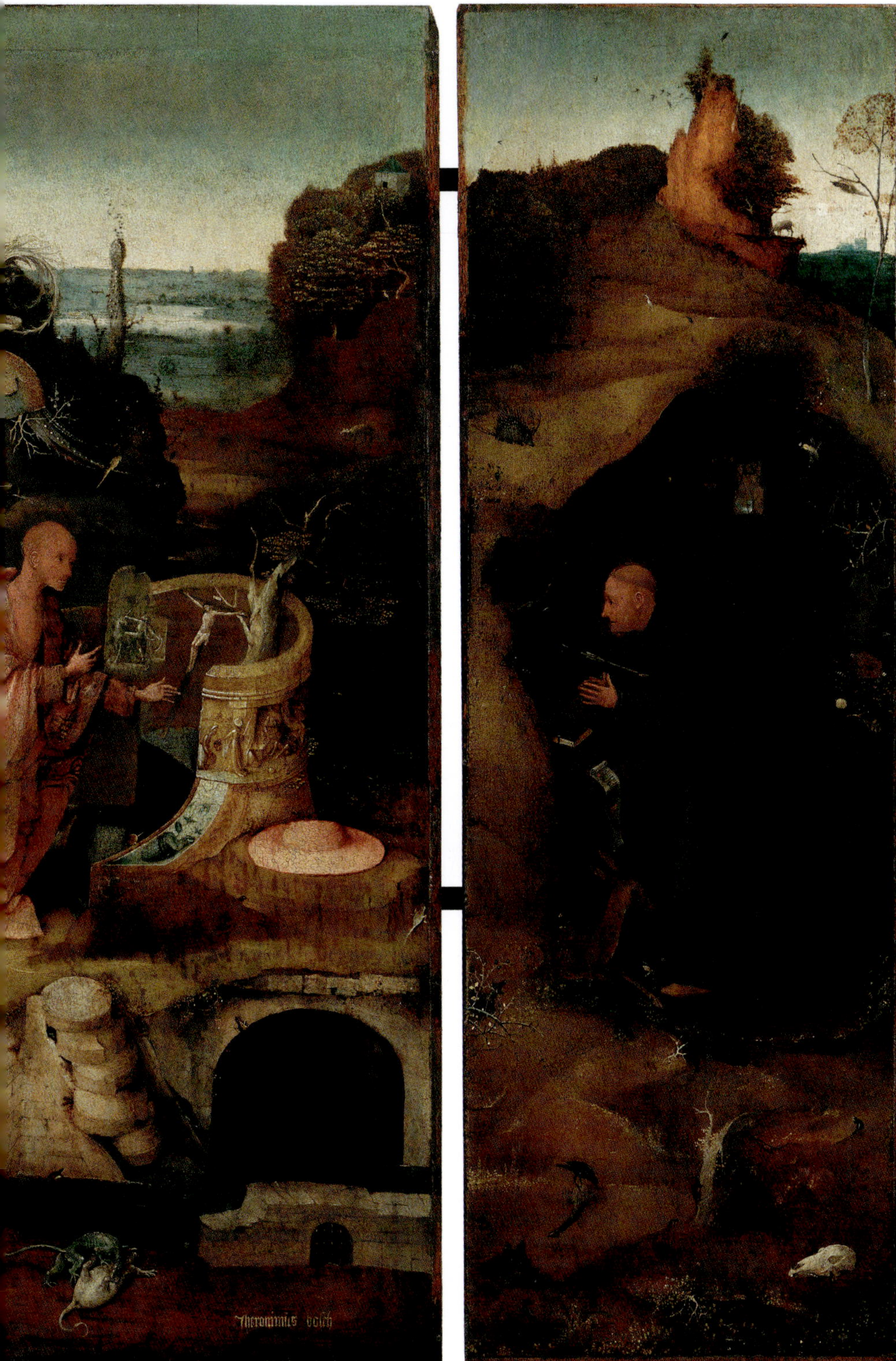
Jheronimus bosch

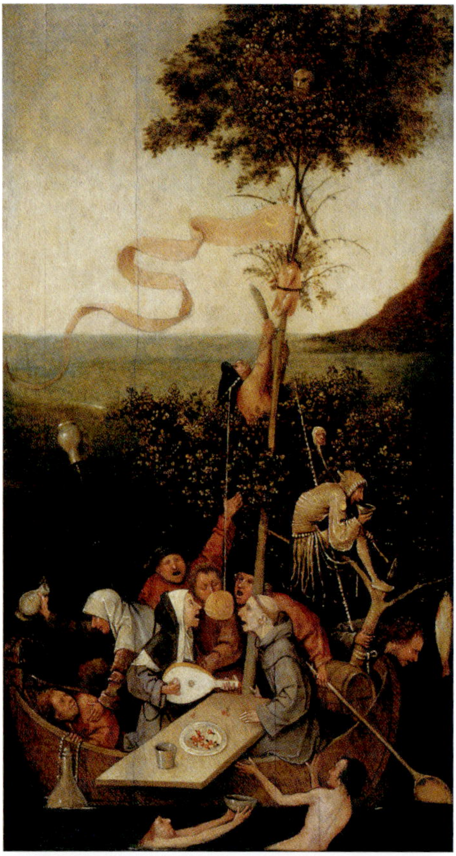

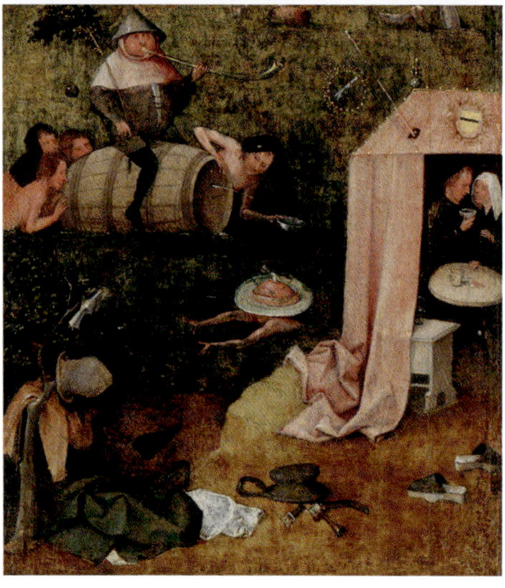

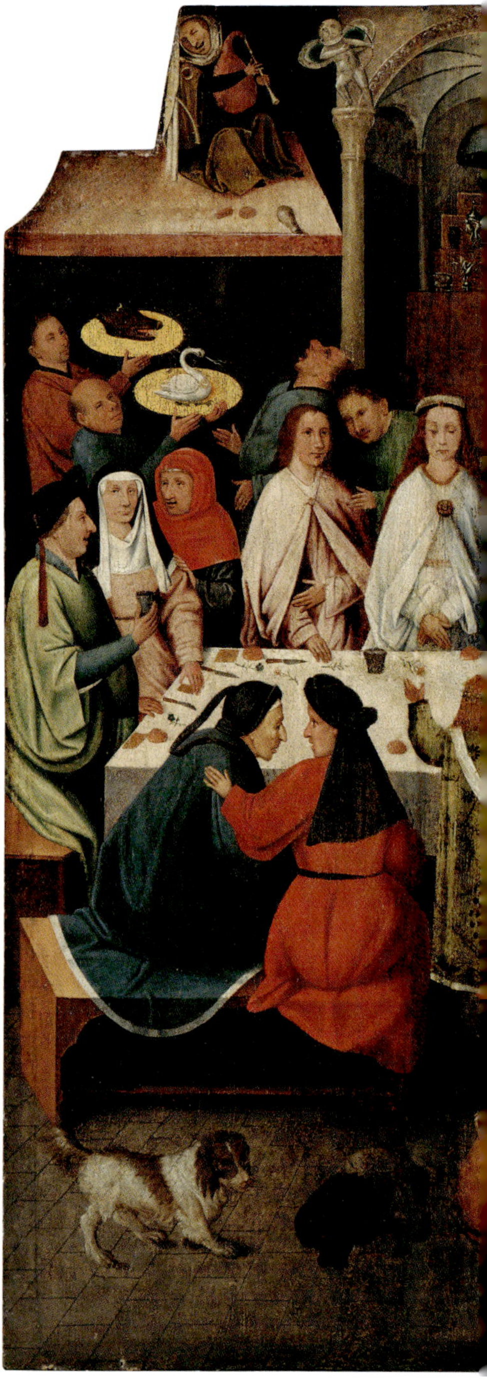

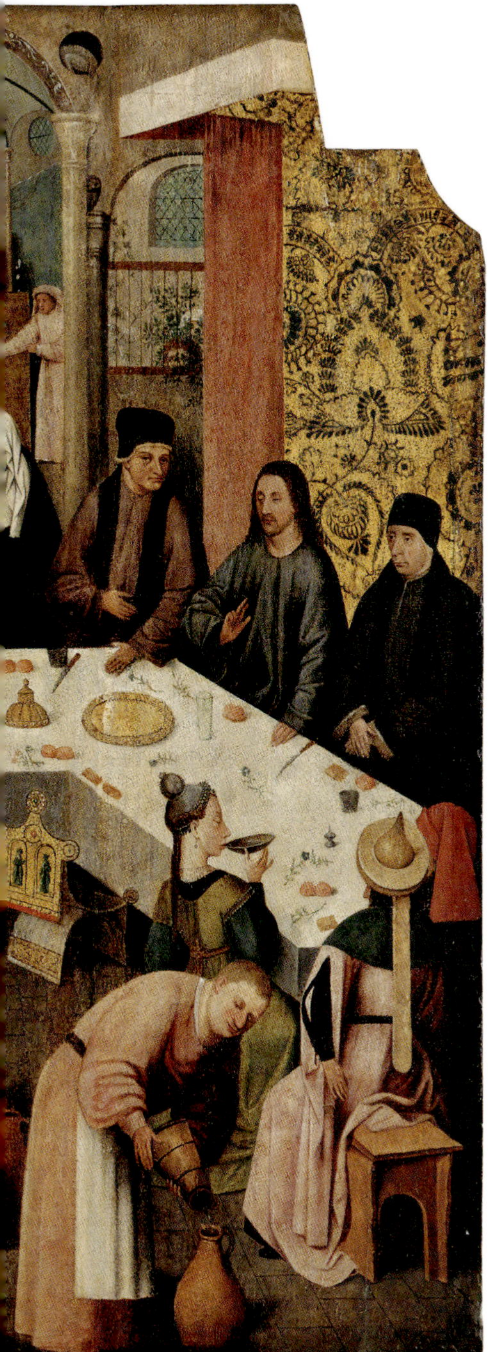

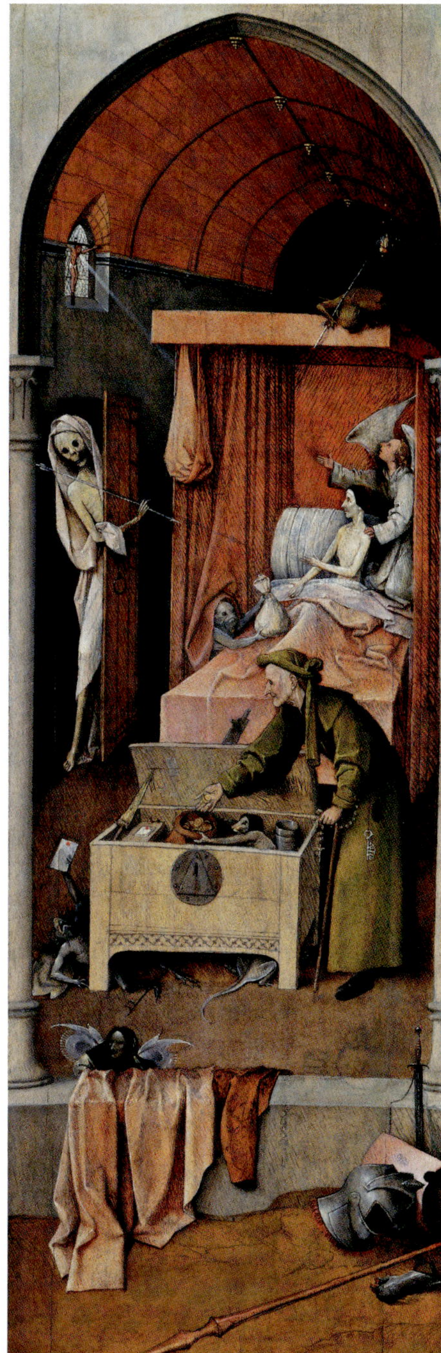

Die sieben Todsünden mit den vier letzten Dingen, um 1505–1510
Öl auf Schwarzpappelholz, 120 x 150 cm
Madrid, Museo Nacional del Prado

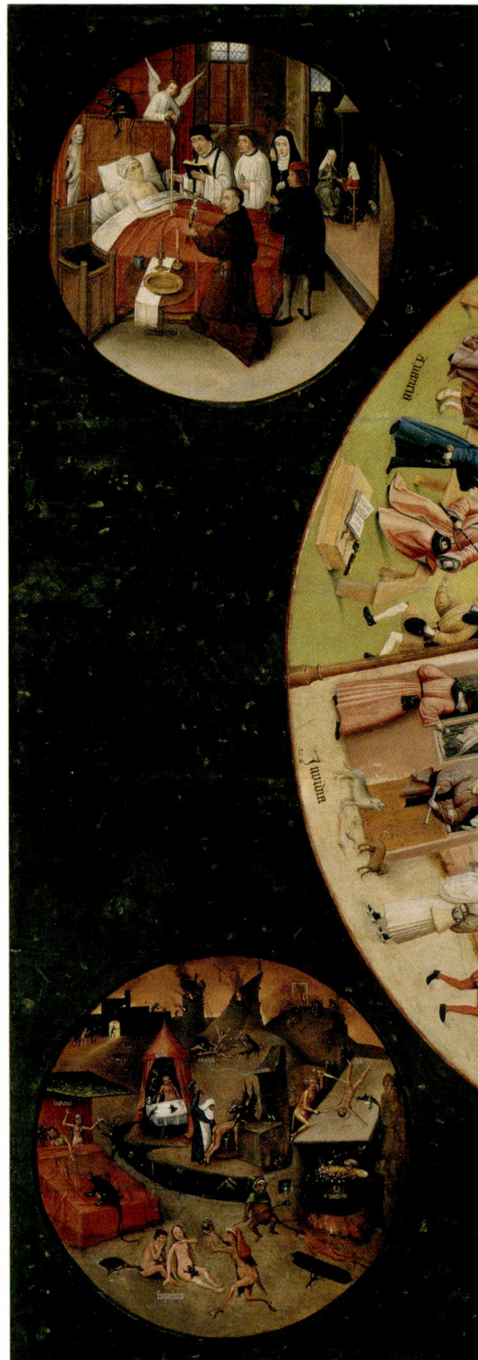

Seite 306/307
Hochzeit zu Kana mit Exempeln („Kana-Triptychon"), um 1500–1510
Öl auf Eichenholz, ca. 94 x 72 cm (Mitteltafel), 94 x 32,6 cm (Flügel)
Triptychon, Rekonstruktion

Linker Innenflügel oben:
Das Narrenschiff, um 1500–1510
Öl auf Eichenholz, 57,9 x 32,6 cm
(ursprünglich ca. 94 x 32,6 cm)
Paris, Musée du Louvre

Linker Innenflügel unten:
Exempel von Gula und Luxuria, um 1500–1510
Öl auf Eichenholz, 35,9 x 31,4 cm
(ursprünglich ca. 94 x 32,6 cm)
New Haven, Yale University Art Gallery, Inv. Nr. 1959.15.22; Gift of Hannah D. and Louis M. Rabinowitz

Mitteltafel, Kopie:
Anonymer Künstler nach Hieronymus Bosch (?), **Hochzeit zu Kana**, nach 1555–1561
Öl auf Eichenholz, 93 x 72 cm. Rotterdam, Museum Boijmans Van Beuningen

Rechter Innenflügel:
Der Tod des Geizhalses, um 1500–1510
Öl auf Eichenholz, 92,6 x 30,8 cm
Washington D. C., National Gallery of Art, Samuel H. Kress Collection

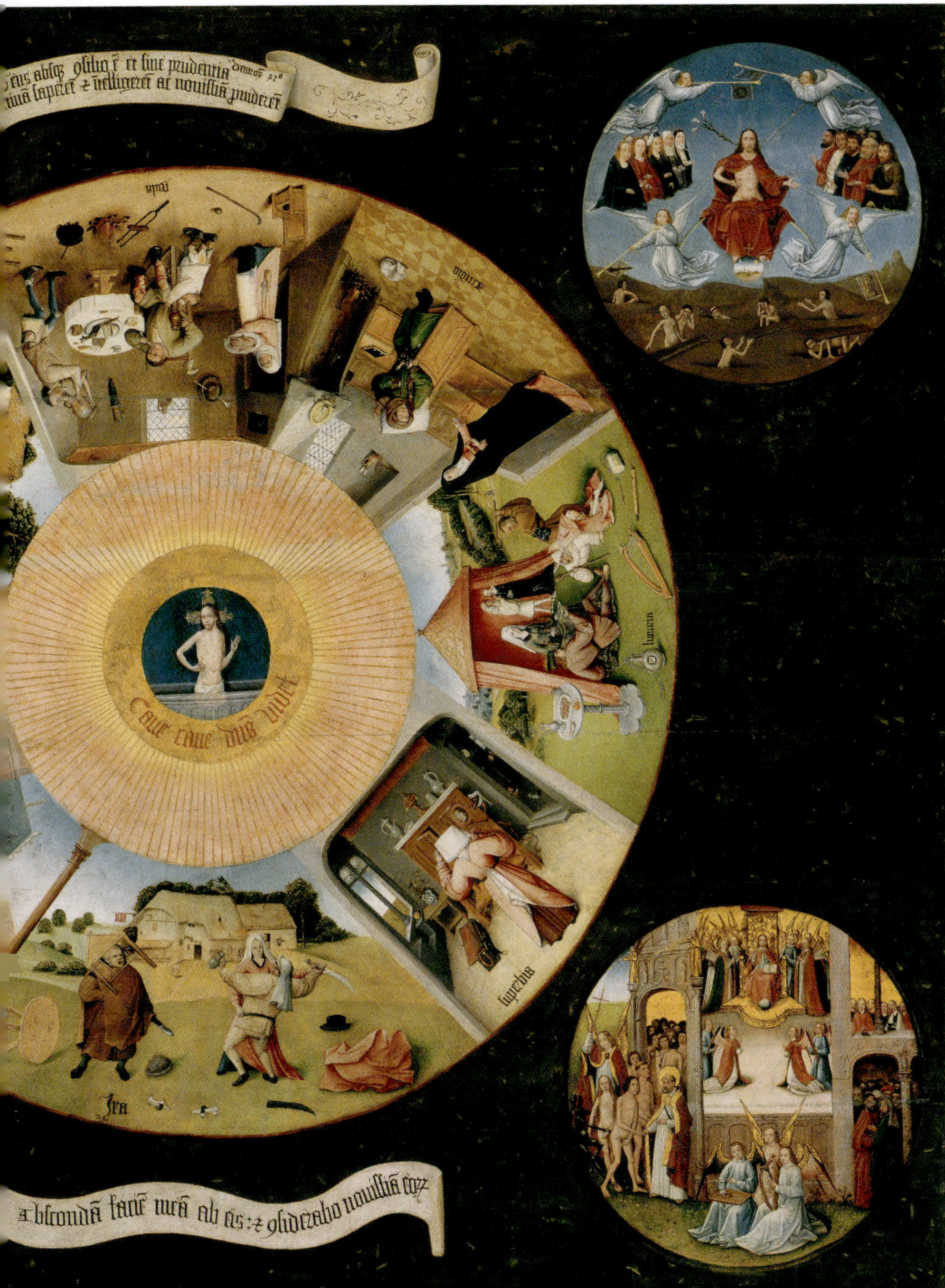
Caue caue dns videt
Ira

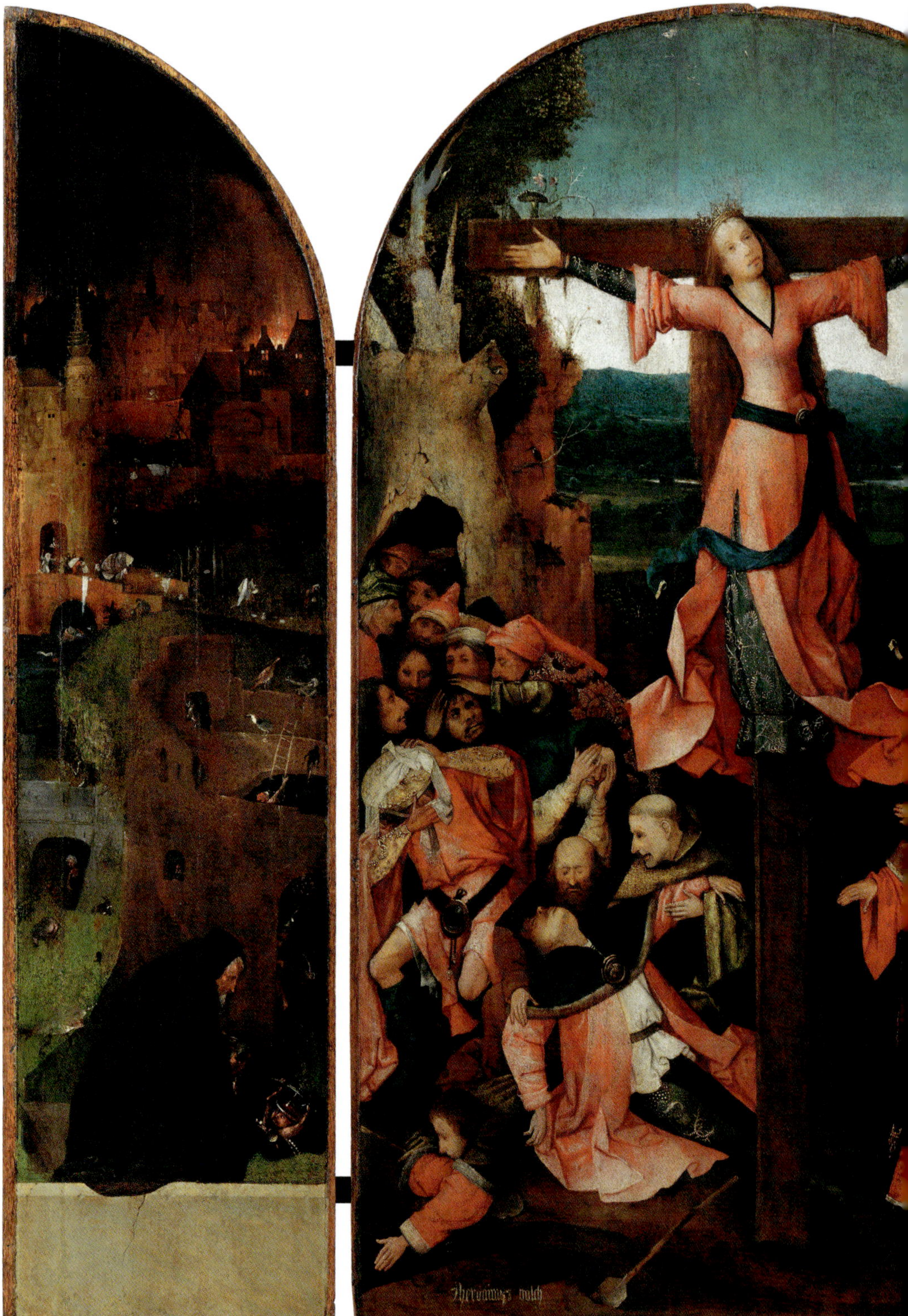
Jheronimus bosch

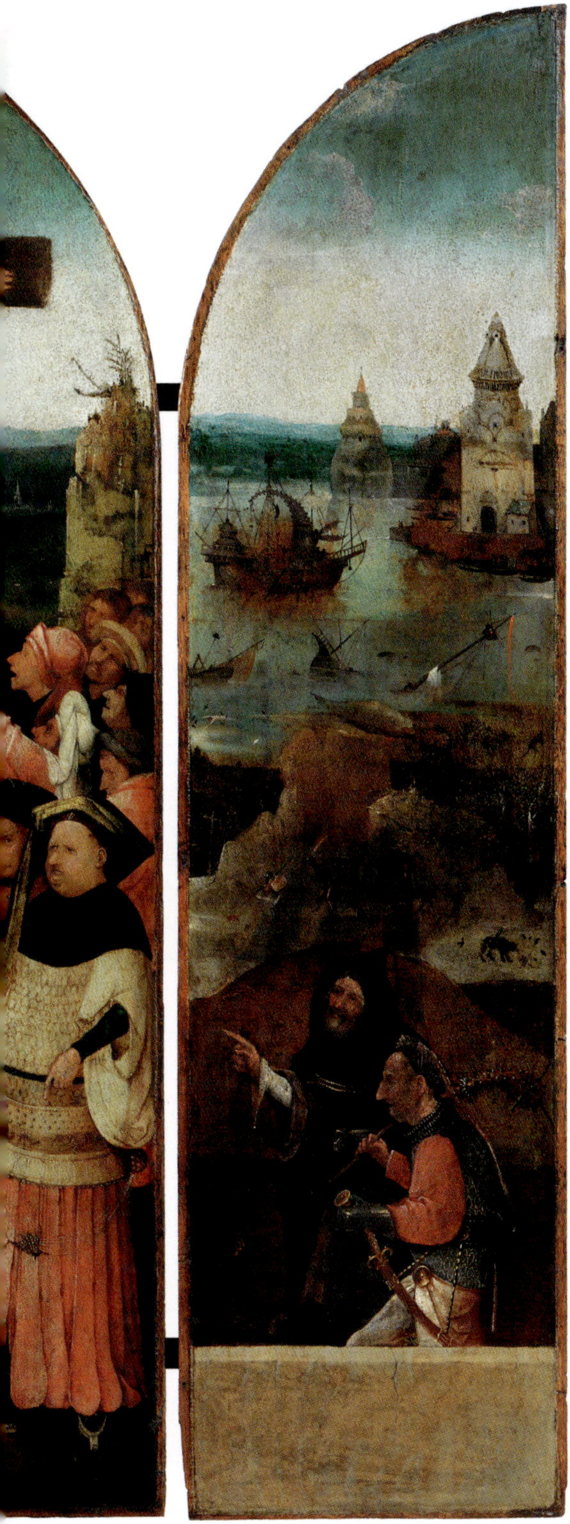

Triptychon mit der gekreuzigten Märtyrerin (Sint-Ontcommer), um 1505–1515
Öl auf Eichenholz, 105 x 63 cm (Mitteltafel), 105 x 28 cm (Flügel)
Venedig, Gallerie dell'Accademia

Seite 312/313
Paradies und Hölle, um 1505–1515
Öl auf Eichenholz, 86,5 x 39,5 cm (je Flügeltafel)
Venedig, Gallerie dell'Accademia
Linkes und rechtes Flügelpaar

Innenseite des äußeren linken Flügels: **Das himmlische Paradies**
Innenseite des inneren linken Flügels: **Das irdische Paradies**
Innenseite des inneren rechten Flügels: **Sturz der Verdammten**
Innenseite des äußeren rechten Flügels: **Die Verdammten in der Hölle**

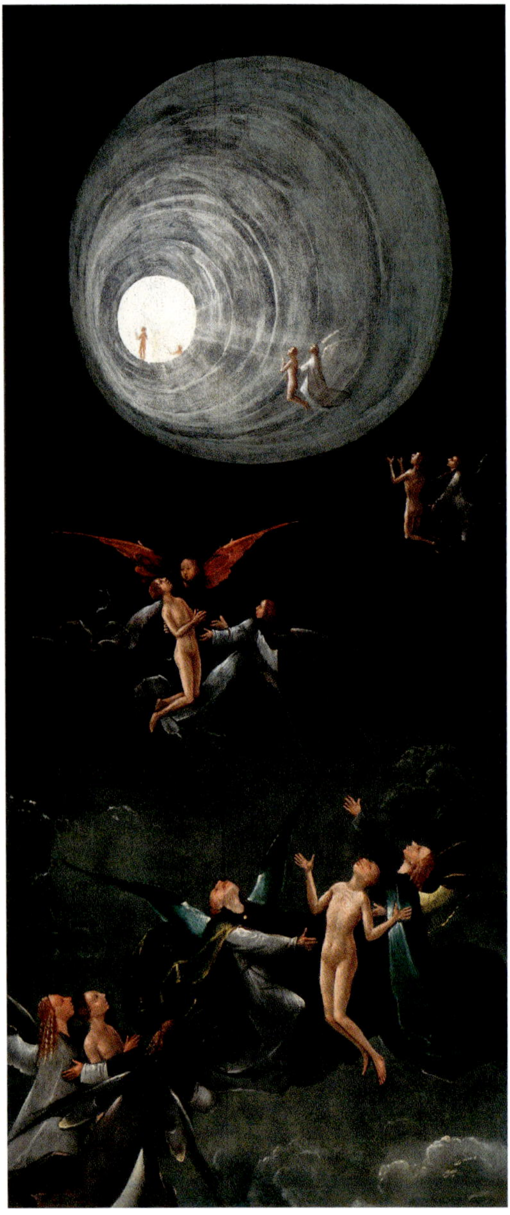

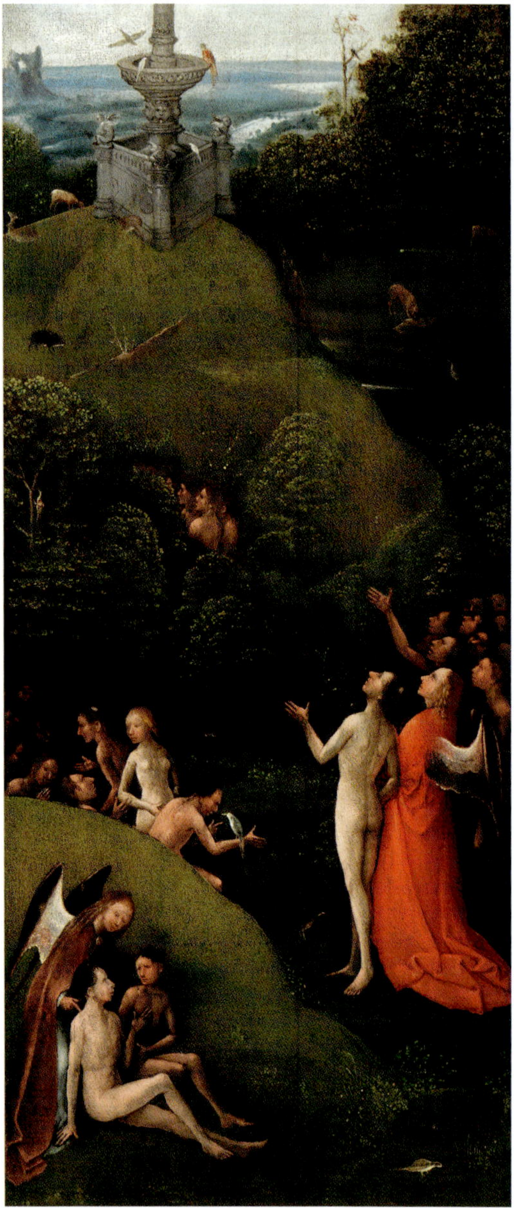

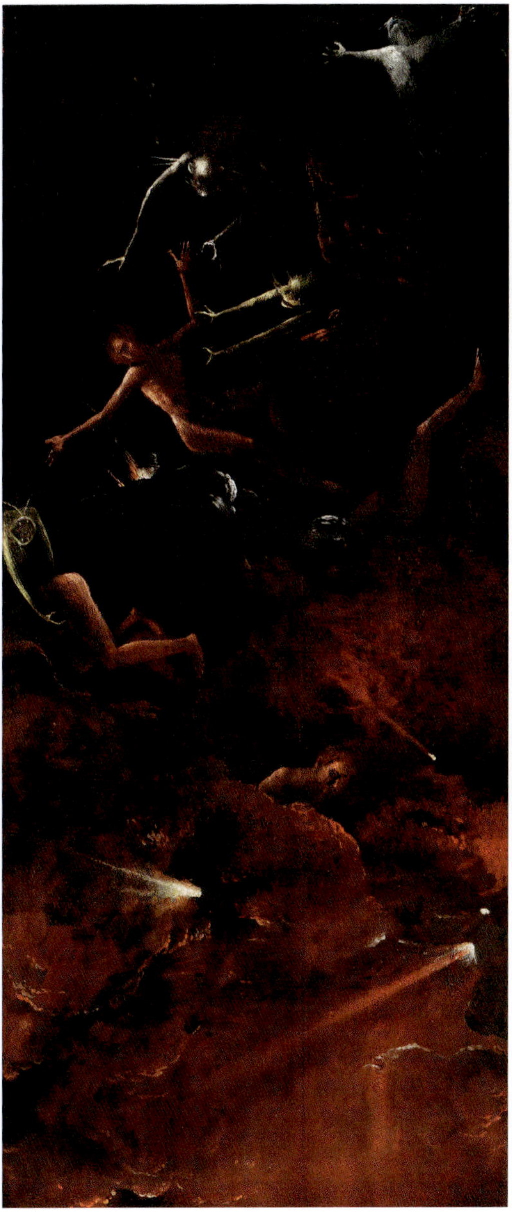

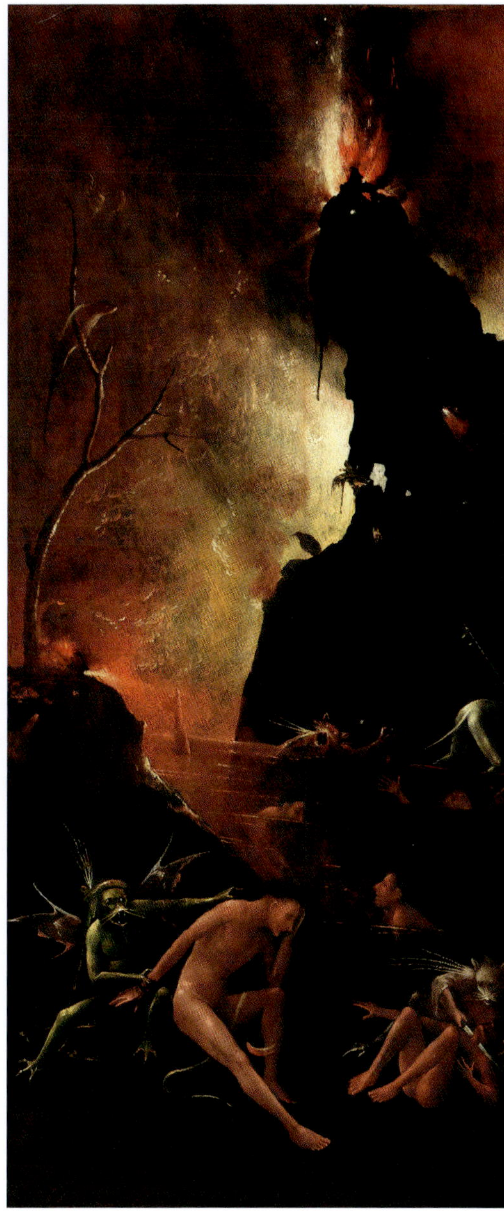

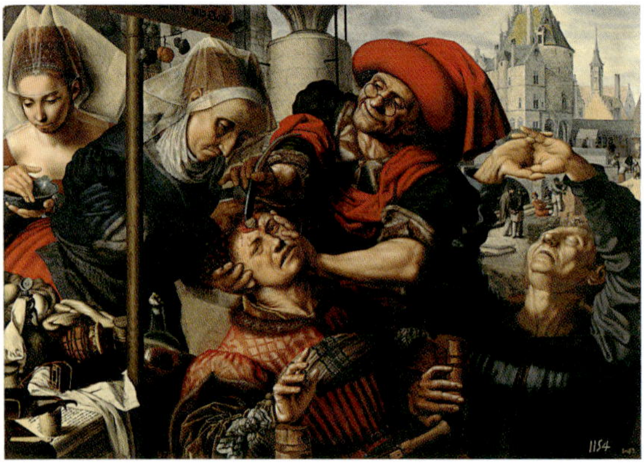

Jan Sanders van Hemessen, **Der Steinschneider**, um 1550–1555
Öl auf Holz, 100 x 141 cm. Madrid, Museo Nacional del Prado

Seite 315
Das Steinschneiden, um 1505–1515
Öl auf Eichenholz, 47,5 x 34,5 cm. Madrid, Museo Nacional del Prado

Seite 316/317
Fragmente einer Sintflut-Darstellung (Außenflügel: Versuchung und Erlösung des Hiob), um 1510–1515
Öl auf Eichenholz, 69 x 36 bzw. 38 cm
Rotterdam, Museum Boijmans Van Beuningen
Außenflügel: **Vier Tondi der Versuchung und Erlösung des Hiob**
Linker Innenflügel: **Die Welt vor der Sintflut**
Rechter Innenflügel: **Die Tiere verlassen die Arche Noah**

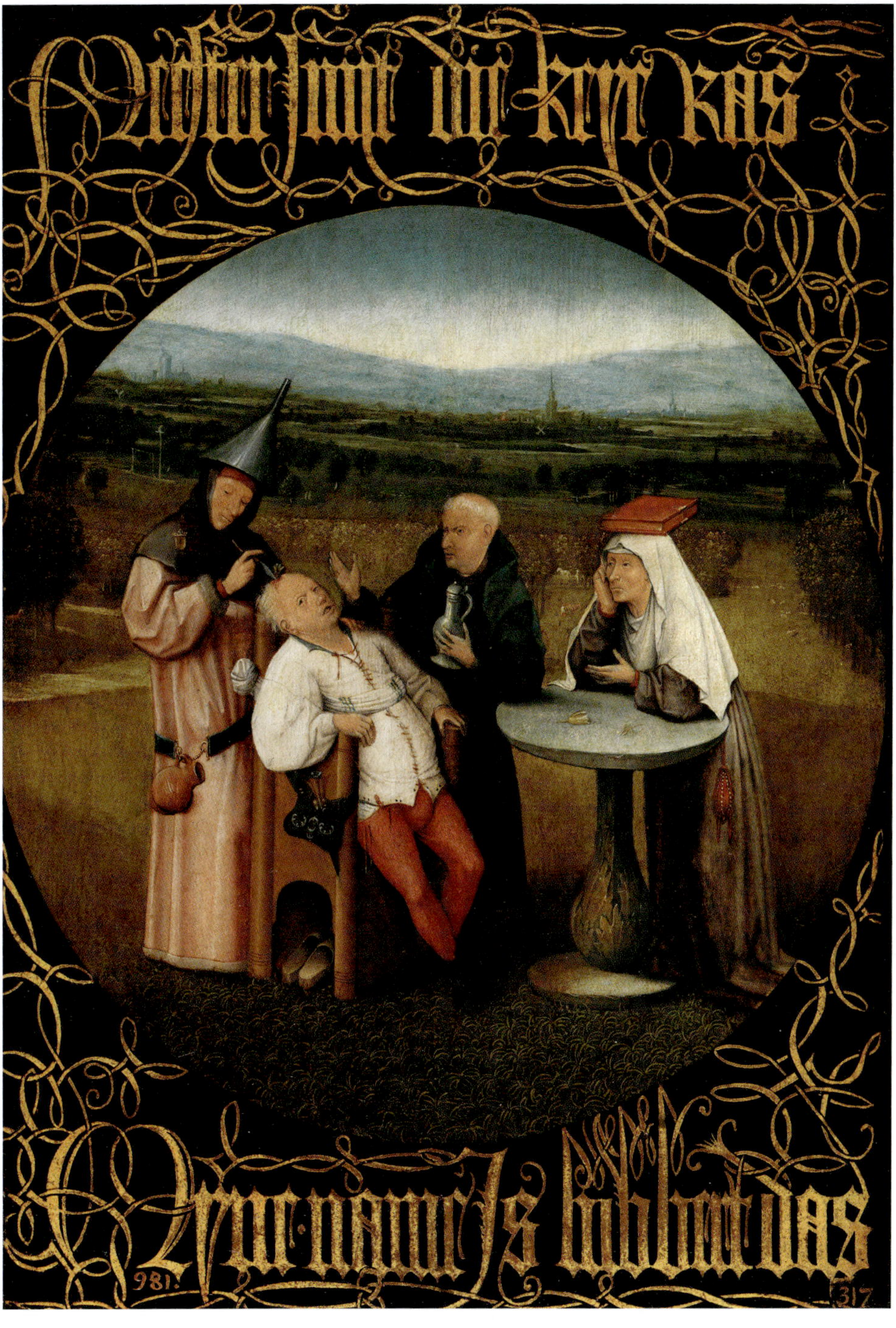
981.
317

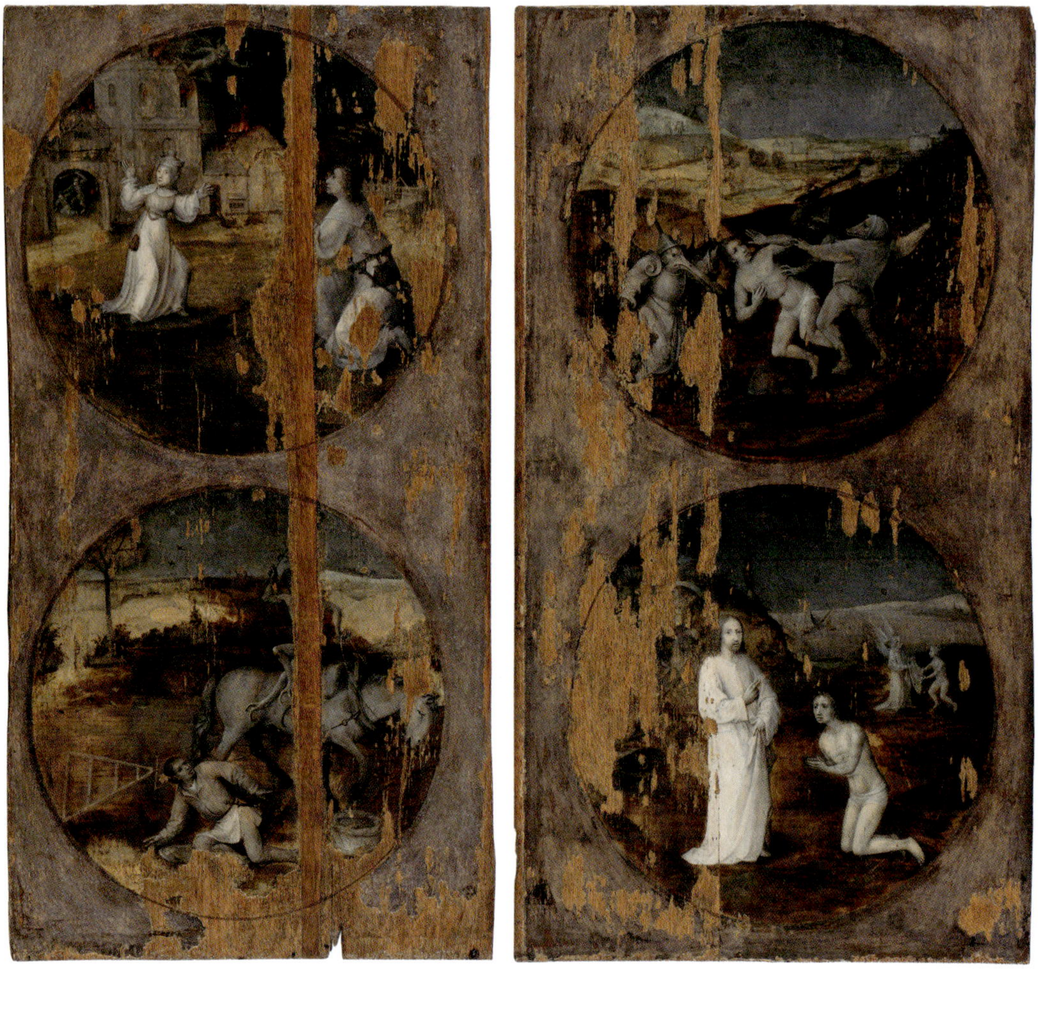

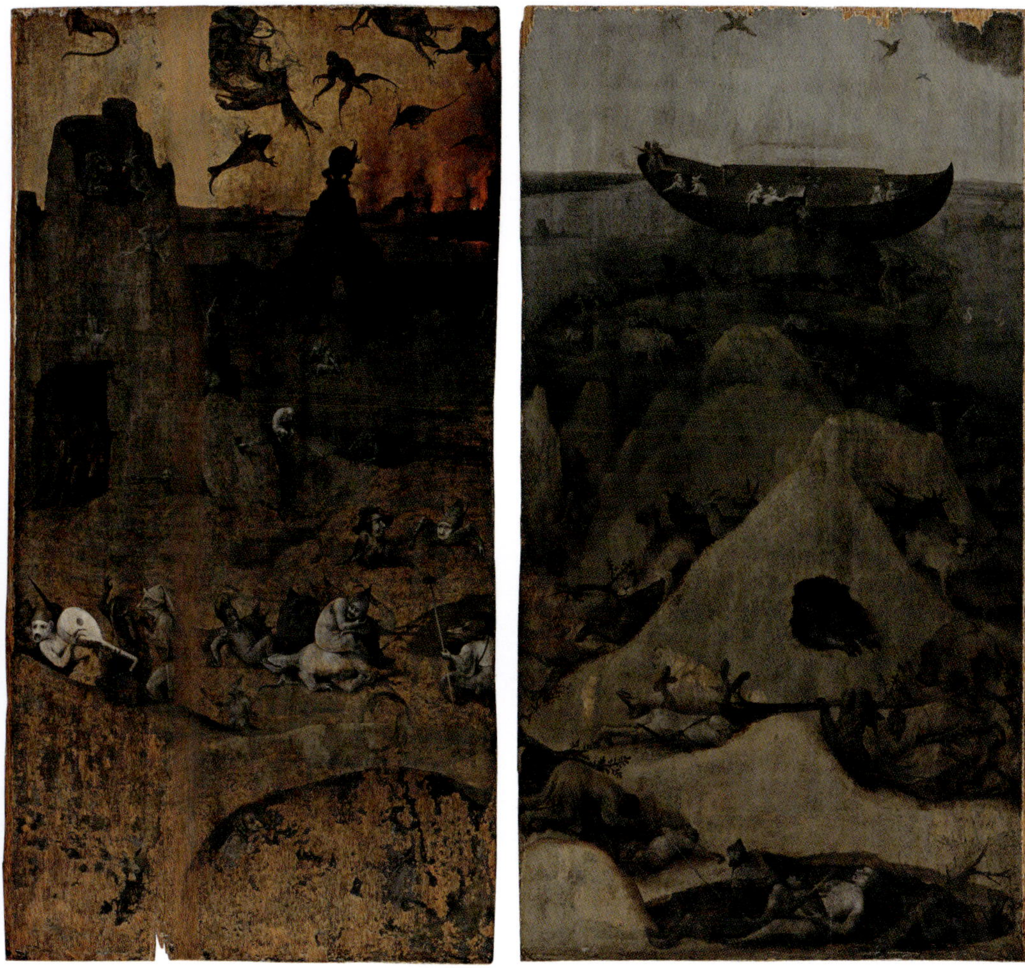

Der Hausierer, um 1510–1515
Außenflügel von: **Der Heuwagen**
Öl auf Eichenholz, 147 x 56 cm (je Flügel)
Madrid, Museo Nacional del Prado

Seite 320/321
Der Heuwagen, um 1510–1515
Öl auf Eichenholz, 133 x 100 cm (Mitteltafel), 147 x 56 cm (Flügel)
Madrid, Museo Nacional del Prado
Linker Innenflügel: **Das Entstehen des Bösen und der Verlust des Paradieses**
Mitteltafel: **Der Heuwagen**
Rechter Innenflügel: **Die Hölle**

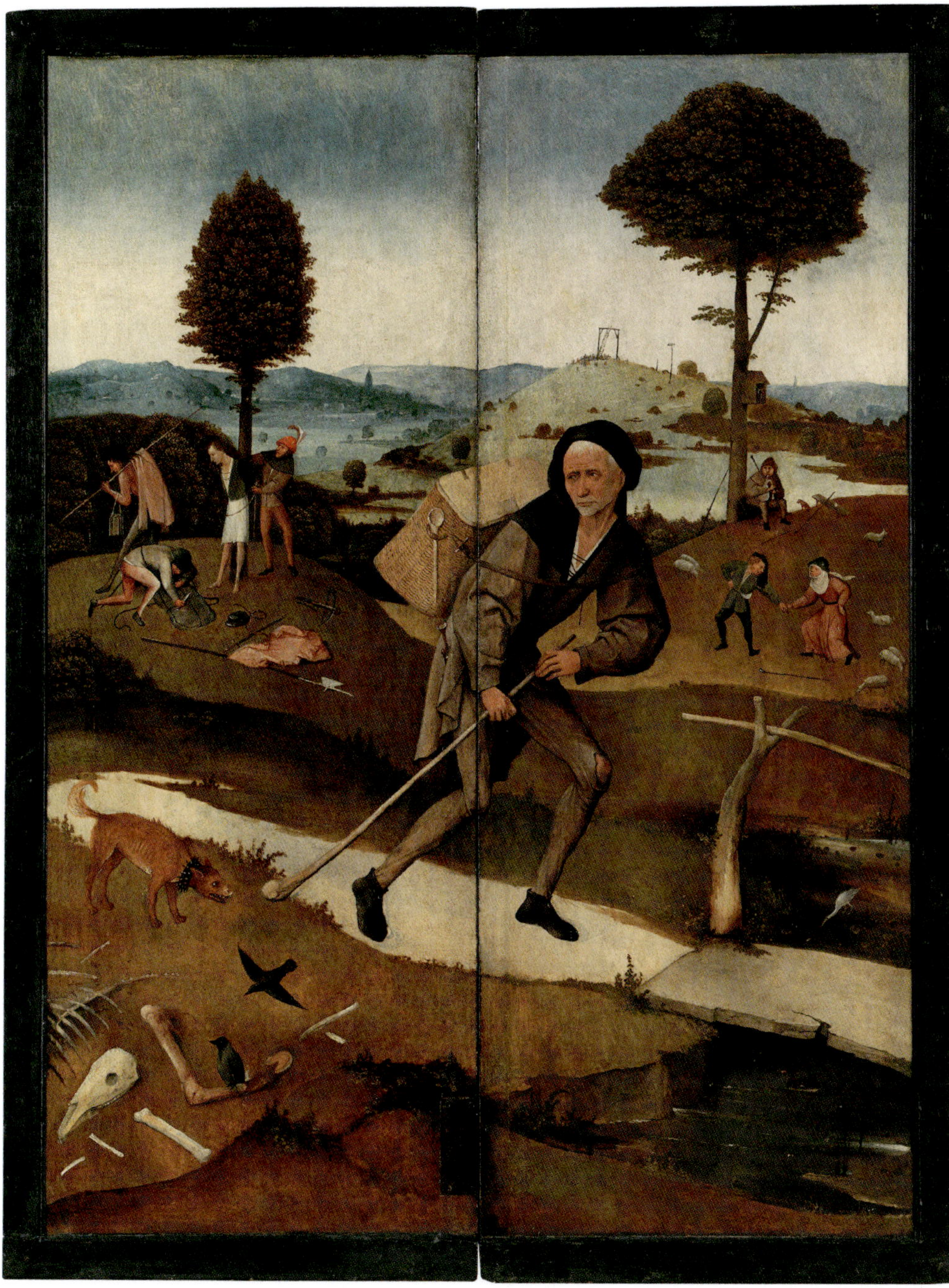

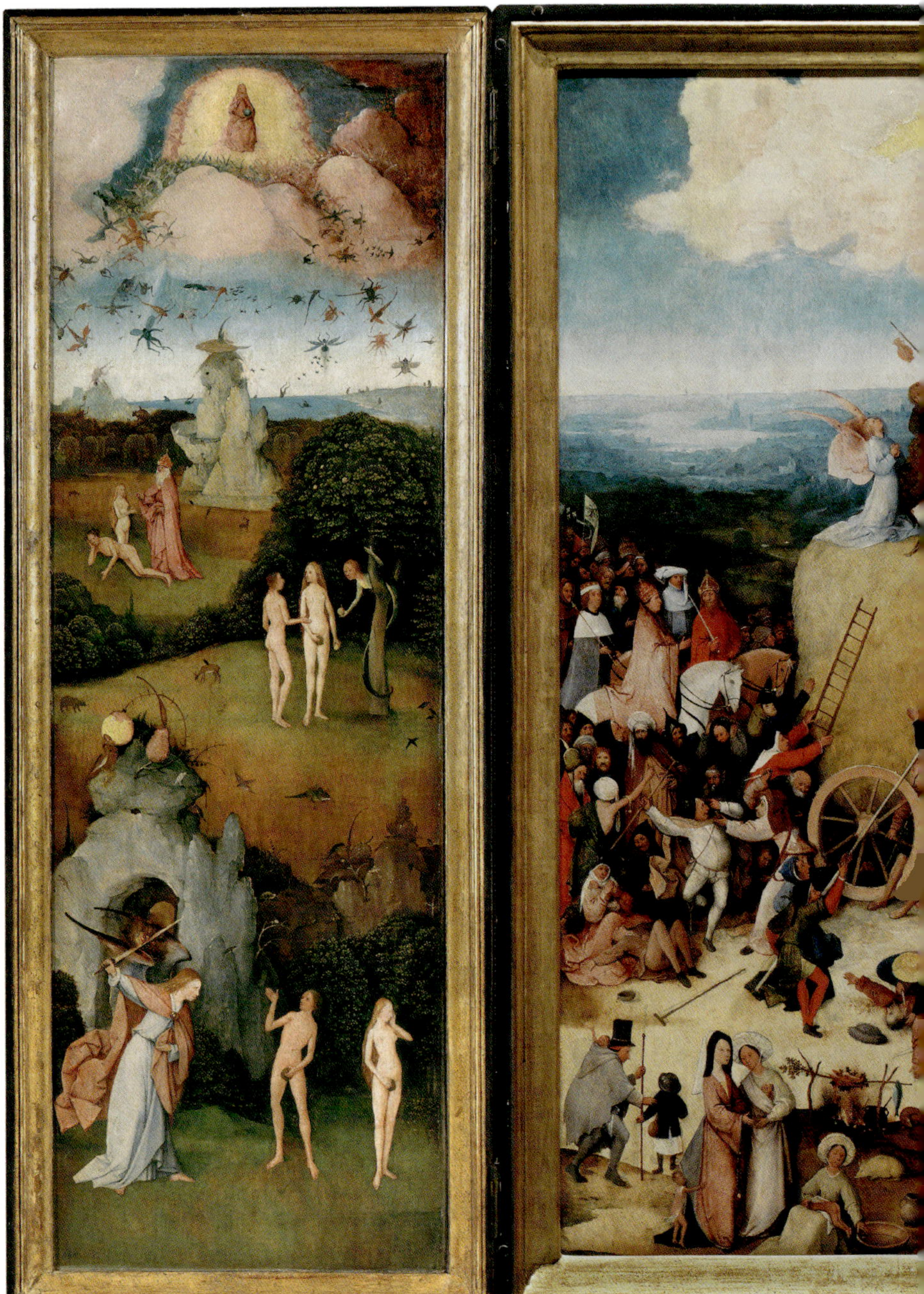

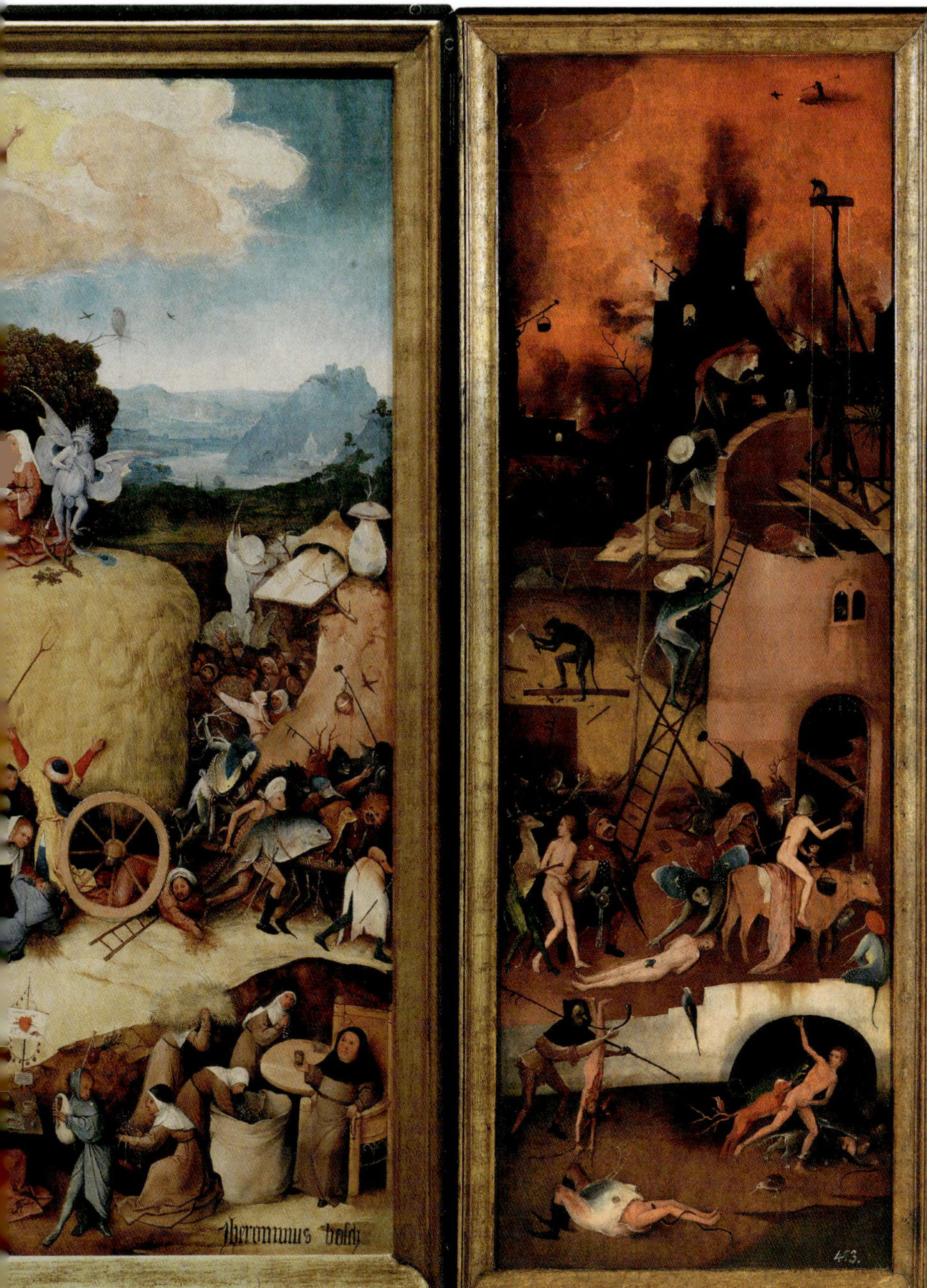
jheronimus bosch
463.

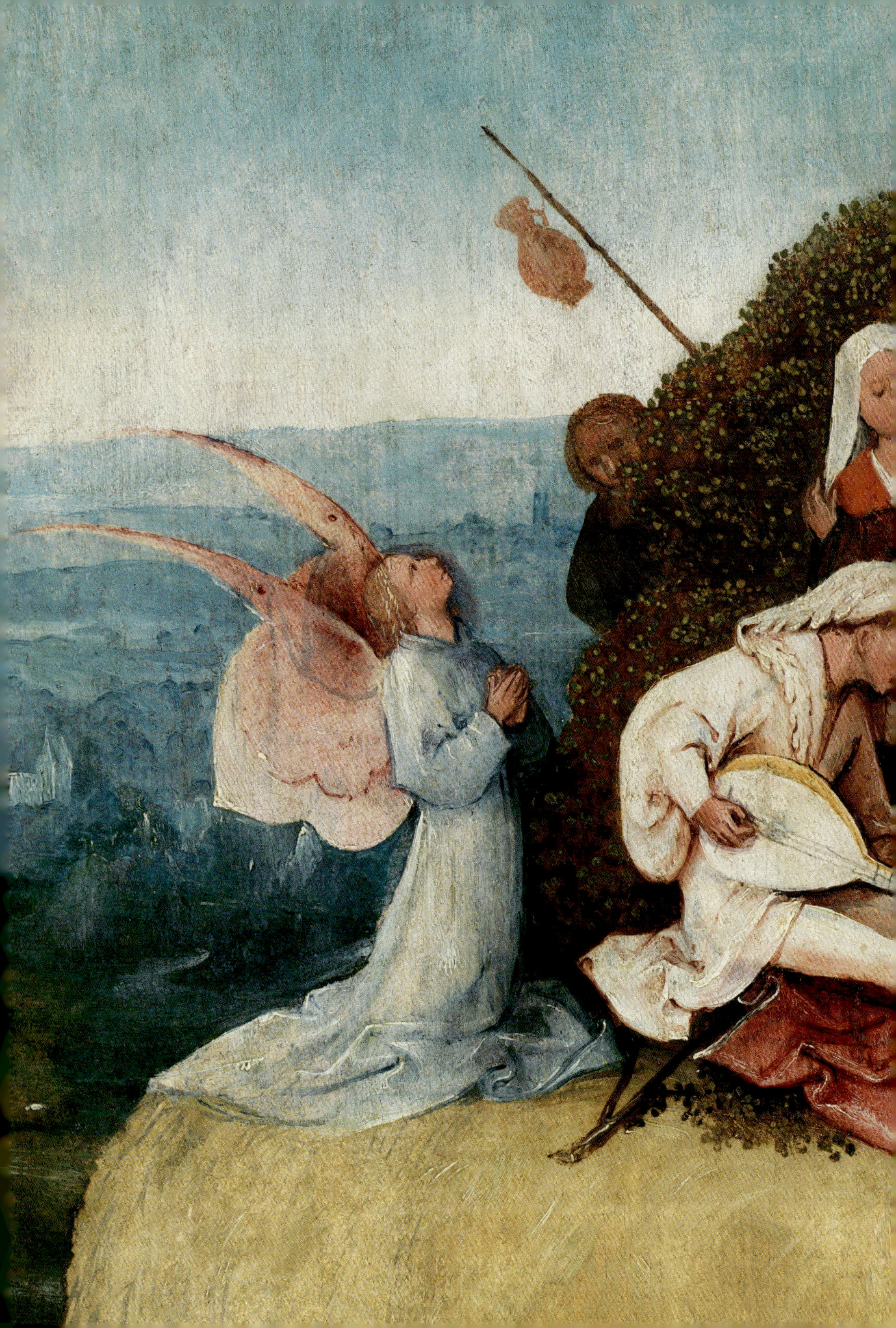

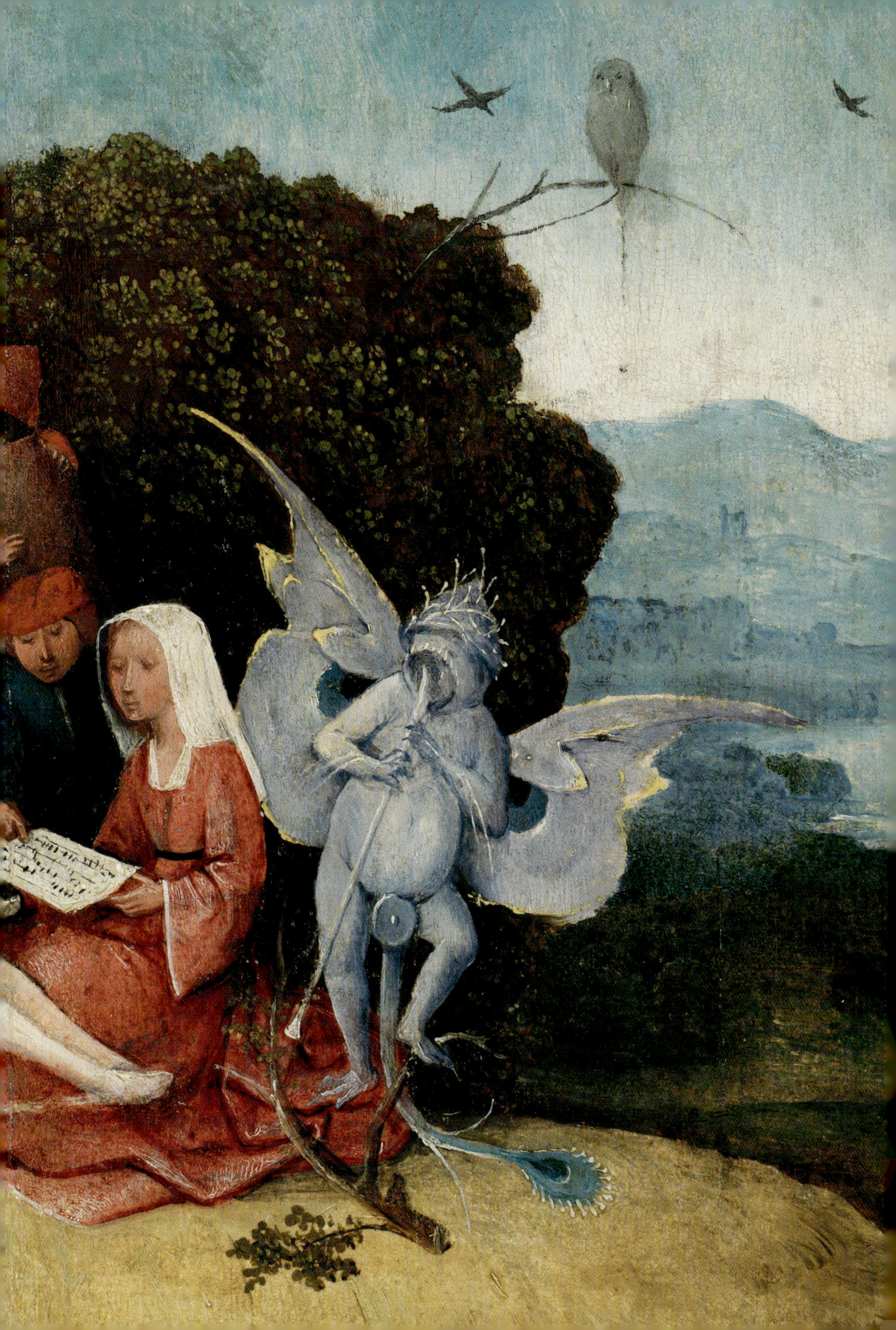

Seite 322/323, 325
Der Heuwagen (Details), um 1510–1515
Mitteltafel: **Der Heuwagen**
(siehe Abb. S. 320/321)

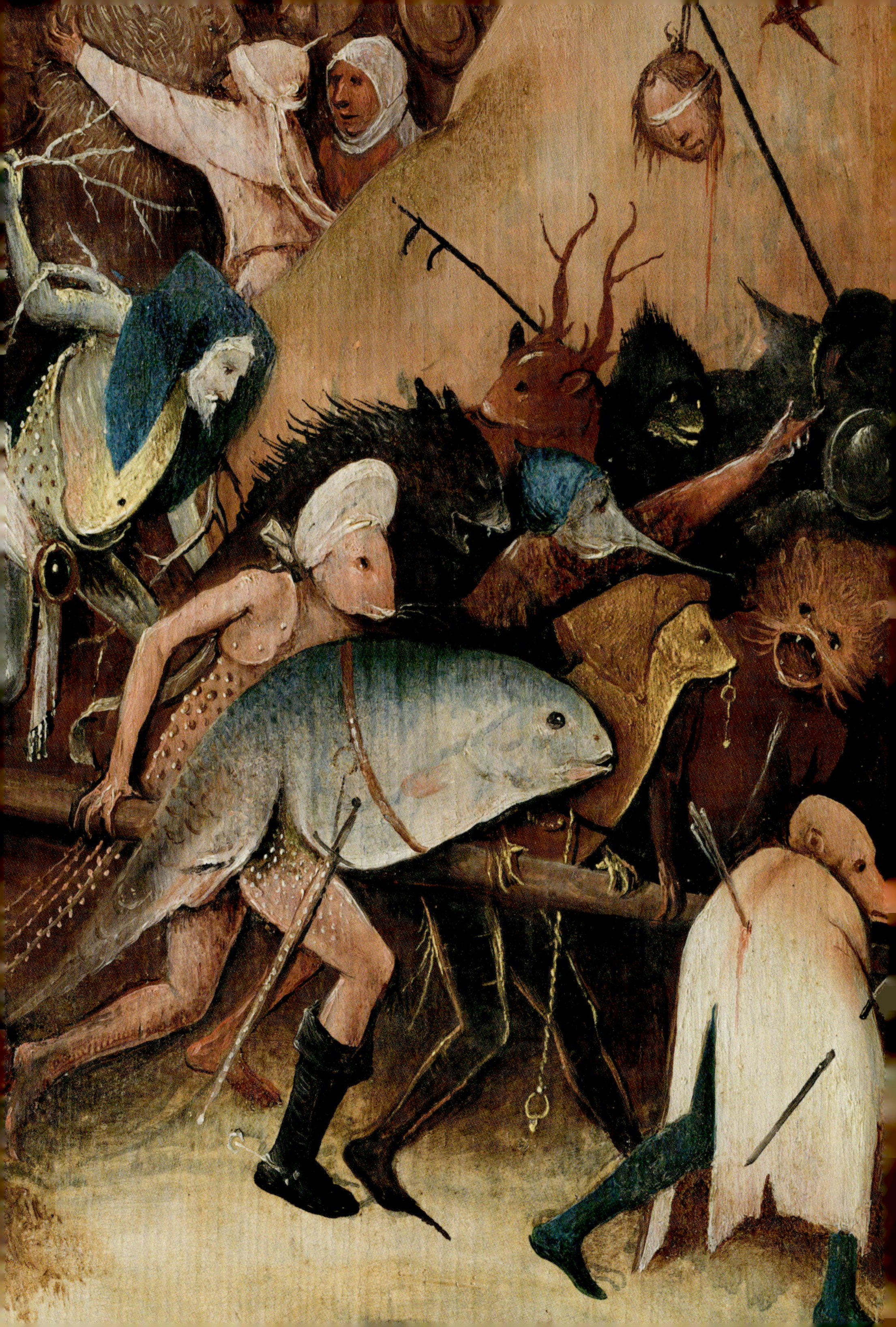

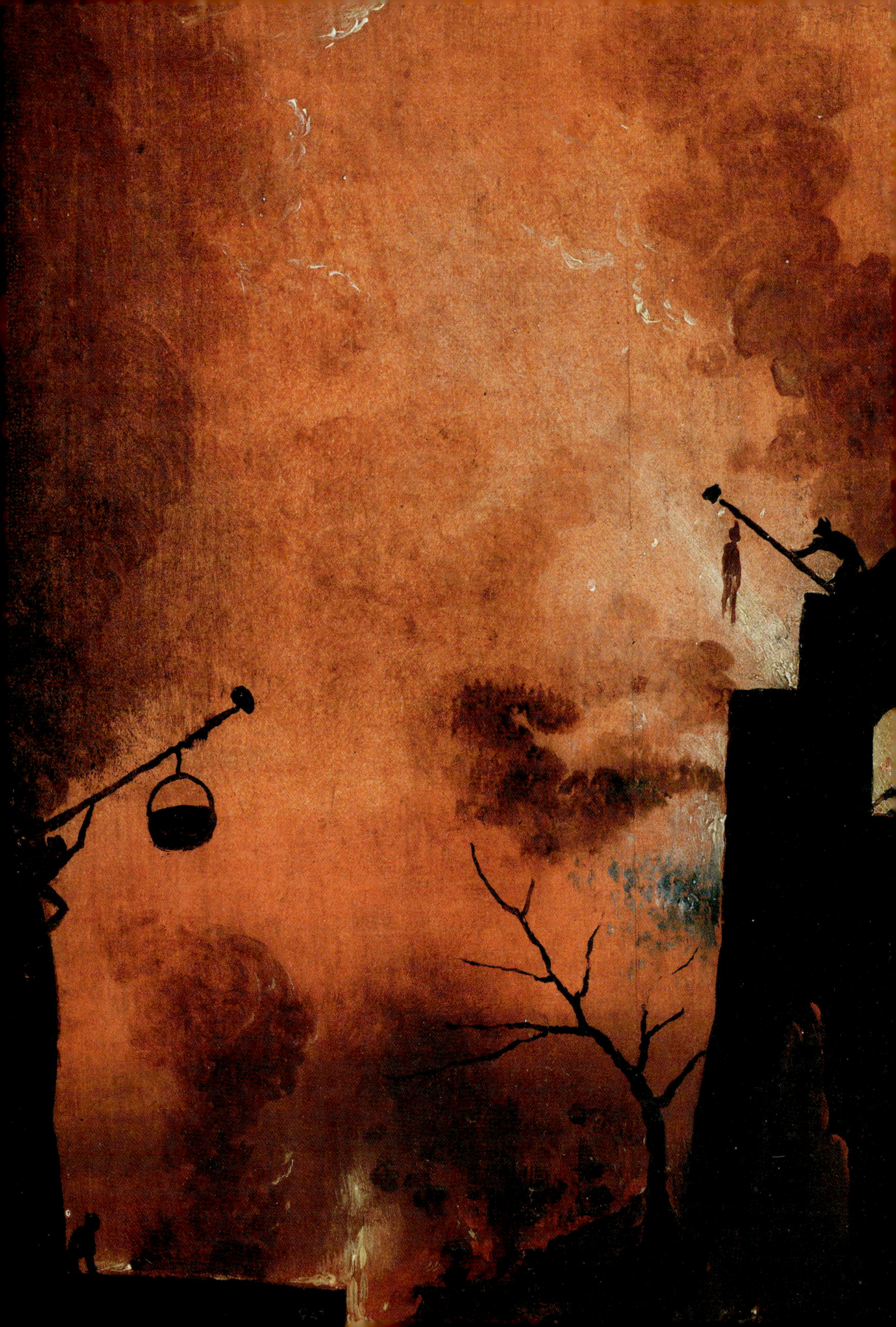

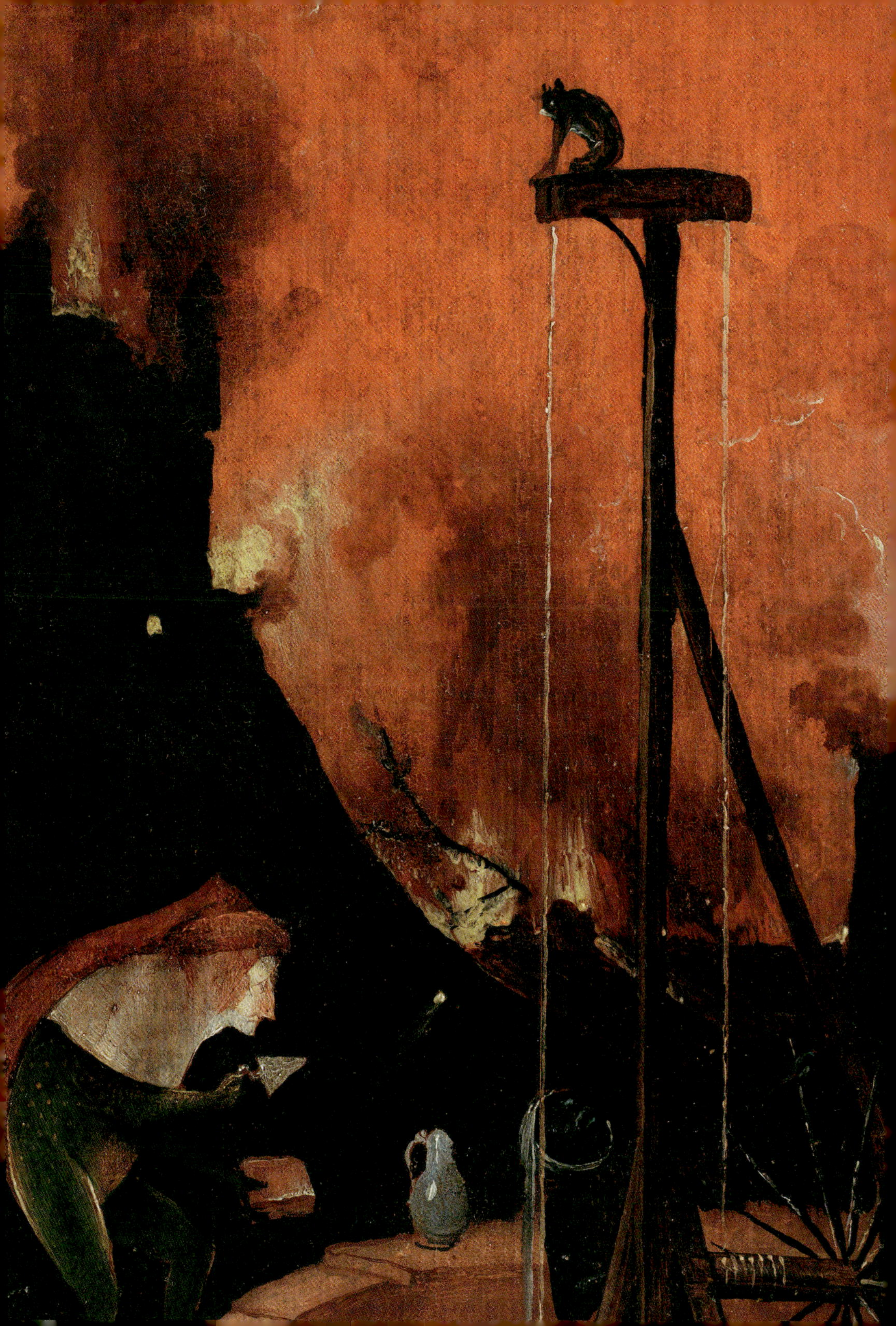

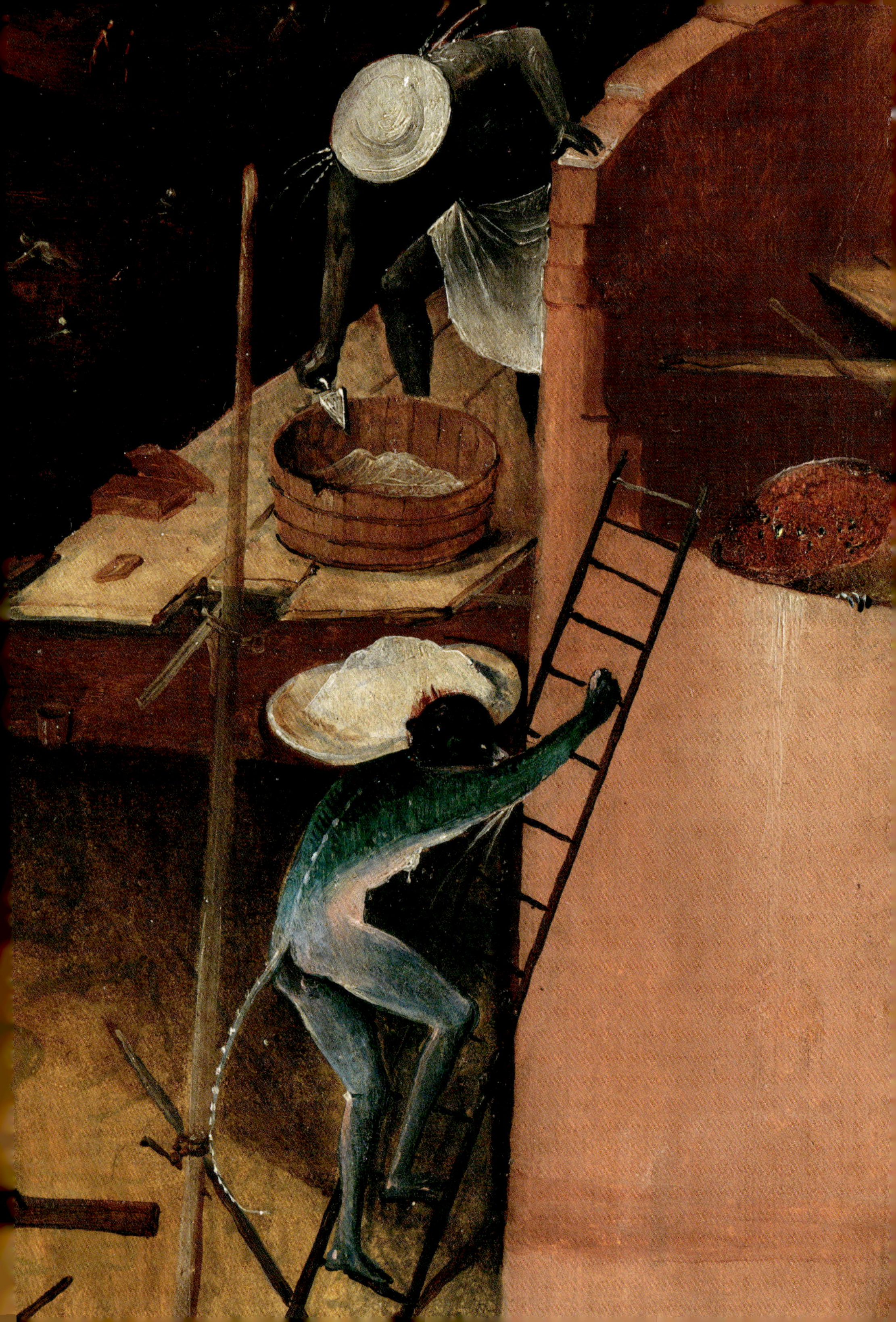

Seite 326/327, 328, 330/331
Der Heuwagen (Details), um 1510–1515
Rechter Innenflügel: **Die Hölle**
(siehe Abb. S. 320/321)

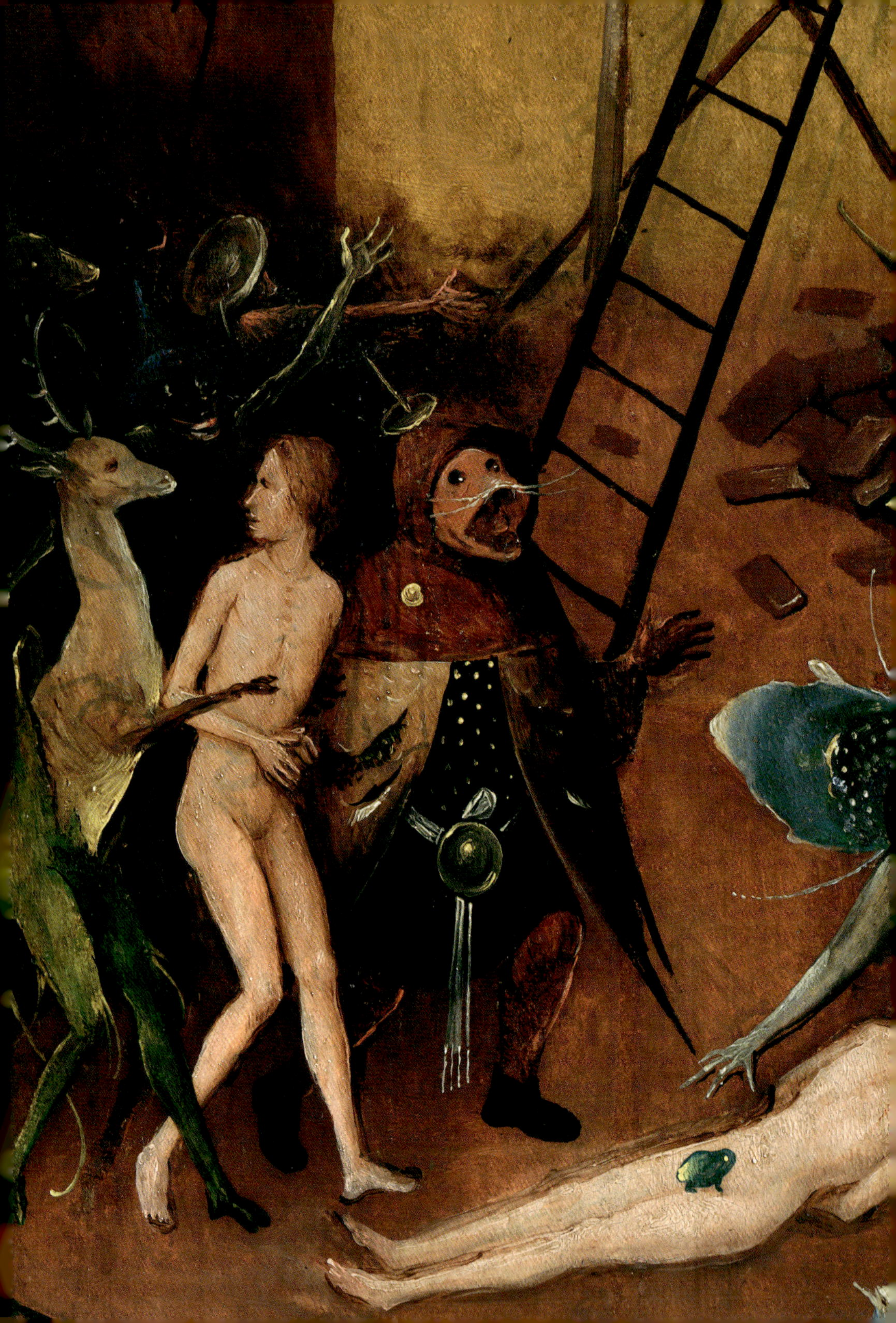

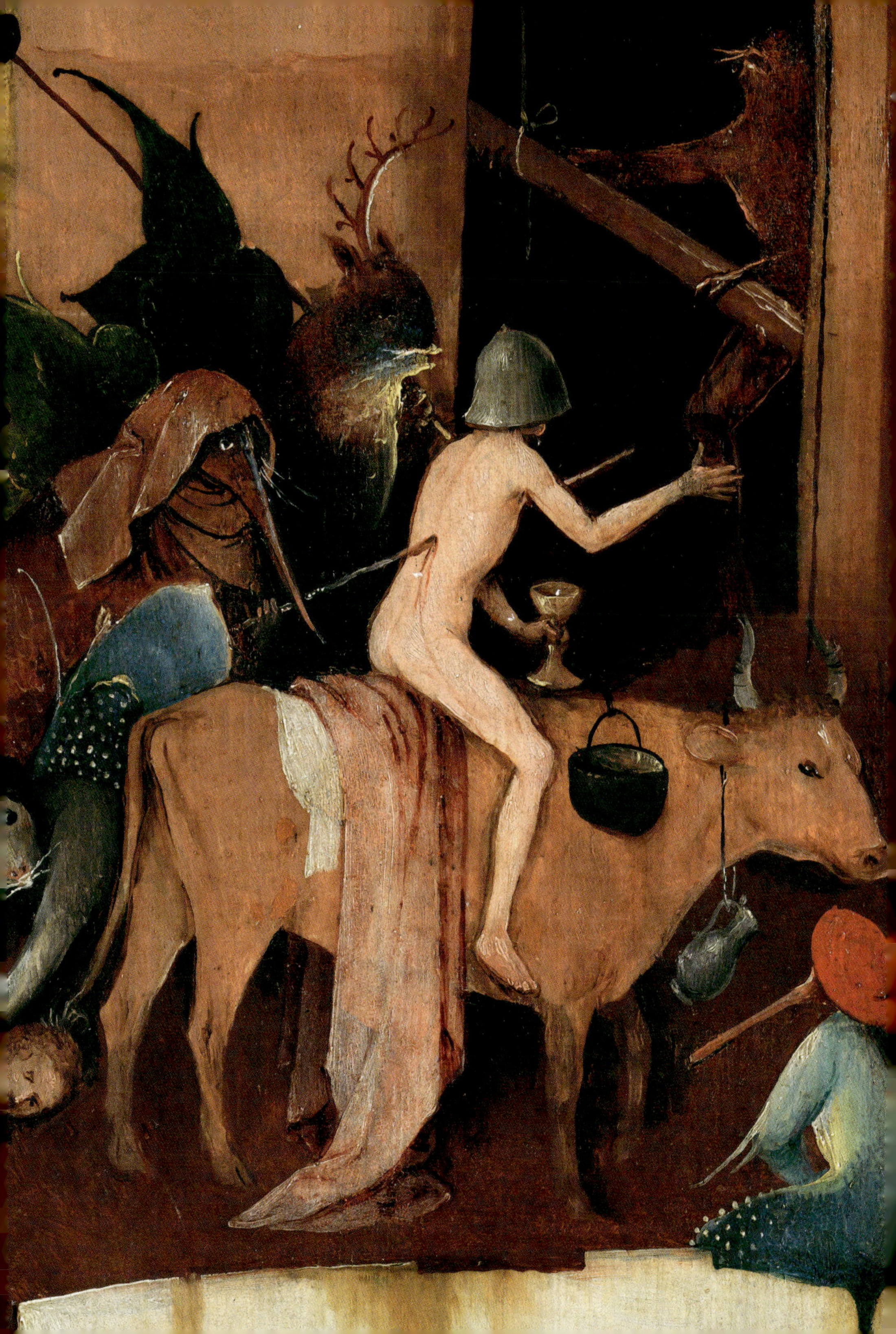

Epilog: Rätsel als Vermächtnis

„Der Flame Hieronymus Bosch war in der Darstellung seltsamer Erscheinungen sowie schrecklicher und grauenhafter Traumwelten einzigartig und wahrhaft göttlich."

GIOVANNI PAOLO LOMAZZO, 1584

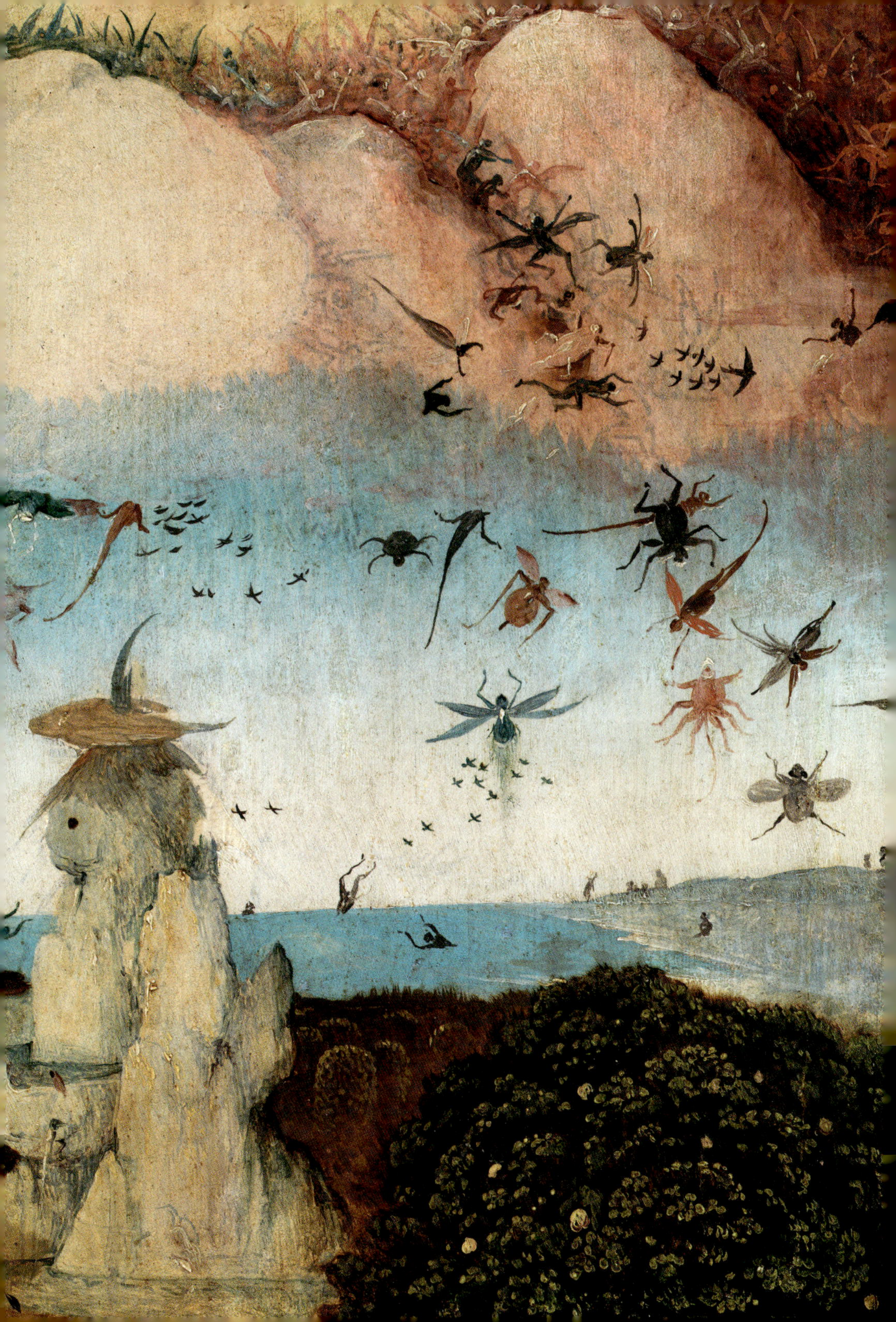

Während seiner letzten Lebensjahre dürfte Hieronymus Bosch die Ausführung von Aufträgen immer mehr an seine Werkstatt abgegeben haben. Wahrscheinlich ist, dass er seit spätestens 1499 mehr oder weniger dauerhaft über Werkstattmitarbeiter verfügte, auf jeden Fall um 1503–1505 (siehe Urkunde von 1503/04; vgl. Kat. 12, Kat. 14, Kat. 17, Kat. 21, Kat. 22). Die genaue Anzahl dieser Mitarbeiter sowie ihre Arbeitsanteile sind jedoch kaum erforscht. Ein Werk, das sicherlich aus der Werkstatt hervorging, ist das *Triptychon mit Hiob, Antonius und Hieronymus* (Kat. 22), das vier Werke Boschs zitiert und um 1505 entstand. Es liegt nahe anzunehmen, dass in der Werkstatt auch Familienmitglieder der verzweigten „Malerdynastie" van Aken tätig waren. Am ehesten kommt ein Neffe Boschs, Anthonis Goessens van Aken (um 1478–1516), als Mitarbeiter infrage (zur Biografie: van Dijck 2001a, S. 35; Vink 2001a, S. 96). Von seinem Vater Goessen ausgebildet, war er wohl fähig genug, bei seinem Onkel Hieronymus zu arbeiten. Anthonis fasste 1513/14 für die Heiliggeisttafel einen Christus auf dem Palmsonntagsesel, der während der Prozession am Palmsonntag durch die Stadt gezogen wurde. Auch für die Bruderschaft führte er 1514/15 einen Auftrag aus. 1515 malte er im Namen der Stadtregierung einige Wappenschilde für die *Joyeuse Entrée* (bzw. den *Blijde Inkomst*), also den ersten Besuch Karls V. als Herrscher im Juli 1515 in 's-Hertogenbosch.

Die Rolle der Werkstatt bei der Verbreitung von Boschs Kunst ist ebenfalls weitgehend unklar. Der Übergang zur sogenannten Bosch-Nachfolge, die seine Bildgenres bediente, seine Werke kopierte und seine Bildmotive durch Zitate oder Variationen nutzte, erscheint fließend (Unverfehrt 1980, Gibson 1992, Mecheln 2003, Aikema 2001a). Ein für das Verständnis und die Erforschung der Bosch-Rezeption in mehrfacher Hinsicht interessantes Werk ist das Triptychon mit dem *Jüngsten Gericht* von etwa 1515 (Kat. 26). Als Triptychon mit der *Geißelung Christi* (Kat. 26.1) auf den Außenflügeln war es für eine traditionelle Verwendung mit Alltags- und Festtagsseite konzipiert, also nicht ein reines Ausstellungs- und „Kunststück". Innen zeigt es das Jüngste Gericht mit dem irdischen Paradies links und der Hölle auf der Mitteltafel und der rechten Innentafel, über allem thront der Weltenrichter. Das Werk greift deutlich, aber ohne zu zitieren, auf Bildmotive aus den drei großen Triptychen von Bosch zurück, dem *Garten der Lüste* (Kat. 11), dem *Jüngsten Gericht* (Kat. 13) und dem *Heuwagen* (Kat. 20). Die Signatur „jheronimus bosch" unten rechts auf der Mitteltafel soll das Werk auf jeden Fall als Erfindung (Invention) Boschs ausweisen. Ob dieses Werk tatsächlich in Boschs Werkstatt entstand, ist damit zwar nicht belegt, doch zeigt dieser Maler eine so gute Kenntnis vom Œuvre Boschs, dass er entweder eine Zeit bei ihm gearbeitet hat oder Material aus ihr bezog. Er verarbeitet sein Vorbild jedenfalls selbstständig und mit maltechnischer Raffinesse.

Erstaunlich hoch ist die Zahl von Werken, die in Inventaren und Berichten Hieronymus Bosch zugeschrieben werden (Tolnay 1965; Cinotti/Schlégl 1966; Vandenbroeck

2003, S. 308–340). Noch heute übersteigt die Zahl der Kopien und Nachahmungen die Zahl erhaltener Originale vermutlich um das Fünfzehn- bis Zwanzigfache (vgl. Unverfehrt 1980), sodass nicht allzu viele verlorene Werke zu vermuten sind. Wie schwer diese Funde zu deuten sind, zeigt sich beispielsweise an dem Geschenk, das eine Kammerdienerin der Eleonore von Kastilien (1498–1558) 1516 Margarete von Österreich machte; dabei soll es sich laut Inventar von 1516 um eine mittelgroße Einzeltafel von Hieronymus Bosch gehandelt haben: „Ung moyen tableau de Sainct Anthoine qui n'a couverte ni feullet, qui est fait de Jheronimus Bosch et a esté donné à madame par Jhorine, femme de chambre de madame Lyonor" (van Dijck 2001a, S. 92). Das Inventar von 1524 beschreibt dieses Gemälde genauer: Antonius, von seltsamen Figuren umgeben, hält eine Krücke im Arm, Buch und Brille in der Hand (Eichberger 2002, S. 269; van Dijck 2001a, S. 93). Gerade das letzte Attribut setzt Bosch jedoch nur negativ ein, da es das äußere, sinnliche Sehen bezeichnet (siehe den Teufel in Kat. 3.2.1 und Kat. 10.4); damit erscheint die Zuschreibung an den Maler aus 's -Hertogenbosch unglaubhaft. Ein anderes Inventar verzeichnet bereits 1542 fünf angeblich von Hieronymus Bosch entworfene Tapisserien im Besitz des französischen Königs Franz I. (1494–1547; van Dijck 2001a, S. 95–96; Kurz 1967; 's-Hertogenbosch 1967, S. 28–37; Koldeweij/Vermet/Vandenbroeck 2001): eine Antonius-Versuchung, einen Heuwagen (S. 336), einen heiligen Martin und einen Kriegselefanten. Heute sind die ersten vier dieser Tapisserien in Madrid zu bestaunen, das fünfte Werk ist als Druck und Gemälde überliefert. Doch nur die Tapisserie mit dem *Garten der Lüste* ist eine Kopie nach Bosch, die anderen ahmen seinen Stil nach.

Auf Boschs Originalität und seine offensichtliche Popularität gegründet, bildete sich im Verlauf der ersten Hälfte des 16. Jahrhunderts mit Schwerpunkt in Antwerpen und auch Brüssel eine an den Bedürfnissen des Kunstmarktes orientierte Nachfolge heran, die bis ins folgende Jahrhundert Aberdutzende Gemälde und Drucke, oft mit Bezug auf seinen Namen, produzierte und so bis heute das Bild vom Maler prägte. Zu den in Antwerpen tätigen wichtigsten entwicklungsgeschichtlichen Nachfolgern zählen Joachim Patinir, Herri met de Bles und Pieter Bruegel d. Ä. sowie in Mecheln die Familie Verbeeck, während zur engeren Bosch-Nachfolge Meister gehören, die sich eng an den Themen- und Motivschatz anlehnten, wie Jan Mandijn (um 1500–1559), Pieter Huys (um 1520–1581/84) und wohl auch Marcellus Coffermans (1520–1578). Andere Maler kopierten Bosch, wie der für die Habsburger arbeitende Michiel Coxie (1499–1592).

Den Forschungsstand über Boschs Person und seine Werke kann man bezüglich folgender Themen als weit fortgeschritten bezeichnen: Bosch als Mitglied der Malerfamilie van Aken, seine finanziellen Verhältnisse und sein soziales Umfeld (van Dijck 1973 und 2001b, Blondé/Vlieghe 1989, Gerlach 1988, Vink 2001a/b, Huys Janssen 2007), Untersuchungen zur Ikonografie (Bax, Gibson, Marijnissen, Vandenbroeck, de Bruyn und viele

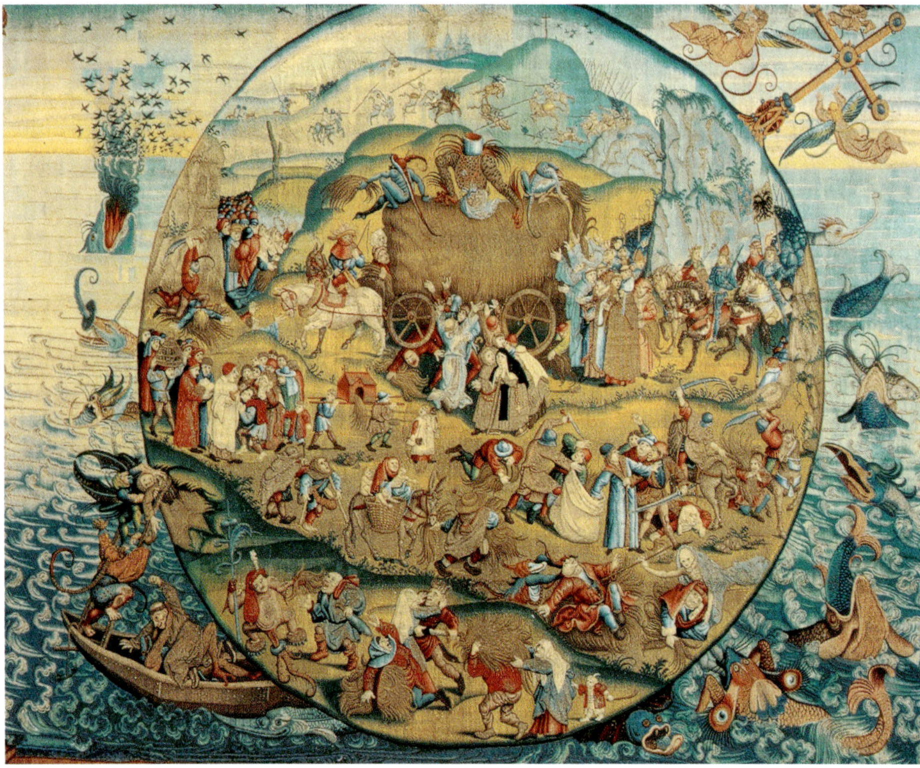

Brüsseler Atelier, **Heuwagen in der Erdkugel** (Detail), um 1550–1570 (Entwurf vor 1542)
Tapisserie, 298 x 373 cm. Madrid, Patrimonio Nacional, Palacio Real

Seite 333
Der Heuwagen (Detail), um 1510–1515
Linker Innenflügel: **Das Entstehen des Bösen und der Verlust des Paradieses** (siehe Abb. S. 320/321)

weitere Einzelstudien, siehe Katalog) sowie stilistische Studien zur Echtheit seiner Werke (Filedt Kok 1972/73, Unverfehrt 1980, Koreny 2002/03, 2012) und restauratorische Untersuchungen (Schoute u. a.). Anlässlich des 500. Todestags von Bosch 2016 wurde das Bosch Research and Conservation Project mit dem Ziel initiiert, durch umfangreiche technische Untersuchungen des Œuvres neue Erkenntnisse in Fragen der Zuschreibung und des Werkprozesses zu erlangen („Jheronimus Bosch 500").

Auf die weiterführenden Forschungsaufgaben kann hier nur ein subjektiver Blick geworfen werden. Ein Aspekt werden sicher die Werkstattmitarbeiter und ihr Anteil an den einzelnen Werken sein, ferner die Frage, ob und inwieweit sie während der Zusammenarbeit mit Bosch und in den Jahren danach seine Ideen und Bildmotive weitertrugen.

Besonders die sicheren Werkstatt- und Werkstattmitarbeiterwerke (Kat. 21–28) böten hier eine wichtige Referenz, auch und besonders, um unterschiedliche Arten der Unterzeichnung zu erklären. Bei den stilistischen Überlegungen, die hier unweigerlich eine Rolle spielen, muss mit einem komplexen Stilbegriff operiert werden, der die Arbeitsteilung in der Werkstatt sowie die Abhängigkeit des Malers und seiner Kunstwerke von den Ansprüchen der Auftraggeber, dem Thema, der Funktion und den Stillagen einbezieht. Kaum betrachtet wurde bisher auch die Farbsymbolik und Farbzusammenstellung bei Bosch.

Gestützt auf Einzelergebnisse der Forschung der letzten Jahre und Jahrzehnte lässt sich aber bereits jetzt das „Phänomen Bosch“ in der Verbindung der sozialen, kulturellen und geistesgeschichtlichen Faktoren deutlich fassen. Diese sind der im 15. Jahrhundert regionale Charakter der Kunst in ’s-Hertogenbosch jenseits der großen Kunstzentren, das durch die Anzahl der Orden und religiösen Gemeinschaften überdurchschnittlich ausgeprägte religiöse Klima dort, die Ideen der christlichen Reform und des Humanismus, die zunehmende Differenzierung der Ansprüche an Kunst sowie die größer werdende Konkurrenz unter den Künstlern, der Bosch gerade als drittältester Sohn offenbar mit Ehrgeiz und Selbstbewusstsein entgegentrat. Für ihn bildeten die Liebfrauenbruderschaft und ihr gesellschaftliches Netzwerk auch das Bindeglied zu seinen höfischen Auftraggebern; eine wichtige Vermittlungstätigkeit leistete der Spanier Diego de Guevara, seit 1496 Außenmitglied der Liebfrauenbruderschaft.

Um zu einer historischen Würdigung Boschs zu gelangen, bietet es sich an, ihn in die breite und vielfältige moralsatirische, absurde und groteske Tradition zu stellen, für die in der zeitgenössischen Ausformung des 15. und 16. Jahrhunderts in der bildenden Kunst die Motive der Drolerien und die oben genannten, ihm folgenden Maler stehen und in der Literatur so bekannte Werke wie Heinrich Wittenwilers (tätig um 1400) *Der Ring*, Thomas Murners (1475–1537) Sprichwörtersatiren und -predigten, Teofilo Folengos (1491–1544) *Baldus* oder François Rabelais’ (um 1494–1553) *Gargantua* und *Pantagruel*. Wo Schönheit, Harmonie und Illusionismus höchste Ideale waren, nämlich in der niederländischen Malerei des 15. Jahrhunderts und in der Kunst der Renaissance, war also auch das Gegenteil denkbar und umsetzbar: eine nicht an der Antike orientierte, antiklassische Ästhetik und ein antiklassisches Kunstkonzept, das absichtsvoll gegen die Prinzipien der Harmonie verstieß, gemäß der urchristlichen Vorstellung, dass die äußere Schönheit die Schönheit einer vergänglichen Welt, die wahre Harmonie aber in der Seele eines durch die Wahrheit geläuterten Geistes gegenwärtig ist. Wenn auch kein Nonkonformist oder Avantgardist, stellte sich Bosch in seinem Bestreben, mit Rückgriff auf das künstlerische, ja ästhetische Prinzip der Groteske die Bildkunst auf christlicher, nicht antiker Basis zu erneuern, gegen den Strom seiner Zeit und schuf doch zeitlos Wirkendes.

Katalog der Gemälde

„Denn Gott gibt oft Einem die Fähigkeit zu lernen und die Einsicht [verstand], etwas Gutes zu machen, dem zu seiner Zeit Keiner gleich kommt, und lange Zeit vor ihm ist Keiner gewesen, und nach ihm kommt nicht so bald Einer seinesgleichen."

ALBRECHT DÜRER, 1528

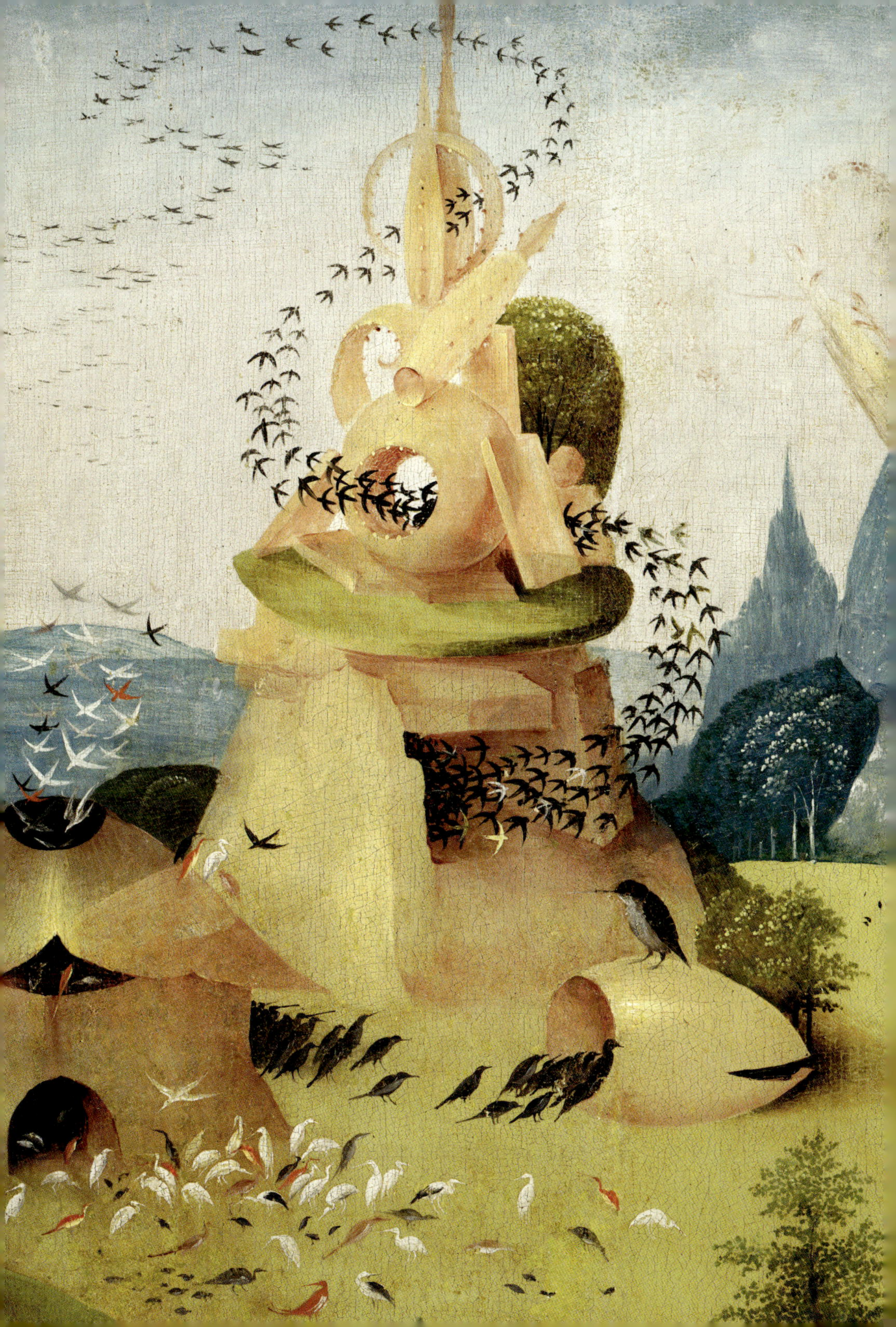

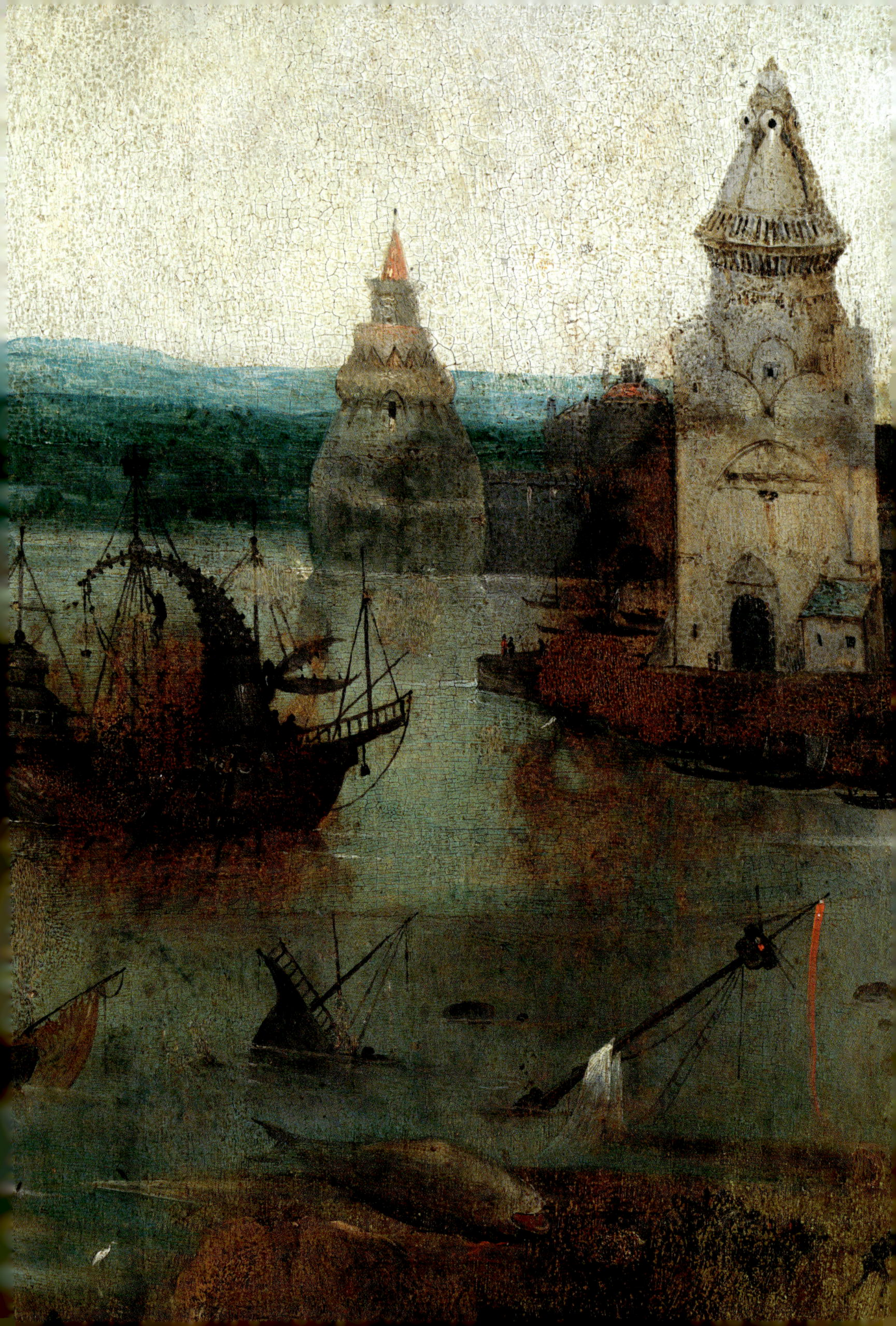

Erläuterungen zum Katalog

Boschs Werke haben eine sehr ungleiche Aufmerksamkeit erfahren. Dies mag mit der jeweiligen Größe, dem Erhaltungszustand und der Vertrautheit oder Fremdheit der Ikonografie zu tun haben. Seine Triptychen stellen für den Betrachter eine besondere Herausforderung dar: Der Künstler hat sich diese Form in einer Freiheit angeeignet und zu einer solchen Komplexität geführt, dass diese Werke nicht wie große Gemälde, sondern wie Bilderzyklen einzuschätzen sind.

Neben geistesgeschichtlichen und ikonografischen Untersuchungen beschäftigte die Bosch-Forschung intensiv die Frage nach dem Personalstil und den Entwicklungsphasen seiner Kunst. Dabei wurde die kennerschaftliche Einschätzung im Laufe der Jahrzehnte durch immer objektivere Methoden (Dendrochronologie, Archivalien) ergänzt, wodurch genauere Datierungen möglich wurden und viele Bilder abgeschrieben werden mussten. Insgesamt gibt es kaum noch umstrittene Werke. Zum Bosch-Œuvre zählen heute nur noch rund 20 Gemälde und acht Zeichnungen. Ein halbes Dutzend Tafelbilder sowie eine ähnlich große Zahl von Zeichnungen sind Werkstattmitarbeitern zuzuschreiben. Dennoch gibt es gelegentlich Bestrebungen, das Œuvre noch weiter zu verkleinern und sogar in ein Œuvre Boschs und das Œuvre eines Meisterschülers aufzuteilen (Koreny 2002/03, 2012). Außer Acht gelassen werden in diesem Katalog die zahlreichen nur in Inventaren des 16. und 17. Jahrhunderts überlieferten Werke, da ihre Zuschreibung an Bosch oft sehr fraglich ist.

Gibson hat in seiner systematischen Bibliografie 1983 umfassend alle Publikationen zu Bosch zusammengetragen und mit einer kurzen Inhaltsangabe versehen. Einen geordneten Einblick in die Gemälde Boschs und die jeweilige Forschungslage gibt immer noch das in mehreren Sprachen und Auflagen erschienene Standardwerk von Marijnissen (auf Deutsch 1988 ff.). Bei unserem Katalog stützt sich die Zuschreibung und Chronologie außer auf die unter den jeweiligen Nummern aufgeführten Einzelstudien wesentlich auf

Seite 339
Der Garten der Lüste (Detail), um 1503
Linker Innenflügel: **Paradies mit der Zuführung Evas** (siehe Abb. S. 188)

Seite 340
Triptychon mit der gekreuzigten Märtyrerin (Sint-Ontcommer) (Detail), um 1505–1515
Rechter Innenflügel (siehe Abb. S. 310/311)

die Arbeit von Unverfehrt (1980) und die Publikationen zur Rotterdamer Ausstellung 2001 (Koldeweij/Vermet/Vandenbroeck 2001; Koldeweij/Vermet/Kooij 2001, S. 96–131). Weiterer Aufschluss ist bis 2016 durch das Bosch Research and Conservation Project zu erwarten, in dessen Rahmen eine umfangreiche Dokumentation der technischen Gemäldeuntersuchungen des Werkkomplexes entsteht (Spronk 2011). Zur Frage der Zuschreibung und Nachfolge mit Werklisten sind außerdem Cinotti, die Publikationen von van Schoute sowie Vandenbroeck 2003 aufschlussreich.

Für die Chronologie liefern die dendrochronologischen Untersuchungen, also die Bestimmung des Fällungsdatums des Holzes für die jeweiligen Tafeln mittels der Jahresringe, einen frühesten Zeitraum der Verwendung und damit der Bemalung. Weiterhin spielen für die Einordnung der Werke in die zeitliche Reihenfolge die Identifizierung der Auftraggeber, die Funktion und Komplexität, das Zitieren von Bildmotiven sowie Technik und Stil von Unterzeichnung und Malerei eine Rolle. Eine Festlegung aufgrund allgemeiner Kriterien einer stilistischen Entwicklung hat sich meines Erachtens als nicht objektiv genug erwiesen.

Die Auftraggeber Boschs finden sich vor allem unter dem höfischen Adel der Niederlande und der städtischen weltlichen oder weltgeistlichen Elite. Der größte Sammler war ohne Zweifel Philipp II. von Spanien (1527–1598) mit 26 Gemälden, die von Bosch stammen oder ihm zugeschrieben wurden, wie die Inventarlisten zeigen (Silva Maroto 2001; Vandenbroeck 2001a).

Auch in der Literatur hinterließ Bosch im 16. und 17. Jahrhundert seine Spuren. Einblicke in die literarische Rezeptions- und Interpretationsgeschichte geben Salazar 1955, Heidenreich 1970, Cinotti 1966, Marijnissen 1988 und die Quellentexte selbst (siehe Anhang).

Die erhaltene Produktion der Bosch-Nachfolge übersteigt die des Meisters um mehr als das Zehnfache. Schon Unverfehrt führt in seiner Anfang der 1970er-Jahre verfassten und 1980 erschienenen Untersuchung weit über 250 nicht originale Werke der Bosch-Nachfolge auf – von Werkstattarbeiten und Kopien bis zu Paraphrasen und Gemälden in dem von ihm etablierten Diablerien-Stil. Allein die Zahl der Kopien der bekanntesten Werke ist beachtlich: Von der *Antonius-Versuchung* (Kat. 10) sind rund 30 und vom *Garten der Lüste* (Kat. 11) etwa ein Dutzend bekannt. Vom *Garten der Lüste* existiert auch eine aufwendige Kopie als Teil einer Serie von vier Wandteppichen nach Bosch-Originalen bzw. -Nachahmungen (Kurz 1967; 's-Hertogenbosch 1967, S. 28–37; siehe S. 336). Vom *Jüngsten Gericht* Wien (Kat. 13) gibt es dagegen nur zwei Kopien, darunter allerdings eine Lucas Cranach d. Ä. zugeschriebene; vom *Ecce Homo* Frankfurt (Kat. 4) zwei, von der *Kreuztragung* Wien (Kat. 9) drei.

Der Katalog gliedert sich in zwei Teile: Er beginnt mit den vom Autor als eigenhändige Werke Boschs eingestuften Gemälden, gefolgt von den Gemälden der Werkstatt sowie der Nachfolge, sofern deren Zuschreibung in der Forschung noch umstritten ist. Zwei Kopien der *Hochzeit zu Kana* sind aufgenommen, weil sich dadurch das verlorene Original von Bosch rekonstruieren lässt. Die Werke sind in den jeweiligen Katalogteilen so weit wie möglich chronologisch geordnet. Wenn nicht anders vermerkt, bezeichnen die Maßangaben die Größe ohne Rahmen.

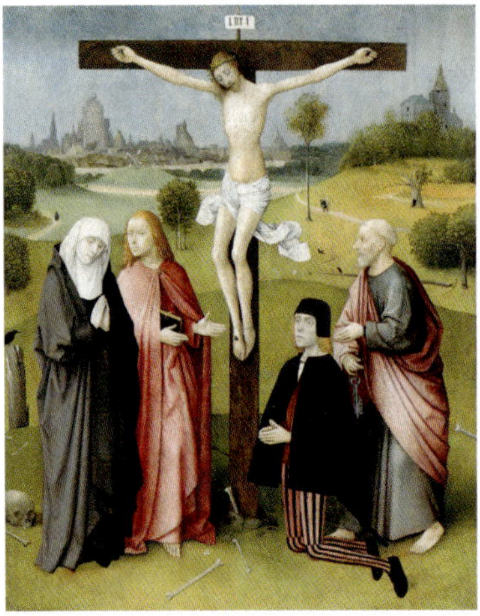

1

Katalog der Gemälde – Eigenhändige Werke

1
Kreuzigung mit Heiligen und Stifter, um 1485–1490
Öl auf Eichenholz, 74,7 x 61 cm
Brüssel, Musées royaux des Beaux-Arts de Belgique/Koninklijke Musea voor Schone Kunsten van België, Inv. 6639

Das Gemälde zeigt die Kreuzigung mit den Fürbittern Maria und Johannes dem Evangelisten links und einem knienden Stifter und Petrus rechts vor einer weiten Landschaft mit zeitgenössischer Stadtsilhouette im Hintergrund. Der genaue ursprüngliche Funktionszusammenhang und Aufstellungsort sind unbekannt. Der Stifter konnte bisher nicht identifiziert werden. Da der heilige Petrus als Namenspatron direkt neben ihm steht, ist es wahrscheinlich, dass der Stifter den Vornamen Petrus, Pe(e)ter, Pieter oder Piet trägt, was aber mangels Archivalien, Herkunft oder Wappen nicht wirklich weiterhilft.

Die Kleidung des Stifters hilft bei der Bestimmung der Entstehungszeit und seines Standes. Der Kurzmantel, die längs gestreifte Hose, die Mütze und das Schwert lassen auf eine relativ junge höfische oder städtische, mit einer polizeilich-richterlichen Amtsgewalt ausgestattete Person schließen, die aus einem Stand direkt unterhalb oder am unteren Rand der Aristokratie bzw. des Patriziats stammte. Solche Kleidung wurde – abgesehen von den Landsknechten – im 16. Jahrhundert nicht mehr getragen.

Die *Kreuzigung* wird in der Forschung fast einhellig als Frühwerk angesehen. Die Datierung als frühes Werk wird unterstützt durch die dendrochronologische Untersuchung (um oder nach 1477–1483), den künstlerischen Anspruch und die Art der Kleidung des Stifters. Die ähnlich dem rechten Innenflügel des *Ecce Homo* Boston (Kat. 21) gestaltete Hinter-

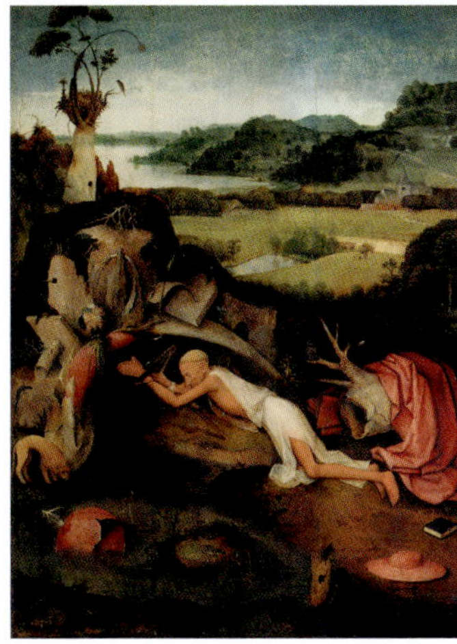

2

grundlandschaft ergibt mit dem Jahr 1499 den Terminus ante quem. In Thema und Funktion zeigt es, dass Bosch den Erfordernissen der Zeit gemäß durchaus auch „gewöhnliche" Bilder anfertigte. Die überraschende Konventionalität des Gemäldes ist jedoch nicht nur auf die angenommen frühe Entstehungszeit zurückzuführen, sie korrespondiert auch mit der gesellschaftlichen Position des Stifters und mit dem überaus häufigen, konzeptionell konservativen und wenig innovativen Thema. Origineller ist lediglich die ausgeprägte Landschaftsdarstellung mit ihren Details, die nicht so idyllisch sind wie meist in der niederländischen Malerei des 15. Jahrhunderts. Besonders der Mittelgrund lässt schon den typischen Bosch erahnen: wandernde Pärchen neben Zeichen des Todes wie Knochen, Schädel und Rabenvögel, die wie zufällig vom Kalvarienberg im Vordergrund in die Ferne gestreut sind.

Die schlechte Qualität des porträtierten Gesichtes kann auf die Beschädigung durch die Übermalung mit einer Maria Magdalena und ihre Entfernung bei der Restaurierung 1966/67 zurückgehen. 1664 wird in 's-Hertogenbosch „ein Tafelgemälde mit der Kreuzigung Christi, gefertigt durch Hieronymus Bosch mit einem Holzrahmen" verzeichnet, das möglicherweise das hier behandelte war. Im 19. und 20. Jahrhundert befand sich das Werk jedenfalls in Brüsseler Privatsammlungen, bevor es ins königliche Museum kam.

Siehe auch S. *21*, 26/27.

LITERATUR: Marijnissen 1988, S. 346–349; Koldeweij 2001, S. 81; Schoute/Verougstraete/Garrido 2001, S. 116; Stroo 2001, S. 71–83; Fischer 2009, S. 81–84.

2

Der heilige Hieronymus in der Einöde (bei der Buße), um 1485–1490
Öl auf Eichenholz, 80,1 x 60,6 cm
Gent, Museum voor Schone Kunsten,
Inv. 1908 H

Der heilige Hieronymus liegt halb bekleidet in einer Art Mulde auf dem Erdboden vor einem Hügel, umgeben von Steinplatten, Pflanzen und Tieren und inmitten einer weiten mitteleuropäischen Landschaft. Der heilige Hieronymus, eigentlich Eusebius Sophronius Hieronymus aus Stridon (347–419/20), einer der vier spätantiken Kirchenlehrer des Abendlandes, dessen Autorität sich auf seine Übersetzung der Bibel ins Lateinische (Vulgata) gründete, galt im Humanismus als Prototyp des Gebildeten. Darstellungen zeigen ihn oft in der Studierstube, so etwa Domenico Ghirlandaios (1449–1494) und Antonello da Messinas (um 1430–1479) Gemälde oder Albrecht Dürers (1471–1528) Stich, oder in seiner asketischen Lebensphase, wie Leonardo da Vincis (1452–1519) unvollendet gebliebenes Gemälde eines sich kasteienden Hieronymus. Rogier van der Weydens (1399/1400–1464) Gemälde ist eines der wenigen Beispiele aus den Niederlanden des 15. Jahrhunderts.

Auch bei diesem ikonografischen Thema ist Bosch für die Niederlande vorausweisend. Die fundierte Herausarbeitung der auf Bibel und mystisch-religiösen Texten basierenden Ikonografie durch Ruppel 1988 zeigt, wie Bosch auch in kleineren Werken wie dem Hieronymus den Andachtsaspekt bis in die Details hinein gestaltet.

Die Rahmendaten für die Datierung sind einerseits durch die Dendrochronologie (1476–1482 oder später), andererseits durch die Wiederverwendung des höhlenartigen Bildmotivs beim Hieronymus des Hiob-Triptychons (Kat. 22) um 1505 gegeben. Das Bild ist, gemessen an der Entwicklung des Bosch-Œuvres, wohl ein Frühwerk, da es im Vergleich mit seinen anderen Werken zwar schon innovativ ist, aber ein kleines Format und geringe Komplexität aufweist. Auch die allgemeine stilistische und besonders die Landschaftsgestaltung sprechen dafür. Oben und unten fehlt der unbemalte Rand, das Bild ist aber vollständig erhalten und nur stellenweise abgerieben sowie leicht retuschiert. Das Werk war im Besitz einer nordfranzösischen Familie, bevor es 1908 vom Museum in Gent erworben wurde.

Siehe auch S. *27*, 31–33.

LITERATUR: Tolnay 1965, S. 34; Graziani 1983; Marijnissen 1988, S. 388–393; Ruppel 1988; Wiebel 1988; Schoute/Verboomen 2000, S. 107, 211; Koldeweij/Vermet/Vandenbroeck 2001, S. 22, 168, 173; Schoute/Verougstraete/Garrido 2001, S. 117; Klein 2001, S. 124.

3

Die zwei kleinen Flügel des Liebfrauenbruderschaftsretabels, nach 1488

Bosch malte die kleinformatigen Bilder *Johannes der Täufer* (Kat. 3.1) und *Johannes auf Patmos* (Kat. 3.2) im Auftrag der Liebfrauenbruderschaft von 's-Hertogenbosch bzw. eines ihrer Mitglieder. Sie bildeten die Verschlussflügel der oberen Reliefflügelkästen des von Adriaen van Wesel (um 1417 – zwischen 1490 und 1499) geschaffenen Altarretabels in der Kapelle der Bruderschaft der Stadt- und Pfarrkirche Sint-Jan (S. *24, 38* Halsema-Kubes; Koldeweij). Patronatsheilige dieser Kirche waren Johannes der Täufer und Johannes der Evangelist, der traditionell mit dem Schreiber der Offenbarung gleichgesetzt wurde und neben Maria der Hauptheilige der Liebfrauenbruderschaft war.

Der Auftrag stammte zumindest anfangs nicht von der gesamten Bruderschaft, denn nur das Gemälde *Johannes der Täufer* zeigte eine Stifterfigur, die von Bosch bald wieder übermalt wurde. Dieser Mann trat als Einzelperson und nicht inmitten der Brüder oder als ihr Stellvertreter auf. Unter den Brüdern waren einzelne Beiträge der Mitglieder zur Ausschmückung und Nutzung der Kapelle üblich. Der Ritter Jan Back (gest. 10. 2. 1509) ließ z. B. 1503/04 sein Wappenschild von Boschs „knechten" (Gesellen) für die Kapelle der Brüder fertigen. Seine Witwe

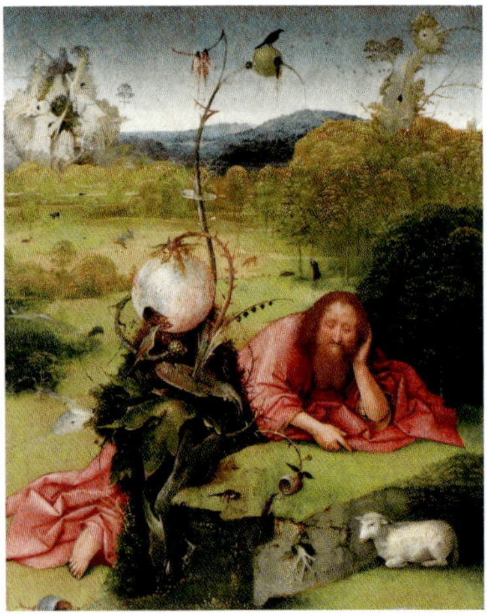

3.1

Adriana van Wylick stiftete 1509/10 eine Seelenmesse, die im 1518 gedruckten *Reglement* erwähnt wird, das sonst nur Gemeinschaftsleistungen der Bruderschaft nennt (*Reglement*, fol. 5r).

Eine wichtige Grundlage für die Datierung der Gemälde liefert die dendrochronologische Untersuchung, die das Jahr 1489 als frühestmögliches Datum der Bemalung der Tafeln festlegt. Zur selben Zeit – im Rechnungsjahr 1488/89 – erwarb die Bruderschaft von einem Zimmermann auf eigene Kosten zwei Holztafeln, auf die Bosch vermutlich in der Folgezeit die beiden Bilder malte (Vink 2001a, S. 101; Wattel 2001, S. 13). Da dies der erste Auftrag war, den die Bruderschaft Bosch unmittelbar nach seiner Einstufung zum Geschworenen erteilte, kann angenommen werden, dass er ihn pflichtbewusst und aus Dankbarkeit zeitnah ausführte.

Bei der Eroberung des 1559 zum Bistum erhobenen 's-Hertogenbosch durch die Protestanten im Jahr 1629 verlor das Retabel des Marienaltars seine Funktion. Spätestens im 19. Jahrhundert wurde es demontiert, seine Bestandteile wurden verstreut. Teile befinden sich in Berlin und Amsterdam. Lediglich die oberen Reliefflügelkästen, die mit den beiden Johannes-Bildtafeln verschlossen werden konnten, sind heute noch im Besitz der Liebfrauenbruderschaft von 's-Hertogenbosch und werden im Bruderschaftshaus verwahrt.

Siehe auch S. 38, 39.

LITERATUR: Halsema-Kubes 1980, 1992; Koldeweij 2001, S. 70–78; Hoffman 2008.

3.1

Johannes der Täufer (in Meditation), nach 1488
Öl auf Eichenholz, 49 x 40,5 cm
(unten beschnitten, ursprünglich ca. 63 x 43 cm)
Madrid, Fundación Lázaro Galdiano, Inv. 8155
Linke Flügelinnenseite

Vor dem liegenden, seitlich aufgestützten Johannes dem Täufer erhebt sich zentral im Vordergrund des Bildes ein distelartiges Gewächs mit granatapfelgleicher Frucht, auf das besonderes Augenmerk fällt. Bei der Pflanze, über die es mehrere Studien gibt (Clark 1994, Graziani 1983), handelt es sich um ein Fantasieprodukt, das Anleihen aus der realen Flora nimmt. Daher stellt sich weniger die Frage, welche Pflanze dargestellt ist, sondern eher, welche Bedeutung und vor allem welche Funktion im Bildganzen sie hat – abgesehen von der Aufgabe, den Stifter zu überdecken und unkenntlich zu machen, den das Gemälde an dieser Stelle ursprünglich zeigte. Der Untersuchung der Symbolik und bildrhetorischen Funktion einzelner Elemente in anderen Gemälden Boschs entsprechend, ist anzunehmen, dass dieses dominante Bildmotiv mit einer großen und drei kleinen Früchten sowie drei pickenden und einem toten Vogel erläuternde Funktion hat und drei unterschiedliche Zustände der menschlichen Seele zwischen Erlösung und Verdammnis verbildlicht. Die runde, links unten geöffnete weißliche Hauptfrucht der Pflanze mit dem pickenden Vogel kehrt sehr ähnlich im Heuwagen auf dem linken Innenflügel (Kat. 20.2) wieder.

Röntgenaufnahmen des Gemäldes (Fúster Sabater, Schoute/Verboomen) zeigen in einer Malschicht, die unter dem distelartigen Gewächs liegt, eindeutig eine Person in der Kleidung des gehobenen und gebildeten, wohl weltgeistlichen Bürgertums, wie es in der Bruderschaft organisiert war und in den Personen Peeter Scheyve (siehe Kat. 6) oder Peter van Os (siehe Kat. 21) fassbar ist. Es ist unklar, ob und inwieweit die Übermalung dieser einzelnen Stifterfigur die Fertigstellung des Gemäldes verzögerte. Irgendwann ab dem 17. Jahrhundert wurde sowohl die Rückseite der Tafel abgespalten als auch ein unterer Streifen von etwa einem Viertel der Höhe des Werkes abgesägt. 1920 gehörte das Bild zur Sammlung von José Lázaro Galdiano. Nach dessen Tod im Jahr 1947 ist es seit 1951 im neu

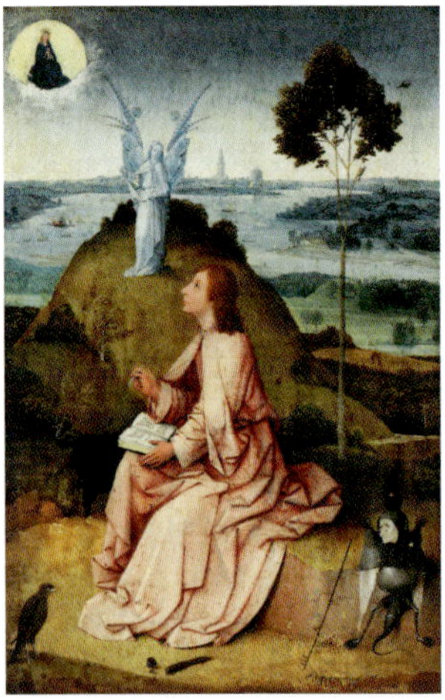

3.2.1

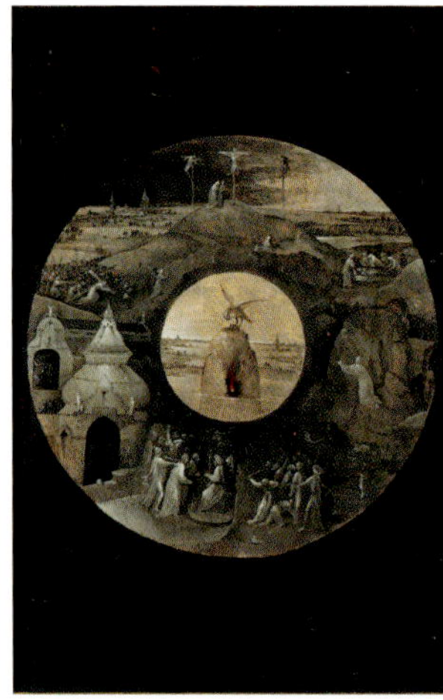

3.2.2

gegründete Museo Lázaro Galdiano in Madrid zu sehen.
Siehe auch S. *37*, 40, 41.
Literatur: Graziani 1983; Marijnissen 1988, S. 394–397; Clark 1994; Fúster Sabater 1996; Schoute/Verboomen 2000, S. 108–109, 181, Nr. 18; Klein 2001, S. 124; Schoute/Verougstraete/Garrido 2001, S. 117; Fischer 2009, S. 275–278, 334–337.

3.2
Johannes auf Patmos (Außenflügel: Das göttliche Sonnenauge mit dem Passionsgeschehen), nach 1488
Öl auf Eichenholz, 63 x 43,3 cm
(39 cm ø Kreis außen)
Berlin, Staatliche Museen, Gemäldegalerie, Inv. 1647A
Rechter Flügel
3.2.1 Innen: Johannes auf Patmos
3.2.2 Außen: Das göttliche Sonnenauge mit dem Passionsgeschehen

Das Bild auf dem Innenflügel stellt dar, wie Johannes die Offenbarung schaut. Das anekdotische Bildmotiv des Teufels, der das Tintenfass des Johannes zu stehlen gedenkt, um den göttlichen Heilsplan zu sabotieren, speist sich aus einer Heiligenlegende, die in den Niederlanden und Nordfrankreich sehr beliebt war (Gelder 1972).
Die Außenseite zeigt in Grisaille gemalt das stilisierte allsehende göttliche Sonnenauge. In seiner Mitte, gleichsam in der Pupille, versorgt ein Pelikan seinen Nachwuchs, in der Iris ereignet sich das Passionsgeschehen, ringsum ist das Weiß des Augapfels dem Schwarz der Finsternis gewichen.
Das Gemälde *Johannes auf Patmos* trägt die wohl früheste erhaltene Signatur auf einem Werk von Bosch: Es ist unten rechts mit „jheronimus bosch" signiert. Die Tafel kauften die Berliner Museen 1907 aus Londoner Privatbesitz.
Siehe auch S. *42*, 43, 44, *45*, 46–48.

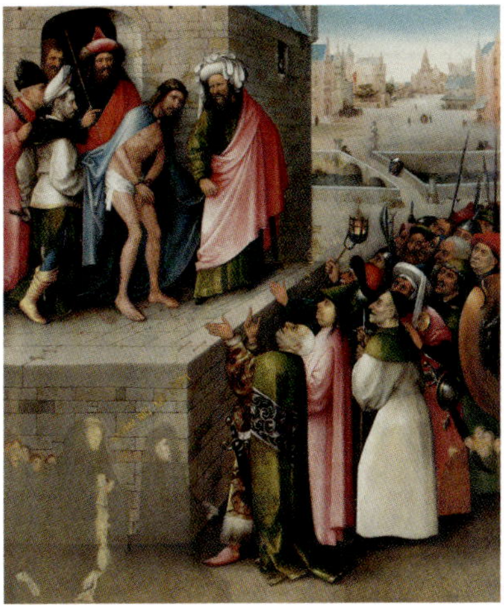

4

Literatur: Bax 1953; Gelder 1972; Marijnissen 1988, S. 284–287; Bock 1996, S. 21; Asmus/Grosshans 1998, S. 156–159; Jacobs 2000; Schoute/Verboomen 2000, S. 110–113, 176; Klein 2001, S. 125; Fischer 2009, S. 90, 235–236, 339–341.

4
Ecce Homo mit Stiftern, um 1490–1495
Öl auf Eichenholz, 71,1 x 60,5 cm
Frankfurt am Main, Städel Museum,
Inv. 1577

Zu den wenigen Werken, in denen Bosch Inschriften verwendet, gehört das Ecce-Homo-Bild (außerdem Kat. 11.1, 15, 18). In dieser Version wird – etwa im Kontrast zur Ecce-Homo-Darstellung Kat. 21 – durch die goldenen Inschriften die Situation verdeutlicht und der Appellcharakter verstärkt. „Ecce Homo" („Sehet, welch ein Mensch!" oder „Seht, da ist der Mensch!") richtet sich an das inner- und außerbildliche Publikum und wird vom verblendeten Pöbel auf der rechten Seite mit „Crucifige eum" („Kreuzigt ihn!") beantwortet, während im Gegenzug die Stifter links (und rechts) unten mit „Salva nos xp[=Christ]e redemptor" („Rette uns, Christus Erlöser!") um die Erlangung des Seelenheils bitten. Damit artikuliert das Bild seine eschatologische Hauptaufgabe im Rahmen der Jenseitsvorsorge.

Die Auftraggeber kamen nach der Entfernung der Übermalung 1983 als blasse Schemen wieder zum Vorschein. Auf der linken Seite kniet in erster Reihe das Oberhaupt der Stifterfamilie, ein Patrizier, der wohl mit seinem ältesten Sohn, einem Dominikanermönch, verhältnismäßig groß dargestellt ist, mit sechs weiteren Söhnen ganz links. Seine Frau und sechs Töchter sind ganz klein auf der rechten Seite wiedergegeben. In drei Gemälden (Kat. 3.1, Kat. 13.3, Kat. 14) wurden die Stifter schon durch Bosch selbst oder seine Werkstatt übermalt – beim Ecce Homo Frankfurt geschah dies erst später, als das Werk seine ursprüng-

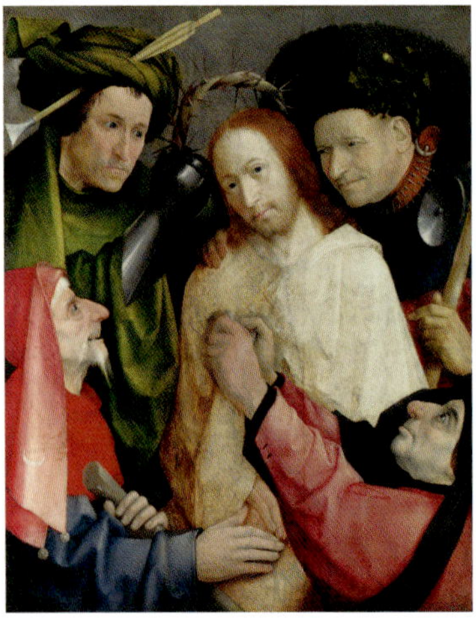
5

liche Funktion verloren hatte, wohl im frühen 16. Jahrhundert. Infolge der dendrochronologischen Bestimmung muss das Bild nach 1470 entstanden sein und aufgrund des Ecce Homo Boston (Kat. 21) vor 1499. Meist wird es in die frühen 1490er-Jahre datiert, was mit der stilistischen Entwicklung und dem künstlerischen Anspruchsniveau begründbar ist. Einige Pentimenti finden sich in der mit Pinsel angelegten Unterzeichnung vor allem im Hintergrund, so ein nicht weiter ausgeführter doppelter Halbkreis, der möglicherweise als Rundbogen ein Tor hätte darstellen sollen, wie es im 15. Jahrhundert häufig Ecce-Homo-Szenen hinterfängt. Dann hätte sich Bosch im Schaffensprozess für ein Konzept der Öffnung zur (Stadt-)Landschaft hin entschieden, wie sonst typisch für ihn. Ein anschauliches Beispiel für die bei Bosch gegenüber früheren Malern gewandelte Auffassung der Landschaft ist das kleine Bildmotiv eines Paares, das dem Betrachter den Rücken zuwendet und in die Tiefe des Bildraums schaut.

Es gibt mindestens zwei Kopien des Bildes ohne Stifter, von denen die im Rijksmuseum Amsterdam von etwa 1530–1550 stammt und sich seit der Mitte des 16. Jahrhunderts im Besitz des Birgittenklosters von Koudewater nahe 's-Hertogenbosch belegen lässt. Das Original, das also wahrscheinlich für diese Stadt oder einen Ort in der Nachbarschaft bestimmt war, ist erst kurz nach der Wende zum 20. Jahrhundert nachzuweisen, als es aus belgischem Privatbesitz nach Berlin kam; 1917 wurde es vom Städelschen Museums-Verein gekauft.
Siehe auch S. *49*, 56, 58.

LITERATUR: Unverfehrt 1980, S. 90, 262–263, Nr. 50; Sander 1993, S. 28–45; Marijnissen 1988, S. 368–372; Schoute/Verboomen 2000, S. 202–203; Klein 2001, S. 123; Fischer 2009, S. 89, 278–280.

5

Dornenkrönung, um 1495
Öl auf Eichenholz, 73,5 x 59,1 cm
London, National Gallery, Inv. NG 4744

Das symmetrisch aufgebaute Gemälde zeigt im Zentrum Christus, der von vier Schergen bedrängt wird. Undeutlich ist, nach welchen Schemata die Charakterisierung dieser vier Figuren in den Bildecken erfolgte (Marijnissen). Die vier Temperamente (Dixon) lassen sich nicht überzeugend zuordnen. Die untere rechte Figur könnte wegen der dicken Knollennase zwar als Sanguiniker gelten, die verbissene Figur links daneben als Choleriker, die oben links mit den verkniffenen Lippen als Phlegmatiker und die oben rechts mit der in Falten gelegten Stirn als Melancholiker. Jedoch stimmen die anderen vorhandenen Merkmale und Attribute nicht mit den sonst üblichen überein (vgl. Lütke Notarp 1998). Die Physiognomik führt ebenso wenig zu einer schlüssigen Deutung. So können große hervortretende Augen, wie sie der Scherge oben links aufweist, sowohl dem Neid als auch dem schamlosen, ungehorsamen und trägen Verhalten zugeordnet werden (Braekman 1970, S. 124). Die letztgenannte Eigenschaft entspricht dem Phlegmatiker der Temperamentenlehre. Andererseits drücken große Lippen, wie sie der Scherge unten rechts aufweist, neben Torheit auch Trägheit aus, kennzeichnen ihn also demnach ebenfalls als Phlegmatiker (Braekman 1970, S. 129). Physiognomische und Temperamentenlehre führen also in ihrer Anwendung teilweise zu widersprüchlichen Ergebnissen. Ferner könnten die vier umstehenden Figuren als Moslem, Jude, Heide und ewiger Tod gedeutet werden (von links unten entgegen dem Uhrzeigersinn; vgl. Marijnissen 1988, S. 352–355).

Die Datierung fußt auf dem gehobenen künstlerischen Anspruch, dem noch relativ kleinen Format einerseits und der Größe und Monumentalität der Figuren andererseits. Gelegentlich wurde dieses Werk Bosch abgesprochen, zum einen, weil es nicht grotesk genug erschien, zum anderen, weil die Armhaltung von Christus unbeholfen wirkt, jedoch entspricht diese den literarischen Vorlagen (Ps 22,15 und 18), und die Schergen

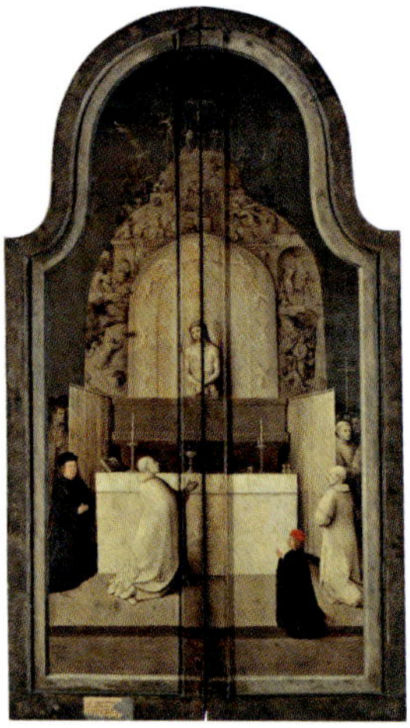

6.1

weisen zudem eine einwandfreie Arm-Anatomie auf. Die Figur des Christus entspricht seitenverkehrt der im Passionsgeschehen der *Gregorsmesse* oben links (Kat. 6.1). Die oberste Farbschicht ist teilweise etwas abgerieben, was besonders im blassen Umhang von Christus deutlich wird. Hier schimmert die bläuliche Unterzeichnung durch, die einige Pentimenti gegenüber der Malschicht aufweist. So war bei dem Schergen links unten der Stab länger angelegt und derjenige rechts oben legte auch seine linke Hand auf die Schulter von Christus. Im Bereich der Unterzeichnung befindet sich als ein erster Entwurf ein frontalsichtig angelegter Christophorus mit Christuskind (Campbell). Das Gemälde verblieb bis um die Wende zum 20. Jahrhundert in englischem und dann römischem Privatbesitz und kam 1934 durch Ankauf an den heutigen Ort.

Siehe auch S. *59*, 60, 61.

Literatur: Schmidt 1960; Ringbom 1965; Wuyts 1968; Braekman 1970; Marrow 1977, 1979; Unverfehrt 1980, S. 145; Marijnissen 1988, S. 352–355; Lütke Notarp 1998; Campbell 1999; Bray 2000, S. 114–115; Schoute/Verboomen 2000, S. 64–66, 176, 199–202; Klein 2001, S. 124; Dixon 2003, S. 130; Fischer 2009, S. 337–339; Spronk 2011.

6

Anbetung der Könige mit Stiftern (Außenflügel: Gregorsmesse mit Stiftern), um 1496/97

Öl auf Eichenholz, 146,7 x 84 cm (Mitteltafel),
146,7 x 42,3 cm (Flügel; jeweils mit Rahmen)
Madrid, Museo Nacional del Prado,
Inv. 2048

6.1 Außenflügel: Gregorsmesse mit der Passion und Stifterangehörigen
6.2 Linker Innenflügel: Heiliger Petrus mit Stifter
6.3 Mitteltafel: Anbetung der Könige
6.4 Rechter Innenflügel: Heilige Agnes mit Stifterin

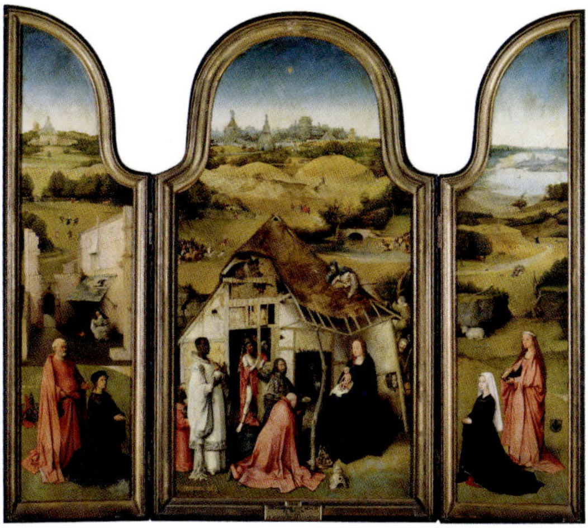

6.2–6.4

Das Triptychon, das auf der Innenseite die Anbetung der Könige in einer weiten Landschaft sowie auf der Außenseite die Gregorsmesse mit der Passion zeigt, war für ein Antwerpener Stifterpaar bestimmt, das auf der Innenseite neben den jeweiligen Wappen und Namenspatronen Petrus und Agnes abgebildet ist. Der Stifter Peeter Scheyve (gest. 1506, auch Scheyfve) war seit 1495 Steuereinnehmer und seit 1505 Schöffe der Stadt Antwerpen. Seine Frau Agnes de Gramme, die er 1495 geheiratet hatte, verstarb schon 1500 (Vandenbroeck 2003, S. 314) oder gar um 1497 (Huys Janssen 2005, S. 132). Das Triptychon muss daher zwischen 1495 – dem wahrscheinlichen Jahr der Auftragsvergabe aus Anlass der Heirat und der Amtsübernahme – und 1499 entstanden sein. Das letztgenannte Datum wird durch die Wiederverwendung der Petrus-Figur als Vorlage für das *Ecce Homo* Boston (Kat. 21.2) von 1499 bestätigt. Die Holztafeln wurden in Brüssel gefertigt (Schoute/Verougstraete/Garrido 2001, S. 117).

Irrtümlicherweise identifizierte man die Stifter früher mit den Aristokraten von Bronc(k)horst-Boschhuysen. Dies geschah, ohne die Wappen zu identifizieren, nur auf der Grundlage eines Inventars der Familie von 1567, in dem ein entsprechend betiteltes Triptychon in Verbindung mit dem Namen Bosch genannt wird. Interessant ist jedenfalls, dass die Spuren dieses nicht erhaltenen Werkes zu Boschs Heimatort und zum bekannten Hochadel führen. Die Stifterin jenes Werkes, Wilhelmina Bronchorst, war in erster Ehe mit einem unehelichen Sohn Heinrichs III. von Nassau (1483–1538), des Besitzers des *Gartens der Lüste* (Kat. 11), verheiratet und mit dessen Hof verbunden (Renson). Ihre Familie war im benachbarten Herzogtum Geldern beheimatet, hatte aber auch Wurzeln in Nordbrabant. Eine Herbrech, Tochter des Theodoricus, Herr van Bronckhorst en Batenburg, und Witwe des Herrn Johannes Dicbier, Heer van Mierlo, erhielt 1501 im Dominikanerkloster von

’s-Hertogenbosch einen Grabplatz (Meijer 1897, S. 232).
Von der *Anbetung der Könige* existieren möglicherweise noch bis zu 22 Kopien, sechs davon sind bei Unverfehrt abgebildet, die anderen mit Quellenverweis aufgeführt (Unverfehrt 1980, S. 259–262; Garrido/Schoute 2001, Abb. S. 118–119). Dazu kommen etliche Werke, die vor allem die Mitteltafel variieren, was schon mit dem *Ecce Homo* Boston seinen Anfang nahm und bis zu Gemälden von Jan Bruegel d. Ä. (1568–1625) reicht. Es handelt sich also um eines der meistkopierten und -nachgeahmten bzw. weiterverwendeten Werke im Œuvre Boschs.
In der Liste der von Philipp II. georderten Bilder zur Dekoration des noch im Bau befindlichen Escorial aus dem Jahr 1574 wird auch dieses Triptychon erwähnt: „Eine andere Tafel mit zwei Flügeln: auf der Mitteltafel ist die Geburt unseres Herrn Christus gemalt, von der Hand Hieronymus Boschs, es ist fünf Fuß hoch und drei breit, ohne die Flügel.“ Die Maße werden also mit umgerechnet etwa 139 x 84 cm angegeben (1 kastilischer Fuß = 27,86 cm), wohl mit dem geschweiften Rahmen, der noch heute der originale ist. Das Gemälde befindet sich im Prado, seitdem es 1839 vom Escorial dorthin verbracht wurde.
Die gut erhaltene *Anbetung der Könige* ist eines der maltechnisch qualitätvollsten Werke Boschs. Die exquisite Maltechnik und der komplexe Bildaufbau lassen vermuten, dass sich Bosch mit diesem Triptychon dem Antwerpener Publikum und damit einer überregionalen Öffentlichkeit empfehlen wollte. Das Werk ist bis in die Details durchgestaltet. Das gilt nicht nur für die Landschaft, sondern auch z. B. für die Kleidung und die Gegenstände der drei Könige, die typologische Bilder zeigen. Siehe auch S. 62, 63, *65, 66/67*, 71.
LITERATUR: Brand Philip 1953; Tolnay 1965, S. 12–13; Unverfehrt 1980, S. 259–262; Garrido/Schoute 1985; Raupp 1986, S. 200–201; Marijnissen 1988, S. 234–235; Venedig 1992, S. 57–58; Jacobs 2000; Garrido/Schoute 2001,

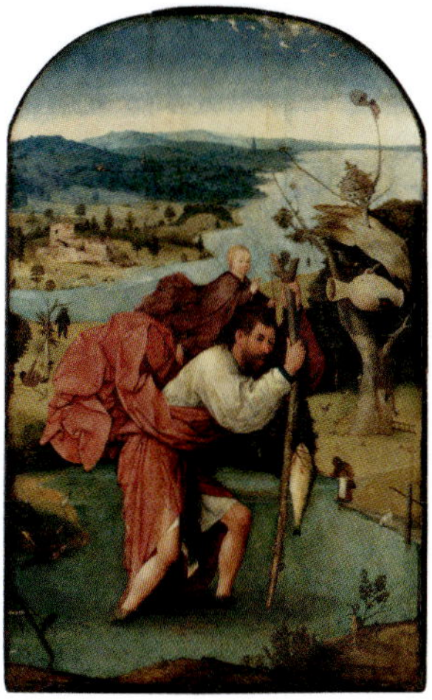

7

S. 96–119; Renson 2001; Schoute/Verougstraete/Garrido 2001, S. 117; Schlie 2002, S. 153–155; Anfam 2003; Vandenbroeck 2003; Huys Janssen 2005; Büchse 2006; Yarza Luaces 2006; Falkenburg 2007b; Higgs Strickland 2007; Duquenne 2009; Fischer 2009, S. 179, 279–284.

7
Der heilige Christophorus,
um 1495–1500
Öl auf Eichenholz, 113 x 71,5 cm
(oben abgeflacht,
ursprünglich ca. 120 cm hoch)
Rotterdam, Museum Boijmans
Van Beuningen, Inv. St. 26

Das Gemälde zeigt im Bildzentrum ganz traditionell, wie Christophorus den Jesusknaben über ein Gewässer trägt. Die umgebenden Landschaftsszenen sind hingegen unkonventionell: Sie zeigen die Gefahren auf dem Lebensweg. Die Ikonografie ist von de Bruyn in mehreren Studien dahingehend ergiebig erforscht worden, dass die Landschaftsmotive Sünden und Gefahren symbolisch oder exemplarisch darstellen. Das innovative Verhältnis zur Darstellungstradition des 15. und frühen 16. Jahrhunderts im Sinne einer Umdeutung des Christophorus-Themas vom Schutzpatron zum frommen Vorbild erörtert Fischer 2009. Die Menge und Vielfalt der Christophorus-Diablerien der Bosch-Nachfolge hat Unverfehrt zusammengetragen. Hier ist zweierlei auffällig: Im Gegensatz zu vielen anderen Bosch-Werken sind von diesem keine Kopien erhalten, und nur ein Werk schließt direkt an Boschs Christophorus an und gehört vielleicht noch in den Kreis unmittelbarer Nachfolge mit Kontakt zur Bosch-Werkstatt (Unverfehrt 1980, Nr. 16). Die anderen Werke nehmen sich die frühe Antwerpener Bosch-Nachfolge – Alart du Hamel (um 1450 – um 1506), Joachim Patinir (1475/80–1524), Jan Wellens de Cock (um 1475/80–1527/28) – zum Vorbild.

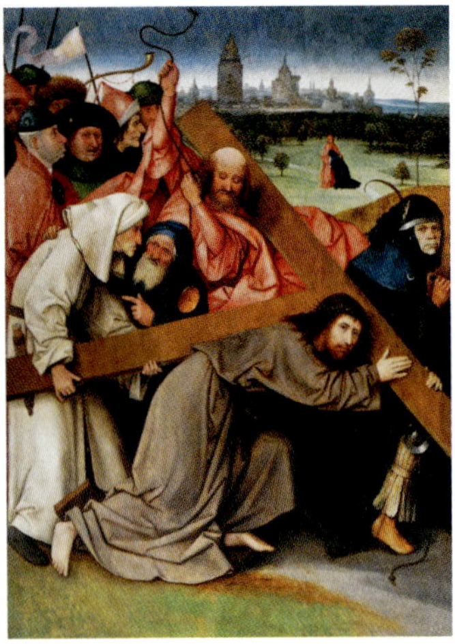

8

Die Farboberfläche befindet sich in einem mäßigen Erhaltungszustand, ganz oben am abgesägten Rand sind noch konzentrisch angeordnete Wolkenfetzen, die sich möglicherweise um die Sonne gruppieren, zu erahnen. Ganz links unten auf der Tafel befindet sich die kleine und weitgehend abgeriebene Signatur „jheronimus bosch". Nach dem dendrochronologischen Befund muss das Werk nach 1490 entstanden sein, wegen des innovativen und vorausweisenden Bildkonzeptes und der intensiven Verwendung von Groteskelementen wohl zum Ende des Jahrzehnts. Christophorus-Gemälde von Bosch werden seit dem frühen 17. Jahrhundert in Inventaren der Habsburger genannt (Lammertse 1994, S. 87; Vandenbroeck 2001a, S. 58–59), ohne dass man sie mit dem erhaltenen verbinden könnte. Das Original war im italienischen Privatbesitz und kam 1935 als Leihgabe und 1941 als Schenkung in das Boijmans.
Siehe auch S. *78, 80,* 89, 90.

LITERATUR: Schönbach 1874; Stahl 1920; Unverfehrt 1980; Marijnissen 1988, S. 402–405; Lammertse 1994, S. 84–89; de Bruyn 2000, 2001b; Klein 2001, S. 125; Schoute/Verougstraete/Garrido 2001, S. 118; de Bruyn 2005; Fischer 2009, S. 106–117.

8
Große Kreuztragung,
um 1500
Öl auf Eichenholz, 150 x 103 cm
Madrid, Monasterio de San Lorenzo de El Escorial, Inv. 10 014 379

Bei dieser Kreuztragung, einem für Bosch ungewöhnlich großfigurigen Gemälde – mit Kat. 15 die größte Einzeltafel in seinem Œuvre –, werden durch eine sich in der Menge des Kreuzeszuges wie zufällig öffnende Lücke Maria und Johannes sichtbar, die ihre innere, absolute Teilhabe an dem Passionsgeschehen in ihrer zueinander gekehrten Körperhaltung offenbaren, während vorne die

Schergen hektisch aktiv sind. Das Bild zeigt einen Ansatz der Inversion, da zwar nicht die Position der Hauptfigur Christus, wohl aber die der wichtigsten Nebenfiguren Maria und Johannes nach hinten versetzt ist. Orthogonal zur Seitwärtsbewegung ist eine Blickachse in den Mittelgrund gelegt.

Das Gemälde ist frühestens zwischen 1492 und 1498 entstanden (Dendrochronologie), wegen der Größe und Monumentalität wohl kurz nach diesem Zeitraum. Es ist nicht deutlich, ob es sich um eine Einzeltafel oder den Teil eines Retabels handelt. Die Szene und insbesondere die Figur des Christus entsprechen in der formalen Gestaltung der Kreuztragung in der *Gregorsmesse* (Kat. 6.1). Deutlich ist auch die Verwandtschaft der Komposition und einiger Figuren mit der *Kleinen Kreuztragung* (Kat. 9).

Zur ersten von Philipp II. georderten Lieferung von Bildern zur Dekoration des noch nicht fertiggestellten Escorial im Jahr 1574 gehörte „eine Tafel, auf der unserer Herr Jesus Christ gemalt ist, das Kreuz tragend, mit Simon von Cyrene in weiß gekleidet, und anderen Figuren, von der Hand des Hieronymus Bosch, es ist 6 Fuß hoch und 4 3/4 breit". Die Beschreibung und auch die Maße entsprechen mit umgerechnet rund 167 x 132 cm, den Rahmen eingeschlossen, in etwa der *Großen Kreuztragung* Boschs. Sigüenza erwähnt das Werk unter Betonung des irregeleiteten Wissens der Pharisäer und Gelehrten, die voller Wut und Raserei erst ruhen würden, wenn sie Christus ans Kreuz gebracht hätten.

Siehe auch S. 77, 82, 83.

LITERATUR: Sigüenza 1605, S. 838; Gibson 1972/73; Marrow 1979; Marijnissen 1988, S. 280; Klein 2001, S. 126; Schoute/Verougstraete/Garrido 2001, S. 116; Vandenbroeck 2001a, S. 50; van Dijck 2001a, S. 104–106.

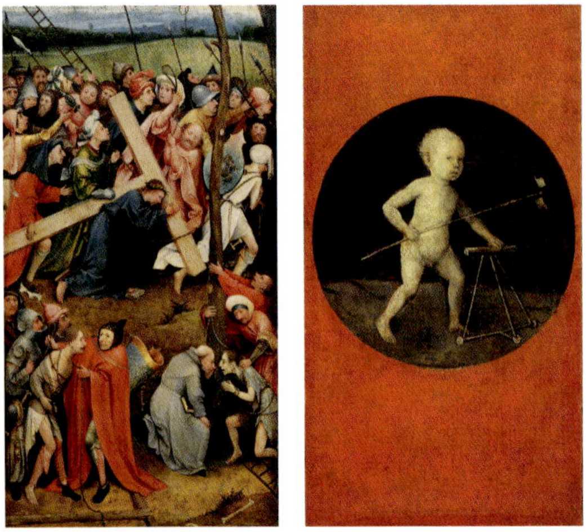

9.1–9.2

9
Kleine Kreuztragung (Außenflügel: Jesuskind mit Laufwagen und Windrädchen), um 1502–1510
Öl auf Eichenholz, 57,2 x 32 cm
(oben um Viertelkreisbogen und unten minimal beschnitten, ursprünglich ca. 77–80 cm hoch; ca. 30 cm ø Kreis außen)
Wien, Kunsthistorisches Museum,
Inv. GG 6429
Linker Flügel
9.1 Kleine Kreuztragung
9.2 Jesuskind mit Laufwagen und Windrädchen

Auf der Innenseite des oben beschnittenen linken Triptychonflügels schleppt Christus das Kreuz. Sein Leiden wird durch sogenannte Karden, mit Nägeln gespickte Holzbretter, an seinen Fußknöcheln noch erhöht. Diese kleinen Folterinstrumente kommen in niederländischen Gemälden mit diesem Thema öfter vor (Marijnissen 1988). Hinter Christus drängt sich dicht die Masse. Im Vordergrund umringt links eine Gruppe von Schergen den bösen Schächer, während rechts der gute Schächer gerade am Beichten ist. Als Beichtvater dient ihm anachronistischerweise ein Franziskanermönch. Auch die anderen Figuren tragen teils zeitgenössische, teils orientalisch anmutende Fantasiekleidung. Der Berg Golgatha ist schon erreicht, Knochen und ein Kreuz liegen herum.
Die *Kleine Kreuztragung* bildete den linken Innenflügel eines Triptychons mit halbrundem oberem Abschluss, das für einen kleineren Altar, auch eine private Kapelle, geeignet war. Wenn man die Tradition zum Maßstab nimmt, dürfte es das Passionsgeschehen zum Thema gehabt haben. Als Mitteltafel sind eine Kreuzannagelung oder -aufstellung bzw. Kreuzigung und als rechter Innenflügel eine Kreuzabnahme oder Himmelfahrt als Motive denkbar. Im letzten Fall ist eine Grablegung oder Beweinung wegen des extremen Hochformates unwahrscheinlich,

da eine Überschneidung mit dem Bildrand oder eine starke Verkürzung des Körpers Christi bei Boschs Bildgestaltung kaum denkbar ist.

Als Stilmerkmal ist die Dornenkrone wie immer bei Bosch nicht geflochten, sondern gedreht wie ein Tau. Bosch oder ein Mitarbeiter zitiert rechts neben bzw. hinter Christus eine Figur aus der *Großen Kreuztragung* (Kat. 8), die durch das blassrote Gewand, den Vollbart und die Stirnglatze als Apostel Petrus charakterisiert ist, aber ein Seil hoch hält oder an ihm zieht. Ob er mit diesem nach Christus schlägt, wie Schergen es ähnlich in anderen Kreuztragungen tun, oder ob er die Last Christi zu erleichtern versucht, ist unklar. Ein Bosch-Nachfolger hat die Vorlage eindeutiger gestaltet, indem er der Figur wie einem Schergen ein martialisches Aussehen gab und die Arme in Rüstungsteile hüllte (siehe Unverfehrt 1980, Nr. 125).

Möglicherweise ist hier ein Werkstattmitarbeiter am Werk beteiligt gewesen, der auch die Fragmente der Innenflügel einer *Anbetung der Könige* (Philadelphia, Kat. 23) gemalt hat (Unverfehrt 1980, S. 256–257, Nr. 37). Jedenfalls findet sich jeweils eine sehr ähnliche Figur mit einer Art Turban am linken Bildrand, die aus dem Bild heraus zum Betrachter blickt.

Die Außenseite zeigt in einem in Brauntönen gehaltenen Tondo das *Jesuskind* mit Laufwägelchen und Windrad vor einem roten Grund. Als Pendant muss man sich einen kindlichen Johannes den Täufer vorstellen, der mit Jesus eine Art Turnier oder Kräftemessen ausficht (Willemsen 2001), wie es auf einem Kupferstich von Israhel van Meckenem d. J. (um 1440–1503) zu sehen ist. Das Windrad, ein auch in anderen Bildern der Zeit anzutreffendes Kinderspielzeug, zeigt eine formale Analogie in Richtung und Neigungswinkel zum getragenen Kreuz auf der Innenseite. Auch Darstellungen des Jesuskindes mit dem Laufwägelchen sind nachweisbar (Marijnissen 1988, S. 272).

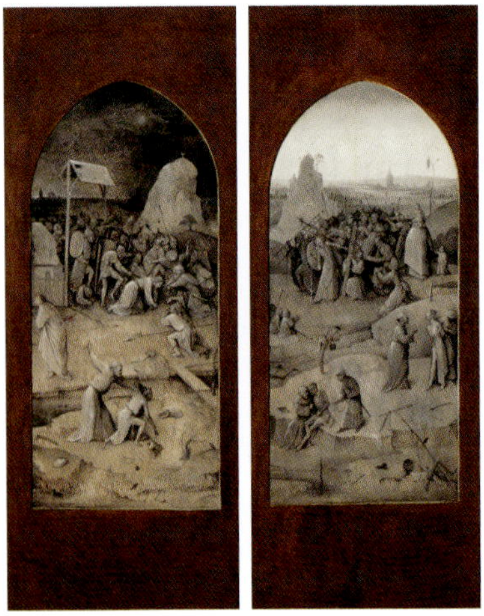

10.1–10.2

Die Art der Darstellung des Kindes verweist nicht auf die Torheit, denn das Kind ist nicht pejorativ dargestellt, wie sonst in den Bildern Boschs, in denen Kinder als Prototypen des erkenntnismäßig unerleuchteten Menschen erscheinen. Im ersten Beispiel, dem rechten Außenflügel des *Antonius* (Kat. 10.2), sieht man eine kleine Gruppe von Kindern in viel zu großer Kleidung, die Hände und teils auch die Gesichter verdeckt. Sie halten artig ihre Spielzeuge, darunter auch ein Windrädchen, und sitzen am Wegesrand, wo sie die Kreuztragung unbeteiligt beobachten. Auf dem rechten Außenflügel des *Jüngsten Gerichts* (Kat. 13.2) trachtet ein grober, nahezu missgestalteter Junge nach der Hilfe des heiligen Bavo. Ein Kleinkind trägt einen Essnapf attributiv auf dem Kopf balancierend, es hat nur seine nächste Mahlzeit im Kopf. Ein abstoßend verdrecktes Kleinkind weist die Gula auf der Tafel mit den *Sieben Todsünden* auf (Kat. 15). Bosch stellt nur die Stifterkinder und das Christuskind nicht pejorativ dar.

Die beidseitig bemalte Tafel ist, wie Figurenübernahmen belegen, nach der *Großen Kreuztragung* (Kat. 8) entstanden. Den Flügel erwarb das Kunsthistorische Museum Wien 1923 von einem Amsterdamer Kunsthändler.

Siehe auch S. 82, 83, *84*, *91*.

LITERATUR: Ringbom 1965, S. 168–169; Gibson 1972/73; Gibson 1975/76; Vos 1979, S. 26; Unverfehrt 1980; Marijnissen 1988, S. 271–274; Jacobs 2000; Schoute/Verboomen 2000; Willemsen 2001, S. 193–195; Fischer 2009, S. 210.

10

Die Versuchung des heiligen Antonius (Außenflügel: Gefangennahme Christi und Kreuztragung), um 1502
Öl auf Eichenholz, 131,5 x 119 cm (Mitteltafel),
131,5 x 53 cm (Flügel)
Lissabon, Museu Nacional de Arte Antiga, Inv. 1498 Pint

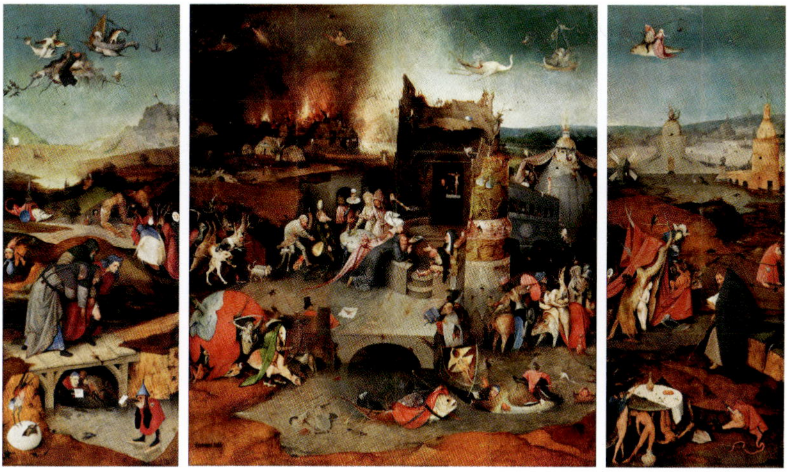

10.3–10.5

10.1 Linker Außenflügel: Gefangennahme Christi
10.2 Rechter Außenflügel: Kreuztragung
10.3 Linker Innenflügel: Der heilige Antonius wird von Teufeln angeklagt
10.4 Mitteltafel: Der heilige Antonius in Bedrängnis
10.5 Rechter Innenflügel: Der heilige Antonius in Meditation

Unter Boschs Bilderfindungen gehört dieses Triptychon zu seinen berühmtesten und, bezogen auf die Bosch-Nachfolge, auch zu den meistkopierten und -nachgeahmten (Unverfehrt). Auch wenn der Auftraggeber und die ursprüngliche Funktion des Triptychons unbekannt bleiben, lässt sich aus der Vielzahl von Kopien und Nachschöpfungen und den Nennungen in Inventaren des Hochadels schließen, dass das Werk schon relativ früh eine „Bühne" mit entsprechend höfischem Publikum gehabt hat. Seine Konzeption zielt auf den höfischen Geschmack, der sich durch *curiositas* auszeichnet, ohne dadurch seine religiöse und moralische Funktion zu verlieren.

Königin Isabella I. von Kastilien, genannt die Katholische (1451–1504), Schwiegermutter Philipps des Schönen (1478–1506), besaß bei ihrem Tod Ende November 1504 zwei Antonius-Bilder, wie aus ihrem Inventar hervorgeht (van Dijck 2001a, S. 59, 91–92). Angesichts des frühen Zeitpunkts lässt sich mit Sicherheit davon ausgehen, dass es sich um Bilder handelte, die Bosch oder seine Mitarbeiter verfertigt hatten, und nicht um Werke von Nachahmern. Sofern sie nicht durch Diego de Guevara (vor 1442–1520) übermittelt worden sind, ist es möglich, dass Philipp der Schöne diese Werke 1502 als Geschenke mit nach Spanien brachte oder sie in der Zeit danach dorthin überführen ließ.

In einer Urkunde von 1505 wird ein vielfiguriges, auch auf den Außenflügeln reich gestaltetes Triptychon mit der Geschichte des heiligen Antonius (um 251–356) im Wert von 312 Pfund erwähnt (Fischer 2009, S. 99). Philipp der Schöne erwarb dieses Antonius-Triptychon Ende des Jahres 1505, wohl im Dezember, als er in Brügge weilte, kurz vor seiner Abreise nach Spanien, als Abschiedsgeschenk für seinen Vater. Die Wahl des Antonius-Themas als Geschenk für Maximilian I. (1459–1519) passte insofern, da dieser eine schwierige innen- und außenpolitische Situation bewältigt hatte und sich auf dem Höhepunkt seiner Macht und seines Ruhmes befand. Es könnte sich bei diesem Triptychon um Kat. 10 handeln, die Beschreibung wäre treffend, ist aber nicht exakt genug, um dies mit Sicherheit zu behaupten.

Das Werk entstand der dendrochronologischen Untersuchung zufolge frühestens zwischen 1495 und 1501. Da in den Triptychen mit den *Eremiten* (Kat. 12) bzw. mit *Hiob* (Kat. 22) Bildmotive ähnlich oder als Zitat wiederkehren, schränkt sich die Entstehungszeit entsprechend ein. Ganz links unten auf der Mitteltafel befindet sich die Signatur „jheronimus bosch". Schon Sigüenza war die künstlerische Bedeutung des Antonius-Stoffes im Œuvre Boschs bewusst: „Er malte mehrere Male die Versuchung des heiligen Antonius (die das zweite Genre der Malerei ist), weil es ein Stoff ist, in dem er außergewöhnliche Effekte erreichen konnte." Sigüenza zählt dann mindestens fünf Antonius-Bilder auf, als er beschreibt, wie oft und wo ein Bild in der Art von Bosch im Escorial zu finden ist: „Man findet dieses Gemälde an etlichen Stellen, so ist im Ordenskapitel ein Bild, in der Zelle des Priors ein weiteres, in der Galerie der Infantin zwei, ein ziemlich gutes in meiner Zelle, in dem ich oft lese und in das ich mich vertiefe." Offensichtlich erfüllten die Bilder eine religiöse Funktion wie die der Meditation.

Die kunsthistorische Erforschung des Triptychons ist trotz der Vielzahl verschiedenartiger Studien noch nicht ausgereizt. Einen guten Überblick über Forschung und Diskussionsansätze geben Marijnissen (S. 154–156), Gibson und Uhrig. Unter den vielen Interpretationen ragt die auf die Bilddetails fokussierte, ikonografisch-ikonologische Arbeit von Dirk Bax heraus, die zwar auf zeitgenössischen literarischen Quellen religiöser und humanistischer Natur beruht, aber nicht die Antonius-Viten berücksichtigt. Das Triptychon galt als derart unkonventionell, dass man lange weder einen systematischen Vergleich mit der Bildtradition noch mit der Legendenüberlieferung (*Vitas patrum*) für sinnvoll erachtete – doch gerade so lassen sich viele Details wie auch die Struktur des Werkes erklären (Fischer 2009).

Was es mit der rätselhaften und verschieden gelesenen Inschrift auf dem Siegelbrief des Teufels auf Schlittschuhen im Vordergrund der linken Innentafel auf sich hat, hat Massing in einem erhellenden Aufsatz geklärt. Sie kann schlüssig als „protio", als Kurzform von „protestatio", gelesen werden und bedeutet somit so viel wie Einspruch, Protest- oder Klageschrift. Die Teufel neiden Antonius, dass er in Ekstase von Engeln in den Himmel gehoben wird, und wollen ihn wegen seiner längst abgegoltenen Jugendsünden belangen. Das Wort bzw. der Brief dient der Verdeutlichung der Szene, kommt im Legendentext aber nicht vor. Es zeigt, dass Bosch die Sinnebene des wiedergegebenen Ereignisses erfasst hat. Die kurze Inschrift gibt eine zusätzliche Hilfe zum Verständnis der Teilszene wie auch der Gesamtdarstellung auf der linken Innentafel.

Das Triptychon liefert auch einen Hinweis, dass Monster-Drolerien nicht per se spontane und subjektive Erfindungen der Maler waren, sondern auch durch Musterbücher überliefert wurden. Auf der rechten Innentafel am unteren Bildrand ist ein Busine blasender nackter Mann dargestellt, ein Bildmotiv, das sich lange zuvor in der Buchmalerei des 14. Jahrhunderts, nämlich in der Marginalie eines englischen Psalters, nachweisen lässt (Bax 1979, S. 350). Diese Art von Bildmotiven gehört zu den Darstellungen, in denen weltliche Musik als Ursache von Lastern erscheint.

Weitgehend unbeachtet blieben die Szenen auf den Außentafeln. Sie sind durch ein großzügiges Passepartout mit Spitzbogen und den ungenutzten Bildraum im Vordergrund und am Himmel im Vergleich zu den Innenseiten relativ klein. Dargestellt sind zwei Szenen der Passion: links die Gefangennahme Christi am Ölberg, rechts die Kreuztragung mit zahlreichen Schächern und Schaulustigen. Vergleiche mit anderen Werken Boschs und seiner Nachfolge hinsichtlich Stil und Bildmotiven wären sicher aufschlussreich.

Das gut erhaltene Werk wurde restauratorisch gründlich untersucht und betreut (Lissabon 1972; Schoute/Verboomen; Mesquita e Carmo/Antunes de Sousa). Viele kleinere und größere Pentimenti befinden sich sowohl in der detaillierten und relativ feinen Unterzeichnung, die stellenweise Parallelschraffuren aufweist, wie auch in der unteren Malschicht. Am gewichtigsten sind sie im Zentrum der Mitteltafel, wo Bosch zuerst ein Zelt mit Teufeln einfügte – ein Bildmotiv, das auf die Lebensbeschreibung des Antonius in den *Vitas patrum* zurückgeht.

Die Werke von Hieronymus Bosch auf der Iberischen Halbinsel wurden auch durch den bedeutenden portugiesischen Humanisten Damião de Góis (1502–1572; niederländisch Damian de Goes) übermittelt, der diese in den Niederlanden angekauft hatte. Der Diplomat und Historiograf de Góis arbeitete zwischen 1523 und 1544 im Auftrag König Johanns III. von Portugal (1502–1557) für die portugiesische Handelsniederlassung in Antwerpen. In dieser Zeit reiste er viel durch Mittel- und Nordeuropa, augenscheinlich weniger aus diplomatischen Gründen als vielmehr, um humanistische Studien zu betreiben. Nach Portugal zurückgekehrt, schenkte er ein Antonius-Gemälde sowie eine Versuchung Hiobs dem Bischof und späteren Kardinal Giovanni Ricci (1498–1574), 1544–1550 Nuntius von Portugal. Ferner verkaufte er ein Antonius-Triptychon an Philipp II. von Spanien, wohl eine Kopie des Lissabonner Werks, und schließlich übereignete er eine Dornenkrönung der Marienkirche seiner Heimatgemeinde Alenquer, wo er auch bestattet wurde. 1570 wurde er von der Inquisition wegen vermeintlichen Lutheranertums arrestiert und vernommen. Die Aussagen de Góis über einige der Gemälde Boschs, die er zu diesem Zeitpunkt besaß oder früher besessen hatte, sind in den Prozessakten festgehalten (Feist Hirsch 1967, S. 48).

Das Triptychon könnte sich also schon seit der ersten Hälfte des 16. Jahrhunderts im Besitz des Monarchen von Portugal befunden haben, doch ist es erst in der Zeit des deutschstämmigen Königs Ferdinand II. (1815–1886) nachweisbar, der es zur Restaurierung nach Deutschland bringen ließ. Am Ende des 19. Jahrhunderts befand es sich im Palácio das Necessidades in Lissabon, von wo es 1913 an seinen heutigen Aufbewahrungsort kam.

Siehe auch S. 96–139, *117*, *118/119*.

LITERATUR: Sigüenza 1605, S. 838; Bax 1949/1979; Tolnay 1965, S. 25–27; Lissabon 1972; Dinzelbacher 1973; Unverfehrt 1980; Gibson 1983, S. 105–109; Marijnissen 1988, S. 154–209; Venedig 1992, S. 54, 59–60; Lissabon 1994; Massing 1994; Uhrig 1998, S. 98–103; Jacobs 2000; Schoute/Verboomen 2000, S. 178–180; Klein 2001, S. 126; Vellekoop 2001; Koreny 2002/03; Mesquita e Carmo/Antunes de Sousa 2003; Waadenoijen 2003; Silver 2006, S. 218–234; Bango Torviso 2006b; Fischer 2009, S. 304–323.

11

Der Garten der Lüste (Außenflügel: Schöpfung der Welt), um 1503
Öl auf Eichenholz, 220 x 195 cm
(Mitteltafel, 190 x 176,7 cm ohne Rahmen),
220 x 97 cm (Flügel)
Madrid, Museo Nacional del Prado, Inv. 2823
11.1 Außenflügel: Schöpfung der Welt
bis zum dritten Tag
11.2 Linker Innenflügel: Paradies
mit der Zuführung Evas
11.3 Mitteltafel: Menschheit vor der Sintflut
11.4 Rechter Innenflügel: Die Hölle

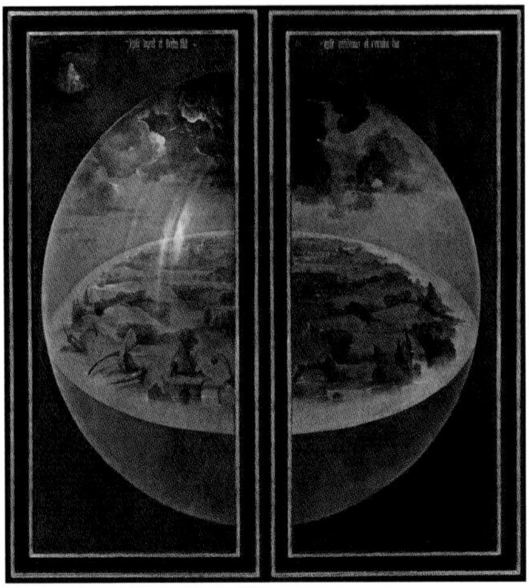

II.1

Das berühmteste Triptychon Boschs zeigt auf den in Grisaille gehaltenen Außenflügeln die Welt am dritten Schöpfungstag, über welcher der Schöpfergott thront. Gott hat das Licht von der Finsternis geschieden, den Himmel, das Land und das Meer sowie die Pflanzen und Bäume geschaffen. Auf dem linken Innenflügel geht es um die Fortsetzung des Schöpfungswerkes, das am sechsten Tage in der Zuführung Evas gipfelt. Dann folgt als inhaltlicher und formaler Kontrast auf der Mitteltafel die Menschheit vor der Sintflut und schlussendlich auf dem rechten Innenflügel die Hölle.

Die Forschung ist vor allem im ikonografischen Bereich weit fortgeschritten (vor allem Bax 1956 und Vandenbroeck 1989/90 sowie u. a. Gibson 1973a; Marijnissen 1972, 1977, 1988; Yarza Luaces 1998; de Bruyn 2001c). Die Frage nach dem Zusammenhang von Hauptthema, Auftraggeber und Funktion rückte in jüngerer Zeit zunehmend in den Fokus (Gibson 1973c; Wirth 1988/2000; Vandenbroeck 1989/90; Moxey 1994; Belting 2002). Kunstcharakter, Bildfindung und Bildstruktur werden erst allmählich entdeckt (Wirth 1988; Moxey 1994; Fischer 2002b und 2009).

Die Forschung ist sich nach etlichen Fehldeutungen prinzipiell einig, dass das figurenstarke und innovative Bildkonzept mit der ikonografischen Zentrierung um Adam und Eva für eine fürstliche Hochzeit als Anlass spricht. Bisher war Heinrich III. von Nassau der Kandidat für den Bräutigam. Zweifel säte jedoch die spekulativ frühe Datierung durch Vermet, der eine Entstehung um 1480–1490 annimmt; damit wäre *Der Garten der Lüste* eines der frühesten Werke Boschs. Vermet stützt sich auf die dendrochronologischen Daten, nach denen die Tafeln schon um 1460–1466 hätten bemalt werden können. Allerdings ist eine solche frühe Entstehung weder mit der künstlerischen Entwicklung Boschs noch mit der Biografie des dann mutmaßlichen Auftraggebers Engelbert II. von Nassau (1451–1504), der 1468 heiratete, vereinbar. Das Argument,

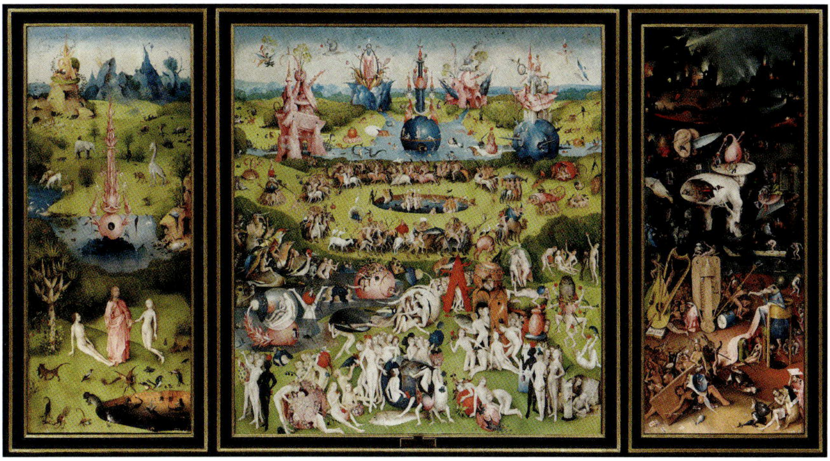

II.2–II.4

dass bei einer Datierung um 1503 die Zeitspanne zwischen der Fällung des Holzes und der Bemalung außerordentlich hoch sei, überzeugt kaum, denn sie ist z. B. bei der Kopie des linken Flügels des *Gartens der Lüste* im Escorial (Inv. 2053) in jedem Fall noch weit höher als beim Original (Vermet 2001, S. 88; Garrido/Schoute 2001, S. 192)! Somit ist eher noch der Vorschlag von Pokorny, die Hochzeit Philipps des Schönen 1496 könnte der Anlass gewesen sein, überlegenswert. Dann müsste aber geklärt werden, wie das Triptychon in den Besitz Heinrichs III. gelangte, in dem es 1517 durch den Reisebericht des Antonio de Beatis nachgewiesen ist. Die besseren Argumente stützen die Annahme, dass das Gemälde um 1503 aus Anlass der Hochzeit Heinrichs III. von Nassau mit Françoise Louise, Herzogin von Savoyen, entstanden ist. Der Weg des Triptychons vom Brüsseler Palast Heinrichs III. von Nassau bis in die Sammlung Philipps II. von Spanien lässt sich klar nachvollziehen (Steppe; Gombrich). Nach dem Tod Heinrichs III. 1538 gelangte das Werk als Erbe an seinen Sohn René von Chalon (1519–1544) und nach dessen Tod an dessen Neffen, den niederländischen Nationalhelden Wilhelm von Oranien (1533–1584). Neben anderen Wertgegenständen des Palastes konfiszierten es 1567/68 die Spanier unter ihrem Statthalter, dem 3. Herzog von Alba (1507–1582), der alle Mittel, auch Folter, aufbrachte, um an das Triptychon zu gelangen (Vandenbroeck 2001b). Das dabei angefertigte Inventar erwähnt im großen Saal des Palastes „ein großes Tafelbild vor dem Kamin von Hieronymus Bosch". Alba ließ es bald darauf nach Spanien bringen. 1591 wurde es von Philipp II. von Spanien aus dem Nachlass von Don Fernando de Toledo (1527/28–1591), dem unehelichen Sohn Albas, für den Escorial erworben. *Der Garten der Lüste* gelangte 1939 aus der Sammlung Philipps II. im Escorial nach Madrid in den Prado.

Der Garten der Lüste war eine beliebte Bilderfindung. Die Rezeptionsuntersuchung Unverfehrts führt zu dem Ergebnis, dass *Der Garten der Lüste* nach der *Versuchung des heiligen Antonius* (Kat. 10) das am häufigsten kopierte bzw. rezipierte Werk des Bosch-Œuvres ist. Von den elf erhaltenen Kopien, die vor allem aus den Jahren 1535–1550 stammen, sind die meisten Einzeltafeln. Es befindet sich aber auch eine Kopie als Wandteppich darunter. Die Tapisserie wurde in Brüssel angefertigt, wo sie im dritten Viertel des 16. Jahrhunderts im Besitz des Erzbischofs von Mecheln war. Neben dem Original gelangte außerdem eine Kopie nach Spanien, wahrscheinlich durch Diego de Guevara. Die Höllentafel wurde zum Vorbild zahlreicher Paraphrasen und Pasticcios zu den Themen des Jüngsten Gerichts und der *Visio Tundali,* einer aus dem 12. Jahrhundert stammenden und um 1500 verbreiteten Erzählung über die Jenseitsreise des Ritters Tundalus (Unverfehrt 1980, Nr. 148–154, Abb. 214–226).

Der Name *Garten der Lüste* ist eine moderne Findung und bürgerte sich mangels eines überlieferten Titels seit dem Ende des 19. Jahrhunderts in den verschiedenen europäischen Sprachen ein. Die früheste historische Betitelung geht auf die Zeit zurück, als das Werk 1593 mit der letzten Lieferung zur Ausschmückung des Palastes in den Escorial gelangte. Das Inventarverzeichnis berichtet von einem „Tafelgemälde in Öl, mit zwei Flügeln, über die Mannigfaltigkeit der Welt, von Hieronymus Bosch in Farcen versinnbildlicht, das der Erdbeerbaum genannt wird, mit goldenen Zierleisten: es hat eine Höhe, mit geschlossenen Flügeln, von zweieinhalb Ellen [209 cm] und eine Breite von zweieindrittel [195 cm]. Es wurde gekauft aus der Auktion des Prior Don Fernando.“ Einen ähnlichen Titel verlieh dem Triptychon José de Sigüenza in seiner Ordenschronik 1605; er bezeichnete es als „Tafelbild der Eitelkeit und des kurzen Genusses der Erdbeere oder des Erdbeerbaums“.

Während die Inventare und Sigüenza den Werktitel vom Ausdruckgehalt und von auffälligen Bildmotiven herleiten, führt eine archivalische Spur zur potenziellen bibelthematischen Konzeption des *Gartens der Lüste* (Gombrich 1969, S. 166; Vandenbroeck 1990, S. 73–74): Erzherzog Ernst, residierend in Brüssel, ließ durch Jacques Grameye 1595 eine „sicut erat in diebus Noe"-Darstellung Boschs erwerben. Der Kauf wurde vom Sekretär Blasius Hutter registriert. Noch im selben Jahr starb Erzherzog Ernst (geb. 1553). Zu seinen vier die Erbschaft antretenden Brüdern zählte Kaiser Rudolf II. (1552–1612), in dessen berühmte Prager Kunst- und Schatzkammer das Werk sehr wahrscheinlich gelangte. Im Inventar von 1621 sind unter der Nummer 1287 „Das unzüchtige Leben vor der Sündflut (Copia)" und unter der Nummer 1288 „Zwei Altarflügel, wie die Welt erschaffen" verzeichnet, also ein offensichtlich in seine drei Tafelbestandteile zerlegtes Triptychon mit alttestamentlicher Thematik. Im Inventar von 1635 findet sich nur noch die Nummer 1288: „Historia mit nacketen leuten, sicut erat in diebus Noe [so war es in den Tagen Noahs]". Möglicherweise wurde also in Brüssel eine Kopie des *Gartens der Lüste* gekauft, die dann nach Prag kam, wo entsprechend allgemeiner Praxis die Flügel demontiert wurden. Selbst wenn es sich dabei nicht um den *Garten der Lüste* handelte, so zeigt es doch die Präsenz des Themas in Boschs Werk.

Kein Gemälde im Bosch-Œuvre hat dermaßen viele verschiedene Interpretationen erfahren wie *Der Garten der Lüste* (Überblick: Marijnissen 1988, S. 84–102; Gibson 1983, S. 84–97; Fischer 2002b). In der zweiten Hälfte des 20. Jahrhunderts gingen die Forschungsmeinungen lange weit auseinander. Dabei spielte die im Wesentlichen von Erwin Panofsky begründete Ikonologie eine entscheidende Rolle. Doch Panofsky zog es mit dem Statement „This, too high for my wit, I prefer to omit" („Dies kann mein Geist nicht erfassen, deshalb hab' ich's ausgelassen") vor, keine Deutung des Triptychons zu liefern (Panofsky 1953, S. 358). Panofskys „Bescheidenheit“ hat sicherlich ihre Ursachen darin, dass man damals relativ wenig über Boschs Biografie wusste und dass zudem sein Œuvre nicht in die damals geläufige Ikonografie des Renaissancehumanismus passte.

Viele andere Forscher hielten sich nicht zurück und bedienten sich großzügig aus der Symbol- und Geistesgeschichte, sodass alchimistische, astrologische, häretische und geheimbündlerische Spekulationen die Bosch-Forschung von den späten 1940er Jahren bis in die 1990er Jahre in Atem hielten und die seriöse Wissenschaft fast ein wenig blass aussehen ließen. Maßgebend war hier Wilhelm Fraenger, der aus Bosch den Maler einer ketzerischen Sekte machte. Fundierte Kritik an Fraengers unhaltbaren Thesen erfolgte nur zögerlich (Bax 1956; Hartlaub 1957; Vandenbroeck 1986b, 1990).

Verschiedentlich unternommene Versuche, das Triptychon umzubenennen, geben eine Vorstellung von den diversen Interpretationsansätzen. Auf Fraengers wagemutige Betitelung des Gemäldes als „Tausendjähriges Reich“ (1947) folgt Baldass verallgemeinernd mit „Welttriptychon“, Wertheim-Aymès idealisierend mit „Garten der himmlischen Freuden“ (1957), Reuterswärd (1970) mit der vorsichtigen Formulierung „Das große Triptychon“ und Chailley in der Nachfolge Combes spekulativ mit „Der alchimistische Garten [Le Jardin Alchimique]“; Gombrich schlägt „Die Strafe der Sintflut [The Lesson of the Flood]“ oder „Sicut erat in diebus Noe“, Bax „Der Garten der Unkeuschheit“ und Vandenbroeck (1990) „Das falsche Liebesparadies“ vor. Doch idealisiert oder vergeistigt Bosch den Sinnengenuss nicht, sondern zeigt ihn ungehemmt und damit auf eine Weise, die hier wie in seinem ganzen Œuvre seine Ablehnung offenbart.

Das größte erhaltene Werk Boschs wurde mehrfach restauriert, zuletzt 1998/99. Seitdem kommen die hellen und frischen, fast kühlen Farben dieses trotz vieler kleiner und kleinster Fehlstellen gut erhaltenen Triptychons wieder zur Geltung. Die gräuliche Unterzeichnung ist skizzenhaft flüchtig und nur bei der Figurengruppe mit Christus sorgfältiger gehalten. Zahlreiche Pentimenti sind in der Unterzeichnung und in der unteren Malschicht vorhanden. Allein im Bereich der Teufel und Monster der Höllentafel sind sie klar zu bestimmen. Dort wollte Bosch zunächst offenbar einige Bildmotive der Mitteltafel weiterführen: So sind in der unteren Malschicht ein großer, von einer Kugel bekrönter Turm am rechten Bildrand und darunter eine transparente Sphäre, die einen Mann umschließt, zu finden. Ferner ist eine Art Walfisch mit Armen in der Bildmitte zu sehen (Madrid 2000, S. 87).

Siehe auch S. 140–221, *186–191*.

LITERATUR: Beatis 1517–1518 [1905]; Dürer 1956–1969, Bd. 1, S. 155, Z. 70–81; Sigüenza 1605; Justi 1889; Dollmayr 1898; Baldass 1943; Bax 1956; Baldass 1959; Tolnay 1965, S. 29–32; Spychalska-Boczkowska 1966; Gombrich 1967; Kurz 1967; Steppe 1967; Gombrich 1969; Calas 1969/70; Heidenreich 1970; Mateo Gómez 1972; Gibson 1973a; Hammerstein 1974; Glum 1976; Koch 1976; Boczkowska 1977; Unverfehrt 1980; Bax 1983, S. 335–360, 378–388; Cook 1984; Mateo Gomez 1988; Marijnissen 1988, S. 84–102; Wirth 1988; Vandenbroeck 1989; Vandenbroeck 1990; Rooth 1992; Moxey 1994; Yarza Luaces 1998; Madrid 2000; Schoute/Verboomen 2000; Wirth 2000; de Bruyn 2001c; Garrido/Schoute 2001, S. 29, 32, 158–193; Klein 2001, S. 123; Schoute/Verougstraete/Garrido 2001, S. 117; Vandenbroeck 2001b; Vellekoop 2001; Belting 2002; Fischer 2002b; Fransen 2003; Unverfehrt 2003, S. 19–26; Urbach/Garrido 2003; Liano 2006; Silver 2006, S. 21–80; Falkenburg 2007a; Gibson 2008; Fischer 2009, S. 245–273; Mandabach 2010; Marías 2010; Pokorny 2010a; Falkenburg 2011.

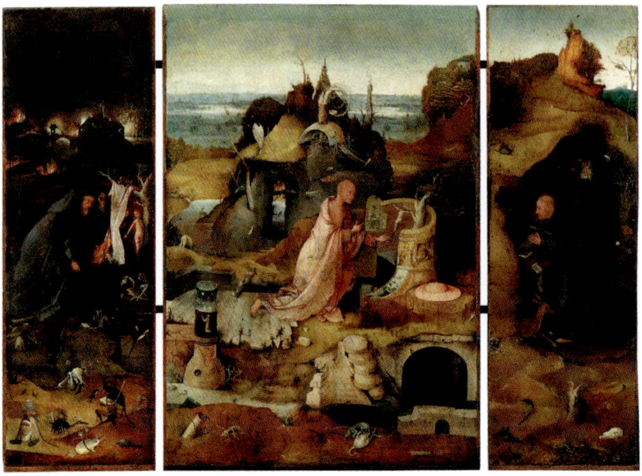

12.1–12.3

12

Eremiten-Triptychon (mit den Heiligen Hieronymus, Antonius und Ägidius), um 1504

Öl auf Eichenholz, 85 x 60 cm (Mitteltafel), 85 x 29 cm (Flügel; Tafeln oben beschnitten, ursprüngliche Höhe ca. 110 cm, runder oder geschweifter Abschluss)

Venedig, Gallerie dell'Accademia

12.1 Linker Innenflügel: Der heilige Antonius

12.2 Mitteltafel: Der heilige Hieronymus

12.3 Rechter Innenflügel: Der heilige Ägidius

Das Triptychon zeigt drei Heilige als Eremiten: auf der Mitteltafel Hieronymus, auf dem linken Innenflügel Antonius und ihm gegenüber auf dem rechten Innenflügel Ägidius (um 640 – um 720). Wenn es ursprünglich für 's-Hertogenbosch geschaffen wurde, könnte es in der Kapelle der Gemeinschaften der Brüder vom gemeinsamen Leben oder auf dem Hieronymus-Altar in Sint-Jan gestanden haben. Ganz unten rechts auf der Mitteltafel befindet sich die sehr kleine Signatur „jheronimus bosch".

Die Datierung ergibt sich aus der dendrochronologischen Untersuchung (1487–1493 oder später) und kann aufgrund der Referenz von Bildmotiven mit zwei anderen Triptychen sehr genau eingekreist werden. Zum einen sind einige Bildmotive auf der Antoniustafel (Kat. 12.1) auf die rechte bzw. Mitteltafel des *Antonius-Triptychons* (Kat. 10.5 bzw. 10.4) zurückzuführen: die Motivgruppe am Gewässer mit der nackten Frau vor bzw. im gespaltenen Baum mit dem roten Überwurf und der Teufel mit gepunktetem „Geweih" sowie das brennende Dorf mit Kirche und Brücke an einem Wald. Zum anderen tauchen Bildmotive sowohl aus dem *Antonius-* wie aus dem *Eremiten-Triptychon* im *Hiob-Triptychon* von etwa 1505 (Kat. 22) wieder auf. Der linke Flügel des *Eremiten-Triptychons* könnte unter starkem Mitwirken der Werkstatt entstanden sein, da er zwar Elemente aus dem *Antonius-*

Triptychon aufgreift, die Dämonen um Antonius aber gleichmäßig additiv in der Umgebung verstreut sind, was bei Boschs Werken unüblich ist. Der wasserschöpfende Eremit, der sich auf seinen Stab stützt, findet sich in einem stilistisch ähnlichen Gemälde in Kansas City wieder (Unverfehrt 1980, Nr. 34b).

Das vorwiegend in tonalen Grau-, Grün- und Brauntönen gehaltene Triptychon befindet sich in einem schlechten Zustand. Ursprünglich hatte es oben einen rundbogigen oder geschweiften Abschluss. Die Rückseite ist abgeschliffen und parkettiert, also mit einer hölzernen Verstrebung versehen worden, um zu verhindern, dass sich die Holztafeln wölben. So ist auch eine mutmaßliche Bemalung der Außenseite verloren gegangen. Die stark abgeriebene und fleckige Maloberfläche wirkt unruhig. Nur ein Pentimento ist nachzuweisen. Im rechten Bereich des roten Gewandes von Hieronymus schimmern die relativ dicken Linien der bläulichen Unterzeichnung durch. Hier hat der Maler die Hauptfigur schlussendlich weiter nach oben in das Zentrum des Bildes verschoben.

Das Werk teilt das Sammlungsschicksal mit der *Gekreuzigten Märtyrerin* (Kat. 14) sowie den Fragmenten *Paradies und Hölle* (Kat. 16). Es befindet sich mindestens seit 1521 in Venedig, denn Marcantonio Michiel (1484–1552) sah in diesem Jahr in der Lagunenstadt im Hause des Kardinals und Patriarchen von Aquileia, Domenico Grimani (1461–1523), neben Gemälden, die er ausdrücklich Bosch zuschreibt, auch einen „heiligen Hieronymus in der Wüste“, den er als Werk Joachim Patinirs einstuft (Venedig 1992, S. 18; Aikema 2001a). Es könnte sich trotzdem um Boschs Triptychon handeln, da der Maler aus ’s-Hertogenbosch oft mit Patinir und Herri met de Bles (um 1500/10–1555/60) verwechselt wurde, wie es z. B. offenbar auch Karel van Mander in seiner Vita Boschs passierte (Fischer 2009, S. 124–125). Die Signatur hatte Michiel dann aber wohl übersehen. Nach Grimanis Tod ging seine Sammlung als Schenkung an die Republik Venedig. Für die

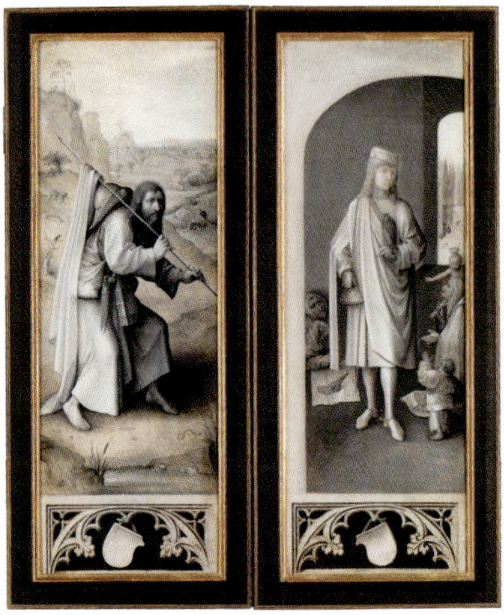

13.1–13.2

Skulpturen war dies mit einer öffentlichen Aufstellung zu Ehren des Schenkenden verbunden. Viele Gemälde und einige Skulpturen wurden in einen Konvent nach Murano gebracht, acht Kisten mit weiteren Bildern wurden in Kellerräumen des Dogenpalastes verstaut. 1528 gingen nach einer Klage um die Testamentsvollstreckung einige Werke in den Besitz der Erben über, darunter Marino Grimani (1488/89–1546), der fast zwei Dutzend Gemälde nach Rom bringen ließ. Sein direkter Erbe vermachte die Werke 1592 endgültig dem venezianischen Staat. 1615 entschied man, Werke aus den Gemächern und den Lagerräumen des Dogenpalastes wieder auszustellen. 1733 gibt A. M. Zanetti in seiner Publikation *Descrizione di tutte le pubbliche pitture della città di Venezia* einen deutlichen Hinweis auf das Werk, da er berichtet, dass sich ein Triptychon mit dem heiligen Hieronymus und zwei weiteren Heiligen im Dogenpalast befindet. Von 1838 bis 1919 war das Werk vorübergehend im Kunsthistorischen Museum in Wien.

Siehe auch S. 260–264, *304/305*.

LITERATUR: Tolnay 1965, S. 34–35; Unverfehrt 1980, S. 256; Marijnissen 1988, S. 210–211; Wiebel 1988; Venedig 1992; Peacock 1995; Schoute/Verboomen 2000, S. 104–106, 210–211; Aikema 2001a; Aikema 2001b; Aikema 2001c; Klein 2001, S. 125; Koldeweij 2001, S. 18–19; Laemers 2001, S. 83; Fischer 2009, S. 211–214; Venedig 2010.

13

Das Jüngste Gericht (Außenflügel: Die Heiligen Jakobus und Bavo), um 1506
Öl und Tempera auf Eichenholz, 163 x 127,5 cm (Mitteltafel), 167 x 60 cm (Flügel)
Wien, Akademie der bildenden Künste, Gemäldegalerie, Inv. 579–581
13.1 Linker Außenflügel: Der heilige Jakobus
13.2 Rechter Außenflügel: Der heilige Bavo
13.3 Linker Innenflügel: Sturz der Engel, Sündenfall und Vertreibung
13.4 Mitteltafel: Das Jüngste Gericht
13.5 Rechter Innenflügel: Die Hölle

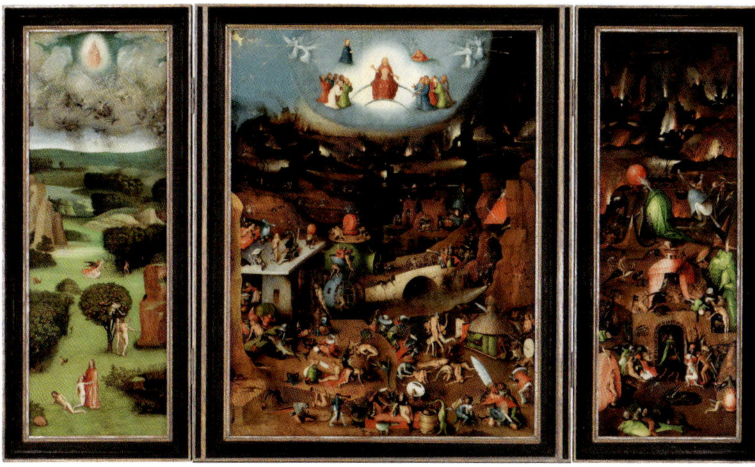

13.3–13.5

Das in der Wiener Akademie erhaltene Triptychon mit dem *Jüngsten Gericht* ist mit ziemlicher Sicherheit jenes, das in einer bekannten, in Lille erhaltenen Urkunde genannt wird. Darin heißt es, dass im September des Jahres 1504 Hieronymus van Aken, genannt Bosch, Maler, wohnhaft in 's-Hertogenbosch, ein Vorschuss in Höhe von 36 Livre gewährt wurde – bezahlt durch den Berater und obersten Empfänger der Finanzen, Simon Longin. Er sollte ein großes Tafelgemälde von neun Fuß Höhe und elf Fuß Länge verfertigen, das das Jüngste Gericht mit Paradies und Hölle zeigen sollte und für Erzherzog Philipps des Schönen eigenen Gebrauch gedacht war.

Allerdings weichen die dort genannten enormen Maße (rund 250 x 300 cm), die die des *Gartens der Lüste* (Kat. 11) noch übertreffen, von dem Wiener Triptychon deutlich ab: Es ist mit geöffnet 164 x 247,5 cm nur etwa halb so groß. Vielleicht wollte Philipp, als er seinen Auftrag erteilte, bewusst die Größe des um 1503 beauftragten *Gartens der Lüste* übertreffen (Belting 2002, S. 74). Der Krieg und die Abreise Philipps nach Spanien verhinderten vermutlich weitere Zahlungen, sodass das Werk kleiner ausgeführt wurde, als in der Urkunde vorgegeben. Auch die angedeuteten, nicht bemalten Wappenschilde auf den Außenflügeln und die übermalte Stifterfigur links unten auf der Mitteltafel geben Hinweise auf Änderungen im Auftraggeber-Künstler-Verhältnis.

Mehrere Indizien weisen auf die Auftraggeberschaft Philipps hin. Der heilige Bavo auf der Außentafel trägt eindeutig die in zahlreichen zeitgenössischen Bildern überlieferten Gesichtszüge Philipps des Schönen (Bax 1983, Onghena 1959). Sie verbinden die typisch habsburgische Physiognomie mit den weichen jugendlichen Eigenschaften, die Philipp das Attribut „der Schöne“ eingetragen haben: langes Haar, große Augen, schmale Nase, wulstige Unterlippe und rundes Kinn. In mehreren Bildern um 1500 weisen Heilige das Porträt Philipps auf, so der heilige Georg in einem Gemälde der großen Schützengilde von Mecheln aus dem Jahr 1496. Eine Darstellung Philipps mit dem Falken und der kappenartigen Kopfbedeckung – verbreiteten Attributen des heiligen Bavo – ist ebenfalls überliefert (Meister der Magdalenenlegende, um 1490, Paris, Louvre [Depot]) und auch für den jungen Herzog Karl von Burgund, den späteren Karl V. (1500–1558), verwendet worden, wie eine Zeichnung Hans Holbeins d. Ä. (um 1465–1524) zeigt. Offensichtlich identifizierten sich Philipp, der in Brügge geboren wurde und dessen Herz dort bestattet ist, und der in Gent erzogene Karl mit dem mildtätigen, adligen Lokalheiligen Westflanderns.

Die Kombination der Schutzheiligen repräsentiert zweifelsohne Philipp den Schönen. Während der heilige Bavo für den niederländischen Zweig der Habsburger steht, vertritt der heilige Jakob, der zweite Heilige der Außenansicht, als Nationalheiliger Spaniens den spanischen Zweig des Hauses Habsburg. Beide Länder hatten sich durch die Heirat Philipps mit Johanna von Kastilien 1496 dynastisch verbunden. Ende 1504 wurde das Paar für den spanischen Königsthron bestimmt, doch konnte Philipp wegen des Geldern-Krieges die drängende Reise nach Spanien erst ein Jahr später antreten.

Der konkrete Hintergrund erklärt, warum nicht auch Johanna als Stifterin in dem Triptychon vorgesehen war: Es handelte sich schlicht nicht um eine gemeinsame Stiftung aus einem gemeinsamen repräsentativen Anlass, sondern der Auftrag stand im Zusammenhang mit den Kriegsvorbereitungen gegen Geldern, die genau zum Zeitpunkt der Vergabe im September 1504 den Höhepunkt erreichten. Ähnlich verhielt sich z. B. auch der burgundische Kanzler Nicolas Rolin (1376–1462). Seine von Jan van Eyck (um 1390–1441) um 1435 gemalte *Rolin-Madonna* zeigt weder seine Kinder noch seine dritte Ehefrau Guigone de Salins (1403–1470). Auf einem Triptychon eines unbekannten Meisters mit dem Jüngsten Gericht von 1505/06 in Brüssel (Inv.

2405, 2406, 4168) erscheint dann allerdings neben Philipp auch Johanna, nicht jedoch die fünf Kinder des Paares (siehe S. 235).

Besonders die Innenflügelseiten sind schlecht erhalten, sie wurden zudem stark übermalt. Die dicke, rissige Malschicht mit feinem Craquelé unterscheidet sich deutlich von der Mitteltafel und den Außenflügeln. Flügel und Mitteltafel von Retabeln wurden wie so oft in den frühneuzeitlichen Sammlungen voneinander getrennt und nahmen dann in den Sammlungen separate Wege, was die Unterschiede im Erhaltungszustand erklärt. Eine restauratorische Analyse einschließlich Röntgenuntersuchung und Infrarotreflektografie wird erhellen können, inwieweit die Übermalung authentisch ist und welche Konzeptänderungen Bosch schon während des Malens vornahm. Selbst mit dem bloßen Auge sind einige Pentimenti am mittleren bis unteren linken Rand der Mitteltafel zu sehen. Dort lässt sich mittels Röntgenaufnahmen eine ursprünglich gemalte weltliche Stifterfigur in der unterliegenden Malschicht erkennen (Schoute/Verboomen 2000, S. 181, Nr. 19). Unterhalb des jungen Hochadeligen im Mantel ist mit bloßem Auge eine lange, lebhaft geschwungene Bandrolle sichtbar.

In seiner akribischen Untersuchung zur Ikonografie des Werks hat Bax aufgezeigt, dass Monster-Drolerien mittels Musterbüchern überliefert wurden. Das musikalische Monster, dessen Maul und Nase ein Blasinstrument formen, im linken Randbereich der Mitteltafel des *Jüngsten Gerichts* hat er z. B. in der niederländischen Buchmalerei des 14. Jahrhunderts nachgewiesen (Bax 1979, S. 350).

Das Triptychon gehörte vermutlich lange zum Besitz der österreichischen Habsburger, zunächst Margaretes von Österreich (1480–1530) in Mecheln, die von dort aus die Regierungsgeschäfte nach dem Tod Philipps des Schönen 1506 führte. Es wird 1659 im Inventar des Erzherzogs Leopold Wilhelm von Österreich (1614–1662), der 1647–1656 Statthalter der Spanischen Niederlande war,

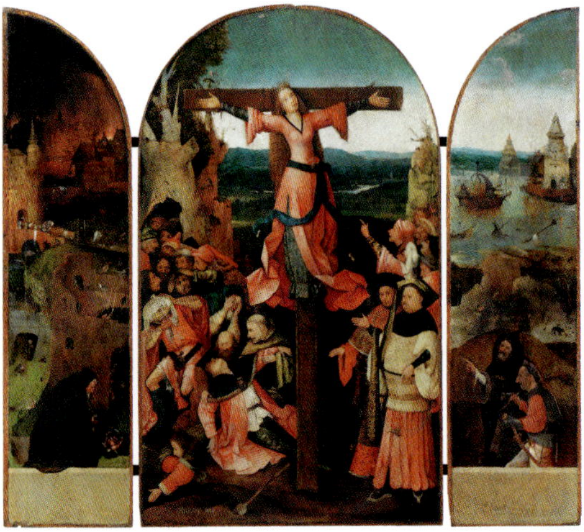

14

als „ein Altarstuckh mitt zweyen Flügeln“ bezeichnet. In die Gemäldegalerie der Akademie in Wien gelangte das Werk dann per Testament aus dem Besitz des Grafen Anton von Lamberg-Sprinzenstein (1740–1822) nach dessen Tod.

Siehe auch S. 222–255, *253*, *254/255*.

Literatur: Onghena 1959; Steemers 1978; Bax 1983; Marijnissen 1988, S. 214–218; Trnek 1988; Michaelis 1989–1990; Esser 1991; Venedig 1992, S. 56–57; Jacobs 2000; Schoute/Verboomen 2000, S. 178–180; Klein 2001, S. 124; Schoute/Verougstraete/Garrido 2001, S. 119; Silver 2006, S. 337–347; Fischer 2009, S. 95–97; Pokorny 2010a.

14

Triptychon mit der gekreuzigten Märtyrerin (Sint-Ontcommer), um 1505–1515

Öl auf Eichenholz, 105 x 63 cm (Mitteltafel), 105 x 28 cm (Flügel)

Venedig, Gallerie dell'Accademia

Die auf der Mitteltafel des Triptychons am Kreuz dargestellte jungfräuliche Heilige, deren Attribut, der Bart, in Bildern oft nur angedeutet wurde, verehrte man in den Niederlanden als „Sint-Ontcommer“ und in Deutschland unter dem Namen „Heilige Kümmernis“. Andere Bezeichnungen sind „Wilgefortis“ oder „Sancta Liberata“. Ein Zentrum ihres Kultes war Steenbergen westlich von Breda. In ’s-Hertogenbosch hatte sie in Sint-Jan einen eigenen Altar, von dem das Triptychon stammen könnte. Ursprünglich stellten die Innenflügel Ereignisse aus der Vita der Sint-Ontcommer dar, nämlich zwei Katastrophen, links einen Palastbrand und rechts einen Sturm, die die Ungläubigen als Strafe heimsuchen, als die Heilige am Kreuz von Gott erhört wird (Schnürer/Ritz 1934, S. 14–16, Tafel IX, Abb. 19; Bax 1961, S. 3). Beide Szenen sind auf den jeweiligen Flügelinnenseiten im Hintergrund noch zu erkennen. Noch während oder schon bald nach der Fertigstellung übermalten Bosch und seine Werkstatt die beiden Stifter auf den Innenflügeln (Kat. Venedig 1992; Marijnissen 1988, S. 262–263) mit Figurenszenen, links mit einer Antonius-Versuchung. So war das eigentliche Thema des Werkes nicht mehr klar erkennbar, und es konnte für einen anderen Zweck genutzt werden. Vermutlich bestand schon bei der Übermalung die Absicht des Exportes nach Italien, wobei man die Dargestellte wohl erst am Ende des 19. Jahrhunderts zur heiligen Julia uminterpretierte, wie sie in der Forschung heute noch oft bezeichnet wird.

Die Kleidung weist die Stifter nicht zwingend als Italiener aus, wie seit Bax immer wieder vorgetragen wurde. Es handelt sich vielmehr um Mitglieder der städtischen Elite, wie sie auch auf anderen Werken Boschs zu sehen sind. Bemerkenswert ist aber, dass es sich um zwei Männer mittleren Alters handelt. Die beiden einander Gegenübergestellten stehen wohl nicht in einem verwandtschaftlichen Verhältnis, sondern erscheinen als Vertreter einer Korporation, etwa einer geistlichen Bruderschaft wie der Liebfrauenbruderschaft von 's-Hertogenbosch.

Das Triptychon entstand nach der Dendrochronologie frühestens kurz vor 1500. Da der sitzende Antonius auf der linken Seitentafel seitenverkehrt stark dem auf der rechten Innenseite des *Antonius* (Kat. 10.5) ähnelt, ist anzunehmen, dass die Übermalung durch Bosch und seine Werkstatt nach dem Lissaboner Triptychon erfolgte. Wenn der Turm hinter Antonius auf den entsprechenden Darstellungen im *Heuwagen* (Kat. 20) oder im *Jüngsten Gericht* (Kat. 26) basiert, dann wurde die Übermalung der Stifter erst 1510–1515 ausgeführt, wahrscheinlich von einem Werkstattmitarbeiter.

Die Oberfläche des Triptychons ist abgerieben und zeigt besonders auf dem rechten Innenflügel Fehlstellen. Pentimenti sind kaum festzustellen, die Unterzeichnung ist kaum zu erkennen. Die Mitteltafel trägt unten links die Signatur „jheronimus bosch“. Wie der unbemalte Rand der oben rundbogenförmi-

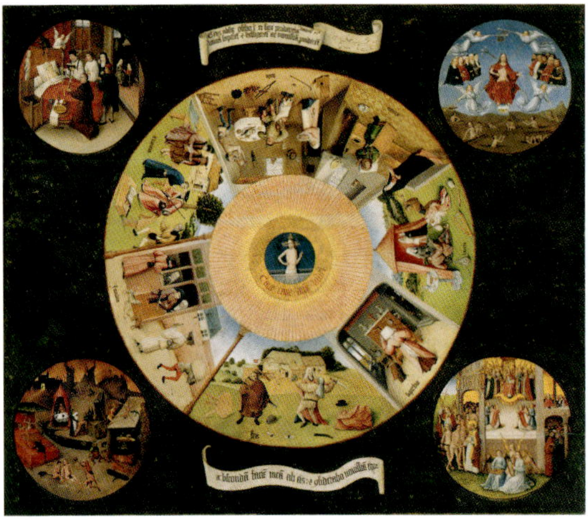

15

gen Tafeln zeigt, sind diese unbeschnitten, der ursprüngliche Rahmen ist aber verloren. Die Rückseite ist abgeschliffen und parkettiert, also mit einer hölzernen Verstrebung versehen worden, damit sich das Holz nicht wölbt.

Das Werk stammt wohl wie das *Eremiten-Triptychon* (Kat. 12) und die *Paradies und Hölle*-Flügel (Kat. 16) aus der Sammlung des venezianischen Kardinals Domenico Grimani. Angesichts der Schwierigkeit der ikonografischen Bestimmung ist es durchaus denkbar, dass Marcantonio Michiel es 1521 in seinem Bericht erwähnt, aber fälschlicherweise als *Heilige Katharina* von Joachim Patinir identifiziert. Jedenfalls spricht Marco Boschini 1664 in seinem Venedig-Reiseführer *Le minere della pittura* davon, dass in den Gängen des Dogenpalastes ein „Triptychon mit einer gekreuzigten Heiligen von Girolamo [=Hieronymus] Basi" hänge. 1733 berichtigt Zanetti in seiner Publikation, dass es sich um ein Triptychon von Bosch handle, jedoch kann er sich nicht entscheiden, ob es eine Heilige oder einen Heiligen darstellt (Zitat bei Limentani Virdis, S. 240, Anm. 5). Auf einem um 1780–1790 entstandenen Gemälde von Gabriel Bella (1730–1799) ist es in der – dem Saal des Rats der Zehn benachbarten – Sala dei Tre Capi im Dogenpalast hängend abgebildet. Von 1838 bis 1919 befand es sich vorübergehend in Wien. Siehe auch S. 267–269, *310/311* und Kat. 12.

LITERATUR: Schnürer/Ritz 1934, S. 14–16, Tafel IX, Nr. 19, S. 22–23, 54–56; Gessler 1937; Bax 1961, S. 3, 34–35; Marijnissen 1988, S. 260–264; Venedig 1992, S. 58; Schoute/Verboomen 2000, S. 116–119, 181, 213; Aikema 2001a, 2001b; Klein 2001, S. 126; Fischer 2009, S. 90–91; Limentani Virdis 2010; Venedig 2010.

15
Die sieben Todsünden mit den vier letzten Dingen, um 1505–1510
Öl auf Schwarzpappelholz, 120 x 150 cm
Madrid, Museo Nacional del Prado,
Inv. 2822

Das Werk *Die sieben Todsünden mit den vier letzten Dingen* steht thematisch klar in der Tradition kirchlicher didaktischer Bildtafeln. Den Ausgangspunkt bildet das lehrhafte Schema der Todsünden und letzten Dinge, die z. B. von Dionysius dem Kartäuser (1402/03–1471) in einer Abhandlung dargelegt wurden. Diese sind trotzdem noch jeweils mit einer lateinischen Inschrift versehen und beginnen unten mit dem Zorn („Ira"), worauf gegen den Uhrzeigersinn dann der Stolz („Superbia"), die Wollust („Luxuria"), die Trägheit („Accidia", eigentl. „Acedia"), die Völlerei („Gula"), die Habgier („Avaritia") und der Neid („Invidia") folgen. Diese Todsünden umschließen Christus im Zentrum, der als Schmerzensmann in die Pupille eines stilisierten Sonnenauges platziert ist. Unter den vier letzten Dingen in den Ecken ist der Tod links oben gleichsam als Erstes positioniert, dann folgen das Jüngste Gericht rechts oben und gewissermaßen zeitgleich unten die Hölle links und der Himmel rechts.

Für die Umsetzung dieses Schemas in eine bildliche Ordnung benutzte Bosch einen in der Malerei in unterschiedlichen Zusammenhängen seit der Antike verbreiteten Bildtopos, ein zentriertes Aufteilungsschema für rechteckige bis quadratische Flächen mit einem in Segmente unterteilten großen Kreis in der Mitte und weiteren Darstellungsflächen in den Ecken (S. 308). Zur besseren Veranschaulichung gestaltete Bosch die Todsünden anstatt durch relativ abstrakte Personifikationen in der Form von anschaulichen und teilweise derb-komischen Exempeln.

Ferner band Bosch drei lateinische Inschriften ein, wobei diese nicht als Zusatz hinzutreten, sondern schon im Werkprozess eine grundlegende Rolle spielten, da sie die theologische und thematische Grundlage bilden. Text und Bild greifen ineinander, ergänzen und steigern sich gegenseitig. Unterhalb der unteren Bandrolle am Bildrand befindet sich die Signatur „jheronimus bosch".

Schon bevor es in die königliche Sammlung nach Madrid kam, war dieses Werk dem Bosch-Kenner Felipe de Guevara (gest. 1564?) bekannt. Möglicherweise hatte er oder sein Vater es in den Niederlanden erworben. Er erwähnt das Gemälde bewundernd in den *Comentarios de la pintura* um 1560 als einen „Tisch, den S. M. besitzt, in welchem in einem Kreis die sieben Todsünden gemalt sind, die in Figuren und Exempeln verdeutlicht werden, und wenn auch das ganze Gemälde an sich wunderbar ist, so ist nach meinem eigenen Urteil das Bild des Neides so einzigartig und erfinderisch, und es drückt die Affekte derart aus, dass es wetteifern könnte mit Aristides, Erfinder jener Gemälde, die die Griechen Ethike nannten, was in unserem Kastilisch Gemälde meint, die die Eigenheiten und Gemütszustände der menschlichen Seele zeigen." Mit diesen Worten verteidigt und rechtfertigt Guevara Boschs Bild kunsttheoretisch, und er tut noch mehr: Er stellt den Künstler in eine Reihe mit den berühmten und maßgebenden Malern der Antike.

Guevara spricht im Zusammenhang mit den *Sieben Todsünden* von einem Meisterschüler Boschs, was einige Forscher dazu veranlasst hat, die Zuschreibung der Tafel an Bosch selbst infrage zu stellen. Guevara schreibt das Werk allerdings nicht dem Meisterschüler zu, sondern erwähnt diesen lediglich als einen sehr sorgfältigen und als den einzigen wertvollen, geradezu kongenialen Nachahmer. Die Tafel der *Sieben Todsünden* fungiert dabei nicht als Beispiel eines Werkes bzw. des Stils des Meisterschülers, sondern als Beispiel für die Art der Kunst Boschs, die in Flandern so erfolgreich gewesen sei. Guevara benutzt dabei mehrfach den Ausdruck „este género de pintura", der nicht mit „Malweise" oder „Malstil", wohl aber mit „diese Art von Malerei", „diese Art von Gemälden" oder besser „dieses Genre der Malerei" oder „diese Bildgattung" zu übersetzen ist. Er meint damit die Manier von Malern der griechischen Antike wie dem

Porträt-, Satiren- und Genremaler Antiphilos von Naucratis (2. Hälfte 4. Jahrhundert v. Chr.), Schüler des Ktesideno, dessen Malerei man in der Antike „grillo“ genannt habe und dem es Bosch gleichtue. Damit bezieht sich Guevara auf eine niedere Stilart, die man im 16. und 17. Jahrhundert in Deutschland und den Niederlanden „grillen“ oder „drollen“, in Italien „capricci“ nannte (Raupp 1986, S. 304–312). Dies sind Sammelbezeichnungen für sehr erfindungsreiche, fantastische sowie grotesk-komische Darstellungen. Heute werden dafür die Begriffe Drolerien und Genre bzw. allgemein Groteske benutzt. Lediglich das Exemplum des Neides (Invidia), verbindet er, wie aus dem obigen Zitat hervorgeht, mit der Art des in hellenistischer und römischer Zeit berühmten Aristides von Theben (1. Hälfte 4. Jahrhundert v. Chr.). Der Kommentator der erst 1788 erschienenen Erstausgabe der *Comentarios de la pintura* rechnet dieses Werk in der Fußnote der Textpassage ebenfalls zweifelsfrei Bosch zu. Auch die Tradition der Zuschreibung in Spanien und die restauratorischen Befunde unterstützen dies. Guevara schätzt den Meisterschüler zudem als „sorgsamer und geduldiger“ als Bosch ein, was angesichts des zuweilen unterstellten Ungelenks bei der Darstellung einiger Figuren gegen seine Autorschaft bei den *Sieben Todsünden* spräche.

Das Werk wird immer wieder als Tischplatte bezeichnet, doch gibt es keinen materiellen Befund, dass es als eine solche konzipiert oder benutzt wurde. Es entstand nach 1500 – das belegt in der Darstellung der Avaritia die ausladende Form des Baretts, die erst damals in Mode kam. Die Unterzeichnung ist detailliert und in meist feinen Strichen ausgeführt. Immer wieder sind Schattenschraffuren mit Verlauf von links unten nach rechts oben eingesetzt. Zahlreiche kleine, meist mit dem bloßen Auge sichtbare Pentimenti finden sich in den vier Tondi und den Exempel-Bildern in den Kreissegmenten. So wurde ein in der Unterzeichnung angelegter Hund rechts unten im Tondo mit der Darstellung des Todes bzw.

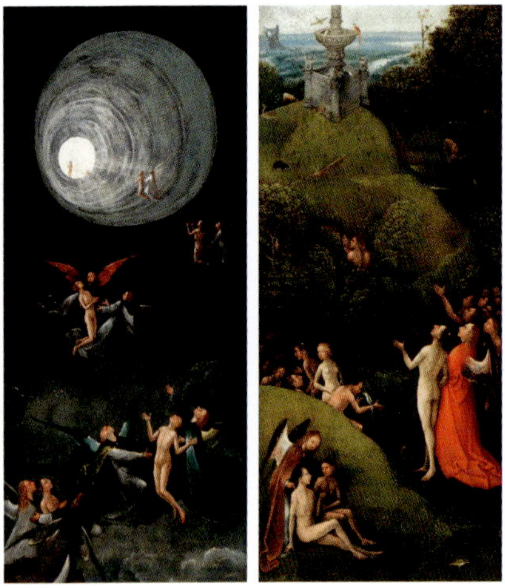

16.1–16.2

des Sterbenden nicht weiter ausgeführt. Stattdessen wurde er im Exemplum der Trägheit (Accidia) gemalt. Die Position des Schrankes in der Darstellung der Eitelkeit (Superbia) wurde im Verlauf des Malvorgangs verändert, und in der Trägheit im Höllen-Tondo wurde auf der Esse eine verdammte Seele nicht ausgearbeitet. Ungewöhnlicherweise wurde als Bildträger Schwarzpappelholz verwendet. Obwohl Pappelholz auch heute noch in der Rheinregion zu finden ist, verwendeten mitteleuropäische Maler es nur vereinzelt, z. B. Hans Baldung Grien (1484/85–1545) bei der *Aschaffenburger Dolchmadonna*, der westfälische Maler Ludger tom Ring d. J. (1522–1584) und mehrmals Lucas Cranach d. Ä. In Südeuropa, vor allem in Italien, wurden Pappelholztafeln hingegen standardmäßig benutzt.

Das Werk ist in Quellen des 16. und 17. Jahrhunderts relativ oft erwähnt, so im Inventar der ersten von Philipp II. georderten Lieferung von Bildern zur Dekoration des Escorial im Jahre 1574: „eine Tafel bemalt mit den sieben Todsünden, mit einem Kreis rundherum, und in der Mitte die Figur Christi unseres Herrn; und in den vier Ecken der Tafel sind vier weitere Kreise gemalt: einer mit dem Tod, ein anderer mit dem Gericht, ein anderer mit der Hölle, im anderen das Paradies; von der Hand Hieronymus Boschs, sie ist vier Fuß hoch und fünf breit“. Die Maße entsprächen rund 139 x 111 cm – ein Hinweis darauf, dass die Messmethode damals nicht so exakt war wie heute. José de Sigüenza beschreibt das Werk zwar formal nicht ganz korrekt, erkennt aber die Ikonografie genau und überliefert den Aufbewahrungsort in den persönlichen Räumen Philipps II. (Sigüenza 1605, S. 838–839): „Im Gemach Seiner Majestät, in dem sich ein Schrank mit Büchern wie denen der Mönche befindet, ist ein Tafelgemälde und ausgezeichnetes Bild, es enthält in der Mitte und sozusagen im Zentrum, umkreist von einer Sphäre von Licht und Herrlichkeit, unseren Erlöser, umgeben von sieben weiteren Kreisen, in denen man die sieben Hauptsünden sieht

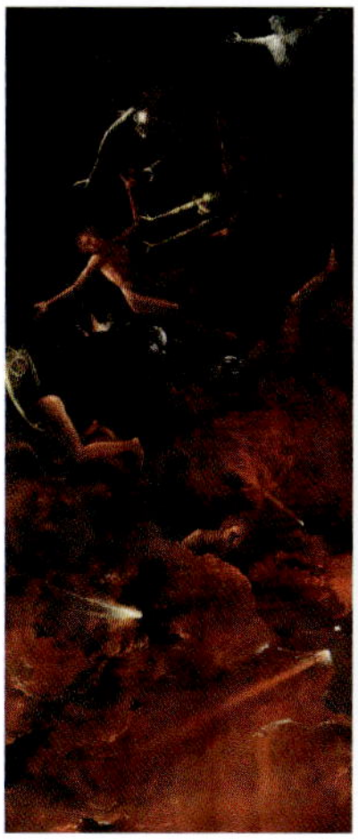
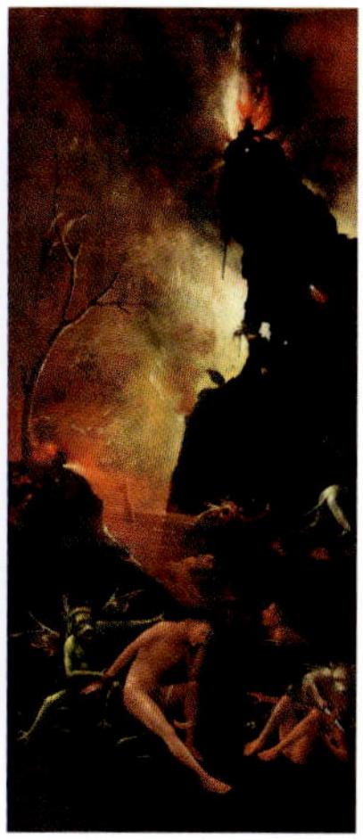

16.3–16.4

[...].“ Das Gemälde gehört zum Patrimonio Nacional und befindet sich seit 1939 im Prado. Siehe auch S. 276, 279, 280, *308/309*.

LITERATUR: Schwartz 1959; Gibson 1973b; Lane 1985; Raupp 1986, S. 198–199; de Bruyn 1987; Marijnissen 1988, S. 329–334; de Bruyn 1991; Schüssler 1993; Moser 1997; Schoute/Verboomen 2000, S. 122–131, 214–215; Garrido/Schoute 2001, S. 35, 76–95; Schoute/Verougstraete/Garrido 2001, S. 117; Gielis 2003; Gibson 2006; Silver 2006, S. 305–317; Pokorny 2010b; Gelfand 2010; Lentes 2011.

16

Paradies und Hölle, um 1505–1515
Öl auf Eichenholz, 86,5 x 39,5 cm
(je Flügeltafel)
Venedig, Gallerie dell'Accademia
Linkes und rechtes Flügelpaar
16.1 Innenseite des äußeren linken Flügels: Das himmlische Paradies
16.2 Innenseite des inneren linken Flügels: Das irdische Paradies
16.3 Innenseite des inneren rechten Flügels: Sturz der Verdammten
16.4 Innenseite des äußeren rechten Flügels: Die Verdammten in der Hölle

Dem traditionellen Konzept des Jüngsten Gerichts entsprechend, dürfte die verlorene oder nur geplante Mitteltafel oben den thronenden Christus als Weltenrichter, begleitet von Maria und Johannes, den zwölf Aposteln sowie die Engel mit den Posaunen (vgl. Kat. 13.4), und unten die Auferstehenden dargestellt haben. Dementsprechend wären die Flügel jeweils von innen nach außen zu lesen. Die linken Innentafeln zeigen rechts das irdische Paradies und folgend ganz außen links das himmlische Paradies. Die rechten Innentafeln zeigen erst links den Höllensturz der Verdammten, dann folgt außen die Hölle mit den Gepeinigten.

Marcantonio Michiel sah 1521 im Haus des Kardinals Domenico Grimani zwei Werke von Bosch, „eine Leinwand mit Hölle und einer großen Vielfalt von Monstern, geschaffen von Hieronymus Bosch selbst./Die Leinwand der Träume, von der Hand desselben". Mit dem letztgenannten Bild könnte die rechte Innentafel rechts (16.4) gemeint sein, da der Mann mit dem melancholischen Gestus des durch die Hand gestützten Kopfes die Assoziation des Nachdenkens und Träumens nahelegen könnte. Im Inventar von Kardinal Grimani findet sich „ein flämisches Tafelbild mit der Hölle in Öl".

Nach den Ergebnissen der dendrochronologischen Untersuchung müssen die Flügel nach 1484–1490 entstanden sein. Für eine Datierung nach 1500 können der Brunnen in seiner geometrisch-blockhaften Form und mit seinem Dekor sowie die an Putten erinnernden Figuren auf dem inneren linken Flügel mit dem irdischen Paradies (16.2) sprechen, da sie eher an die Renaissance als an gotisches Stilrepertoire erinnern. Vor 1510 sind Renaissance-Elemente in der niederländischen Kunst nur sehr vereinzelt in Brügge und Antwerpen zu finden, vor allem bei Gerard David (um 1460–1523) ab 1495. Schon in den frühesten Quellenbelegen ist keine Mitteltafel aufgeführt.

Der Zustand der Gemälde ist relativ schlecht. Die Außenseiten der vier Tafeln sind schwach monochrom marmoriert, zwei sind schwarz und zwei rot (Marijnissen 1988). *Das irdische Paradies* weist einige Fehlstellen in der Malschicht auf. Die verhältnismäßig häufigen Weißhöhungen sind pastos aufgetragen und steigern die Helldunkel-Atmosphäre. Die Unterzeichnung ist kaum erkennbar, ebenso wenig sind es Pentimenti.

Die Flügel befinden sich seit spätestens 1521 in Venedig und kamen am Ende des 16. Jahrhunderts in den Besitz des venezianischen Staates.

Siehe auch S. 270, 274, *312/313* und Kat. 12, Kat. 14.

LITERATUR: Marijnissen 1988, S. 300–304; Venedig 1992; Aikema 2001a, 2001c; Klein 2001, S. 124; Vandenbroeck 2003, S. 377, Anm. 880/881; Venedig 2010.

17
Hochzeit zu Kana mit Exempeln („Kana-Triptychon“),
um 1500–1510
Öl auf Eichenholz, ca. 94 x 72 cm (Mitteltafel), 94 x 32,6 cm (Flügel)
Triptychon, Rekonstruktion

Nach und nach erkannte die Forschung aufgrund der Materialbefunde der Holztafeln wie auch der Unterzeichnung und Malschichten, dass die Flügelfragmente dieses rekonstruierten Triptychons ursprünglich zusammengehörten. Auffällig sind die gut sichtbaren, wie von einem Linkshänder ausgeführten, von links oben nach rechts unten verlaufenden Parallelschraffuren auf allen Tafeln. Nun sind zwar sowohl die Außenansicht wie die Innenansichten der Flügel rekonstruiert, umstritten ist aber die Frage nach der eigentlichen Mitteltafel. Hier wurde ein Jüngstes Gericht vorgeschlagen (Koldeweij 2010, S. 20), es sprechen aber mehr Argumente für die *Hochzeit zu Kana* als Mitteltafel.

Die *Hochzeit zu Kana* (Kat. 17.4) gilt einhellig als Komposition Boschs, ist aber nur in einer gezeichneten und vier gemalten Kopien überliefert, deren qualitätvollste sich im Museum Boijmans Van Beuningen in Rotterdam befindet (Lammertse 1994, S. 111–113; Unverfehrt 1980, Nr. 19–20). Auf dem Rotterdamer Gemälde (Kat. 17.4b) finden sich unten links zwei stilistisch für Bosch untypische Hunde, die offensichtlich ergänzt wurden, um eine Lücke zu füllen. Auf der Zeichnung des Bildes (Kat. 17.4a), wohl der genauesten Kopie des Originals, ist dort ein Stifter dargestellt, ein Kanoniker im typischen weiten liturgischen Gewand mit engem Kragen und einem über dem Unterarm hängenden Pelz-Überwurf (Almuzia, Pelzstola als Kanonikerabzeichen). Bei den Figuren links und rechts von Christus, die sowohl auf dem Rotterdamer Gemälde (Kat. 17.4b) als auch auf der Zeichnung (Kat. 17.4a) zu finden sind, handelt es sich wahrscheinlich um weitere Stifter. Der Anspruch des oder der durch den gehobenen geistlichen Status relativ wohlhabenden Stifter geht mit einem innovativen Bildkonzept, nämlich der Kombination eines traditionellen Themas mit Lasterexempeln, einher.

Die Maße der *Hochzeit zu Kana* entsprechen in den erhaltenen gemalten Kopien mit je 93 x 72 cm der erforderlichen Höhe und Breite der gesuchten Mitteltafel. Dies lässt sich auch an anderen Triptychen Boschs überprüfen. An ihnen zeigt sich auch, dass die meisten Kopien wegen der Verwendung eines Übertragungskartons die Maße des jeweiligen Originals übernehmen.

Eine ähnliche thematische Zusammenstellung wie beim rekonstruierten Triptychon findet sich auch in Predigten über die Hochzeit zu Kana, die in mittelhochdeutschen Handschriften seit etwa 1400 und besonders im dritten Viertel des 15. Jahrhunderts oft gemeinsam mit der „Predigt vom ehelichen Leben" überliefert sind (Kruse). Darin wird der Ehestand gerechtfertigt und sein Nutzen dargelegt. Das auf Marias Bitten durch Christus bewirkte Weinwunder während der Hochzeit zu Kana ehrt den Stand der Ehe. Darüber hinaus werden in der Predigt auch ethische Argumente für den Ehestand angeführt. Gegenüberstellungen dienen auch hier der Verdeutlichung. Schon bei der Wahl der Ehepartner achte der Bräutigam darauf, sich nicht für eine äußerlich schöne, aber innerlich charakterschwache Frau zu entscheiden, während der Brautvater seine Tochter lieber einem „weisen Armen denn einem reichen Toren" überantworten solle. Die Sorge der Ehepartner füreinander bewahre beide vor Sünden wie Wollust und Hochmut sowie der Torheit. Ihr Bund zügele das Verhalten beider, denn sie müssten sich mäßigen. Wie bei Bosch ist auch in diesem Predigttext die Temperantia als Tugend der Mäßigung und rechten Mischung wesentliches Thema, wobei im Triptychon die Menge des Weingenusses als traditionelle Metapher benutzt und in eine

vorbildlich-maßvolle und eine negativ-ungehemmte ausgedeutet wird.
Wie so oft im Bosch-Œuvre zeigt sich auch hier die Exempellehre als didaktisch-rhetorische Begleitung des Heilsgeschehens und der Taten der Heiligen, wie sie in Predigten schon seit spätestens dem 13. Jahrhundert durch das Wirken der Dominikaner und Franziskaner verbreitet wurde. Diese Zusammenstellung von Sakralem und Profanem ist also keineswegs ein Zeichen der Säkularisierung. Auch fallen Boschs Innovationen in eine Zeit, in der Verwendungsgrad und Funktionsbreite des Triptychons sehr hoch waren. Es sind vier Gruppen von Triptychen, die allgemein nicht für Altäre verwendet wurden, bekannt (siehe zusammenfassend Fischer 2009, S. 243): Es sind erstens die früher in Kirchenräumen relativ häufigen Lehrbilder oder lehrhaften Bildtafeln, die die Vorzeichen des Weltgerichts oder die Zehn Gebote darstellen, zweitens die ebenfalls relativ zahlreichen kleinen Triptychen mit privatem Andachtscharakter, die nur selten auf Altären standen, sowie drittens die eher raren moralistisch-profanen und viertens die eher seltenen heraldischen oder Porträt-Triptychen. Für alle Gruppen ist die Dreitafelform aus bildpragmatischen wie konservatorischen Gründen vorteilhaft.
Als Datierung liefern die Flügel mit den Daten der dendrochronologischen Bestimmung als frühesten Zeitraum 1488–1494. Die nackten Amorknaben auf den Kapitellen der Mitteltafel zeigen eine ironische, nicht ideale Darstellung von Renaissance-Putten und verweisen auf eine Entstehung eher nach 1500.
Siehe auch S. 282–284, *303*, *306/307*.
LITERATUR: Kruse 1995; Jacobs 2000; Schoute/Verboomen 2000; Klein 2001, S. 125; Hartau 2001a, 2003, 2005; Silver 2006, S. 239–259; Fischer 2009, S. 243–245; Pinson 2010.

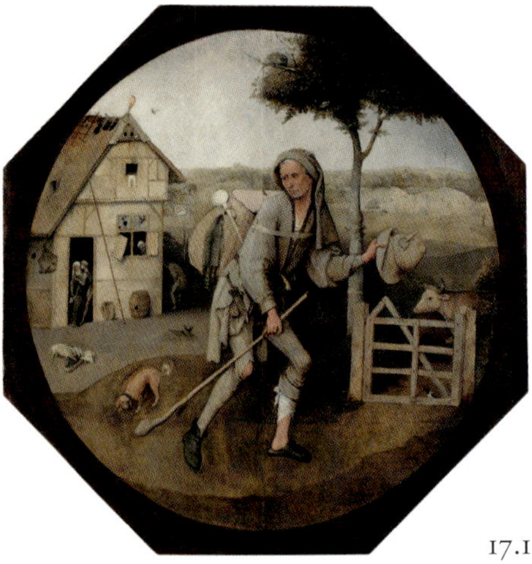

17.1

17.1
Der Hausierer, um 1500–1510
Öl auf Eichenholz, 71 x 70,6 cm
(ursprünglich ca. 94 x 72 cm)
Rotterdam, Museum Boijmans
Van Beuningen, Inv. 1079
Außenflügel

Die dargestellte Figur ist ein Hausierer und nicht etwa der biblische verlorene Sohn, der in ihr oftmals gesehen wurde. Bei aller stofflichen Ähnlichkeit ist dieser arme umherziehende Händler sowohl in der spätmittelalterlichen Literatur als auch in der Bildkunst als eigener Typus präsent (de Bruyn 2001a). Die Botschaft des Gemäldes lässt sich so deuten, dass der Mensch die Breite und Vielfalt der Sündenwege durch die Hinwendung zu Gott engführen und überwinden kann. So führt im *Hausierer* der Weg vom Vorplatz eines Bordells zur „engen Pforte" eines Gatters, hinter dem ein Rind – als Opfertier Symbol Christi – und eine Elster, die für die befreite Seele steht, warten (de Bruyn 2001a, S. 355–363). Das Bildmotiv findet sich variiert später beim *Heuwagen* (Kat. 20.1) wieder.

Die von Grau- und Brauntönen dominierte Tafel wurde allseitig zu einem Achteck beschnitten, die Flügelhälften wurden fast nahtlos zu einem Bild zusammengefügt. Die Unterzeichnung legt das Gemälde bis in die Details fest, und die Malschichten weichen nur minimal davon ab. Das Werk war vor 1904 im französischen Privatbesitz, dann in Wien und Berlin und kam schließlich 1931 durch Ankauf ins Museum Boijmans Van Beuningen.

Literatur: Bax 1953; Brand Philip 1958; Tolnay 1965, S. 41–42; Renger 1969; Vandenbroeck 1985; Bambeck 1987; Marijnissen 1988, S. 410–415; Falkenburg 1988, S. 88–90; Lammertse 1994, S. 90–95; Schoute/Verboomen 2000, S. 177; Buck 2001, S. 210; de Bruyn 2001a, 2001d; Lammertse/Roorda Boersma 2003; Unverfehrt 2003; Pinson 2005, S. 52, 57–84; Sullivan 2008.

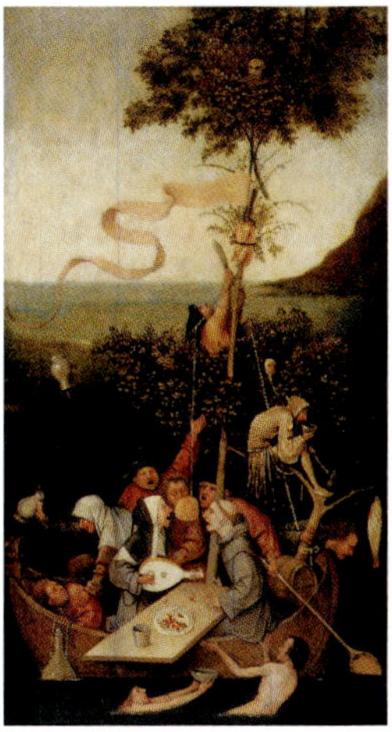

17.2

17.2
Das Narrenschiff, um 1500–1510
Öl auf Eichenholz, 57,9 x 32,6 cm
(ursprünglich ca. 94 x 32,6 cm)
Paris, Musée du Louvre, Inv. RF 2218
Linker Innenflügel oben

Das Hauptmotiv dieses mittleren und oberen Fragmentes der linken Innentafel ist ikonografisch eindeutig in die Tradition des Narrenschiffes einzuordnen, schwieriger ist jedoch die Identifikation und Deutung einzelner Bildmotive, besonders der verschleierten Gestalten: Handelt es sich um Nonnen oder Hausfrauen oder gar verkleidete Männer? Materielle Befunde belegen, dass das Gemälde gemeinsam mit dem *Exempel von Gula und Luxuria* (Kat. 17.3) die linke Innentafel bildet. Im Louvre befindet sich eine gezeichnete Kopie auf getöntem Papier (RF 3714r), bei der bereits der untere Teil des Innenflügels nicht mehr wiedergegeben ist. Nur wenige Details des Vordergrundes sind dort verändert, der angedeutete Hintergrund aber ist gänzlich frei gestaltet. Früher wurde das Blatt als Vorlage oder gar Visierung eingestuft (Unverfehrt 1980, S. 44, 78), doch dagegen spricht, dass genau der Teil fehlt, der am vollendeten Gemälde unten abgesägt wurde (Kat. 17.3). Außerdem existiert eine stilgleiche zweite Zeichnung (RF 6947) zum *Geizhals*, die offensichtlich eine Kopie ist (siehe Kat. 17.5). Das Bild ist wegen Abriebs teilweise schlecht erhalten und im Bereich der Baumkrone übermalt worden. Es war 1914 im Besitz von Camille Benoît, dem Konservator der Gemäldesammlung des Louvre, der es diesem 1918 als Schenkung überließ.

Literatur: Boczkowska 1971; Unverfehrt 1980, S. 44, 78; Pleij 1983; Morganstern 1984; Marijnissen 1988, S. 310–315; Schoute/Verboomen 2000, S. 176, 187; Hartau 2001b; Landau 2010.

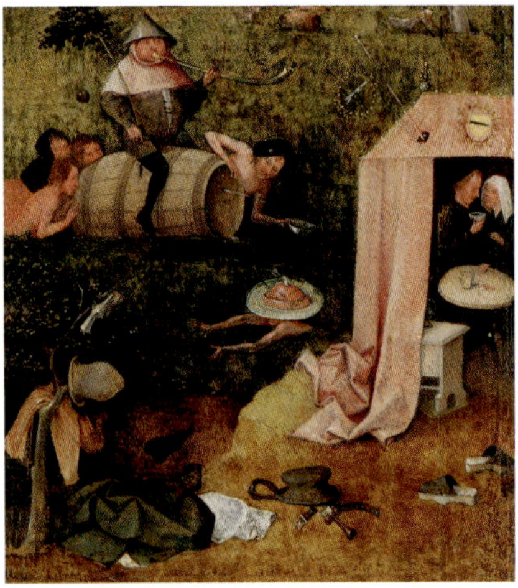

17.3

17.3
Exempel von Gula und Luxuria,
um 1500–1510
Öl auf Eichenholz, 35,9 x 31,4 cm
(ursprünglich ca. 94 x 32,6 cm)
New Haven, Yale University Art Gallery,
Inv. 1959.15.22, Linker Innenflügel unten

Verschiedene materielle Befunde belegen, dass das Bild mit beispielhaften Darstellungen der Todsünden der Völlerei (Gula) und der Wollust (Luxuria) das untere Fragment der linken Innenflügeltafel ist, die es gemeinsam mit dem *Narrenschiff* (Kat. 17.2) bildet. Die Oberfläche ist besonders im oberen Bereich stark verloren gegangen, sodass die helle Holzfarbe durchscheint; die ursprüngliche dunkelgrüne Farbschicht, die das obere Fragment noch aufweist, ist hier also nicht mehr erhalten. Das Werk tauchte 1928 bei Christie's in London auf und kam nach einigen Umwegen in Privatbesitz 1959 in die Yale University Art Gallery.
LITERATUR: Marijnissen 1988, S. 310–315.

17.4a
Anonymer Künstler
nach Hieronymus Bosch (?)
Hochzeit zu Kana, um 1505–1515
Federzeichnung auf Papier, 28,1 x 20,8 cm
Paris, Musée du Louvre,
Sammlung Rothschild
Mitteltafel, Kopie (siehe S. 287)

Diese qualitätvolle gezeichnete Kopie ist vermutlich nach dem verlorenen Original von Boschs *Hochzeit zu Kana* entstanden. Sie ist sehr detailreich und plastisch mit Schattenschraffuren ausgeführt, die allerdings – anders als bei den Flügeltafeln – meist von links unten nach rechts oben verlaufen. Der mit seinem Namenspatron, einem nicht näher identifizierbaren heiligen Bischof, dargestellte Stifter passt perfekt in die Komposition und entspricht auch in der Kleidung stilistisch der Zeit um oder kurz nach 1500. Da in dieser Zeichnungskopie auch Stifter und Schutzpatron wiedergegeben sind, wurde die Komposition als Bildfindung offenbar als so vorbildlich eingeschätzt, dass sie früh, wohl noch in bzw. von der Bosch-Werkstatt, exakt kopiert wurde, um als Muster für zukünftige Bilder oder direkt als Vorbild für Kopien mit anderen oder ohne Stifter zu dienen, wie etwa das Gemälde Kat. 17.4b.

Siehe auch den allgemeinen Vorspann zu Kat. 17.

LITERATUR: Unverfehrt 1980, Nr. 20; Kessler 2001.

17.4b
Anonymer Künstler
nach Hieronymus Bosch (?)
Hochzeit zu Kana, nach 1555–1561
Öl auf Eichenholz, 93 x 72 cm
Rotterdam, Museum Boijmans
Van Beuningen, Inv. St. 25
Mitteltafel, Kopie (siehe S. 306/307)

Die dendrochronologische Bestimmung belegt, dass es sich um eine recht späte Kopie aus der zweiten Hälfte des 16. Jahrhunderts handelt. Die im Original mutmaßlich vorhandene, obsolet gewordene Stifter-Namenspatron-Gruppe wurde durch zwei Hunde ersetzt, die – dagegen spricht der naturalistische Malstil – keinesfalls von Bosch und auch kaum von seiner Werkstatt ausgeführt wurden. Auch die beiden an der Tafel sitzenden Figuren, deren Rückenpartien in der Zeichnung noch größtenteils von Stifter und Namenspatron verdeckt werden, sind in einem plastischen Stil mit nur angedeuteten, großzügig fallenden Gewandfalten ergänzt, die für Bosch unüblich sind, wie ein Vergleich mit anderen Rückenfiguren belegt.

Siehe auch den allgemeinen Vorspann zu Kat. 17 und Kat. 17.4a.

LITERATUR: 's-Hertogenbosch 1967, S. 93–97, Nr. 17; Unverfehrt 1980, Nr. 19; Dixon 1982; Marijnissen 1988, S. 420–424; Lammertse 1994, S. 108–113; Marijnissen 1988, S. 420–431; Schoute/Verougstraete/Garrido 2001, S. 118.

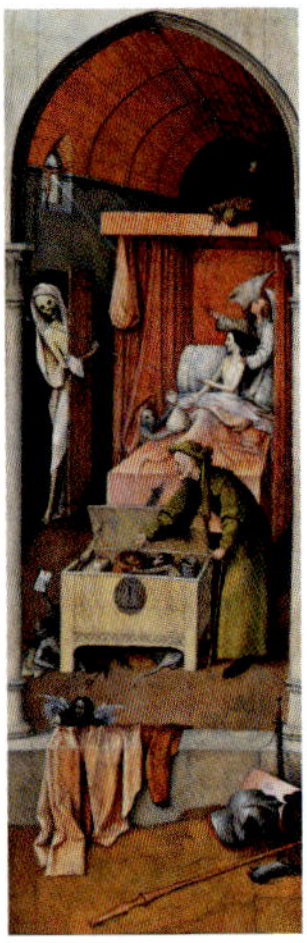

17.5

17.5

Der Tod des Geizhalses, um 1500–1510
Öl auf Eichenholz, 92,6 x 30,8 cm
Washington, National Gallery of Art,
Samuel H. Kress Collection, Inv. 1952.5.33
Rechter Innenflügel

Die Ikonografie dieser Darstellung der Todesstunde eines Geizigen wurde mit Bildern aus der Tradition der Ars Moriendi und Verbildlichungen „unnützen Reichtums" verglichen (Morganstern, Marijnissen, Vinken/Schlüter, Colenbrander). Gemeinsamkeiten finden sich in der erneuten Konfrontation des Sterbenden mit den Versuchungen seines bisherigen Lebens, repräsentiert durch Teufel sowie Exempel oder Symbolgegenstände, und dem Heilsangebot der Kirche in Gestalt von Geistlichen, Engeln, Heiligen oder Christus.
Auffällig ist die ausführliche Unterzeichnung mit ihrer dichten Schattenschraffur (Antwerpen 2002, S. 165, Nr. 2). Diese war wohl schon von Anfang an sichtbar, denn auf der Zeichnungskopie im Louvre (RF 6947) ist sie ganz ähnlich zu sehen. Wann die Zeichnungskopie geschaffen wurde, ist unklar. Eine Vorlage oder Visierung (Unverfehrt 1980, Colenbrander 2003) war sie aber nicht. Es tauchen zwar – bis auf das Kreuz im Bogenfeld an der Wand – alle ihre Bildmotive im Gemälde auf, aber umgekehrt nicht alle in der Zeichnung. So fehlen in der Unterzeichnung des Gemäldes die unten rechts auf der Mauer angelegten Trinkgefäße oder der Fisch in der Nähe des Helms (Metzger 2003). Außerdem ist der Pfeil, den der Tod hält, in der Unterzeichnung des Gemäldes kürzer als auf der Zeichnung und im fertigen Gemälde. Die Umstellung einiger Bildmotive ist mit dem weniger schmalen Seitenverhältnis zu erklären. Die Tafel tauchte um 1826 in einer englischen Privatsammlung auf, verblieb in den 1930er Jahren in Belgien und ist seit 1951 in Washington.
Siehe auch den allgemeinen Vorspann zu Kat. 17.

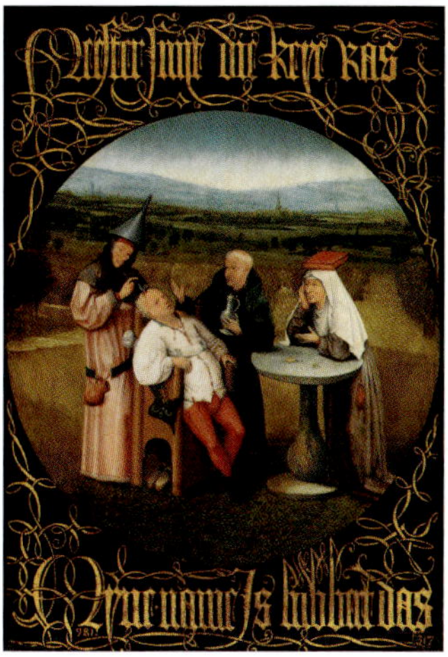

18

LITERATUR: Unverfehrt 1980, S. 36, 44–45, 54, 78–79; Morganstern 1982; Hand 1986; Marijnissen 1988, S. 320–324; McNamee 1998; Schoute/Verboomen 2000, S. 197–198, 215–216; Vinken/Schlüter 2000; Koreny 2002/03; Colenbrander 2003; Metzger 2003.

18

Das Steinschneiden, um 1505–1515
Öl auf Eichenholz, 47,5 x 34,5 cm
Madrid, Museo Nacional del Prado, Inv. 2056

Das Steinschneiden ist das einzige sowohl im Thema wie in der Funktion rein profane Gemälde im Bosch-Œuvre, und es steht zu vermuten, dass es genau deshalb auch das kleinste ist. Lediglich das Thema der Narrheit oder Torheit, das hier im Zentrum steht, lässt sich ganz allgemein auf die Bibel zurückführen. Die Ikonografie hat Koldeweij detailliert herausgearbeitet. Demnach ist der Sitzende ein von seiner vermeintlich frommen Frau (ganz rechts im Bild) mit einem Geistlichen (Zweiter von rechts) betrogener Ehemann, der seinen Mangel an Geistes- und Manneskraft vergeblich von einem Quacksalber (ganz links) zu kurieren versucht. Es existieren zahlreiche Varianten, von denen eine Gruppe mit der höchsten Ähnlichkeit (Unverfehrt 1980, Nr. 50a/50b) die sitzende Hauptfigur weitgehend übernimmt und die anderen Figuren in Aussehen und Verhalten verändert.

Das Steinschneiden wird gelegentlich Bosch abgeschrieben, doch bleibt es in seiner technisch-malerischen Ausführung ganz im Rahmen seiner anderen Werke. Die unerheblichen Pentimenti beschränken sich auf die Lagekorrektur von Körperteilen oder Gegenständen, was aber für eine derart übersichtliche Komposition nicht ungewöhnlich ist (vgl. Kat. 7, 15, 17). Das Bild oder eine Kopie davon wird 1517 im Inventar des Palastes von Philipp von Burgund (1464–1524) in Wijk bij Duurstede als „ein Gemälde von Lubbertas, dem man den Stein schneidet“ („een taeffereel van Lubbertas

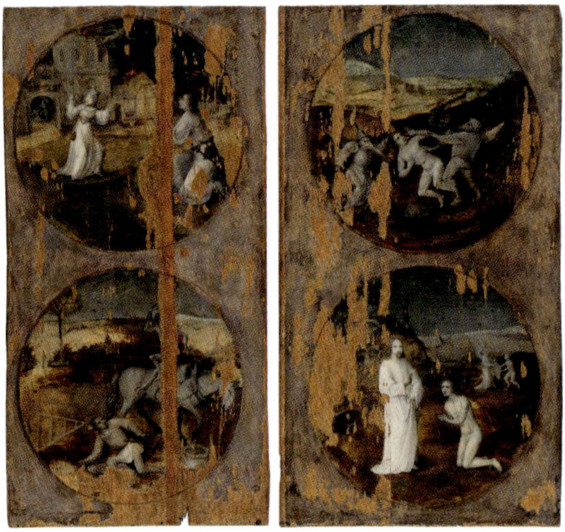

19.1

die men die keye snijt") erwähnt und 1524 als „een tafreel van Lubbert Tas die men die keye uyt snyt".

Im Juli 1527 wurde die Sammlung auf einer Auktion angeboten. Möglicherweise erwarb Felipe de Guevara das Werk. Mit fünf weiteren Bosch zugeschriebenen Werken gehörte eine Darstellung des Steinschneidens im Januar 1570 zum Besitz seiner Frau Beatriz de Haro, als das Werk an den spanischen König Philipp II. ging und 1574 in den Escorial kam. Die Beschreibung im Inventar als „otro lienzo quadrado donde se cura de la locura" stimmt zwar inhaltlich mit dem Werk überein – es ist tatsächlich dargestellt, „wie man die Verrücktheit heilt" –, scheint jedoch technisch in zwei Punkten abzuweichen: Es handelt sich weder um eine Leinwand („lienzo"), noch ist das Werk quadratisch. Doch wurden Tafelbilder in Inventaren generell damals oft als Leinwände bezeichnet, und „quadrado" kann sowohl quadratisch als auch rechteckig meinen. Gesichert ist, dass das Original 1745 als Schenkung aus dem Landsitz des Herzogs von Arco nahe Madrid in königlichen Besitz überging. Seit der Mitte des 19. Jahrhunderts ist es im Prado registriert.

Siehe auch S. 288, 291, 292, *315*.

LITERATUR: Unverfehrt 1980, S. 263–264, Nr. 55; Marijnissen 1988, S. 440–443; Koldeweij 1991; Garrido/Schoute 2001, S. 50–57; Schoute/Verougstraete/Garrido 2001, S. 117; Fischer 2009, S. 159.

19

Fragmente einer Sintflut-Darstellung (Außenflügel: Versuchung und Erlösung des Hiob), um 1510–1515

Öl auf Eichenholz, 69 x 36 bzw. 38 cm

Rotterdam, Museum Boijmans Van Beuningen, Inv. St. 27, St. 28

19.1 Außenflügel: vier Tondi der Versuchung und Erlösung des Hiob

19.2 Linker Innenflügel: Die Welt vor der Sintflut

19.3 Rechter Innenflügel: Die Tiere verlassendie Arche Noah

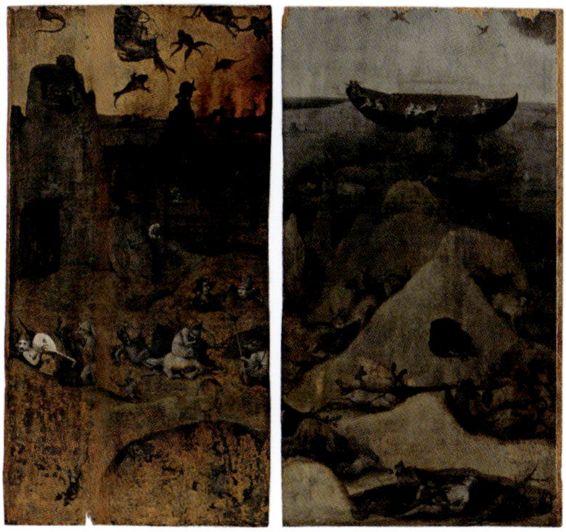

19.2–19.3

Die Deutung der Ikonografie ist vor allem für die Außentafeln umstritten, während innen die Sintflut als zentrales Thema eindeutig erkennbar ist. Aber auch hier ist nicht geklärt, ob die linke Innentafel, die von Monstern als Sinnbildern des Bösen und Sündhaften bevölkert ist, tatsächlich die Erde vor der Sintflut oder aber den Sturz der Engel (Wuhrmann) zeigt. Auf der Darstellung der rechten Innentafel verlassen die Tiere die Arche Noah, die durch die Flut umgekommenen Monster, Tiere und Menschen kommen zwischen den kahlen Felsen des zurückweichenden Wassers zum Vorschein. Offensichtlich ist das Triptychon innen chronologisch angelegt und insofern vergleichbar mit eschatologischen Werken Boschs, deren linke Tafeln das Paradies und deren rechte Tafeln die Hölle zeigen (Kat. 11, Kat. 13, Kat. 16, Kat. 20). In diesem Fall könnte die Mitteltafel die Arche inmitten der Sintflut auf dem Meer oder während des Ganges der Tiere an Bord gezeigt haben. Wuhrmann plädiert stattdessen für eine Darstellung der Menschheit vor der Sintflut, vergleichbar mit dem „Sicut erat in diebus Noë“-Thema im *Garten der Lüste* (Kat. 11).

Außen sind vier Tondi zu sehen. Im ersten links oben überfallen Teufel ein großes Gehöft und erschlagen Mensch und Vieh. Eine Frau flieht, ein Mann, augenscheinlich der Herr des Anwesens, kniet flehend. Im Tondo darunter wird ein Bauer beim Pflügen von einem Teufel überrascht, der vom Rücken des Zugpferdes auf den zu Boden Gestürzten einzuschlagen droht. Im Tondo rechts oben attackieren drei Dämonen einen bis auf die Unterhose nackten Mann mit Knüppeln. Im letzten Tondo rechts unten erscheint Christus dem Gequälten segnend als Erlöser. Dahinter bekleidet ein Engel einen weiteren – oder denselben – Mann, der ein Schiffbrüchiger zu sein scheint, da im Hintergrund ein Schiff versinkt.

Die vier Rundbilder können allgemein als Exemplum der Versuchung und Erlösung

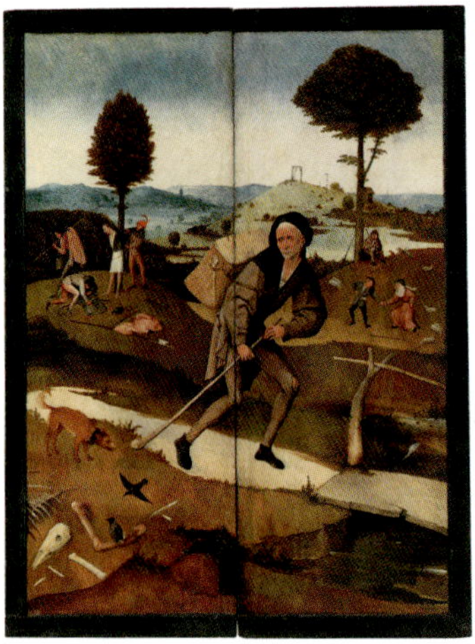

20.1

verstanden werden (Lammertse 1994). Wuhrmann, der ich mich hier anschließe, identifiziert die vier Tondi der Außentafeln als Darstellungen der Versuchung und Erlösung des Hiob. Dämonen oder Teufel fungieren hier als Ersatz für Soldaten oder andere Drangsale. Die Leiden des Hiob sind mit jedem Ereignis gesteigert. Außen- und Innentafel korrespondieren, da sie zunächst Stationen sich steigernder Gegenwart des Bösen zeigen, aber letztlich die Erlösung der gottestreuen Menschen durch dessen Gnade. Hiob und Noah sind beide Beispiele für die Errettung der Seele.

Die dendrochronologische Bestimmung fixiert die Entstehungszeit in die Jahre nach 1508. Der Erhaltungszustand dieser auch innen in Grisaille gehaltenen Flügel ist bis auf die rechte Innentafel schlecht. Die Flügel sind teilweise schwer beschädigt, sodass Fehlstellen die Identifikation des Dargestellten und der Ikonografie zusätzlich erschweren. Sowohl an der Außen- wie auch der Innenseite ist die Unterzeichnung korrigiert worden bzw. weicht an einigen Stellen von der Malschicht ab; so sind im Tondo links unten der Teufel und das Pferd aus der Mitte weiter nach rechts an den Rand verschoben worden. In einem weiteren Detail liefern die Außenseiten einen wichtigen Hinweis auf den Werkprozess in Boschs Atelier. Das kleine, an einen Käfer oder auch an eine Katze erinnernde Monster im rechten oberen Tondo wurde von einer in Berlin erhaltenen Zeichnung Boschs übertragen (Kat. Z8). Dies kann durch einen Werkstattmitarbeiter erfolgt sein.

Die beiden Tafeln sind 1927 im Madrider Privatbesitz des Marquis de Chiloeches nachzuweisen. Die Chiloeches waren im 17. und 18. Jahrhundert mit den Guevara dynastisch-familiär verbunden (die Schreibweise Chiloedes ist falsch). Bald darauf kamen die Flügel über den Kunsthandel 1935 als Leihgabe und 1941 als Schenkung ins Boijmans.

Siehe auch S. 292–295, *316/317*.

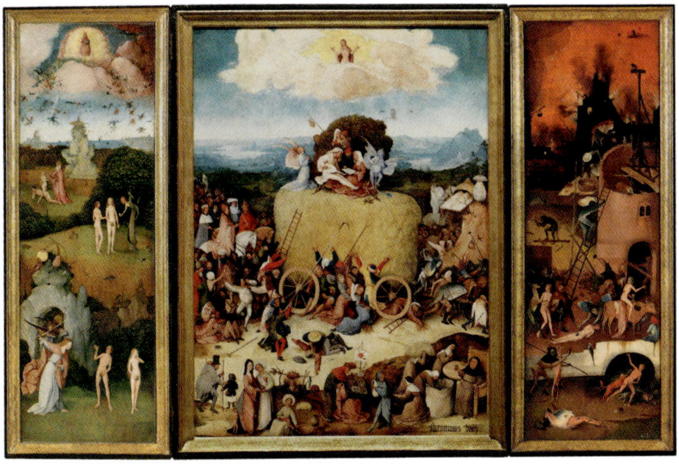

20.2–20.4

LITERATUR: Wittrock 1979; Bax 1983; Lammertse 1994, S. 96–105; Marijnissen 1988, S. 292–295; Wuhrmann 1998; Buck 2001, S. 208, 210; Klein 2001, S. 126–127; Silver 2006, S. 322–329.

20

Der Heuwagen
(Außenflügel: Der Hausierer),
um 1510–1515
Öl auf Eichenholz, 133 x 100 cm (Mitteltafel), 147 x 56 cm (Flügel)
Madrid, Museo Nacional del Prado, Inv. 2052
20.1 Außenflügel: Der Hausierer
20.2 Linker Innenflügel: Das Entstehen des Bösen
und der Verlust des Paradieses
20.3 Mitteltafel: Der Heuwagen
20.4 Rechter Innenflügel: Die Hölle

Auf der Außenansicht zieht wie in Kat. 17 der Hausierer seines Weges. Die Innenansicht eröffnet auf dem linken Innenflügel mit Stationen der Schöpfungsgeschichte bis hin zur Vertreibung aus dem Paradies. In der Bewegungsrichtung von Adam und Eva folgt dann auf der Mitteltafel der Heuwagen mit seinem Gefolge als Allegorie von „Welt, Teufel und Fleisch“ (de Bruyn), dessen Zug auf dem rechten Innenflügel mit der Darstellung der Hölle schließt. De Bruyn hat in seiner gründlichen ikonografischen Studie (de Bruyn 2001a) alle Details auf Innen- und Außentafel unter Bezugnahme auf Bilddarstellungen, Bibelstellen und insbesondere niederländische Texte des Spätmittelalters und des 16. Jahrhunderts untersucht. Demnach können die Figuren und Szenen der Mitteltafel unter der übergeordneten Symbolbedeutung des Heus als Variationen von Themen wie Täuschung, Habgier und Vergänglichkeit verstanden werden.

Eine ausführliche Beschreibung und ikonografische Deutung des *Heuwagens* hängte der bedeutende spanische Historiograf Ambrosio de Morales (1513–1591) der Publikation der Schriften seines Onkels, des spanischen Hellenisten Fernán Pérez de Oliva (um 1494–1531), 1586 an. Morales wurde in Cordoba geboren, wo er auch gestorben ist, studierte ab 1524 bis zum Tod seines Onkels de Oliva 1531 in Salamanca, kehrte nach Cordoba zurück, legte dann 1533 die Profess im Hieronymiten-Orden ab; es folgte die Priesterschaft, seit 1540 lehrte er an der Universität Alcalá de Henares östlich von Madrid, ab 1550 als Rhetorik-Professor. Dieser Text sei, so erklärt Morales in seinem Vorwort, zu seiner Jugendzeit während des Studiums (bis 1531) entstanden, tatsächlich geschah dies aber wohl eher 1540 oder kurz danach, als sich der originale *Heuwagen* oder eine Kopie im Besitz Felipe de Guevaras in Madrid befand. Spätestens als Morales 1544/45 Lehrer des ersten Sohnes von Felipe de Guevara und Beatriz de Haro, Diego (1537/38–1566), war, hatte er genügend Zeit, den *Heuwagen* zu studieren. 1570 vermittelte er auch den Kauf der Werke aus dem Nachlass Guevaras durch Philipp II. Von 1572 bis 1582 war er, vom König dazu bestimmt, Historiograf der spanischen Monarchie.

Morales vergleicht den *Heuwagen* mit der *Tabula Cebetis*, dem allegorisch-fiktiven Dialog *Pinax*, der damals Kebes von Theben (um 400 v. Chr.) zugeschrieben wurde, und hält ihn für ein ebenso gelungenes Werk, denn Hieronymus Bosch „hat mit Umsicht und großer Originalität in diesem Gemälde sehr gelungen unser elendiges Leben und die Verzückung, in die uns seine Eitelkeiten versetzen, dargestellt. Und es wird nützlich sein, es zu beschreiben, damit derjenige, der es nicht gesehen hat, es doch noch genießen kann, wenn er darüber liest. Es ist ein großes Tafelgemälde, das aus drei Teilen besteht: ein größeres in der Mitte und zwei kleinere an den Seiten. Das erste der kleinen zur Rechten [vom Bild bzw. von Christus aus betrachtet, d. A.], wo das Gemälde beginnt, zeigt zuerst die Schöpfung der Welt und des Menschen, die Sünde Adams und den Engel, der ihn und seine Frau mit flammendem Schwert aus dem irdischen Paradies vertreibt. Er scheint sie aus diesem Bild (das den Beginn des Lebens der Menschheit vorstellt) zu vertreiben zur großen Mitteltafel hin, wo beschrieben und gezeigt wird, wie die Menschen sich verhalten, die mit der schlechten Neigung der Erbsünde auf die Welt gekommen sind. Um dies gut darzustellen, ist auf der Mitteltafel ein sehr großer Karren mit so viel Heu, der sich wie ein Turm erhebt. Um dies zu verstehen, muss man wissen, dass auf Flämisch ‚ein Wagen mit Heu' so viel bedeutet wie ‚ein Wagen mit nichts' [‚carro de nonanda'] im Spanischen. Auf diese Weise ist dieser Karren, gefüllt mit Heu, in Wirklichkeit ein Karren mit nichts, und so bekommt es seinen Namen von der Bedeutung her. Einige Teufel ziehen diesen Karren, und ein anderer, der Führer, geht wie ein Fuhrmann im Joch. Alle lenken ihn zur dritten Tafel, die das Ende der Welt und des Lebens darstellt. Oben auf dem großen Heuhaufen, oder dem Nichts, oder der Eitelkeit, sitzen viele junge Männer und Frauen, die sich amüsieren: Die einen machen Musik, andere tanzen, noch andere essen und trinken, und auf verschiedenste Art vergnügen sie sich. Der Teufel gibt ihnen den Ton auf einem Dudelsack an und steht ihnen als Führer voran, während dahinter ein sehr bekümmerter Engel weinend kniet. Dieser hebt seine Hände und Augen zum Himmel, traurig aufgrund des Verlustes und als würde er zu Gott flehen, bereut er mit Tränen das große Elend. Unten um den Wagen befindet sich eine große Menge verschiedenes Volk, das sich mit unglaublicher Begier und Starrsinn anstrengt, um doch noch ein bisschen mehr Heu und Eitelkeit zu greifen und zu bekommen. Die einen strengen sich an, das Heu mittels Haken oder Schippen oder anderen Werkzeugen zu bekommen. Andere versuchen das Heu mit viel Mühe mit Leitern zu erklimmen. Es sind auch viele, die von unten kommen und so viel ergreifen, dass sie unmöglich alles tragen können. Einer stürzt nieder unter der Last, und ein anderer raubt oder bemächtigt sich des Heus eines anderen und noch jemand anderes mordet, um an Heu zu kommen. Alle gehen sehr zufrieden daher, als ob sie reiche Beute gemacht hätten. Um Heu ergreifen zu können, ist viel Gedränge, wobei die einen die anderen über den Haufen laufen, um bloß Erste zu sein. Manche schieben mit mehr Macht, bahnen sich den Weg mit Gewalt. Viele sind schon auf den Boden gefallen, wobei sie in der Blindheit, ihr Ziel zu erreichen, umgerissen und niedergetrampelt werden durch die noch größere Kraft der anderen, von denen sie beiseitegedrückt wurden.

Hinter dem Heuwagen, an der wichtigsten und ehrenvollsten Stelle sozusagen, reiten die Könige und Fürsten zu Pferd. Und obwohl diese, durch die schöne Ermahnung des Malers, nahe an den Karren platziert sind, stecken sie doch kraft ihrer Autorität und Größe ihre Hände nicht aus, um ihren eigenen Anteil Heu und Eitelkeit zu greifen. Im Gegenteil, mit betonter Seriosität geben sie ihren Knechten ein Zeichen, zu laufen und viel für alle mitzubringen. Ein bisschen weiter unten sind jene gemalt, die schon sehr fröhlich und gut gelaunt zurückkehren mit ihren Büscheln Heu, obwohl es sie viel Schweiß gekostet hat, sie zu erlangen. Sie symbolisieren verschiedene Stände und Typen von Menschen, und sie morden und kämpfen gegeneinander um das kleinste Heu, die Eitelkeit, das Nichts, das sie haben, um sich dessen zu bemächtigen. Hier sieht man auch sehr viele, die in großer Agonie auf den Wagen zurennen, um diesen noch zu erreichen, bevor er fort ist, oder als ob das Heu ausgehen würde. Eltern greifen ihre kleinen Kinder bei der Hand, und mit großem Nachdruck zeigen sie mit dem Finger auf den Wagen, als ob sie auf eine Quelle großen Reichtums hinweisen würden. Sie spornen sie an, sich bereit zu machen, selbst Heu zu greifen, nicht zufrieden mit der großen Beute, die sie selbst machen werden. Einige wiederum kaufen für viel Geld das, was die anderen dabeihaben. Und es gibt noch so viele von diesen Besonderheiten, einer Art, dass ich sie nicht alle erzählen kann. Es ist auch nicht nötig, das alles hier zu erwähnen. Durch die Teufel, die den Karren ziehen, endet dies alles auf dem letzten Tafelbild, wo dargestellt ist, was nach dem Leben folgt. Da ist die Hölle gemalt und verschiedene Qualen, die die elenden Seelen erleiden, deren Leben ganz in Eitelkeit und Sünde erfolgt ist. Ein Leben, das vergleichbar ist mit dem Heu, das trocknet und abstirbt, ohne tugendsame Früchte zu liefern" (Morales 1586).

Der Auftraggeber und der Anlass dieses Triptychons sind unbekannt. Es ist religiös, aber nicht sakral, also am ehesten mit dem *Garten der Lüste* (Kat. 11) und seinem höfischen Funktionszusammenhang zu vergleichen. Der spanische Hochadel in den Niederlanden begehrte offensichtlich den *Heuwagen*, der archivalisch erstmals in den 1530er Jahren nachweisbar ist.

Als Felipe de Guevara sich nach seiner Zeit am Hofe Karls V. mit seiner Frau Beatriz de Haro etwa 1536 in Madrid niederließ, brachte er einige wohl von seinem Vater Diego geerbte Werke Boschs mit, darunter vermutlich auch den originalen *Heuwagen*. Aus dem Besitz des Verstorbenen bzw. seiner Frau erwarb Philipp II. jedenfalls 1570 eine „Tafel von einzweidrittel Ellen Höhe, mit zwei Flügeln, welche geöffnet drei Ellen Breite hat; und es ist der Heuwagen von Hieronymus Bosch, eigens von seiner Hand". Die angegebenen Maße entsprechen umgerechnet mit einer Höhe von 139 cm und einer Breite von 250 cm nur in der Höhe annähernd dem Maß, in der Breite weicht die Angabe um rund 35 cm ab (1 kastilische Elle = 83,5 cm).

Mencia de Mendoza (1508–1554), die dritte Frau Heinrichs III. von Nassau, die 1530–1533 und 1535–1539 in den Niederlanden weilte, ließ 1539 einen zweiten *Heuwagen* („carro de Geronimo Bosque") als Ersatz für ein gerade erworbenes, aber bereits zerstörtes Exemplar suchen (de Bruyn 2001, S. 34–35; van Dijck 2001a, S. 94–95). Vermutlich wurde man nicht fündig, denn es lässt sich kein *Heuwagen* in den

Inventaren von 1548, 1554 und 1560 der Sammlung Mencias nachweisen, obschon darin einige Werke Bosch zugeschrieben werden.
Eine erneute und ausführlichere Erwähnung findet das Triptychon in dem Inventar der Werke, die 1574 zu dessen Ausschmückung in den Escorial gelangten: „Ein Tafelgemälde mit zwei Flügeltüren, auf das mit einem Pinsel ein Heuwagen gemalt ist, von dem ein jeder Stand etwas pflückt, was die Vergänglichkeit bezeichnet, hinter der man her ist, und auf dem Heu die Figur eines Schutzengels und der Teufel und andere Figuren, und ganz oben auf der Tafel Gottvater [sic!], und auf der Tafel zur Rechten die Erschaffung Adams und andere Figuren dieser Geschichte; und auf der Tafel zur Linken [wieder jeweils vom Bild bzw. von Christus aus betrachtet, d. A.] die Hölle und die Strafen der Todsünden; dieses ist fünf Fuß hoch und vier breit, ohne die Flügeltüren: es ist von Hieronymus Bosch.“ Bis auf die fehlerhafte Identifikation von Christus als Gottvater ist der Bildinhalt treffend zusammengefasst, die Außenflügel bleiben unerwähnt. Die Maße sind mit umgerechnet 139 x 111 cm für die Mitteltafel gut getroffen.
Der Erhaltungszustand der Farbe ist besonders auf dem linken Innenflügel und im Hintergrund der Mitteltafel schlecht, was ein Vergleich mit der Kopie im Escorial (siehe S. 294) verdeutlicht, die einen Eindruck von der ursprünglichen Farbigkeit vermittelt. Durch Abrieb schimmert der unterliegende Grundton verstärkt durch, die Maloberfläche wirkt dadurch unregelmäßig. Die Farbgestaltung erscheint deshalb auf den ersten Blick eigenartig unentschieden zwischen Monochromie und Buntfarbigkeit. Bosch hat zwar unter den späten Werken mit den *Sintflut*-Tafeln (Kat. 19) die Grisaille-Malerei auch auf den Flügelinnenseiten verwendet, die Tendenz zur braunen Tonalität wird hier aber sowohl bei den Figuren als auch im Landschaftshintergrund durch die übliche breite Palette der Farben aufgehoben.
Die Unterzeichnung stimmt weitgehend mit dem sichtbaren Bild überein. Es gibt viele

kleine Abweichungen auf allen Tafeln, die vor allem die Größe oder Details in der Gestaltung, selten jedoch die Lage einzelner Figuren oder Gegenstände betreffen. Deutliche Schraffuren hat nur das Gewand des Engels, der Adam und Eva vertreibt. Sie verlaufen wie in Kat. 17 von links oben nach rechts unten, haben aber lediglich skizzenhaften Charakter. 1939 wurde das Triptychon mit anderen Werken Boschs aus dem Escorial nach Madrid in den Prado beordert.

Siehe auch S. 295, 296, 298, 299, 301, *320/321*.

LITERATUR: Guevara 1560; Morales 1586; Sigüenza 1605; Salazar 1955; Brand Philip 1958; Tolnay 1965, S. 401–405; Steppe 1967; Snyder 1973, S. 31–41; Unverfehrt 1980, S. 239–240; Raupp 1986, S. 199–200; Marijnissen 1988, S. 52–59; Vandenbroeck 1985; Jacobs 2000; de Bruyn 2001a, 2001d; Garrido/Schoute 2001, S. 38, 120–157; Schoute/Verougstraete/Garrido 2001, S. 117; Klein 2001, S. 127; Koreny 2002/03; Silver 2006, S. 260–273.

Katalog der Gemälde – Werkstatt und Nachfolge

Bosch hatte gemäß den Akten- und Werkbefunden spätestens seit 1499 mindestens einen Werkstattmitarbeiter, 1503/04 wenigstens zwei Gesellen und um 1505 ebenfalls mindestens einen Mitarbeiter. Schüler blieben damals in der Regel drei oder vier Jahre und Gesellen eine variable Zeit von wenigen Monaten bis zu mehreren Jahren bei einem Meister. Es ist bisher unmöglich, die Anzahl und Herkunft der Mitarbeiter in Boschs Werkstatt genauer zu bestimmen.

Reizvoll erscheint der Versuch, dem von dem Bosch-Kenner Felipe de Guevara als besonders begabten Schüler Boschs („discipulo“) charakterisierten anonymen Künstler konkrete Gemälde und Zeichnungen zuzuschreiben, was bisher zu ganz unterschiedlichen Ergebnissen führte (Unverfehrt 1980, S. 233 ff.; Vandenbroeck 1987a, S. 181, und 2003, S. 196–199; Koreny 2002/03). Guevara führt aus, dass dieser Maler, „der sein Schüler war, [...] aus Hingabe zu seinem Meister oder um seinen Werken Glaubwürdigkeit zu verleihen, seine Werke mit dem Namen Boschs signierte und nicht mit seinem eigenen“. Dennoch steht die Qualität für Guevara außer Frage, denn „auch wenn dem so sei, sind dies Bilder, die sehr zu schätzen sind, und derjenige, der sie hat, soll viel von ihnen halten, denn in den Erfindungen und Moralitäten ist er seinem Meister gefolgt, und in der Arbeit war er sorgsamer und geduldiger als Bosch, ohne sich von der Gestaltung und der Feinheit und der Farbe seines Meisters zu entfernen“. Entsprechend den in dieser Textpassage genannten Kriterien können versuchsweise bis zu vier Gemälde und ungefähr vier Zeichnungen diesem „Meisterschüler des Hieronymus Bosch“ zugeordnet werden.

Die Vermutung drängt sich auf, dass in Boschs Werkstatt auch Familienmitglieder aus der

„Maler-Dynastie“ van Aken tätig waren. Boschs Bruder Jan Anthoniss van Aken (um 1448–1498/99) verstarb zu früh, um seine Mitarbeit mit den Funden an Werken wie etwa dem Bostoner *Ecce Homo* (Kat. 21) zusammenführen zu können.

Am ehesten könnte ein Neffe Boschs, Anthonis Goessens van Aken (um 1478–1516), in der Werkstatt des Hieronymus Bosch tätig gewesen sein (zur Biografie: van Dijck 2001a, S. 35; Vink 2001a, S. 96). Vermutlich durch seinen Vater Goessen ausgebildet, war er etwa 18 Jahre alt, als dieser 1495 starb. In diesem Alter wäre er noch nicht in der Lage gewesen, die verwaiste Werkstatt der van Akens zu führen. Diese leitete seine Mutter Katelijn (Katharina, gest. 1523/26) als Witwe des Meisters: 1499/1500 fasste sie eine Barbara-Statue für das Grootziekengasthuis, das Hospital der Stadt, oder ließ sie unter ihrem Namen fassen (van Dijck 2001a, S. 29–31). Weder ist geklärt, ob Anthonis tatsächlich für seine Mutter oder seinen Onkel Hieronymus arbeitete, noch wo er wohnte und arbeitete. Jedenfalls hatte er wohl keine eigene Werkstatt. Anthonis heiratete kurz nach 1500 Gertrudis Pontheniers, deren Eltern in der Verwerstraat südlich des Marktes wohnten. Am 21. November 1508 übertrug ihm seine Mutter Katelijn zwar den Nießbrauch für das Haus der van Akens am Markt, dennoch wohnte er 1516 wie sein Bruder Jan in der Postelstraat im Westen der Stadt.

Zu den fassbaren Werken des Anthonis Goessens van Aken gehören ein Palmsonntagsesel, den er 1513/14 für das Armenhaus von ’s-Hertogenbosch, die sog. Heiliggeisttafel, fasste, und einige Wappenschilde, die er im Auftrag der Stadtregierung für den ersten Besuch Karls V. als Kaiser in der Stadt, die sog. *Joyeuse Entrée* bzw. den *Blijde Inkomst*, im Juli 1515 malte. Hinzu kam ein Auftrag für die Liebfrauenbruderschaft 1514/15. Als Anthonis im August 1516 starb, reduzierte die Bruderschaft die durch die Angehörigen zu bezahlende „doodschuld“ wegen Malereien, die er als äußeres Mitglied für diese angefer-

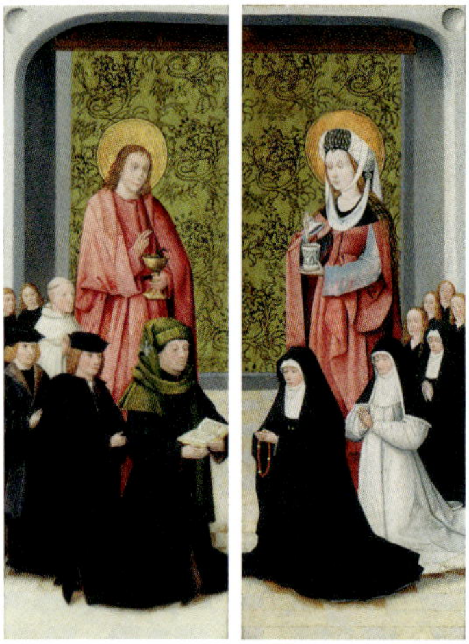

21.1

tigt hatte („vanwege enkele schilderien die hy deser bruederscap voerttyden gemaect heeft"). In diesem zweiten Teil des Gemäldekatalogs werden zunächst Gemälde der Werkstatt Boschs aufgeführt, die unter seiner Oberaufsicht entstanden, aber nicht von seiner Hand sind (Kat. 21, Kat. 22). Dann folgen Werke, die aufgrund stilistischer und motivischer Ähnlichkeiten einen offensichtlichen Bezug zu Bosch haben und wahrscheinlich auf ehemalige Werkstattmitarbeiter (Schüler, Gesellen) zurückzuführen sind (Kat. 23–28). Zuletzt ist ein Gemälde in der Nachfolge des Hieronymus Bosch aufgeführt, das ihm heute noch häufig zugeschrieben wird (Kat. 29).

Literatur: Guevara 1560, S. 43; Cinotti 1966; Unverfehrt 1980; Schoute/Verougstraete/Garrido 2001; Vermet 2001, S. 92–93; Koreny 2002/03; Elsig 2004.

21
Werkstatt des Hieronymus Bosch
Ecce Homo mit Heiligen und Stiftern (Außenflügel: Heilige und Stifter), 1499
Öl auf Eichenholz,
73,2 x 57,1 cm (Mitteltafel),
79 x 36 cm (Flügel), 16 x 57 cm (Predella)
Boston, Museum of Fine Arts,
Inv. 53.2027 und 56 172 (Predella)
21.1 Außenflügel: Johannes und Maria Magdalena mit Stifterangehörigen
21.2 Linker Innenflügel: Der heilige Petrus mit Stifter
21.3 Mitteltafel: Ecce Homo
21.4 Rechter Innenflügel: Die heilige Katharina mit Stifterin
21.5 Predella: Passionswerkzeuge

Auftraggeber dieses Triptychons waren Peter van Os (um 1467/69–1542), seit 1496/97 geschworenes Mitglied der Liebfrauenbruderschaft, und seine Frau Hendrixke van Langhel

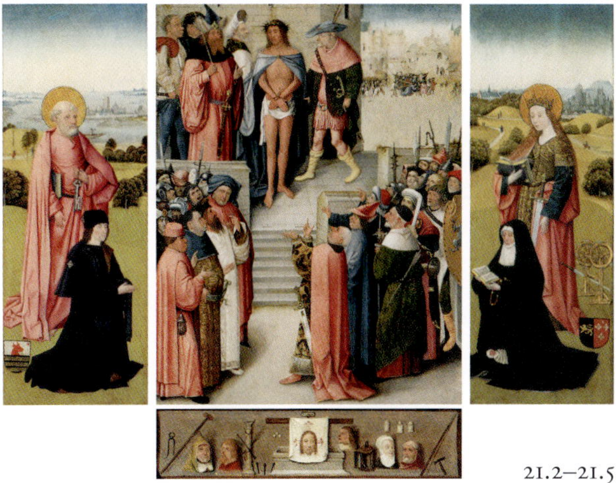

21.2–21.5

(gest. 1499/1500). Der Anlass war die Heirat der beiden und die Übernahme des Amtes des Stadtsekretärs durch Peter van Os. Die beiden Stifter sind auf den Innenflügeln, begleitet vom heiligen Petrus bzw. von der heiligen Katharina, einander gegenübergestellt. Auf der Außenseite ist der zu diesem Zeitpunkt schon verstorbene Vranck van Langhel (auch: Franco van Langel, um 1440–1497), Bruderschaftsmitglied, Schwiegervater von van Os und sein Vorgänger im Stadtsekretärsamt, mit Söhnen und dem heiligen Johannes dem Evangelisten sowie auf der anderen Seite Vranck van Langhels Frau Heilwig van der Rullen und ihre Töchter mit der heiligen Maria Magdalena zu sehen.

Aufgrund der Biografien können die Auftragsvergabe auf Ende 1498 und die Fertigstellung des Gemäldes auf das Jahr 1499 eingegrenzt werden. Van Os war seit September 1498 einer von vier Stadtsekretären von 's-Hertogenbosch. Er heiratete die Tochter van Langhels ungefähr Mitte bis Ende 1498, Anfang 1499 waren sie bereits als getraut vermeldet. Mit der Heirat gekoppelt erhielt van Os 1499 das volle Bürgerrecht. Seine Standesverbesserung wurde auch in den Akten der Liebfrauenbruderschaft im Rechnungsjahr 1498/99 vermerkt. Hendrixke machte wegen ernster Komplikationen während ihrer ersten Schwangerschaft Ende Dezember 1499 ihr Testament, sie verschied bald nach der Geburt. Der auf dem rechten Innenflügel dargestellte Säugling wurde nachträglich über der fertigen Malschicht hinzugefügt, was bedeutet, dass das Stifterporträt Hendrixkes vor der Geburt des Kindes fertiggestellt war, also nicht nach ihrem Tod entstanden ist.

Bosch erhielt den Auftrag für dieses Triptychon sicherlich aufgrund persönlicher Beziehungen über die Bruderschaft. Doch führte er das Werk trotz des gewichtigen Auftraggebers wegen vorübergehender Abwesenheit nicht selbst aus, sondern überließ es seiner Werkstatt. Möglicherweise waren bis zu drei Maler an dem Werk beteiligt (Elsig). Neben

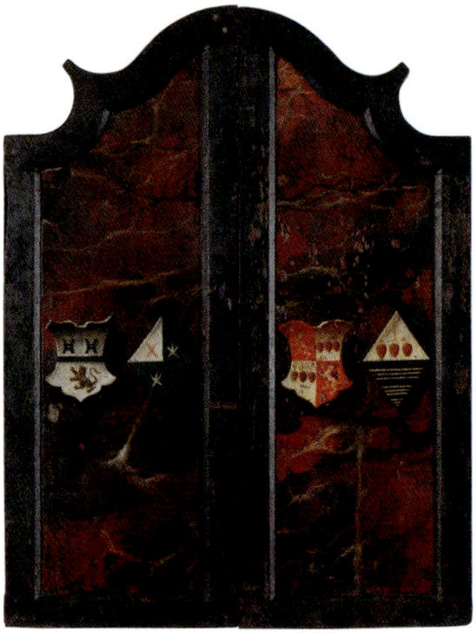

22.1

gelungenen Figuren und Stifterporträts zeigen sich Unsicherheiten in der Darstellung der Figuren ganz hinten neben Christus auf der Mitteltafel.

In diesem Triptychon sind vier Werke von Bosch kompiliert. Seine Werkstatt verwendete das Ecce-Homo-Bild Frankfurt (Kat. 4) als Vorlage für die Mitteltafel, von der sie ein Großteil der Figuren, der Architektur und Stadtlandschaft übernahm. Der Petrus auf dem linken Innenflügel stammt aus der *Anbetung der Könige* Madrid (Kat. 6.2), wobei der Kopf vergrößert wurde, sodass die Proportionen gegenüber dem Original gestaucht wirken. Im Hintergrund ist eine Kreuztragung mit Volk zu sehen, die der auf der Außenseite des *Johannes auf Patmos* (Kat. 3.2.2) gleicht. Der Hintergrund der rechten Flügelinnenseite greift auf die *Kreuzigung* (Kat. 1) zurück.

Als ursprünglicher Standort ist eine Kirche oder Kapelle in 's-Hertogenbosch anzunehmen, mutmaßlich Sint-Jan oder eher noch die Dominikanerkirche, wo Peter van Os und einer seiner Söhne begraben sind. Das Werk war im späten 19. Jahrhundert im Privatbesitz in London und ist seit 1956 vollständig im Besitz des Bostoner Museums.

Siehe auch S. 79.

LITERATUR: 's-Hertogenbosch 1967, S. 113, Nr. 27; Unverfehrt 1980, S. 137–139; Bichelaer 1998, Beilage 1, Nr. 292 und 236; van Dijck 1998a; Schoute/Verboomen 2000, S. 202–203; Elsig 2001, S. 98; Klein 2001, S. 124–125; Wattel 2001; Fischer 2009, S. 71–73, 89.

22

Werkstatt des Hieronymus Bosch
(„Meisterschüler des Hieronymus Bosch"?)
Triptychon mit Hiob,
Antonius und Hieronymus (Außenflügel: Die vier Wappen der Stifter), um 1505
Öl auf Eichenholz,
98 x 72,1 (Mitteltafel),
97,8 x 30,2 cm (linker Flügel),
98,1 x 30,5 cm (rechter Flügel)
Brügge, Groeningemuseum, Inv. 209

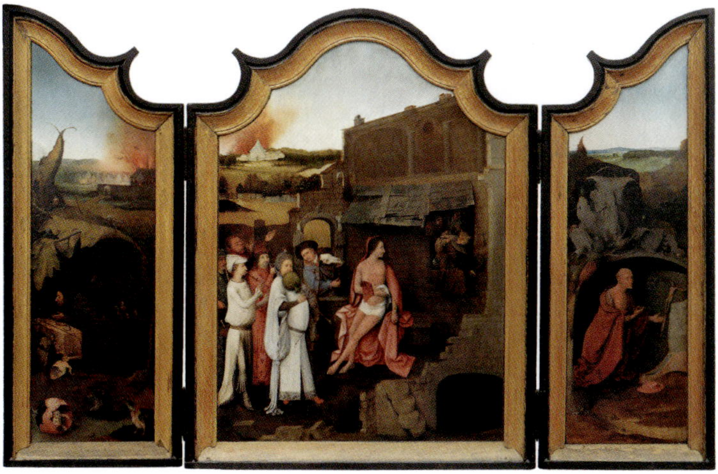

22.2–22.4

22.1 Außenflügel: Die vier Wappen der Stifter
22.2 Linker Innenflügel: Der heilige Antonius
22.3 Mitteltafel: Versuchung des Hiob
22.4 Rechter Innenflügel: Der heilige Hieronymus

Die Spuren der Stifter führen nach 's-Hertogenbosch und auch zur Liebfrauenbruderschaft. Auf der Außenseite finden sich die Stifterwappen der Familien de Haro und Pijnappel. Johanna Pijnappel aus 's-Hertogenbosch war in erster Ehe mit Jacob van Driele, ebenfalls ein 's-Hertogenboscher, verheiratet. Dieser verstarb 1506 oder früher, denn erst nach der üblichen einjährigen Trauerzeit konnte Johanna 1507 in Antwerpen den spanischen Fernhandelskaufmann Diego de Haro ehelichen, der in dieser bedeutendsten niederländischen Hafen- und Handelsstadt 1491–1513 sehr erfolgreich aktiv war. Da das Wappen des ersten Gatten Johannas noch unter dem de Haros nachweisbar ist, folgt daraus, dass das Triptychon noch zu Drieles Lebzeiten, also nicht später als 1506, in Auftrag gegeben worden ist und spätestens 1507, vor der Neuverheiratung, fertiggestellt wurde. Erwähnenswert ist noch, dass ein weiterer de Haro, Jacob, 1502/03 als Mitglied der Liebfrauenbruderschaft gemeldet wird. Eine Tochter dieses de Haro, nämlich Beatriz, heiratete Felipe Guevara. Die de Haros gehörten zum Umfeld des spanischen Königshofes.

Über die genannten Daten der Stifter und die dendrochronologische Terminierung hinaus, die die Entstehung frühestens um 1501–1507 ansetzt, kann die Datierung durch die Bestimmung der künstlerischen Vorbilder noch genauer eingegrenzt werden. Das Triptychon kompiliert vier Werke Boschs, weswegen zu diesem frühen Zeitpunkt keineswegs von einem Maler der Bosch-Nachfolge, sondern von mindestens einem mit dem Bosch-Œuvre sehr gut vertrauten Maler auszugehen ist, der also nur ein Werkstattmitarbeiter gewesen sein kann. Der Hintergrund mit der

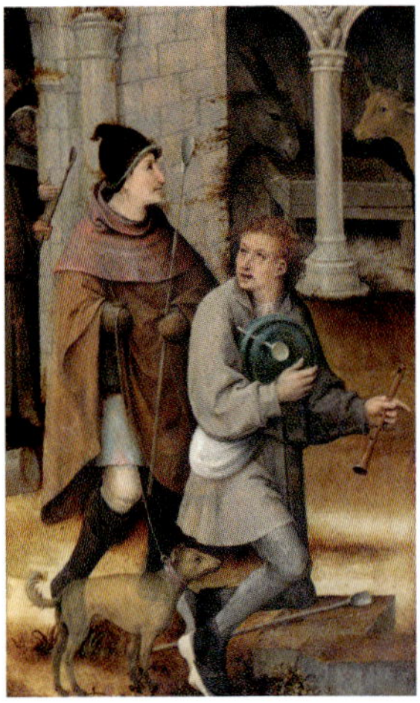 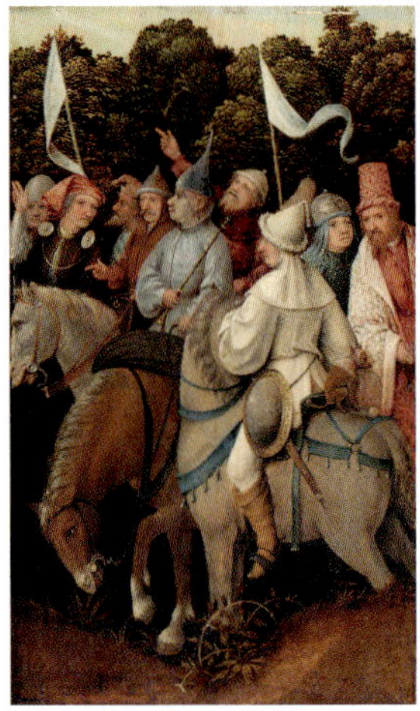

23.1–23.2

brennenden Klosterkirche und vor allem die beiden fliegenden Teufel über dem Dachreiter auf der linken Innentafel mit dem heiligen Antonius zitieren die Mitteltafel der um 1502 entstandenen *Antonius-Versuchung* (Kat. 10). Der Hieronymus und das Mäuerchen auf der rechten Innentafel sowie das Treppchen auf der Mitteltafel stammen aus der Mitteltafel des *Eremiten-Triptychons* (Kat. 12.2), das um 1504 entstand und dessen linke Innentafel ebenfalls vom *Antonius*-Triptychon abhängt. Der bizarr überwucherte Fels auf der rechten Innentafel ist aus dem *Hieronymus* (Kat. 2) übernommen, die Architektur der Mitteltafel aus der *Anbetung der Könige* (Kat. 6).
Das Werk wurde 1858 in Westflandern, in der Kirche des heiligen Jakobus d. Ä. zu Hoeke, erfasst und kam 1931 ins Brügger Museum.
Siehe auch S. 334.
LITERATUR: 's-Hertogenbosch 1967, S. 58, Nr. 1; de Vos 1979, S. 90–92; Unverfehrt 1980, S. 116–121; Schoute/Verboomen 2000, S. 214; van Dijck 2001a, S. 64–67; Klein 2001, S. 126; Schoute/Verougstraete/Garrido 2001, S. 108–109, 116; Vandenbroeck 2003, S. 175–176, 312–313.

23
Werkstatt oder ehemaliger Werkstattmitarbeiter des Hieronymus Bosch
(„Meisterschüler des Hieronymus Bosch"?)
Innenflügelfragmente eines Triptychons mit der Anbetung der Könige: Anbetung der Hirten und Gefolge der Heiligen Drei Könige, 1505–1515
Öl auf Holz, 37,5 x 22,5 cm (linker Innenflügel),
36,2 x 21,3 cm (rechter Innenflügel)
Philadelphia, Philadelphia Museum of Art, John G. Johnson Collection, Inv. 1276 („Hirten") und Inv. 1275 („Gefolge")
23.1 Linker Innenflügel: Hirten
23.2 Rechter Innenflügel: Gefolge

Bei diesen Fragmenten gibt es einige motivische Übereinstimmungen und stilistische

Ähnlichkeiten mit Werken Boschs und seiner Werkstatt. So findet sich am linken Rand des rechten Flügels wie auch auf der Innenseite der *Kleinen Kreuztragung* (Kat. 9) ein Mann mit einem gewickelten Tuch auf dem Kopf, der aus dem Bild heraus auf den Betrachter schaut. Beim linken Flügel ähnelt die Architektur der im *Triptychon mit Hiob, Antonius und Hieronymus* (Kat. 22). Zur *Anbetung* in Anderlecht (Kat. 24) lassen sich folgende Übereinstimmungen/Ähnlichkeiten feststellen: Dort findet sich wie auf dem linken Flügel des hier besprochenen Werks ein Hirtenstab mit schaufelartigem Aufsatz, der so spezifisch geformt auch bei Bosch in der *Anbetung der Könige* Madrid (Kat. 6) vorkommt, und es gibt Ähnlichkeiten in der Gestaltung der Mauer links und der Naturumgebung im Vordergrund sowie bei Esel und (gespiegelt wiedergegebenem) Ochs am Fresstrog aus Holzbrettern. Bei der *Anbetung* in Anderlecht finden sich wie auf dem rechten Flügel des hier besprochenen Werks zahlreiche Profilgesichter mit betonten Augenlidern und Kolben- oder Knollennase; allgemein ähnelt sich das Kolorit mit variantenreichen Braun-, Dunkelgrün- und Grautönen sowie auffallendem Rot und ins Türkise spielendem Blau. Bei der Reiterschar fallen die Banner und das farbig sehr kontrastreich angelegte Zaumzeug auf – beides fehlt sonst bei Bosch-Werken. Das auf dem Pferd im Vordergrund hockende braune Hündchen mit einer roten Gugel ohne Zipfel, ähnlich einer Art Narrenkapuze, findet sich seitenverkehrt im früher Bosch zugeschriebenen *Gaukler* in Saint-Germain-en-Laye (Kat. 28).

Die Röntgenaufnahmen zeigen einen Einsatz von Bleiweiß, der dem bei den Originalen Boschs sehr nahekommt. Auch finden sich einige Pentimenti, besonders auf dem rechten Innenflügel, die zumindest für diese Tafel darauf schließen lassen, dass es sich nicht um eine Kopie nach einem Gemälde Boschs, sondern um eine originale Komposition eines anderen Malers, eben eines Werkstattmit-

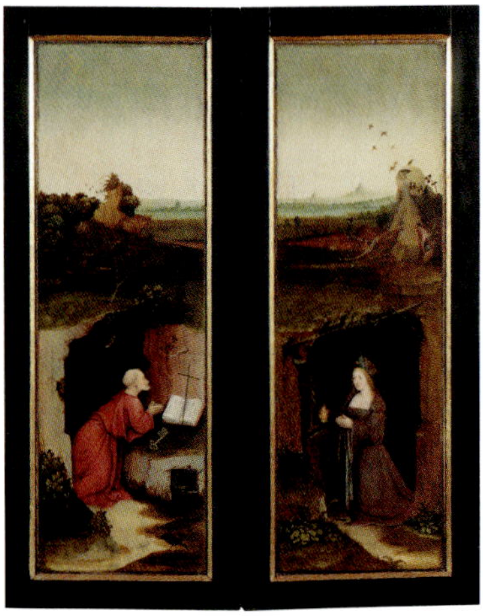

24.1–24.2

arbeiters, handelt. So zeigt die untere Malschicht der rechten Innentafel bei der zweiten Figur von rechts eine Metallscheibe mit Dorn auf dem Kopf und am linken Bildrand im Bereich der Pferdehälse und Oberkörper der Reiter Veränderungen bei der Kleidung.
Rekonstruktionen des Triptychons gehen entweder davon aus, dass Kopien der Flügel oder sogar der gesamten Innenansicht in dem Exemplar im Noordbrabants Museum in 's-Hertogenbosch (Inv. 15 257; ehemals Vught, Privatsammlung) erhalten sind, oder nehmen ein verlorenes Triptychon an (siehe Unverfehrt). Die allseitig beschnittenen Fragmente sind seit 1917 im Besitz des Philadelphia Museum of Art.
Literatur: Unverfehrt 1980, S. 102–111, Nr. 12, 43; Schoute/Verboomen 2000, S. 193–196; Schoute/Verougstraete/Garrido 2001, S. 118; Silver 2006, S. 180–184.

24
Werkstattmitarbeiter des Hieronymus Bosch
(„Meisterschüler des Hieronymus Bosch"?)
Anbetung der Könige (Außenflügel: Petrus und Magdalena in der Einöde),
um 1510–1520
Öl auf Holz, 78 x 62 cm (Mitteltafel),
80,5 x 26,5 cm (Flügel)
Anderlecht, Erasmushuis (Leihgabe: Collegiale kerk St. Pieter en Guido, Anderlecht)
24.1 Linker Außenflügel: Petrus in der Einöde
24.2 Rechter Außenflügel: Magdalena in der Einöde
24.3 Linker Innenflügel: Josef, Engel und Hirte
24.4 Mitteltafel: Anbetung der Könige
24.5 Rechter Innenflügel: Gefolge

Das Triptychon, das auf der Innenseite die Anbetung der Könige zeigt, war schon 1549/50, als es in Brüssel gesäubert wurde, im Besitz der Grabeskirche des heiligen Guido,

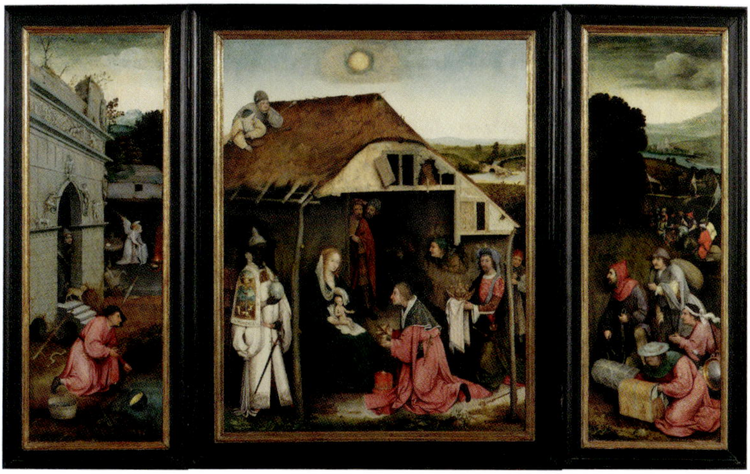

24.3–24.5

des Stadtpatrons von Anderlecht. Da der heilige Petrus, der auf der Außenseite als Eremit dargestellt ist, schon damals zweiter Patron dieser Kirche war, erhöht sich die Wahrscheinlichkeit, dass das Werk für eben diese Kirche auch geschaffen wurde.

Die Bildkomposition und ein großer Teil der Figuren gehen klar auf die *Anbetung der Könige* Madrid (Kat. 6) zurück. Der Stall und Maria sind gespiegelt wiedergegeben, einige Figuren im Raum verschoben.

Stilistisch gibt es Ähnlichkeiten und Übereinstimmungen mit den *Fragmenten der Anbetung* in Philadelphia (Kat. 23, siehe dort). Beide Bilder verwerten intensiv die *Anbetung der Könige* Madrid, aber unterschiedlich frei. Der schwarze König links auf der Mitteltafel weist sowohl Bezüge zur *Anbetung der Könige* also auch zum *Hiob-Triptychon* (Kat. 22) auf. Im letzten Fall wurden einige Elemente der Gestaltung des weißen Gewandes übernommen, beispielsweise der Gürtel über der Bauchwölbung, der Schlitz in dem vom Ärmel herabfallenden Bausch und die Art, wie die Fransen zu Boden fallen. Die Kenntnis beider Werke macht es zur Voraussetzung, dass es sich beim Schöpfer dieses Triptychons um einen Bosch sehr nahestehenden Maler, d. h. um einen (ehemaligen) Mitarbeiter handelt, auch wenn das Werk nicht unbedingt unter Boschs Aufsicht in der Werkstatt entstanden ist. Insgesamt geht es freier mit dem großen Vorbild Bosch um als Kat. 20 und Kat. 22, was eine spätere Datierung stützt. Dafür spricht auch die antikisierende Fassadengestaltung mit Ornamenten und Nackten im Gebäude auf der linken Innentafel.

Auch mit dem *Triptychon mit Hiob, Antonius und Hieronymus* gibt es stilistisch zahlreiche Ähnlichkeiten und Übereinstimmungen, so etwa zwischen der Gestaltung der Innenflügel dort und der Außenflügel des Anderlechter Triptychons, bei der umgebenden Landschaft mit der höhlenartigen Behausung der Heiligen und bei den Bethaltungen. Die Gewandfalten des Antonius links in Kat. 22 ähneln

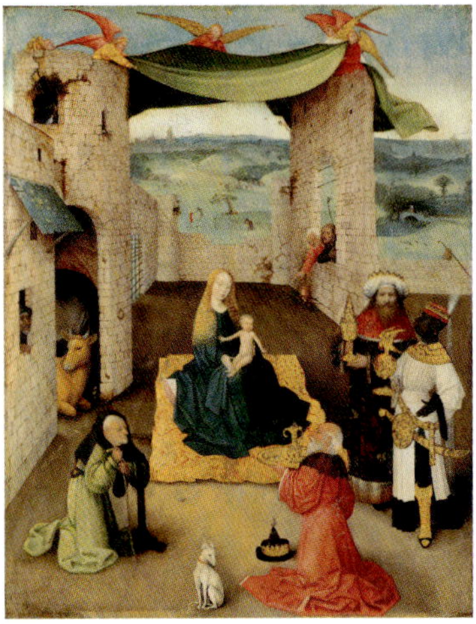

25

denen des knienden Königs im hier angesprochenen Werk.

Auch die völlig unübliche Darstellung des Petrus als demütigen Eremiten statt als mächtigen Repräsentanten des Papsttums ist ganz im Geiste Boschs, der die Heiligen stets als Eremiten darstellt (vgl. Kat. 2, Kat. 3, Kat. 7, Kat. 10, Kat. 12, Kat. 14) und in dessen Œuvre Askese und Mäßigung Leitmotive sind. Der teils kahle, teils bewachsene Hügel mit Vögeln im Hintergrund ähnelt stark dem im Hintergrund des Ägidius im *Eremiten-Triptychon* (Kat. 12.3), ebenso die Höhlen auf beiden Außenseiten. Es existiert eine Nach- oder Vorzeichnung des Petrus (Unverfehrt 1980, Nr. 37a). Die Unterzeichnung der Figuren ist sehr viel genauer als bei Bosch üblich, eher im Stil der flämischen Malerei des 15. Jahrhunderts (Venedig 1992). Auch die Malerei ist feiner und zeigt stärkere illusionistische und haptische Werte.

Das Thema der büßenden Maria Magdalena in der Einöde wird auch anderweitig mit Bosch in Verbindung gebracht. So besaß Königin Isabella von Kastilien, genannt die Katholische, Schwiegermutter Philipps des Schönen, bei ihrem Tod Ende November 1504 unter anderem mindestens eine büßende Magdalene mit Boschs Signatur, wie aus ihrem Inventar hervorgeht (van Dijck 2001a, S. 59 und S. 91–92).

LITERATUR: ’s-Hertogenbosch 1967, S. 86, Nr. 13; Unverfehrt 1980, S. 102–111, S. 257–258; Venedig 1992, S. 55–56; Schoute/Verboomen 2000, S. 193–196; Schoute/Verougstraete/Garrido 2001, S. 111–112, 116.

25

Werkstatt oder Nachfolger des Hieronymus Bosch

Anbetung der Könige, um 1508–1515

Öl, Tempera und Gold auf Eichenholz, 71,1 x 56,5 cm

New York, Metropolitan Museum of Art, Inv. 13.26, John Stewart Kennedy Fund, 1913

Bei diesem gelegentlich Bosch zugeschriebenen Gemälde handelt es sich um ein erstaunliches Pasticcio. Die Vordergrundszene mit der Anbetung der Könige, Joseph, drei Hirten und fünf Engeln ist in eine hoch aufragende Architektur platziert, die fast vollständig der Zentralperspektive im Sinne der Renaissance gehorcht. Zwar stimmt dies nicht für die Brokatdecke, auf der Maria mit dem Kind auf einem Kissen sitzt, und auch nicht für die Figuren selbst, doch ungeachtet dessen ist dies ein erstaunlicher Befund: Fluchtpunktperspektivische Prinzipien kommen in der niederländischen Malerei zwar seit ca. 1430/35 vor, jedoch nur sporadisch und willkürlich; erst durch die Vermittlung italienischer Vorbilder ab 1508/09 (Reise Jan Gossaerts) werden allmählich ganze Bilder zentralperspektivisch konstruiert. Bei Bosch und seiner Werkstatt weisen nur wenige Werke fluchtpunktperspektivische Prinzipien auf, wobei es sich immer um einzelne Wand- oder Bodenflächen handelt, deren Linien in einem Fluchtpunkt zusammengeführt sind (Kat. 4, Kat. 6.2, Kat. 17.5, Kat. 21, Kat. 24). Der Befund verweist also auf ein Know-how, das nicht durch Bosch vermittelt wurde. Der Hund im Vordergrund findet sich fast identisch in dem von Jan Gossaert gemalten rechten Flügel mit dem Porträt Antonio Sicilianos des *Doria-Pamphilj-Diptychons* von etwa 1510–1515 wieder (Galleria Doria Pamphilj, Rom).

Anders sieht es beim Landschaftshintergrund aus, welcher einigen Gemälden Boschs stark ähnelt, allen voran der *Anbetung der Könige* (Kat. 6). Die tanzenden Bauern ähneln denen auf dem linken Innenflügel, die Brücke mit Baum der auf der Mitteltafel; die Silhouette der Stadt, die Vögel beim Skelett rechts und das spazierende Paar rechts auf der Brücke, dem ein weißer Hund folgt, der *Kreuzigung* (Kat. 1); das schiefe Wegekreuz rechts im Bild dem im *Johannes auf Patmos* (Kat. 3.2.1); der Silberreiher auf einer Sandbank findet sich auch im *Christophorus* (Kat. 7) und im

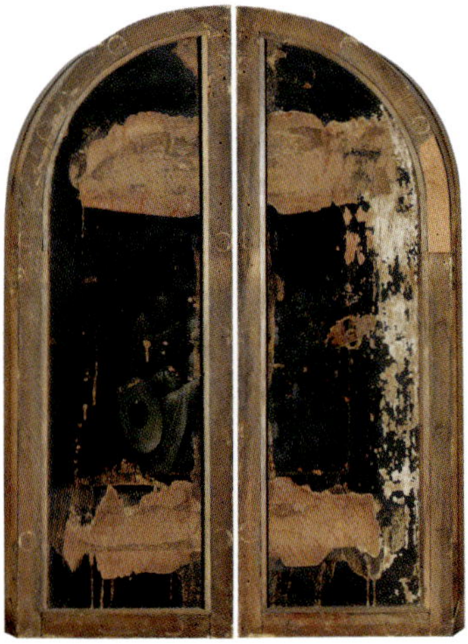
26.1

Johannes der Täufer (Kat. 3.1). Doch sind es keine Zitate, sie gleichen Bosch so, dass man annehmen könnte, er habe diese Szenen, ja, den ganzen Hintergrund gemalt, aber nicht den Vordergrund. Ist es ein Frühwerk Boschs oder waren mehrere Beteiligte am Werk, ein Landschaftsspezialist und ein Figurenmaler? Dies wäre eine Arbeitsteilung, die man beispielsweise von Joachim Patinir und Quentin Massys (um 1466–1530) kennt.
Stilistisch auffällig sind bei den feingliedrigen Figuren die Mandelaugen und die schmalen oder fehlenden Augenbrauen sowie die Kussmünder und der lineare, die Kontur scharf betonende Stil – Merkmale, die man sonst im Bosch-Kontext nur beim *Gaukler* (Kat. 28) findet. Weitere Gemeinsamkeiten mit diesem Gemälde sind die Betonung des leeren und blanken Bodens und der aufragenden Wände mit ihrer Mauerstruktur, ihrem verstreuten Bewuchs und den kleinen Fensteröffnungen, in denen Vögel nisten. Nicht zuletzt sind die zierlichen Hunde vergleichbar.
Das Bild gehörte zu einer Berliner Sammlung, bevor es kurz vor dem Ersten Weltkrieg vom New Yorker Museum angekauft wurde.
LITERATUR: Unverfehrt 1980, S. 123–125, Nr. 23; Ainsworth 1992, S. 66–73; Ainsworth/Christiansen 1998, S. 258–259, Nr. 66; Klein 2001, S. 123.

26
Werkstatt oder ehemaliger Werkstattmitarbeiter des Hieronymus Bosch
(„Meisterschüler des Hieronymus Bosch"?)
Das Jüngste Gericht
(Außenflügel: Geißelung Christi), um 1515
Öl auf Eichenholz, 99,2 x 60,5 (Mitteltafel), 99,5 x 28,7 cm (Flügel)
Brügge, Groeningemuseum, Inv. 208
26.1 Geißelung Christi
26.2–26.4 Das Jüngste Gericht

Die geöffnete Ansicht zeigt das Jüngste Gericht mit dem irdischen Paradies links und einer Hölle, die sich von ihrem Zentrum als Flam-

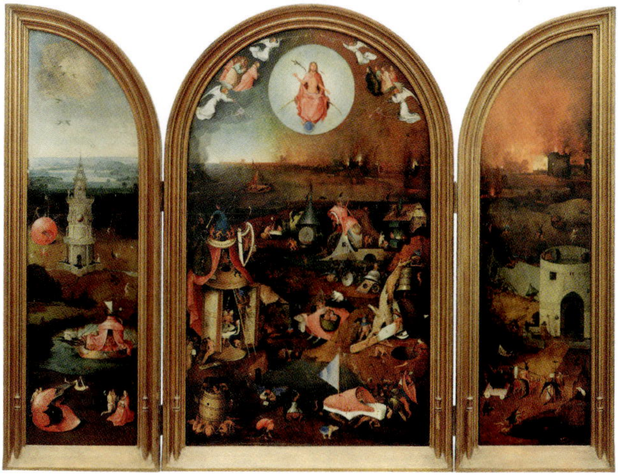

26.2–26.4

meninferno am Horizont der rechten Gemäldehälfte weit nach vorne ausbreitet. Vor allem auf der Mitteltafel finden sich allerlei Folterbauten, in denen die Sünder gepeinigt werden. Über allem thront Christus als Weltenrichter mit den Heiligen und Engeln. Thematisch ist das Triptychon wenig stringent, so schweben auf der Paradiesseite nur Engel empor, keine Erlösten. Die Auferstehung des Fleisches, d. h. der Toten aus ihren Gräbern, ist nicht zu sehen. Auf der schwer beschädigten, dunklen Außenseite mit der Geißelung Christi sind mit Mühe links unten ein möglicherweise kniender Schächer mit einem dornenkronenartig verzierten Helm im Gewand oder Mantel und einem Rundschild auf dem Rücken zu erkennen. Er hebt die Hände zu Christus in der Mitte, der wegen der Bildkanten nur zu erahnen ist. Hinter dem Schächer steht en face ein Bärtiger im Gewand, wohl mit einem Buch in der Hand und gesenktem Blick (ein Gelehrter?). Ganz rechts ist ein nach links Schauender im Profil mit langer Feder dargestellt. Das Triptychon weist also ganz traditionell eine Alltags- und eine Festtagsseite auf und ist nicht als reines Ausstellungs- oder „Kunststück“ angelegt.

Mindestens drei große Triptychen von Bosch sind hier verarbeitet, der *Garten der Lüste* (Kat. 11) in den Früchten, dem Tanz von Sündern um eine Sackpfeife, den Musikinstrumenten, einer zur kreuzigungsartigen Folter dienenden Harfe und der geöffneten Laterne. Aus dem *Jüngsten Gericht* (Kat. 13) stammen der riesige grüne Krug, die von Sündern gezogenen, senkrecht stehenden Mahlsteine, die Tretmühle, die blaue Esse und der Amboss, das überdimensionale Messer, zwei kopfüber hängende Männer über einer Feuerstelle mit dem Teufel neben sich und dem Mann am Spieß, das rote Zelt und der Riese. Aus dem *Heuwagen* (Kat. 20) entnommen sind der Turm und der behelmte Mann mit goldenem Kelch auf dem Stier oder Rind. Für Bosch typisch sind auch das Inferno am Horizont und die düsteren Tümpel, aus denen Teufel kriechen. Es sind weniger Zitate im eigentlichen Sinn als freie Abwandlungen,

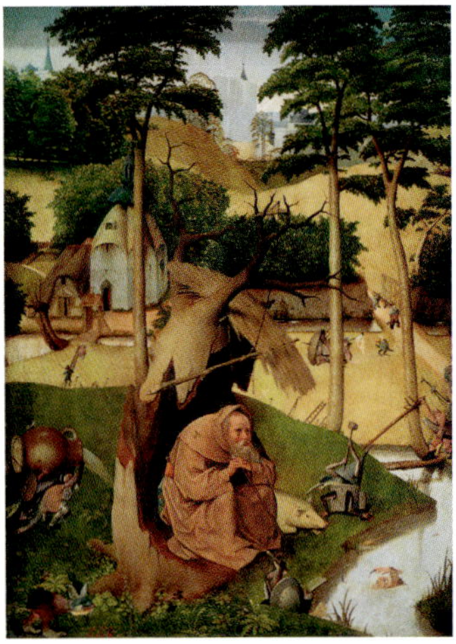

27

diese jedoch in hoher Dichte. Das ist zwar kein Beweis dafür, dass das Werk tatsächlich in der Bosch-Werkstatt entstanden ist, doch immerhin lässt sich sagen, dass der Maler Boschs Œuvre sehr gut kannte. Es ist also davon auszugehen, dass er entweder eine Zeitlang in seiner Werkstatt tätig war oder aber über Material aus der Werkstatt verfügte. Jedenfalls zeugt das Bild von maltechnischer Raffinesse und von einer selbstständigen Verarbeitung des Vorbilds.

Das Werk ist mit „jheronimus bosch" unten rechts auf der Mitteltafel signiert, was entweder als Siegel der Werkstatt Boschs oder aber als Fälschungsabsicht zu deuten ist. Die Maltechnik ist besonders im Hintergrund der Mitteltafel atmosphärischer und feiner als bei Bosch. Mit bloßem Auge sind zahlreiche Pentimenti zu sehen, besonders die Unterzeichnung schimmert durch die dünne ockerbraune Farbschicht durch, was auch der Beleg für eine Bosch ähnliche Maltechnik ist. Wahrscheinlich hatte dieses Werk bzw. sein Künstler eine gewisse Bedeutung bei der Verbreitung von Boschs Bildideen, ist also auch für die Erforschung der Bosch-Rezeption interessant. Bildmotive des Paradieses verwendete Hieronymus Cock (um 1510–1570) um 1560 auf einem Kupferstich, als dessen „Inventor" Bosch in der Inschrift genannt wird.

LITERATUR: de Vos 1979, S. 87–89; Unverfehrt 1980; Klein 2001, S. 124; Schoute/Verougstraete/Garrido 2001, S. 116; Vellekoop 2001; Silver 2006, S. 352–359.

27

Werkstattmitarbeiter oder Nachfolger des Hieronymus Bosch

Die Versuchung des heiligen Antonius, um 1510–1520

Öl auf Eichenholz, 73 x 52,5 cm

Madrid, Museo Nacional del Prado, Inv. 2049

Das Gemälde, das allgemein nicht als Original Boschs gilt, zeigt in Dreiviertelansicht einen sitzenden heiligen Antonius, der sich nicht von den sonderbaren Dämonen in seiner Meditation stören lässt. Stilistisch gibt es einige Übereinstimmung mit der *Anbetung der Könige* Anderlecht (Kat. 24), wie die als Repoussoir fungierenden, naturalistisch dargestellten Pflanzen am vordersten Bildrand, die Plastizität und Dreiviertelansicht einiger Figuren und die mit haptischer Qualität versehenen, an ihrer Rinde beschädigten Baumstämme.

Gegen Bosch als Urheber spricht neben den genannten, illusionistisch wirkenden Merkmalen die Art der Landschaftsgestaltung, die übergangslose starke Farbkontraste von Vorder-, Mittel- und Hintergrund sowie sich nach hinten steigernde Höhenunterschiede aufweist. Allerdings ist Letzteres auf die Übermalung des oberen Drittels zurückzuführen, denn die untersten Farbschichten deuten einen lichten und flachen Hintergrund an. Die Unterzeichnung ist mit herkömmlichen Untersuchungsmethoden nur stellenweise aufzuspüren, anders als sonst bei Boschs Bildern. Geringe Schäden des gut erhaltenen Gemäldes finden sich in oder unter der Malschicht der Antonius-Figur.

Das heutige Gemälde wurde zu einem nicht exakt zu bestimmenden Zeitpunkt oben um Zwickel ergänzt und im oberen Drittel weitgehend übermalt, sodass das Bild heute rechteckig und minimal höher als ursprünglich ist. Es gelangte wahrscheinlich 1574 in den Escorial als eine „andere bemalte Tafel, oben abgerundet, mit dem heiligen Antonius, von der Hand Hieronymus Boschs, drei Fuß hoch und zwei breit". Die genannten Maße von annähernd 84 x 56 cm sind geringfügig größer als beim vorliegenden Werk, was kaum mit einem Rahmen erklärt werden kann, eher mit einer etwas groben Messung.

LITERATUR: 's-Hertogenbosch 1967, S. 65, Nr. 3; Unverfehrt 1980, S. 158–160; Marijnissen 1988, S. 436–439; Garrido/Schoute 2001, S. 58–67; Klein 2001, S. 123.

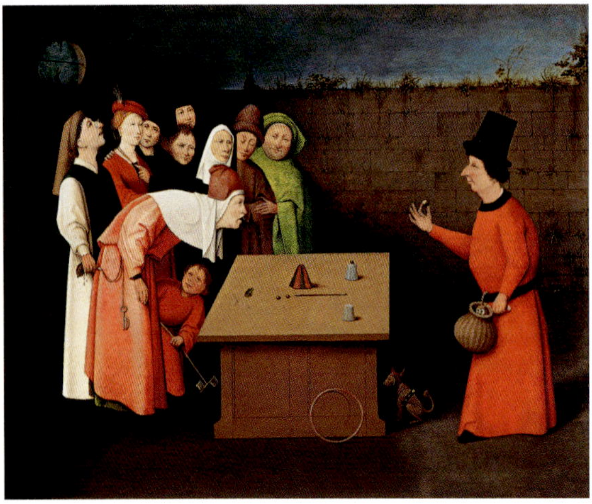

28

28
Werkstattmitarbeiter oder Nachfolge
des Hieronymus Bosch
Gaukler, um 1510–1520
Öl auf Eichenholz, 53 x 65 cm
Saint-Germain-en-Laye, Musée Municipal,
Inv. 872/1/87

Die dargestellten Themen Torheit und Betrug, vergleichbar mit dem *Steinschneiden* (Kat. 18) oder dem *Heuwagen* (Kat. 20), prädestinieren das Werk quasi dazu, Bosch zugeschrieben zu werden. Die Figurenszene zeigt einen Hütchenspieler, das von ihm hereingelegte Opfer, das hinterrücks auch noch bestohlen wird, und eine Menge Schaulustige, worunter sich auch ein junges Liebespaar befindet. Das laut Dendrochronologie nach 1496–1502 entstandene Bild galt lange als ein originaler Bosch bzw. als eine getreue Kopie.

Die Frage, ob es sich bei diesem Gemälde um ein Original oder eine Kopie handelt, ist schwer zu entscheiden. Einerseits gibt es einige Pentimenti, die die Verschiebung von Bildmotiven betreffen: In der Unterzeichnung war der Hund an der Seite des Tisches platziert, auch die Gauklerutensilien waren auf dem länger dimensionierten Tisch anders angeordnet als im fertigen Bild. Andererseits ist die Kontur der Unterzeichnung an anderen Stellen kaum wahrnehmbar, und nur teilweise gibt es geringe Schraffuren in den Figuren. Stattdessen ist die oberste Farbschicht oft in feinen Strichlagen aufgetragen. Als Synthese dieser Befunde kann man von einer gezeichneten oder gemalten Vorlage ausgehen, die – in Details variierend – teilweise oder weitgehend übernommen wurde. Diese Vorlage könnte das Blatt *Der Gaukler* (Kat. Z10) gewesen sein, das im Bildaufbau und Bildinventar gewisse Analogien zum Gemälde zeigt, aber eine größere künstlerische Qualität aufweist als das hier behandelte Gemälde.

Der Maler dieses Bildes war also wohl nicht der Schöpfer dieser genrehaften Figurenszene als solcher. Weder dieses Gemälde noch die

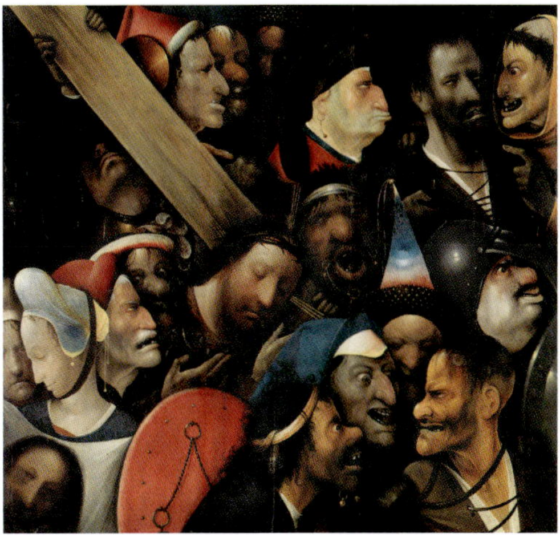

29

Vorlage ist von Bosch geschaffen worden. Zwar sind die Eule (rechts im Korb) und das Windrädchen des Jungen links typische Bosch-Accessoires, und das hinter dem Tisch hockende braune Hündchen mit einer roten Gugel ohne Zipfel, ähnlich einer Art Narrenkapuze, kommt seitenverkehrt auf dem Pferd der Anbetungsfragmente in Philadelphia (Kat. 23) vor. Doch Farbgebung, Faltenwurf, fehlende Hintergrundlandschaft bzw. Raumtiefe, die harte Kontur und Linearität der Figuren sowie deren wenig differenzierte Gestik, Mimik und Haltung – all das spricht dagegen, das Werk auf die Hand des Meister aus 's-Hertogenbosch zurückzuführen. Stilistisch auffällig sind die Tendenz zu mandelförmigen Augen bzw. Augenlidern wie auch Kussmündern sowie der lineare Stil und die Behandlung des Raums, der der New Yorker *Anbetung der Könige* (Kat. 25) ähnelt.

Die noch heute gut verständliche, ja geradezu aktuell wirkende Darstellung fand im 17. Jahrhundert in der Variante der betrügerischen Kartenspieler, z. B. bei Caravaggio (1571–1610) und Georges de la Tour (1593–1652), ihren Höhepunkt. Das Gemälde befand sich seit dem 19. Jahrhundert im Privatbesitz in Saint-Germain-en-Laye, bevor es ins städtische Museum kam.

LITERATUR: 's-Hertogenbosch 1967, S. 130, Nr. 33; Unverfehrt 1980, S. 114–117, 247, Nr. 21; Hamburger 1984; Stein-Schneider 1985; Marijnissen 1988, S. 446–450; Darriulat 1995; Schoute/Verboomen 2000, S. 42–43, 189–191; Klein 2001, S. 126; Willemsen 2001; Le Chanu/Mottin 2003; Gertsman 2004.

29

Antwerpener Nachfolger des
Hieronymus Bosch

Kreuztragung, um 1515–1520

76,7 x 83,5 cm

Gent, Museum voor Schone Kunsten,
Inv. 1902 H

Die Zuschreibung kritisch beurteilen Koldeweij/Vermet/Vandenbroeck 2001, während das Bild anderen Bosch-Forschern als Original gilt (Marijnissen 1988; Koreny 2002/03; Elsig 2004). Die *Kreuztragung* bietet ein methodisches Fallbeispiel, was überhaupt als ein echter Bosch in stilistisch-technischer Hinsicht gelten kann. Das Werk hat m. E. keinerlei Verbindung zum Bosch-Œuvre, außer dass es pauschal „grotesk" ist.

Boschs realistische Auffassung hässlicher Physiognomie ist deutlich von der zur karikaturhaften Übertreibung neigenden im Genter Bild zu unterscheiden, die vielmehr der der Renaissance – so in Dürers *Christus unter den Schriftgelehrten* oder Leonardos grotesken Köpfen – gleichkommt oder mit niederländischen Malern wie Quentin Massys vergleichbar wäre. Bosch kommt diesen extremen Gesichtern nur selten nahe, allenfalls in der bettelnden alten Frau mit stark vorgeschobener Unterlippe im *Jüngsten Gericht* (Kat. 13.2) oder im dämonisch aus dunklen Augenhöhlen auf den Häscher Malchus hinabblickenden Petrus im Vordergrund der *Versuchung des heiligen Antonius* Lissabon (Kat. 10.1). Boschs Physiognomie ist gemäßigt: Wenn auch oft hässlich oder lächerlich, bleibt sie doch anatomisch realistisch. Auch der Christus weicht im Genter Bild mit seinen betont geschlossenen Augen, vor allem aber wegen der Dornenkrone von der üblichen Gestaltung bei Bosch ab: Diese ist nicht wie in Boschs Bildern ohne Zwischenräume eng wie ein Tau gedreht, sondern wie in der Darstellungstradition üblich geflochten. Auch die jüngste technische Untersuchung zeigt mehr Unterschiede als Gemeinsamkeiten (Spronk 2011). Im Vergleich zur *Dornenkrönung* (Kat. 5) ist die Unterzeichnung sparsam unter Verwendung von meist kurzen, gleichmäßig feinen Linien ausgeführt. Auch die unteren Malschichten sind anders aufgebaut.

Auch wegen der kontrastreichen und teils schillernden Farbgebung, der linearen Unterzeichnung sowie des weitflächigen Einsatzes von Bleiweiß – gut sichtbar auf den Aufnahmen bei Marijnissen und Schoute/Verboomen – kann dieses Bild kaum von dem Maler aus 's-Hertogenbosch geschaffen worden sein. Ebenso unüblich sind für ihn das extrem dichte Über- und Hintereinander der Figuren, ihre reliefhafte Auffassung vor nachtschwarzem Grund, die scharfen Konturen und die harte lineare Binnenzeichnung der Gesichter sowie die ausgeprägte Plastizität mit einem äußerst kontrastreichen Spiel von Licht und Schatten.

Die Genter *Kreuztragung* gehört zu einer Werkgruppe von Antwerpener Passionen der Bosch-Nachfolge, zu denen die Gemälde *Christus vor Pilatus* in Princeton (um 1520–1525), *Christus vor Pilatus* in Rotterdam (nach 1506/12, um 1520), *Christus vor Hannas* in São Paulo (um 1525/30) und zwei weitgehend identische *Gefangennahmen Christi* (um 1515/20) gehören (Unverfehrt). Nicht alle stammen von demselben Meister, aber alle sind sich doch in Bildaufbau, Motivik und Maltechnik sehr ähnlich und verdanken dies ein und derselben Antwerpener Werkstatt. Bemerkenswert sind auch die Schergen in dreien dieser Gemälde, die „Piercings" im Gesicht tragen.

LITERATUR: Ringbom 1965, S. 168–169; Unverfehrt 1980, S. 127–129; Marijnissen 1988, S. 378–387; Venedig 1992, S. 51–52; Schoute/Verboomen 2000, S. 172–175, 206; Koreny 2002/03; Elsig 2004, S. 88–91; Spronk 2011.

Eremiten-Triptychon (Detail), um 1504
Mitteltafel: **Der heilige Hieronymus** (siehe Abb. S. 304/305)

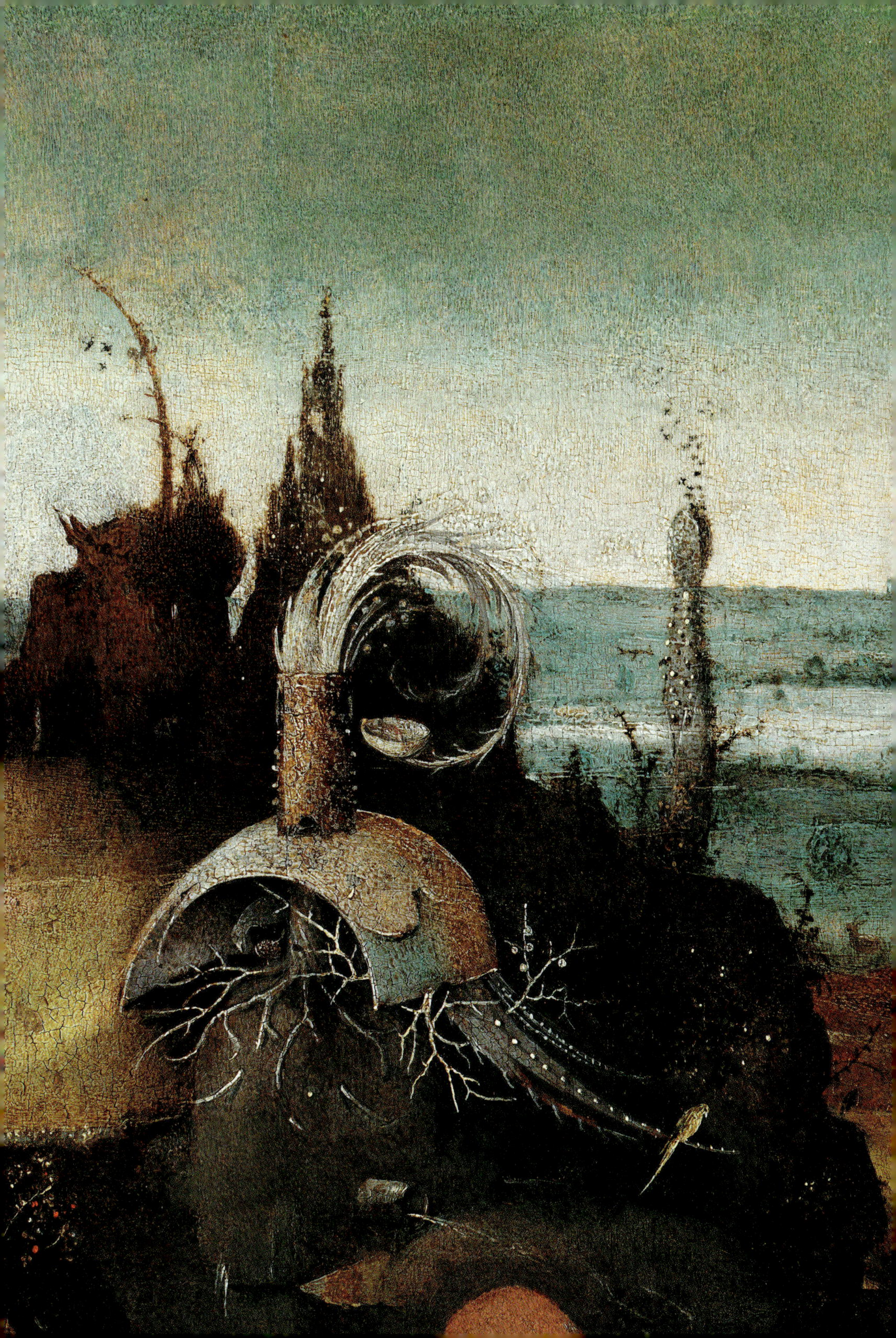

Katalog der Zeichnungen

„Dem erbärmlichen Geist ist es zu eigen, stets nur Klischees und niemals eigene Einfälle zu verwenden."

HIERONYMUS BOSCH AUF SEINER ZEICHNUNG
DER WALD HAT OHREN, DAS FELD HAT AUGEN, 1502–1505

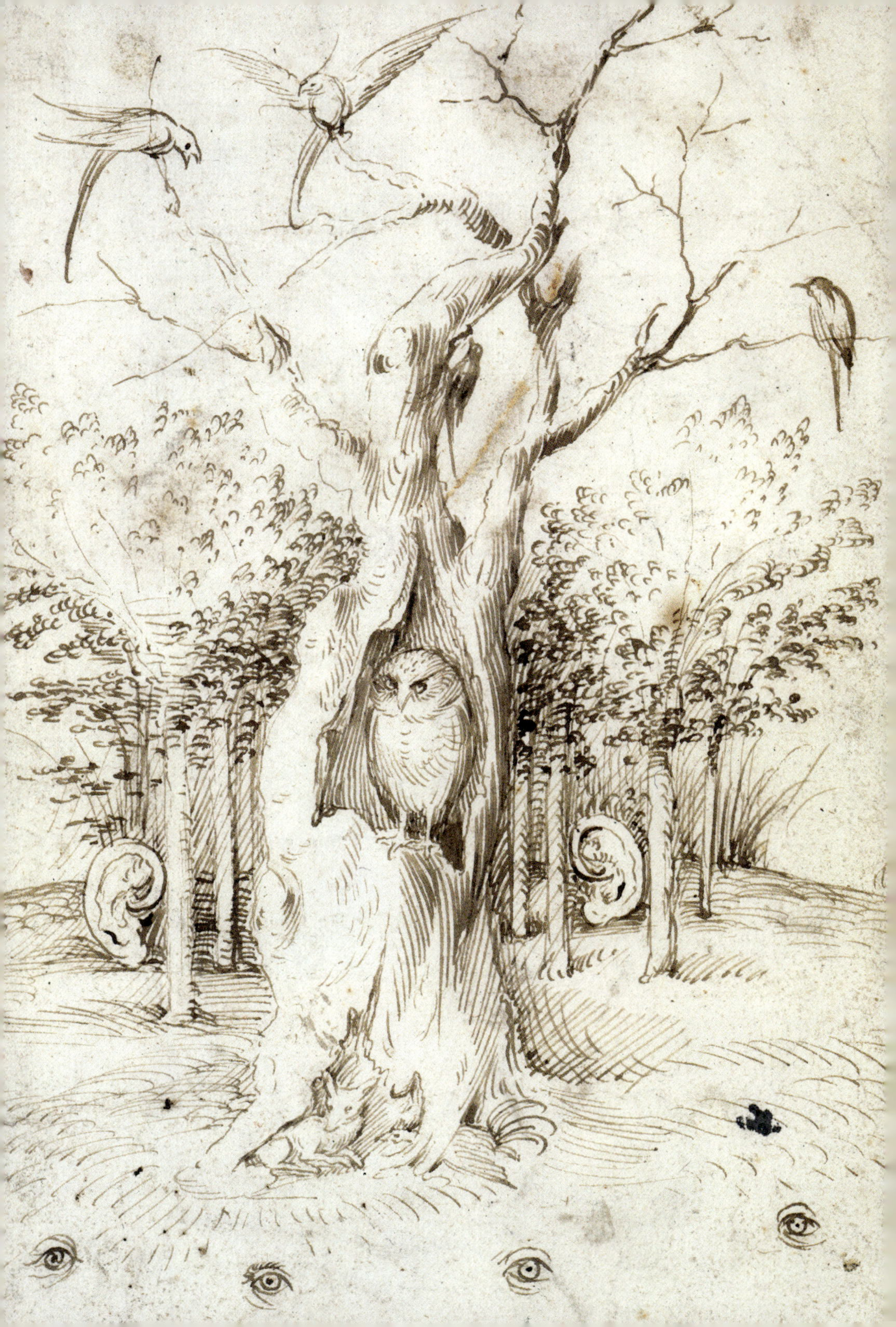

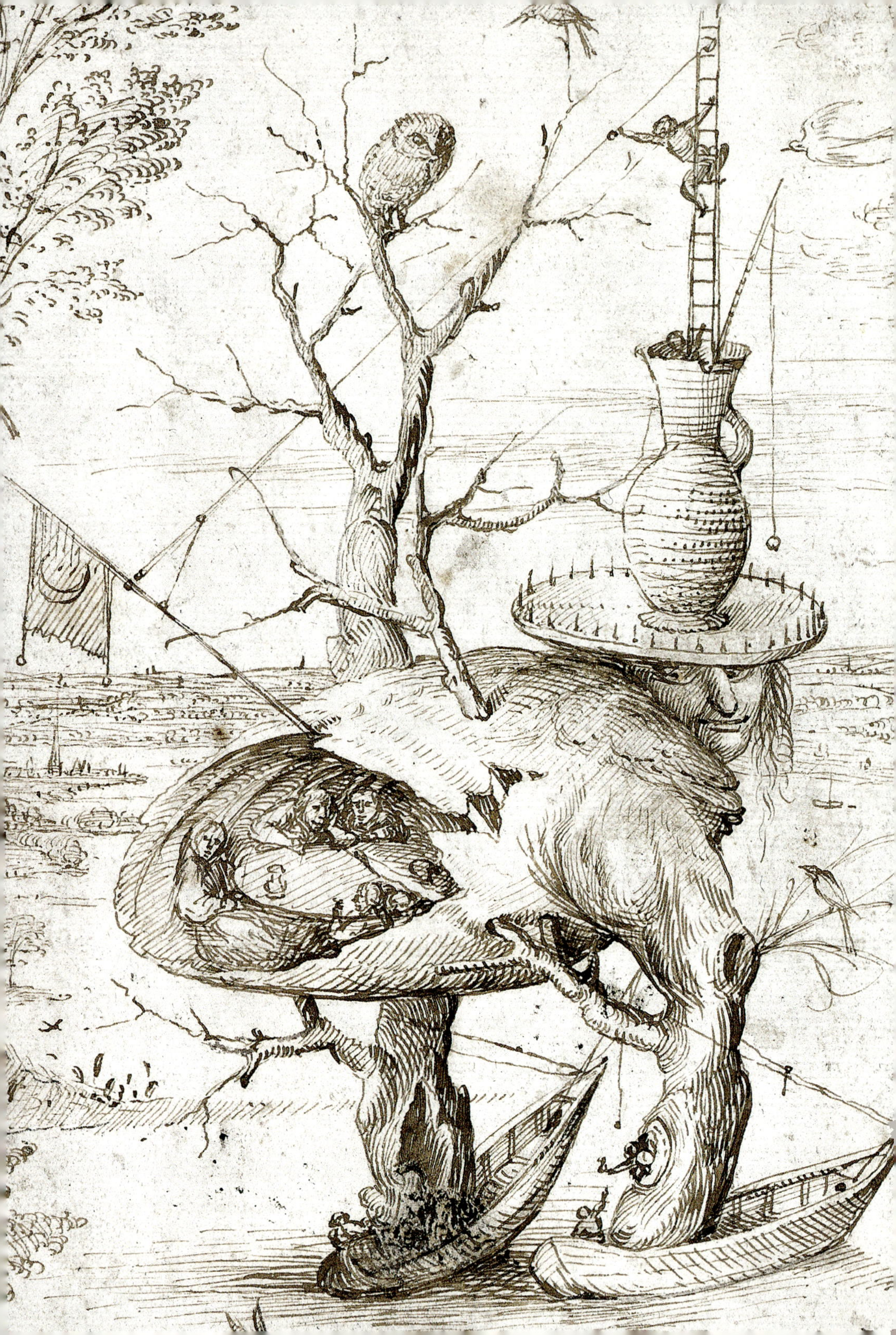

Katalog der Zeichnungen – eigenhändige Werke

Von allen Fragen, die das Phänomen Bosch aufwirft, gehören die zu seinen Zeichnungen zu den am wenigsten beantworteten. Die Forschung widmete sich hier vorrangig der Zuschreibung, dem Stil und der Technik, teilweise der Ikonografie, selten der Funktion. Die sicher Bosch zugeschriebenen Blätter (Kat. Z1–Kat. Z8) sind keine Gesamtentwürfe für Bilder im herkömmlichen Sinn. Obschon einige Blätter vollständige Kompositionen mit Landschaftshintergrund aufweisen (Kat. Z2–Kat. Z6), kommen diese ohne traditionelle Hauptfiguren wie etwa Heilige aus. Drei Blätter (Kat. Z1, Kat. Z7, Kat. Z8) zeigen, in der Art von Musterblättern isoliert, ausschließlich zwei bis drei groteske Bildmotive, von denen eines (Kat. Z8) auch in einem Gemälde (Kat. 19) wiederverwendet wurde. Eine weitere Zeichnung (Kat. Z4) steht im engsten Zusammenhang mit einem der Hauptwerke, dem *Garten der Lüste* (Kat. 11). Boschs groteske Figurenerfindungen entstanden somit nicht als „Künstlerlaunen" spontan, sondern geplant und zielgerichtet, im Hinblick auf die Malerei. Die Händescheidung ist noch schwieriger als bei den Gemälden Boschs. Von den mehreren Dutzend Zeichnungen, die mit Bosch in Verbindung gebracht wurden, stammen acht von Werkstattmitarbeitern oder der unmittelbaren Nachfolge (Kat. Z9–Kat. Z16).

Zwei Hexen: Spinnerin und Alte

Das Rotterdamer Blatt, das auf der Vorderseite *Zwei Hexen* (Kat. Z1r) und auf der Rückseite *Fuchs und Hahn* (Kat. Z1v) zeigt, ähnelt von der Technik Kat. Z5. Die zeichnerische Umsetzung erscheint jedoch nicht ganz so plastisch modellierend wie bei Kat. Z2–Kat. Z4, Kat. Z7 und Kat. Z8; sie ähnelt eher der – Bosch zuzuschreibenden – Darstellung des Bettlers unten links auf der Rückseite von Kat. Z3.

Die beiden Figuren auf der Vorderseite sind durch ihre Körperhaltung als ältere Frauen charakterisiert. Während die linke Frau Spindel und Rocken trägt, stützt sich die rechte, etwas weiter hinten stehende Frau auf einen Stock. Beide tragen Kopftuch, Kleid

Seite 431
Der Wald hat Ohren, das Feld hat Augen (Detail), um 1502–1505 (siehe Abb. S. 444)

Seite 432
Der Baummensch (Detail), um 1503–1506 (siehe Abb. S. 447)

und Schürze, wobei die Kleidung der linken am unteren Rand zerschlissen ist und die nackten Füße sichtbar sind. Die andere Seite zeigt einen – ein wenig an ein Wildschwein erinnernden – Fuchs, der geschützt und verdeckt in seinem Bau lauert, während hinter dem Hügelchen ein Hahn schreitend zum Vorschein kommt. Das Bildmotiv Fuchs und Hahn findet sich auch in Kat. Z3 sowie im Paradiesflügel von Kat. 13. Im Vordergrund ist noch mindestens ein Schwanenkopf zu erkennen, der denen der Schwäne oder Gänse in Kat. Z5 vorne links ähnelt. Er zeigt den Studiencharakter des Blattes.

Das Eulennest

Die Zeichnung *Das Eulennest* (Kat. Z2) wirkt wie eine Naturstudie, doch ist sie eher Motivstudie denn Vorlage für ein Gemälde. Eulen finden sich in Boschs Œuvre in der Mehrheit seiner Gemälde und in vier Zeichnungen. In diesem Blatt werden die Eulen nicht auf der Jagd nach Singvögeln, ihrer potenziellen Beute, oder als Symbol der Torheit und des Bösen dargestellt, sondern in ihrem natürlichen Lebensraum gezeigt.

Das Blatt, das oben und unten vermutlich großzügig beschnitten wurde, ist fest auf einem Untergrund montiert, sodass die ursprüngliche Rückseite mit der Skizze *Stange mit Kugel und Scheibe* nicht mehr sichtbar ist. Die Vorderseite zeigt die typische, leicht skizzenhafte Zeichentechnik Boschs mit gestrichelter und aufgebrochener Kontur sowie plastischer Modellierung durch luftige Formschraffuren. Zum Kernschatten hin sind die Schraffuren verdichtet, teil mittels Kreuzschraffuren, Schatten aber auch durch Lichter aufgelockert. Der Effekt ist ein fast impressionistisches Einfangen des Lichtes. Dieselbe Zeichentechnik findet sich in Kat. Z3, Kat. Z7 und Kat. Z8.

Zentrales Bildmotiv ist die Krone eines unregelmäßig gewachsenen, fast kahlen Laubbaumes, der von drei Eulen und Singvögeln bevölkert wird. In der schuppig borkigen Rinde des mittig anschwellenden Hauptstammes klafft ein Spalt, der einer kleinen Eule als Unterschlupf, ja Nest dient. Eine größere Eule mit ausgebreiteten Schwingen beugt sich zu ihr herunter. Am oberen Bildrand sitzt eine dritte Eule, die um sich schaut. Insgesamt halten sich vier kleine Singvögel (Elstern, Eichelhäher?) unbeachtet in ihrer Nähe auf: zwei links unten an dünnen Ästen, davon einer hängend, ein weiterer fliegt oben, einer sitzt rechts auf einem Ast und richtet seine Aufmerksamkeit auf eine Spinne in ihrem Netz. Im Hintergrund breitet sich unter einem niedrigen Horizont eine nach rechts ansteigende, detailliert wiedergegebene Landschaft aus. Links nähert sich zwischen einem Hinrichtungsrad und einem fernen Dorf mit Kirchturm und Mühlen eine Reitergruppe, vergleichbar mit dem Gefolge in Boschs *Anbetung der Könige* (Kat. 6.3). Auf der rechten Seite verteilen sich Siedlungen zwischen Hügelrücken und Bäumen, stehen ein Wegekreuz und eine Mühle, weitere Vögel flattern umher. Ein hoher schlanker Baum ganz rechts erinnert an den im *Johannes auf Patmos* (Kat. 3.2.1). Siehe auch S. 85, 86.

Der Wald hat Ohren, das Feld hat Augen

Die Zeichnung *Der Wald hat Ohren, das Feld hat Augen* (Kat. Z3) stammt von Bosch selbst, die Figurenstudien auf der Rückseite des Blattes sind hingegen, abgesehen von dem Bettler unten links, von der Werkstatt gezeichnet. Das Werk weist dieselbe Zeichentechnik auf wie Kat. Z2, Kat. Z7 und Kat. Z8. Die Inschrift am oberen Rand, „Miserrimi quippe est ingenii semper uti inventis et nunquam inveniendis" („Denn armselig ist der Geist, der nur bereits Erfundenes benutzt, aber selbst nichts Neues erfindet"), wurde von Vandenbroeck 1981 untersucht. Sie geht auf einen geistlichen Text des 13. Jahrhunderts zurück, wurde im ersten Jahrzehnt des 16. Jahrhunderts – möglicherweise durch Bosch selbst – notiert und ist über die Jahrhunderte in literarischen Zusammenhängen verschiedentlich zitiert worden. Auf der Rückseite finden sich weitere lateinische Inschriften, die Satzfindungs-, Erinnerungs- oder Formulierungsversuche sind. Buck entziffert sie wie folgt: „Dicu(n)t ad" bzw. „Dicu(n)t advenit X" sowie „Dicu(n)t m(ilesim)o anno venit plen(um)" [Man sagt, dass das Jahr Tausend (das Millennium) vollendet wird]. Diese Endzeiterwartung entspricht der eschatologischen Komponente, die häufig in Boschs gemalten Werken zu finden ist. Die Inschrift „Gero: Bosch" auf der Vorderseite stammt – wie bei Kat. Z7 und Kat. Z8 – aus dem 17. Jahrhundert.

Dank seiner Komplexität ist das Blatt zweifelsohne die bedeutendste Zeichnung Boschs (Forschungsüberblick: Buck 2001, S. 197–199 und S. 201–203). Die Ikonografie ist bis in die Details durch zwei herausragende Studien erforscht, die vor allem die Eule in ihrer christlichen Deutungstradition im Sinne von Torheit, Unreinheit sowie Verlockung des Bösen aufzeigen (Vandenbroeck 1985; Bambeck 1987; zum Fuchs auch de Bruyn 2000).

Älter sind Versuche, diese Zeichnung als Selbstbildnis zu deuten (Benesch 1937). Koldeweij erweiterte diese Deutung hin zu einem toponymen Rebusporträt, indem er einige Bildelemente als Teile eines Bilderrätsels interpretierte, die, hintereinandergestellt, „'s-Hertogenbosch" ergeben sollen. Tatsächlich lässt sich mittels einer Auflösung der Bilder in Wörter – Ohren (niederländisch: „oren" oder hören = „horen" bzw. hört = „hoort"), Augen („ogen") und Wald („bos") – zwar so etwas wie 's-Hertogenbosch konstruieren. Ein Verweis auf die Künstlerpersönlichkeit Hieronymus Boschs aber fehlt. Das Bild ist zu unspezifisch, um ein Selbstporträt sein zu können. Koldeweijs Schüler Ilsink hat diese Idee nochmals aufgegriffen. Siehe auch S. 86, 87.

Der Baummensch

Die wunderbare Zeichnung *Der Baummensch* (Kat. Z4) zeigt dieselbe zeichnerische Technik wie Kat. Z2 und Kat. Z3, wobei sie hinsichtlich der Varietät der Linienführung und der Detailliertheit und Winzigkeit der Landschaftsgestaltung diese noch übertrifft.

Im Zentrum des hochformatigen Blattes ragt auf einem Fluss der Baummensch empor. Sein eiförmiger, teils mit Rinde oder auch Federn überzogener Leib stützt sich auf zwei zum Teil ausgehöhlte krumme Baumstämme, die zugleich wie seine Arme wirken und in Booten stehen, als handelte es sich um Schuhe. Auf seinem Kopf, der auf seinen Leib zurückschaut, befindet sich eine flachrunde Scheibe, auf der ein riesiger Krug steht. In seinem Rumpf verbringt eine gesellige Runde an einem Tisch mit einem Krug ihre Zeit. Es sind mindestens zwei Männer und eine Frau sowie ein bis zwei weitere Personen. Darüber ragt an einer langen Stange eine Flagge mit einem Halbmond empor, die an ein Wirtshausschild erinnert. Weiter oben hockt eine Eule auf der entlaubten Krone des Baumes, der sich vom linken Fuß des Riesen himmelwärts erhebt. Die pflanzlichen Bildmotive in der Zeichnung lassen sich unter das Gegensatzpaar „blühen/leben" und „absterben" fassen. Am abschüssigen Ufer hält neben einem hohen schlanken Baum vorne links ein Reh inne, rechts steht ein Storch auf einem Bein. Im Mittelgrund flattern Vögel umher, auf der rechten Seite umringen sie eine Eule. Unter Wolkentürmen erstreckt sich im Hintergrund entlang der unregelmäßigen Küste ein Hafen mit einer Vielzahl von Schiffen, und einige Dörfer oder kleine Städte haben sich um Kirchtürme angesiedelt.

Das Bild ist dermaßen akribisch durchgestaltet, dass es einen autonomen Charakter zu haben scheint. Doch bei der großen Ähnlichkeit drängt sich die Frage auf, ob die Zeichnung das Vorbild oder das Nachbild des Baummenschen auf der Höllentafel des *Gartens der Lüste* ist (Kat. 11.4). Neben der Gleichartigkeit der allgemeinen Physiognomie ist die rissige Kontur um das offene Hinterteil so weit identisch, dass das eine die Kopie des anderen ist bzw. das eine vom anderen her entwickelt wurde. Dies wird noch deutlicher, wenn man das Blatt leicht nach rechts dreht.

Es gibt außerdem einen motivischen Zusammenhang mit einem anderen Triptychon: Der hohe Fels mit den einzelnen Bäumen und einer kleinen Figur am linken Bildrand gleicht der Formation des Bildes von Jakobus d. Ä. im *Jüngsten Gericht* Wien (Kat. 13.1). Auch auf den Innentafeln findet man ähnliche Felsen an den Bildrändern, wie sonst in keinem Werk Boschs. Das Blatt wurde als Vorlage für einen Kupferstich (um 1530–1550) verwendet, der das Blatt bis in die Details wiedergibt und im Vordergrund um weitere Figuren ergänzt (s'-Hertogenbosch 1990, S. 263). Siehe auch S. 167, *212*.

Die Vögel und die Säugetiere

Das Blatt *Die Vögel und die Säugetiere ziehen gegeneinander in den Krieg* (Kat. Z5), das auch als *Die Versammlung der Vögel* bezeichnet wird, weist eine Zeichentechnik auf, die der von Kat. Z2–Kat. Z4 sehr ähnelt, jedoch flüchtiger und dynamischer ist. Während die Körperschatten nur durch eng aneinandergelegte Striche angedeutet werden, sind die

Schlagschatten noch recht deutlich ausgeführt. Insgesamt wirken die Tiere aber nicht so plastisch wie bei Kat. Z2–Kat. Z4, Kat. Z7 und Kat. Z8. Besonders der rechte Hintergrund ähnelt dem links auf Kat. Z2.

Im Vordergrund links haben sich unter dem Doppelkopfadler-Banner des Heiligen Römischen Reiches die Vögel versammelt. Im Zentrum sind wie zu einer Lagebesprechung die Anführer zusammengekommen, nämlich ein Greif und zwei Adler (oder ein Adler und ein Straußenvogel?). Sie umringend, stehen weitere Raubvögel bereit, Adler, Eulenvögel, ferner ein Hahn, zwei Pfauen, Gänse oder Schwäne und Enten, rechts in vorderster Front drei mit Regenwurm-Fahnen „beflaggte" Störche, ihnen gegenüber vier Löffler mit Vogelkopf-Flaggen, dazwischen ein paukenschlagender Vogel. Im Hintergrund marschieren die Säugetiere bei einem kahlen und unbelebten Fels auf. In deren geschlossenen Reihen ragen ein Einhorn und ein Elefant hervor, dazwischen sind einige Huftiere zu erahnen. Auf der Felskuppe präsentiert ein prächtiger Hirsch sein Geweih. Ein Hinrichtungsrad links daneben verweist auf den drohenden Tod. Zwischen beiden Tiergruppen gähnt ein leerer Mittelgrund, das baldige Schlachtfeld. Die auf den ersten Blick ungewöhnliche Ikonografie greift dennoch einen traditionellen Topos auf, den Krieg der Tiere aus der *Fabel von den Tieren und den Vögeln* des Aesop, die schon im 15. Jahrhundert gedruckt wurde. Dieses Blatt wie auch das zugehörige Blatt Kat. Z6 haben weniger die Funktion des Entwurfs für die Malerei als vielmehr einen autonomen Stellenwert. Sie sind mehr als eine Spielerei und zeigen das außergewöhnliche ikonografische Repertoire Boschs, seine Belesenheit und Bildung, seinen Anspruch, eher viele Themen zu beherrschen als an der Perfektionierung eines eleganten oder schönen Stils zu arbeiten und diesen auch an die Künstler seiner Werkstatt weiterzugeben.

Das Blatt *Der Kampf der Vögel gegen die Säugetiere* (Kat. Z6) blieb ebenso wie das zugehörige Blatt Kat. Z5 lange von der Forschung unberücksichtigt. Bemerkenswert ist, dass die Zeichnung hier entsprechend der Dynamik des Bildgeschehens noch gelöster und zügiger ausgeführt wurde, wodurch die Linien und Striche dünner sind. Folglich sind Schlagschatten nur noch gelegentlich angedeutet.

Der Kampf geht bis zum Äußersten: Tote oder schwer verletzte Tiere und abgetrennte Tierglieder liegen herum. Es herrscht ein wildes Durcheinander, perspektivische Regeln scheinen aufgehoben, die Tiere sind über die Bildfläche verteilt. So wie die Tiere im erbarmungslosen Kampf die Orientierung verlieren, so ringt auch der Betrachter nach einem räumlichen Halt, der durch die fernen Hügel eines weit nach oben geschobenen Horizonts, hinter denen weitere Vögel heranrücken, gegeben ist.

Bosch zeigt hier die von ihm in Landschaften häufig dargestellten Tiere wie Bär, Fuchs und Eule sowie einige Fabel- und Fantasietiere, aber auch ein Pferd in Rückenansicht, eine im 15. Jahrhundert zum Repertoire gewordene Demonstration des künstlerischen Könnens. Manche Bildmotive entsprechen auch stilistisch denjenigen anderer Bosch-Zeichnungen, wie der lauernde Fuchs vorne links dem in Kat. Z3.

Fantasiegeschöpfe

Im Berliner Katalog werden die Zeichnung *Vogelmonster und fauchender Drache* (Kat. Z7r) sowie deren Rückseite *Schädel-Schildkrötenmonster und geflügelter Gnom* (Kat. Z7v) als Darstellung von je *Zwei Fantasiegeschöpfen* bezeichnet. Das beidseitig genutzte Blatt zeigt dieselbe Zeichentechnik wie Kat. Z2–Kat. Z4 und Kat. Z8. Die oberen zwei Drittel des hochformatigen Blattes nimmt ein auf zwei Beinen stehendes Monster ein. Links trägt es einen Stiefel, in dem ein Pfeil steckt – ein häufiges Motiv bei Bosch. In den kurzen Oberarmen hält das Wesen einen riesigen Pfeil wie einen Speer. Hals und Kopf sind gansartig, aus der Stirn wachsen Federn nach hinten. Im unteren Blattdrittel krümmt sich fauchend ein Ungetüm, dessen Körperglieder, beispielsweise die kräftigen Hinterbeine, nicht an bestimmte Tiere denken lassen. Der Kopf zeigt dichte Haare oder ebenfalls Federn, die als ausladender Schmuck nach hinten abstehen. Der lange Schwanz wellt, ja ringelt sich fast. Die unheimliche Wirkung wird bei beiden Wesen auch dadurch verursacht, dass sie nach hinten schauen. Die schmückenden Haare oder Federn und das Fell, das Federkleid oder die Schuppen, die als Oberfläche angedeutet sind, sind funktionslos und stehen wohl für Eitelkeit.

Die Rückseite dominiert ein Tier- oder Monsterschädel, der im vorderen Bereich am ehesten an ein Pferd erinnert. Weiter hinten lassen zwei Füße und ein Hals, der bis zum Blattende reicht, an eine Schildkröte denken. Unten ist flüchtig, ohne Schattenschraffur, aber mit geschlossener Kontur ein hockendes, menschenartiges Wesen mit fledermausartigen Flügeln, dickem Rumpf und dünnen Extremitäten dargestellt, das einen umgestülpten Trichter auf dem Kopf trägt und mit den Beinen in einem Sack oder einer Röhre steckt.

Dass die Zeichnungen als Muster dienten, zeigt sich daran, dass alle vier Monster des Blattes gemeinsam mit noch weiteren Bosch nicht sicher zuzuschreibenden Monster-Zeichnungen auf ein Musterblatt kopiert wurden, das sich heute in Providence (Rhode Island School of Design, Museum of Art) befindet.

Die Darstellungen auf der Zeichnung *Zwei käferartige Monster* (Kat. Z8r) und auf deren Rückseite mit *Zwei Kopffüßlern* (Kat. Z8v) werden im Berliner Katalog ebenfalls als *Zwei Fantasiegeschöpfe* bezeichnet. Das Blatt weist eine ähnliche Zeichentechnik auf wie Kat. Z2–Kat. Z4 und Kat. Z7. Die Vorderseite zeigt links ein käferartiges Monster von vorne und rechts ein sich abwendendes Katzenkäfer-Monster von schräg hinten. Letzteres Monster wurde auf den oberen rechten Tondo der Vorderseite der *Sintflut-Fragmente* (Kat. 19) übertragen, was für die Datierung des Blattes einen Terminus ante quem ergibt. Damit gibt das Blatt nicht nur einen Hinweis auf die traditionelle Funktion der Zeichnungen Boschs als Entwurfs-, Muster- und Vorlagenblätter für seine Gemälde, sondern auch einen zeichentechnischen und stilistischen Beleg dafür, dass das Gemälde Bosch zuzuschreiben ist. Zugleich räumt diese Verknüpfung von Zeichnung und Gemälde jeden Zweifel an der Zusammengehörigkeit der zeichentechnisch und stilistisch gleichen (Kat. Z2–Kat. Z4, Kat. Z7, Kat. Z8) bzw. ähnlichen (Kat. Z1, Kat. Z5 und Kat. Z6) Zeichnungen mit den Bosch-Gemälden (Kat. 1–20) aus. Zu Kat. Z8r siehe auch S. 293.

LITERATUR

Allgemein zu den Zeichnungen: 's-Hertogenbosch 1967, S. 168–203; Filedt Kok 1972/73; Marijnissen 1988, S. 452–463; Koreny/Pokorny 2001; Antwerpen 2002; Silver 2006, S. 274–303; Koreny 2012.

Z1: 's-Hertogenbosch 1967, S. 168, Nr. 48; Antwerpen 2002, S. 182–184; Koreny 2012, S. 152–155.

Z2: Rosenberg 1961; Antwerpen 2002, S. 185–187; Koreny 2012, S. 190–195.

Z3: 's-Hertogenbosch 1967, S. 188, Nr. 57; Vandenbroeck 1981, 1985; Bambeck 1987; Lammertse 1994, S. 99; de Bruyn 2000; Buck 2001, S. 197–206; Koldeweij/Vermet/Vandenbroeck 2001; Fischer 2009, S. 165–172; Ilsink 2010; Koreny 2012, S. 170–177.

Z4: Koreny/Pokorny 2001, S. 6–15; Antwerpen 2002, S. 168–172; Gibson 2008; Koreny 2012, S. 184–189.

Z5: Buck 2001, S. 230–234; Antwerpen 2002, S. 177–181; Koreny 2012, S. 162–169.

Z6: Buck 2001, S. 230–234; Antwerpen 2002, S. 177–181; Koreny 2012, S. 162–169.

Z7: 's-Hertogenbosch 1967, S. 196, Nr. 61; Buck 2001, S. 211–215; Antwerpen 2002, S. 173–176; Koreny 2012, S. 178–183.

Z8: Buck 2001, S. 207–211; Antwerpen 2002, S. 173–175; Koreny 2012, S. 196–199.

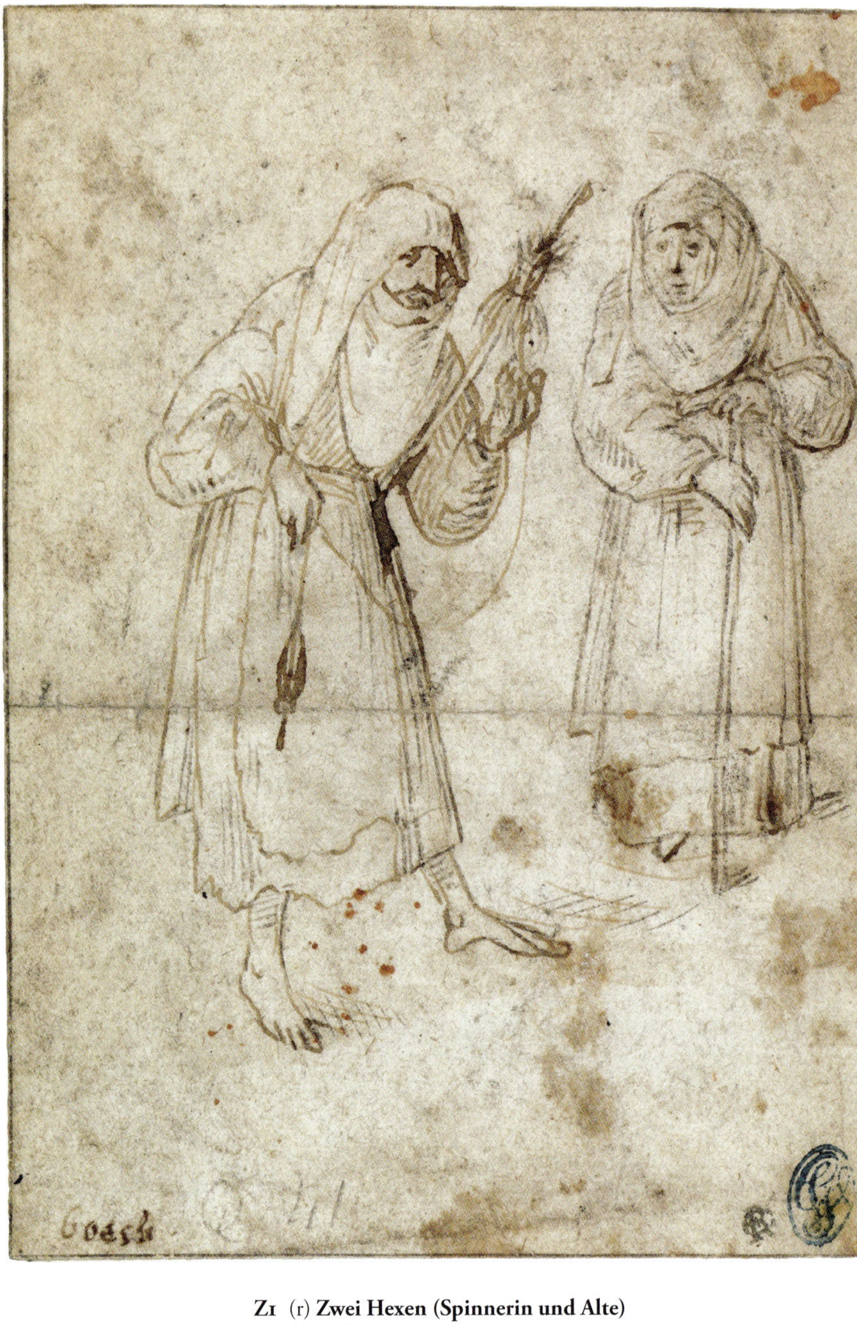

Z1 (r) **Zwei Hexen (Spinnerin und Alte)**
Feder mit brauner und graubrauner Tinte auf Papier, 120 x 85 mm
Rotterdam, Museum Boijmans Van Beuningen, Inv. N 190

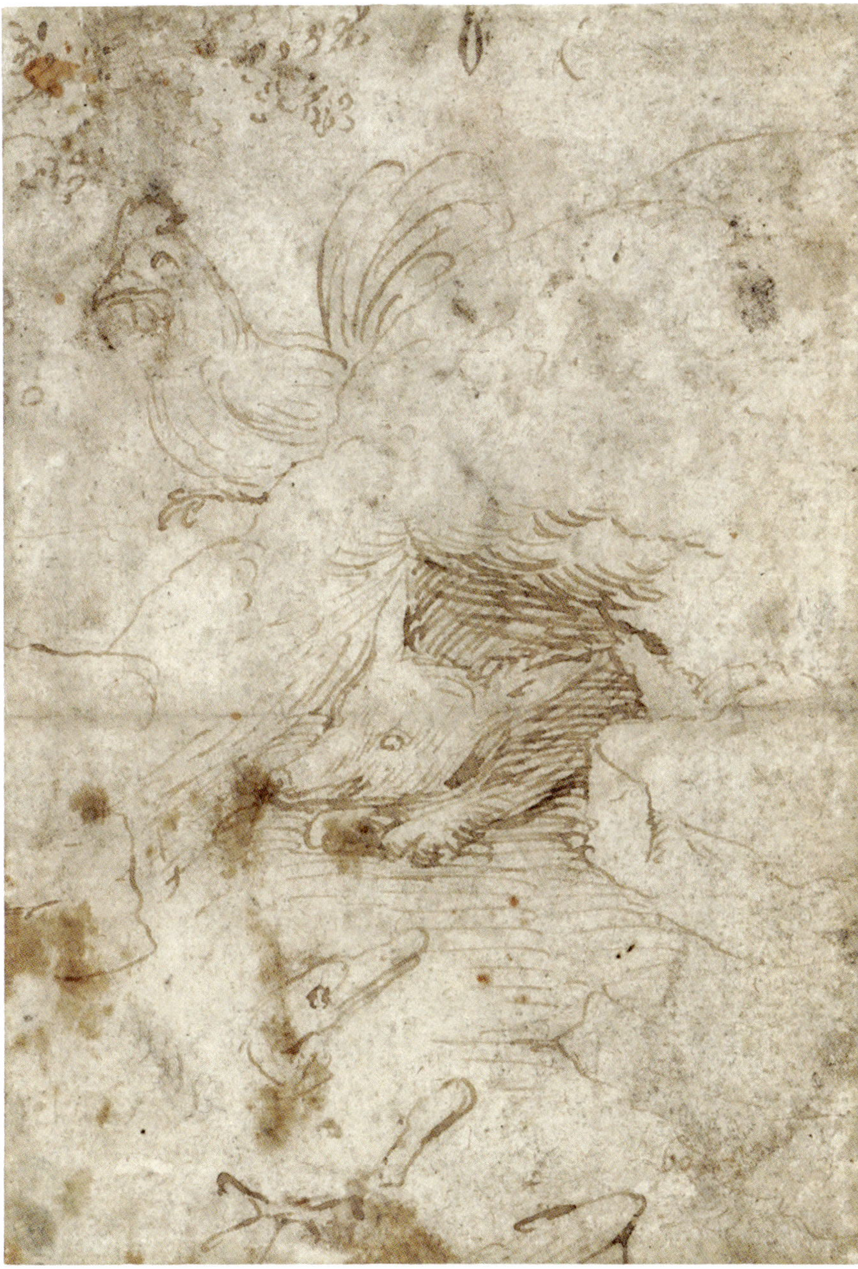

Z1 (v) **Fuchs und Hahn**, um 1490–1505
Feder mit brauner und graubrauner Tinte auf Papier, 120 x 85 mm
Rotterdam, Museum Boijmans Van Beuningen, Inv. N 190

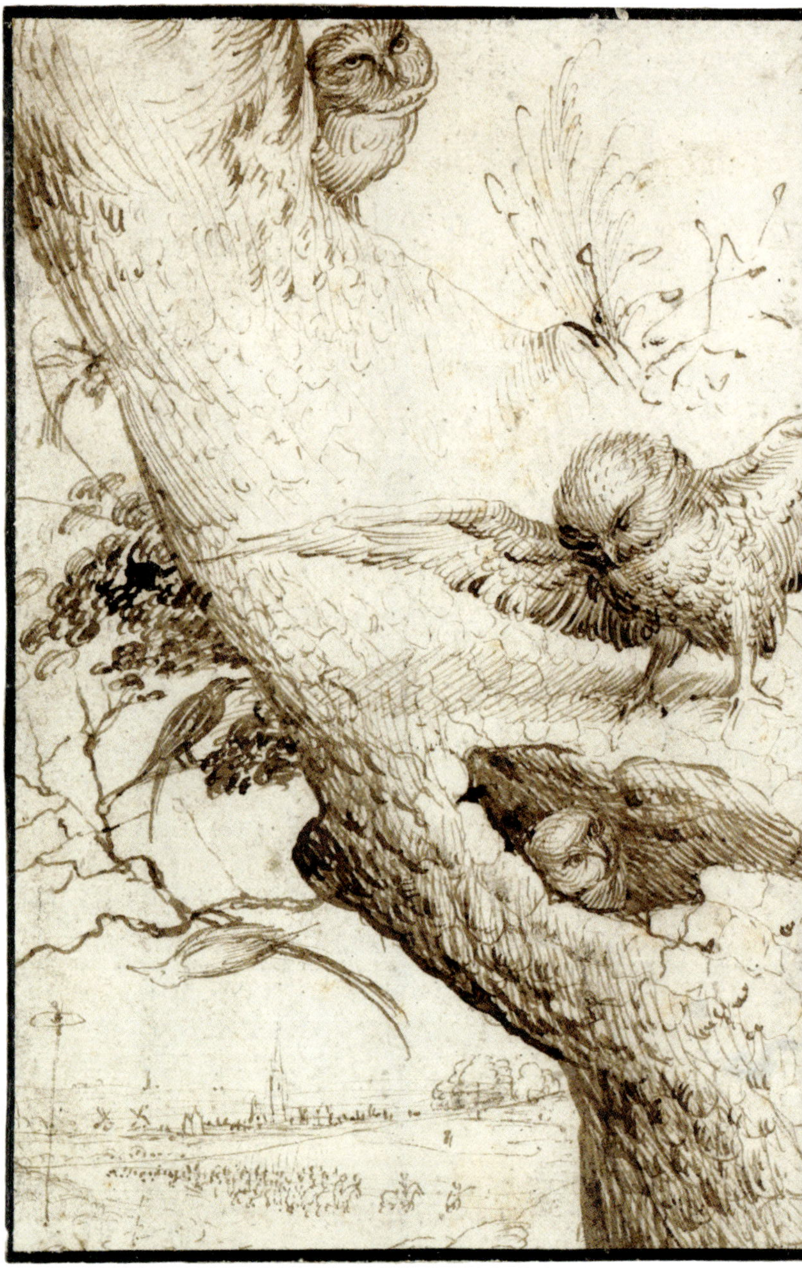

Z2 Das Eulennest, um 1500
Feder mit brauner Tinte auf Papier, 140 x 196 mm
Rotterdam, Museum Boijmans Van Beuningen, Inv. N 175

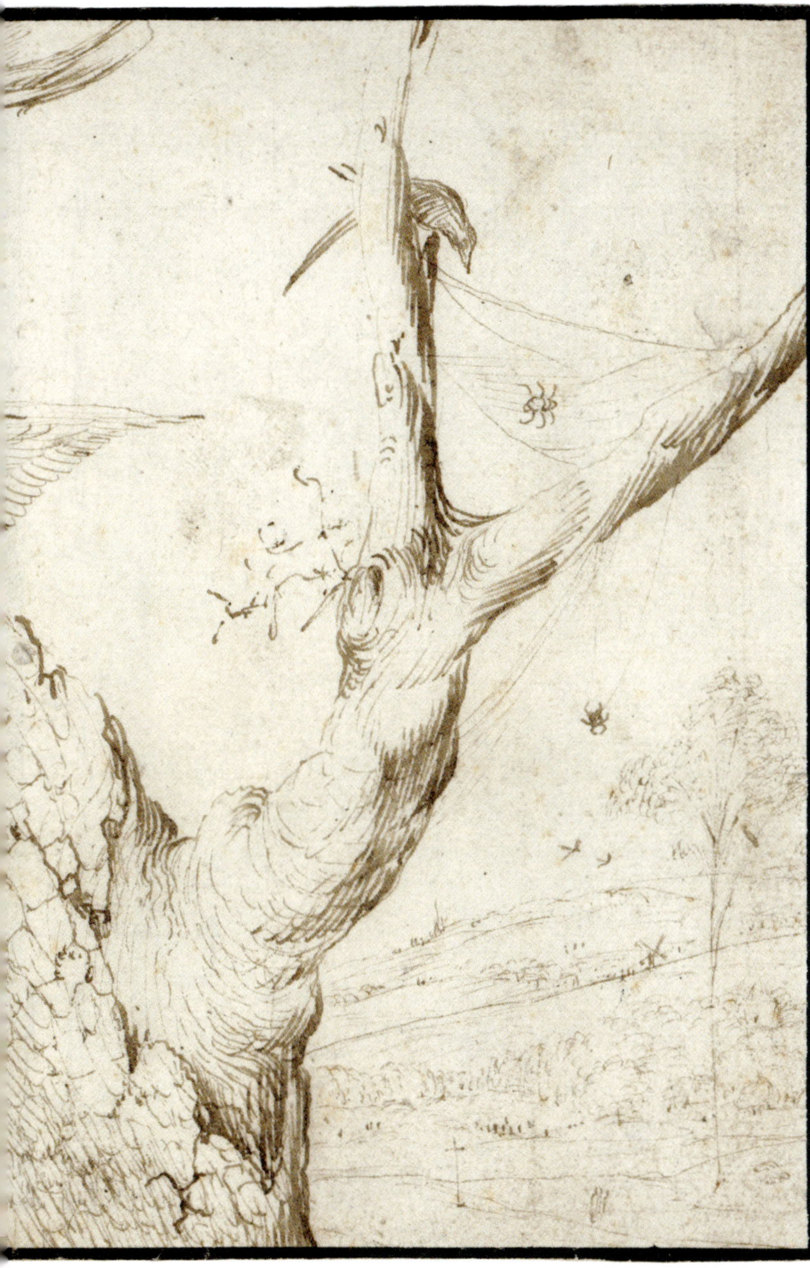

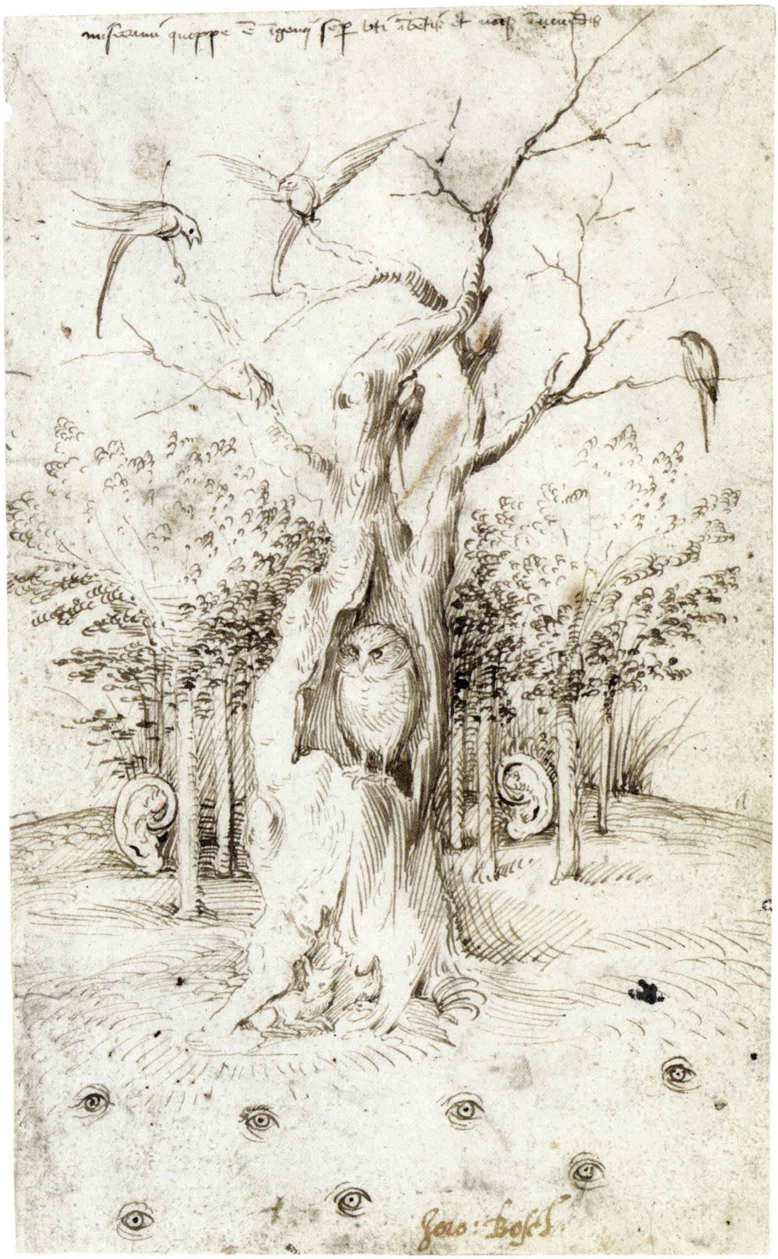

Z3 (r) **Der Wald hat Ohren, das Feld hat Augen**, um 1502–1505
Feder und braune Tinte auf Papier, 202 x 127 mm
Berlin, Staatliche Museen, Kupferstichkabinett, KdZ 549

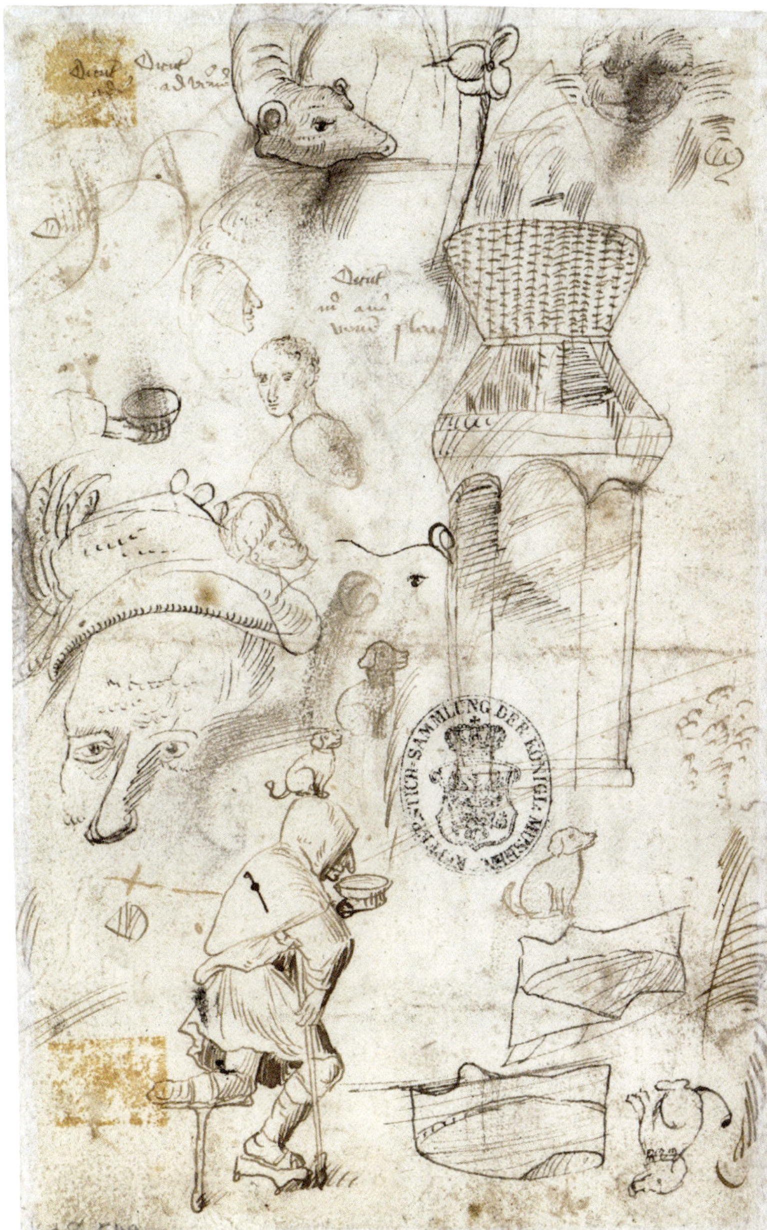

Z3 (v) **Figurenstudien (großenteils Werkstatt)**, um 1502–1505
Feder und braune Tinte auf Papier, 202 x 127 mm
Berlin, Staatliche Museen, Kupferstichkabinett, KdZ 549

Z4 Der Baummensch, um 1503–1506
Feder mit brauner Tinte auf Papier, 277 x 211 mm
Wien, Albertina, Inv. 7876

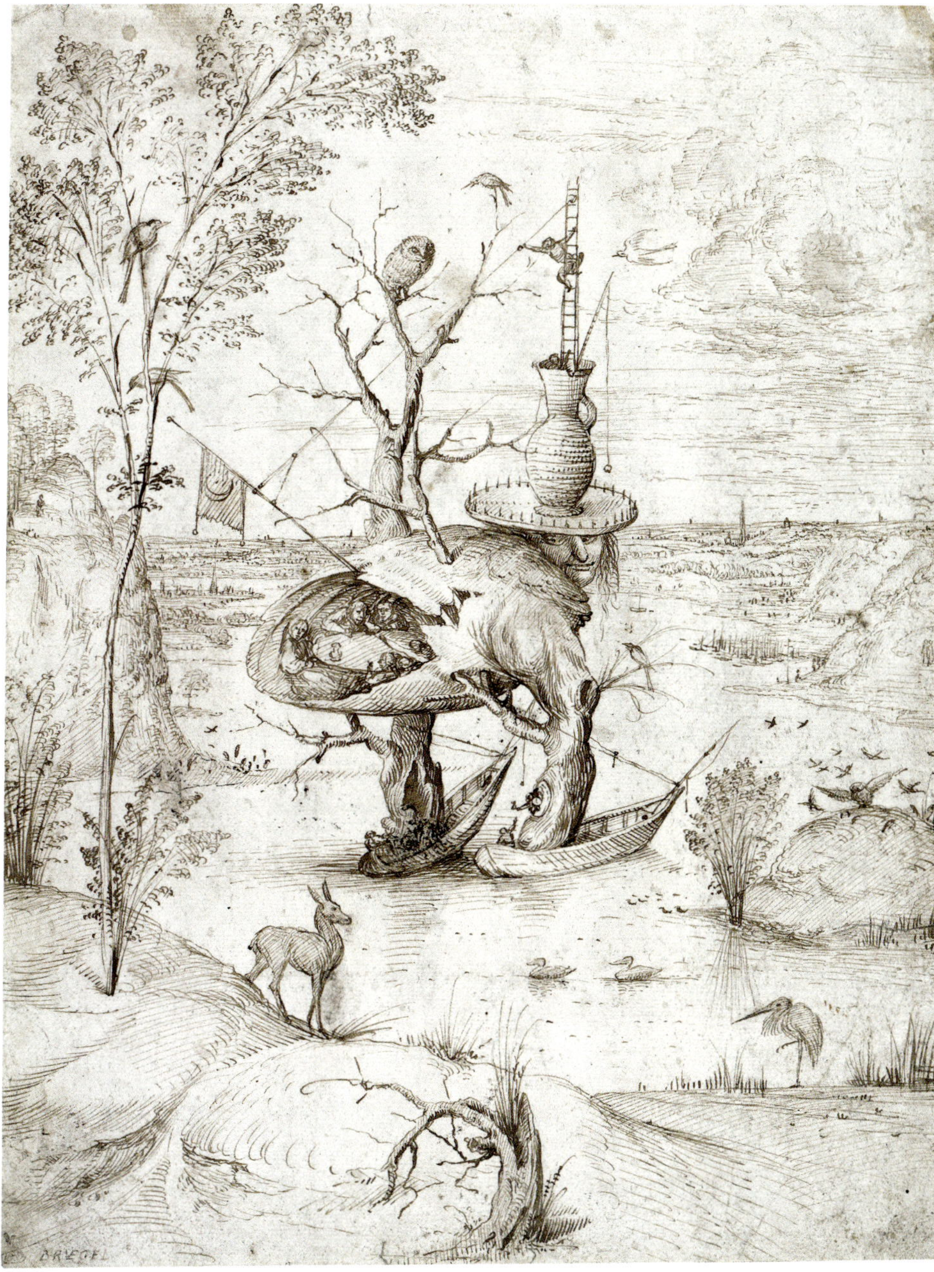

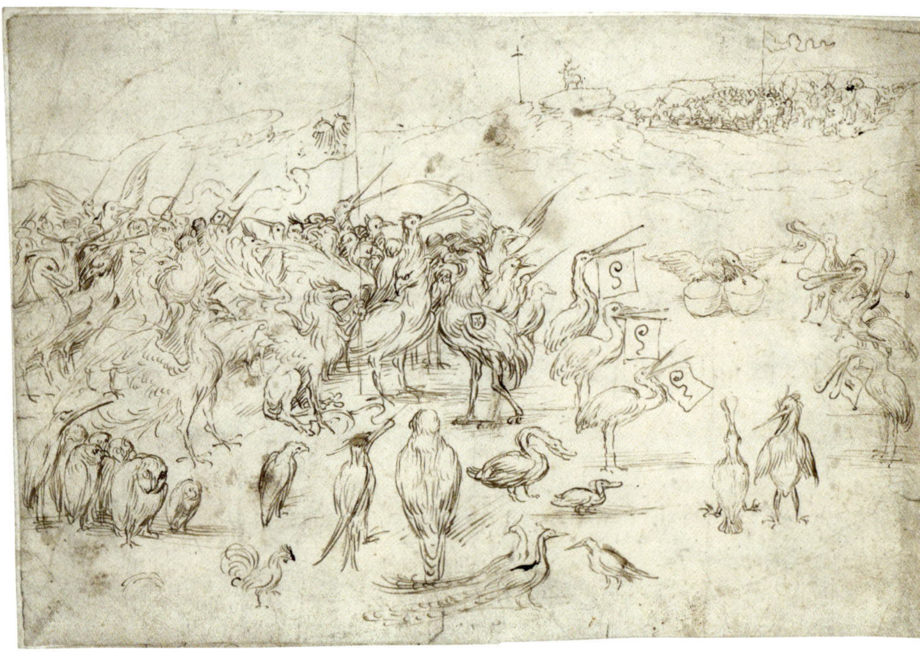

Z5 Die Vögel und die Säugetiere ziehen gegeneinander in den Krieg, um 1505–1510
Feder mit brauner Tinte auf Papier, 195 x 284 mm
Berlin, Staatliche Museen, Kupferstichkabinett, KdZ 13136

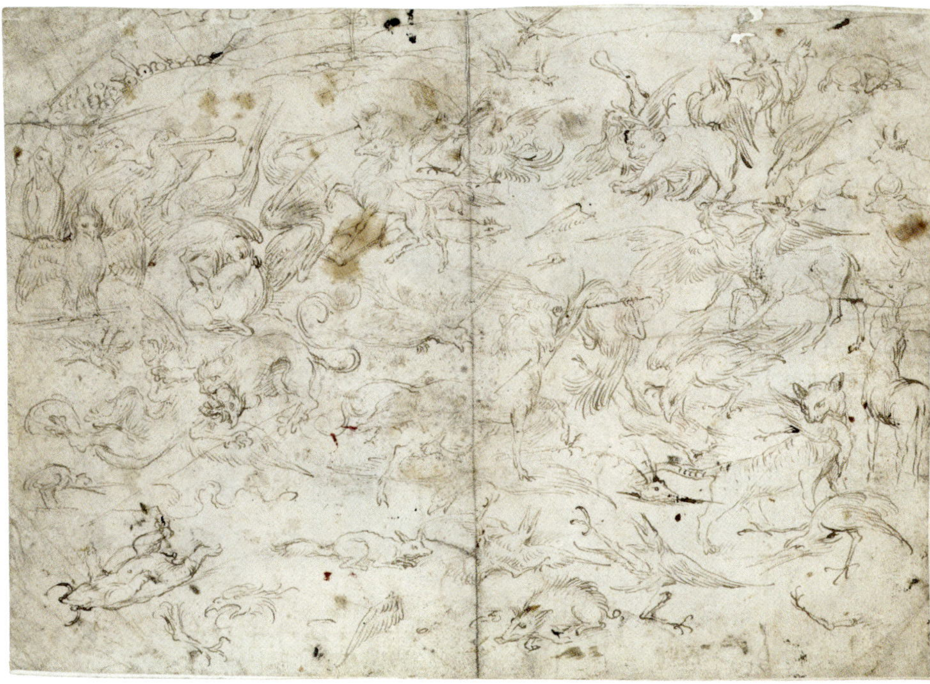

Z6 Der Kampf der Vögel gegen die Säugetiere, um 1505–1510
Feder mit brauner Tinte auf Papier, 203 x 290 mm
Berlin, Staatliche Museen, Kupferstichkabinett, KdZ 14715

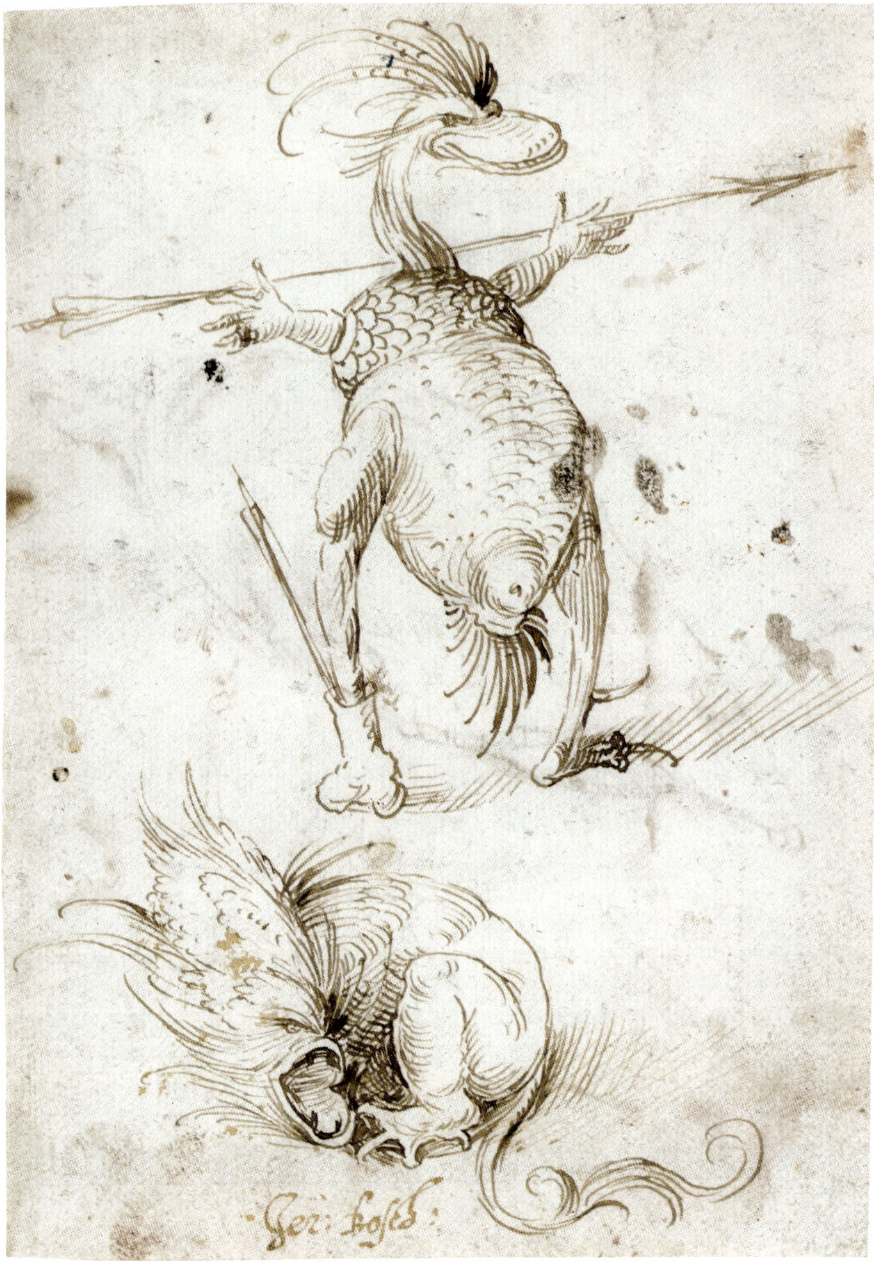

Z7 (r) **Vogelmonster und fauchender Drache**, um 1505–1515
Feder mit brauner Tinte auf Papier, 164 x 116–119 mm
Berlin, Staatliche Museen, Kupferstichkabinett, KdZ 547

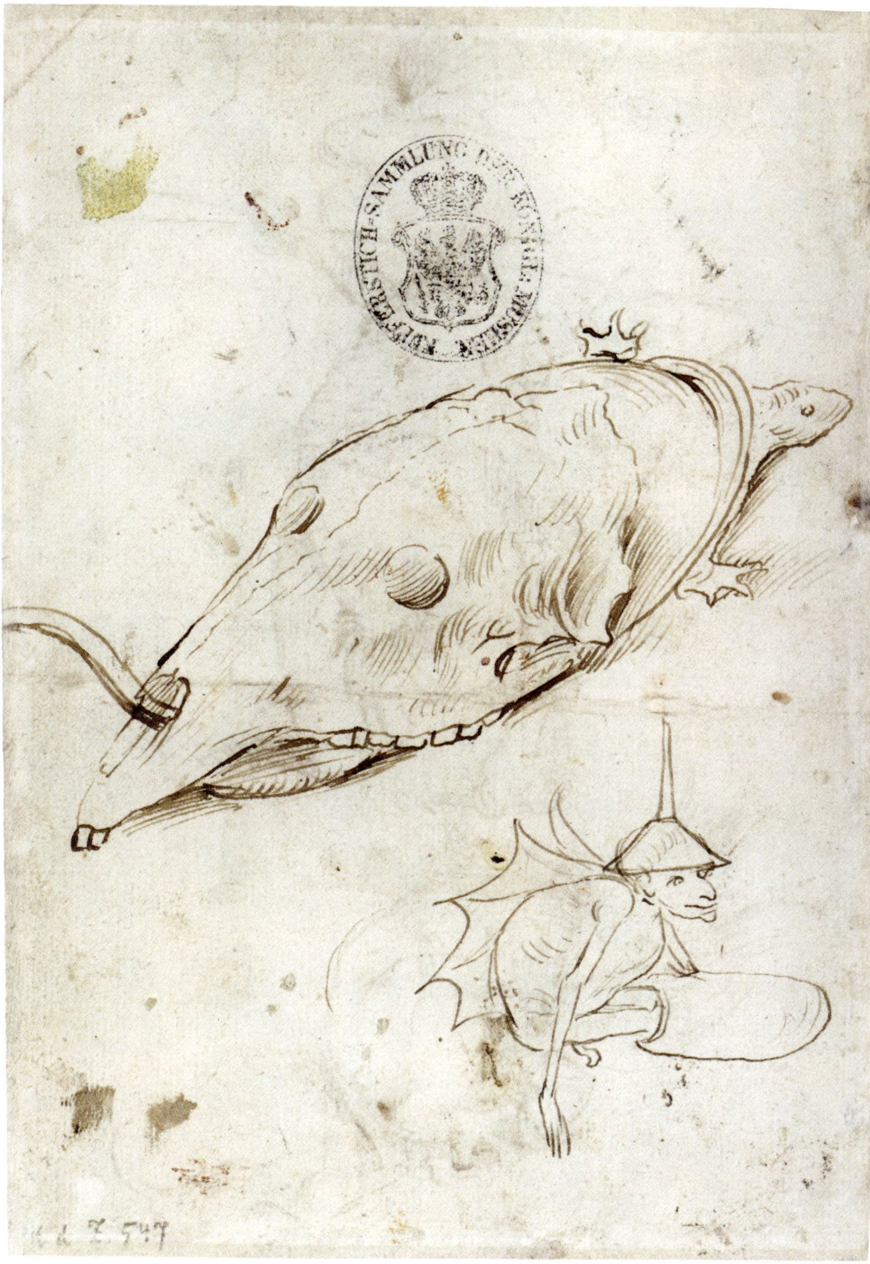

Z7 (v) **Schädel-Schildkrötenmonster und geflügelter Gnom**, um 1505–1515
Feder mit brauner Tinte auf Papier, 164 x 116–119 mm
Berlin, Staatliche Museen, Kupferstichkabinett, KdZ 547

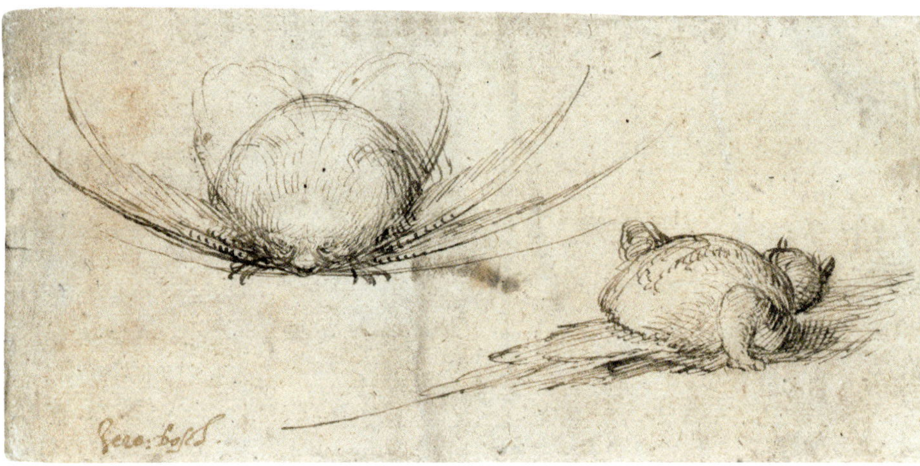

Z8 (r) **Zwei käferartige Monster**, um 1505–1515
Feder mit brauner Tinte auf Papier, 86 x 182 mm
Berlin, Staatliche Museen, Kupferstichkabinett, KdZ 550

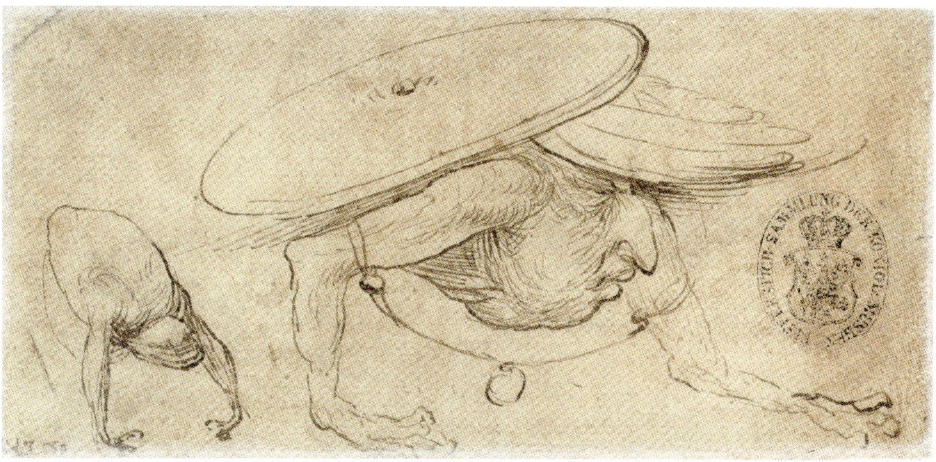

Z8 (v) **Zwei Kopffüßler**, um 1505–1515
Feder mit brauner Tinte auf Papier, 86 x 182 mm
Berlin, Staatliche Museen, Kupferstichkabinett, KdZ 550

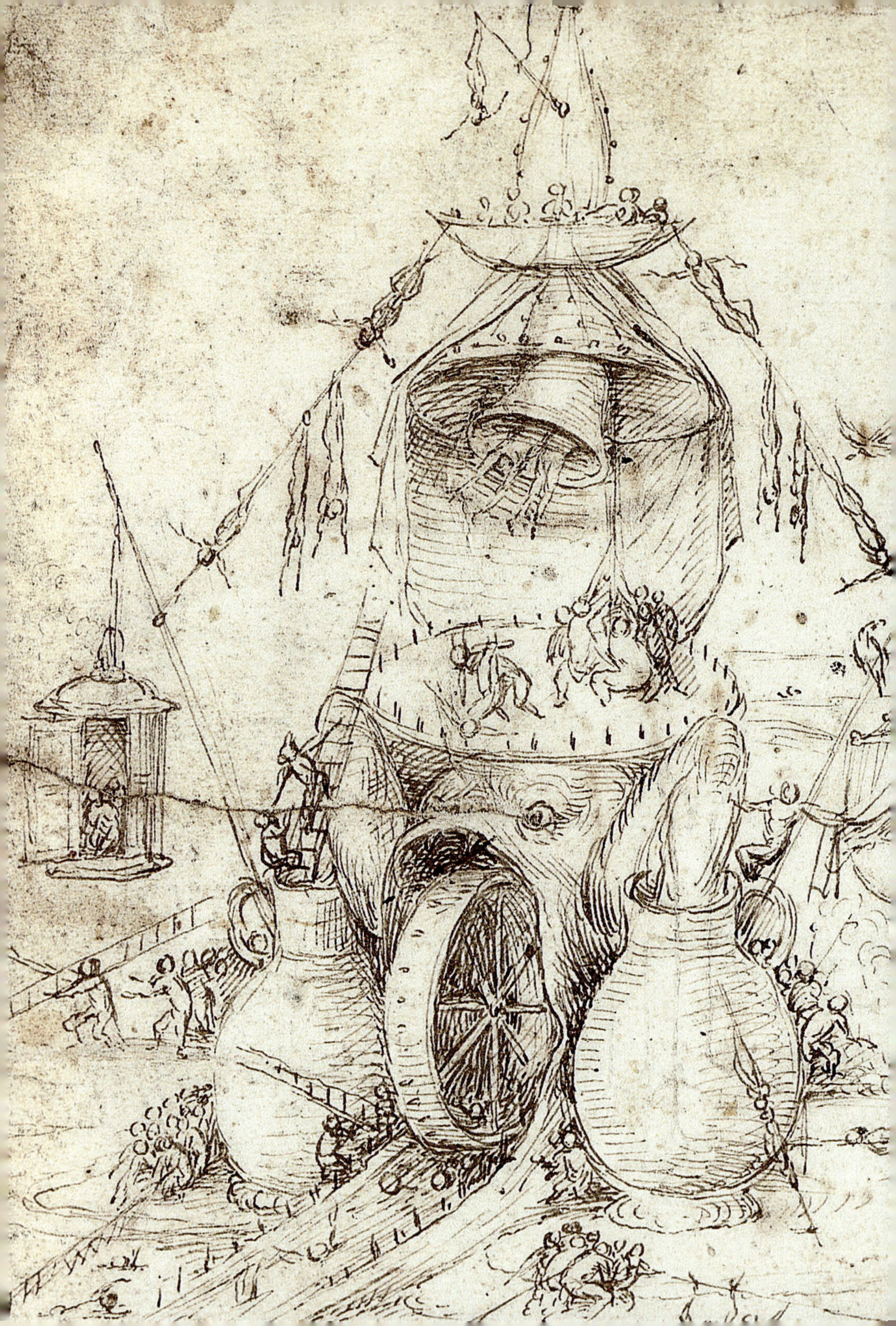

Katalog der Zeichnungen – Werkstatt und Nachfolge

Drolerie mit Bienenkorb

Der Werkstatt oder der Nachfolge des Hieronymus Bosch zugeschrieben wird die Zeichnung *Drolerie mit Bienenkorb* (Kat. Z9r). Ein Mann mit heruntergelassenen Beinkleidern kniet auf allen Vieren in einem mannsgroßen Bienenkorb, während aus seinem Hintern Vögel (Schwalben?) entweichen. Obenauf holt ein hockendes Männlein mit seiner Laute aus, um auf das Hinterteil oder die Vögel zu schlagen. Links daneben hockt eine verschleierte Frau mit langem Gewand, über der eine Spaltzange schwebt. Kleine und nackte jungenhafte Wesen, die stark an Renaissance-Putten erinnern, sind über die übrigen Stellen im Bild verteilt. Sie jagen und fangen Vögel. Somit schließen sich die einzelnen Motive wieder zusammen. Das zentrale Bildmotiv mit dem Bienenkorb findet sich ähnlich als Reliefbild auf der Mitteltafel des *Eremiten-Triptychons* (Kat. 12) sowie im *Christophorus* (Kat. 7). Die Rückseite (Kat. Z9v) zeigt eine Variation der Vorderseite in einer flüchtigen Skizze: Bienenkorb und verschleierte Frau verschmelzen zu einem Bildmotiv. Daneben taucht nach dem Vorbild von Kat. 11.4 und Kat. Z4 ein Baummensch auf. Somit wird auch die Funktion als Übungs- und Entwurfsblatt deutlich. Siehe auch S. 262.

Der Gaukler

Die Zeichnung *Der Gaukler* (Kat. Z10r) weist typische Bildmotive Boschs auf, wie den ruhenden Hund (vgl. Kat. 15, Kat. 20.3), das sitzende Kinderpaar vorne links und das Windrädchen (Kat. 9.2), ferner typische Stilmerkmale wie die zarte Gesichtsphysiognomie mit den punktartigen Äuglein und spitzem Kinn. Der große Schatten in der Personengruppe links ist allerdings grob in den Zwischenraum gezeichnet, ohne die einzelnen Figuren zu modellieren. Die Zeichnung wirkt etwas fahrig und summarisch, insgesamt rasch ausgeführt, ist aber doch qualitätvoll. Für eine Kopie erscheint sie zu suchend, für einen Entwurf fast zu schnell hingeworfen. Möglicherweise ist es eine Variante eines gemalten oder gezeichneten Vorbildes von Bosch. Die *Tischgesellschaft* auf der Rückseite des Blattes (Kat. Z10v) ist jüngeren Datums; sie entspricht stilistisch der niederländischen Renaissance. Siehe auch Kat. 28.

Seite 454
Höllenszene für ein Jüngstes Gericht (Detail), um 1515? (siehe Abb. S. 465)

Grablegung Christi

Erst 1952 wurde das Blatt *Grablegung Christi* (Kat. Z11) bekannt, das man zunächst Bosch zuschrieb und danach meistens seiner Werkstatt. Das Thema wird auch auf der Außentafel des *Johannes auf Patmos* (Kat. 3.2) dargestellt: Außen rechts finden die Passionsszenen mit der Grablegung ihren (vorläufigen) Schlusspunkt. Dort ist die bildparallele Komposition ebenso symmetrisch wie auf der Zeichnung: Maria und Johannes bilden, genau mittig hinter dem Sarkophag stehend, mit nach schräg links ausgerichteter Körperhaltung ein leicht schiefes Dreieck. Joseph von Arimathäa und Nikodemus stehen jeweils am Kopf- bzw. Fußende.

Wenn das Blatt auch in der Zeichentechnik aufwendiger und kräftiger konturiert ist als Boschs originale Zeichnungen, so stellt Koreny Ähnlichkeiten mit Art und Stil der Figurendarstellung in Gemälden Boschs fest, so vor allem in der Körperhaltung und der Ausführung von Details wie den spitzen Nasen, etwa bei Figuren auf der Außwenseite der *Versuchung des heiligen Antonius* (Kat. 10.1 und Kat. 10.2), mit der das Blatt allgemein die meiste Ähnlichkeit hat, oder dem aufgebahrten Christus mit dem liegenden Sünder in der Hölle des *Heuwagens* (Kat. 20.4). Zu ergänzen sind weitere Ähnlichkeiten wie die Figur des Bärtigen ganz rechts oder die Dornenkrone, die nicht wie üblich geflochten, sondern ohne Zwischenräume eng wie ein Tau gedreht ist, wie es in allen Bosch-Gemälden der Fall ist (siehe Kat. 1, Kat. 4–8, Kat. 10, Kat. 18 sowie Kat. 21).

Höllenschiff und Höllenszenen

Auf der Zeichnung *Höllenschiff* (Kat. Z12) trägt ein armloser gerüsteter Riese auf seinen Schultern ein Boot, durch dessen Rumpf er zugleich hindurchragt und dessen Mast aus seinem Kopf wächst. Er ist mit einem orientalischen Säbel und einer Haube oder einem Helm, Sporen und Trippen ausgerüstet. Zahlreiche Gestalten bevölkern das Boot und seine Takelage, es sind sowohl Teufel als auch verdammte Seelen. Ein mit einem Pfeil Durchbohrter baumelt am Bug, ein anderer hängt über das Heck hinaus, wobei ihm Vögel aus dem Hinterteil entweichen (vgl. *Garten der Lüste*, Kat. 11.4). Flammen schlagen aus dem Schiffskörper. Es gibt keine Hintergrundlandschaft. Das Wasserzeichen des Papiers ist dasselbe wie bei der Dresdner Zeichnung (Kat. Z14), auch der Stil entspricht ihr.

Das sehr detaillierte Bildinventar der *Höllenszene für ein Jüngstes Gericht* (Kat. Z13) kommt dem im Brügger *Jüngsten Gericht* (Kat. 26) sehr nahe. Auch die atmosphärische Landschaftsdarstellung und die perspektivisch geschickte Staffelung der Bildmotive in der Tiefe des Raumes gleichen dem Brügger Triptychon, sodass es sich wohl um denselben Künstler handelt.

Die Zeichnung *Höllenszenen, Baummensch-Monster* (Kat. Z14) aus Dresden stammt möglicherweise von demselben Künstler wie das Blatt *Konzert im Ei* in Berlin (KdZ 711), das aber motivisch nicht von den überlieferten Werken Boschs hergeleitet werden kann. Das Dresdener Blatt (Kat. Z14) zeigt eine Variation des Baummenschen aus dem *Garten der Lüste* (Kat. 11.4) bzw. der Wiener Zeichnung (Kat. Z4) in einer nur nach vorn und zu den Seiten ausgeführten Landschaft. Im hügeligen Vordergrund zieht ein Mann, der in einem Krug steht, einen anderen, der auf einem riesigen, mit Teilen einer Turnierrüstung bekleideten Unterschenkel sitzt, zu sich heran. Dahinter drängeln sich Menschenmassen. Gegenüber hat ein wilder Riese zwei Männer mit einem Bogen zu seiner Beute gemacht. Die Bildmotive links und rechts oben – ein von Menschen umlagerter riesiger Visierhelm bzw. ein fischartiges Monster auf einer runden Plattform – wirken wie hineingesetzte Studien, sind aber doch flüchtig in die übrige Komposition integriert. Das Blatt hat dasselbe Wasserzeichen wie die Wiener Zeichnung (Kat. Z12) und ähnelt ihr stilistisch. Auf der Rückseite (Kat. Z14v) ist ein *Stehender Rabbiner* zu sehen.

Fantasiewesen und Figurenstudien

Das eher als selbstständige Musterzusammenstellung denn als bloße Mustersammlung von Monstern für Höllendarstellungen einzuschätzende Blatt mit Fantasiewesen (Kat. Z15) weist motivische Überschneidungen sowohl mit dem Œuvre Boschs als auch mit Werken eines Werkstattmitarbeiters und seiner Nachfolger auf (Buck). Bei den *Fünf Fantasiewesen* auf der Vorderseite des Blattes (Kat. Z15r) erinnert die Amboss-Szene an die Bestrafung der Trägheit im *Jüngsten Gericht* (Kat. 13.4), in den *Sieben Todsünden* (Kat. 15) und im Brügger *Jüngsten Gericht* (Kat. 26). Stilistisch arbeitete der Zeichner konturbetont und wenig plastisch, zügig und mit sicherer Hand, sodass die Figuren dynamischer wirken als bei Boschs Zeichnungen und Unterzeichnungen. Zudem unterscheiden sich die *Sieben Fantasiewesen* der Rückseite (Kat. Z15v) so sehr von der Vorderseite, dass beide nicht unbedingt von demselben Künstler stammen müssen.

Die Zeichnung *Studie für zwei Figuren einer Passionsdarstellung* (Kat. Z16r), die bei Koreny (Antwerpen 2002) als *Zwielichtiges Paar im Gespräch* geführt wird, hat stilistisch die größte Affinität zur Genter *Kreuztragung* (Kat. 29), denn die Physiognomien im Œuvre Boschs wie der *Dornenkrönung* (Kat. 5) sind realistischer und weniger grimassen- und maskenhaft. Lediglich die bettelnde Frau auf der Tafel mit dem heiligen Bavo auf der Außenseite des *Jüngsten Gerichts* Wien (Kat. 13.2) kommt der Zeichnung sehr nahe. Die Rückseite zeigt die *Versuchung Evas* (Kat. Z16v).

LITERATUR

Z9: 's-Hertogenbosch 1967, S. 192, Nr. 59; Koreny/Pokorny 2001, S. 16–21; Antwerpen 2002, S. 194–198; Fischer 2009, S. 113, 162; Koreny 2012, S. 230–235.

Z10: Cinotti 1966, S. 89; Unverfehrt 1980, S. 114–117; Schoute/Verboomen 2000, S. 191; Koreny 2012, S. 278–285.

Z11: 's-Hertogenbosch 1967, S. 187, Nr. 56; Antwerpen 2002, S. 191–193; Koreny 2012, S. 224–229.

Z12: 's-Hertogenbosch 1967, S. 180, Nr. 53; Koreny/Pokorny 2001, S. 32–37; Antwerpen 2002, S. 199–201; Koreny 2012, S. 214–217.

Z13: Koreny 2012, S. 218–220.

Z14: Buck 2001, S. 228; Ketelsen/Neidhardt 2005, S. 106; Koreny 2012, S. 261–265.

Z15: Buck 2001, S. 216–223; Koreny 2012, S. 248–253.

Z16: Antwerpen 2002, S. 188–190; Koreny 2012, S. 200–203.

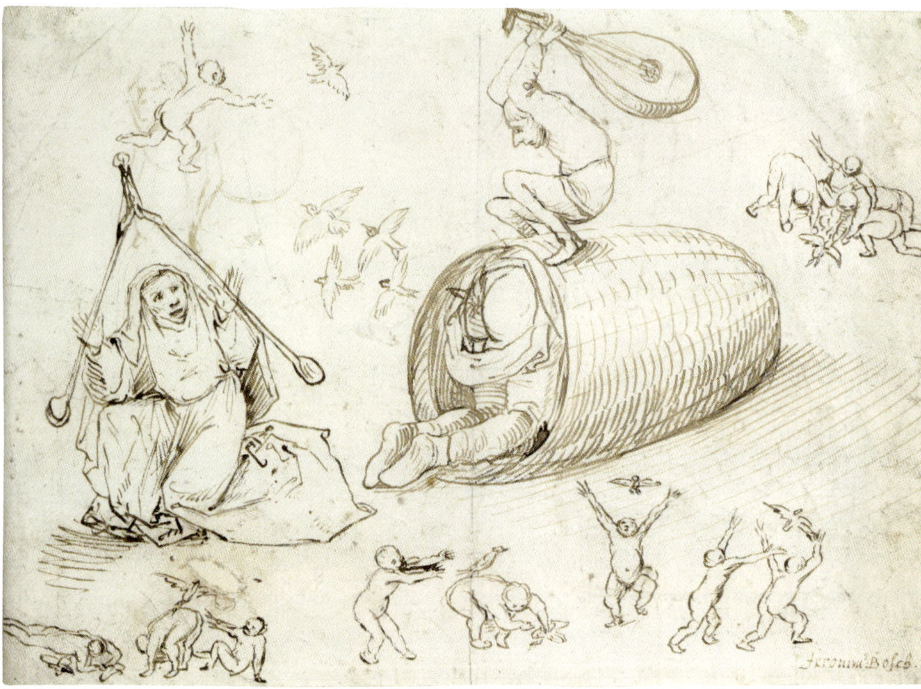

Z9 (r) Werkstatt oder Nachfolger des Hieronymus Bosch, **Drolerie mit Bienenkorb**, um 1510–1515
Feder mit brauner Tinte auf Papier, Wasserzeichen, 192 x 270 mm
Wien, Albertina, Inv. 7797

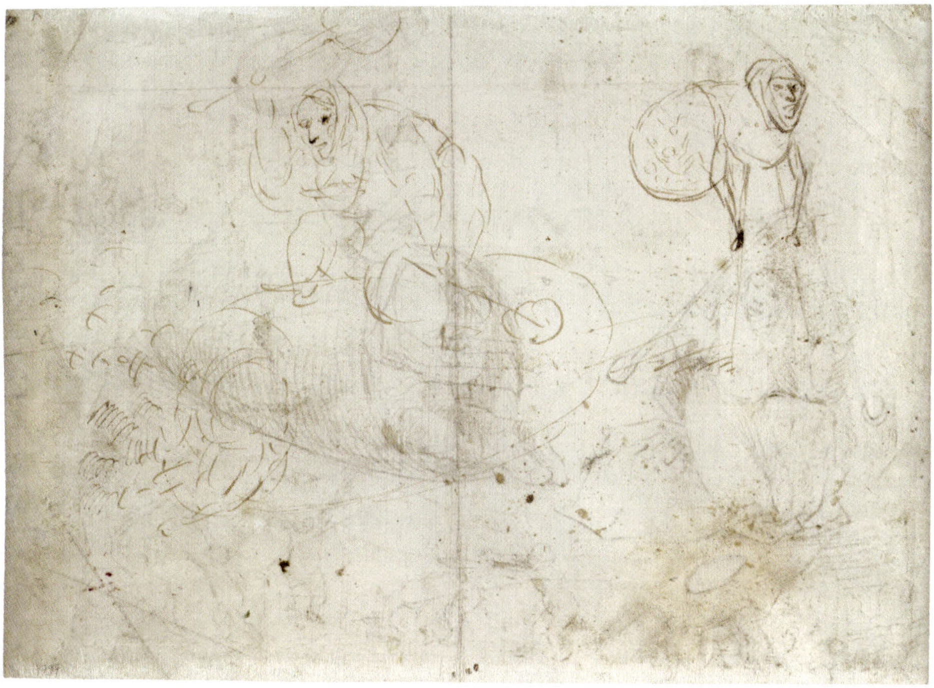

Z9 (v) Werkstatt oder Nachfolger des Hieronymus Bosch
Drolerie mit Bienenkorb und Krückenmonster, um 1510–1515
Feder mit brauner Tinte auf Papier, Wasserzeichen, 192 x 270 mm, Wien, Albertina, Inv. 7797

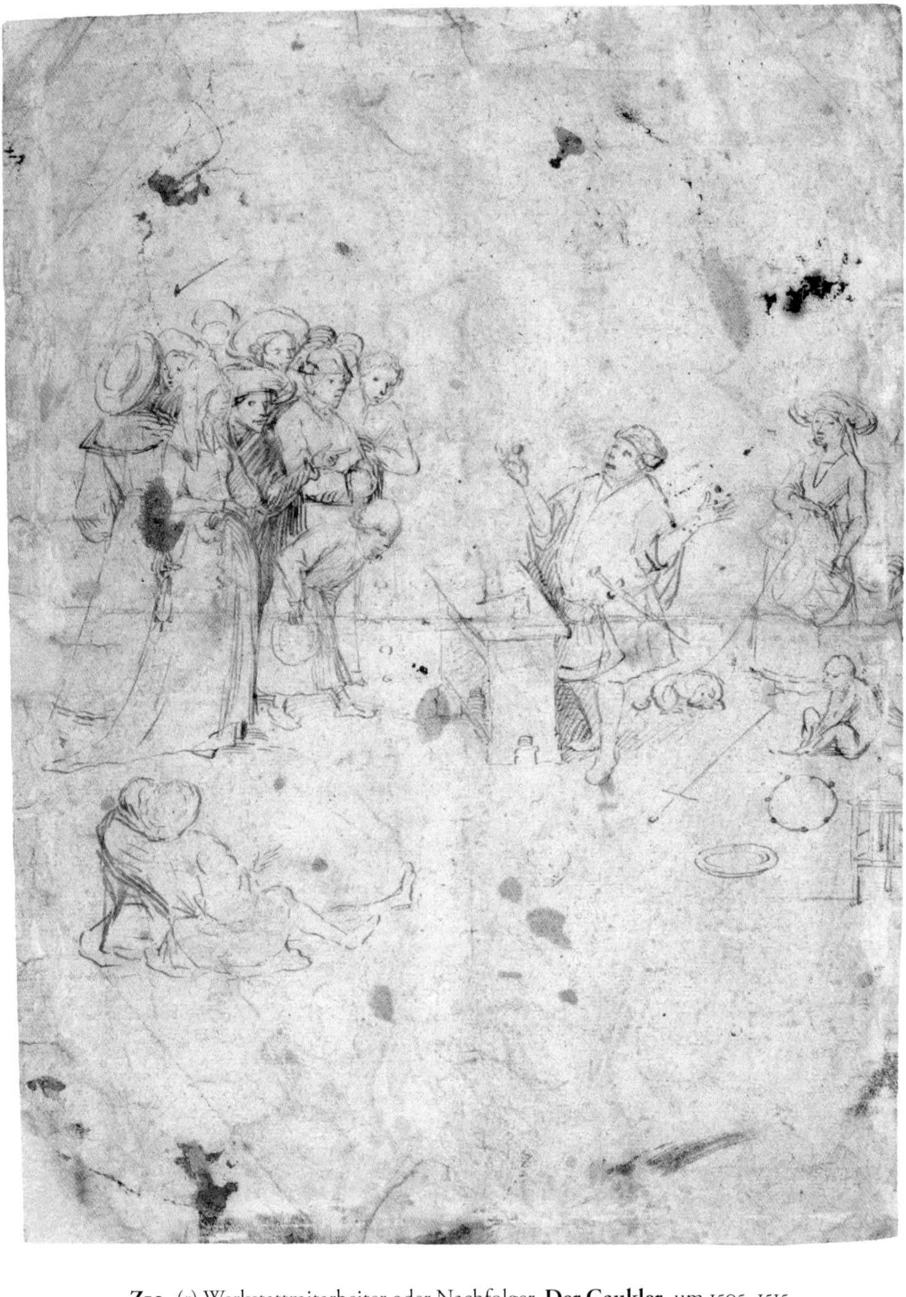

Z10 (r) Werkstattmitarbeiter oder Nachfolger, **Der Gaukler**, um 1505–1515
Feder mit brauner Tusche, 278 x 206 mm
Paris, Musée du Louvre, Inv. 19197

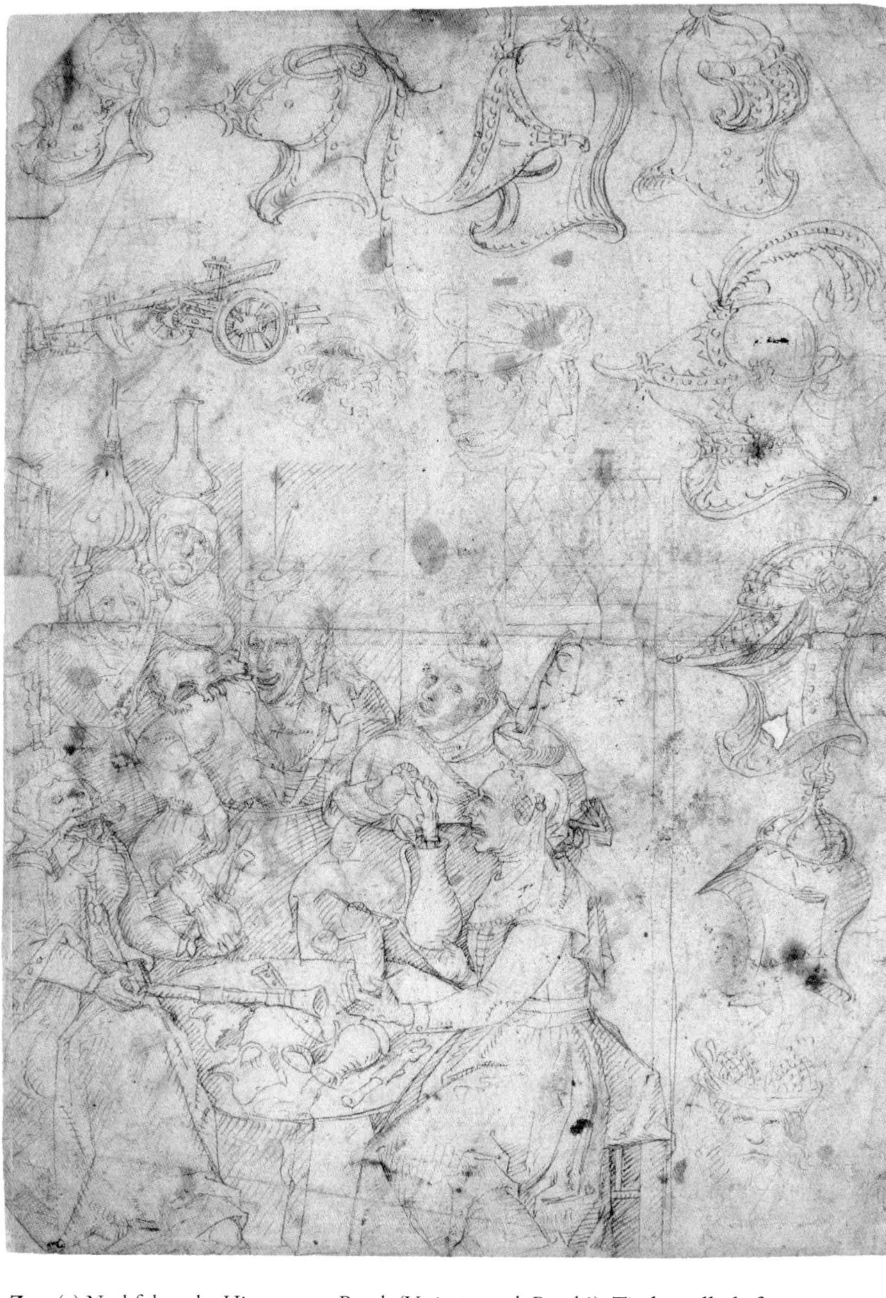

Z10 (v) Nachfolger des Hieronymus Bosch (Variante nach Bosch?), **Tischgesellschaft**, um 1520–1545
Feder mit brauner Tusche, 278 x 206 mm
Paris, Musée du Louvre, Inv. 19197

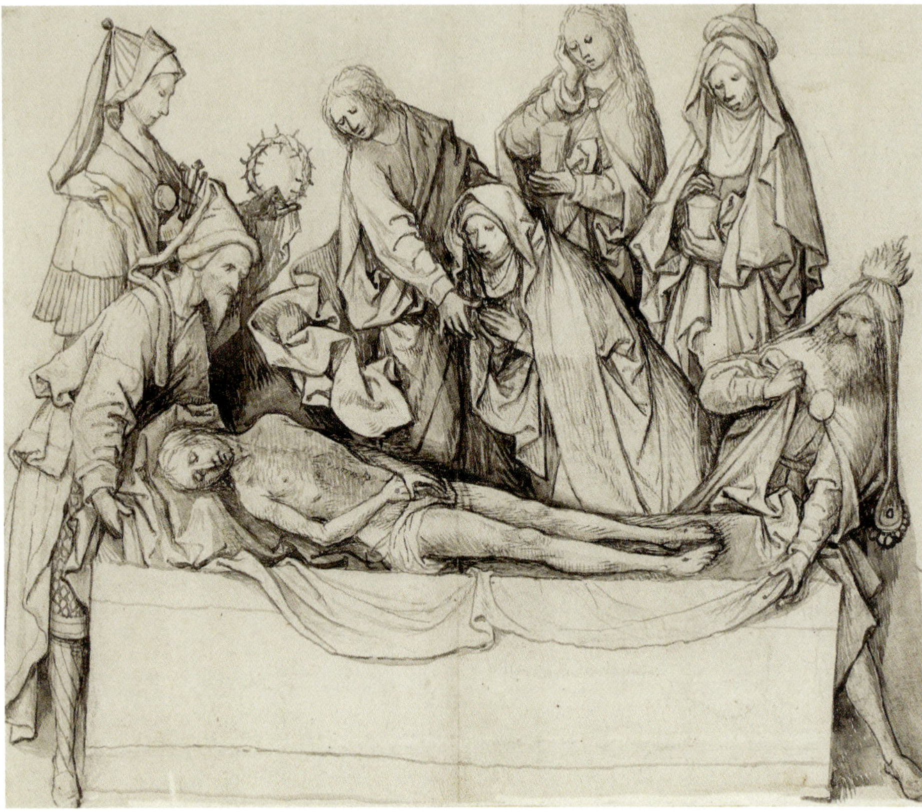

Z11 Werkstattmitarbeiter oder Nachfolger des Hieronymus Bosch
Grablegung Christi, um 1500–1515
Schwarze Kreide, darüber Pinsel mit schwarzer und grauer Tusche, grau laviert, auf Papier, 252 x 304 mm
London, The British Museum, Department of Prints & Drawings, Inv. 1952-4-5-9

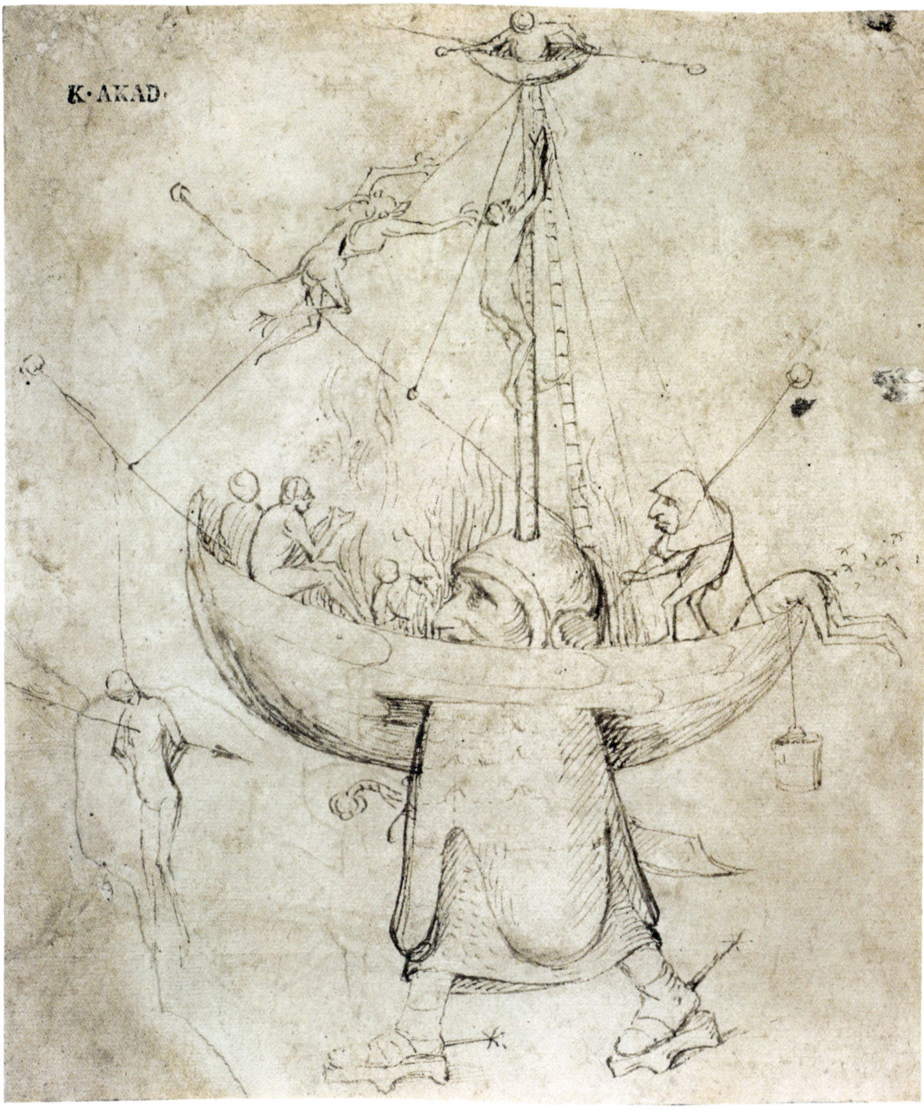

Z12 Werkstatt des Hieronymus Bosch („Meisterschüler des Hieronymus Bosch"?)
Höllenschiff, um 1505–1510
Feder mit graubrauner Tinte auf Papier, Wasserzeichen, 175 x 154 mm
Wien, Akademie der bildenden Künste, Inv. 2554

Z13 Werkstattmitarbeiter des Hieronymus Bosch („Meisterschüler des Hieronymus Bosch“?)
Höllenszene für ein Jüngstes Gericht, um 1515?
Feder und braune Tusche, 259 x 177 mm
Verbleib unbekannt (zuletzt Sotheby's New York, 21.1.2003, Sale & Lot No. N07870 20)

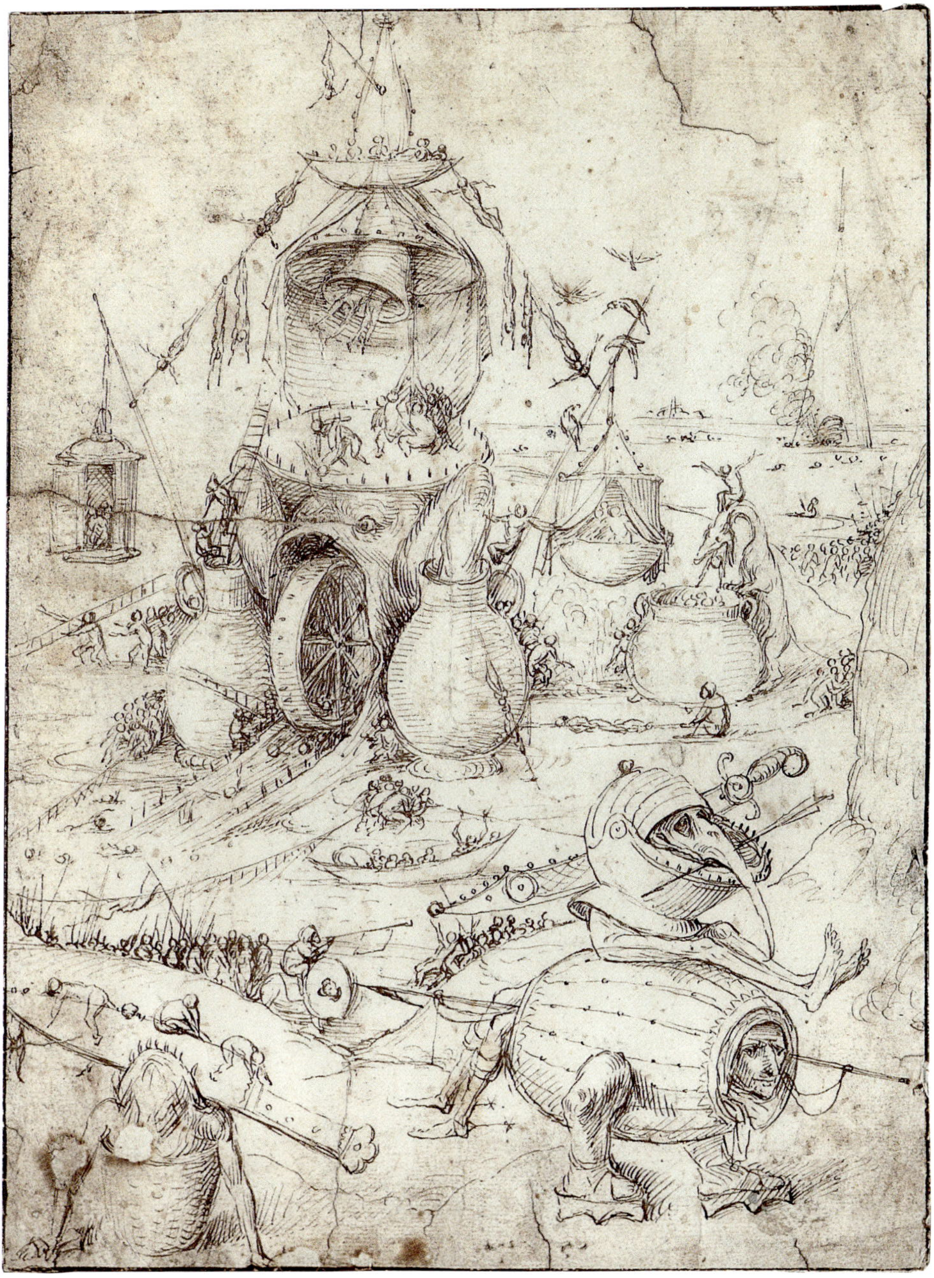

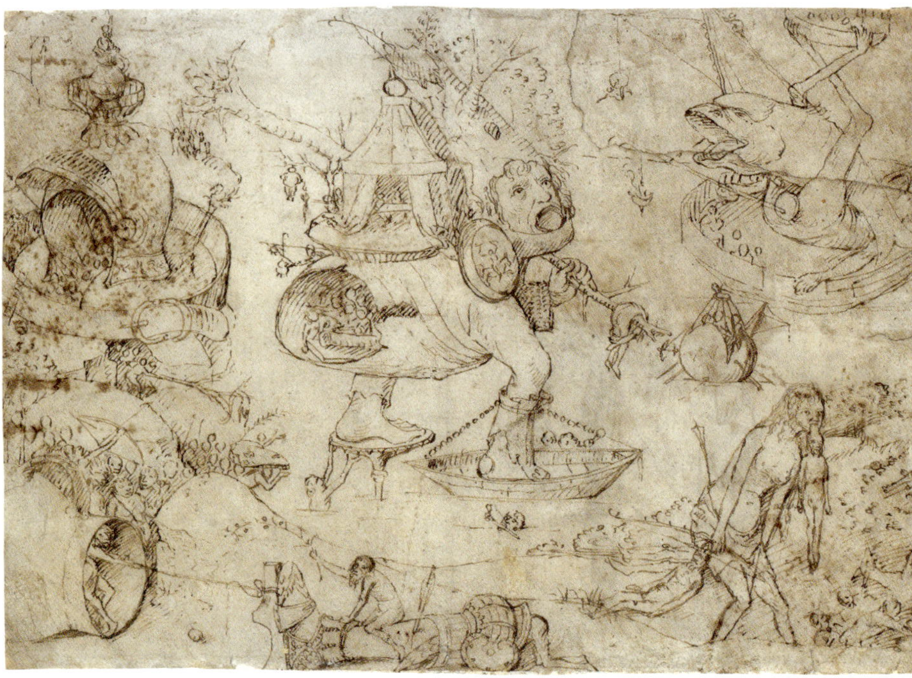

Z14 (r) Werkstattmitarbeiter oder Nachfolger des Hieronymus Bosch („Meisterschüler des Hieronymus Bosch"?), **Höllenszenen, Baummensch-Monster**, um 1505–1515 Feder und braune Tusche, Wasserzeichen, 199 x 277 mm, Dresden, Kupferstichkabinett, Inv. C 1875

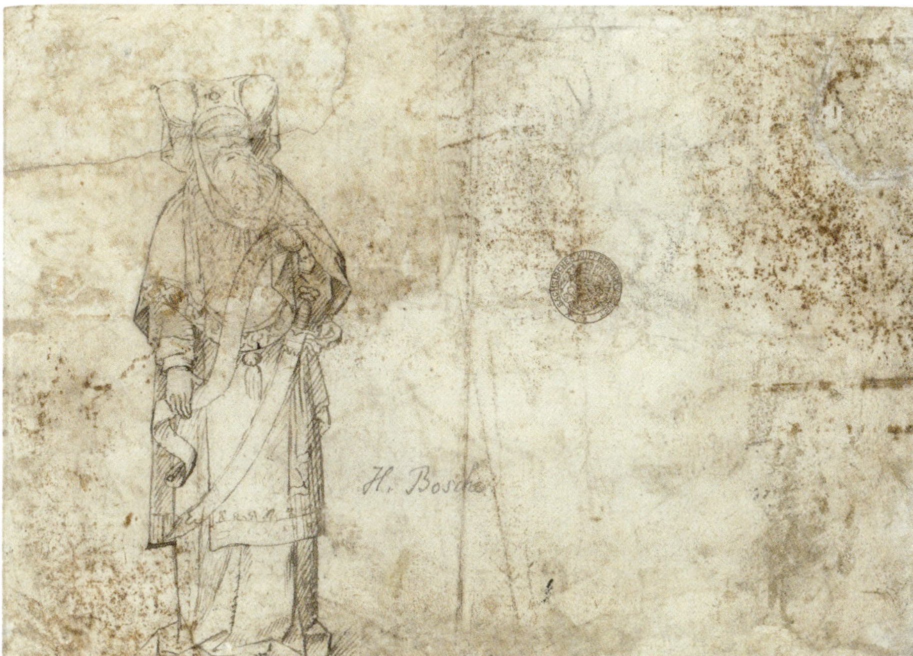

Z14 (v) Werkstattmitarbeiter oder Nachfolger des Hieronymus Bosch („Meisterschüler des Hieronymus Bosch“?), **Stehender Rabbiner**, um 1505–1515
Feder und braune Tusche, Wasserzeichen, 199 x 277 mm, Dresden, Kupferstichkabinett, Inv. C 1875

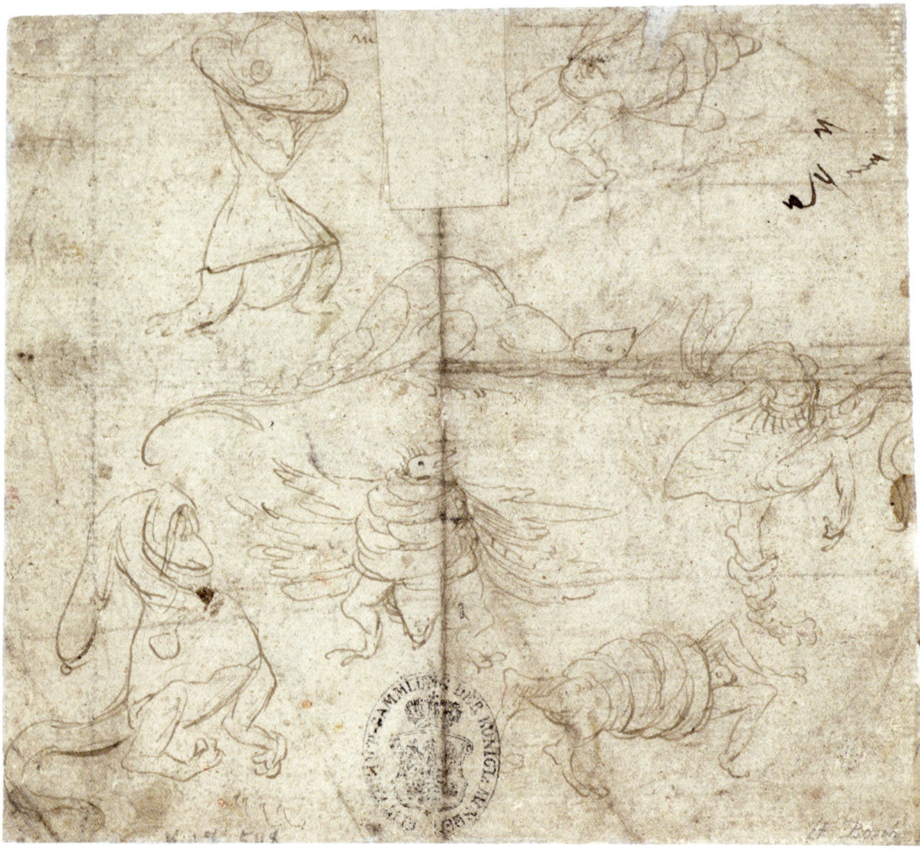

Z15 (r) Werkstattmitarbeiter oder Nachfolger des Hieronymus Bosch („Meisterschüler des Hieronymus Bosch"?), **Fünf Fantasiewesen und eine figürliche Szene**, um 1510–1515
Feder mit brauner Tinte auf Papier, 157/154 x 171/177 mm
Berlin, Staatliche Museen, Kupferstichkabinett, KdZ 548

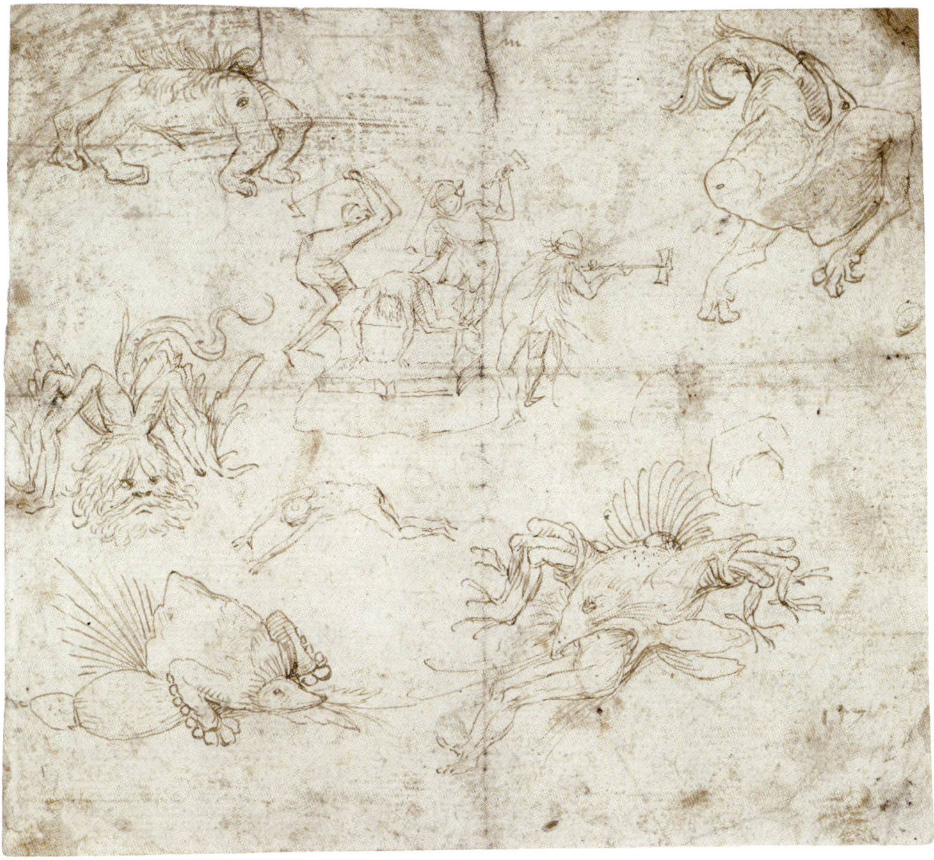

Z15 (v) Werkstattmitarbeiter oder Nachfolger des Hieronymus Bosch („Meisterschüler des Hieronymus Bosch"?), **Sieben Fantasiewesen**, um 1510–1515
Feder mit brauner Tinte auf Papier, 157/154 x 171/177 mm
Berlin, Staatliche Museen, Kupferstichkabinett, KdZ 548

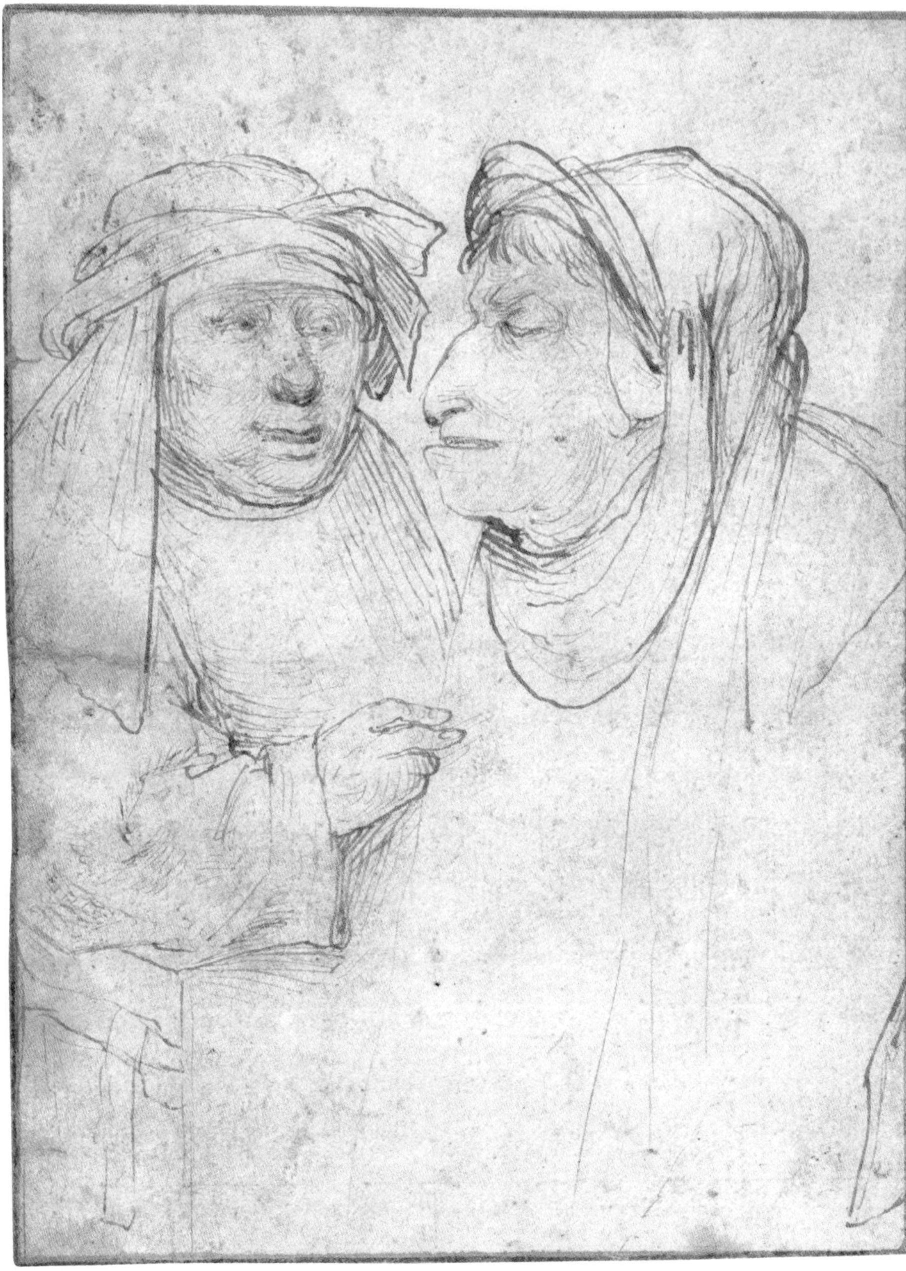

Z16 (r) Werkstattmitarbeiter oder Nachfolger des Hieronymus Bosch
Studie für zwei Figuren einer Passionsdarstellung, um 1510–1515
Feder mit brauner Tinte auf Papier, 137 x 103 mm, Privatbesitz

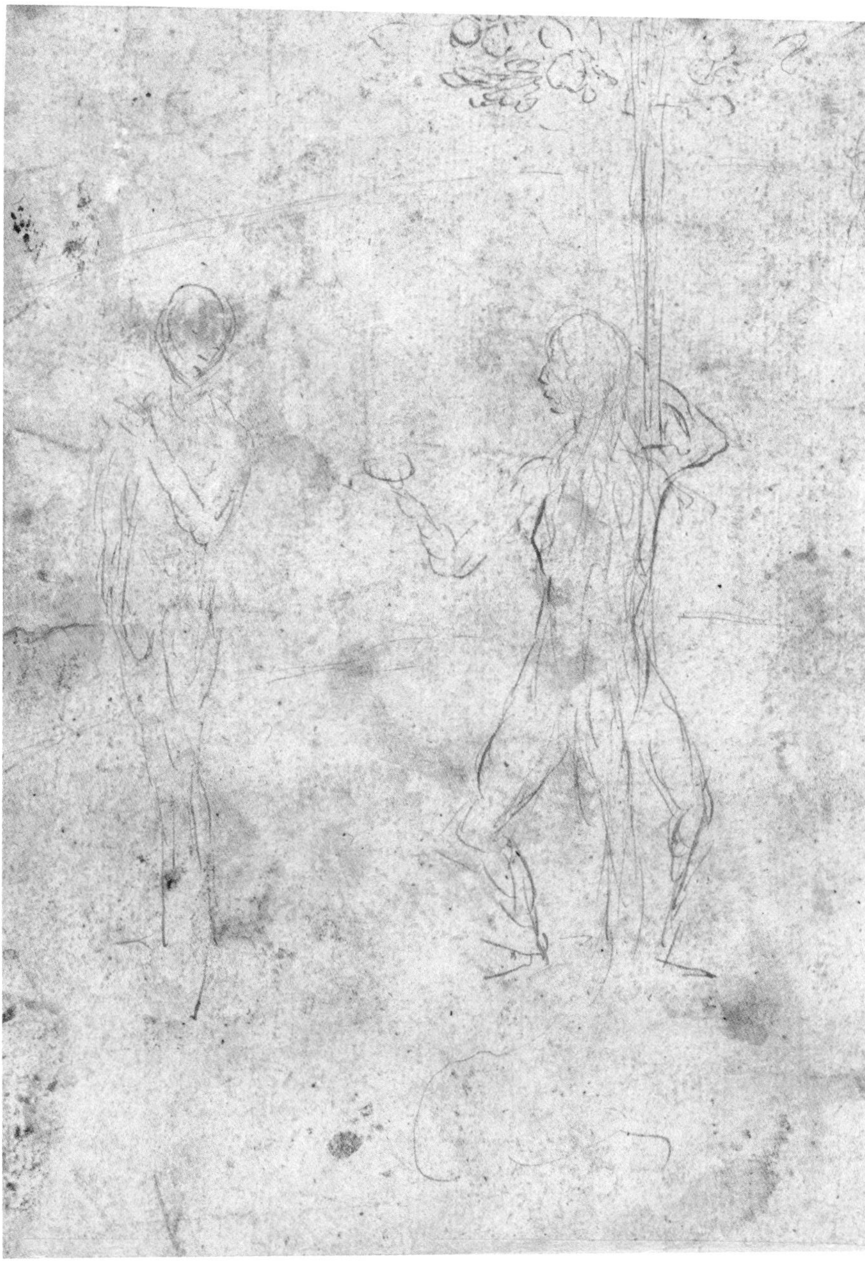

Z16 (v) Werkstattmitarbeiter oder Nachfolger des Hieronymus Bosch
Versuchung Evas, um 1510–1515
Feder mit brauner Tinte auf Papier, 137 x 103 mm, Privatbesitz

Quellen zu Leben und Werk

Prolog: Bosch-Perspektiven

Albrecht Dürer über die Zusammenstellung von Teilen in einem Bild:

„Doch höt sich ein jtlicher, das er nichtz vnmuglichs mach, das dy natur nitt leid, es wer dan sach, das einer trawm werg wolt machn. In solchem mag einer alle ding durch ein ander mischen."

(Dürer, Albrecht, „Vier Bücher von menschlicher Proportion", 1528, in: Schriftlicher Nachlass, hg. v. Hans Rupprich, 3 Bde., Berlin 1956–1969, Bd. 3, S. 283)

I. Familiäre Anfänge und erste Werke, 1474–1487

Dominicus Lampsonius in seinem Begleittext der Stichfolge von 23 Porträts berühmter niederländischer Maler, postum erschienen im Verlag von Hieronymus Cock:

„Quid sibi vult, Hieronyme Boschi, / Ille oculus tuus attonitus? quid / Pallor in ore? Velut lemures si, / Spectra Erebi volitantia coràm / Aspiceres? Tibi Ditis auari / Crediderim patuisse receſsus, / Tartareasque domos: tua quando / Quicquid habet sinus imus Auerni / Tam potuit bene pingere dextra."

(Lampsonius, Dominicus, Pictorium aliquot celebrium Germaniae inferioris effigies, Antwerpen: Hieronymus Cock/Volcxken Diercx 1572, Nr. 3)

Zu Rechtsangelegenheiten von Hieronymus Bosch weitere unten nicht aufgeführte Urkunden (bis 1494) bei Gorissen 1973, S. 1131–1138; zur Familie van Aken ders., S. 1129–1165, sowie u. a. van Dijck 2001a; größte Sammlung von Urkundenauszügen zu Bosch bis ins 17. Jahrhundert digital unter: http://nl.wikisource.org/wiki/Thema:Jheronimus_Bosch sowie beim Brabants Historisch Informatie Centrum (BHIC) mit Digitalisaten.

Verhandlungen der Bruderschaft mit dem Bildhauer Adriaen van Wesel in Anwesenheit von Antonius van Aken und seinen Söhnen im Rechnungsjahr 1475/76:

„Item die proesten mit sommigen van der brueders-cappen / thonyſs den maelder ende syn zoenen mit meister / ariaen van wesel den tafelmaker vergadert tot Jan / maeſs int wynhuyſs, om te spreken ende te ordineren / die patronen ende manieren hoemen die taeffel soude / verdingen ende aldair ter selver tijt verteert, xxv st[uver] xxii pl[acken]"

(Brabants Historisch Informatie Centrum[BHIC]/ Illustre Lieve Vrouwe Broederschap [ILVB]/Register 1469–1478/fol. 208r/Zeile 9–14; Marijnissen 1988, S. 11; Gerlach 1988, S. 43; van Dijck 2001a, S. 167)

Im Rechnungsjahr 1480/81 zahlt Hieronymus Bosch Geld an die Bruderschaft für die Flügel des alten (von etwa 1460 stammenden) Bruderschaftsretabels:

„Item van Jeroen die maelre, voer die doeren van / onser liever vrouwen alde taeffel, die de voirs[creven] / proesten den selven vercoft hebben voer v Rijns gul[den] viij st[uver]"

(BHIC/ILVB/Register 1478–1485/fol. 113v/Zeile 13–15; Marijnissen 1988, S. 11; Gerlach 1988, S. 44; van Dijck 2001a, S. 170)

Am 7.7.1484 erbt Boschs Frau Aleid von ihrem verstorbenen Bruder Goyaert das Landgut Ten Roedeken in der Pfarrei Oirschot:

„Ontfanghen van juffrouw Aliten van Mervenne die met Jeronimus van Aken hueren man ontfinc by doode wylen Godewaerts van Meervenne huers broeders 't goet Ten Roedeken in de prochie van Oirschot gelegen, behoudelijk Jeronimus zyn tocht indien hy syn gesellinne overleefde zyn leven lang"

(Brüssel, Algemeen Rijksarchief, rekenkamer, Inv. 17149; Marijnissen 1988, S. 12; van Dijck 2001a, S. 173)

Aus einer Liste von Personen, die 1486/87 ihr Beitrittsgeld für die Bruderschaft bezahlten, darunter Hieronymus Bosch:

„[...] / Wilhelma aerts doegter vanden ven / [...] / [...] / Aleyt aerts doegter van uden / [...] / Jheroni-

mus anthonissoen van aken / [...] / [...] / [...] // x Liv[res]"
(BHIC/ILVB/Register 1485–1495/fol. 42v/Zeile 26–35; Marijnissen 1988, S. 12; Gerlach 1988, S. 44; van Dijck 2001a, S. 173)

Bosch erhielt 1487 den Auftrag, für die Heiliggeisttafel für knapp zwei rheinische Gulden einen neuen Wandbehang für den Saal, wohl eine Art Tüchleinmalerei, zu fertigen, ferner für die Fassung eines Hirschhorns:
„Jonen den maelder van enen nyeuwen clede ende van enen hertshoren te stofferen, gegeven I Rijnsgulden XV stuver"
Nach dem 2. 9. 1487:
„Item inden ersten Jonen den maelder van enen nyewen clede hangende inder zalen met enen hertshoren aen hem te samen verdingt te stoffeeren voir I Rijnsgulden 15 stuvers datum des zaterdages post festum Johannes Baptist anno 87"
(Archief van de Tafel van de H. Geest [THG], 's-Hertogenbosch, Inv. 412 bzw. THG, Inv. 636; van Dijck 2001a, S. 174)

II. Sozialer und künstlerischer Aufstieg, 1488–1501
Erwähnung Boschs 1488 in Zusammenhang mit einer Mahlzeit der Bruderschaft aus Anlass der Zulassung zu den Geschworenen bzw. der Verbesserung des Status verschiedener Brüder:
„Ter selve tyt boven x scilling payment ende vij½ stuver die comen syn / van x smael hoender, die Coel Screynmeker totte selve maeltyt / beset heeft, ende bovendien heer Jan van Boexstel gesworen / bruer worden is, Goert Grotert scepen worden is, mester Vranc / van Gunterslaer priester, Jan van Achel bruer, mester / Jan van Vladeracken syn huuysvrou genomen is, mester Zijmon / scoelmester, [am Rand:] *Jeroen maeld[er] elken van hem gegeven x scilling autß verteert, ende / de mechde inde coken 3 st[uver] te verdrincken, ende den selven ende ons dyenaren iij quarten wyns tot ix st[uver], daertoe gedroncken waren xlviii quarten elc iii st[...] ij Rijnsgulden vij st[uver]"*
(BHIC/ILVB/Register 1485–1495/fol. 95r/Zeile 21–31; Gerlach 1988, S. 44–45; van Dijck 2001a, S. 174)

Am 29. 12. 1487 versprechen drei Personen, Hieronymus Bosch gegen Lieferung von fünf Mud (ca. 100 Liter) Roggen Geld zu bezahlen. (Marijnissen 1988, S. 12; van Dijck 2001a, S. 174)
Rechnung des Mahls bei Hieronymus Bosch im Herbst 1488:
„Item ter ierster vergaderingen tot Jeronimus die scilder / voer xxiiij pont runtvlees tpont enen ph[ilip]s penn[inc]; / item voer iiij loet gengbers, ij loet pepers, ½ loet sofferaens / v st[uver]; item voer wortelen ij st[uver]; item den weert een mengelen / wyns 1½ s[tuver]; item des weerts gesynne in de koecken iij st[uver]; / item onsen basternieren, coster ende dienaers iij quarten wyns / ix st[uver], ende heren Ghysbrecht van Rode onsen provisoir tot / Colen ende Lucas secretaris ons genedigen heren Roems conincs / voer elcken een mengelen wyns iij st[uver] maken tsamen xliij½ st[uver]"
(BHIC/ILVB/Register 1485–1495/fol. 126v/Zeile 18–26; Marijnissen 1988, S. 12; Gerlach 1988, S. 45)

Im Proömium des Briefes *Ad Pisonem*, bekannter als *Ars poetica*, gibt Horaz (Quintus Horatius Flaccus) in der Form der Ekphrasis ein abschreckendes und lächerlich wirkendes Gegenbild zur einheitlichen, harmonischen Konzeption der Dichtung:
„Humano capiti cervicem pictor equinam iungere si velit et varias inducere plumas undique collatis membris, ut turpiter atrum desinat in piscem mulier formosa superne, spectatum admissi risum teneatis, amici? credite, Pisones, isti tabulae fore librum persimilem, cuius, velut aegri somnia, vanae fingentur species, ut nec pes nec caput uni reddatur formae." (Quintus Horatius Flaccus, *Epistula ad Pisonem: De Arte Poetica [Ars Poetica]*, lat.-dt., übers. u. mit e. Nachwort hg. v. Eckart Schäfer, Stuttgart 1994, Vv. 1–9)

Rechnung für die Erstellung einer neuen, zweiten Tafel mit den Namen der verstorbenen und lebenden Brüder der Liebfrauenbruderschaft durch Hieronymus Bosch 1491/92. Obwohl Bosch diese Tafel der Bruderschaft schenken wollte, erhielt er die (symbolische) Summe von 18 Stuiver:
„Item want die taefel ons gezwoeren bruederen levende ende do- / de al vol was, dat men dair niemant meer in scriven en / mocht, om die te vermaken ende te verscriven, boven dat Joen der / op gemaeckt heeft, dair hy niet af en nam en der voirs[creven] / scencken woude, gegeven xviij stuvers"
(BHIC/ILVB/Register 1485–1495/fol. 224r/Zeile 24–28; Marijnissen 1988, S. 12; Gerlach 1988, S. 45; van Dijck 2001a, S. 175)

Willem Lombart, Glasmaler, soll 1493/94 nach einem Entwurf Hieronymus Boschs ein Glasfenster für die Kapelle der Bruderschaft machen. Bosch wird mit der Überwachung beauftragt und mit 2½ Stuivern bezahlt:
„Willemen Lombart gelaesmeker iij ort stuvers voer een gotspenninck hem gegeven / by den proesten doe zy met hem oeverquamen van eenen nyewen ghelaesse / dat hy maken sal, nae den proeven dat Joen die maelder hem soude maken / dwelck staen soude in ons nyewe capelle daer om hier // iij ort stuvers // Joenen den maelder gescenckt ij½ stuver tot dyen eynde dat hy den selven / Willemen Lombart soude willen te wege helpen, dat tvoirscreven gelaes mucht wael / wesen gemaeckt, daerom hier // ij½ stuver"
(BHIC/ILVB/Register 1485–1495/fol. 294r/Zeile 173; Marijnissen 1988, S. 12; Gerlach 1988, S. 45; van Dijck 2001a, S. 176–177)

Hieronymus Boschs erhält für den Fensterentwurf 20 Stuiver:
„Voer een paer aulder slaeplakens daer Joen die maelder op soude maken / een patroen van eenen gelaes, twelck Willem Lombart soude maken in die / Thoerenstraet, // xx stuvers"
(BHIC/ILVB/Register 1485–1495/fol. 295r/Zeile 1–3; Marijnissen 1988, S. 12; Gerlach 1988, S. 45; van Dijck 2001a, S. 177)

Mehrere Personen versprechen am 6. 3. 1494 die Zahlung von 51 Gulden, wohl für eine Holzlieferung, an Allerheiligen an Hieronymus Bosch.
(Marijnissen 1988, S. 13; van Dijck 2001a, S. 177)

Im Rechnungsjahr 1498/99 werden Kosten von 10 ½ Stuiver für ein Schwanenmahl der Bruderschaft unter der Verantwortung von Hieronymus Bosch bei Wouter van der Rullen registriert:
„Item te vter vergaderinge, doemen den swaen / att, tot Wouter van der Rullen daer Jhero / nimus van Aken scilder dat laken lede, behalven / den swaen gecomen ende gescenct vanden / rentmeester van wegen ons genedigen heren daer / toe noch gecocht tegen Rutger van Erpe enen / anderen swaen voir acht stuvers […] / […] / […] tsamen // x½ st"
(BHIC/ILVB/Register 1495–1501/fol. 298v/Zeile 15–23; Marijnissen 1988, S. 13; Gerlach 1988, S. 47; van Dijck 2001a, S. 178)

Ausschnitte aus dem *Reglement* der Liebfrauenbruderschaft von 's-Hertogenbosch, 1518:
„[…]gildebroeders ende susteren alle dijnxdagen met discanteerders Vesper singhet van onse liever vrouwen. Ende alle woensdagen daer nae een loeflicke Misse van Maria ende dat met dienders ende intoneerders met costelijcke dientrocken ende cappen bedert." (*Reglement*, fol. 3r.)
„Item op dat dese ordinantie met meer andere oock die broederlike liefde der ghelederen so vergaderen aldie geswooren broeders in die stadt wonende tot allen ses weken eens ooc op die iiij principael spijndagen ende eten met malcanderen in eerlichheyt, stillicheyt ende blijtschappen. In welcke maeltijde die Benedicite ende Oracie [Oratie] woorden solenlijc gesongen in discant ende des gelijcx tusschen alle gherichten een genoechlich carmen oft loffsanc: ende nader maeltijt leest men Miserere mei Deus ende De profundis voir die dooden. Ende op dat dese maeltijde in gheen overdadighe weerschap verandert solde woorden So ist verboden dat niemant meer mach drinken dan een half kanne wijns inder maeltijt voirscreven" (*Reglement*, fol. 6v)
(*Reglement van de Illustre Lieve Vrouwe Broederschap te 's-Hertogenbosch*, 's-Hertogenbosch: Laurens Hayen 1518, 32 S., Auflage 2000 „briefkens", Exemplar der Ruusbroec-Genootschap Antwerpen)

III. Im Labyrinth der Bilder:
***Die Versuchung des heiligen Antonius*, um 1502**
siehe unten, am Beginn der Quellen zum Katalog, den längeren Text aus José de Sigüenza, *Historia de la Orden de San Jerónimo.*

IV. Hochzeitskunst:
***Der Garten der Lüste*, um 1503**
Erwähnung von Bilddetails des *Gartens der Lüste* (Kat. 11) im Reisebericht des Antonio de Beatis, Juli 1517:
„Tiene un spatioso cortile, di stantie è copiosissimo et di bella / facciata; per tucto è intavolato; dentro vi a tanto camere come sale che son gran- / dissime etiam in fine alle volte, et de tavole de rovere che son vaghissime un- / date in modo di ciambellocto, come si dirà appresso. In quello sono bellissime picture, et tra le altre uno Hercule con Dehyanira nudi di bona statura, et la historia di Paris con le tre dee perfectissimamente lavorate. Ce son poi alcune tavole de diverse bizzerie, dove se contrafanno mari, aeri, boschi, campagne et molte altre cose, tali che escono da una cozza marina,

altri que cacano grue, donne et homini et bianchi et negri de diversi acti et modi, ucelli, animali, de ogni sorte et con molta naturalità, cose tanto piacevole et fantastiche che ad quelli, che non ne hanno cognitione in nullo modo se li potriano ben descrivere. / Vi sono alcune camere, dove ce notaimo un secreto et artificio molto ingenioso, / zo è un reposto in un cantone bene ornato et lavorato del medesmo legnamo che / è decto di sopra, che servea anche per serrare una porta che intrava in l'altra / camera, de modo che chi non ne fusse stato advertito, non se haria mai pensato / vi fusse stata porta alcuna. Vi è anche una gran camera dove è un lecto di / larghezza di palmi XXXIII di canna et di longhezza XXVI ad ordine, con soi / capezzalo di capo et di piedi, con linzoli et una cultra biancha, quale intesimo / chel predicto signore fe fare ad effecto che delectandose di stare spesso in ban-/checti, et havere piacere di vedere inbriachi li convitati, come erano tanto pieni / che non possevano stare più in piedi, li facea buctare sopra il dicto lecto."

(Beatis, Antonio de, *Die Reise des Kardinals Luigi d'Aragona durch Deutschland, die Niederlande, Frankreich und Oberitalien, 1517–1518*, hg. v. Ludwig Pastor (Erläuterungen und Ergänzungen zu Janssens Geschichte des deutschen Volkes; Bd. 4, Heft 4), Freiburg im Breisgau 1905, S. 116, Z. 27 – S. 117, Z. 5; Übersetzungen bei Belting/Kruse 1990, S. 272)

Über seinen Aufenthalt im Palast der Nassauer in Brüssel, wo sich auch der *Garten der Lüste* (Kat. 11) befand, schreibt Albrecht Dürer:

„Jtem madonna Margaretha, die hat zu Prüssel nach mir geschickt und mir zugesagt, sie woll meine fürderin sein gegen könig Carl, und hat sich sonderlich gancz tugentlich gegen mir erzeugt. Hab jhr mein gestochnen Passion geschenckt, deßgleichen ein solchen jrm pfenning maister mit namen Jan Marnix, und hab jn auch mit dem kohln conterfet. Jch hab zwey stüber für ein büffelringlein geben. Mehr 2 stüber geben, von Sanct Lucas tafel auf zu sperren. Jtem als jch bin gewest in des von Nasau hauß, do hab ich gesehen das gut gemähl in der capellen, das meister Hugo gemacht hat. Und hab gesehen die zween hübschen grosen sall und alle köstlichkeit jn dem hauß allenthalben, auch das groß beth, do 50 menschen mügen jnnen liegen. Und ich hab auch den grossen stain gesehen, den das wetter neben dem herrn von Nassau jn dem feld hat nieder geschlagen. Diß hauß leit hoch, darauß ist das schönst aussehen, darob sich zu verwundern ist. Und ich glaub nit, das in allen teutschen landen des gleichen sey."

(Dürer, Albrecht, *Schriftlicher Nachlass*, hg. v. Hans Rupprich, 3 Bde., Berlin 1956–1969, Bd. 1, S. 155)

Zur vorsintflutlichen Ikonografie der Mittel- und rechten Innentafel heißt es im weit verbreiteten Text von Dirc van Delf, *Tafel van den Kersten Ghelove*, Z. 20–30:

„Die eerste ouderdoem is van Adam an tot Noes tiden ende / <stont> nader hebreeusschen croniken: dusent seshondert / ende ses ende vijftich iaren lanck. In welcken tijt der werelt / regnierde die dootsonde Luxuria, die hiet oncuuscheit. Want / die kinder Abels saghen die dochteren Cayns, dat sij suverlic / waren, so naem sise te wive [Gen. 6, 2] *ende wonnen dair-an roessen, / datmen hiet gyganten. In dier tijt deedmen so groot overspil / ende lelike dinghen van oncuuscheit, die ic mi scaem gueden, / edelen herten te scriven. Die sonde wert so ghemeen, dat God* [Gen. 6, 13] */ seide: si was inden hemel gheraect ende dair om dede God / op Catharactas celi, dat sijn die hemelsche veynsters [...]"*

(Dirc van Delf, *Tafel van den Kersten Ghelove*, naar de handschriften uitgegeven, ingeleid en van aanteekeningen voorzien, hg. v. L. M. Daniels [Tekstuitgaven van Ons Geestelijk Erf], Antwerpen/Nimwegen/Utrecht 1937–1939, Bd II., Kap. XVI)

1503/04 werden Gesellen Boschs für die drei Wappenschilde der Herren Jan Back, Hendrick Masscherels und Lucas van Erpe für den Chor der Bruderschaftskapelle 6 Stuiver gegeben:

„Item gegeven Jheronimus knechten schilder / vanden drie schilden te makenen te wetenen / heren Jannen van Baex, ridder, Henrick Masscherels / ende Lucas van Erpe, hangende aen die / metalen pylernen, tsamen vj stuvers"

(BHIC/ILVB/Register 1501–1507/fol.190v/Zeile 11–15; Marijnissen 1988, S. 13; Gerlach 1988, S. 55; van Dijck 2001a, S. 180)

V. Kunst für den König:
Das Jüngste Gericht, um 1506

Beurkundung der Anzahlung für ein *Jüngstes Gericht* (Kat. 13) für Philipp den Schönen, September 1504, bezahlt durch den Berater und obersten Empfänger der Finanzen, Simon Longin:

„Septembre l'an xvc quatre A Jeronimus van Aeken dit Bosch paintre de[meurant] au Bois le Duc la somme de trente six livres dudict pris en prest et paiement à bon compte sur ce qu'il lui povoit et pourroit estre deu sur ung grant tableau de paincture de neuf pietz de hault et onze pietz de long, où doit estre le Jugement de Dieu assavoir paradis et infer que icellui S[eigneur] lui avoit ordonné faire pour son tres noble plaisir. Pour ce icy par sa quictancy rend[ue] ladicte somme de xxxvj l[ivres].“ (In der Marginalie:) *„Soit ce prest rabatu a la parpaye.“*
(Archives départementales du Nord, Lille, Register B. 2185, fol. 230v; van Dijck 2001a, S. 91; vgl. Steppe 1967, S. 35, Anm. 4; Onghena 1959, S. 27 f.; Plafond 1914, S. 7)

Marcantonio Michiel (1484–1552) über *Himmel und Hölle* (Kat. 16):
„La tela del inferno cun la gran diversità de monstri fo de mano de Hieronimo Bosch. / La tela delle sogni fo de man de l'istesso. / [...]“
(Michiel, Marcantonio, *Der Anonimo Morelliano [Marcanton Michiel's Notizia d'opere del disegno]*, übers. v. Theodor von Frimmel, 2 Bde., Wien 1888/89 [Nachdruck Hildesheim 1974]; van Dijck 2001a, S. 93; Aikema 2001a, S. 25)

Das Steinschneiden (Kat. 18) wird im Inventar des Palastes Philipps von Burgund in Wijk bij Duurstede 1517 als *„een taeffereel van Lubbertas die men die keye snijt“* und 1524 als *„een tafreel van Lubbert Tas die men die keye uyt snyt“* erwähnt.
(Koldeweij 1991, S. 7; van Dijck 2001a, S. 94)

Rechnung von 1508/09 für eine Beratung Hieronymus Boschs mit dem Baumeister Jan Heyns bei Wouter van der Rullen über die Frage, wie und wo die noch fehlende Fassung des Bruderschaftsretabels van Wesels angebracht werden soll:
„In den yersten tot Wouters van der Rullen by een deel / gezworen bruders omme Jheronimum ende meester / Jan Heyns te willigen ende raet te nemen // omme onser liever Vrouwen tafel te stofferen / ende aff te nemen ende waer men die best stofferen / ſal iij wijn vertert // xiiij st“
(BHIC/ILVB/Register 1507–1513/fol. 121v–122r; Marijnissen 1988, S. 13; Gerlach 1988, S. 48; van Dijck 2001a, S. 182)

VI. *Exemplum docet:* Späte Werke, 1504–1516

Am Sonntag, den 10. 3. 1510 treffen sich die Geschworenen nach der Messe bei Hieronymus Bosch zur gemeinsamen Mahlzeit:
„Den audsten proest nu zynde te weten Henryken van Uden j st[uver] want / hy besorgt heeft, dat die voirs[creven] misse op den voirs[creven] dach ende aultaer / gedaen is geweest, dat die gezworen bruderen twee ende twee, paer / ende paer gegaen zyn vuyt der kercke inden huise ons medebruders / Jheronimi van aken scilder ofte maelder, die hem selver scrift Jheronimus / bosch, Ende oeck doen imponeren silentium oever maltyt voir ende eer men wyn gescenkt heeft ende gedroncken, gedacht der zyele wylner Heeren Jannen Backx ridder, doen hy leefden heere tot Asten, met eenen miserere mei deus [...] / j st“
(BHIC/ILVB/Register 1507–1513/fol. 186r–186v; Marijnissen 1988, S. 13–14; Gerlach 1988, S. 48; van Dijck 2001a, S. 182)

Angaben über die anschließende Mahlzeit am 10. 3. 1510 (einschließlich der aufwendigen Speisen und der Kosten):
„Tder sevender vergaderinge ende maeltyde die gehouden is geweest / op de voirs[creven] sondach Letare Jherusalem nu lestleden, in den huise Jheronimi / van aken, scilder, die hem scrift Bosch. welke sondach quam op / den xden dach van mert nu lest leden, die deze yerste maeltyt heeft gehadt. Ende is geweest die yerste maeltyt die in die vasten / op den sondach Letare Jherusalem, die gezworen bruderen gehouden ende / gefesteerd hebben. [...] tsaemen vi g[u]l[den] Xiii ½ st[uiver]“
(BHIC/ILVB/Register 1507–1513/fol. 186v–187r; Marijnissen 1988, S. 13–14; Gerlach 1988, S. 48–49; van Dijck 2001a, S. 182)

Bezahlung von 20 Stuivern im Rechnungsjahr 1511/12 an Bosch für den Entwurf eines Kreuzes für eine Kasel (ein liturgisches Übergewand):
„Jeronimo die maelder want hy tpatroen vanden / cruce heeft gemaect xx st[uver]“
(BHIC/ILVB/Register 1507–1513/fol. 295v/Zeile 16–17; Marijnissen 1988, S. 14; Gerlach 1988, S. 49; van Dijck 2001a, S. 183)

Bosch werden im Rechnungsjahr 1512/13 für den Entwurf eines Leuchters fast fünf Gulden angeboten:

„Van Willemen van Achel op condicien datmen / Jeronimo den maelder betalen soude het patroen / vanden croenen twelcke hy gemaect heeft, alsoe- / verre hy dat begerende is // iiij gulden xix stuver i½ oert“
(BHIC/ILVB/Register 1507–1513/fol. 325r/Zeile 13–16; Marijnissen 1988, S. 14; Gerlach 1988, S. 49; van Dijck 2001a, S. 183)

Rechnung über die erste Totenmesse für Hieronymus Bosch am 9.8.1516:
„Ter ierster exequie van Jeronimus van aken maelder / ixa augusti, heren Willem hameker deken i½ st[uver] / want hy die misse gesongen heeft ende voer zyn / presentie ½ st[uver] diaken ende subdiaken elcken i st[uver] / allen anderen priesteren sengheren costeren bastonieren / graftmekeren, beyerman orgenbleeser elcken / ½ st[uver], den choralen elcken i oert ende den / armen voer tchoer elcken lid tot iij st[uver] toe / v[idelicet] xxvij st[uver] die de vrienden bet[aelt] hebben daer / om hier niet“
(BHIC/ILVB/Register 1513–1519/fol. 166v/Zeile 15–24; Marijnissen 1988, S. 14; Gerlach 1988, S. 49)

Katalog
Digitale Verfügbarkeit unter http://nl.wikisource.org/wiki/Thema: Jheronimus_Bosch
Neben allgemeinen Aussagen zur Kunst Boschs werden folgende Werke in der Geschichte des Ordens der Hieronymiten von José de Sigüenza, *Historia de la Orden de San Jerónimo,* 1605, beschrieben und gedeutet (S. 837–841): *Der Garten der Lüste* (Kat. 11), *Die sieben Todsünden mit den vier letzten Dingen* (Kat. 15) und *Der Heuwagen* (Kat. 20), ferner schreibt Sigüenza allgemein zu Antonius-Bildern.

837
„[…] ***[[Zur Kunst Boschs]]*** *Entre las pinturas destos Alemanes, y Flamencos, que como digo son muchas, estan repartidas por toda la casa muchas de un Geronimo Bosco, de que quiero hablar un poco mas largo por algunas razones: porque lo merece su grande ingenio, porque comunmente las llaman los disparates de Geronimo Bosque, gente que repara poco en lo que mira, y porque pienso que sin razon le tienen infamado de herege, tengo tanto concepto (por empeçar desto postrero) de la piedad y zelo del Rey nuestro fundador, que si supiera era esto assi, no admitiera sus pinturas dentro de su casa, de sus claustros, de su aposento, de los capitulos y de la sacristia, todos estos lugares estan adornados con ellas: sin esta razon que para mi es grande, ay otra que se toma de sus pinturas, veense en ellas casi todos los Sacramentos y estados y grados de la Iglesia, desde el Papa hasta el mas infimo, dos puntos en que todos los hereges estropieçan, y los pintò en muchas veras y con gran consideracion, que si fuera herege no lo hiziera, y de los mysterios de nuestra redencion hizo lo mismo. Quiero mostrar agora que sus pinturas no son disparates, sino unos libros de gran prudencia y artificio, y si disparates son, son los nuestros, no los suyos, y por dezirlo de una vez, es una satyra pintada, de los pecados y desvarios de los hombres. Pudierase poner por argumento de muchas de sus pinturas, los versos de aquel gran censor de los vicios de los Romanos, que cantò al principio diziendo: Quidquid agunt homines, votum, timor, ira, voluptas: Gaudia, discursus nostri est farrago libelli. Et quando uberior vitiorum copia, &c. que bueltos en Castellano, pudiera dezir assi Bosco. Quanto los hombres hazen, sus desseos, sus miedos, furias, apetitos vanos, sus gozos, sus contentos, sus discursos, de toda mi pintura es el sugeto. / Mas quando huvo de vicios tanta copia. La diferencia que a mi parecer ay de las pinturas deste hombre a las de los otros, es, que los demas procuraron pintar al hombre qual parece por de fuera, este solo se atrevio a pintarlo qual es dentro: procedio para esto con un singular motivo, que declarè con este exemplo: los poetas y los pintores son muy vecinos a juyzio de todos: las facultades tan hermanas, que no distan mas que el pinzel y la pluma, que casi son una cosa, los sugetos, los fines, los colores, las licencias y otras partes son tan unas, que apenas se distinguen, sino con las formalidades de nuestros metafisicos. Entre los poetas Latinos, se halla de uno (y no de otro que merezca nombre) que pareciendole no podia ygualar en lo heroyco con Virgilio, ni en lo comico ò tragico llegar à Terencio, ò Seneca, ni en lo lyrico à Oracio, y aunque mas excelente fuesse, y su espiritu le prometiesse mucho, avian de ser estos los primeros acordò hazer camino nuevo, inventò una poesia ridicula, que llamò Macarronica: junto con ser assi, que tuviesse tanto primor, tanta invencion è ingenio, que fuesse siempre principe y cabeça deste estilo, y assi le leyessen todos los buenos ingenios, y no le desechasen los no tales, y como el dixo: Me legat quisquis legit omnia. Y porque su estado y profession no parece admitia bien esta ocupacion (era religioso, no dire su nombre pues el le callò) fingio un vocablo ridiculo, y llamose, Merlin Cocayo, que quadra bien con la [super-]*

838

superficie de la obra, como el otro que llamon Ysopo; en sus poemas descubre con singular artificio quanto bueno se puede dessear y coger en los mas preciados poetas, assi en cosas morales como en las de la naturaleza, y si huviera de hazer aqui oficio de Crytico, mostrarà la verdad desto, con el cotejo y contraposicion de muchos lugares. A este poeta tengo por cierto quiso parecerse el pintor Geronimo Bosco, no porque le vio, porque creo pintó primero que estotro tocase, sino que le tocò el mismo pensamiento y motivo: conocio tener gran natural para la pintura, y que por mucho que hiziesse le avian de yr delante Alberto Durero, Micael Angel, Urbino y otros, hizo un camino nuevo, con que los demas fuessen tras el, y el no tras ninguno, y bolviesse los ojos de todos assi: una pintura como de burla y macarronica, poniendo en medio de aquellas burlas muchos primores y estrañezas, assi en la invencion como en la execucion y pintura, descubriendo algunas vezes quanto valia en aquel arte, como tambien lo hazia Cocayo hablando de veras. Las tablas y quadros que aqui ay son tres diferencias. O pinta cosas devotas, como son passos de la vida de Christo y su passion: la adoracion de los Reyes y quando lleva la Cruz a cuestas: en la primera exprime el efecto pio y sincero de los sabios y virtuosos, donde no se vee ninguna monstruosidad ni disparate: en la otra muestra la invidia y rabia de la falsa sabiduria, que no descansa hasta que quita la vida a la inocencia, que es Christo; assi se veen los Fariseos y Escribas con rostros furiosos, fieros, regañados, que en los habitos y acciones se les lee la furia destos afectos. ***[[Antonius-Bilder]]*** *Pintò per vezes las tentaciones de san Anton (que es el segundo genero de pintura) por ser un sugeto donde podia descubrir estraños efectos. De una parte se vee a aquel santo principe de los Eremitas, con rostro sereno, devoto, contemplativo, sosegado y llena de paz el alma: de otra las infinitas fantasias y monstruos que el enemigo forma, para trastornar, inquietar, y turbar aquella alma pia y aquel amor firme: para esto finge animales, fieras, chimeras, monstruos, fuegos, muertes, gritos, amenazas, vivoras, leones, dragones y aves espantosas y de tantas suertes, que pone admiracion como pudo formar tantas ideas y todo esto para mostrar que una alma ayudada de la divina gracia, y llevada de su mano a semejante manera de vida, aunque en la fantasia y a los ojos de fuera y dentro represente el enemigo lo que puede mover a risa ò deleyte vano, ò yra y otras dessordenadas passiones, no seran parte para derribarle ni moverle de su proposita. Variò este sugeto y pensamiento tantas vezes y con tan nuevas invenciones, que me pone admiracion como pudo hallar tanto, y me detiene a considerar mi propia miseria y flaqueza, y quan lexos estoy de aquella perfeccion, pues con tan faciles musarañas y poquedades me turbo y descompongo, pierdo la celda, el silencio, el recogimiento y aun la paciencia, y en este santo pudo tan poco todo el ingenio del demonio y del infierno para derribarle en esto: y tan aparejado està el Señor para socorrerme a mi como a el, si me pongo animosamente en la pelea.* ***[[Die sieben Todsünden mit den vier letzten Dingen, Kat. 15]]*** *Encuentrase esta pintura en hartas partes en el capitulo ay una tabla, en la celda del Prior otra, en la galeria de la Infanta dos, en mi celda otra harto buena, en que algunas vezes leo y me confundo en el aposento de su Magestad donde tiene un caxon con libros como el de los religiosos, està una tabla y quadro excelente, tiene en medio y como en el centro, en una circunferencia de [luz]*

839

Luz y de gloria, puesto a nuestro Redentor en el contorno estan otros siete circulos en que se veen los siete pecados capitales con que le ofenden todas las criaturas que el redimio, sin considerar que los està mirando y que lo vee todo. En otros siete cercos puso luego los siete sacramentos con que enriquezio su Iglesia, y donde como en precio sos vasos puso el remedio de tantas culpas y dolencias en que se dexan caer los hombres, que cierto es consideracion de hombre pio, y buena para que todos nos mirassemos en ella, pues la pinto como espejos donde se ha de componer el Christiano; quien esto pintava no sentia mal de nuestra fè. Alli se vee el Papa, los Obispos y Sacerdotes, unos haziendo ordenes, otros bautizando, otros confesando y administrando otros sacramentos. Sin estos quadros ay otros de grandissimo ingenio, y no de menor provecho, aunque parecen mas macarronicos, que es el tercero genero de sus invenciones. ***[[Der Heuwagen, Kat. 20]]*** *El pensamiento y artificio dellos està fundado en aquel lugar de Esayas (Esai. 41), en que por mandado de Dios dize a vozes: Toda carne es heno, y toda su gloria como flor del campo. Y sobre lo que dize David (Pal. 102): El hombre es como heno, y sus glorias como la flor del campo. El uno de estos dos quadros tiene como por fundamento o sugeto principal, lo primero, que es un carro de heno cargado, y encima assentados los deleytes de la carne, la fama y la ostentacion de su gloria y* *alteza, figurado en unas mugeres desnudas, tañendo y cantando, y la fama en figura de demonio alli junto, con sus alas y trompeta, que publica su grandeza y sus regalos.* [[**Der Garten der Lüste, Kat. 11**]] *El otro tiene por sugeto y fundamento una florecilla y frutilla de estas que llamamos fresas, que son como unos madroñuelos, que en algunas partes llaman maiotas, cosa que apenas se gusta, quando es acabada.* [[**Der Heuwagen, Kat. 20**]] *Para que se entienda su discurso, pondrelo por el orden que lo tiene dispuesto. Entrambos tableros son un quadro grande, y dos puertas con que se cierran. En la primera de estas puertas pinta la creacion del hombre, y como le pone Dios en el Parayso, y en un lugar ameno lleno de verdura y deleytable, señor de todos los animales de la tierra, y de las aves del cielo, y como le manda para exercicio de su obediencia y de su fè, que no coma de un arbol y despues como le engaña el demonio en figura de serpiente, come y traspassa el precepto de Dios y le destierra de aquel lugar deleytable, y de aquella alta dignidad en que estava criado y puesto. En el quadro que se llama carro de heno, esta esto mas senzillamente pintado, en el del madroño està con mil fantasias y consideraciones, que tienen mucho que advertir, esto està en la primera parte y puerta. En el quadro grande que luego se signa, està pintado en que se ocupa el hombre, desterrado del Parayso y puesto en este mundo y declara que en buscar una gloria de heno y de paja o yerva sin fruto, que oy es, y mañana se echa en el horno, como dixo el mismo Dios; y ansi descubre las vidas, los exercicios y discursos con que estos hijos de pecado y de yra, olvidados de lo que Dios les manda, que es hazer penitencia de sus pecados, y levantar los ojos de la fè a un Salvador que los ha de remediar, convertirse todos a buscar y pretender la gloria de la carne, que es como heno breve, finito, inutil, que tales son los regalos de la sensualidad, los estados, la ambicion y fama. Este carro de heno en que va esta gloria, le tiran siete bestias fieras y monstruos espantables, donde se veen pintados hombres medio leones, otros medio perros, otros medio osos, medio pezes, medio lobos, simbolos todos y figura de la sobervia, de la luxuria, [avari-]*

840

avaricia, ambicion, bestialidad, tirania, sagacidad y brutalídad. Al derredor de este corro van todos los estados de los hombres, desde el Papa y Emperador y otros Principes, hasta los que tienen el estado mas baxo y mas viles oficios de la tierra, porque toda carne es heno, y todo lo endereçan los hijos de la carne, y de todo usan para alcançar esta gloria vana y caduca; y todo es dar traças como subir a la gloria deste carro, unos ponen escaleras, otros garabatos, otros trepan, otros faltan, y buscan quantos medios y instrumentos pueden para llegar alli arriba: unos ya que estavan en lo alto, caen de alli abaxo, otros atropellan las ruedas, otros estan gozando de aquel nombre y ayre vano. De suerte que no ay estado ni exercicio ni oficio, sea baxo, ò sea alto, sea divino, o sea humano, que los hijos de este siglo no lo conuiertan o abusen del, para alcançar y gozar de esta gloria de heno. Bien se que van todos caminando a prisa, y los animales que tiran el carro, forcejan porque va muy cargado, y tiran para acabar presto la jornada, descargar aquel camino, y bolver por otro, con que se sinifica harto bien la brevedad de este miserable siglo, y lo poco que tarda en passar, y quan semejantes son todos los tiempos en la malicia. El fin y paradero de todo esto està pintado en la puerta postrera, donde se vee un infierno espantosissimo, con tormentos estraños, monstruos espantosos, embueltos todos en obscuridad y fuego eterno. Y para dar a entender la muchedumbre de los que alli entran y que ya no caben, finge que se edifican aposentos y quartos nuevos: y las piedras que suben para assentar en el edificio, son las almas de los miserables condenados, convertidos tambien alli en instrumentos de su pena, los mismos medios que pusieron para alcançar aquella gloria. Y porque se entendiesse tambien que nunca en esta vida desampara de todo punto el auxilio y piedad divina, aun a los muy pecadores: y aun quando estan en medio de sus pecados: se vee al Angel Custodio, junto al que està encima del carro de heno, en medio de sus vicios torpes, rogando a Dios por el: y el Señor Iesu Christo los braços abiertos, y con las llagas manifiestas, aguardando a los que se conuierten. Yo confiesso que leo mas cosas en esta tabla, en un breve mirar de ojos, que en otros libros en muchos dias. [[**Der Garten der Lüste, Kat. 11**]] *La otra tabla de la gloria vana, y breve gusto de la fresa o madroño, y su olorcillo, que apenas se siente, quando ya es pasado: esta cosa mas ingeniosa y de mayor artificio que se puede imaginar. Y digo verdad, que si se tomara de proposito y algun grande ingenio quisiera declararla, hiziera un muy provechoso libro, porque en ella se veen, como vivos y claros, infinitos lugares de Escritura de los que tocan a la malicia del hombre, porque cuantas alegorias o metaforas ay en ella para sinificar esto, en los Profetas y Psalmos, debaxo de animales mansos, bravos, fieros, perezosos, sagazes,* *crueles, carnizeros, para carga y trabajo, para gusto y recreaciones, y ostentaciones, buscados de los hombres y convertidos en ellos por sus inclinaciones y costumbres, y la mezcla que se haze de unos y de otros, todos estan puestos aqui con admirable propiedad. Lo mismo de las aves, y pezes, y animales reptiles, que de todo esto esta llenas las divinas letras. Aqui tambien – se entiende aquella transmigracion de las almas que fingieron Pitagoras, Platon y otros Poetas que hizieron fabulas doctas de estos Metamorfosis y transformaciones, que no pretendian otra cosa sino mostrarnos las malas costumbres, habitos o siniestros avisos, de que se visten las almas de los miserables hombres, que por sobervia son leones, por vengança, tigres, por luxuria, [mulos]*

841

mulos, cavallos, puercos: por tirania, pezes; por vanagloria, pavones: por sagazidad y mañas diabolicas, raposas: por gula, gimios y lobos: por insensibilidad y malicia, asnos: por simplicidad bruta, ovejas: por travessura, cabritos, y otros tales accidentes y formas, que sobreponen y edifican sobre este ser humano: y ansi se hazen estos monstruos y disparates, y todo para un fin tan apocado y tan vil, como es el gusto de una vengança, de una sensualidad, de una honrilla, de una apariencia y estima: y otras tales que no llegan a penas al paladar, ni a mojar la boca, qual es el gusto y saborcillo de una fresa o madroño, y el olor de sus flores, que aun muchos con el olor se sustentan.

*Quisiera que todo el mundo estuviera tan lleno de los traslados de esta pintura, como lo està de la verdad y del original, de donde retratò sus disparates Geronimo Bosque: porque dexado a parte el gran primor, el ingenio y las estrañezas y consideraciones que ay en cada cosa (causa admiración, como pudo dar en tantas una sola cabeça) se sacara grande fruto, viendose alli cada uno tan retirado al vivo en lo de dentro, sino es que no advierte lo que està dentro de si y està tan ciego que no conoce las passiones y vicios que le tienen tan desfigurado en bestia, o en tantas bestias. Y viera tambien en la postrera tabla el miserable fin y paradero de sus estudios, exercicios y ocupaciones, y en que se truecan en aquellas moradas infernales. El que toda su felicidad ponia en la musica y cantos vanos y lasciuos, en danças, en juegos, en caças, en galas, en riquezas, en mandos, en vengança, en estimacion de santidad y hypocresia, vera una contraposicion en el mismo genero, y aquel gustillo breve, convertido en rabia eterna, irremediable, implacable. [[**Zur Kunst Boschs**]] No quiero dezir mas de los disparates de Geronimo Bosque; solo se advierta, que casi en todas sus pinturas, digo en los que tienen este ingenio (que como vimos otros ay senzillos y santos), siempre pone fuego y lechuza. Con lo primero nos dà a entender, que importa tener memoria de aquel fuego eterno, que con esto qualquier trabajo se harà facil, como se vee en todas las tablas que pintò de san Anton. Y con lo segundo dize, que sus pinturas son de cuydado y estudio, y con estudio se han de mirar. La lechuza es ave nocturna, dedicada a Minerva y al estudio, simbolo de los Atenienses, donde florecio tanto la Filosofia, que se alcança con la quietud y silencio de la noche, gastando mas aceite que vino.“*

(Sigüenza, José de, *Tercera parte de la Historia de la Orden de San Geronimo Doctor de la Iglesia*, Madrid 1605, 21 909, S. 837–841; Faksimile [Repro]: Marijnissen/Seidel 1972, S. 30–34; Textedition: Sanchez Cantón, Francisco Javier, *Fuentes literarias para la historia del arte espanol* I, Madrid 1923, S. 425 ff.; Auszüge: Madrid 2000, S. 23–24; van Dijck 2001a, S. 116–118; deutsche Übersetzungen [Auszüge]: Tolnay 1965, S. 401–405; Belting/Kruse 1994, S. 271–272; engl. Übersetzung Snyder 1973, S. 34–41)

1.
Die *Kreuzigung mit Heiligen und Stifter* (Kat. 1) wird möglicherweise 1664 in 's-Hertogenbosch erwähnt: *„een schilderije op paneel wesende de kruijssinghe Christi, gedaen door Jeronimus Bos met den houte lijst“* (Koldeweij 2001, S. 81)

6.
Die *Anbetung der Könige mit Stiftern* (Kat. 6) ist in der Liste der von Philipp II. georderten Bilder zur Dekoration des noch im Bau befindlichen Escorial im Jahre 1574 aufgeführt:
„Otra tabla con dos puertas: en la de en medio pintado el Nascimiento de Christo nuestro Señor, de mano de Gerónimo Bosqui, que tiene cinco pies de alto y tres de ancho sin las puertas“
(Vandenbroeck 2001, S. 50–51, mit engl. Übersetzung)

8.
Die *Große Kreuztragung* (Kat. 8) ist im Inventar der ersten von Philipp II. georderten Lieferung von Bildern zur Dekoration des noch nicht fertiggestellten Escorial im Jahre 1574 genannt:
„Una tabla en que está pintado Christo nuestro Señor

con la cruz a cuestas con Simón Cyreneo vestido de blanco otras figuras, de mano de Gerónimo Bosqui, que tiene seys pies de alto y de ancho quarto y tres quartas" (Vandenbroeck 2001, S. 50, mit engl. Übersetzung)

11.

Der *Garten der Lüste* (Kat. 11) wurde 1567/68 neben anderen Wertgegenständen des Palastes in Nassau unter Herzog Alba konfisziert. Das Inventar vom 20.12.1567 erwähnt:

„ung grand tableau devant la cheminee de Jeronimus Bosch"

(Brüssel, Algemeen Rijksarchief, rekenkamer, Inv. 593, fol. 249r; van Dijck 2001a, S. 101; Vandenbroeck 2001b, S. 88, Anm. 7)

Der *Garten der Lüste* (Kat. 11) ist im Inventar mit der letzten Lieferung zur Ausschmückung des Escorial, 1593, genannt:

„Una pintura en tabla al ollio, con dos puertas, de la bariedad del mundo, cifrada con diuersos disparates de Hierónimo Bosco, que llaman del Madroño, con molduras doradas: tiene de alto, çerradas las puertas, dos varas y media y de ancho dos y terçia, que se compró del almoneda del Prior Don Fernando"

(Vandenbroeck 2001a, S. 52–53, mit engl. Übersetzung)

siehe auch Quellen zu Kapitel IV.

13.

siehe Quellen zu Kapitel V.

14.

Das *Triptychon mit der gekreuzigten Märtyrerin* (Kat. 14) als in den Gängen des Dogenpalastes hängend erwähnt im Venedig-Reiseführer *Le minere della pittura* von Marco Boschini 1664:

„[...] quadro in tre comparti, ove si vede il martirio d'una santa in croce, [...] e è depinto da Girolamo Basi" (van Dijck 2001a, S. 130; Aikema 2001a, S. 26)

15.

Verteidigung und kunsttheoretische Einstufung des Gemäldes *Die sieben Todsünden mit den vier letzten Dingen* (Kat. 15) sowie von Bosch im Allgemeinen im Rückgriff auf Vorläufer unter den antiken griechischen Malern bei Felipe de Guevara, *Comentarios de la Pintura*, um 1560:

„Ovo antiguamente otro género de pintura que llamaban Grillo. Dioles este nombre Antífilo, pintando un hombre, al qual por donayre llamó Grillo. De aquí quedó que este género de pintura se llamáse Grillo. Nació Antítilo en Egypto, y aprendió de Ctesideno este género de pintura, que á mi parecer fué semejante á la que nuestra edad tanto celebra de Hyeronimo Bosch, ó Bosco, como decimos, el qual siempre se extrañó en buscar talles de hombres donosos, y de raras composturas que pintar. / Y pues Hyerónimo Bosco se nos ha puesto delante, razon será desengañar al vulgo, y á otros mas que vulgo de un error que de sus pinturas tienen concebido, y es, que qualquiera monstruosidad, y fuera de órden de naturaleza que ven, luego la atribuyen á Hyerónimo Bosco, haciéndole inventor de monstruos y quimeras. No niego que no pintase extrañas efigies de cosas, pero esto tan solamente á un propósito que fué tratando del infierno, en la qual materia, quiriendo figurar diablos, imaginó composiciones de cosas admirables. / Esto que Hyerónimo Bosco hizo con prudencia y decoro, han hecho y hacen // otros sin discrecion y juicio ninguno; porque habiendo visto en Flandes quan accepto fuese aquel género de pintura de Hyerónimo Bosco, acordaron de imitarle, pintando monstruos y desvariadas imaginaciones, dándose á entender que en esto solo consistia la imitacion del Bosco. / Ansi vienen á ser infinitas las pinturas de este género, selladas con el nombre de Hyerónimo Bosco, falsamente inscripto; en las quales á él nunca le pasó par el pensamiento poner las manos, sino el humo y cortos ingenios, ahumandolas á las chimeneas para dalles autoridad y antiqüedad; / Una cosa oso afirmar de Bosco, que nunca pintó cosa fuera del natural en su vida, sino fuese en materia de infierno, ó purgatorio, como dicho tengo. Sus invenciones estrivaron en buscar cosas rarisimas pero naturales: de manera, que puede ser // regla universal, que qualquiera pintura, aunque firmada de Bosco, en que hubiera monstruosidad alguna, ó cosa que pase los límites de la naturaleza, que es adulterada y fingida, sino es, como digo, que la Pintura contenga en sí infierno, ó materia de él. / Es cierto, y á qualquiera que con diligencia observáre las cosas de Bosco le será manifiesto haber sido observantisimo del decoro, y haber guardado los límites de naturaleza cuidadosísimamente, tanto y mas que otro ninguno de su arte; pero es justo dar aviso que entre estos imitadores de Hyerónimo Bosco, hay uno que fué su disciplo, el qual por devocion de su maestro, ó por acreditar sus obras, inscribió en sus pinturas el nombre de Bosch, y no el suyo. Esto, aunque sea así, son pinturas muy de estimar, y el que las tiene debe tenellas en mucho, porque

en las invenciones y moralidades, fué rastreando tras su maestro, y en el labor fué mas diligente y paciente que Bosco, no se apartando del ayre y galania, y del colorir del maestro. Exemplo de este género de pintura es una mesa que V.M. tiene, en la qual en circulo estan pintados los siete pecados mortales, mostrados en figuras y exem-//plos, y aunque toda la pintura en sí sea maravillosa, el quadro de la invidia á mi juicio es tan raro y ingenioso, y tan exprimido el efecto de ella, que puede competir con Aristides, inventor de estas pinturas, que los Griegos llamaron Ethice, lo qual en nuestro castellano suena, Pinturas que muestran las costumbres y afectos de los ánimos de los hombres […]."
(Guevara, Felipe de, *Comentarios de la Pintura, Con un discurso preliminar y algunas notas de Antonio Ponz,* Madrid: Gerónimo Ortega, hijos ele Ibarra y Compañía, 1788 [verfasst um 1560], S. 41–44, Exemplare Oxford Bodleian Library und Madrid Universität Complutense; deutsche Übersetzungen (Auszüge) Tolnay 1965, S. 401; Unverfehrt 1980, S. 67–72; engl. Übersetzung Snyder 1973, S. 28–30)
Nennung der *Sieben Todsünden und vier letzten Dinge* (Kat. 15) im Inventar der ersten von Philipp II. georderten Lieferung von Bildern zur Dekoration des Escorial, 1574:
„*Una tabla en que está pintado los Siete pecados mortales, con un cerco redondo, y en medio dél la figura de Christo nuestro Señor; y a las quatro esquinas de la tabla otros quatro circulos en que está pintado: en uno la muerte, en otro el juycio, en otro el infierno, en el otro el parayso; de mano de Géronimo Bosqui, que tiene quatro pies de alto y cinco de ancho*"
(Vandenbroeck 2001a, S. 52, mit engl. Übersetzung)

16.
Im Inventar des Kardinals Marino Grimani (um 1489–1546) heißt es:
„*Uno quadro fiandrese con lo inferno a oglio*"
(Vandenbroeck 1987, S. 433, Anm. 1325; Aikema 2001a, S. 26)
siehe auch Quellen zu Kapitel V.

18.
Das Steinschneiden befand sich im Besitz von Beatriz de Haro, Inventar vom Januar 1570:
„*Otro lienzo quadrado donde se cura de la locura, por guarnescer, porque todos los demás estan guarnescidos*"
(Vandenbroeck 2001a, S. 50, mit engl. Übersetzung)
siehe auch Quellen zu Kapitel V.

20.
Ambrosio de Morales über den *Heuwagen* (Kat. 20), um 1544/45:
„*Con esto que assi hemos declarado se podra entender todo lo de mas en la tabla, pues el author lo va declarando en particular. Assi yo lo dexo con solo dar cuenta aqui de otra pintura, con que en nuestros tiempos, quasi a imitacion de Cebes, se ha representando con mucha agudeza y doctrina la vida humana. Tiene esta Tabla el Rey nuestro Señor, y fue el que la invento y pinto Geronimo Bosco, pintor ingenionissimo en // Flandes. Este con gentil aviso y primor muy agudo figuro bien, y puso al propio en aquella Tabla todo nuestro vivir miserable, y el grande embebecimiento que en sus vanidades traemos. Y servira el ponerla aqui, para que quien no ha la visto lo goze en alguna manera con leerla. Es una tabla grande que tiene tres apartamientos, uno mayor en medio, y dos pequeños a los lados. En el primero de los pequeños a la mano derecha, donde comiença la pintura, esta primero la creacion del mundo y del hombre, el pecado de Adan, y el Angel como echa con la espada de fuego a el y a su muger del parayso terrenal, y parece les haze salir de aquel quadro (que representa la entrada de los hombres en la vida) hazia el otro mayor de en medio, en el qual se contiene y se muestra lo que los hombres venidos al mundo con la mala inclinacion del pecado original hazen. Para bien representar esto a y en lo alto deste quadro mayor de en medio un carro muy grande lleno de heno, con tanta muchedumbre del, que haze una como torre. Y ha se entender como carro de heno en Flamenco tanto quiere decir, como carro de nonada en Castellano. Assi, aquel carro siendo // de heno, es verdaderamente carro de nonada, y assi tiene su nombre, al propio de lo que significa. Tiran este carro algunos demonios, y otro principal, como carretero va en el yugo, y todos lo guian hazia el tercero quadro, que es la salida del mundo y de la vida. En lo alto del gran cargo de heno o de no nada, o de vanidad van muchos mancebos y damas sentados a plazer, de los quales unos tañen, otros baylan, comen y beven otros, y de diversas maneras toman plazer. A todos les haze el son el demonio con una gayta, yendo delante dellos como por guia, y detras está de rodillas un Angel muy lloroso y triste, levantados los ojos y las manos al cielo, con lastima que le haze tanta grande perdicion, y como suplicando a Dios con lagrimas, se duela de tan grande miseria. Mas abaxo al derredor del carro va infinita y muy diversa muchedumbre de gente, que non increyble*

ansia y porfia se trabajaban, por tomar mas heno y mas vanidad de la carga. Unos con garfios, otros con palas y con otros generos de instrumentos se fatigan, por tomar del heno, y otros con escaleras suben muy apriessa por alcançarlo, sin otros muchos que por lo baxo llegan, y quieren abarcar // tanto, que se impossible llevarlo. Tal ay que cae con lo mucho que lleva, tal que atrebata al otro por hurto o por fuerça de lo que ha avido, y tal que le mata por tomarselo, y van contentissimos estos, como si vuiessen avido un rico despojo. Al tomar del heno es la priessa, de estorvarse unos a otros, por llegar primero. Rémpuxan algunos como mas valientes, y por feurça se hazen camino: sin otros muchos, que estan por el suelo caydos, derribada y hollada la furia que tuvieron por llegar, de otra mayor violencia de los que sobrevinieron. Detras del carro, como en lugar mas principal y mas honrado, van a cavallo los Reyes y príncipes: y estos aunque por muy linda advertencia del pintor estan puestos junto el carro, mas por su autoridad y grandeza no estienden ellos las manos, para tomar su buena parte del heno y vanidad: antes, con una gravedad muy entonada hazen señal con la mano a sus criados, que lleguen, y tomen, y traygan mucho para todos. Un poco mas abaxo estan pintados, los que buelven ya con sus hazes muy alegres y contentos, aunque con infinito sudor y fatiga los ayan avido. Estos son differentes estados y maneras de hombres, y aqui es el reñir bravamente, y matarse, por quitarse unos a // otros aun un poquillo que del heno, de la vanidad, de la nonada les ha cabido. Aqui también van muchos corriendo hazia el carro con grande agonia, para alcançar al carro, como se vuiesse de huyr, o el heno se hubiese de acabar. Los padres llevan de la mano sus hijuelos pequeños, y con grande ahinco les muestran el carro con el dedo, como si les mostrassen una grande riqueza, y los incitan para que aguijen, y traygan ellos también su hacezillo, no contentos con el grande, que ellos trayran. Otros compran de otros por mucha dinero lo que traen: y ay tantas particularidades destas, que ni yo las puedo referir todas, ni tan poco ay para que se digan. Todo esto va a parar, segun los demonios guian el carro, al quadro postrero, donde se representa, lo que despues de la vida succede. Assi esta alli pintado el infierno, y diversos generos de tormentos, que padecen las miserables almas, cuya vida se passo toda en vanidad de pecados, y fue como heno que se seco, y perecio sin dar fruto de virtud.“

(Morales, Ambrosio de, *Las obras del maestro Fernán Pérez de Oliva*, Cordoba 1586; niederländ. Übersetzung de Bruyn 2001a, S. 37 f.; engl. Übersetzung Snyder 1973, S. 31–33; Salazar, 1955, S. 124–126, vgl. (fehlerhaft) van Dijck 2001a, S. 108–109)

Einen *Heuwagen* aus dem Besitz des verstorbenen Felipe de Guevara erwarb Philipp II., Aktendokument von 1570:

„Una tabla de vara y dos terçias de alto, con dos puertas, que abierto todo él tiene de ancho tres varas,y es el Carro de Heno, de Gerónimo Bosco, de su propia mano“

(Vandenbroeck 2001a, S. 49, mit engl. Übersetzung)

Beschreibung des *Heuwagens* (Kat. 20) im Inventar der Werke, die 1574 in den Escorial zu dessen Ausschmückung gelangten:

„Una tabla de pintura con dos puertas, en que está pintado de pinzel un Carro de heno que toman dél todos los estados, que denota la vanidad tras que anda; y encima del heno una figura del Angel de la Guarda y el demonio y otras figuras; y en lo alto de la tabla Dios Padre; y en la tabla de mano derecha la Créación de Adán y otras figuras de la misma historia; y en la de mano yzquierda el Infierno y las penas de los pecados mortales, que tiene cinco pies de alto y quatro de ancho, sin las puertas: es de Géronimo Bosqui“

(Vandenbroeck 2001a, S. 52, mit engl. Übersetzung)

27.

Die Versuchung des heiligen Antonius (Kat. 27), aus dem Inventar der Werke, die 1574 in den Escorial gelangten:

„Otra tabla de pintura en redondo por lo alto, de Sant Antón, de mano de Géronimo Bosqui, que tiene tres pies de alto y dos de ancho“

(Vandenbroeck 2001a, S. 52, mit engl. Übersetzung)

Literaturverzeichnis

Adriaenssen, Leo F. W., „Een aanslag op de calculerende clerus: De amortisatie van de geestelijke goederen in stad en meierij van 's-Hertogenbosch in 1516", in: *Noordbrabants Historisch Jaarboek* 15, 1998, S. 81–117.

Aikema 2001a: Aikema, Bernard, „Hieronymus Bosch and Italy?", in: Koldeweij/Vermet/Kooij 2001, S. 25–32.

Aikema 2001b: Aikema, Bernard, „‚Stravaganze e bizarie de chimere, de mostri, e d'animali': Over het beeld van Hieronymus Bosch in de italiaanse kunst", in: *Desipientia* 8, 2001, Nr. 2, Sept., S. 48–57.

Aikema 2001c: Aikema, Bernard, „‚Stravaganze e bizarie de chimere, de mostri, e d'animali'", in: *Venezia Cinquecento* 11, 2001, 22, S. 111–135.

Ainsworth, Maryan W., „Implications of revised attributions in Netherlandish painting", in: *Metropolitan Museum Journal* 27, 1992, S. 59–76.

Ainsworth, Maryan W./Christiansen, Keith (Hg.), *From Van Eyck to Bruegel: Early Netherlandish painting in the Metropolitan Museum of Art*, New York 1998.

Albertanus Causidicus Brixiensis, *De arte loquendi et tacendi: Van die konste van spreken ende van swighen [Dat is een konste om te leren spreken ende swighen alst tijt is]*, 's-Hertogenbosch: Gerardus de Leempt 1484/85, Exemplar Koninklijke Bibliotheek, Den Haag 150 C 30.

Anfam, David, „De Kooning, Bosch and Bruegel: Some fundamental themes", in: *The Burlington Magazine* 145, 2003, 1207, S. 705–715.

Antwerpen 2002: *Altniederländische Zeichnungen von Jan van Eyck bis Hieronymus Bosch*, Ausst.-Kat. Rubenshuis Antwerpen 2002, hg. v. Fritz Koreny, Antwerpen 2002.

Asmus, Gesine/Grosshans, Rainald (Red.), *Gemäldegalerie Berlin: 200 Meisterwerke*, Berlin 1998.

Asperen de Boer, J[ohan] R[udolph] J[ustus] van/Faries, Molly, „Covering-over and covering-up: Some instances in the re-use of panels in paintings after Hieronymus Bosch", in: *Le dessin sous-jacent dans la peinture*, colloque XI, 14.–16. 9. 1995, hg. v. Hélène Verougstraete u. Roger van Schoute, Louvain-la-Neuve 1997.

Athanasius, *Ausgewählte Schriften*, Bd. 2, aus dem Griech. übers. v. Anton Stegmann u. Hans Mertel (Bibliothek der Kirchenväter; 1. Reihe, Bd. 31), München 1917.

Aurelius Augustinus, *Vom Gottesstaat*, übers. v. Wilhelm Thimme, eingel. u. erläut. v. Carl Andresen (Bibliothek der Alten Welt, Reihe Antike und Christentum), 2 Bde., 2. vollst. überarb. Aufl. Zürich/München 1978.

Axters, Stephan, *Geschiedenis van de vroomheid in de Nederlanden*, Antwerpen 1950 ff., Bd. 2, 1953: *De eeuw van Ruusbroec*, u. Bd. 3, 1956: *De moderne devotie 1380–1550*.

Axters, Stephanus G., *Bibliotheca Dominicana Neerlandica manuscripta 1224–1500* (Bibliothèque de la revue d'histoire ecclésiastique; 49), Löwen 1970.

Baaren, Th. P. van, „The significance of *gestures* in the paintings of Hieronymus *Bosch", in: Genres in visual representation: Proceedings of a conference held in 1986 (*Visible Religion; 7), hg. v. Hans G. Kippenberg, L. P. Van Den Bosch u. L. Leertouwer, Leiden 1990, S. 21–30.

Baert, Barbara/Fraeters, Veerle (Hg.), *Aan de vruchten kent men de boom: De boom in tekst in beeld in de middeleeuwse Nederlanden* (Symbolae Facultatis Litterarum Lovaniensis, Series B; vol. 25), Löwen 2001.

Baldass, Ludwig, *Jheronimus Bosch*, 2. veränd. Aufl. Wien/München 1959 (Wien 11943).

Baltrusaitis, Jurgis, *Réveils et Prodiges: Le gothique fantastique*, Paris 1960.

Bambeck, Manfred, *Das Sprichwort im Bild: „Der Wald hat Ohren, das Feld hat Augen": Zu einer Zeichnung von Hieronymus Bosch* (Abhandlungen der Geistes- und sozialwissenschaftlichen Klasse, 1987, 10), Stuttgart 1987.

Bange, Petty, *Spiegels der christenen: Zelfreflectie en ideaalbeeld in laat-middeleeuwse moralistisch-didactische traktaten* (Middeleeuwse studies; 2), Nimwegen 1986.

Bange, Petty, „Soziale Prägung von Dekalogerklärungen in den Niederlanden im späten Mittelalter", in: Schreiner 1992, S. 253–262.

Bango Torviso, Isidro Gonzalo/ Marías, Fernando, *Bosch: Realidad, símbolo y fantasía*, Madrid 1982.

Bango Torviso 2006a: Bango Torviso, Isidro Gonzalo [et al.], *El Bosco y la tradición pictórica de lo fantástico* (Fundación Amigos del Museo del Prado), Barcelona 2006.

Bango Torviso 2006b: Bango Torviso, Isidro Gonzalo, „Las Tentaciones de San Antonio de *Lisboa:* Los ideólogos de la obra de El Bosco y su público", in: Bango Torviso 2006, S. 21–41.

Baschet, Jérôme, *Les justices de l'au-delà: Les représentations de l'enfer en France et en Italie (XIIe–XVe siècle)*, Rom 1993.

Bassegoda Hugas, Bonaventura, *El Escorial como museo: La decoración pictórica mueble en el monasterio de El Escorial desde Diego Velázquez hasta Frédéric Quilliet*, Barcelona 2002.

Bax, Dirk, *Ontcijfering van Jeroen Bosch*, Den Haag 1949 [engl. Ausgabe: *Hieronymus Bosch: His picture-writing deciphered*, translated by M. A. Bax-Botha, Rotterdam 1979].

Bax, Dirk, „Bosschiana: Verloren Zoon – Johannes op Patmos – Wellusttuin – Doomenkroning", in: *Oud Holland* 68, 1953, 4, S. 200–208.

Bax, Dirk, *Beschrijving en poging tot verklaring van het tuin der onkuisheidsdrieluik van Jeroen Bosch: Gevolgd door kritiek op Fraenger* (Verhandelingen der Koninklijke Nederlandse Akademie van Wetenschappen, Afdeling Letterkunde; N. R., 63, 2), Amsterdam 1956.

Bax, Dirk, *Jeroen Bosch' drieluik met de gekruisigde martelares* (Verhandelingen der Koninklijke Nederlandse Akademie van Wetenschappen, Afdeling Letterkunde; N. R., 68, 5), Amsterdam 1961.

Bax, Dirk, „Jeroen Bosch en de Nederlandse Taal", in: 's-Hertogenbosch 1967, S. 61–71.

Bax, Dirk, *Hieronymus Bosch and Lucas Cranach: Two Last Judgement triptychs, description and exposition*, translated by M. A. Bax-Botha (Verhandelingen der Koninklijke Nederlandse Akademie van Wetenschappen, Afdeling Letterkunde; N. R., 117), Amsterdam/Oxford/New York 1983.

Baxandall, Michael, *Giotto and the orators: Humanist observers of painting in Italy and the discovery of pictorial composition 1350–1450*, Oxford 1971.

Baxandall, Michael, *Painting and experience in fifteenth century Italy: A primer in the social history of pictorial style*, Oxford 1972.

Baxandall, Michael, *Die Kunst der Bildschnitzer: Tilman Riemenschneider, Veit Stoß und ihre Zeitgenossen*, übers. v. Brigitte Sauerländer, München 1984.

Bayless, Martha, *Parody in the Middle Ages: The Latin tradition*, Ann Arbor 1996.

Beatis, Antonio de, *Die Reise des Kardinals Luigi d'Aragona durch Deutschland, die Niederlande, Frankreich und Oberitalien, 1517–1518*, hg. v. Ludwig Pastor (Erläuterungen und Ergänzungen zu Janssens Geschichte des deutschen Volkes; Bd. 4, Heft 4), Freiburg im Breisgau 1905.

Béguin, Silvie/Cassanelli, Roberto (Hg.), *Künstlerwerkstätten der Renaissance*, Zürich/ Düsseldorf 1998.

Belting, Hans, *Hieronymus Bosch: Garten der Lüste*, München/ Berlin 2002.

Belting, Hans/Kruse, Christiane, *Die Erfindung des Gemäldes: Das erste Jahrhundert der niederländischen Malerei*, München 1994.

Benesch, Otto, „Der Wald, der sieht und hört: Zur Erklärung einer Zeichnung von Bosch", in: *Jahrbuch der preußischen Kunstsammlungen* 58, 1937, S. 258–266.

Benz, Ernst, *Die Vision: Erfahrungsformen und Bilderwelt*, Stuttgart 1969.

Bichelaer, Alphons van den, *Het notariaat in stad en Meierij van 's-Hertogenbosch tijdens de Late Middeleeuwen (1306–1531)*, Amsterdam 1998 [auf CD-Rom-Beilage Biografien (=Beilage 1) und Urkundentexte (=Beilage 2).]

Blank, Walter, „Zur Entstehung des Grotesken", in: *Deutsche Literatur des späten Mittelalters* (Hamburger Kolloquium 1973, zgl. Publications of the Institute of Germanic Studies, University of London; 22), hg. v. Wolfgang Harms u. L. Peter Johnson, Berlin 1975, S. 35–46.

Blockmans, Wim, „Institutionelle Rahmenbedingungen der Kunstproduktion in den burgundischen Niederlanden", in: Franke/Welzel 1997, S. 11–27.

Blockmans, Wim/Prevenier, Walter, *Promised Lands: The Low Countries under Burgundian rule, 1369–1530*, transl. rev. and ed. by Edward Peters, Philadelphia (Pennsylvania) 1999.

Blondé, Bruno, *De sociale structuren en economische dynamiek van 's-Hertogenbosch: 1500–1550* (Bijdragen tot de geschiedenis van het zuiden van Nederland; 74), Tilburg 1987.

Blondé, Bruno/Vlieghe, Hans, „The social statue of Hieronymus Bosch", in: *The Burlington Magazine* 131, 1989, 1039, S. 699–700.

Bock, Henning, *Gemäldegalerie Berlin: Gesamtverzeichnis*, Staatliche Museen Preußischer Kulturbesitz, Berlin 1996.

Boczkowska, Anna, „The lunar symbolism of ‚The Ship of Fools' by Hieronymus Bosch", in: *Oud Holland* 86, 1971, S. 47–69.

Boczkowska, Anna, „The crab, the sun, the moon and Venus: Studies in the iconology of Hieronymus Bosch's triptych ‚Garden of Earthly Delights'", in: *Oud Holland* 91, 1977, 4, S. 197–231 [siehe auch Spychalska- Boczkowska].

Boendale, Jan van, *Der leken spieghel*, hg. v. M. de Vries, 3 Bde., Leiden 1844–1848.

Boockmann, Hartmut, „Belehrung durch Bilder? Ein unbekannter Typus spätmittelalterlichen Tafelbilder", in: *Zeitschrift für Kunstgeschichte* 57, 1994, S. 1–22.

Borinski, Karl, *Die Antike in Poetik und Kunsttheorie*, Bd. 1: *Mittelalter, Renaissance, Barock*, Darmstadt 1965 (11 914).

Braekman, Willy Louis, „Middelnederlandse didactische gedichten en rijmspreuken", in: *Verslagen en Mededelingen der Koninklijke Vlaamse Academie voor Taal- en Letterkunde*, 1969, S. 79–111.

Braekman, Willy Louis, „‚Den Mensche te bekennen bi vele tekenen': Het Mnl. Prozatraktaatje over Fysiognomie en zijn brau", in: *Scientiarum Historia* 12, 1970, 3, S. 113–142.

Brand Philip, Lotte, „The Prado ‚Epiphany' by Jerome Bosch", in: *Art Bulletin* 35, 1953, S. 267–293.

Brand Philip, Lotte, *Hieronymus Bosch*, New York 1955.

Brand Philip, Lotte, „The Peddler by Hieronymus Bosch: A study in detection", in: *Nederlands Kunsthistorisch Jaarboek* 9, 1958, S. 1–81.

Brandt, Rüdiger, *Kleine Einführung in die mittelalterliche Poetik und Rhetorik* (Göppinger Arbeiten zur Germanistik; 460), Göppingen 1986.

Bray, Xavier, „The Crowning of Thorns", in: London 2000, S. 114–115.

Breton, André, *L'art magique*, Paris 1957.

Brinker-von der Heyde, Claudia, „Der ‚Welsche Gast' des Thomasin von Zerclaere: Eine (Vor-)Bildgeschichte", in: Wenzel/Lechtermann 2002, S. 9–32.

Brugman, Jan, *Onuitgegeven Sermoenen*, ingeleid en bezorgd door Dr. P Grootens S. J. (Studien en Tekstuitgaven van Ons Geestelijk Erf; 8), Tielt 1948.

Brugman, Jan, *Verspreide Sermoenen*, hg. v. A. van Dijk (Klassieke Galerij; 41), Antwerpen 1948.

Bruyn, Eric de, „Het Madrilense Tafelblad: Een ikonographisch benadering", in: *Jaarboek Koninklijk Museum voor schone Kunsten*, Antwerpen 1991, S. 9–60.

Bruyn, Eric de, „De vos als allegorisch motief in het geschilderde oeuvre van Jheronimus Bosch", in: *Tiecelijn* 13, 2000, 3, S. 107–119.

de Bruyn 2001a: Bruyn, Eric de, *De vergeten beeldtaal van Jheronimus Bosch: De symboliek van de Hooiwagen-Triptiek en de Rotterdamse Marskramer-Tondo verklaard vanuit middelnederlandse teksten*, 's-Hertogenbosch 2001 (Diss. Brüssel 2000).

de Bruyn 2001b: Bruyn, Eric de, „De betekenis van de gebroken kruik op Jheroniums Bosch' Sint Christoffel-paneel te Rotterdam", in: *Desipientia* 8, 2001, 2, Sept., S. 4–9.

de Bruyn 2001c: Bruyn, Eric de, „The cat and the mouse (or rat) on the left panel of Bosch's Garden of Earthly Delights triptych: An iconological approach", in: *Jaarboek Koninklijk Museum voor Schone Kunsten Antwerpen* 2001, S. 7–57.

de Bruyn 2001d: Bruyn, Eric de, „Hieronymus Bosch's so-called Prodigal Son tondo: The pedlar as a repentant sinner", in: Koldeweij/Vermet/Kooij 2001, S. 132–143.

Bruyn, Eric de, „Boommens en vogelduivel Jheronimus Bosch en de Middelnederlandse

visioenenliteratuur“, in: *Literatuur* 20, 2003, S. 25–27.
Bruyn, Eric de, „The iconography of Hieronymus Bosch's ‚St. Christopher carrying the Christ Child‘ (Rotterdam)“, in: *Oud Holland* 118, 2005, 1/2, S. 28–37.
Bruyn, Eric de, „The Garden of Delights: the eroticism of its central panel and Middle Dutch“, in: de Bruyn/Koldeweij 2010, S. 94–106.
Bruyn, Eric de/Koldeweij, Adrianus Maria [Jos] (Hg.), *Jheronimus Bosch: His sources*, 2nd International Jheronimus Bosch Conference, 22.–25.5.2007 's-Hertogenbosch, 's-Hertogenbosch 2010.
Bruyn, Josua, „Mittelalterliche ‚doctrina exemplaris‘ und Allegorie als Komponente des sog. Genrebildes“, in: *Holländische Genremalerei im 17. Jahrhundert*, Symposium Berlin 1984 (Jahrbuch preussischer Kulturbesitz: Sonderband; 4), Berlin 1987, S. 33–60.
Buck, Stephanie, *Die niederländischen Zeichnungen des 15. Jahrhunderts im Berliner Kupferstichkabinett: Kritischer Katalog*, Turnhout 2001.
Büchse, Angelika, *Die Anbetung der Könige von Hieronymus Bosch*, Diss. Bochum 2006 [online: http://www-brs.ub.ruhr-uni-bochum.de/netahtml/HSS/Diss/BuechseAngelika/diss.pdf].
Büttner, Frank, „‚Argumentatio‘ in Bildern der Reformationszeit: Ein Beitrag zur Bestimmung argumentativer Strukturen in der Bildkunst“, in: *Zeitschrift für Kunstgeschichte* 57, 1994, S. 23–44.
Büttner, Nils, *Hieronymus Bosch*, München 2012.
Butzbach, Johannes, *Von den berühmten Malern [Libellus de praeclaris picturae professoribus] 1505*, mit der Urschrift in Nachbildung hg. u. übers. v. Otto Pelka, Heidelberg 1925.
Calas, Elena, „Bosch's Garden of Delights: A theological rebus“, in: *Art Journal* 29, 2, Winter 1969/70, S. 184–199.
Campbell, Lorne, „Bosch: Christ mocked (The Crowning with Thorns) NG. 474“, in: *La Peinture dans les Pays-Bas au 16e Siècle: Pratiques d'Ateliers Infrarouges et autres Méthodes d'Investigation: Le dessin sous-jacent et la technologie dans la peinture*, colloque XII, 11.–13.9.1997, hg. v. Hélène Verougstraete u. Roger van Schoute, Löwen 1999, S. 29–35.
Cauchies, Jean-Marie (Hg.), *La dévotion moderne dans les pays bourguignons et rhénans des origines à la fin du XVIe siècle* (Publication du Centre Européen d'Etudes Bourguignonnes; 29), Neuchâtel 1989.
Cauchies, Jean-Marie, *Philippe le Beau: Le dernier duc de Bourgogne* (Burgundica; 6), Turnhout 2003.
Chailley, Jacques, *Jérôme Bosch et ses symboles: Essai de décryptage*, Brüssel 1978.
Cheyns-Condé, Myriam, „Expression de la piété des duchesses de Bourgogne au XVe siècle dans la vie quotidienne et dans l'art: Essai de synthèse“, in: Cauchies 1989, S. 47–68.
Cinotti, Mia/Schlégl, István, *Das Gesamtwerk von Hieronymus Bosch*, Stuttgart 1966.
Clark, Gregory T., „Bosch's Saint John the Baptist in the Wilderness and the artist's ‚Fleurs du Mal‘“, in: *A tribute to Robert A. Koch: Studies in the Northern Renaissance*, Princeton 1994, S. 3–11.
Coburg 2010: *Apelles am Fürstenhof: Facetten der Hofkunst um 1500 im Alten Reich*, Ausst.-Kat. Kunstsammlungen der Veste Coburg, hg. v. Matthias Müller, Klaus Weschenfelder u. Beate Böckem, Berlin 2010.
Colenbrander, Herman Th., „Avare vixisti: ‚Death and the miser‘ by Hieronymus Bosch, drawings, underdrawing, painting and meaning“, in: Verougstraete/Schoute 2003, S. 22–32.
Combe, Jacques, *Jerôme Bosch*, Paris 11946.
Cook, Albert, „Change of signification in Bosch's Garden of Earthly Delights“, in: *Oud Holland* 98, 1984, S. 76–98.
Cools, Carl H.L.I., *Mannen met macht: Edellieden en de moderne staat in de Bourgondisch-Habsburgse landen, ca. 1475 – ca. 1530*, o.a.O. 2000.
Cramer, Thomas, *Geschichte der deutschen Literatur im späteren Mittelalter*, 3. aktual. Aufl. München 2000.
Cuttler, Charles D., *Hieronymus Bosch: Late Work*, London 2007.
Damen, Mario, „Memoria y propaganda: Las vidrieras de Felipe el Hermoso en los Países Bajos“, in: Zalama/Vandenbroeck 2006, S. 165–184.
Darriulat, Jacques, *Jérôme Bosch et la fable populaire: Une légende médiévale aux sources de l'escamoteur de Saint-Germain-en-Laye*, Paris 1995.

Dempsey, Charles, „Sicut in utrem aquas maris: Jerome Bosch's prolegomenon to the Garden of Earthly Delights", in: *MLN [Modern Language Notes]* 119, 1 Supplement, Januar 2004 (Italian Issue), S. 247–270.

Deneke, Bernward, *Hochzeit* (Bibliothek des Germanischen Nationalmuseums Nürnberg zur deutschen Kunst- und Kulturgeschichte; 31), München 1971.

Den Haag 1998: *Boeken van Oranje-Nassau: De bibliotheek van de graven van Nassau en prinsen van Oranje in de vijftiende en zestiende eeuw*, Ausst.-Kat. Museum Mermanno-Westreenianum Den Haag, bearb. v. Anne S. Korteweg, Den Haag 1998.

Dijck, [Lucas] Godfried Christiaan Maria van, *De Bossche optimaten: Geschiedenis van de Illustere Lieve Vrouwebroederschap te 's-Hertogenbosch 1318–1973* (Bijdragen tot de geschiedenis van het Zuiden van Nederland; 27), Tilburg 1973.

van Dijck 1998a: Dijck, Godfried Christiaan Maria van, „Peter van Os ontmaskerd", in: *De Brabantse Leeuw* 47, 1998, S. 116–124.

van Dijck 1998b: Dijck, Godfried Christiaan Maria van, „Joos van Cleve en Jeroen Bosch in huize Vezelaer", in: *De Brabantse Leeuw* 47, 1998, S. 13–18.

van Dijck 2001a: Dijck, [Lucas] Godfried Christiaan Maria van, *Op zoek naar Jheronimus van Aken alias Bosch: De feiten*, Zaltbommel 2001.

van Dijck 2001b: Dijck, [Lucas] Godfried Christiaan Maria van, „Hieronymus Bosch: His life and ‚portraits'", in: Koldeweij/Vermet/Kooij 2001, S. 9–16.

Dijck, Lucas [Godfried Christiaan Maria] van, „Jheronimus Bosch inspired by people in his environment: Research from the archival sources", in: de Bruyn/Koldeweij 2010, S. 112–122.

Dinzelbacher, Peter, *Die Jenseitsbrücke im Mittelalter*, Wien 1973.

Dinzelbacher, Peter, *Mittelalterliche Visionsliteratur: Eine Anthologie*, ausgew., übers., eingel. u. komment., Darmstadt 1989.

Dinzelbacher, Peter, *Himmel, Hölle, Heilige: Visionen und Kunst im Mittelalter*, Darmstadt 2002.

Dionysius Areopagita, *Über die mystische Theologie* und *Briefe*, Pseudo-Dionysius Areopagita, eingel., übers. u. mit Anm. vers. v. Adolf Martin Ritter (Bibliothek der griechischen Literatur; 40; Abt. Patristik), Stuttgart 1994.

Dirc van Delf, *Tafel van den Kersten Ghelove*, naar de handschriften uitgegeven, ingeleid en van aanteekeningen voorzien, hg. v. L. M. Daniels (Tekstuitgaven van Ons Geestelijk Erf), Antwerpen/Nimwegen/Utrecht 1937–1939.

Dittrich, Sigrid/Dittrich, Lothar, *Lexikon der Tiersymbole: Tiere als Sinnbilder in der Malerei des 14.–17. Jahrhunderts* (Studien zur internationalen Architektur- und Kunstgeschichte; 22), 2. durchges. Aufl. Petersberg 2005.

Dixon, Laurinda S., „Water, wine, and blood: Science and liturgy in the Marriage at Cana by Hieronymus Bosch", in: *Oud Holland* 96, 1982, S. 73–96.

Dixon, Laurinda S., *Bosch*, New York 2003.

Dollmayr, Herrmann, „Hieronymus Bosch und die Darstellung der Vier letzten Dinge", in: *Jahrbuch der kunsthistorischen Sammlungen des allerhöchsten Kaiserhauses* 19, 1898, S. 284–343.

Dresen-Coenders, Lène, „De demonen bij Jeroen Bosch: Zoektocht naar bronnen en betekenis", in: *Duivelsbeelden: Een cultuurhistorische speurtocht door de Lage Landen*, Red. v. Gerard Rooijakkers, Lène Dresen-Coenders u. Margreet Geerdes, Baarn 1994, S. 168–197.

Duquenne, Xavier, „Peeter Scheyfve représenté par Jérôme Bosch", in: *L'intermédiaire des généalogistes* 249, 2004, 1, S. 11–19.

Duquenne, Xavier, „Peeter Scheyfve et Agnès de Gramme, donateurs du triptyque de l'Adoration des Mages de Jérôme Bosch (vers 1494) conservé au Prado", in: *The quest for the original: Underdrawing and technology in painting*, Symposium XVI, Brügge, 21.–23. 9. 2006, hg. v. Hélène Verougstraete u. Colombe Janssens de Bisthoven (Le dessin sous-jacent et la technologie dans la peinture; 16), Löwen [u. a.] 2009, S. 27–33.

Dürer, Albrecht, *Schriftlicher Nachlass*, hg. v. Hans Rupprich, 3 Bde., Berlin 1956–1969.

Dürer, Albrecht, *Schriften und Briefe*, hg. v. Ernst Ullmann, Textbearb. v. Elvira Pradel, Leipzig 1993.

Dworschak, Helmut, „Der Gebrauch des Körpers beim Gebet“, in: *Schwierige Frauen – schwierige Männer in der Literatur des Mittelalters*, hg. v. Alois M. Haas, Bern 1999, S. 177–199.

Eco, Umberto, *Kunst und Schönheit im Mittelalter*, übers. v. Günter Memmert, München/Wien 1991.

Eichberger, Dagmar, *Leben mit Kunst, Wirken durch Kunst: Sammelwesen und Hofkunst unter Margarete von Österreich, Regentin der Niederlande* (Burgundica; 5), Turnhout 2002.

Elsig, Frédéric, „Hieronymus Bosch's workshop and the issue of chronology“, in: Koldeweij/Vermet/Kooij 2001, S. 96–101.

Elsig, Frédéric, *Jheronimus Bosch: La question de la chronologie* (Travaux d'Humanisme et Renaissance; 392), Genf 2004 (Diss. Genf 2003).

Erasmus von Rotterdam, *Ausgewählte Schriften*, hg. v. Werner Welzig, lat.-dt., 8 Bde., Darmstadt 1967–1980.

Erffa, Hans M. von, *Ikonologie der Genesis: Die christlichen Bildthemen aus dem Alten Testament und ihre Quellen*, Bd. 1, München 1989.

Esser, Dorothee, *„Ubique Diabolus – der Teufel ist überall“: Aspekte mittelalterlicher Moralvorstellungen und die Kulmination moralisierender Tendenzen in deutschen und niederländischen Weltgerichtsbildern des 15. Jahrhunderts*, Erlangen 1991 (Diss. Aachen 1990).

Fagel, Raymond/Geurts, Jac/Limberger, Michael (Hg.), *Filips de Schone: Een vergeten vorst (1478–1506)*, Maastricht 2008.

Falkenburg, Reindert L., *Joachim Patinir: Het landschap als beeld van de levenspelgrimage*, Nimwegen 1985 [engl. Ausgabe: *Joachim Patinir: Landscape as an image of the pilgrimage of life*, Amsterdam/Philadelphia (Pennsylvania) 1988].

Falkenburg 2007a: Falkenburg, Reindert L., „Black holes in Bosch: Visual typology in the ‚Garden of Earthly Delights'“, in: *Image and imagination of the religious self in late medieval and early modern Europe*, Emory University, Lovis Corinth Colloquia 1 (Proteus; 1), hg. v. Reindert L. Falkenburg u. Walter S. Melion, Turnhout 2007, S. 105–131.

Falkenburg 2007b: Falkenburg, Reindert L., „Hieronymus Bosch's Mass of St. Gregory and ‚sacramental vision'“, in: *Das Bild der Erscheinung: Die Gregorsmesse im Mittelalter* (KultBild; 3), hg. v. Andreas Gormans u. Thomas Lentes, Berlin 2007, S. 179–206.

Falkenburg, Reindert, *The land of unlikeness. Hieronymus Bosch: The Garden of Earthly Delights*, Zwolle 2011.

Feist Hirsch, Elisabeth, *Damião de Gois: The life and thought of a Portuguese humanist, 1502–1574*, Den Haag 1967.

Filedt Kok, Jan Piet, „Underdrawing and drawing in the work of Hieronymus Bosch: A provisional survey in connection with the paintings by him in Rotterdam“, in: *Simiolus* 6, 1972/73, 3/4, S. 133–162.

Fischer 2002a: Fischer, Stefan, „[Rezension von] Bruyn, *Eric* de, De *vergeten beeldentaal* van Jheronimus Bosch, 's-Hertogenbosch 2001“, in: *Millennium* [Nimwegen] 16, 2002, 2, S. 157–160.

Fischer 2002b: Fischer, Stefan, *„Der Garten der Lüste“ von Hieronymus Bosch: Ansätze und Methoden der Forschung*, o. a. O. 2002.

Fischer, Stefan, „‚Der unverschmutzte Spiegel, in dem stets das Bild erhalten bleibt': Der Maler Hieronymus Bosch und die niederländische Mystik des Spätmittelalters um Jan van Ruusbroec“, in: *Das unsichtbare Sehen: Bild-Mystik-Kunst*, hg. v. Marco Sorace u. Peter Zimmerling, Mannheim 2005, S. 49–66.

Fischer, Stefan, „Hieronymus Bosch“, in: *Biographisch-Bibliographisches Kirchenlexikon*, hg. v. Friedrich-Wilhelm Bautz, fortgef. v. Traugott Bautz, Nordhausen 2007, Vol. 27 (2007), Sp. 161–172.

Fischer, Stefan, „Die Gewalttätigkeit alles Irdischen und die Bewältigung der Welt bei Hieronymus Bosch“, in: *Terminator – Die Möglichkeit des Endes: Bewältigung und Zerstörung als kreative Prozesse in Bildender Kunst, Literatur und Musik*, hg. v. Sebastian Baden, Karlsruhe 2008, S. 138–150.

Fischer, Stefan, *Hieronymus Bosch: Malerei als Vision, Lehrbild und Kunstwerk*, Köln 2009 (Diss. Bonn 2007).

Fischer, Stefan, „Jheronimus Bosch's works of art as allegorical and grotesque moral satire: Theological, pastoral and didactic sources“, in: de Bruyn/Koldeweij 2010, S. 145–156.

Fraenger, Wilhelm, *Hieronymus Bosch: Das Tausendjährige Reich*,

Coburg 1947 (Amsterdam 21969).
Franke, Birgit/Welzel, Barbara (Hg.), *Die Kunst der burgundischen Niederlande: Eine Einführung*, Berlin 1997.
Frankfurt 1995: *Die Entdeckung der Kunst: Niederländische Kunst des 15. und 16. Jahrhunderts in Frankfurt*, Ausst.-Kat. Städelsches Kunstinstitut und Städtische Galerie Frankfurt am Main, hg. v. Jochen Sander, Mainz 1995.
Fransen, Bart, „Les copies du Jardin des délices dans les collections royales espagnoles", in: Verougstraete/Schoute 2003, S. 75–80.
Friedländer, Max J., *Early Netherlandish Painting*, Bd. 5: *Geertgen tot Sint Jans and Jerome Bosch*, Leiden 1969.
Fúster Sabater, M. Dolores, „Estudio técnico y tratamiento de restauración aplicado al San Juan Bautista en el desierto de Jeronimus Bosch-el Bosco", in: *Goya* 253/254, 1996, Juli–Okt., S. 77–86.
Gachard, M. (Hg.), *Collection de Voyage des Souverains des Pays-Bas*, Brüssel 1876.
Gaignebet, Claude/Lajoux, Jean-Dominique, *Art profane et religion populaire au Moyen Age*, Paris 1985.
Garrido, Maria del Carmen/Schoute, Roger van, „El tríptico de la Adoración de los Magos de Hieronymus van Aeken Bosch: Estudio técnico", in: *Boletín del Museo del Prado* 6, 1985, 17, S. 59–77.
Garrido, Maria del Carmen/Schoute, Roger van, *Bosch at the Museo del Prado: technical study*, Madrid 2001.
Garzelli, Beatrice, „Pinturas infernales y retratos grotescos: Viaje por la iconografía de los Sueños", in: *La Perinola* 10, 2006, S. 133–147.
Gelder, Jan Gerrit van, „Der Teufel stiehlt das Tintenfass", in: *Kunsthistorische Forschungen*, Otto Pächt zu seinem 70. Geburtstag, hg. v. Artur Rosenauer u. Gerold Weber, Salzburg 1972, S. 173–188.
Gelfand, Laura D., „Class, gender, and the influence of penitential literature in Bosch's depictions of sin", in: de Bruyn/Koldeweij 2010, S. 159–173.
Gerlach, Pater, „Jeronimus van Aken alias Bosch en de Onze Lieve Vrouwe-Broederschap", in: 's-Hertogenbosch 1967, S. 48–60.
Gerlach, Pater, *Jheronimus Bosch: Opstellen over leven en werk*, Den Haag 1988 [Sammelneuausgabe älterer Artikel].
Gertsman, Elina, „Illusion and deception: Construction of a proverb in Hieronymus Bosch's The Conjurer", in: *Athanor* 22, 2004, S. 31–37.
Gessler, Jean, *De Vlaamsche baardheilige Wilgefortis of Ontcommer*, Antwerpen/'s-Gravenhage 1937.
Gibson, Walter S., „‚Imitatio Christi': The passion scenes of Hieronymus Bosch", in: *Simiolus* 6, 1972/73, S. 83–93.
Gibson 1973a: Gibson, Walter S., „The Garden of Earthly Delights by Hieronymus Bosch: The iconography of the central panel", in: *Nederlands Kunsthistorisch Jaarboek* 24, 1973, S. 1–26.
Gibson 1973b: Gibson, Walter S., „Hieronymus Bosch and the mirror of man: The authorship and iconography of the tabletop of the Seven Deadly Sins", in: *Oud Holland* 87, 1973, 4, S. 205–226.
Gibson, Walter S., *Hieronymus Bosch*, Frankfurt am Main/Berlin/Wien 1974.
Gibson, Walter S., „Bosch's boy with a whirligig: Some iconographical speculations", in: *Simiolus* 8, 1975/76, S. 9–15.
Gibson, Walter S., *Hieronymus Bosch: An annotated bibliography*, Boston 1983.
Gibson, Walter S., „Bosch's dreams: A response to the art of Bosch in the Sixteenth Century", in: *Art Bulletin* 74, 1992, S. 205–218.
Gibson, Walter S., „The strawberries of Hieronymus Bosch", in: *Cleveland Studies in the History of Arts* 8, 2003, S. 24–33.
Gibson, Walter S., „La Mesa de los pecados capitales: Muerte, juicio y eternidad", in: Bango Torviso 2006a, S. 167–183.
Gibson, Walter S., „An infernal invention: Bosch's tree-man", in: *Invention: Northern Renaissance studies in honor of Molly Faries* (Me Fecit; 5), hg. v. Julien Chapuis, Turnhout 2008, S. 162–173.
Gielis, M. A. M. E. [Marcel], „Jheronimus Bosch: De natuur van de mens en de hoofdzonden", in: *Noordbrabants Jaarboek* 20, 2003, S. 93–117.
Glanemans, Ronald/Oudheusden, Jan van, *De Wereld van Bosch*, 's-Hertogenbosch 2001.
Glum, Peter, „Divine judgement in Bosch's ‚Garden of Earthly Delights'", in: *Art Bulletin* 58, 1976, S. 45–54.
Gombrich, Ernst H., „The earliest description of Bosch's

‚Garden of Delight'", in: *Journal of the Warburg and Courtauld Institutes* 30, 1967, S. 403–406.

Gombrich, Ernst H., „Bosch's ‚Garden of Earthly Delights': A progress report", in: *Journal of the Warburg and Courtauld Institutes* 32, 1969, S. 162–170.

Gorissen, Friedrich, *Das Stundenbuch der Katharina von Kleve: Analyse und Kommentar*, Berlin 1973.

Gossart, Maurice, *La peinture de diableries à la fin du moyen-âge: Jérôme Bosch. Le „faizeur de Dyables" de Bois-le-Duc*, Lille 1907.

Graziani, René, „La planta del ‚San Juan en el desierto' del Bosco", in: *Archivo español de arte* 56, 1983, S. 379–382.

Gruber, Hans-Günter, *Christliches Eheverständnis im 15. Jahrhundert: Eine moralgeschichtliche Untersuchung zur Ehelehre Dionysius' des Kartäusers* (Studien zur Geschichte der katholischen Moraltheologie; 29), Regensburg 1989.

Guevara, Felipe de, *Comentarios de la Pintura. Con un discurso preliminar y algunas notas de Antonio Ponz*, Madrid: Gerónimo Ortega, hijos ele Ibarry y Compañia, 1788 [verfasst um 1560].

Guevara, Felipe de, *Comentarios de la Pintura*, um 1560, gedruckt Madrid 1788, zitiert nach: Sánchez Cantón, 1923, S. 153–179.

Halsema-Kubes, Willy, „Adriaen van Wesels Altar in 's-Hertogenbosch: Rekonstruktion und kunstgeschichtliche Bedeutung", in: *Flügelaltäre des späten Mittelalters*, hg. v. Hartmut Krohm u. Eike Oellermann, Berlin 1992, S. 144–155.

Halsema-Kubes, Willy/Lemmens, Gerard/Werd, Guido de, *Adriaen van Wesel (ca. 1417 – ca. 1490): Een Utrechtse beeldhouwer uit de late middeleeuwen*, Amsterdam 1980.

Hamburger, Jeffrey, „Bosch's conjuror: An attack on magic and sacramental heresy", in: *Simiolus* 14, 1984, S. 4–23.

Hamm, Berndt, „Frömmigkeit als Gegenstand theologiegeschichtlicher Forschung: Methodisch-historische Überlegungen am Beispiel von Spätmittelalter und Reformation", in: *Zeitschrift für Theologie und Kirche* 74, 1977, S. 464–497.

Hammer-Tugendhat, Daniela, *Hieronymus Bosch: Eine historische Interpretation seiner Gestaltungsprinzipien* (Theorie und Geschichte der Literatur und der schönen Künste; 58), München 1981.

Hammer-Tugendhat, Daniela, „Erotik und Inquisition", in: *Der Garten der Lüste: Zur Deutung des Erotischen und Sexuellen bei Künstlern und ihren Interpreten*, hg. v. Renate Berger u. Daniela Hammer-Tugendhat, Köln 1985, S. 10–47.

Hammerstein, Reinhold, *Diabolus in Musica: Studien zur Ikonographie der Musik des Mittelalters*, Bern/München/Frankfurt am Main 1974.

Hand, John Oliver, *National Gallery of Art: Master Paintings from the Collection*, Washington D.C./New York 2004.

Hansen, Monika, *Der Aufbau der mittelalterlichen Predigt unter besonderer Berücksichtigung der Mystiker Eckhart und Tauler*, Hamburg 1972.

Harms, Wolfgang (Hg.), *Text und Bild, Bild und Text*, Symposion der Deutschen Forschungsgemeinschaft 1988 (Germanistische Symposien Berichtsbände; 11), Stuttgart 1990.

Hartau 2001a: Hartau, Johannes, „Suche nach Glück bei nahem Untergang", in: *Frankfurter Allgemeine Zeitung* 182, 8.8.2001, S. 6.

Hartau 2001b: Hartau, Johannes, „Zur Allegorie des Müßiggangs: Bildquellen für das Motiv des Narrenschiffs bei Sebastian Brant und Hieronymus Bosch", in: *Liber Amicorum Raphael de Smedt*, Bd. 2: *Artium historia*, hg. v. Joost van der Auwera, Löwen 2001, S. 63–84.

Hartau, Johannes, „A newly established triptych by Hieronymus Bosch", in: Verougstraete/Schoute 2003, S. 33–38.

Hartau, Johannes, „Das neue Triptychon von Hieronymus Bosch als Allegorie über den ‚unnützen Reichtum'", in: *Zeitschrift für Kunstgeschichte* 68, 2005, S. 305–338.

Hartlaub, Gustav Friedrich, „Hieronymus Bosch: Wege und Abwege seiner Deutung", in: *Das Münster* 10, 1957, S. 374–377.

Heene, Katrien, „Aan de vruchten kent men de boom: De boom in tekst in beeld in de middeleeuwse Nederlanden", in: Baert/Fraeters 2001, S. 97–119.

Heidenreich, Helmut, „Hieronymus Bosch in some literary contexts", in: *Journal of the Warburg and Courtauld Institutes* 33, 1970, S. 171–199.

Heijting, W., „De boeken uit het klooster van de Wilhelmiten te 's-Hertogenbosch", in: *Hellinga Festschrift, feestbundel, mélanges: Forty-three studies in bibliography presented to Prof. Dr. Wytze Hellinga*, hg. v. Ton Croiset van Uchelen, Amsterdam 1980, S. 289–301.

Herp, Hendrik, *Spieghel der volcomenheit*, opnieuw uitgegeven door L. Verschueren (Tekstuitgaven van Ons Geestelijk Erf), 2 Bde., Antwerpen 1931.

's-Hertogenbosch 1967: *Jheronimus Bosch: Bijdragen bij gelegenheid van de herdenkingstentoonstelling te 's-Hertogenbosch*, Ausst.-Kat. Noordbrabants Museum te 's-Hertogenbosch, 's-Hertogenbosch 1967.

s'Hertogenbosch 1990: *In Buscoducis 1450–1629: Kunst uit de Bourgondische tijd te 's-Hertogenbosch, de cultuur van late middeleeuwen en renaissance*, Ausst.-Kat. Noordbrabants Museum te 's-Hertogenbosch, 2 Bde., hg. v. Adrianus Maria Koldeweij, Maarssen/Den Haag/'s-Hertogenbosch 1990.

Heuvel, Nicolaas H. L. van den, *De ambachtsgilden van 's-Hertogenbosch vóór 1629: Rechtsbronnen van het bedrijfsleven en het gildewezen*, Utrecht 1946.

Hezenmans, J[oannes] C[ornelius] A[ntonius], *De St. Jans-kerk te 's-Hertogenbosch en hare Geschiedenis*, 's-Hertogenbosch 1866.

Hieronymus: Eusebius Hieronymus, „Brief an Eustochium", in: *Ausgewählte Briefe* (Bibliothek der Kirchenväter), Bd. I, 1. Briefband, a. d. Lat. übers. v. Ludwig Schade, München 1936, S. 58–117.

Higgs Strickland, Debra, „Picturing Antichrist and others in the Prado Epiphany by Hieronymus Bosch", in: *Others and outcasts in early modern Europe: Picturing the social margins*, hg. v. Tom Nichols, Aldershot 2007, S. 11–35.

Hildebrandt, Hans-Hagen, „Rabelais' Destruktionsarbeit am Mechanismus der Repräsentation des Mittelalters", in: *Höfische Repräsentation: Das Zeremoniell und die Zeichen*, hg. v. Hedda Ragotzky u. Horst Wenzel, Tübingen 1990, S. 333–350.

Hoffman, Ed, „Raadsels rond werk Jheronimus Bosch: Het altaar van de Lieve Vrouwebroederschap", in: *Bossche Bladen* 1, 2008, S. 26–31.

Höfler, Constantin R. von, „Kritische Untersuchungen über die Quellen der Geschichte Philipps des Schönen, Erzherzogs von Österreich, Herzogs von Burgund, Königs von Castilien", in: *Sitzungsberichte der Philosophisch-Historischen Classe der Kaiserlichen Akademie der Wissenschaften* 104, 3, 1883, S. 433–510.

Holten, Ragnar von, „Hieronymus Bosch und die Vision des Tondalus", in: *Konsthistoriek Tidskrift* 28, 1959, S. 99–109.

Hombergh, Frederik A. H. van den, „Ein unbekannter Brief des Jan Brugman", in: *Archivum Franciscanum Historicum* 64, 1971, S. 337–366.

Homolka, Anita, *Die Tischzuchten von Sebastian Brant, Thomas Murner und Hans Sachs und ihr realer Hintergrund in Basel, Strassburg und Nürnberg*, München 1983.

Horaz: Quintus Horatius Flaccus, *Epistula ad Pisonem: De Arte Poetica [Ars Poetica]*, lat.-dt., übers. u. mit e. Nachwort hg. v. Eckart Schäfer, Stuttgart 1994.

Huys Janssen, Paul, „Jeroen Bosch en de familie Scheyfve: Portretten geïdentificeerd", in: *Bossche Bladen* 4, 2005, S. 131–133.

Huys Janssen, Paul, „Hieronymus Bosch: Facts and records concerning his life and works of art", in: *Wallraf-Richartz-Jahrbuch* 68, 2007, S. 239–254.

Ilsink, Matthijs, *Bosch en Bruegel als Bosch: Kunst over kunst bij Pieter Bruegel (c. 1528–1569) en Jheronimus Bosch (c. 1450–1516)* (Nijmeegse Kunsthistorische Studies; 17), Edam 2009.

Ilsink, Matthijs, „On three drawings by Jheronimus *Bosch*: The Field has Eyes and the Wood has Ears, The Treeman, The Owls' Nest", in: de Bruyn/Koldeweij 2010, S. 173–188.

Jacobs, Lynn F., „The triptychs of Hieronymus Bosch", in: *Sixteenth Century Journal* 31, 2000, S. 1009–1041.

Jacobus de Voragine, *Legenda Aurea*, übers. u. hg. v. Richard Benz, Jena 1925.

Jan van Leeuwen, *Een bloemlezing uit zijn werken*, hg. v. Stephanus Axters, Antwerpen 1943.

Janssen, Hans/Goubitz, Olaf/Kottman, Jaap, „Everyday objects in the paintings of Hieronymus Bosch", in: Koldeweij/Vermet/Kooij 2001, S. 171–192.

Jung, Vera, *Körperlust und Disziplin: Studien zur Fest- und*

Tanzkultur im 16. und 17. Jahrhundert, Köln/Weimar/Wien 2001.

Justi, Carl, „Die Werke des Hieronymus Bosch in Spanien", in: *Jahrbuch der königlichen Preuszischen Kunstsammlungen* 10, 1889, S. 121–144.

Kanz, Roland, *Die Kunst des Capriccio: Kreativer Eigensinn in Renaissance und Barock*, München 2002.

Kappelhof, Antonius Cornelis Marie, *Het archief van de Tafel van de H. Geest van 's-Hertogenbosch*, 's-Hertogenbosch 1980.

Kappler, Claude, *Monstres, démons et merveilles à la fin du moyen age*, Paris 1980.

Karlowska-Kamzowa, Alicja, „Painted and graphic decorations of prayer-books and the works of Hieronymus Bosch", in: *Polish art studies* 13, 1992, S. 17–29.

Kayser, Wolfgang, *Das Groteske in Malerei und Dichtung*, Reinbek bei Hamburg 1960 [*Das Groteske: Seine Gestaltung in Malerei und Dichtung*, Oldenburg 1957].

Kessler, Erwin, *Ymago Sophystica: Around the Marriage at Cana by Hieronymus Bosch, some furniture, vessels and guests*, Maastricht 2001.

Ketelsen, Thomas (Hg.), *Die Erfindung der Landschaft um 1500: Einem Zeitgenossen von Hieronymus Bosch auf der Spur* (Der ungewisse Blick; 9), Köln 2013.

Ketelsen, Thomas/Neidhardt, Uta (Hg.), *Das Geheimnis des Jan van Eyck: Die frühen niederländischen Zeichnungen und Gemälde in Dresden, Berlin/München 2005.*

Kibedi Varga, Aron, „Visuelle Argumentation und visuelle Narrativität", in: Harms 1990, S. 356–367.

King, David A., „The Cult of St. Wilgefortis in Flanders, Holland, England and France", in: *Am Kreuz – eine Frau: Anfänge – Abhängigkeiten – Aktualisierungen*, hg. v. Sigrid Glockzin-Bever u. Martin Kraatz, Münster 2003, S. 55–97.

Klein, Peter, „Dendrochronological analysis of works by Hieronymus Bosch and his followers", in: Koldeweij/Vermet/Kooij 2001, S. 121–131.

Klemm, Elisabeth, „Zwischen Didaktik, Moral und Satire: Beobachtungen zu Tieren und Monstren in der Buchmalerei", in: *Wiener Jahrbuch für Kunstgeschichte* 46/47, 1993/94, S. 287–301.

Koch, Robert A. M., „Schongauer's Dragon Tree", in: *Print Review* 5, 1976, S. 114–119.

Koch, Thomas, „Lektüre und Meditation der Laienbrüder in der Devotio Moderna", in: *Ons Geestelijk Erf* 76, 2002, S. 15–63.

Koerner, Joseph Leo, „Wirklichkeit bei Hieronymus Bosch", in: *Realität und Projektion: Realistische Darstellungen in Antike und Mittelalter*, hg. v. Martin Büchsel u. Peter Schmidt, Berlin 2005, S. 227–238.

Koldeweij, A[drianus] M[aria] [Jos], *De ‚Keisnijding' van Hieronymus Bosch*, Zutphen 1991.

Koldeweij, Adrianus Maria [Jos], „Was Jeroen Bosch wat jaren vóór Erasmus leerling van de Latijnse School te 's-Hertogenbosch?", in: *Scolae de Buscho 1274–1999: Fragmenten uit de historie van de Latijnse School van 's-Hertogenbosch ter gelegenheid van het 725-jarig bestaan*, hg. v. Kees van den Oord, Vlijmen 1999, S. 3–12.

Koldeweij, Jos [Adrianus Maria], „Jheronimus Bosch in zijn stad 's-Hertogenbosch", in: Koldeweij/Vermet/Vandenbroeck 2001, S. 20–83.

Koldeweij, Jos [Adrianus Maria], „Jheronimus Bosch", in: *De schilderkunst der Lage Landen*, Teil 1: *De Middeleeuwen en de zestiende eeuw*, hg. v. Jos Koldeweij, Alexandra Hermesdorf u. Paul Huvenne, Amsterdam 2006, S. 129–147.

Koldeweij, Jos [Adrianus Maria], „A man like Bosch …", in: de Bruyn/Koldeweij 2010, S. 16–33.

Koldeweij, Jos [Adrianus Maria]/Vermet, Bernard/Kooij, Barbera van, *Hieronymus Bosch: New insights into his life and work*, Rotterdam 2001.

Koldeweij, Jos [Adrianus Maria]/Vermet, Bernard/Vandenbroeck, Paul, *Jheronimus Bosch: Alle schilderijen en tekeningen*, Gent/Amsterdam 2001 [dt. Ausgabe: *Hieronymus Bosch. Das Gesamtwerk*, Stuttgart 2001].

Könneker, Barbara, *Satire im 16. Jahrhundert: Epoche, Werke, Wirkung*, München 1991.

Koreny, Fritz, „Hieronymus Bosch – Überlegungen zu Stil und Chronologie: Prolegomena zu einer Sichtung des Œuvres", in: *Jahrbuch des Kunsthistorischen Museums Wien* 4/5, 2002/03, S. 46–75.

Koreny, Fritz, *Hieronymus Bosch: Die Zeichnungen, Werkstatt*

und Nachfolge bis zum Ende des 16. Jahrhunderts, Turnhout 2012.
Koreny, Fritz/Pokorny, Erwin, *Hieronymus Bosch: Die Zeichnungen in Brüssel und Wien* (Delineavit et Sculpsit: Tijdschrift voor Nederlandse prent- en tekenkunst tot omstreeks 1850; 24), Leiden 2001.
Kotková, Olga (Hg.), *Hieronymus Bosch – Následovník Dvanáctiletý Ježíš v chrámu, obraz po zrestaurování/Hieronymus Bosch follower – Christ among the Doctors: the painting after restoration*, Prag 1996.
Krause, Katharina, „‚Sehet, welch ein Mensch!': Geschichte oder geistliche Auslegung des Lebens Jesu in der deutschen Malerei und Graphik um 1500", in: *Zeitschrift für Kunstgeschichte* 64, 2001, S. 475–500.
Kröll, Katrin, „Die Komik des grotesken Körpers in der christlichen Bildkunst des Mittelalters (Einführung)", in: Kröll/Steger 1994, S. 11–93.
Kröll, Katrin/Steger, Hugo (Hg.), *Mein ganzer Körper ist Gesicht: Groteske Darstellungen in der europäischen Kunst und Literatur des Mittelalters*, Freiburg im Breisgau 1994.
Kruse, Britta-Juliane, „Neufunde zur Überlieferung der ‚Predigt vom ehelichen Leben'/‚Sermo de Matrimonio' im Zusammenhang mit einer ‚Predigt auf die Hochzeit zu Kana'", in: *Speculum Medii Aevi: Zeitschrift für Geschichte und Literatur des Mittelalters* 1, 1995, S. 37–62 [Textedition: S. 45–62].
Kuijer, P.Th.J., *'s-Hertogenbosch: Stad in het hertogdom Brabant ca. 1185–1629*, Zwolle/'s-Hertogenbosch 2000.
Kulli, Rolf Max, *Die Ständesatire in den deutschen geistlichen Schauspielen des ausgehenden Mittelalters*, Bern 1966.
Kursawe, Barbara, *Docere – delectare – movere: Die officia oratoris bei Augustinus in Rhetorik und Gnadenlehre* (Studien zur Geschichte und Kultur des Altertums: Reihe 1, Monographien; 15), Paderborn 2000.
Kurz, Otto, „Four Tapestries after Hieronymus Bosch", in: *Journal of the Warburg and Courtauld Institutes* 30, 1967, S. 150–162.
Laemers, Suzanne, „Hieronymus Bosch and the tradition of the early Netherlandish triptych", in: Koldeweij / Vermet/Kooij 2001, S. 77–85.
Lammertse, Friso (Red.), *Van Eyck to Bruegel 1400–1550: Dutch and Flemish painting in the collection of the Museum Boymans-van Beuningen*, Rotterdam 1994.
Lammertse, Friso/Roorda Boersma, Annetje, „Jheronimus Bosch. The Pedlar: Reconstruction, restoration and painting technique", in: Verougstraete/Schoute 2003, S. 102–118.
Lampsonius, Dominicus, *Pictorium aliquot celebrium Germaniae inferioris effigies*, Antwerpen: Hieronymus Cock/Volcxken Diercx 1572.
Landau, Blandine, „Sins of the flesh and human folly: A study of The Ship of Fools by Jheronimus Bosch", in: de Bruyn/Koldeweij 2010, S. 210–229.
Lane, *Barbara*, „Bosch's tabletop of the Seven Deadly Sins and the Cordiale *quattuor* novissimorum", in: *Tribute to Lotte Brand Philip: Art historian and detective*, New York 1985, S. 88–94.
Le Chanu, Patrick/Mottin, Bruno, „L'Escamoteur du Musée Municipal de Saint-Germain-en-Laye", in: Verougstraete/Schoute 2003, S. 119–129.
Lentes, Thomas, „Der göttliche Blick: Hieronymus Boschs Todsündentafel – eine Einübung ins Sehen", in: *Sehen und Sakralität in der Vormoderne* (KultBild; 4), hg. v. David Ganz u. Thomas Lentes, Berlin 2011, S. 20–34.
Liano, Ignacio Gómez de, „La variedad del mundo o el tríptico de la Creación", in: Bango Torviso 2006a, S. 185–216.
Limentani Virdis, Caterina, „The crucified female Saint in Venice", in: de Bruyn/Koldeweij 2010, S. 232–242.
Lissabon 1972: *Tentações de Santo Antão: Jheronimus Bosch, exposição, documentação do tratamento, exame da pintura*, Ausst.-Kat. Museu Nacional de Arte Antiga Lissabon, Lissabon 1972.
Lissabon 1994: *Les tentations de Bosch ou l'éternel retour (As tentaçoes de Bosch ou o eterno retorno)*, Ausst.-Kat. Museu Nacional de Arte Antiga Lissabon, Mailand 1994.
London 2000: *The image of Christ*, Ausst.-Kat. National Gallery London, hg. v. Gabriele Finaldi, London 2000.
Lütke Notarp, Gerlinde, *Von Heiterkeit, Zorn, Schwermut und Lethargie: Studien zur Ikonographie der vier Temperamente in der niederländischen Serien- und Genregraphik des 16. und 17. Jahrhunderts* (Nieder-

lande-Studien; 19), Münster 1998, S. 47–70.

Macropedius, Georgius, *Georgius Macropedius' Asotus: Een neolatijns drama over de verloren zoon door Joris van Lanckvelt ['s-Hertogenbosch 1537]*, hg. [u. ins nl. übers.] v. Henricus P. M. Puttiger, Nieuwkoop 1988 (Diss. Nimwegen 1988).

Madrid 2000: *El jardín de las delicias de El Bosco: Copias, estudio técnico y restauración*, Ausst.-Kat. Museo Nacional del Prado Madrid, mit Beiträgen v. Pilar Silva Maroto u. a., Madrid 2000.

Mandabach, Marisa, „Holy shit: Bosch's bluebird and the junction of the scatological and the eschatological in Late Medieval Art", in: *Marginalia*, Okt. 2010, S. 28–49.

Mander, Karel van, *Schilder-Boeck*, Haarlem 1604 [Originaltext siehe van Dijck 2001a, S. 115 f.; engl. Übers. in Snyder 1973, S. 42 f.].

Marías, Fernando, „Bosch and Dracontius' De creatione mundi Hexameron", in: de Bruyn/Koldeweij 2010, S. 246–263.

Marijnissen, Roger H., *Das Problem Hieronymus Bosch*, Genf 1972.

Marijnissen, Roger H., *Laatmiddeleeuwse symboliek en de beeldentaal van Hiëronymus Bosch* (Mededelingen van de Koninklijke Academie voor Wetenschappen, Letteren en Schone Kunsten van België, Klasse der Schone Kunsten; 39, 1), Brüssel 1977.

Marijnissen, Roger H., *Hieronymus Bosch: Das vollständige Werk*, unter Mitwirkung von Peter Ruyffelaere, Köln 11988 [nl. Ausgabe: *Hiëronymus Bosch: Het volledig oeuvre*, Antwerpen 1987].

Marrow, James H., „Circumdederunt me canes multi: Christ's tormentors in Northern European Art of the Late Middle Ages and Early Renaissance", in: *Art Bulletin* 59, 1977, S. 167–181.

Marrow, James H., *Passion iconography in Northern European Art of the Late Middle Ages and the Early Renaissance* (Ars Neerlandica 1), Kortrijk 1979.

Martin, Hervé, *Le métier du prédicateur en France septentrionale à la fin du Moyen Age (1350–1520)*, Paris 1988.

Massing, Jean-Michel, „Sicut erat in diebus Antonii: The devils under the Bridge in the ‚Tribulations of St. Anthony' by Hieronymus Bosch in Lissabon", in: *Sight and insight: Essays on art and culture in honour of E. H. Gombrich*, London 1994, S. 108–127.

Mateo Gómez, Isabel, „El conejo cazador del ‚Jardín de las Delicias' del Bosco y una miniatura del siglo XIV", in: *Archivo español de arte* 178, 1972, S. 166–167.

Mateo Gómez, Isabel, „Apostillas iconográficas al Bosco y Rodrigo Alemán", in: *Boletín del Museo del Prado* 6, 1985, 18, S. 129–133.

Mateo Gómez, Isabel, „Analyse du triptyque", in: *Jérôme Bosch: Le Jardin des Délices*, hg. v. Maurice Guillaud, Paris 1988, S. 255–289.

Matilla Tascon, Antonio, „Felipe II adquiere pinturas del *Bosco* y Patinir", in: *Goya* 203, 1987/88, S. 258–261.

McAlister, Neil H., „The cure of folly", in: *Canadian Medical Association Journal*, 22. 6. 1974/110, S. 1382–1383.

McGrath, Robert L., „Satan and Bosch: The ‚Visio Tundali' and the monastic vices", in: *Gazette des Beaux-Arts* 71, 1968, S. 45–50.

McNamee, Maurice B., *Vested Angels: Eucharistic Allusions in Early Netherlandish Paintings*, Löwen 1988.

Mecheln 2003: *De zotte schilders: Moraalridders van het penseel rond Bosch, Bruegel en Brouwer*, Ausst.-Kat. Centrum voor Oude Kunst Mecheln, hg. v. Eric de Bruyn u. Jan Op de Beeck, Gent 2003.

Meier, Christel, „Malerei des Unsichtbaren: Über den Zusammenhang von Erkenntnistheorie und Bildstruktur im Mittelalter", in: Harms 1990, S. 35–65.

Meier, Christel, „Ut rebus apta sint verba: Überlegungen zu einer Poetik des Wunderbaren im Mittelalter", in: *Das Wunderbare in der mittelalterlichen Literatur*, hg. v. Dietrich Schmidtke (Göppinger Arbeiten zur Germanistik; 606) Göppingen 1994, S. 37–83.

Meijer, Gerardus Augustinus, *De Predikheeren te 's-Hertogenbosch 1296–1770*, Nimwegen 1897.

Menzel, Michael, „Predigt und Predigtorganisation im Mittelalter", in: *Historisches Jahrbuch* 111, 1991, S. 337–384.

Mertens, Thom (Hg.), *Boeken voor de eeuwigheid: Middelnederlands geestelijk proza* (Nederlands literatuur en cultuur in de middeleeuwen; 8), Amsterdam 1993.

Mesquita e Carmo, Ana Maria/Antunes de Sousa, Pedro, „Le Triptyque de la tentation de Saint Antoine de Jheronimus Bosch: La photographie et la réflectographie infrarouges dans la détection du dessin sous-jacent“, in: Verougstraete/Schoute 2003, S. 9–15.

Metzger, Catherine A., „Death and the miser: Alterations and implications“, in: Verougstraete/Schoute 2003, S. 39–44.

Michaelis, Rainer, „Studien zum Berliner Weltgerichtsaltar des Lucas Cranach“, in: *Aachener Kunstblätter* 58, 1989/90, S. 115–132.

Michiel, Marcantonio, *Der Anonimo Morelliano (Marcanton Michiel's Notizia d'opere del disegno),* übers. v. Theodor von Frimmel, 2 Bde., Wien 1888/89 [Nachdruck Hildesheim 1974].

Migne, Jacques Paul (Hg.), „Vitae patrum“, in: *Patrologia Latina* 73, 1849, Sp. 132.

Miller, Henry, *Big Sur and the Oranges of Hieronymus Bosch*, New York 1957.

Molius-Chronik: *Kroniek van Molius: Een zestiende-eeuwse Bossche priester over de geschiedenis van zijn stad [von ca. 1555],* hg. [u. komment.] v. J. A. M. Hoekx, 's-Hertogenbosch 2004.

Morales, Ambrosio de, *Las obras del maestro Fernán Pérez de Oliva*, Cordoba 1586.

Morganstern, Anne MacGee, „The pawns in Bosch's ‚Death and the Miser'“, in: *Studies in the History of Art*, National Gallery of Art Washington 12, 1982, S. 33–41.

Morganstern, Anne MacGee, „The rest of Bosch's ‚Ship of Fools'“, in: *Art Bulletin* 66, 1984, S. 295–302.

Moser, Dietz-Rüdiger, „‚Cave, cave, Dominus videt': Die Madrider Tischplatte des Hieronymus Bosch. Versuch einer Interpretation“, in: *Durch aubenteuer muess man wagen vil: Festschrift Anton Schwob*, hg. v. Wernfried von Hofmeister u. Bernd Steinbauer, Innsbruck 1997, S. 299–322.

Mosmans, Jan, *Jheronimus Anthonis-zoon van Aken alias Hieronymus Bosch: Zijn leven en zijn werk*, 's-Hertogenbosch 1947.

Moxey, Keith, „Hieronymus Bosch and the ‚World Upside Down': The case of The Garden of Earthly Delights“, in: *Visual culture: Images and interpretations*, hg. v. Norman Bryson, Michael A. Holly u. Keith Moxey, Hanover (New Hampshire) 1994, S. 104–140.

Nauwelaerts, Marcel A. M., *Latijnse school en onderwijs te 's-Hertogenbosch tot 1629* (Bijdragen tot de geschiedenis van het zuiden van Nederland; 30), Tilburg 1974.

Neuner, Antje Maria, *Das Triptychon in der frühen altniederländischen Malerei: Bildsprache und Aussagekraft einer Kompositionsform*, Frankfurt am Main 1995.

Onghena, M. J., *De iconografie van Philips de Schone* (Académie Royale de Belgique, Classe des beaux-arts; 10, Fasc. 5), Brüssel 1959.

Oord, Cornelis Johannes Antonius van den, *Twee eeuwen Bosch' boekbedrijf 1450–1650* (Bijdragen tot de Geschiedenis van het Zuiden van Nederland; 62), Tilburg 1984.

Oostrom, Frits P. van, *Het woord van eer: literatuur aan het Hollandse hof omstreks 1400*, Amsterdam 1987.

Oostrom, Frits P. van/Willaert, Frank (Hg.), *De studie van de Middelnederlandse letterkunde: Stand en toekomst*, Symposium Antwerpen 22.–24. 9. 1988 (Middeleeuwse studies en bronnen; 14), Hilversum 1989.

Os-Chronik: *Kroniek van Peter van Os. Geschiedenis van 's-Hertogenbosch en Brabant van Adam tot 1523* (Rijks Geschiedkundige Publicatiën; Kleine Serie; 87), hg. v. A. M. van Lith-Droogleever Fortuijn, J. G. M. Sanders u. G. A. M. Van Synghel, Den Haag 1997.

Panofsky, Erwin, *Altniederländische Malerei: Ihr Ursprung und ihr Wesen*, 2 Bde., Köln 2001 [engl. Ausgabe: *Early Netherlandish Painting*, Cambridge (Massachusetts) 1953].

Pauvert, Dominique, „Le vin dans l'œuvre de Jérôme Bosch et Pieter Bruegel l'Ancien“, in: *Le vin dans les œuvres*, colloque pluridisciplinaire de Libourne-Montagne Saint-Emilion, 17.–19. 5. 2001, hg. v. Amancio Tenaguillo y Cortázar, Talence 2004, S. 125–141.

Peacock, Martha Moffitt, „Hieronymus Bosch's Venetian St. Jerome“, in: *Konsthistorisk tidskrift* 64, 1995, 2, S. 71–85.

Pearsall, Derek/Salter, Elizabeth, *Landscapes and seasons of the medieval world*, London 1973.

Peeters, Cornelius J. A. C., *De Sint Janskathedraal te 's-Hertogenbosch* (De Nederlandse Monumenten van Geschiedenis en Kunst), 's-Gravenhage 1985.

Pinson, Yona, „Fall of the Angels and Creation in

Bosch's Eden: Meaning and iconographical sources", in: *Flanders in a European perspective: Manuscript illumination around 1400 in Flanders and abroad*, hg. v. Bert Cardon u. Maurita Smeyers, Löwen 1995, S. 693–707.

Pinson, Yona, „Folly and vanity in Bruegel's Dulle Griet: Proverbial metaphors and their relationship to Bosch's imagery", in: *Studies in Iconography* 20, 1999, S. 185–213.

Pinson, Yona, „Hieronymus Bosch: Marginal imagery shifted into the center and the notion of upside down", in: *The metamorphosis of marginal images: From Antiquity to the Present Time,* hg. v. Nurith Kenaan-Kedar u. Asher Ovadiah, Tel Aviv 2001, S. 203–212.

Pinson, Yona, „Hieronymus Bosch – ‚Homo viator' at a crossroads: A new reading of the Rotterdam tondo", in: *Artibus et historiae* 26, 2005, 52, S. 57–84.

Pinson, Yona, „A moralized semi-secular triptych by Jheronimus Bosch", in: de Bruyn/Koldeweij 2010, S. 265–277.

Pita Andrade, José Manuel, „Pinturas y pintores de Isabel la Católica", in: *Isabel la Católica y el Arte*, hg. v. Gonzalo Anes Alvarez, Madrid 2006, S. 13–71.

Plafond, Paul, *Hieronymus Bosch: Son art, son influence, ses disciples*, Brüssel 1914.

Pleij, Herman, *Het gilde van de Blauwe Schuit: Literatur, volksfeest en burgermoraal in de late middeleeuwen*, 2. erw. Aufl. Amsterdam 1983 (Diss. Amsterdam 1979).

Pleij, Herman, *De sneeuwpoppen van 1511: Stadscultuur in de late middeleeuwen*, Amsterdam 1988.

Pleij, Herman, „Lekenethiek en burgermoraal" [Rezension von Reynaert, J. (Hg.), Wat is wijsheid? Lekenethiek in de Middelnederlandse letterkunde, Amsterdam 1994], in: *Queeste* 2, 1995, 2, S. 170–180.

Pleij, Herman, *Der Traum vom Schlaraffenland*, Frankfurt am Main 2000.

Pleij, Herman, *Colors demonic and divine: Shades of meaning in the Middle Ages and after*, New York 2004.

Pokorny, Erwin, „Bosch's cripples and drawings by his imitators", in: *Master Drawings* 41, 2003, 3, S. 293–304.

Pokorny, Erwin, „Hieronymus Bosch hält sich bedeckt: Zu Forschungsstand und rezenter Literatur", in: *Kunstchronik* 2007, 3, S. 129–133.

Pokorny, Erwin, *Hexen und Magier in der Kunst des Hieronymus Bosch* (Lexikon zur Geschichte der Hexenverfolgung, hrsg. v. Gudrun Gersmann, Katrin Moeller u. Jürgen-Michael Schmidt), 2009; in: historicum.net. URL: http://www.historicum.net/no_cache/persistent/artikel/6751/4. 4. 2013.

Pokorny 2010a: Pokorny, Erwin, „Hieronymus Bosch und das Paradies der Wollust", in: *Frühneuzeit-Info* 21, 2010, 1/2 (Sonderband „Die Sieben Todsünden in der Frühen Neuzeit"), S. 22–34.

Pokorny 2010b: Pokorny, Erwin, „Die sogenannte Tischplatte mit den Sieben Todsünden und den vier letzten Dingen", in: *Frühneuzeit-Info*, 21, 2010, 1/2 (Sonderband „Die Sieben Todsünden in der Frühen Neuzeit"), S. 35–43.

Pokorny 2010c: Pokorny, Erwin, „Bosch and the influence of Flemish book illumination", in: de Bruyn/Koldeweij 2010, S. 281–292.

Prevenier, Walter/Blockmans, Wim, *The Burgundian Netherlands*, Cambridge 1986.

Randall, Lilian M. C., „Exempla in Gothic Marginal Illumination", in: *Art Bulletin* 39, 1957, S. 97–107.

Randall, Lilian M. C., *Images in the margins of Gothic manuscripts*, Berkeley/Los Angeles 1966.

Raupp, Hans-Joachim, *Bauernsatiren: Entstehung und Entwicklung des bäuerlichen Genres in der deutschen und niederländischen Kunst ca. 1470–1570*, Niederzier 1986.

Reglement van de Illustre Lieve Vrouwe Broederschap te 's-Hertogenbosch, 's-Hertogenbosch: Laurens Hayen 1518, 32 S., Auflage 2000 „briefkens", Exemplar der Ruusbroec-Genootschap Antwerpen [Oord, S. 81, Nr. 38].

Reißer, Ulrich, *Physiognomik und Ausdruckstheorie der Renaissance: Der Einfluss charakterologischer Lehren auf Kunst und Kunsttheorie des 15. und 16. Jahrhunderts*, München 1997.

Renger, Konrad, „Versuch einer neuen Deutung von Hieronymus Boschs Rotterdamer Tondo", in: *Oud Holland* 84, 1969, S. 67–76.

Renson, Marianne, „Genealogical information concerning The Bronchorst-Bosschuysen triptych", in: Koldeweij/Vermet/Kooij 2001, S. 93–95.

Reuterswärd, Patrick, *Hieronymus Bosch,* Uppsala 1970.

Reynaert, Jos (Hg.), *Wat is wijsheid? Lekenethiek in de Middelnederlandse letterkunde* (Nederlandse literatuur en cultuur in de middeleeuwen; 9), Amsterdam 1994.

Richter, Konrad, *Der deutsche S. Christoph: Eine historisch-kritische Untersuchung* (Acta Germanica; 5, 1), Berlin 1896.

Ringbom, Sixten, *Icon to narrative: The rise of the dramatic close-up in fifteenth-century devotional painting,* Åbo 1965.

Rivière, J., „Réévaluation du mécénat de Philippe le Beau et de Marguerite d'Autriche en matière de peinture", in: *Publications du Centre européen d'études bourguignonnes* 25, 1985, S. 103–117.

Roggen, Domien, „J. Bosch: Literatuur en folklore", in: *Gentsche Bijdragen tot de Kunstgeschiedenis* 6, 1939/40, S. 107–126.

Röhrich, Lutz, *Lexikon der sprichwörtlichen Redensarten,* 2 Bde., Freiburg im Breisgau 1973.

Rom 1996: *Vedere i classici: L'illustrazione libraria dei testi antichi dall'età romana al tardo medioevo*, Ausst.-Kat. Musei Vaticani Rom, u. Leit. v. Marcus Buonocore, Rom 1996.

Rooth, Anna Birgitta, *Exploring the Garden of Delights: Essays in Bosch's paintings and the medieval mental culture,* Helsinki 1992.

Rosenberg, Jakob, „On the meaning of a Bosch drawing", in: *De artibus opuscula 40: Essays in Honor of Erwin Panofsky*, hg. v. Millard Meiss, New York 1961, S. 422–426.

Ruppel, Wendy, „Salvation through imitation: The meaning of Bosch's St. Jerome in the Wilderness", in: *Simiolus* 18, 1988, 1/2, S. 4–12.

Salazar, Abdon M., „El Bosco y Ambrosio de Morales", in: *Archivo español de arte* 28, 1955, 110, S. 117–138.

Sánchez Cantón, Francisco Javier, *Fuentes literarias para la historia del arte español* I, Madrid 1923.

Sánchez Cantón, Francisco Javier, *Libros, tapices y cuadros que coleccionó Isabel la Católica*, Madrid 1950.

Sander, Jochen, *Niederländische Gemälde im Städel 1400–1550*, Mainz 1993.

Schade, Herbert, „Der ‚Traum Adams' – Das ‚Grosse Geheimnis' (Ephes. 5,32) von Liebe und Tod und die Erkenntnis des Guten und Bösen in der mittelalterlichen Kunst", in: *Die Mächte des Guten und Bösen: Vorstellungen im XII. und XIII. Jh. über ihr Wirken in der Heilsgeschichte* (Miscellanea mediaevalia), hg. v. Albert Zimmermann, Berlin/New York 1977, S. 453–488.

Schade, Karl, *Ad Excitandum devotionis affectum: Kleine Triptychen in der altniederländischen Malerei*, Weimar 2001.

Scher, Stephen K., „Hieronymus Bosch: An exercise in attribution", in: *Bulletin of the Rhode Island School of Design* 53, 1967, S. 1–25.

Schiewer, Hans-Jochen, „German sermons in the Middle Ages", in: *The Sermon* (Typologie des sources du moyen âge occidental; 81–83), hg. v. Beverly Mayne Kienzle, Turnhout 2000, S. 861–961.

Schlie, Heike, *Sakramentaler Realismus von Jan van Eyck bis Hieronymus Bosch*, Berlin 2002.

Schmidt, Leopold, „Das Stachelhalsband des Hirtenhundes", in: *Deutsches Jahrbuch für Volkskunde* 6, 1960, S. 154–181.

Schnürer, Gustav/Ritz, Joseph M., *Sankt Kümmernis und Volto Santo*, Düsseldorf 1934.

Schönbach, Anton E., „Sanct Christophorus", in: *Zeitschrift für deutsches Altertum und deutsche Literatur* 17, NF 5, 1874, S. 85–141.

Schoute, Roger van/Garrido, Maria del Carmen/Cabrera, José Maria, „Le dessin sous-jacent chez Jérôme Bosch: L'Adoration des Mages du Musée du Prado à Madrid", in: *Le dessin sous-jacent dans la peinture*, colloque V, 29.9.–1.10.1983, hg. v. Roger van Schoute u. Dominique Hollanders-Favart, Louvain-la-Neuve 1985, S. 211–215.

Schoute, Roger van/Verboomen, Monique, *Jérôme Bosch*, Tournai 2000.

Schoute, Roger van/Verougstraete, Hélène/Garrido, Maria del Carmen, „Bosch and his sphere: Technique", in: Koldeweij/Vermet/Kooij 2001, S. 102–119.

Schreiner, Klaus, „Laienfrömmigkeit: Frömmigkeit von Eliten oder Frömmigkeit des Volkes? Zur sozialen Verfasstheit laikaler Frömmigkeitspraxis im späten Mittelalter", in: *Laienfrömmigkeit im späten Mittelalter: Formen, Funktionen, politisch-soziale Zusammenhänge* (Schriften des Historischen Kollegs; 20), hg.

v. Klaus Schreiner, München 1992, S. 1–78.
Schuder, Rosemarie, *Hieronymus Bosch: Das Zeitalter – das Werk*, Berlin 1998.
Schüssler, Gisbert, „Das göttliche Sonnenauge über den Sünden: Zur Deutung der ‚mesa de los pecados mortales' des Hieronymus Bosch", in: *Münchner Jahrbuch der bildenden Kunst* 44, 1993, S. 119–150.
Schuttelaars, Antonius H., *Heren van de Raad: Bestuurlijke elite van 's-Hertogenbosch in de stedelijke samenleving, 1500–1580*, Nimwegen 1998.
Schwartz, Gary, *Hieronymus Bosch*, New York 1997.
Schwartz, Heinrich, „The mirror of the artist and the mirror of the devout", in: *Studies in the history of art dedicated to William E. Suida on His Eightieth Birthday*, London 1959, S. 90–105.
Schweizer-Vüllers, Regine, *Die Heilige am Kreuz: Studien zum weiblichen Gottesbild im späten Mittelalter und in der Barockzeit*, Bern 1997.
Sedlmayr, Hans, „Die ‚macchia' Bruegels", in: *Jahrbuch der kunsthistorischen Sammlungen in Wien* 8, 1934, S. 137–160.
Sherwood-Smith, Maria, *Repertorium van Middelnederlandse preken in handschriften tot en met 1550/Repertorium of Middle Dutch sermons preserved in manuscripts from before 1550* (Miscellanea neerlandica; 29), Löwen 2003.
Sigüenza, José de, *Tercera parte de la Historia de la Orden de San Geronimo Doctor de la Iglesia*, Madrid 1605, 2 1909, zitiert nach: Sánchez Cantón, 1923, S. 425 ff. [Ausschnitt Originaltext siehe van Dijck 2001a, S. 116 ff.].
Silva Maroto, Pilar, „Bosch in Spain: On the works recorded in the Royal Inventories", in: Koldeweij/Vermet/Kooij 2001, S. 41–46.
Silver, Larry, „God in the details: Bosch and judgement(s)", in: *Art Bulletin* 83, 2001, S. 626–650.
Silver, Larry, *Hieronymus Bosch*, München 2006.
Simonson, Anne, „On spiritual creativity in Hieronymus Bosch", in: *Fifteenth-century studies* 18, 1991, S. 221–258.
Slenczka, Ruth, *Lehrhafte Bildtafeln in spätmittelalterlichen Kirchen* (Pictura et Poesis; 10), Köln/Weimar/Wien 1998.
Snyder, James, *Bosch in Perspective*, Englewood Cliffs (New Jersey) 1973.
Spronk, Ron, *Eigenhandig? (All by himself?): Opmerkingen bij de schildertechniek en toeschrijvingsproblematiek bij Jheronimus Bosch/Remarks on painting techniques and attributions in regard to Hieronymus Bosch*, Nimwegen 2011.
Spychalska-Boczkowska, Anna, „Material for the Iconography of Hieronymus Bosch's Triptych The Garden of Delights", in: *Studia Muzealne/Muzeum Narodowe w Poznaniu* 5, 1966, S. 49–86 [siehe auch Boczkowska, Anna].
Stahl, Ernst Konrad, *Die Legende vom heiligen Riesen Christophorus in der Graphik des 15. und 16. Jahrhunderts: Ein entwicklungsgeschichtlicher Versuch*, München 1920.
Stark, Brigitte, *Das Groteske in der altfranzösischen geistlichen Literatur mit einem Überblick über das Groteske in den weltlichen Literaturgattungen*, Hamburg 1977.
Stechow, Wolfgang, „Hieronymus Bosch: The grotesque and we", in: *The grotesque in art and literature: Theological reflections*, hg. v. James Luther Adams u. Wilson Yates, Grand Rapids (Michigan) 1997, S. 113–124.
Steemers, H. W., *Hieronymus Bosch: Een interpretatie van zijn laatste oordeel's triptiek te Wenen aan de hand van middelnederlandse literaire bronnen*, Nimwegen 1979.
Stein-Schneider, Herbert, „Le Charlatan de Hieronymus Bosch du Musée Municipal de Saint-Germain-en-Laye: Une étude iconographique", in: *Gazette des beaux-arts* 106, 1985, 6, S. 47–51.
Steppe, Jan Karel, „Jheronimus Bosch: Bijdrage tot de historische en ikonographische studie van zijn werk", in: 's-Hertogenbosch 1967, S. 5–41.
Sterk, Jozef, *Philips van Bourgondie (1465–1524) bisschop van Utrecht als protagonist van de Renaissance: Zijn leven en maecenaat*, Zutphen 1980.
Stroo, Cyriel/Syfer-d'Olne, Pascale, „Hieronymus Bosch: Crucifixion with a Donor and Saint Peter", in: Cyriel Stroo/Pascale Syfer-d'Olne/Anne Dubois, *The Flemish Primitives*, Bd. 3: *The Hieronymus Bosch, Albrecht Bouts, Gerard David, Colijn de Coter, Goossen van der Weyden Groups* (Catalogue of Early Netherlandish Painting: Royal Museums of Fine Arts of Belgium; 3), Turnhout 2001, S. 71–83.

Stuip, René E. V./Vellekoop, Cornelis (Hg.), *Scholing in de middeleeuwen*, Hilversum 1995.

Suckale, Robert, „Süddeutsche szenische Tafelbilder um 1420–1450: Erzählung im Spannungsfeld zwischen Kult- und Andachtsbild“, in: Harms 1990, S. 15–34.

Suckale, Robert, *Rogier van der Weyden: Die Johannestafel, das Bild als stumme Predigt*, Frankfurt am Main 1995.

Suckale, Robert, *Stil und Funktion: Ausgewählte Schriften zur Kunst des Mittelalters*, hg. v. Peter Schmidt u. Gregor Wedekind, Berlin 2008.

Sullivan, Margaret A., „Bosch, Bruegel, Everyman and the Northern Renaissance“, in: *Oud Holland* 121, 2008, 2/3, S. 117–146.

Sund, Horst (Hg.), *Fas(t)nacht in Geschichte, Kunst und Literatur*, Konstanz 1984.

Tacke, Andreas/Irsigler, Franz (Hg.), *Der Künstler in der Gesellschaft: Einführungen zur Künstlersozialgeschichte des Mittelalters und der Frühen Neuzeit*, Darmstadt 2011.

Taylor, Larissa J., *Soldiers of Christ: Preaching in Late Medieval and Early Modern France*, Oxford 1992.

Tholen, Sybille, *Moraltheologische und moralpädagogische Allegorien (Pierter Aertsen und Joachim Beuckelaer) mit einem vorläufigen Œuvre-Verzeichnis*, Köln 1987.

Thürlemann, Felix, *Vom Bild zum Raum: Beiträge zu einer semiotischen Kunstwissenschaft*, Köln 1990.

Tolnay, Charles de, *Hieronymus Bosch*, 2. erw. Aufl. Baden-Baden 1965 (1 1937).

Tristan, Frederick, *Les Tentations de Jérôme Bosch à Salvador Dalí*, Paris 1981 [hier zitiert nach Marijnissen 1988, S. 43].

Trnek, Renate, *Das Weltgerichtstriptychon von Hieronymus Bosch*, Wien 1988.

Troeyer, Benjamin de, *Bio-bibliographia Franciscana Neerlandica saeculi XVI*, 3 Bde., Nieuwkoop 1969/70, 1974.

Tuttle, Virginia G., „Bosch's image of poverty“, in: *Art Bulletin* 63, 1981, S. 88–95.

Uhrig, Sandra, *Die Versuchung des Heiligen Antonius: Eine Vision des ausgehenden Mittelalters*, München 1998 (Diss. München 1998).

Unverfehrt, Gerd, *Hieronymus Bosch: Studien zu seiner Rezeption im 16. Jahrhundert*, Berlin 1980 (Diss. Göttingen 1974).

Unverfehrt, Gerd, *Wein statt Wasser: Essen und Trinken bei Jheronimus Bosch*, Göttingen 2003.

Urbach, Zsuzsa/Garrido Perez, Maria del Carmen, „The copy of the Garden of Delights in Budapest revisited“, in: Verougstraete/Schoute 2003, S. 64–74.

Vandenbroeck, Paul, „Over Jheronimus Bosch: Met een toelichting bij de tekst op tekening KdZ 549 in het Berlijnse Kupferstichkabinett“, in: *Archivum Artis Lovaniense: Bijdragen tot de geschiedenis van de kunst der Nederlanden*, Opgedragen aan Prof Em. Dr. L. K. Steppe, hg. v. Maurits Smeyers, Löwen 1981, S. 151–190.

Vandenbroeck, Paul, „Problèmes concernant l'œuvre de Jheronimus Bosch: Le dessin sous-jacent en relation avec l'authenticité et la chronologie“, in: *Le dessin sous-jacent dans la peinture*, colloque IV, 29.–31. 10. 1981, hg. v. Roger van Schoute u. Dominique Hollanders-Favart, Louvain-la-Neuve 1982, S. 107–120.

Vandenbroeck, Paul, „Bubo Significans: Die Eule als Sinnbild von Schlechtigkeit und Torheit, vor allem in der niederländischen und deutschen Bilddarstellung und bei Jheronimus Bosch“, in: *Jaarboek Koninklijk Museum voor Schone Kunsten Antwerpen* 1985, S. 19–135.

Vandenbroeck 1986a: Vandenbroeck, Paul, „‚Kommen die Adepten wieder?‘: Über Bosch, Alchimie und esoterische Kunstwissenschaften“, in: *Kunstchronik* 39, Nov. 1986, S. 477–481.

Vandenbroeck 1986b: Vandenbroeck, Paul, „Über neuere Bosch-Literatur“, in: *Kritische Berichte* 14, 1986, 2, S. 36–47.

Vandenbroeck 1987a: Vandenbroeck, Paul, *Jheronimus Bosch: Tussen stadscultuur en volksleven*, Berchem 1987.

Vandenbroeck 1987b: Vandenbroeck, Paul, „Herkunft und Verwurzelung der ‚Grillen‘: Vom Volksmythos zum kunst- und literaturtheoretischen Begriff, 15.–17. Jahrhundert“, in: *De zeventiende eeuw* 3–1, 1987, S. 52–84.

Vandenbroeck, Paul, „Jheronimus Bosch' zogenaamde Tuin der Lusten I.“, in: *Jaarboek Koninklijk Museum voor Schone Kunsten Antwerpen* 1989, S. 9–201.

Vandenbroeck, Paul, „Jheronimus Bosch' zogenaamde Tuin der Lusten II.: De Graal

of het Valse Liefdespradijs", in: *Jaarboek Koninklijk Museum voor Schone Kunsten Antwerpen* 1990, S. 9–193.
Vandenbroeck 2001a: Vandenbroeck, Paul, „The Spanish inventarios reales and Hieronymus Bosch", in: Koldeweij/Vermet/Kooij 2001, S. 49–63.
Vandenbroeck 2001b: Vandenbroeck, Paul, „High stakes in Brussels, 1567: The Garden of Earthly Delights as the crux of the conflict between William the Silent and the Duke of Alva", in: Koldeweij/Vermet/Kooij 2001, S. 86–95.
Vandenbroeck, Paul, *De verlossing van de wereld*, Gent/Amsterdam 2003.
Vandenbroeck 2006a: Vandenbroeck, Paul, „En compañía de extraños comensales: Idea del hombre, códigos de conducta y alteridad en los tapices de Felipe el Hermoso", in: Zalama/Vandenbroeck 2006, S. 117–142.
Vandenbroeck 2006b: Vandenbroeck, Paul, „La belleza y/desde la locura: Una vinculación existencial y estética hacia 1500", in: Zalama/Vandenbroeck 2006, S. 213–240.
Vandenbroeck, Paul, „Meaningful caprices: Folk culture, middle-class ideology (ca 1480–1510) and aristocratic recuperation (ca 1530–1570): A series of Brussels tapestries after Hieronymus Bosch," in: *Jaarboek Koninklijk Museum voor Schone Kunsten* 2009, S. 212–269.
Vavra, Elisabeth, „Hieronymus Bosch: Teufelsbildner oder Maler der Fiktion", in: *Künstler, Dichter, Gelehrte* (Mittelaltermythen; 4), hg. v. Ulrich Müller, Konstanz 2005, S. 97–114.
Vázquez Dueñas, Elena, „Felipe de Guevara: Algunas aportaciones biográficas/ Felipe de Guevara: Some biographical contributions", in: *Anales de Historia del Arte* 18, 2008, S. 95–110.
Vellekoop, Kees, „Music and Dance in the paintings of Hieronymus Bosch", in: Koldeweij/Vermet/Kooij 2001, S. 199–205.
Venedig 1992: *Le delizie dell'inferno: Dipinti di Jheronimus Bosch e altri fiamminghi restaurati*, Ausst.-Kat. Palazzo Ducale Venedig, hg. v. Caterina Limentani Virdis, Venedig 1992.
Venedig 2010: *Bosch a Palazzo Grimani*, Ausst.-Kat. Palazzo Grimani Venedig, hg. v. Vittorio Sgarbi, Mailand 2010.
Vermet, Bernard, „Jheronimus Bosch: Schilder, atelier of stijl?", in: Koldeweij/Vermet/Vandenbroeck 2001, S. 84–99.
Verougstraete, Hélène/Schoute, Roger van (Hg.), *Jérôme Bosch et son entourage et autres études: Le dessin sous-jacent et la technologie dans la peinture*, colloque XIV, 13.–15. 9. 2001, Löwen 2003.
Verschueren, Leonard Herman Hubert, „De bibliotheek der Kartuize S. Sophia te Vught", in: *Historisch Tijdschrift* 14, 1935, S. 372–402 u. 15, 1936, S. 9–58.
Vieira Santos, Armando, „Subsidios para um estudo sobre o triptico ‚Tentações de Santo Antao' do Museu de Lisboa", in: *Boletim do Museu Nacional de Arte Antiga* III, 4, 1958, S. 19–24.
Vink 2001a: Vink, Ester, *Jeroen Bosch in Den Bosch*, Nimwegen 2001.
Vink 2001b: Vink, Ester, „Hieronymus Bosch's Life in's-Hertogenbosch", in: Koldeweij/Vermet/Kooij 2001, S. 17–23.
Vinken, Pierre/Schlüter, Lucy, „The foreground of Bosch's Death and the miser", in: *Oud Holland* 114, 2000, 2/4, S. 69–78.
Vos, Dirk de, *Catalogus schilderijen 15de en 16de eeuw*, Brügge 1979.
Waadenoijen, Jeanne van, „The Lisbon Triptych by Jeroen Bosch: An annotation", in: Verougstraete/Schoute 2003, S. 16–21.
Wachinger, Burghart, „Passion Christi und die Literatur: Beobachtungen an den Rändern der Passionsliteratur", in: *Kleinere Erzählformen des 15. und 16. Jahrhunderts* (Fortuna vitrea; 8), hg. v. Walter Haug u. Burghart Wachinger, Tübingen 1993, S. 1–20.
Walsh, Martin W., „Martín y muchos pobres: The grotesque image of the ‚Charity of St. Martin' in the Bosch and Breughel schools", in: *Essays in Medieval studies* 14, 1997, S. 107–120.
Warncke, Carsten-Peter, *Sprechende Bilder – sichtbare Worte: Das Bildverständnis in der frühen Neuzeit* (Wolfenbütteler Forschungen; 33), Wiesbaden 1987.
Wattel, B. D. Arvi, „Stichterportretten bij Jheronimus Bosch", in: *Desipientia* 8, 2001, 2, Sept., S. 10–17.
Weiler, Antonius G., *Volgens de norm van de vroege kerk: De geschiedenis van de huizen van*

de broeders van het gemene leven in Nederland (Middeleeuwse studies; 13), Nimwegen 1997.

Welzel 1997a: Welzel, Barbara, „Anmerkungen zu Kunstproduktion und Kunsthandel“, in: Franke/Welzel 1997, S. 141–157.

Welzel 1997b: Welzel, Barbara, „Niederländische Kupferstiche des 15. Jahrhunderts“, in: Franke/Welzel 1997, S. 211–227.

Welzel, Barbara, „Sichtbare Herrschaft: Paradigmen höfischer Kunst“, in: *Principes: Dynastien und Höfe im späten Mittelalter*, hg. v. Karl-Heinz Spiess, Cordula Nolte u. Gunnar Werlich, Stuttgart 2002, S. 87–106.

Wenzel, Horst, *Hören und Sehen, Schrift und Bild: Kultur und Gedächtnis im Mittelalter,* München 1995.

Wenzel, Horst/Lechtermann, Christina, *Beweglichkeit der Bilder: Text und Imagination in den illustrierten Handschriften des „Welschen Gastes“ von Thomas von Zerclaere*, Köln/Weimar/Wien 2002.

Wertheim-Aymès, Clément A., *Hieronymus Bosch: Eine Einführung in seine geheime Symbolik, dargestellt am „Garten der himmlischen Freuden“*, Amsterdam 1957.

Wezel, G.W.C. van, *Het palais van Hendrik III graaf van Nassau te Breda* (De Nederlandse Monumenten van Geschiedenis en Kunst), Zwolle 1999.

Wiebel, Christiane, *Askese und Endlichkeitsdemut in der italienischen Renaissance: Ikonologische Studien zum Bild des heiligen Hieronymus*, Weinheim 1988.

Wiesflecker, Hermann, *Kaiser Maximilian I.: Das Reich, Österreich und Europa an der Wende zur Neuzeit*, Bd. 3: *Auf der Höhe des Lebens 1500–1508*, Bd. 5: *Der Kaiser und seine Umwelt: Hof, Staat, Wirtschaft, Gesellschaft und Kultur*, München 1977 bzw. 1986.

Will, Chris, *Jeroen Bosch: Tussen Hemel & Hel*, Amsterdam 2001.

Willemsen, Annemarieke, „Playing with reality: Games and toys in the oeuvre of Hieronymus Bosch“, in: Koldeweij/Vermet/Kooij 2001, S. 193–199.

Williams, Ulla, *Die „Alemannischen Vitaspatrum“: Untersuchungen und Edition* (Texte und Textgeschichte; 45), Tübingen 1996.

Williams, Ulla/Kunze, Konrad/Kaiser, Philipp, „Information und innere Formung: Zur Rezeption der ‚Vitaspatrum‘“, in: *Wissensorganisierende und wissensvermittelnde Literatur im Mittelalter: Perspektiven ihrer Erforschung*, Kolloquium 5.–7.12.1985, hg. v. Norbert Richard Wolf, Wiesbaden 1987, S. 123–142.

Win, Paul de, „Engelbert (Engelbrecht) II, Graaf van Nassau-Dillenburg en Vianden, Heer van Breda“, in: *Handelingen van de Koninklijke Kring voor Oudheidkunde, Letteren en Kunst van Mechelen* 95, 1991, S. 85–115.

Wirth, Jean, „Le Jardin des Délices de Jérôme Bosch“, in: *Bibliothèque d'Humanisme et Renaissance* 50, 1988, S. 545–585.

Wirth, Jean, *Hieronymus Bosch. Garten der Lüste: Das Paradies als Utopie*, Frankfurt am Main 2000.

Wisby, Roy A., „Die Darstellung des Hässlichen im Hoch- und Spätmittelalter“, in: *Deutsche Literatur des späten Mittelalters*, Hamburger Kolloquium 1973 (zgl. Publications of the Institute of Germanic Studies, University of London; 22), hg. v. Wolfgang Harms u. L. Peter Johnson, Berlin 1975, S. 9–34.

Wittrock, Irma, „Die sogenannten Sintflutflügel des Hieronymus Bosch: Ein Versuch zur Interpretation der drei ersten Medaillons der Aussenflügel“, in: *Oud Holland* 93, 1979, S. 52–60.

Wuhrmann, Sylvie, „Une étude en gris: Le Triptyque Du Déluge de Jérôme Bosch“, in: *Artibus et historiae* 38, 1998, S. 61–136.

Wuyts, Leo, „Beschouwingen bij een Doornenkroning toegeschreven aan Bosch“, in: *Jaarboek Koninklijk Museum voor Schone Kunsten Antwerpen*, 1968, S. 35–66.

Yarza Luaces, Joaquín, *El Jardín de las Delicias de El Bosco*, Madrid 1998.

Yarza Luaces, Joaquín, „La Adoración de los Magos, Museo del Prado“, in: Bango Torviso 2006a, S. 359–374.

Zalama Rodríguez, Miguel Angel/Vandenbroeck, Paul, *Felipe I el Hermoso: La belleza y la locura*, Madrid 2006.

Register

A

Aesop
– Fabel von den Tieren und den Vögeln 437
Aken, Anthonis Goessens van 334, 409
Aken, Antonius van 22, 23, 24, 472
Aken, Goessen van 22, 23, 27, 334, 260
Aken, Hubert van 19
Aken, Jan Anthoniss van 409
Aken, Jan Goessens van 179, 260
Aken, Johannes Thomaszoon van 22, 23, 27
Aken, Johannes van 22, 23
[Aken], Katelijn (Katharina) van 409
Aken, Katharina van 24
Aken, Thomas van 22, 23
Aken: Werkstatt van Aken (Johannes Thomaszoon oder Goessen)
– Kreuzigung mit Stiftern 22, *27*
Alba, Fernando Álvarez de Toledo Alba, 3. Herzog von Alba 369
Albrecht I., Herzog von Bayern 180
Alexanderroman
– Der Hase als Jäger (1338–1344, Pergament; französischer Buchmaler) *169*
Anonymer Buchmaler
– Chaos der Elemente (um 1420, aus: Aurora Consurgens, Wasserfarben auf Pergament) *46*
– Siebenlasterweib (um 1414, aus: Mettener Armenbibel, Federzeichnung auf Pergament) *46*
Anonymer Künstler nach Hieronymus Bosch
– Der Heuwagen 294, *294*
Anonymer Miniaturist des Birgittenklosters Koudewater bei 's-Hertogenbosch
– Die heilige Barbara (um 1480, aus: Das Leben der heiligen Barbara, Pergament) *93*
Antiphilos von Naucratis 385
Antonello da Messina 346
Aragon, Louis d' 143
Aristides von Theben 385, 402
Aristoteles 153
Athanasius von Alexandrien 99
Augustinus 147
– Gottesstaat 179, 295
Aurora Consurgens
– Chaos der Elemente (um 1420, Wasserfarben auf Pergament; anonymer Buchmaler) *46*

B

Back, Jan 288, 347, 475
Baldung Grien, Hans
– Aschaffenburger Dolchmadonna 386
Barbari, Jacopo de' 275
Barendsz, Dirck
– Sicut autem erat in diebus Noe (Kupferstich von Jan Sadeler d. Ä. nach Dirck Barendsz) *154*, 155, 156
Bartholomäus Anglicus
– Liber de proprietatibus rerum 153
Beatis, Antonio de 143, 144, 155, 174, 259, 369, 474
Bella, Gabriel 382
Benoît, Camille 393
Beys, Lodewijk 260
Boccaccio, Giovanni
– Decamerone 180
Bomberghen, Daniel van (Daniel Bomberg) 260

Bosch, Hieronymus
Gemälde (mit zugeordneten Kopien)
Anbetung der Könige mit Stiftern 62–64, *65–70*, 71, *74–75*, 79, 170, 225, 229, 259, 264, 354, *354*, *355*, 361, 412, 414, 415, 417, 419, 434, 480
– Außenflügel: Gregorsmesse mit der Passion und Stifterangehörigen 64, *65*, 79, 229, 354, *354*, 355, 359
– Linker Innenflügel: Heiliger Petrus mit Stifter 30, *66*, 79, *355*, 412, 419
– Mitteltafel: Anbetung der Könige 30, 32, *66/67*, *68/69*, *74/75*, 170, 225, 354, *355*, 434, , 114, 157, *243*, 262, 271
– Rechter Innenflügel: Heilige Agnes mit Stifterin *67*, *70*, *355*
Dornenkrönung 30, 48, *59*, 60–62, 295, 352, *352*, 426, 457
Ecce Homo mit Stiftern (Frankfurt am Main) 32, *49–54*, 56, *57*, 79, 343, *351*, 351, 412, 419, 456
Eremiten-Triptychon (mit den Heiligen Hieronymus, Antonius und Ägidius) 30, 31, 99, 259, 260–267, *271–273*, *277*, *278*, *285*, *304–305*, 334, 364, 374, *374*, 382, 414, 418, *428*, 455
– Linker Innenflügel: Der heilige Antonius *271*, *304–305*, 374, *374*

– Mitteltafel: Der heilige Hieronymus 162, *277*, *278*, *285*, *304/305*, 374, *374*, 414, 418, 429
– Rechter Innenflügel: Der heilige Ägidius 264, *305*, 374, *374*, 418
Exempel von Gula und Luxuria *siehe* Hochzeit zu Kana mit Exempeln
Fragmente einer Sintflut-Darstellung 30, 155, 293–295, *316/317*, 398, *398*, *399*, 406, 433
– Außenflügel: Vier Tondi der Versuchung und Erlösung des Hiob 293, *398*
– Linker Innenflügel: Die Welt vor der Sintflut 293, *399*
– Rechter Innenflügel: Die Tiere verlassen die Arche Noah 293, *399*
Der Garten der Lüste 28, 30, 32, 48, 86, 140–221, *141*, *142*, *149*, *150*, *157*, *158*, *165*, *166*, *171*, *172*, *176/177*, *181*, *182*, *184–197*, *199–202*, *204*, *207–211*, *213–214*, *217–218*, *221*, 225, 234, 244, 249, 259, 281–283, 294, 334, *339*, 342, 355, *366*, 367–373, 377, 399, 405, 431, 433, 472/473, 479, 481
– Außenflügel: Schöpfung der Welt bis zum dritten Tag 30, 145, *182*, *185–187*, 351, *366*, 367–373
– Linker Innenflügel: Paradies mit der Zuführung Evas 146, *184*, *188*, 249, *339*, *367*, 367–373
– Mitteltafel: Menschheit vor der Sintflut 28, 41, 90, 143, 155, *157*, *158*, *165*, *166*, *171*, *172*, *176/177*, *181*, *190–193*, *195–197*, *198*, *202*, *204*, *207*, 234, *367*, 367–373, 399
– Rechter Innenflügel: Die Hölle 28, 156, 170, *189*, *208–211*, *213–214*, *217–218*, *221*, 274, 296, *367*, 367–373, 399, 436, 455, 456
Der Garten der Lüste (Tapisserie) 335, 370
Gefangennahme Christi *siehe* Die Versuchung des heiligen Antonius
Gekreuzigte Märtyrerin, Triptychon (Sint-Ontcommer) 30, 32, 99, 259, 260, 263, 267, 268, *297*, *300*, *310/311*, 334, *340*, 351, 375, 380, *380*, 388, 418, 481
Das göttliche Sonnenauge mit dem Passionsgeschehen *siehe* Johannes auf Patmos
Gregorsmesse mit der Passion und Stifterangehörigen *siehe* Anbetung der Könige mit Stiftern
Der Hausierer *siehe* Heuwagen, Hochzeit zu Kana mit Exempeln
Der heilige Bavo *siehe* Jüngstes Gericht
Der heilige Christophorus 28, 41, 73, *78*, 89, 112, 162, 228, 357, *357*, 397, 418, 419, 455
Der heilige Hieronymus in der Einöde (bei der Buße) *19*, *29*, 31, 32, 58, 71, 73, 86, 263, 345, *345*, 414, 418
Der heilige Jakobus *siehe* Jüngstes Gericht
Der Heuwagen 28, 30, 83, 95, 292, 294, 295–331, *319–323*, *325–328*, *330–331*, *333*, 334, 381, 399, *401*, 401–407, 417, 421, 424, 477, 478, 479, 482, 483
– Außenflügel: Der Hausierer 61, 228, 286, 295, 301, *303*, *319*, 392, *400*, 401–407
– Linker Innenflügel: Das Entstehen des Bösen und der Verlust des Paradieses 41, 146, 154, 248, *320*, *333*, 349, *401*, 401–407
– Mitteltafel: Der Heuwagen 32, 86, 155, 279, 292, *320/321*, *325*, *401*, 401–407, 455, 188, 197, 198, 201, *222/223*, *225*, *258*
– Rechter Innenflügel: Die Hölle 296, *321*, *326–328*, *330/331*, *401*, 401–407, 456
Der Heuwagen (Kopie) 248, *294*, 295
Heuwagen in der Erdkugel (Tapisserie) *336*
Hochzeit zu Kana mit Exempeln („Kana-Triptychon“) 282, 284, 286, 287, *289/290*, *306/307*, 254, *254*, 255, *255*, 256, 389–396
– Außenflügel: Der Hausierer 32, 61, 71, 73, 83, 86, 170, 228, 282, 286, 295, 296, *303*, *392*, 392
– Linker Innenflügel oben: Das Narrenschiff 282, *289*, *306/307*, 393, *393*, 394
– Linker Innenflügel unten: Exempel von Gula und Luxuria 282, 283, *306/307*, 393, *394*, 394
– Mitteltafel: Hochzeit zu Kana (Kopie, Zeichnung, Paris) 282, 284, 287, *287*, 389, 394, 395
– Mitteltafel: Hochzeit zu Kana (Kopie, Gemälde, Rotterdam) 282, 284, *306/307*, 389, 395
– Rechter Innenflügel: Der Tod des Geizhalses 30, 280, 282, 283, *290*, *307*, 393, 396, *396*, 419
– Der Tod des Geizhalses (Kopie, Zeichnung, Paris) 396
Jesuskind mit Laufwagen und Windrädchen *siehe* Kreuztragung, Kleine (Wien)
Johannes auf Patmos 31, *35*, 43, *45*, 225, 335, 347, 350, *350*, 419, 434, 456
– Außenflügel: Das göttliche Sonnenauge mit dem Passionsgeschehen *42*, *45*, 47, 79, 280, 350, *350*, 412
Johannes der Täufer (in Meditation) *25*, 31, 32, *37*, 40, 47, 347, 348, *348*, 351, 420
Das Jüngste Gericht *12*, *17*, 32, 48, 179, 222–255, *223*, *224*, *231*, *232*, *236/237*, *241*, *242*, *246/247*, *251*, *253–255*, 259, 276, 282, 294, 334, 343, 376–380, *376*, *377*, 399, 421, 434, 475
– Linker Außenflügel: Der

heilige Jakobus 31, 86, 93, 228 ff., *253*, *376*, 376–380, 436
– Rechter Außenflügel: Der heilige Bavo 83, 228 ff., *253*, 362, *376*, 376–380, 426, 436, 457
– Linker Innenflügel: Sturz der Engel, Sündenfall und Vertreibung 30, 146, 154, *223*, *224*, 234, *254/255*, 276, 296, 351, *377*, 376–380
– Mitteltafel: Das Jüngste Gericht 30, 155, 170, *231*, *232*, *236/237*, 238, *241*, *242*, *246/247*, *254/255*, 274, 276, 280, *377*, 376–380, 387, 457
– Rechter Innenflügel: Die Hölle *12*, *17*, 30, *251*, *254/255*, *377*, 376–380
Das Jüngste Gericht (Kopie von Lucas Cranach d. Ä nach Hieronymus Bosch) *245*, 250
Kreuzigung mit Heiligen und Stifter *21*, 22, 26, 32, 58, *344*, 344/345, 480
Kreuztragung, Große (Madrid) *77*, 81, 93, 358, *358*, 361, 362, 486
Kreuztragung, Kleine (Wien) 82, 83, *84*, *91*, 343, 359, 360, *360*, 415
– Außenflügel: Jesuskind mit Laufwagen und Windrädchen 83, *84*, *360*, 455
Die Kreuztragung *siehe auch* Die Versuchung des heiligen Antonius
Das Narrenschiff *siehe* Hochzeit zu Kana mit Exempeln
Paradies und Hölle 30, *257/258*, 259, *265/266*, 270 ff., 294, *312/313*, 375, 382, *386*, *387*, 387 f., 399, 476
– Innenseite des äußeren linken Flügels: Das himmlische Paradies 184, *257/258*, *312/313*, *386*, 387 f.
– Innenseite des inneren linken Flügels: Das irdische Paradies *257/258*, *312/313*, *386*, 387 f.
– Innenseite des inneren rechten Flügels: Sturz der Verdammten *265*, 270, 274, *312/313*, *387*, 387 f.
– Innenseite des äußeren rechten Flügels: Die Verdammten in der Hölle *266*, 270, 274, *312/313*, *387*, 387 f.
Die Schöpfung der Welt bis zum dritten Tag *siehe* Garten der Lüste
Die sieben Todsünden mit den vier letzten Dingen 30, 83, 92, 95, 110, 159, 170, 240, 243, 259, 276, 280, 283, 284, 294, *308/309*, 358, 362, *382*, 382 ff., 455, 457, 477, 478, 481
Sint-Ontcommer *siehe* Gekreuzigte Märtyrerin
Das Steinschneiden 28, 83, 275, 288 f., *315*, *397*, 397 f., 424, 456, 476, 482
Der Tod des Geizhalses *siehe* Hochzeit zu Kana mit Exempeln
Die Versuchung des heiligen Antonius, Triptychon der 28, 30, 96–139, 179, 342, *362/363*, 362 ff., 370, 414, 418, 456
– Linker Außenflügel: Gefangenname Christi 30, 112, *117*, *362*, 362 ff., 426, 456
– Rechter Außenflügel: Kreuztragung 30, 32, 83, 112, *117*, *362*, 362 ff., 456
– Linker Innenflügel: Der heilige Antonius wird von Teufeln angeklagt 30, 83, *97/98*, 100, *118–121*, *123–125*, 170, 296, 362 ff., *363*
– Mitteltafel: Der heilige Antonius in Bedrängnis 30, 41, *102/103*, *105*, *106*, 107, *113*, *118/119*, *126–128*, *131–134*, *136/137*, *139*, 230, 259, 262, 263, 270, 335, 362 ff., *363*
– Rechter Innenflügel: Der heilige Antonius in Meditation 30, *97/98*, 111, *118/119*, *136/137*, *139*, 159, 264, 362 ff., *363*, 374, 381
Versuchung und Erlösung des Hiob *siehe* Fragmente einer Sintflut-Darstellung

Gemälde der Werkstatt und zugeschriebene Gemälde

Anbetung der Könige (Anderlecht) 63, 264, 337, 415, *416*, 416 ff., *417*, 419, 423
Anbetung der Könige (New York) 337, 418 ff., *418*, 425
Anbetung der Könige, Innenflügelfragmente eines Triptychons mit (Philadelphia) 337, 361, *414*, 414 ff., 417, 425
Ecce Homo mit Heiligen und Stiftern (Boston) 38, 79, 259, 267, 334, 337, 344, 349, 351, 352, 355, 409, 410 ff., *410*, *411*, 419, 456
Der Gaukler 291, 337, 415, 420, 424, *424*, 457
Hiob, Antonius und Hieronymus, Triptychon mit 32, 62, 99, 259, 270, 293, 334, 337, 346, 364, 374, 410, 412 ff., *412*, *413*, 415, 417
Das Jüngste Gericht (Brügge) 334, 337, 381, 420 ff., *420*, *421*, 456, 457
Die Versuchung des heiligen Antonius (Madrid) 337, 422 f., *422*, 483

Gemälde aus Antwerpener Nachfolge

Christus vor Hannas (São Paulo) 427
Christus vor Pilatus (Princeton) 427
Christus vor Pilatus (Rotterdam) 427
Gefangennahme Christi 427
Kreuztragung (Gent) 62, 410, *425*, 425 ff., 427, 457

Zeichnungen, eigenhändige

Der Baummensch *212*, *432*, 435 f., *447*
Das Eulennest 85, 434, *442/443*

Fuchs und Hahn 433, 434, *441*
Der Kampf der Vögel gegen die Säugetiere 437, *449*
Schädel-Schildkrötenmonster und geflügelter Gnom (Zwei Fantasiegeschöpfe) 438, *451*
Stange mit Kugel und Scheibe 434
Die Vögel und die Säugetiere ziehen gegeneinander in den Krieg (Versammlung der Vögel) 436, *448*
Vogelmonster und fauchender Drache (Zwei Fantasiegeschöpfe) 438, *450*
Der Wald hat Ohren, das Feld hat Augen 86, 89, 148, 430, 435, *444*
Zwei Hexen 433, *440*
Zwei käferartige Monster (Zwei Fantasiegeschöpfe) 438, *452*
Zwei Kopffüßler (Zwei Fantasiegeschöpfe) 438, *453*

Zeichnungen der Werkstatt oder Nachfolge
Drolerie mit Bienenkorb 262, 433, 455, *458*
Drolerie mit Bienenkorb und Krückenmonster 455, *459*
Figurenstudien (Kat. Z3v) 88, 435, *445*
Fünf Fantasiewesen und eine figürliche Szene 457, *468*
Grablegung Christi 456, *462*
Höllenschiff 456 f., *463*
Höllenszene für ein Jüngstes Gericht 456 f., *465*
Höllenszenen, Baummensch-Monster 456 f., *466/467*
Sieben Fantasiewesen 457, *469*
Stehender Rabbiner 457, *467*
Studie für zwei Figuren einer Passionsdarstellung (Zwielichtiges Paar im Gespräch) 457, *470*
Tischgesellschaft 455, *461*
Versuchung Evas 457, *471*

Bosch, Hieronymus (Porträt) *23*
Boschini, Marco
– Le minere della pittura 382, 481
Botticelli, Sandro 117, 180
– Episode aus dem Leben des Nastagio degli Onesti *178*, 180
– Der Frühling *175*, 179
– Minerva und der Kentaur 179
Boucicaut-Meister
– Gott präsentiert Adam Eva (Paradieshochzeit, aus: Des proprietez des choses) *163*
Bouts, Dirk
– Das irdische Paradies 249, *261*, 274
Breton, André 18
Breviarium Grimani 260
Bronchorst, Wilhelmina 355
Bronckhorst en Batenburg, Herbrech van 355
Bronckhorst en Batenburg, Theodoricus van 355
Bruegel, Jan d. Ä. 356
Bruegel, Pieter d. Ä. 15, 94, 335
– Der Esel in der Schule (Zeichnung) 262, *275*
– Die Kinderspiele 301
– Kreuztragung (Wien) 83
– Die niederländischen Sprichwörter *299*, 301
Brugman, Jan 41
– Onuitgegeven Sermoenen 41, 43
– Verspreide Sermoenen 101, 104, 151

C
Caravaggio, Michelangelo Merisi da 425
Chiloeches, Marquis de 400
Chorgestühl von Sint-Jan 28, 95
Cimburga von Baden 174
Cock, Hieronymus 422, 472
Cock, Jan Wellens de 357
Coffermans, Marcellus 335
Cort, Cornelis
– Hieronymus Bosch (Kupferstich, aus: Dominicus Lampsonius, Pictorium aliquot celebrium Germaniae inferioris effigies) 20, *23*
Couderborch, Simon van 39
Coxie, Michiel 335
Cranach, Lucas d. Ä. 286, 386
– Hieronymus als Büßer 180, *269*
– Das Jüngste Gericht (Kopie nach Hieronymus Bosch) *245*, 248, 250, 343
– Urteil des Paris 144, *147*
– Die Versuchung des heiligen Antonius (Holzschnitt) 100, *110*
Crul, Cornelis
– Mot toe, borse toe 86, 87

D
Dalí, Salvador
– Der große Masturbator 152
Dante Alighieri
– Divina Commedia 173, 174
David, Gerard 55, 388
Delf, Dirc van 148
– Tafel van den Kersten Ghelove 109, 156, 475
Demoulin, François 170
Dionysius der Kartäuser 383
Driel, Katharina van 22
Driele, Jacob van 413
Du Hamel, Alart 357
– Der heilige Christophorus *80*, 94
Dürer, Albrecht 13, 34, 145, 338, 472, 475, 478
– Christus unter den Schriftgelehrten 62, *63*, 426
– Der heilige Hieronymus im Gehäuse (Stich) 346
– Käuzchen (Aquarell) 86

E
Eleonore von Kastilien 335
Engelbert II., Graf von Nassau und Herr von Breda 26, 161, 174, 175, 178, 368
Englischer Buchmaler
– Hausierer (um 1325–1335, aus:

Luttrell-Psalter, Pergament) *302*
Erasmus von Rotterdam 170
– Enchiridion militis Christiani 92, 94
Ernst [III.] von Habsburg, Erzherzog von Österreich 371
Eustochium 31, 261, 262
Eyb, Albrecht von
– Ob einem manne sey zu nehmen ein eeliches weib oder niet 180
Eyck, Jan van
– Madonna des Kanzlers Rolin *56*, 58, 378
– Porträt des Giovanni Arnolfini und seiner Frau („Arnolfini-Hochzeit") 152

F

Das Feld hat Augen, der Wald hat Ohren (niederl. Holzschnitt, 1546) *72*, 86
Ferdinand II., König von Portugal 367
Fernando de Toledo, Don 369
Folengo, Teofilo
– Baldus 337
Françoise Louise, Herzogin von Savoyen 117, 369
Franz I., König von Frankreich 179, 335
Französischer Buchmaler
– Der Hase als Jäger (1338–1344, aus: Alexanderroman, Pergament) *169*
Friedländer, Max Jakob 256
Friedrich III., der Weise, Kurfürst von Sachsen 250

G

Geertgen tot Sint Jans
– Johannes der Täufer *29*, 43
Ghirlandaio, Domenico 346
Goethe, Johann Wolfgang von
– Faust I 111
Góis, Damião de (Damian de Goes) 366, 367
Gombrich, Ernst H. 96
Gossaert, Jan (Jan Mabuse) 275, 419
– Doria-Pamphilj-Diptychon 419
– Heinrich III. von Nassau-Breda *144*
– Herkules und Deianeira 144, *146*
Goya y Lucientes, Francisco José de 15
Grameye, Jacques 371
Gramme, Agnes de 62, 355
Grimani, Domenico 259, 260, 270, 375, 382, 387, 388
Grimani, Marino 259, 376, 482
Grünewald, Matthias
– Die Versuchung des heiligen Antonius 107, *109*
Guevara, Diego de (vor 1442–1520) 225, *227*, 337, 363, 370
Guevara, Diego de (1537/38–1566) 402
Guevara, Felipe de 225, 384, 398, 402, 405, 408, 483
– Comentarios de la pintura 13, 276, 280, 384, 385, 481

H

Hadrian VI., Papst 260
Haro, Beatriz de 398, 402, 405, 413, 482
Haro, Diego de 413
Haro, Jacob de 413
Heessel, Gerardus de 80
Die heilige Kümmernis (Wandgemälde, Rostock) 267
Der Heiligen Leben 99
Der heilige Martin (Tapisserie) 335
Heinrich III., Graf von Nassau und Herr von Breda *144*, 170, 174, 179, 226, 275, 276, 368
Herri met de Blees 260, 335, 375
Heyns, Jan 39, 55, 301, 302, 476
Hieronymus, Eusebius Sophronius aus Stridon 31, 262, 346
– Ad Eustochium de custodia virginitatis 31, 261, 262
Hildegaertsberge, Willem van 180
Holbein, Hans d. Ä. 378
Horaz (Quintus Horatius Flaccus)
– Ars poetica 47, 143, 473
Hutter, Blasius 371
Huys, Pieter 335

I/J

Isabella I., die Katholische, Königin von Kastilien 225, 363, 418
Jacobus de Voragine
– Legenda aurea 89, 99
Jan Mabuse *siehe* Gossaert, Jan
Jean de Meung
– Rosenroman, Teil 2 161
Johann III., König von Portugal 247
Johann von Aragón und Kastilien, Fürst von Asturien 233
Johanna I., die Wahnsinnige, Königin von Kastilien 233, *235*, 239, 250, 378, 379
Jüngerer Meister der heiligen Sippe
– Legende des heiligen Eremiten Antonius *101*

K

Karl I., der Große, Kaiser 264
Karl V., Kaiser 250, 302, 334, 378, 405, 409
Karl der Kühne, Herzog von Burgund 36, 183, 226, 227
Karl von Egmond, Herzog von Geldern 226
Kebes von Theben
– Tabula Cebetis (Pinax) 402
Kölner Meister *siehe* Jüngerer Meister der heiligen Sippe
Konzert im Ei (Zeichnung) 456
Kriegselefant (Tapisserie, Druck, Gemälde) 335
Ktesideno 385

L

Lamberg-Sprinzenstein, Anton von 380
Lampsonius, Dominicus

– Pictorium aliquot celebrium Germaniae inferioris effigies 20, *23*, 472
Langhel, Hendrixke van 410
Langhel, Vranck van (Franco van Langel) 79, 80, 411
Lathem, Jacob van 227
Lathem, Lieven van d. Ä. 95, 227
Lathem, Lieven van d. J. 227
Lázaro Galdiano, José 349
Das Leben der Heiligen Barbara
– Die heilige Barbara (um 1480, Pergament, anonymer Miniaturist des Birgittenklosters Koudewater bei 's-Hertogenbosch) *93*
Leempt, Gerardus 173
Leeuwen, Jan van
– Bloemlezing 73
Lentulus-Brief 60
Leonardo da Vinci
– Fünf groteske Köpfe (Zeichnung) 62
– Der heilige Hieronymus 346
Leopold Wilhelm von Österreich, Erzherzog 379
Leyden, Lucas van
– Judith und Holofernes (Kupferstich, Jan Pietersz Saenredam nach Lucas van Leyden) *262*
Limburg, Brüder von 22
– Très Riches Heures de Duc de Berry 60
Lochner, Stephan
– Das Jüngste Gericht 239, *248*, 249
Lomazzo, Giovanni Paolo 332
Lombart, Willem 56, 480
Longin, Simon 377, 475
Lorris, Guillaume de
– Rosenroman, Teil 1 161
Luttrell-Psalter
– Hausierer (um 1325–1335, Pergament, englischer Buchmaler) *302*
Lutzenborch, Bernt von 179

M
Mabuse, Jan *siehe* Gossaert, Jan
Maelwael, Jan 22
Maerlant, Jacob van
– *Spiegel Historiael* 156
Maess, Jan 24
Mandijn, Jan 335
Marcus, irischer Mönch 173
Margarete von Österreich 225, 233, 275, 276, 335, 379
Margarete von York 183, 220, 226
Margaretha von Kleve 180
Maria von Burgund 95
Marmion, Simon
– Das Jüngste Gericht (aus: Stundenbuch) *238*
– Unkeusche Priester und Nonnen verschlingendes Monster (aus: Visio Tundali für Margarete von York) *220*
Masscherel, Hendrik 179, 475
Massys, Quentin 420, 426
Matham, Jacob
– Die Folgen der Trunksucht (Kupferstich) *219*
Maximilian I., Kaiser 36, 260, 275, 364
Meckenem, Israhel van d. J.
– Christus und Johannes als Knaben im Windrädchenstreit *87*, 361
– Ecce Homo (Kupferstich) 48, *48*
– Kreuztragung (Kupferstich) *76*, 82
– Der Moriskentanz (Kupferstich) *104*, 262
Meister der Liebesgärten
– Kleiner Liebesgarten (Kupferstich) 159
Meister der Josephslegende
– Jüngstes Gericht für das Rathaus von Zierikzee mit Philipp und Johanna als Stiftern *235*, 239
Meister der Magdalenenlegende
– Philipp I. von Habsburg, genannt der Schöne *252*
Meister der Maria von Burgund 95
Meister des Braunschweiger Diptychons
– Der heilige Bavo *228*
Meister E. S.
– Der Erlöser: sanctus salffidor (Kupferstich) *58*, 61
– Großer Liebesgarten mit Schachspielern (Kupferstich) *159*, 160
– Trost durch Abwenden vom Irdischen (aus: Ars moriendi) 280, 284, *291*, 396
Meister von Frankfurt
– Der heilige Christophorus 94
Memling, Hans 260
– Das Jüngste Gericht 249, 274, 280, *281*, 286
Mendoza, Mencia de 259
Mervenne, Aleid van der 25, 302, 472
Mervenne, Goyaert van der 25, 472
Mettener Armenbibel
– Siebenlasterweib (um 1414, Federzeichnung auf Pergament, anonymer Buchmaler) *46*
Michelangelo Buonarroti 38
Michiel, Marcantonio 259, 260, 270, 375, 382, 387, 476
Mierlo, Johannes Dicbier, Heer van 355
Miller, Henry 140
Moelen, Victor vander 80
Morales, Ambrosio de 401, 482
Murner, Thomas 337
Mynnen, Aleid van der 23

N
Niederländischer Künstler
– Christus vor Pilatus (um 1475, aus: Stundenbuch der Sophia von Bylant, Pergament) *92*
– Das Feld hat Augen, der Wald hat Ohren (1546, Holzschnitt) *72*, 86

O/P

Os, Peter van 79, 349, 410, 411, 412
Panofsky, Erwin 222, 371
Patinir, Joachim 260, 335, 317, 375, 410
– Die heilige Katharina 382
Pérez de Oliva, Fernán 402, 483
Petrus Comestor
– Historia Scholastica 156
Philipp II., König von Spanien 72, 114, 276, 342, 356, 359, 366, 369, 386, 398, 402, 405, 480, 482, 483
Philipp III., der Gute, Herzog von Burgund (1396–1467) 291
Philipp I., der Schöne, von Habsburg, Herzog von Burgund (1478–1506) 26, 225, 249, *252*, 363, 364
Philipp von Burgund (1464–1524) 275, 291, 292, 397, 476
Physiologus 48, 86
Pijnappel, Johanna 413
Pizan, Christine de 161
Ponthenier, Gertrudis 409
Pseudo-Boethius
– De disciplina scholarium 88
Pucelle, Jean 95

R

Rabelais, François
– Gargantua 337
– Pantagruel 337
Raffael (Raffaello Sanzio) 34
René von Chalon, Fürst von Oranien, Graf von Nassau 369
Ricci, Giovanni 366
Rolin, Nicolas *56*, 240, 378
Roovere, Anthonis de 183
Rosenroman 161
Rudolf II., Kaiser 371
Rullen, Heilwig van der 79, 411
Rullen, Wouter van der 80, 301, 474, 476
Ruusbroec, Jan van 41, 73

S

Sadeler, Jan d. Ä.
– Sicut autem erat in diebus Noe (Kupferstich nach Dirc Barendsz) *154*
Saenredam, Jan Pietersz
– Judith und Holofernes (Kupferstich, nach Lucas van Leyden) *262*
Salins, Guigone de 378
Sanders van Hemessen, Jan
– Der Steinschneider *314*
Schedel, Hartmann
– Gottvater als Weltenschöpfer (aus: Schedelsche Weltchronik) 146, *183*
– Schedelsche Weltchronik 174
– Der Sündenfall und die Vertreibung aus dem Paradies (aus: Schedelsche Weltchronik) *153*
Scheyve, Peeter 62, 349, 355
Schongauer, Martin
– Johannes auf Patmos (Kupferstich) *38*, 44
– Die Versuchung des heiligen Antonius (Kupferstich) 100, *110*
Scorel, Jan van
– El Diluvio Universal (Die Sintflut) 155
Sforza, Maria Bianca 260
sGreven, Johannes 80
Siciliano, Antonio 419
Sigüenza, José de
– Chronik des Hieronymus-Ordens 13, 14, 34, 114, 115, 145, 259, 296, 301, 359, 364, 370, 386, 474, 477
Sittow, Michiel
– Diego de Guevara *227*
Stundenbuch der Sophia von Bylant
– Christus vor Pilatus (um 1475, Pergament; niederländischer Künstler) *92*

T

Thomas a Kempis
– De Imitatione Christi 168
Thomas von Aquin 152
tom Ring, Ludger d. J. 386
Tour, Georges de la 425

V

Verbeeck, Familie 335
Versuchung des heiligen Antonius (Tapisserie) 335, 370
Visio Tundali (Visio Tnugdali) 170, 173, *220*, 370
Vitas patrum (Väterbuch, eigentlich Vitae patrum, niederländisch „Vater boeck, Leven der heiligen vaderen“, französisch „Vie des anciens Saints Père Hermites“) 99, 104, 107–109, 111, 365, 366
Vrelant, Willem van 95

W/Z

Wesel, Adriaen van 472
– Altarretabel in Delft 24, 56
– Liebfrauenbruderschaftsretabel in ’s-Hertogenbosch *24*, *38*, 301, 347, 472, 476
– Johannes der Evangelist auf Patmos *38*
– Kreuzabnahme *24*, 268
– Die Vision des Kaisers Augustus und die Tiburtinische Sibylle 108
Weyden, Rogier van der 27, 55
– Der heilige Hieronymus 346
– Der heilige Lukas zeichnet die Madonna 60
– Das Jüngste Gericht (Beaune) 240
– Kreuzigung Christi (Mitteltafel des Kreuzigungsaltars; Wien) 27, *31*
Wijck, Willem Jacobs van (Willem Jacobs van der Wyel) 22
Wilhelm I., Fürst von Oranien-Nassau (Wilhelm von Oranien) 369
Wittenwiler, Heinrich
– Der Ring 337
Wylick, Adriana van 348
Zanetti, A. M.
– Descrizione di tutte le pubbliche pitture della città di Venezia 268, 376, 382

Fotonachweis

Die im Folgenden verwendeten Abkürzungen bedeuten: r. = rechts, l. = links, o. = oben, o. l. = oben links, o. r. = oben rechts, u. = unten, u. l. = unten links, u. r. = unten rechts, m. = Mitte, l. m. = links Mitte, r. m. = rechts Mitte.

Agenzia Fotografica Scala, Antella, Florenz. © 2016 Photo Scala, Florenz: S. 422; Archiv des Verlages, der Autoren oder Sammler: S. 27; © ARTOTHEK – Blauel/Gnamm: S. 101; Ashmolean Museum, University of Oxford: S. 291; Bayerische Staatsbibliothek, München: S. 46 r.; © bpk, Berlin: S. 248; bpk | British Library Board / Robana: S. 302; bpk | Gemäldegalerie, SMB / Jörg P. Anders: S. 39, 245, 299; bpk | Gemäldegalerie, SMB / Volker-H. Schneider: S. 35, 42, 45, 350; bpk | Kupferstichkabinett, SMB / Jörg P. Anders: S. 38 r., 72, 160, 275, 431, 444/45, 448, 449, 450–453, 468, 469; bpk | Kupferstichkabinett, SMB / Volker-H. Schneider: S. 104, 110; bpk | The Metropolitan Museum of Art: S. 147, 418; bpk | Scala: S. 281; bpk | Skulpturensammlung und Museum für Byzantinische Kunst, SMB / Antje Voigt: S. 24; bpk | The Trustees of the British Museum: S. 76, 87, 219, 462; Courtesy of Sotheby's Picture Library, London: S. 465; Erasmus House (on loan from the Collegiate Church of Saints Peter and Guido, Anderlecht) © Lukas – Art in Flanders VZW: S. 416, 417; © Fitzwilliam Museum, University of Cambridge / The Bridgeman Art Library: S. 163; Foundation Huis Bergh, Collection Dr. J. H. van Heek, 's-Heerenberg, The Netherlands: S. 286; © Fundación Lázaro Galdiano, Madrid: S. 37, 348 Galleria degli Uffizi / Raffaelo Bencini, Florenz: S. 175; Gemäldegalerie der Akademie der bildenden Künste, Wien: S. 1–12, 17, 223/24, 231/32, 236/37, 241/42, 246/47, 251, 253–255, 376/77; Grafische Sammlung Albertina, Wien: S. 432, 447, 454, 458–459, 276, 282; Herzog Anton Ulrich-Museum, Braunschweig: S. 58, 228; © 2013 Kimbell Art Museum, Fort Worth, Texas / Art Resource, NY / Scala, Florenz: S. 144; Koninklijke Bibliotheek, Den Haag: S. 93; Kunsthistorisches Museum, Wien: S. 31, 84, 91, 269, 360; Kupferstichkabinett der Akademie der bildenden Künste, Wien: S. 463; Musea Brugge © Lukas – Art in Flanders VZW, Photo Hugo Maertens: S. 412/13, 420/21; © Musée d'Unterlinden, Colmar: S. 109; © Musée municipal, Saint-Germain-en-Laye / Photo Laurent Sully-Jaulmes: S. 424; © Museu Nacional de Arte Antiga, Lissabon / Photo Luísa Oliveira, Arquivo de Documentação Fotográfica – DGPC: S. 97/8, 102/03, 105/06, 113, 117–121, 123–128, 131–134, 136/37, 139, 362, 363; © Museo Nacional del Prado, Madrid: S. 65–70, 74/5, 141/42, 149/50, 157/58, 165/66, 171/72, 176–182, 184, 186–193, 195–97, 199–202, 207–211, 213/14, 217/18, 149/50, 221, 308/09, 314/15, 319–323, 325–328, 330/31, 333, 339, 354/55, 368/69, 382, 397, 400/01; © Museo Thyssen-Bornemisza, Madrid: S. 63; Museum Boijmans Van Beuningen, Rotterdam / Photo Studio Tromp, Rotterdam: S. 23, 78, 303, 306/07 m., 316/17, 357, 392, 398/99, 440–443; Museum of Fine Arts, Boston / The Bridgeman Art Library: S. 410/11; Museum of Fine Arts, Gent © Lukas – Art in Flanders VZW, Photo Hugo Maertens: S. 19, 29, 345, 425; © Museum het Zwanenbroedershuis, 's-Hertogenbosch: S. 38 l.; © Patrimonio Nacional, Madrid: S. 77, 294, 336, 358; Philadelphia Museum of Art / The Bridgeman Art Library: S. 414; Private Collection, Photo © The Metropolitan Museum of Art: S. 470/71; Réunion des Musées Nationaux, Paris. © RMN-Grand Palais (musée du Louvre) / Michèle Bellot: S. 460/61; © RMN–Grand Palais (musée du Louvre) / Jean-Gilles Berizzi: S. 261; © RMN–Grand Palais (musée du Louvre) / Gérard Blot: S. 252; © RMN / Christian Jean: S. 56; © RMN / Thierry Le Mage: S. 287; © RMN / René-Gabriel Ojéda: S. 289, 306 o. l., 393; © Rheinisches Bildarchiv / Rolf Zimmermann, Köln: S. 92; Rijksmuseum, Amsterdam: S. 48, 80, 154; © Royal

Museums of Fine Arts of Belgium, Brüssel / Photo d'art Speltdoorn & Fils, Brüssel: S. 21, 235, 344; © SSPSAE-VE e polo museale veneziano, Venedig / Photo Luciano Romano, Neapel: S. 257, 258, 265, 266, 271, 272/73, 277, 278, 285, 297, 300, 304/05, 310/11, 312, 313, 374, 380, 386/87, 429; Staatliche Kunstsammlungen Dresden: S. 262, 466–467; © Städel Museum – ARTOTHEK: S. 49–54, 57, 351 Stiftung Weimarer Klassik / Herzogin Anna Amalia Bibliothek, Weimar: S. 153, 183; The Barber Institute of Fine Arts, University of Birmingham / The Bridgeman Art Library: S. 146; The Bodleian Libraries, The University of Oxford: S. 169; The J. Paul Getty Museum, Los Angeles: S. 220; The National Gallery London / Scala, Florenz: S. 59, 352; The National Gallery of Art, Washington: S. 227, 290, 307 r., 296; Victoria and Albert Museum, London: S. 238; Yale University Art Gallery / Art Resource, NY / Scala, Florenz: S. 306 u. l., 394; Zentralbibliothek, Zürich: S. 46 l.

Danksagung

Der Verlag dankt allen in den Bildlegenden und im Fotonachweis genannten Museen, Bibliotheken, Privatsammlungen, Archiven und Institutionen für die freundliche Unterstützung der Publikation. Zahlreiche Kuratoren und Sammler ebenso wie Fotografen und Fotoagenturen haben durch ihren persönlichen Einsatz entscheidend zum Gelingen des Projektes beigetragen, und namentlich sei an dieser Stelle gedankt: Cristina Alovisetti (Museo Nacional del Prado, Madrid), Till-Holger Borchert (Musea Brugge – Groeningemuseum, Brügge), Bart De Sitter (LUKAS – Art in Flanders, Gent), Andrea Domanig (Gemäldegalerie der Akademie der bildenden Künste, Wien), Alexandra Encarnação (Museu Nacional de Arte Antiga, Lissabon), Martina Fleischer (Gemäldegalerie der Akademie der bildenden Künste, Wien), Carmen Huerta (Museo Nacional del Prado, Madrid), Ilse Jung (Kunsthistorisches Museum, Wien), Stephan Kemperdick (Gemäldegalerie, Berlin), Claudia Koch (Gemäldegalerie der Akademie der bildenden Künste, Wien), Katja Lehmann (Scala, Florenz), Giulio Manieri Elia (SSPSAE-VE e polo museale veneziano, Venedig), Maureen Alexandra Ogrocki (Städel Museum, Frankfurt), Tânia Olim (Museu Nacional de Arte Antiga, Lissabon), Luísa Oliveira (Museu Nacional de Arte Antiga, Lissabon), Luciano Romano (Grafiluce, Neapel), Anne Schulte (bpk, Berlin). Wir danken den Lithografen Giuseppe Brisotto und Silverio Zanotto (Fotolito Brisotto, Tezze di Piave) für ihren großen Einsatz.

Impressum

EIN BAUM FÜR JEDES BUCH VON TASCHEN!
Unseren jährlichen Ausstoß an Kohlenstoffdioxid kompensieren wir mit Emissionszertifikaten des Instituto Terra, einem Regenwaldaufforstungsprogramm im brasilianischen Minas Gerais, gegründet von Lélia und Sebastião Salgado. Mehr über diese ökologische Partnerschaft erfahren Sie unter: www.taschen.com/institutoterra.
Inspiration: grenzenlos.
CO2-Bilanz: (fast) null.

Lust auf mehr? Auf taschen.com finden Sie alle aktuellen Titel, können durch unser neuestes Magazin blättern und unseren Newsletter abonnieren.

Seite 1–9, 11 und Vorsatzpapier:
Das Jüngste Gericht (Details), um 1506
Öl und Tempera auf Eichenholz,
163 x 127,5 cm (Mitteltafel), 167 x 60 cm (Flügel)
Wien, Gemäldegalerie der Akademie der bildenden Künste

Hohenzollernring 53, D–50672 Köln
www.taschen.com

Originalausgabe:

Projektleitung: Ute Kieseyer, Köln

Printed in Bosnia-Herzegovina
ISBN 978-3-8365-8783-9